ANGELN
Die neue Enzyklopädie

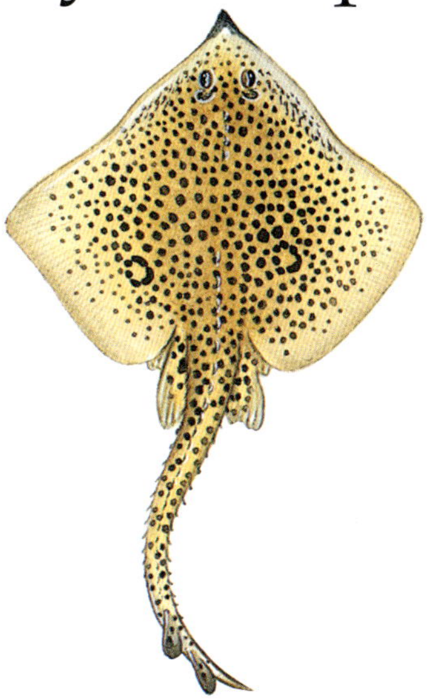

ANGELN

Die neue Enzyklopädie

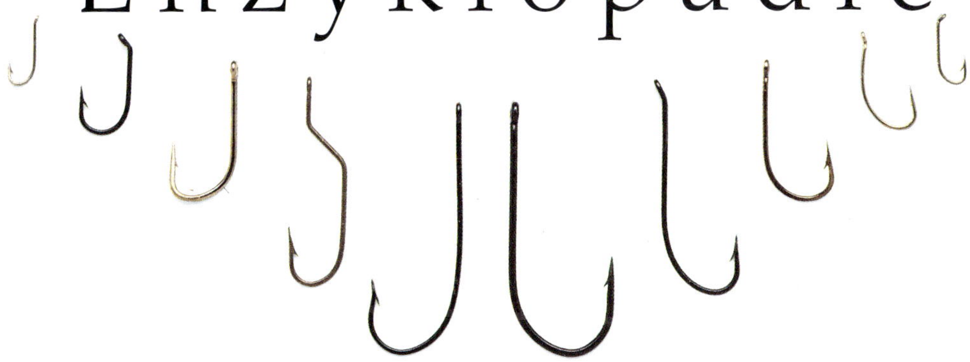

DORLING KINDERSLEY

DK

London, New York, Toronto, Melbourne, München und Delhi

Für Dorling Kindersley produziert von Bookbourne Limited, Sleaford/Lincolnshire
Redaktion: Ian Wood
Bildredaktion: Steve Leaning
Gestaltung: Stuart John
Illustrationen (Fischarten): Colin Newman

Für Dorling Kindersley überarbeitet von Design Revolution Limited, Brighton
Redaktion: Julie Whitaker
Bildredaktion: Andrew Easton

Cheflektorat: Krystyna Mayer, Sharon Lucas
Leitung Bildlektorat: Derek Coombes
Herstellung: Antony Heller, Louise Daly

Textbeiträge: John Bailey, Peter Gathercole, Trevor Housby, Dennis Moss, Bruce Vaughan, Phill Williams

Bibliografische Information Der Deutschen Bibliothek
Die Deutsche Bibliothek verzeichnet diese Publikation in der Deutschen Nationalbibliografie; detaillierte bibliografische Daten sind im Internet über http://dnb.ddb.de abrufbar.

Titel der englischen Originalausgabe: The New Encyclopedia of Fishing

Übersetzung: Olivier Portrat

ISBN 3-8310-0489-7

Printed and bound in Hong Kong by Toppan

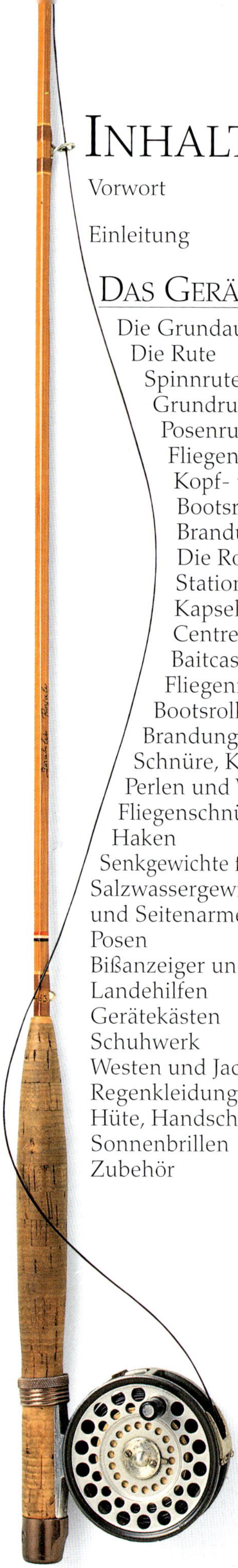

Inhalt

Vorwort 6

Einleitung 7

Das Gerät

Die Grundausrüstung 12
Die Rute 14
Spinnruten 16
Grundruten 18
Posenruten 20
Fliegenruten 22
Kopf- und Stippruten 26
Bootsruten 28
Brandungsruten 30
Die Rolle 32
Stationärrollen 34
Kapselrollen und Centre-Pin-Rollen 38
Baitcaster-Rollen 40
Fliegenrollen 42
Bootsrollen 46
Brandungsrollen 48
Schnüre, Klemmhülsen, Perlen und Wirbel 50
Fliegenschnüre und Vorfächer 52
Haken 54
Senkgewichte für das Süßwasser 58
Salzwassergewichte und Seitenarme (Booms) 60
Posen 62
Bißanzeiger und Rutenständer 64
Landehilfen 66
Gerätekästen 68
Schuhwerk 70
Westen und Jacken 72
Regenkleidung 74
Hüte, Handschuhe und Sonnenbrillen 76
Zubehör 78

Köder

Naturköder tierischen Ursprungs 82
Naturköder pflanzlichen Ursprungs und Partikelköder 84
Süßwassergrundfutter 86
Spinner und Löffel 88
Wobbler 90
Salzwassernaturköder 92
Salzwassergrundfutter 94
Salzwasserkunstköder 96

Das Fliegenfischen

Die Vorlagen 100
Die künstliche Fliege 104
Die Bindeausrüstung 106
Grundzüge vom Fliegenbinden 108
Trockenfliegen 112
Naßfliegen 114
Nymphen 116
Lachs- und Steelheadfliegen 118
Streamer und Haarflügelfliegen 120

Die Fischarten

Anatomie 124

SÜSSWASSER

Der Black Bass oder Schwarzbarsch 126
Bluegill, Crappies, Pumpkinseed und andere Sonnenbarsche 128
Barbe, Schleie und Rapfen 130
Brachse, Nase und Zährte 132
Karpfen 134
Döbel, Hasel, Rotauge, Rotfeder 136
Hecht, Pickerel und Muskie 138
Bullhead 140
Süßwasserwelse 142
Seebarsche und Murray Cod 144
Australische Barsche und Grunters 146
Barsch, Sauger, Walleye, Zander 148
Saibling 150
Lachs 152
Forelle 154
Renke und Äsche 156

SALZWASSER

Bonefish, Bluefish und Tarpon 158
Aale 160
Salzwasserwelse und Barrakudas 162
Amberjack und Jack 164
Pompano, Jackmackerel und Roosterfish 166
Cobia, Snook und Barramundi 168
Surfperch 170
Dorsch, Seehecht, Leng, Rutte 172
Marline und andere schwerttragende Fische 174
Lippfische und Dolphin 176

Snapper 178
Meeräschen 180
Plattfische 182
Rochen 184
Drum und Kahawai 188
Makrelen 190
Thune und Wahoo 192
Bonitos und Maifische 194
Haie 196
Zackenbarsche (Grouper) 200
Porgy und Meerbrassen 202

Die Techniken

Das Füllen der Rollen 206
Universalknoten 208

SÜSSWASSER

Drill und Landung 210
Grundzüge des Werfens 212
Spinnfischen – Spinner 214
Spinnfischen – Blinker (Löffel) 216
Spinnfischen – Wobbler 218
Grundfischen 220
Posenfischen 222
Stippfischen 226
Schleppfischen 230

FLIEGENFISCHEN

Der Überkopfwurf 232
Der Rollwurf 234
Das Naßfliegenfischen 236
Das Trockenfliegenfischen 238
Das Nymphenfischen 240
Das Fliegenfischen vom Boot aus 242

SALZWASSER

Küstennahes Fischen 244
Fischen auf hoher See 246
Wrackfischen 248
Brandungsfischen 250
Küstenfischen 252
Das Fischen auf Haie 256
Big-Game-Fischen 258

Das Wasser

Bäche und Flüsse 262
Stillstehende Gewässer 266
Küsten 270
Flußmündungen 272
Das Fischen auf hoher See in gemäßigten Breiten 274
Das Fischen auf hoher See in tropischen Breiten 276
Umweltschutz 278

Anhang

Glossar 280
Index 283
Index der wissenschaftlichen Namen 286
Dank/Anmerkung und Bildnachweis 288

Vorwort

JOHN BAILEY
John Bailey hat seine umfassende Sachkenntnis und seine Erfahrung als Autor von fast 30 Angelbüchern und als Angellehrer in die Überarbeitung dieses Buches eingebracht. Er hat Flüsse, Seen und Küsten in Nordamerika, Europa, Russland, Indien, Nepal, Australien, Neuseeland und der Mongolei befischt und ist somit wie kein anderer dafür qualifiziert, dieses erfolgreiche und Maßstäbe setzende Werk auf den aktuellen Stand zu bringen.

Über fast ein Jahrzehnt war die Vorläuferausgabe dieses Buches weltweit eines der meistverkauften Bücher über das Angeln – aus gutem Grund. Verfasst wurde sie im Wesentlichen von Größen wie Trevor Housby, Peter Gathercole, Phill Williams, Dennis Moss und Bruce Vaughan. Mit einem solchen Erfahrungsschatz als Hintergrund konnte kaum etwas schiefgehen. Für Tausende von Anglern hat sich diese Enzyklopädie als unentbehrliches Handbuch herausgestellt. Anfänger konnten sich dank der klaren und anschaulichen Darstellung Wissen aus jahrzehntelanger Angelpraxis aneignen. Aber auch erfahrene Angler haben ihren Nutzen aus dem Buch gezogen, wenn sie neuen Gewässern, Fischarten und Techniken gegenüberstanden. Denn einen Angler, der alles weiß, wird es zwar nie geben. Dafür gibt Ihnen dieses Buch das Grundwissen mit, mit dessen Hilfe Sie weltweit für jedes am Wasser auftretende Problem eine Lösung finden können.

In unserer Zeit entwickelt sich alles rasend schnell weiter. Die Angelei macht dabei keine Ausnahme, mit Siebenmeilenstiefeln geht der Fortschritt jährlich weiter. Das enorme Verdienst dieses Buches ist es, in großem Umfang immer noch zeitgemäß zu sein. Es gibt jedoch Bereiche, insbesondere bei der Ausrüstung, in denen sich viel getan hat. Diese Neuausgabe soll sicherstellen, daß auch der Angler des 21. Jahrhunderts über ein Handbuch verfügt, das in jeder Hinsicht auf dem aktuellen Stand ist.

Trevor Housby beschrieb dieses Buch einmal als »hundert Angelbücher in einem. Als unerläßliche Lektüre für jeden Angler wird dieses Buch nie lange im Regal stehen.« Der erstaunliche Erfolg des Buches hat ihn bestätigt. Für mich war es eine Ehre, dieses außergewöhnliche Werk auf den aktuellen Stand zu bringen und damit in die Fußstapfen jener Größen zu treten, die es ursprünglich verfaßt haben. Für jedes Detail, das einer Abänderung bedurfte, gibt es Hunderte von Fakten, die nichts von ihrer Gültigkeit eingebüßt haben. Daher gilt weiterhin: Ganz egal, wie erfahren Sie in der Angelei sind, dies ist das richtige Buch für Sie.

JOHN BAILEY

Einleitung

Oft hört man den Satz »Er (oder sie) ist ein guter Angler (oder eine gute Anglerin).« Aber was bedeutet das? Was macht letztlich einen guten Angler aus? Die Grundkenntnisse zu beherrschen, ist dafür unerläßlich. Auf diesem Basiswissen aufbauend, bereichert den Angler nach und nach die wachsende Erfahrung. Ein Sinn für das Wasser ist dabei ausschlaggebend. Ein wirklich guter Angler lernt es nämlich, seine Augen und Ohren einzusetzen, am Wasser stets aufmerksam zu sein. Der Angler wird, auf eine friedliche Weise, zum Raubtier – gelegentlich erfolgshungrig, aber auch in der Lage zu entspannen und das Wasser auf sich wirken zu lassen. Ein guter Angler verfügt auch über die Zuversicht, die erforderlich ist, um neue Wege einzuschlagen, so sehr sie anderen als fragwürdig erscheinen. Diese innere Stimme flüstert ihm zu, wann, wo und wie die Fische seiner Träume an den Haken gehen. Natürlich kann Ihnen dieses Buch nicht all diese Qualitäten auf den Weg mitgeben, aber Sie finden in ihm das Grundlagenwissen, das Ihnen hilft, ein Leben lang erfolgreich zu sein.

EINE EIGENE WELT
Zu den schönsten Aspekten der Angelei zählt es wohl, die Schönheit der Natur zu genießen und sich dabei einer faszinierenden Tätigkeit zu widmen.

DAS GERÄT

Das Angelgerät steht an erster Stelle – denn ohne Ausrüstung geht überhaupt nichts. Es muß qualitativ hochwertig und darüber hinaus gut gewartet und sorgfältig zusammengestellt sein, damit es Sie nicht inmitten eines Drills im Stich läßt. Viele von uns haben bereits große Fische verloren. Eine herbe Erfahrung: ein nachlässig gebundener Knoten, und schon erlebt man in einem der spannendsten Momente des Lebens eine schmerzliche Niederlage. Wahrscheinlich ist die größte Hilfe beim Zusammenstellen der Ausrüstung die genaue Kenntnis dessen, was einen am Wasser erwartet. Dieses Buch erklärt präzise, was für jede erdenkliche anglerische Situation am Wasser erforderlich ist. Es ist wichtig, die richtige Wahl zu treffen und darauf zu vertrauen.

DAS RICHTIGE GERÄT
Qualitativ hochwertige Ausrüstung zu benutzen, schafft Zuversicht und macht Spaß.

DIE KÖDER

Den perfekten Köder, der niemals versagt, gibt es nicht. Zum Glück, denn wo wäre die Freude beim Angeln, wenn das Element des Ungewissen fehlen würde? Nichtsdestotrotz gibt es gute Köder – einige, die im Laufe der Zeit ihren festen Platz gefunden haben und andere, die urplötzlich populär wurden. Es gibt Naturköder wie Würmer, Elritzen oder Nacktschnecken. Köder können aus unseren Küchen stammen, beispielsweise Brot, Käse oder Dosenmais. Die Geräteindustrie versorgt uns aber auch mit künstlich hergestellten Ködern voller Farb-, Lock- und Aromastoffe. Spinner, Löffel und Wobbler werden aus Holz, Plastik und Metall gefertigt. Die Palette an Bindematerialien für Kunstfliegen ist noch weit umfangreicher. All das klingt ein wenig nach Hexerei. Das Tüfteln an Ködern, das Anfertigen von Kunstködern, das Fliegenbinden – diese Tätigkeiten beherrschen nun seit über 2000 Jahren die Gedanken der Angler.

MEISTERWERKE
Das kunsthandwerkliche Geschick, das hinter Kunstködern wie den hier abgebildeten steht, macht aus diesen Gegenständen zu Recht Sammlerobjekte.

KUNSTFLIEGEN

Dies ist wahrscheinlich die empfindlichste Art von Ködern überhaupt. Viele Fliegenbinder gehen nie mit ihren Kreationen angeln, ja oft angeln sie überhaupt nicht, aber sie finden eine große Befriedigung darin, kunstvolle Imitationen der Natur anzufertigen. Warum sollte man ihnen das verübeln? Das Binden von Kunstfliegen ist eine Kunst für sich: Tierhaare, Wolle, Fell und Tinsel sind nur einige wenige der dabei zum Einsatz kommenden Bindematerialien. Und in den Händen eines Fliegenbinders wachsen diese Materialien zu detailgenauen Imitaten natürlicher Vorbilder zusammen. Die Suche nach der perfekten Fliege beschäftigt bereits seit Jahrhunderten die Phantasie der Fliegenfischer. Erreicht werden wird dieses Ziel nie, aber ein paar Genies unter den Fliegenbindern kommen ihm sehr nahe.

KLEINODE
Mit solchen Kreationen aus Federn und Faden fängt man heute weit mehr Fischarten als nur Forelle, Lachs oder Äsche.

Das Fliegenfischen war ursprünglich eine Tätigkeit der Reichen, was sich heute aufgrund der vereinfachten Reisemöglichkeiten, der längeren Urlaubszeiten und besonders aufgrund der Vielzahl neu entstandener Forellenseen erheblich geändert hat. Das Fliegenfischen ist mittlerweile für jeden zugänglich. Dieses Buch erläutert den natürlichen Speiseplan, den die Kunstfliegen imitieren, und wartet gleichzeitig mit den erforderlichen Binderezepten auf. Darüber hinaus wird erklärt, wie man Fliegen einsetzt, um damit Lachse, Forellen, Schwarzbarsche und sogar Salzwasserräuber zu überlisten.

DIE FISCHARTEN

Weltweit tummeln sich Abertausende von Fischarten in den verschiedensten Gewässertypen, einige wollen sogar noch entdeckt werden. Das vorliegende Werk befaßt sich mit etwa 250 Arten, die in der Sportangelei von Bedeutung sind. Anhand der detailgenauen Abbildungen wird Ihnen deren Bestimmung leichtfallen. Daneben finden Sie präzise Angaben über Verbreitungsgebiet, Größe, Verhalten, Nahrung und Erkennungsmerkmale. Darüber hinaus gibt es Tips zu Gerät, Techniken und Ködern, die für die einzelnen Arten erforderlich sind. Dieses Kapitel ist Ihre Eintrittskarte in eine andere Welt – die Welt des Wassers. Betrachten Sie die Abbildungen genau und prägen Sie sich die Details ein, die Sie entdecken. Achten Sie darauf, wie die Natur die perfekte Form, Farbe und Flossenanordnung geschaffen hat und schärfen Sie Ihren Blick für die feinen Details der Schuppen, die Schatten an den Kiemenrändern, die Flossenbewegungen. Als Angler kann man Naturschönheiten entdecken, von denen typische »Landratten« gar nichts ahnen.

EINE QUELLE ENDLOSER WUNDER
Wer einen solchen Fisch landet, kann vor dessen Schönheit nur ins Staunen geraten.

ANGELTECHNIKEN

Fußballer, Tennisspieler und andere Sportler sind zwar auf Sieg aus, doch ist das nicht ihr Hauptbeweggrund. Denken Sie nur an die Freude über den richtigen Wurf, über das richtige Timing eines Schlages, all jene Details, die einen Sport letztlich ausmachen. Genauso verhält es sich beim Angeln. Natürlich ist das Ziel letztlich der Fang eines Fisches, aber schon der Weg zu diesem Ziel macht Spaß. Die hier beschriebenen Techniken beziehen sich selbstverständlich auf das Fangen und Landen von Fischen, es sind aber Tätigkeiten, die auch für sich genommen Spaß machen. Während Sie z.B. lernen, eine Pose richtig abdriften zu lassen, werden Sie das Zusammenspiel von Rute, Schnur, Pose und Wasserströmung schnell entdecken. Je besser der Umgang mit der Fliegenrute klappt, desto mehr kann man sich an den rhythmischen Bewegungen der Rute und dem Anblick der graziös durch die Luft schneidenden Schnur freuen – erst recht bei einem Weitwurf von einem Strand im Mondlicht oder wenn die Rute sich ihren Weg durch starken Wind bahnt.

In diesem Buch wird nahezu alles beschrieben, was Sie im Laufe Ihres Anglerlebens brauchen werden, aber es liegt an Ihnen, hinaus ans Wasser zu gehen und sich die ausgewählten Techniken in der Praxis anzueignen. Sie werden sie für sich weiterentwickeln, sie verbessern und sie allmählich verinnerlichen. Dieser Lernprozeß bringt fast genauso viel Befriedigung wie der Moment, wenn plötzlich ein Fisch am Haken kämpft.

EINE ANDERE WELT BETRETEN
Beim Watfischen in einem schnellfließenden Gewässer hat man den Eindruck, den Lebensraum der Fische zu teilen.

DIE GEWÄSSER

Der vorliegende Band gibt einen gründlichen Einblick in die unterschiedlichen Gewässertypen, in denen die verschiedenen Fischarten beheimatet sind. Das hat seinen guten Grund: Für jeden erfahrenen Angler spielt der Sinn für das Wasser eine ganz wichtige Rolle. Je mehr Sie über die Eigenarten der Fische und ihre Gewohnheiten wissen, desto eher werden Sie ein guter Angler. Letztlich verhalten sich alle guten Angler am Wasser wie Naturforscher. Wasserbewegungen, Gezeitenströmungen, Ufervegetation, Wasserpflanzen, Untiefen, Scharkanten, Abbrüche, Wasserinsekten – die gesamte Wasserwelt wartet nur darauf, erkundet zu werden. Man muss sich Fische als hochempfindliche Barometer mit einem hervorragenden Gespür für Temperatur- und Witterungswechsel vorstellen. Fische sind zweifellos in der Lage, auf geringste Luftdruckänderungen zu reagieren, und auch die Mondphasen üben eine enorme Wirkung auf sie aus.

Letztlich geschieht nur ganz wenig in der Welt des Wassers zufällig. Wenn Sie beispielsweise im Winter an einem See stehen und ein Paar Haubentaucher immer wieder in demselben Bereich abtauchen sehen, dann bedecken dort wahrscheinlich abgestorbene Pflanzenreste den Grund, in denen ein Schwarm Futterfische sich zu verstecken sucht. Diese Fische locken Haubentaucher an, aber auch die übrigen Räuber, die sich an ihnen laben, etwa Hechte, Zander, Welse und verschiedene Barscharten. Ein erfahrener Raubfischangler weiß das – und richtet sich danach ...

Lassen Sie sich von diesem Buch dazu verleiten, einigen Gewässern ganz ohne Angelgerät einen Besuch abzustatten, lediglich mit Pol-Brille, Fernglas und vielleicht Stift und Notizbuch bewaffnet. Nehmen Sie sich Zeit, setzen Sie sich und beobachten Sie. So lassen sich wertvolle Informationen sammeln, die Ihnen beim nächsten Besuch mit dem Angelgerät bestimmt von Nutzen sein werden.

INFORMATION IST DER SCHLÜSSEL ZUM ERFOLG
Glück alleine reicht meist nicht aus. Das Wissen, wo die Fische wahrscheinlich stehen und was sie gerade fressen, gehört dazu.

DAS GERÄT

VOR ZEHNTAUSENDEN VON JAHREN begannen unsere als Jäger und Sammler lebenden Vorfahren, Möglichkeiten auszutüfteln, um Fische zu fangen. Das erste Angelgerät war sicher primitiv – vielleicht nur ein Stein, den man auf den Schädel eines in seichtem Wasser stehenden Lachses warf. Allmählich tauchten dann Speere, Harpunen, Pfeile, Netze und Wehre auf, bis vor etwa 14 000 bis 15 000 Jahren die ersten Angelhaken aus Knochen gefertigt werden. Ruten und Rollen kamen in China und Mazedonien bereits vor über 2000 Jahren zum Einsatz, waren aber noch weit von der Leistungsfähigkeit und dem Bedienungskomfort moderner Ausrüstung entfernt. Die Zeiten haben sich gewandelt: Heute muß in unseren Breiten praktisch niemand mehr Fische fangen, um zu überleben. Wir angeln zum Spaß, Angeln ist ein Sport, und genau an diesem Punkt spielt das Gerät eine entscheidende Rolle. Es muß nicht nur seinen Dienst optimal verrichten, sondern darüber hinaus auch noch gut aussehen und sich phantastisch anfühlen. Das Design moderner Angelgeräte zielt darauf ab, daß es in jeglicher Beziehung Freude bereitet, mit ihnen umzugehen. Neue Materialien und Spitzentechnologie führen dazu, daß uns Anglern des 21. Jahrhunderts Angelgerät zur Verfügung steht, das unsere angelnden Vorfahren teilweise gar nicht mehr als solches erkennen würden. Aber wie soll man sich im Dschungel eines so reichen Marktangebotes überhaupt noch zurechtfinden?

DIE GERÄTEWAHL

Qualitativ hochwertiges, passend zusammengestelltes Gerät erhöht nicht nur den Spaßfaktor, sondern auch die Aussichten auf einen guten Fang.

DIE GRUNDAUSRÜSTUNG

Der erste Besuch in einem Angelgeschäft ist immer eine recht eigenartige Angelegenheit. Das Angebot ist immer wieder so enorm, daß es sogar erfahrenen Anglern manchmal schwerfällt, die richtige Entscheidung zu treffen. Zweifellos braucht der Anfänger Ratschläge vom Händler, wobei prinzipiell drei Punkte von Bedeutung sind: Welchen Gewässertyp wollen Sie befischen? Welche Fischarten leben darin? Mit welchen Techniken soll gefischt werden, um sie an den Haken zu bekommen? Auf diese Art und Weise läßt sich der Bereich der in Frage kommenden Artikel sehr gut eingrenzen. Zwei Tips: Fühlen Sie sich nicht aufrichtig und umfassend beraten, dann suchen Sie einfach das nächste Geschäft auf. Der zweite betrifft das Budget: Überziehen Sie es nicht. Vergewissern Sie sich stattdessen, daß das zum Kauf anstehende Gerät auch vernünftig und zuverlässig ist. Leider nimmt einem beim Angeln kaum etwas so viel Freude wie schlecht funktionierendes Gerät. Zu guter Letzt: Im Versandhandel zu ordern mag zwar manchmal billiger scheinen, ist aber nur für denjenigen sinnvoll, der genau weiß, was er möchte. Ist das nicht der Fall, dann ist es mit Sicherheit sinnvoller, den Rat eines Fachhändlers hinzuzuziehen, an den man sich im Falle von Problemen immer wieder wenden kann.

SALZWASSERFISCHEN

Die Welt der Salzwasserfischerei ist ungemein komplex. Wer im Meer angeln möchte, muß sich genau überlegen, in welchen Bereichen er das tun möchte, bevor er sich zum Kauf der Ausrüstung entschließt. Die Charakteristika der Küsten fallen enorm unterschiedlich aus, sie reichen vom Sandstrand bis zu geschützten Hafenanlagen, von seichten »Flats« bis zu beängstigend steilen Felsformationen. Soll vom Ufer mit der Brandungsrute auf Dorsch und Plattfisch gefischt werden? Oder soll es unmittelbar unter Land auf Lippfische, Wolfsbarsche oder Makrelen gehen? Die offene See ist wieder ein ganz eigener Bereich, der immer wieder andere Eigenarten aufweist. Vielleicht ist das Bootsangeln das Richtige für Sie. Aber: Soll es dabei in warmen Meeren auf seichtem Wasser den typischen Flatfischen oder bunten Riffischen nachgehen? Oder sind Sie auf tieferes Angeln aus, auf das Pilken von Großdorschen oder auf das Wrackangeln auf riesige Conger?

Das Angeln auf Haie erfreut sich weltweit immer größerer Beliebtheit. Man braucht dafür nicht einmal besonders teures Gerät. Dann gibt es noch die ganz exotischen Techniken, etwa das Big-Game-Angeln auf hoher See, wo es in den Tropen auf die Jagd nach Thunen und Marlinen geht. Wegen dieser Vielfalt gibt es keine Angelausrüstung, die für alle diese Techniken ideal wäre. Mit wachsender Erfahrung werden Sie jedoch immer genauer wissen, welches Gerät man für die jeweilige Technik am sinnvollsten einsetzt.

DIE GRUNDAUSRÜSTUNG ZUM MEERESANGELN

MIT DER FLIEGE
Trotz des sehr elitären Rufes dieser Technik ist sie für jedermann zugänglich, eine Basisausrüstung ist nicht unbedingt teuer. Neben den klassischen Zielfischen der Flugangler – nämlich Lachsen, Forellen und Äschen – kann man damit auch andere Arten fangen, etwa Hecht, Zander und andere Raubfische.

HIGHTECH-ANGELN
Eine Montage wie die rechts abgebildete zielt exklusiv auf Karpfen ab – und zwar auf große! Zahlreiche Karpfenangler sind fanatische Spezialisten, und das Geräteangebot für diese Angelei hat sich in nur wenigen Jahren enorm vergrößert. Trotzdem lassen sich diese Fische auch von einem Anfänger mit einer ganz einfachen Grundmontage überlisten.

SÜSSWASSERFISCHEN

Das Angeln im Süßwasser läßt sich den Techniken nach in drei Hauptbereiche einteilen. Es gibt das Angeln mit Naturködern, das zum Fang der meisten nicht räuberisch lebenden Fischarten – etwa Karpfen und Barben – zum Einsatz kommt. Natürlich lassen sich mit Naturködern auch Raubfische an den Haken locken, wobei dann kleinere Süßwasserfischarten verwendet werden. Räubern aus dem Meer serviert man Makrelen, Stinte oder Heringe.

Der zweite Bereich der Süßwassertechniken ist das Angeln mit Kunstködern, wobei man diese Köder in erster Linie für den Fang von Raubfischen einsetzt. Kunstköder sind von Menschenhand geschaffene Imitationen echter Beutetiere, die aus Metall, Plastik oder Holz gefertigt sein können. Zu dieser Ködergruppe zählen Löffel, Spinner und Wobbler, wobei es Modelle für den Oberflächen- und den Mittelwasserbereich sowie für die unmittelbare Grundnähe gibt. Die Welt der Kunstköder erweitert sich ständig: Mittlerweile sind Abertausende verschiedener Kunstköder auf dem Markt, die jeweils unterschiedliche Charakteristika aufweisen. Der Umgang mit Kunstködern ist faszinierend, sie zählen zu den erfolgreichsten Hecht- und Zanderködern.

Der dritte Bereich ist das Angeln mit der Fliegenrute. Das Prinzip besteht darin, aus Tierhaaren, Federn und anderen Materialien eine künstliche Fliege als Imitat einer echten zu binden. Die wesentlichen Zielfische sind Lachse, Forellen und Äschen, wobei in den vergangenen Jahren immer mehr Flugangler auch Hechte, Barsche und Zander sowie zahlreiche Salzwasserarten als Zielfische entdecken.

DIE GRUNDAUSRÜSTUNG ZUM ANGELN IM SÜSSWASSER

DIE RUTE

Eine gute Angelrute ist ein ansprechendes Werkzeug – leicht, gut ausgewogen, sensibel, fast wie eine Verlängerung des Anglerarmes. Schon das Halten und Werfen können Freude bereiten. Ruten sind im Lauf der Zeit aus einer Vielzahl von Materialien hergestellt worden. Eschen-, Walnuß- und Haselnußholz kam dabei zum Einsatz. Auch Stahlrohr und Aluminium hatten ihre Zeit, ebenso gespließter Bambus, Vollfiberglas und hohles Fiberglas. Im späten 20. Jahrhundert wurden Materialien aus der Weltraumforschung für die Herstellung von Ruten entdeckt. Boron und Kevlar sind gekommen und gegangen, um dem Wundermaterial unserer heutigen Zeit zu weichen – der Kohlefaser. Kurzum: Ruten sind technische Meisterwerke, aber man muß sich stets darüber im Klaren sein, daß sie nicht alles sind. So erzählte mir der bekannte Mahseer-Guide Bhola, mit dem ich vor einigen Jahren in Indien geangelt habe, daß seine Mutter viele Jahre früher einen Mahseer von 50 Kilo (112 lbs) an einer Handleine erbeuten konnte!

DIE BESTANDTEILE EINER RUTE

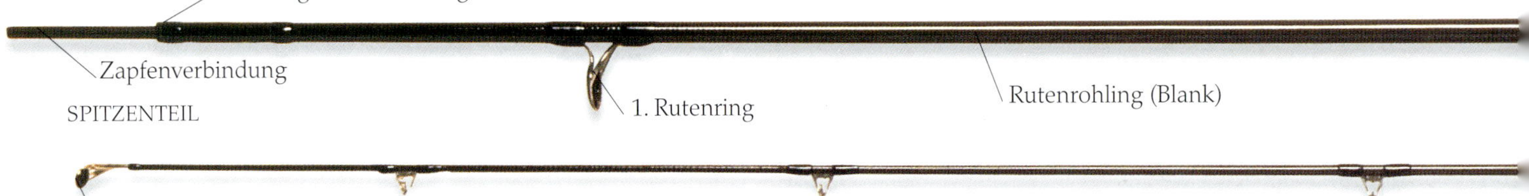

DER RUTENBAU

Die Ruten des 21. Jahrhunderts werden aus modernsten Materialien gefertigt. Das am häufigsten verwendete ist Kohlefaser, wobei es verschiedene Kohlefasersorten gibt. Hochverdichtete Kohlefaser (High-Modulus-Carbon) ist das beste, aber auch das teuerste Material, mit dem sich leichtere und von der Aktion her schnellere Blanks (Rutenrohlinge) anfertigen lassen. Als Faustregel kann gelten: Je billiger die Rute, desto größer ist der Anteil an Harz im Material und desto schwerer und unsensibler wird ihre Aktion. Dadurch, daß sich beim Rutenbau mehrere Lagen Kohlefaser übereinander laminieren lassen, sind unterschiedlichste Rutenaktionen möglich, so daß nahezu kein Wunsch offen bleibt. So kommt es, daß alle Blank-Hersteller mit unterschiedlichen Vorgaben arbeiten und stets die unterschiedlichsten Kohlefasertypen zusammenfügen, um ihre Ziele zu erreichen. Die Belast- und Haltbarkeit der Rutenrohlinge (Blanks) läßt sich durch Umflechten des Blanks mit einzelnen Kohlefaserfäden noch spürbar steigern.

Weil Kohlefaser so unglaublich leicht ist, sind die Ruten allmählich länger geworden. So waren früher beispielsweise Matchruten von 3,5 m Länge üblich, während heute kaum noch welche unter 4 m Länge hergestellt werden. Viele sind sogar 4,25 bis 4,5 m lang. Diese zusätzliche Länge erlaubt eine bessere Kontrolle der Montage und Köderführung. Dasselbe gilt für Feederruten, die ursprünglich 3 bis 3,3 m lang waren. Heute liegt ihre Standardlänge zwischen 3,5 und 4 m Länge, wodurch ein zum Werfen viel günstigerer Hebel entsteht.

Auch bei den Rutenringen bestimmt der Preis die Qualität. Die besten heute erhältlichen Rutenringe aus Titan sind unglaublich leicht und widerstandsfähig. Ringe mit Einlagen aus Siliciumcarbid (SiC) sind eine ausgezeichnete und etwas preisgünstigere Alternative.

Heute verfügen die meisten Rollenhalter über einen Schraubverschluß, der die Rolle sicher mit der Rute verbindet. Das ist besonders im Drill mit einem großen Fisch angenehm, da ein Verwinden der Rolle durch unzureichenden Halt im Rollenhalter höchst lästig ist.

Die Rutengriffe können aus Duplon sein, aber Kork scheint dafür immer noch das beliebteste Material zu sein. Kork gibt es in unterschiedlichen Qualitätsstufen. Der beste weist nur wenige Spalten auf und muß daher kaum mit Spachtelmasse bearbeitet werden, um eine glatte Oberfläche zu erhalten.

OHNE MUSKELKATER
Der wahrscheinlich größte Vorteil des modernen Rutenbaus und der dabei zum Einsatz kommenden Materialien ist die Leichtigkeit langer und belastbarer Ruten. So kann der Angler den ganzen Tag mit Spinn- und Naturködern aktiv mit der Rute in der Hand angeln, ohne daß am Abend der Arm schmerzt.

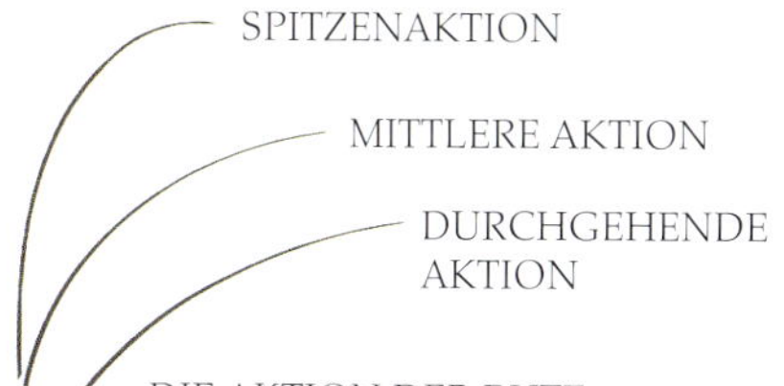

DIE AKTION DER RUTE

Damit ist das Beugeverhalten der Ruten gemeint. Ruten mit einer Spitzenaktion sind besonders für schnelle Anhiebe und weite Würfe geeignet. Für den Drill größerer Fische ist dagegen eine Rute mit mittlerer Aktion besser, während Ruten mit parabolischer, d.h. durchgehender Aktion für Drills auf kurze Entfernung mit sehr großen Fischen ideal sind.

Glossar der Fachbegriffe

AFTM-Skala Eine Methode, um die Wurfschnüre der Fliegenfischer nach ihren jeweiligen Eigenschaften zu klassifizieren, entwickelt vom Verband der amerikanischen Angelgeräteher-steller (American Fishing Tackle Manufacturers Association, AFTM). Eine AFTM-Nummer gibt auf jeder Fliegenrute die Klasse der Wurfschnüre an, für die sie geeignet ist. Je höher die AFTM-Nummer, desto schwerer ist die Wurfschnur.

Blank Der Rutenrohling, also die Rute ohne Griff, Rollenhalter, Rutenringe, Steck- oder Zapfenverbindung.

Butt Damit ist der Rutengriff gemeint.

Rollenhalter Vorrichtung, die Rolle mit Rute verbindet.

Schnurklasse Bootsruten werden nach der Tragkraft der für sie optimalen Angelschnur klassifiziert, wobei der Wert in englischen Pfund angegeben wird. Eine 30-lbs-Rute sollte z.B. mit einer 14 Kilo tragenden Schnur gefischt werden.

Taper Der Grad an Verjüngung zwischen Griffende und Spitze der Rute. Das Taper der Rute hat einen großen Einfluß auf ihre Aktion.

Testkurve Dieser Faktor gibt Aufschluß über die Kraft der Rute, über ihr »Rückgrat«. Er wird in englischen Pfund (lbs) angegeben, die erforderlich sind, um die waagerecht gehaltene Rute mit der Spitze im rechten Winkel zum Boden zu biegen.

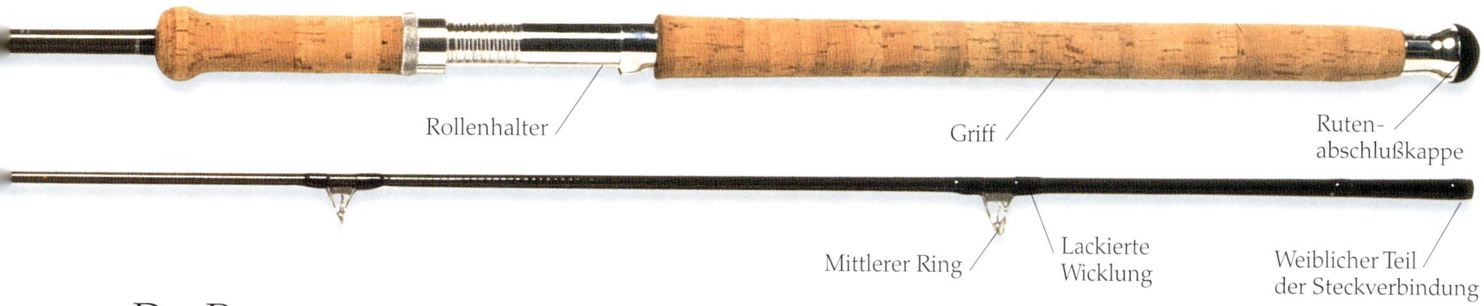

Die Rutenwahl

Zuallererst muß man sein Budget genau definieren. Die Versuchung, in immer hochpreisigere Kategorien aufzusteigen ist groß – und bei Angelruten ist die Preisskala nach oben so gut wie offen. Trotzdem lohnt es sich immer, das Beste zu kaufen, das man sich leisten kann. Man muß aber genau wissen, für welche Techniken und Gewässer eine Rute gekauft werden soll. Heute sind zahlreiche Ruten auf bestimmte Spezialbereiche zugeschnitten. Eine Rute mit attraktivem Design, das sofort ins Auge springt, kann also für Ihre Zwecke auch völlig ungeeignet sein.

Achten Sie auf die Qualität der Fertigung. Sind die Lackierungen staub- und flusenfrei? Farbe, Wicklungen und Lackierung sind zwar Nebensächlichkeiten, sind sie jedoch gut gemacht, so kann das Aufschlüsse über die Verarbeitungsqualität der ganzen Rute geben. Achten Sie auch auf Zubehör. Beim modernen Karpfenangeln sind beispielsweise Schnurklips auf dem Blank ein großer Vorteil. Werden verschiedene Quiver-Tips (Bibberspitzen) mit der Feederrute geliefert?

Probieren Sie eine Rute stets mit daran befestigter Rolle aus und vergewissern Sie sich, daß beide Elemente sich komfortabel und ausgewogen anfühlen. Wählen Sie auf jeden Fall eine Rute von einem Markenhersteller mit gutem Ruf. Sollten nämlich doch einmal Probleme auftreten, können Sie bei solchen Firmen auch auf einen Kundenservice rechnen, der das Problem zufriedenstellend löst.

Die Rutenpflege

Wischen Sie Ihre Rute nach jeder Angelpartie sorgfältig ab. Vergewissern Sie sich auch, daß die Rutenringe frei von Schmutz und Anhaftungen sind. Sie werden oft übersehen. Das dabei verwendete Tuch sollte weich und feucht sein, damit der Lack nicht durch kleine Kratzer in Mitleidenschaft gezogen wird. Putzen Sie den Korkgriff und lassen Sie ihn vor dem Verstauen der Rute im Rutenfutteral gut trocknen, damit sich kein Schimmel ansetzt. Prinzipiell bedürfen Kohlefaserruten keiner Pflege oder Wartung, wer jedoch die fünf Minuten für die eben aufgeführten Handgriffe nach jeder Angelpartie erübrigt, wird die Lebensdauer seiner Rute erheblich verlängern. Ein letzter Tip: Es lohnt sich, hochwertiges Angelgerät angemessen zu versichern. Im Falle eines Diebstahls wundert man sich nämlich schnell, was für Werte bei den verschiedenen Komponenten zusammengekommen sind.

DIE RICHTIGE RUTE WÄHLEN

Nur wenige von uns werden jemals einen riesigen Stör am Haken haben. Sollte das jedoch Ihr Ziel sein, dann gibt es dafür auch die geeignete Rute. Man sollte sich zunächst ein Bild davon machen, welche Art der Angelei man praktizieren möchte, bevor man sich nach einer dazu passenden Rute umsieht. Wer unterschiedliche Bereiche der Angelei kennenlernen möchte, kommt um die Anschaffung mehrerer Ruten kaum herum.

SPINNRUTEN

Spinnruten sind gut geeignet zum Befischen kleiner und versteckt liegender Gewässer mit klarem Wasser, in denen die Fische gerne in unmittelbarer Nähe von Unterständen stehen. Die zum Werfen von Kunstködern in allen Formen und Größen konzipierten Ruten sind meist zwischen 1,5 und 2,7 m lang. Dank ihrer Kürze sind sie auch eher leicht, so daß man mit ihnen stundenlang ermüdungsfrei angeln kann. Mit kurzen Ruten ist äußerst präzises Werfen möglich. Wichtig ist auch die Aktion der Rute. Das untere Griffteil und die Mitte des Blanks sollten recht hart ausfallen, damit sich der Haken beim Anhieb leichter in die knochigen Maulpartien eintreiben läßt und Kraftreserven für den Drill mit einem Raubfisch vorhanden sind. Die Rutenspitze sollte in jedem Fall halbwegs flexibel ausfallen, sowohl im Interesse der Köderführung als auch der Sensibilität wegen. Eine sensible Spitze arbeitet beim Einholen mit dem Kunstköder, rhythmisch ruckelt sie in seinem Takt mit. Der Angler kann so den Köderlauf kontrollieren und problemlos feststellen, ob der Kunstköder voller Kraut hängt oder richtig arbeitet. Auch beißen nicht alle Räuber vehement zu: Gelegentlich lassen sich die Bisse nur ganz schwer wahrnehmen.

SPINNFISCHEN VON EINEM KLEINEN BOOT
Kurze Ruten sind in Booten mit wenig Platz von Vorteil, ganz besonders dann, wenn darin zwei, drei oder gar vier Spinnfischer stehen. Auch wenn Sie die richtige Rute verwenden, vergewissern Sie sich bei jedem Rückschwung, daß Sie beim Wurf niemanden mit dem Kunstköder gefährden.

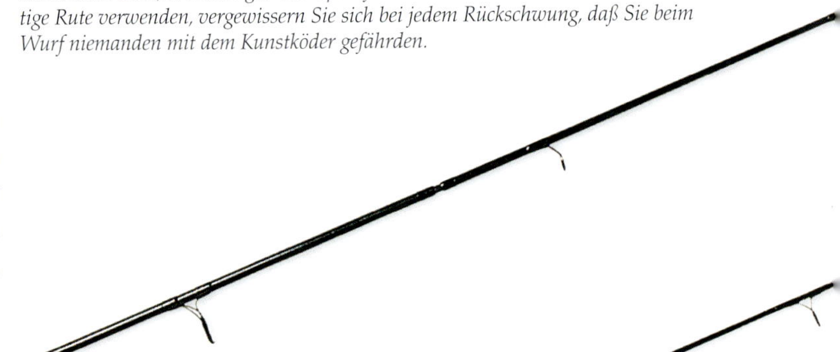

SHIMANO TECHNIUM

Griff
Ein schlanker Korkgriff ermöglicht über einen ganzen Angeltag perfekte Kontrolle und komfortables Halten.

SPORTFISH AVANTA

Der Ködereinhänger
Anläßlich eines Stellungswechsels ist es praktisch, den Haken in diese kleine Öse unmittelbar über dem Rutengriff einzuhängen. Natürlich geht das auch im Korkgriff selbst, langfristig wird ihn das jedoch stark in Mitleidenschaft ziehen.

SHIMANO TECHNIUM

Diese 2,7 m lange Rute ist typisch für die Generation der modernen Spinnruten. Ihr Rohling ist äußerst schlank und auf zweierlei ausgelegt. Zum einen verfügt er im unteren und mittleren Abschnitt über enorme Kraftreserven, die zum Drill großer Fische unerläßlich sind. Zum anderen ist die Spitze höchst sensibel, was eine hohe Wurfgenauigkeit und Bißwahrnehmung zur Folge hat. Ein weiterer Pluspunkt ist, daß die Spitze im Takt der Köderaktion wippt. Bleibt das Wippen aus, kann man sicher sein, daß der Kunstköder sich verfangen oder mit Kraut zugesetzt hat.

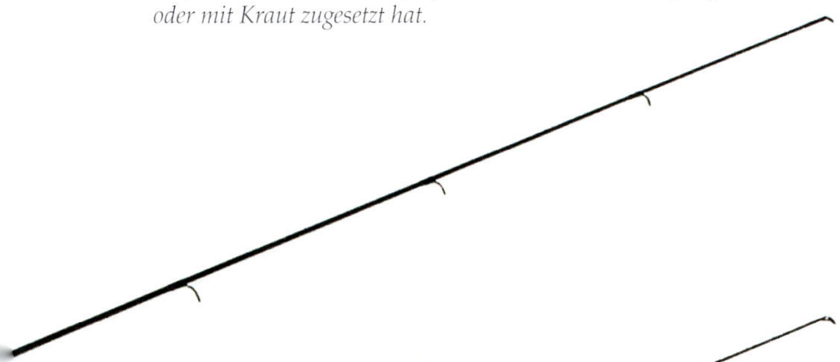

EIN LACHS IM DRILL

Spinnruten sind für kleinere und klare Fließgewässer geeignet, in denen die Fische recht selten sind und sich gerne an schwer zugänglichen Stellen aufhalten. Die Zielgenauigkeit, die mit einer guten Spinnrute möglich ist, schafft unter solchen Bedingungen oft große Vorteile. Kleine Fließgewässer können jedoch jederzeit mit einer Überraschung in Form eines großen Fisches aufwarten, weshalb stets eine Rute mit genügend Rückgrat sinnvoll ist, um einen Großfisch im Drill von Unterständen und Hindernissen fernzuhalten.

SPORTFISH AVANTA

Dieses Spinnrutenmodell der Firma Sportfish ist ein ganz unscheinbares Monster. So leicht und filigran es auch aussehen mag: Es verfügt über gewaltige Kraftreserven, die aus dieser Rute ein hervorragendes Werkzeug für den Fang echter Großfische machen, vom mongolischen Huchen über Großlachse bis hin zu ägyptischen Nilbarschen.

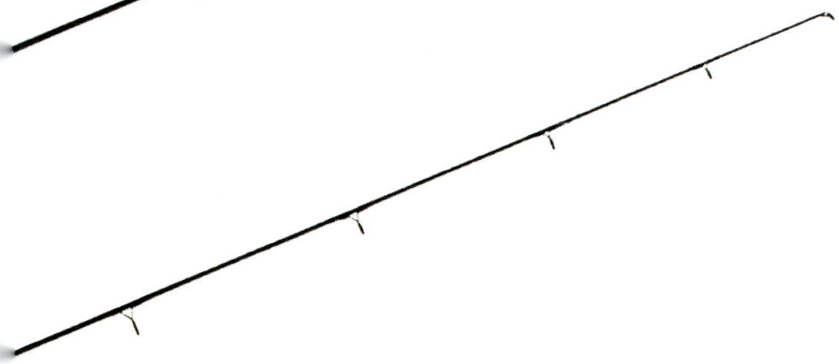

DAM BLACK PANTHER

Diese Rute von DAM ist ein enorm gelungenes Modell der mittleren Preisklasse. Mit ihr lassen sich nahezu alle erdenklichen Kunstköder fischen. Flußbarsch, Schwarzbarsch, Hecht und Zander oder sogar Meerforellen sind die idealen Zielfische. Die Rute ist leicht, was aber noch lange nicht heißt, daß an Kraft gespart worden wäre. Mit ihren 2,2 m erlaubt sie eine gute Kontrolle im Drill und sehr präzise Würfe.

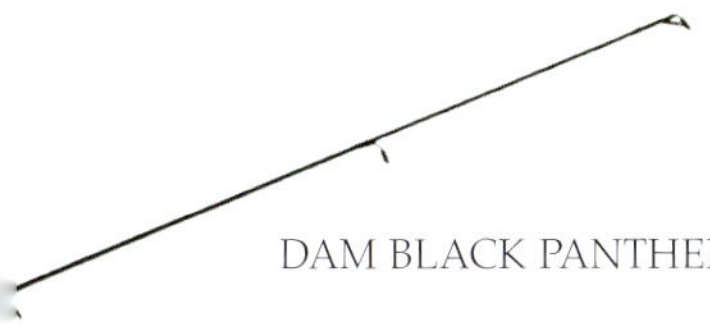

DAM BLACK PANTHER

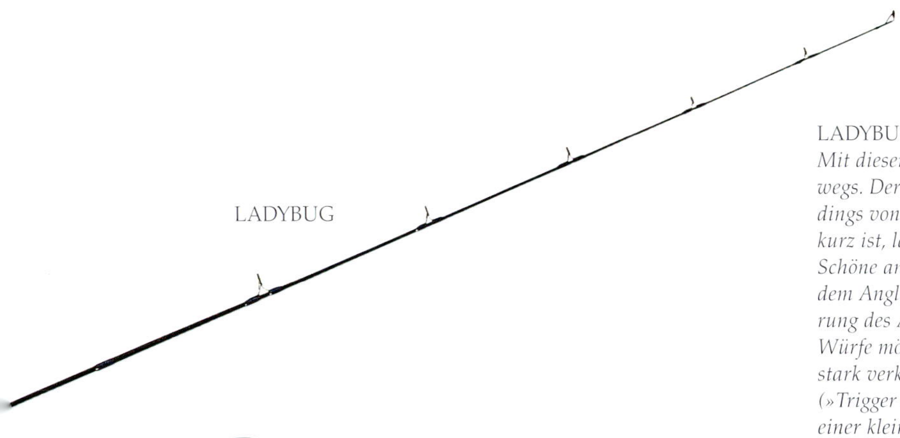

LADYBUG

LADYBUG

Mit dieser wunderbaren Rute ist man gerne einen ganzen Tag lang unterwegs. Der Rohling stammt aus den USA, gebaut wird dieses Modell allerdings von der Irish Rod Company. Obwohl diese Rute mit 1,8 m Länge sehr kurz ist, lassen sich mit ihr problemlos mittelschwere Kunstköder werfen. Das Schöne an einer so kurzen Rute ist der ganz unmittelbare Kontakt zwischen dem Angler und dem Kunstköder. Die Rute wird hier wirklich zur Verlängerung des Anglerarmes. Mit einer so kurzen Rute sind auch höchst präzise Würfe möglich, was beim Befischen von Hechten oder Schwarzbarschen in stark verkrauteten Gewässern immer von großem Vorteil ist. Der Pistolengriff (»Trigger Grip«) am Rollenhalter verrät, daß diese Rute zum Fischen mit einer kleinen Multirolle konzipiert ist, die oben auf dem Rohling sitzt.

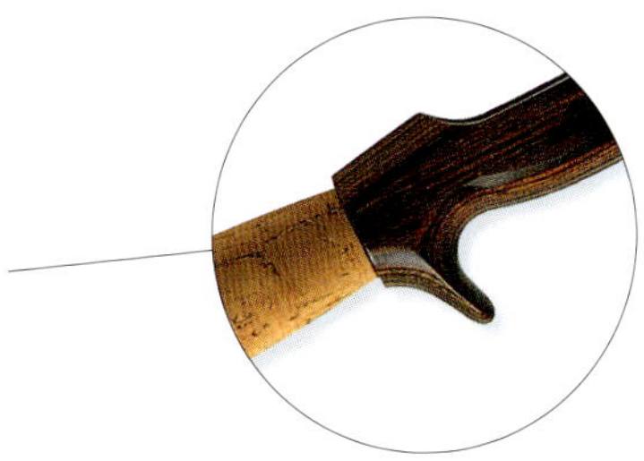

Pistolengriff (»Trigger Grip«)

Beachten Sie den eigentümlichen Abzug am Rollenhalter, der als Pistolengriff bezeichnet wird. Dieser Grifftyp ermöglicht dank des kleinen »Abzuges« einen langen Angeltag hindurch ein ermüdungsfreies Halten der Rute. Beim Werfen mit der Multirolle erlaubt er auch jenes Mehr an Kontrolle, das oft den Erfolg eines schwierigen Wurfs ausmacht.

GRUNDRUTEN

Mit einer Grundrute wird für gewöhnlich ein Köder in unmittelbarer Grundnähe angeboten, meist mit Hilfe eines Grundbleies oder eines Futterkörbchens. Prinzipiell gibt es im Handel drei Arten von Grundruten. Die Quiver-Tip-Ruten bzw. die Ruten mit Bibberspitze sind schlank und äußerst bißempfindlich. Diese Modelle sind gewöhnlich 3 bis 4,25 m lang und verfügen über ein kraftvolles Segment im unteren Abschnitt, wodurch sie im Drill auch mit größeren Fischen zurechtkommen. Der zweite Rutentyp ist die klassische Grundrute in Längen von 3 bis 3,6 m, die gut zum Auswerfen mittelgroßer Köderhappen, wie etwa Nacktschnecken und größere Teigkugeln, geeignet ist. Ihre Kraft sollte ausreichen, um gut mit Fischen von zwei bis neun Kilo zurechtzukommen. Den dritten Grundrutentyp bilden die sogenannten Expertenruten, die darauf ausgelegt sind, Karpfen, Hechte oder Welse auch in großer Entfernung zu haken und zu drillen. Eine solche Rute ist gewöhnlich 3,4 bis 4 m lang und mit enormen Kraftreserven versehen – denn nur so lassen sich Großfische aus großer Entfernung sogar über hängerreiche Scharkanten herbeidrillen.

WARTEN AUF DEN BISS
Die Expertenruten der Großfischangler sind oft zu schwer und zu lang, um die ganze Zeit in der Hand gehalten zu werden, weshalb sie bis zum Biß auf einen entsprechenden Rutenhalter abgelegt werden. Mit diesen Ruten sind ganz erstaunliche Wurfweiten möglich, sie bleiben aber trotzdem so sensibel, daß man die gehakten Großfische im Nahbereich nicht durch Schnurbruch verliert.

Der erste Ring
Er ist der größte Ring. Sein Durchmesser muß groß genug sein, um der Schnur anläßlich der Würfe nicht zu viel Reibungswiderstand entgegenzusetzen. Bei hoher Reibung schrumpft die Wurfweite empfindlich.

Der Rollenhalter
Ein Schraubrollenhalter ist für den sicheren Rollensitz anläßlich von Weitwürfen und Großfischdrills unerläßlich. Beim abgebildeten Modell wird der Rollenfuß von unten nach oben festgeschraubt.

SHIMANO MULTI-RANGE FEEDER

Die Verwendung von Kohlefaser bei der Rutenherstellung hat dazu geführt, daß diese nun viel leichter sind als je zuvor. Dadurch sind längere Ruten möglich, etwa dieses Modell, das in den Längen 3,6 und 4,25 m geliefert wird – einmal mit einem langen und einmal mit einem ca. 60 cm kürzeren Griffteil. Mit einer solchen Rute sind Weitwürfe mit wenig Kraftaufwand möglich. Durch ihre Länge läßt sich auch mehr Schnur weg von der Wasseroberfläche halten, was besonders bei stärkerer Strömung ein erheblicher Vorteil ist. Durch den längeren Hebel fallen die Anhiebe ebenfalls präziser aus als mit einer kurzen Rute.

SHIMANO ANTARES SPECIALIST QUIVER

Diese moderne Version einer Avon-Rute aus der Mitte des 20. Jahrhunderts ist bestens für den Fang mittelgroßer Flußfische, z.B. Karpfen oder kleinere Welse, geeignet. Die Aktion einer solchen Rute ist progressiv, also durchgehend: Sie biegt sich gleichmäßig von der Rutenspitze bis an das Griffende durch. Das ermöglicht ein gefühlvolles Angeln, aber auch Kraftreserven im Drill. Die Rute wird mit einer Bibberspitze als Zubehör geliefert.

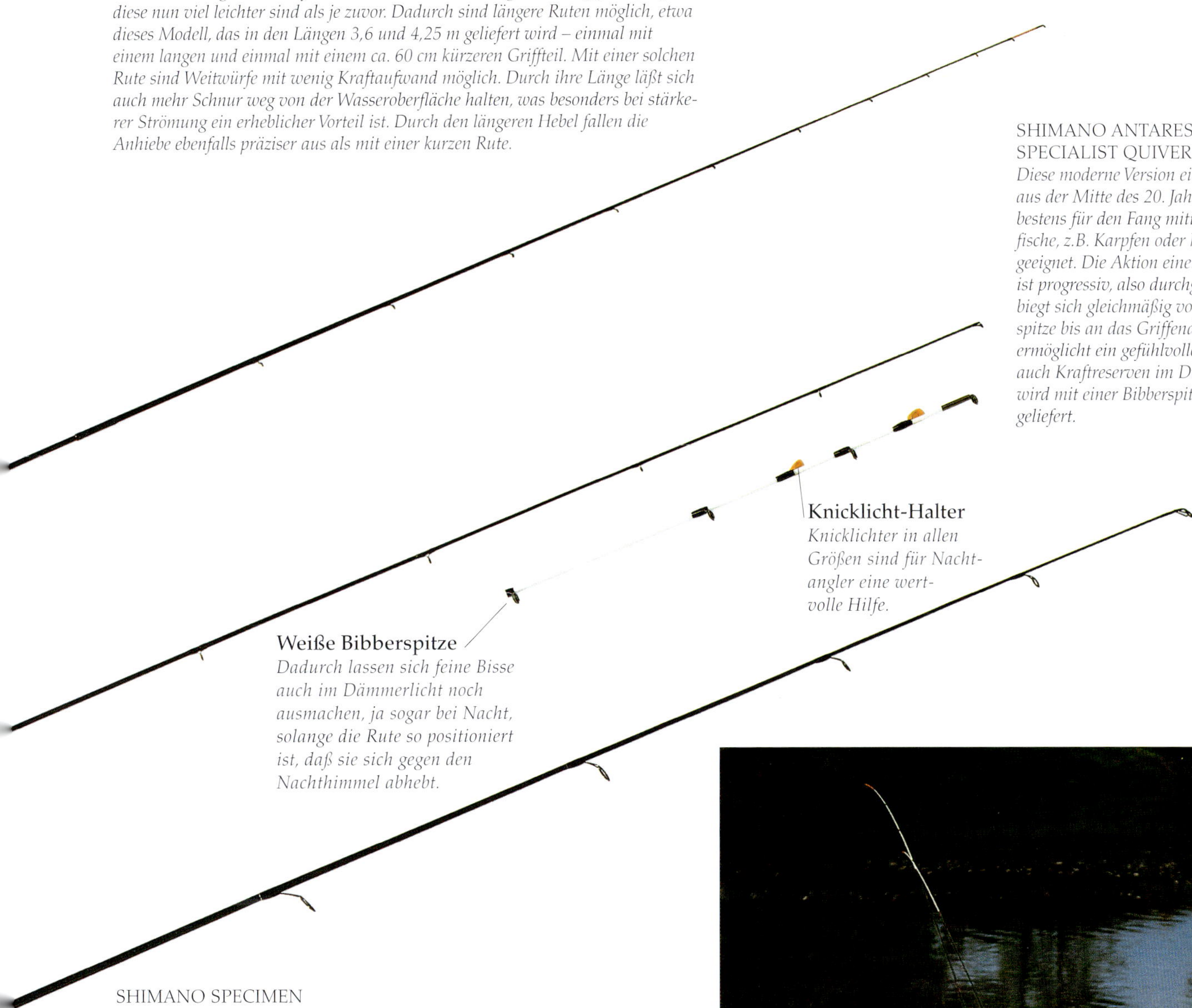

Knicklicht-Halter
Knicklichter in allen Größen sind für Nachtangler eine wertvolle Hilfe.

Weiße Bibberspitze
Dadurch lassen sich feine Bisse auch im Dämmerlicht noch ausmachen, ja sogar bei Nacht, solange die Rute so positioniert ist, daß sie sich gegen den Nachthimmel abhebt.

SHIMANO SPECIMEN

Diese 3,6 m lange Rute ist eine hervorragende und trotzdem erstaunlich preisgünstige Karpfenrute. Trotz ihres bescheidenen Preises wartet sie mit allen Eigenschaften auf, über die eine gute Karpfenrute verfügen muß. Sie hat die für Weitwürfe erforderliche Kraft und Länge und durch ihre Testkurve von 1,2 Kilo (2 3/4 lbs) auch das für den Drill großer Exemplare notwendige Rückgrat, das zum Fernhalten von Krautbänken und anderen Hindernissen unerläßlich ist.

GUT SICHTBARE BIBBERSPITZEN

Modernste und extrem leichtgewichtige Materialien haben dazu geführt, daß die Ruten für Bibberspitzen immer länger geworden sind. Die Standardlänge liegt heute bei 3,6 bis 4 m, was zum Werfen, Anhauen und Drillen ideal ist. Allerdings rückt damit die Bibberspitze in größere Entfernung vom Anglerauge, weshalb sie möglichst auffällig gefärbt sein sollte. Weiß ist meist die erste Wahl der Angler, da sich diese Farbe optimal von dunklem Hintergrund abhebt. Viele Rutenmodelle werden mit einer Reihe unterschiedlicher Bibberspitzen geliefert. Einen erheblichen Unterschied gibt es zwischen den Bibberspitzen aus Kohlefaser und jenen aus Fiberglas. Gewöhnlich ziehen die meisten Angler jene aus Fiberglas vor, sie sind weicher und registrieren feinste Bisse besser. Im Wind sind jedoch Bibberspitzen aus Kohlefaser Trumpf. Sie sind steifer und damit für die Böen weniger anfällig – für den Angler bedeutet das weniger Fehlbisse.

POSENRUTEN

Eine gute Posenrute anzufertigen, ist für Rutenbauer immer wieder eine große Herausforderung, denn sie muß sehr unterschiedliche Qualitäten vereinen: Länge und Leichtigkeit. Eine Posenrute ist fast immer 4 bis 4,25 m lang, denn nur mit einer solchen Länge ist eine optimale Kontrolle und Führung der Pose möglich – ganz egal, ob in stillstehendem oder fließendem Wasser geangelt wird. Dieser Rutentyp muß möglichst gut in der Balance liegen, da er besonders beim Befischen von Fließgewässern den ganzen Tag vom Angler in der Hand gehalten wird. Einer der beiden Haupttypen von Posenruten ist der Klassiker, die sogenannte Match-Rute, die leicht und gefühlvoll ist, während sie gleichzeitig über eine verhältnismäßig schnelle Aktion verfügt. Mit Match-Ruten werden gewöhnlich verhältnismäßig kleine Fische in großen Stückzahlen gefangen, wobei eine ziemlich dünne Schnur zum Einsatz kommt. Um diese Schnur nicht zu gefährden, darf das Rückgrat einer Match-Rute nicht zu hart sein. In den letzten Jahren tauchen immer mehr Posenruten eines neuen, kraftvolleren Typs auf. Sie wurden entwickelt, weil zahlreiche Angler mit ihnen auf größere Fischarten angeln wollen, beispielsweise auf Döbel und Barben an Fließgewässern, aber auch auf Karpfen in den europaweit überall entstehenden Karpfenseen. In diesen Tagesscheingewässern sind die Karpfen meist zwischen zwei und vier Kilo schwer, weshalb die Ruten einiges an Kraftreserven brauchen, um diese Fische erfolgreich und schnell landen zu können.

SHIMANO SUPER ULTEGRA MATCH
Dieses Modell ist typisch für die modernen Match-Ruten aus Kohlefaser, mit der man jeden Posentyp gut fischen kann. Der Rohling ist äußerst schlank, wodurch die Aktion der Rutenspitze blitzschnell wird und auch bei starkem Wind noch zielgenaue Würfe möglich sind. So groß die Kraftreserven dieser Rute sind, sie ist auch sensibel genug für den Einsatz der dünnsten Vorfächer, was besonders im Winter bei niedrigem Wasserstand und klarem Wasser oft unerläßlich ist.

Rutenringe
Achten Sie auf die Rutenringe an dieser Match-Rute: Sie stehen weit vom Rohling weg, damit die Schnur ihn nicht streift. Besonders an regnerischen Tagen geht durch Reibung an dem nassen Rohling viel Wurfweite verloren. Durch das Schaffen von Abstand versucht dieser Ringtyp diese Probleme weitgehend zu reduzieren.

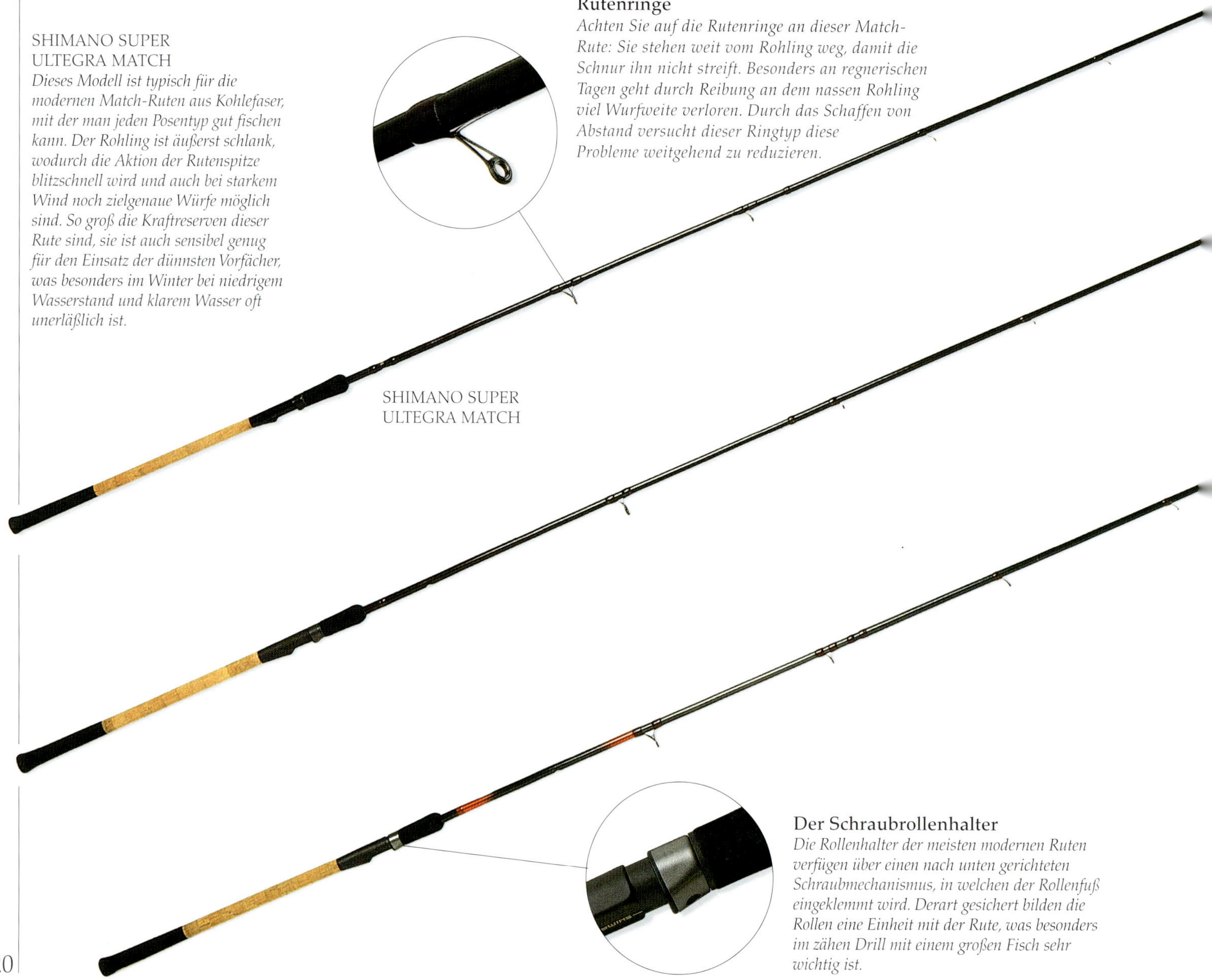

SHIMANO SUPER ULTEGRA MATCH

Der Schraubrollenhalter
Die Rollenhalter der meisten modernen Ruten verfügen über einen nach unten gerichteten Schraubmechanismus, in welchen der Rollenfuß eingeklemmt wird. Derart gesichert bilden die Rollen eine Einheit mit der Rute, was besonders im zähen Drill mit einem großen Fisch sehr wichtig ist.

SHIMANO ANTARES SPECIALIST FLOAT

Dieses Modell ist 4 m lang, fühlt sich aber trotzdem äußerst leicht und ausgewogen an. Das Rückgrat ist ausreichend für den Drill großer Fische, die Aktion schnell. Eine solche Rute ist das ideale Instrument, um auf der Suche nach Barben oder Döbeln aktiv eine Pose über viele Stunden in tiefen Fließgewässern zu fischen. Sie eignet sich aber gleichfalls zum Befischen von Schleien in Baggerseen oder Badeweihern sowie zum Angeln auf Rotaugen und Flußbarsche in Kleinflüssen. Doch auch beim Besuch von Karpfenseen kann man diese Rute mitnehmen, da sie es problemlos mit Fischen von deutlich über fünf Kilo aufnehmen kann. Eine erstaunlich vielseitige Rute für alle, die mit der Pose auch gerne auf etwas größere Fische angeln.

SHIMANO ANTARES
SPECIALIST FLOAT

SHIMANO CARP CRUNCHER
SPECIMEN MATCH

SHIMANO CARP CRUNCHER SPECIMEN MATCH

Heutzutage entstehen europaweit immer mehr Tagesscheingewässer, in denen der wesentliche Zielfisch der Karpfen ist. Diese Fische sind meistens zwischen einem und fünf Kilo schwer. Bei guter Bestandsdichte sind tolle Angelpartien mit der Match-Rute möglich. Die Folge ist, daß es im Handel immer mehr Ruten gibt, die zum Posenfischen auf diese großen Weißfische gedacht sind. Diese Ruten müssen leicht und angenehm zu halten sein, aber dennoch über genug Reserven im Drill verfügen, um mehrere Großfische im Zeitraum einer meist drei oder vier Stunden andauernden Angelpartie anzulanden. In Weihern und kleineren Seen ist das Posenfischen übrigens eine äußerst fängige Karpfentechnik.

DER AUFGABE GEWACHSEN

Für das Flußfischen mit der Pose ist eine Centre-Pin-Rolle die Ideallösung, während beim Angeln in stillstehenden Gewässern eine kleine Stationärrolle die richtige Lösung ist, da mit ihr problemlosere und weitere Würfe möglich sind. Beide Rollentypen werden mit einem Schraubrollenhalter mit der Rute verbunden, wobei der Angler auf einen wirklich sicheren Sitz der Rolle achten muß. Wie auf dem Foto ersichtlich, braucht eine gute Posenrute einiges an Kraftreserven, um mit größeren Fischen in Strömung und Hindernisnähe zurechtzukommen.

FLIEGENRUTEN 1

Leichte Fliegenruten für den Fang von kleineren Forellen und Äschen können herrliche Instrumente sein. Am grazilsten sind die Ruten, die für Wurfschnüre der Gewichtsklasse 0 konzipiert wurden. Die leichtesten Wurfschnüre sind so dünn, daß sie eher an Spinnfäden erinnern. Die verschiedenen Kunstfliegen lassen sich damit äußerst diskret servieren, fast ganz ohne Kringel auf der Oberfläche. Weitaus gängiger sind die verschiedenen Modelle der mittleren Wurfklassen (AFTMA 5–7). Wichtig ist vor allem, Rute und Wurfschnur so zu wählen, daß sie beim Werfen gut in der Hand liegen. Legen Sie sich zunächst eine vielseitige Basisausrüstung zu und investieren Sie erst dann in teureres Gerät, wenn Sie mit zunehmender Erfahrung genau wissen, was Sie brauchen.

EINEN KÄMPFER LANDEN
Eine Fliegenrute ist eine zauberhafte Mischung aus Kraft und Grazie. Dieser Rutentyp ist leicht genug, um ihn den ganzen Tag zu schwingen, gleichzeitig verfügt er über erstaunliche Kraftreserven, weshalb er auch mit stark kämpfenden Fischen wie etwa diesem frisch aufgestiegenen arktischen Saibling zurechtkommt. Wesentlich ist der sichere Sitz der Rolle im Rollenhalter: Sie muß mit der Rute wegen der viele Stunden andauernden Wurfbewegungen eine Einheit bilden.

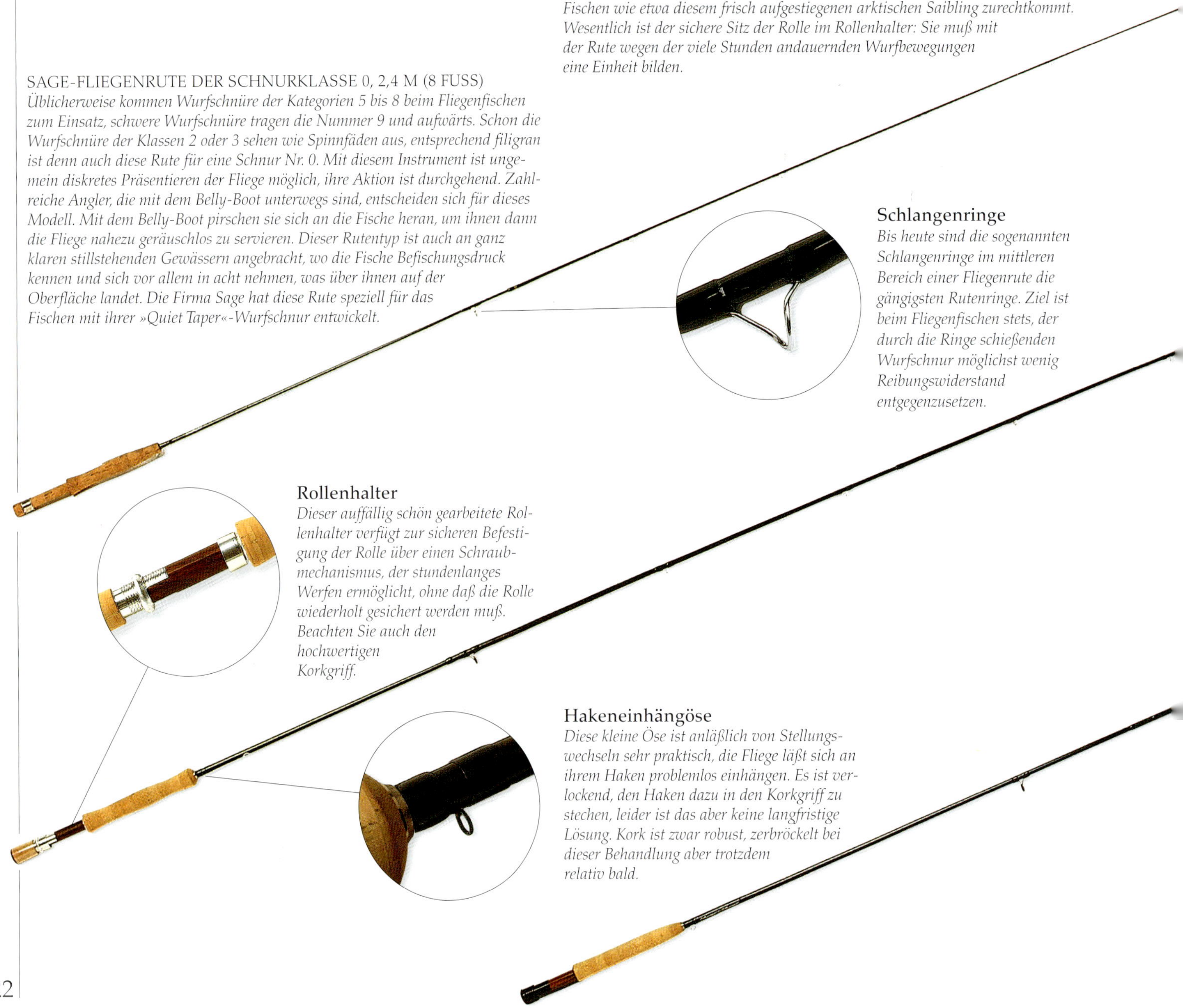

SAGE-FLIEGENRUTE DER SCHNURKLASSE 0, 2,4 M (8 FUSS)
Üblicherweise kommen Wurfschnüre der Kategorien 5 bis 8 beim Fliegenfischen zum Einsatz, schwere Wurfschnüre tragen die Nummer 9 und aufwärts. Schon die Wurfschnüre der Klassen 2 oder 3 sehen wie Spinnfäden aus, entsprechend filigran ist denn auch diese Rute für eine Schnur Nr. 0. Mit diesem Instrument ist ungemein diskretes Präsentieren der Fliege möglich, ihre Aktion ist durchgehend. Zahlreiche Angler, die mit dem Belly-Boot unterwegs sind, entscheiden sich für dieses Modell. Mit dem Belly-Boot pirschen sie sich an die Fische heran, um ihnen dann die Fliege nahezu geräuschlos zu servieren. Dieser Rutentyp ist auch an ganz klaren stillstehenden Gewässern angebracht, wo die Fische Befischungsdruck kennen und sich vor allem in acht nehmen, was über ihnen auf der Oberfläche landet. Die Firma Sage hat diese Rute speziell für das Fischen mit ihrer »Quiet Taper«-Wurfschnur entwickelt.

Schlangenringe
Bis heute sind die sogenannten Schlangenringe im mittleren Bereich einer Fliegenrute die gängigsten Rutenringe. Ziel ist beim Fliegenfischen stets, der durch die Ringe schießenden Wurfschnur möglichst wenig Reibungswiderstand entgegenzusetzen.

Rollenhalter
Dieser auffällig schön gearbeitete Rollenhalter verfügt zur sicheren Befestigung der Rolle über einen Schraubmechanismus, der stundenlanges Werfen ermöglicht, ohne daß die Rolle wiederholt gesichert werden muß. Beachten Sie auch den hochwertigen Korkgriff.

Hakeneinhängöse
Diese kleine Öse ist anläßlich von Stellungswechseln sehr praktisch, die Fliege läßt sich an ihrem Haken problemlos einhängen. Es ist verlockend, den Haken dazu in den Korkgriff zu stechen, leider ist das aber keine langfristige Lösung. Kork ist zwar robust, zerbröckelt bei dieser Behandlung aber trotzdem relativ bald.

DIE LEICHTE FLIEGENAUSRÜSTUNG
Fliegenruten sind so sensibel, daß sie fast buchstäblich zu einer echten Verlängerung des Anglerarmes werden. Um das Maximum aus einer Fliegenrute herauszuholen, muß der Angler sie allerdings stets in Verbindung mit einer Wurfschnur der zu ihr passenden Klasse fischen. Fliegenruten der leichten Wurfklassen sind z.B. bestens geeignet zum Fang solch prachtvoller Äschen.

SAGE-FLIEGENRUTE DER SCHNURKLASSE 0, 2,4 M (8 FUSS)

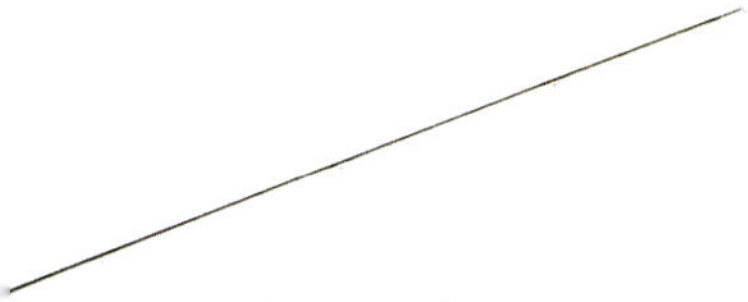

SHIMANO SUPER ULTEGRA FLY
Diese hervorragende und vielseitige Rute ist für Schnüre der Schnurklassen 7 bis 8 konzipiert, wodurch sie zum idealen Instrument zum Befischen von Forellen- und Baggerseen wird, sogar bei verhältnismäßig windigem Wetter. In dieser Rute stecken erstaunliche Kraftreserven, weshalb sie auch zum Fang großer Regenbogner in stillstehenden Kleingewässern optimal geeignet ist. Ein wesentlicher Vorteil liegt in der Tatsache, daß diese Rute in vier Segmenten geliefert wird. Ihre Transportmaße liegen deshalb bei weniger als 75 cm, was besonders auf Reisen praktisch ist.

SHIMANO SUPER ULTEGRA FLY

Großer Spitzenring
Der große Endring ermöglicht schnelles und problemloses Werfen. Die Schnur gleitet durch den Ring, ohne seine Innenseiten zu berühren, wodurch es zu weniger Reibungswiderstand kommt.

THOMAS AND THOMAS 3 M (10 FUSS)

THOMAS AND THOMAS 3 M (10 FUSS)
Diese Rute soll mit einer Schnur der Schnurklasse 5 gefischt werden. Ihre überdurchschnittliche Länge macht sie zum idealen Instrument für bestimmte Spezialtechniken, beispielsweise zum Nymphenfischen im tschechischen Stil, das europaweit immer beliebter wird. Mit 3 m Länge ist dem Angler viel größere Kontrolle über seinen Nymphenzug und dessen Abdrift möglich. Die Rute ist ebenfalls hervorragend zum Trockenfliegenfischen von einem Boot aus geeignet. Die Würfe fallen gefühl-, aber kraftvoll aus, während die Wurfschnur traumhaft sanft auf der Wasseroberfläche auftrifft. Mit der verhältnismäßig steifen Rutenaktion sind präzise Würfe möglich.

MITTLERE WURFWEITEN
Fliegenruten der Schnurklassen 5 bis 7 sind auf mittlere Wurfweiten ausgelegt und eine gute Wahl, wenn man nicht genau weiß, was für eine Art von Gewässer auf einen wartet. Sie sind sehr vielseitige Ruten, die im Drill mit kleineren Fischen viel Freude bereiten, es aber von ihrem Rückgrat her auch problemlos mit etwas größeren Exemplaren in schnell fließendem Wasser aufnehmen können.

FLIEGENRUTEN 2

Hier finden Sie schwerere Fliegenruten, die für schwerere Wurfschnüre, weitläufigere Gewässer und größere Fische gedacht sind. Mit ihnen wird gewöhnlich auf Lachse, Meer- oder Steelheadforellen geangelt. Unter schwer ist in diesem Fall nicht klobig zu verstehen: Auch hier entsteht aus dem Zusammenwirken moderner Materialien mit technischer Brillanz Angelgerät, mit dem zu angeln ein Genuß ist und das sich vom Gewicht her problemlos den ganzen Tag werfen läßt. Zudem richtet sich die Kunst des Fliegenfischens immer mehr auch auf Fischarten, denen früher nie mit der Fliegenrute nachgestellt wurde. Am erstaunlichsten ist diesbezüglich wohl die rasante Entwicklung der Fliegenfischerei im Salzwasser. Bonefish, Permit, Barrakuda, ja, sogar Thune sind mittlerweile zu Zielfischen der Fliegenfischer geworden. Die Angelgeräteindustrie hat sich bereits darauf eingestellt.

DAS ANLANDEN EINES MONSTERS
Dieses Foto beweist, daß es keine Aufgabe gibt, der eine Fliegenrute nicht gewachsen wäre. Hier wird gerade ein 110 Kilo schwerer Beluga-Stör aus dem Kaspischen Meer an Fliegengerät gelandet, das ursprünglich für die schwere Lachsangelei entworfen wurde. Während des mehr als zweistündigen Drills wurde das Boot über fünf Kilometer weit gezogen.

Spiegelungen vermeiden
Während die Ringwicklungen und Schriftzüge mit mehreren Lackschichten gut gesichert sind, wurden die Abstände dazwischen bewußt matt belassen. Dies soll die Spiegelung von Sonnenstrahlen verhindern. Schon ein unglücklich in seichtes klares Wasser fallender Lichtstrahl könnte nämlich einen aktiven Fisch vergrämen.

SPORTFISH OCEANIC FLY
2,5 M (8,5 FUSS)

Der Kreuzschlitz
Der Kreuzschlitz soll der Rute im Gimbal (Kampfgurt) mehr Halt geben. Ein Gimbal gibt dem Angler zusätzlichen Hebel an der Rute, was besonders beim Empordrillen großer Fische aus tiefem Wasser eine praktische Hilfe ist.

UNTER DEN GROSSEN
Man braucht schon eine recht ordentliche Fliegenrute, um einer Steelheadforelle von diesem Kaliber Herr zu werden – allein für die Würfe über das breite Flußbett ist einiges an Kraft erforderlich, die nur Spezialruten besitzen.

SPORTFISH SPEY 4,5 M (15 FUSS)

Das Besondere an einer Spey-Rute (Zweihandrute) ist die Tatsache, daß ihr Griff ein zweihändiges Werfen erlaubt, wodurch sich beachtliche Wurfweiten erzielen lassen. Dank Länge und Kraft der Rute kann man mir ihr im Drill auch den größten Lachsen beikommen. Die Aktion dieser Rute der Firma Sportfish erinnert an die einer Sage-Rute, sie ist jedoch deutlich günstiger. Dieser Preisvorteil macht dieses Modell zur idealen Einsteigerrute für alle, die das Fliegenfischen mit einer Zweihandrute entdecken wollen.

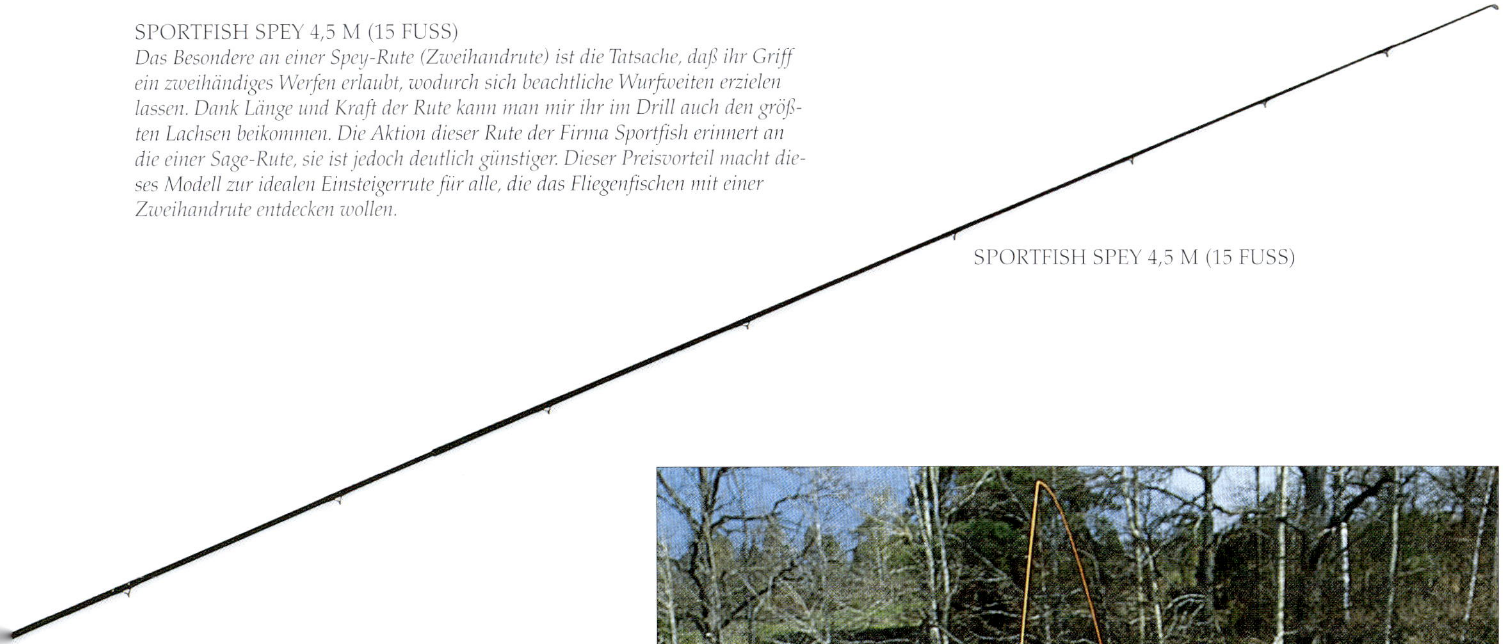

SPORTFISH SPEY 4,5 M (15 FUSS)

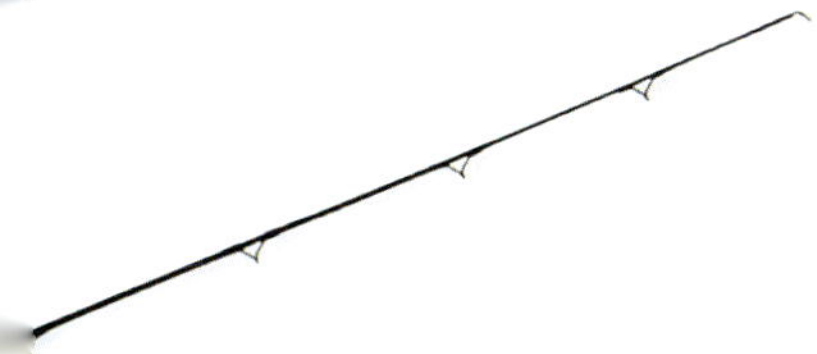

SPORTFISH OCEANIC FLY 2,5 M (8,5 FUSS)

Diese wirklich enorm starke Rute für den Fang schwerttragender Fische ist wohl die Art von Rute, die buchstäblich alles bewältigen dürfte, was Flossen hat – egal, ob im Süß- oder Salzwasser. Sie ist sehr steif und wirft auch noch die schwersten Wurfschnüre, ist aber nicht dafür gedacht, über viele Stunden hindurch zu werfen. Meistens lassen die Angler den Streamer von einem fahrenden Boot aus ins Wasser gleiten, sie schleppen ihre Fliege statt sie zu werfen. Die Kraft in dieser Rute ist wirklich immens, dessen wird man sich aber erst nach dem Biß eines echten Großfisches bewußt. Eine erstaunliche Rute, die einen nie im Stich läßt.

RAUBFISCHE MIT DER FLIEGE

Das 21. Jahrhundert hat auch dem Fliegenfischen ganz neue Bereiche eröffnet. Die Fliegenfischer trauen sich beim Ausprobieren neuer Techniken und Möglichkeiten immer mehr. Mit der Fliegenrute auf Hechte zu gehen, ist in Nordamerika und weiten Teilen Europas mittlerweile eine Selbstverständlichkeit. Beim Hechtangeln muß das Vorfach unbedingt aus Stahldraht sein, da die scharfen Hechtzähne für ein Nylonvorfach verhängnisvoll wären.

Kopf- & Stippruten

Eine lange Kopf- bzw. Stipprute wird für viele Angler der teuerste Ausrüstungsgegenstand sein, den sie sich je kaufen werden. Entsprechend wichtig ist es, vor dem Kauf die richtige Wahl zu treffen. Überlegen Sie sich gut, wofür Sie die Stippe wirklich brauchen. Brauchen Sie eine leichte 13-m-Stipprute, um im Kanal auf Kleinfische zu angeln, oder muß es eine schwerere 9-m-Rute sein, um z.B. Großfische in einem kleinen Fluß zu überlisten? Oder reicht ein ganz kurzes Modell, mit dem meist auf fingerlange Weißfische (Lauben oder Moderlieschen) in nächster Nähe geangelt wird? Entscheidend ist beim Aussuchen der Stipprute, daß sie gut in der Hand liegt. Zwar geben alle Hersteller das Gewicht ihrer Ruten an, doch leider ist das nur ein ganz grober Wegweiser. Die Balance des Rutengewichtes ist letztlich von viel größerer Bedeutung als das eigentliche Gewicht. Man findet sie nur heraus, indem man die Rute auf volle Länge ausfährt, sie in die Hand nimmt und nach Möglichkeit direkt mit einem anderen Modell aus derselben Preisklasse vergleicht. Wie gut sich die Rute handhaben läßt, ist ebenfalls ganz entscheidend: Liegt sie im Angelgeschäft schon nach zehn Minuten schwer im Arm, wird sie sich nach zwei Stunden am Wasser sicher entsetzlich anfühlen.

DISTANZANGELN
Moderne Stippruten müssen mit einer Vielzahl von Bedingungen zurechtkommen. Traditionell sind sie die idealen Instrumente, um aus schwierigen Gewässern kleine Fische zu pflücken. Heute verwenden immer mehr Angler diesen Rutentyp, um damit größere Fischarten wie Schleien und Karpfen zu befischen. Egal, ob die Stippe schwer oder leicht ausfällt, im Drill lassen sich die gehakten Fische an ihr optimal führen.

SHIMANO CARP
CRUNCHER POLE

GUMMIZUG
An der Rutenspitze wird der Gummizug mit einem Plastikzapfen (»Top Bung«) gesichert, damit er nicht rückwärts im Inneren der Spitze verschwindet.

GUMMIZUGBEFESTIGUNG & DURCHFÄDLER
Am unteren Griffteil der Stippe wird der Gummizug unmittelbar über der Abschlußkappe an einer konisch zulaufenden Plastikhülse (»Butt Bung«) befestigt. Zum Durchfädeln des Gummizuges kommt ein dünner Stahlzug mit Öse am Ende zum Einsatz.

Gefahr!

Kohlefaser ist ein hervorragender Leiter von elektrischem Strom. Kohlefaserruten sollten deshalb NIEMALS in der Nähe von Stromleitungen und Hochspannungsanlagen verwendet werden, erst recht keine langen Stippruten. Dasselbe gilt bei Gewittern. Beachten Sie, daß für einen tödlichen Stromschlag die Stippe selbst die Stromleitung gar nicht berühren muß, die Nähe genügt: Elektrische Energie kann überspringen, besonders bei feuchtem oder nassem Wetter.

SHIMANO CARP CRUNCHER POLE

Diese ganz erstaunliche Rute wurde speziell für das Stippfischen auf Karpfen entworfen. Die Tagesscheingewässer für Karpfen werden immer zahlreicher. Meist werden diese Gewässer mit Karpfen von zwei bis fünf Kilo besetzt – gelegentlich auch mit etwas größeren. An einer Stipprute bieten solche Karpfen einen tollen Sport, wobei sie die Rute arg belasten. Diese Rute bringt das erforderliche Rückgrat mit, sie ist sogar mit der wütenden Flucht eines größeren Exemplares nicht überfordert. Zum Posenfischen hat eine Stipprute zahlreiche Vorteile gegenüber einer traditionellen Rute. Ganz grundsätzlich ist eine viel präzisere Kontrolle und Führung der Pose möglich – ein sehr wichtiger Punkt, da die Karpfen unter Befischungsdruck schnell dazulernen. Diese Rute ist äußerst vielseitig und immer dann einsetzbar, wenn es um das Stippfischen auf größere Exemplare geht als die, die man üblicherweise mit dieser Technik angelt. Sie ist ideal, um in stillstehenden Gewässern auf Schleien und Brachsen zu fischen, aber auch für den Fang von großen Döbeln und Barben in Fließgewässern. Obwohl die Segmente dieser Rute für den Transport ineinandergeschoben werden, ist sie keine Teleskop-, sondern eine Steckrute.

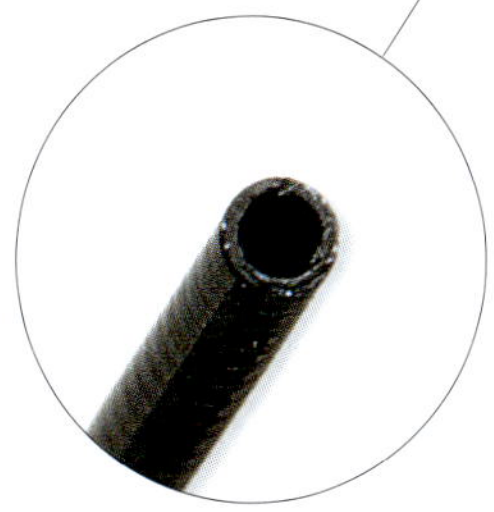

Hohlspitze

Die hohle Spitze verrät die Funktionsweise des Gummizuges – er läuft mittig durch das Ruteninnere bis aus der Spitze hinaus, wo schließlich die eigentliche Montage angebunden wird.

DER GUMMIZUG

Der Zugwiderstand des Gummizuges muß jeweils passend zur erwarteten Fischgröße gewählt werden. Jeder kann sich denken, daß ein dünner Gummizug für Lauben der Flucht eines Karpfens keinen Einhalt gebieten wird! Klassifiziert wird die Zugstärke der Gummizüge mit einem Nummerncode.

DIE KUNST, EINEN FISCH ZU LANDEN

Hängt ein Fisch in 13 m Entfernung am Ende der Stippe am Haken, wird die Rute im Regelfall durch Abstecken der unteren Segmente verkürzt. Mit Rollen versehene Rutenhalter, die der Angler hinter sich plaziert hat, erleichtern diesen Vorgang erheblich.

FAST GESCHAFFT

Teleskop-Stippen werden zum Verkürzen ineinandergeschoben. Steckruten müssen abgesteckt werden, bis der Fisch in Reichweite des Keschers gelangt. Kleine Fische kann man mit der Rute aus dem Wasser heben, wenn die Schnur etwa so lang ist wie die ausgefahrene Rute.

BOOTSRUTEN

Das Bootsangeln auf dem Meer ist eine wirklich anstrengende Angelegenheit, bei der es ans Eingemachte geht – besonders dann, wenn man bei schlechtem Wetter über tiefem Wasser Großfischen nachjagt. Eine Bootsrute muß entsprechend robust sein und gelegentlich auch übelste Mißhandlung wegstecken können. Trotzdem muß man nach einem Kompromiß zwischen Flexibilität und Kraft suchen, denn Kraft alleine schluckt die Rutenaktion. Darüber hinaus besteht bei Ruten mit steifer Aktion immer die Gefahr, daß bei einer plötzlichen Bewegung des Fisches in der Endphase des Drills doch noch die Schnur gesprengt wird. Immer zahlreicher sind die Angler, die sich für sogenannte Uptide-Ruten entscheiden. Bei diesem Rutentyp sind der Griff und das verhältnismäßig geschmeidige Spitzenteil länger, wodurch sich gefühlvoll werfen und drillen läßt.

HARTE BEDINGUNGEN

Eine gute Bootsrute muß einiges wegstecken – nicht nur die Fluchten großer Meeresfische, sondern auch den Einfluß von Salz und Sand und den einen oder anderen Sturz im Boot. Überlegen Sie sich im Vorfeld also gut, für welches Modell Sie sich entscheiden.

SHIMANO SOLSTACE UPTIDE

Der Umgang mit Uptide-Ruten ist eine wahre Freude und eröffnet dem Bootsangeln ganz neue Dimensionen. Vergewissern Sie sich jedoch stets, daß die jeweils verwendete Rute auch für das zum Einsatz kommende Wurfgewicht geeignet ist. Zuviel oder zuwenig Gewicht zieht ihre Wurfqualitäten stark in Mitleidenschaft. Achten Sie stets auf qualitativ hochwertige Ringe, einen sicheren Schraubrollenhalter und eine gute Zapfenverbindung, damit die Rute unter Zug nicht bricht. Es ist gut zu wissen, daß sich dieser Rutentyp auch zum schweren Süßwasserangeln auf schwergewichtige Arten wie Welse oder Mahseer eignet.

SHIMANO SOLSTACE UPTIDE

SHIMANO ANTARES BOAT UK

PENN INTERNATIONAL

Ein wahres Kraftpaket von Rute -- das richtige Instrument für die schwersten Brocken in schwerer See. Mithilfe dieser Rute kann man sich auch mit gewaltigen Rochen oder schweren Haien anlegen.

Rutenspitze
Die gelbe Spitze erleichtert es dem Angler sehr, selbst zaghafte Bisse zu erkennen. Sogar beim Angeln im Meer biegt sich die Rute nicht bei jedem Biß voll durch. Oft verrät sich ein zubeißender Fisch nur mit ganz kleinen Rucken, weshalb der Angler stets voll konzentriert seine Rutenspitze im Blick haben muß.

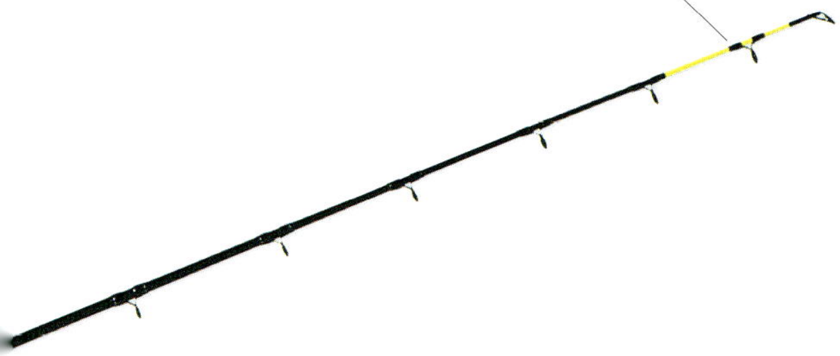

SHIMANO ANTARES BOAT UK
Eine Bootsrute muß immer über möglichst robuste Rutenringe und einen widerstandsfähigen Griff verfügen. Besonders schwere Ruten sollten stets mit einer für einen Kampfgurt geeigneten Abschlußkappe ausgestattet sein. Bootsruten sind mit typischen Längen von 1,8 bis 2,1 m (6 bis 7 Fuß) verhältnismäßig kurz. Einerseits sorgt das für viel Platz im Boot, andererseits ist der kurze Hebel dieser Ruten zum Drillen von schweren Congern oder Großrochen ideal.

ALLEINE IM BOOT
Heutzutage gehen viele Meeresangler mit einem eigenen Boot zum Angeln, besonders in geschützten Bereichen wie Fjorden oder Flußmündungen. Leichte Bootsruten sind sehr vielseitig, es lassen sich mit ihnen Spinn-, aber auch Naturköder fischen. Der Drill macht mit ihnen viel Spaß, wobei es nicht auf die Größe der Fische ankommt. Tragen Sie jedoch immer eine Schwimmweste, auch bei sehr gutem Wetter.

Wicklungen
Eine gute Bootsrute muß auf höchste Belastung ausgelegt sein. Besonders bei rauhem Seegang muß sie einiges wegstecken. Doppelte Wicklungen wie diese sorgen für einen sicheren Halt der Rutenringe, so daß sie auch unter stärkstem Zug nicht vom Rohling gerissen werden.

PENN INTERNATIONAL

Rollerendring
Zum Schlucken der enormen Reibung, die im Endring beim Empordrillen eines schweren Fisches aus großer Tiefe entsteht, läuft die Schnur über ein Röllchen.

Der erste Ring
An dieser besonders schweren Bootsrute ist der erste Ring mit zwei Röllchen ausgestattet, zwischen denen die Schnur läuft.

PUMPEN
Eine Bootsrute wird praktisch immer mit einer Multirolle gefischt und dabei mit den Ringen nach oben gehalten. Die Ringe müssen die Schnur von jeglicher Reibung am Rutenrohling abhalten.

BRANDUNGSRUTEN

Sehr wahrscheinlich sind die Brandungsruten die vielseitigsten unter allen im Meer gebräuchlichen Ruten. Es gibt sie mit unglaublich vielen verschiedenen Aktionen, Wurfgewichten, Verjüngungen (Taper) und Längen, wodurch die Herstellung der Rohlinge eine sehr komplexe Sache geworden ist. Das Ganze wird noch kompliziert durch individuelle Wünsche der vielen Brandungsangler, die an den unterschiedlichsten Küsten ans Werk gehen und sich zudem natürlich von ihrem Wurfstil, ihrer Größe und ihrer Kraft her unterscheiden. Die ideale Aktion oder Länge bzw. das ideale Wurfgewicht gibt es folglich nicht. Viele Brandungsangler lassen sich daher eine eigene maßgeschneiderte Rute anfertigen. Die meisten von uns kaufen jedoch von der Stange – wir gehen ins Angelgeschäft und suchen uns eine Rute aus, die unseren Vorstellungen entspricht. Die Wahl fällt aber erheblich leichter, wenn man genau weiß, was man braucht. Es lohnt sich, zuvor anderen Anglern über die Schulter zu schauen – am besten an Stellen, die mit jenen, die man selbst befischen möchte, vergleichbar sind. Wer freundlich fragt, hat gute Chancen, den einen oder anderen Wurf probieren zu dürfen, wodurch man sich viel sicherer eine eigene Meinung bilden kann. Ein überstürzter Kauf lohnt sich nicht – gerade beim Brandungsangeln sollte man gleich zu Beginn mit dem richtigen Gerät ausgestattet sein.

BRANDUNGSANGELN VOM STRAND
Das Brandungsangeln von Stränden ist weltweit sehr beliebt. Gefischt wird auf unterschiedlichste Arten, weshalb es immer wichtig ist, über das richtige Gerät für die jeweiligen Zielfische zu verfügen. So wird eine leichte Brandungsrute zum winterlichen Brandungsfischen auf schwere Dorsche bei rauhem Seegang völlig untauglich sein. Befestigen Sie eine Rolle und vergewissern Sie sich, daß die Einheit von Rute und Rolle gut in der Hand liegt und einen ausgewogenen Eindruck macht.

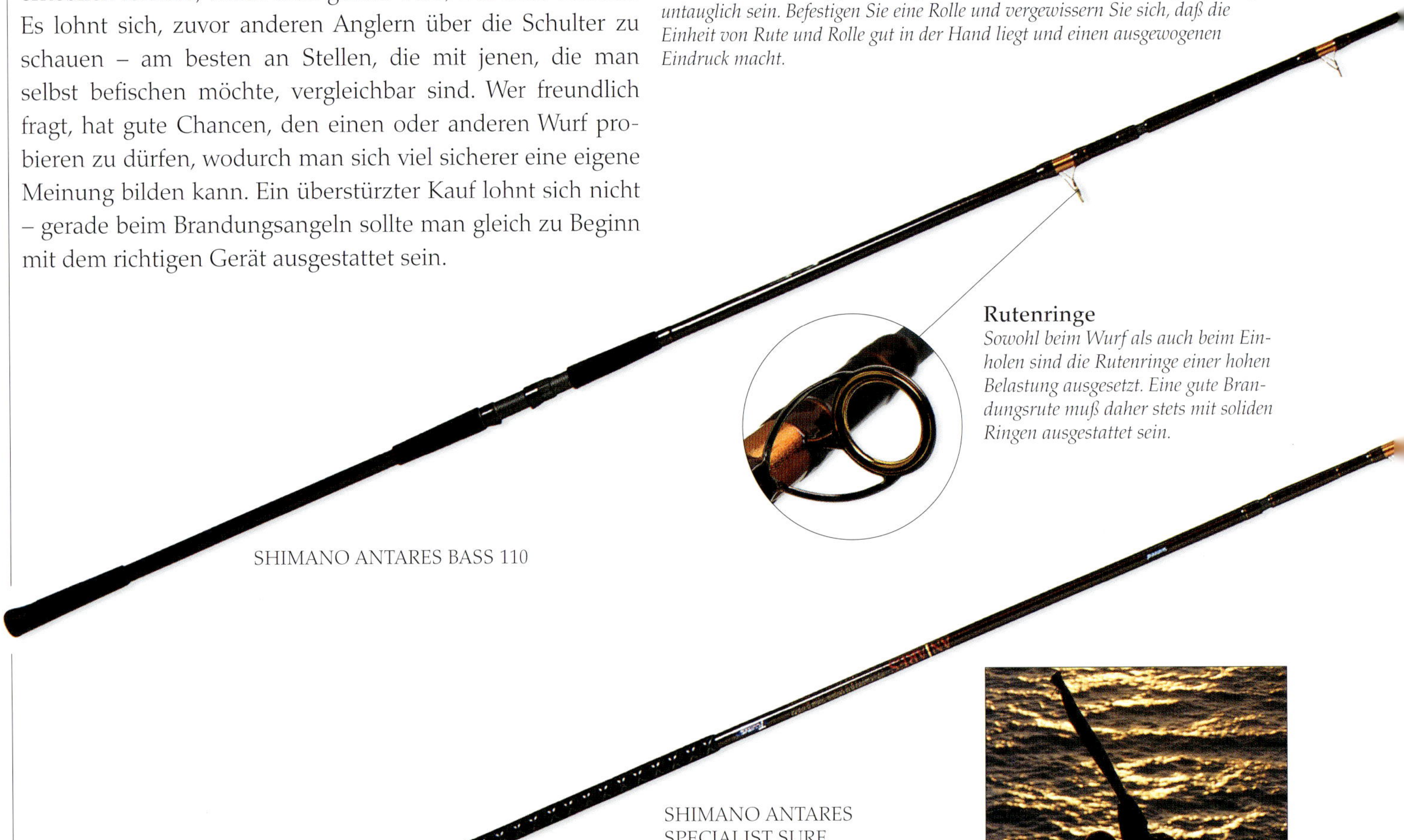

Rutenringe
Sowohl beim Wurf als auch beim Einholen sind die Rutenringe einer hohen Belastung ausgesetzt. Eine gute Brandungsrute muß daher stets mit soliden Ringen ausgestattet sein.

SHIMANO ANTARES BASS 110

SHIMANO ANTARES SPECIALIST SURF

GEFÄHRLICHES TERRAIN
Zum Brandungsangeln von Felsen aus kann eine mehr oder weniger ausgiebige Kletterpartie gehören. Man muß sich stets der möglichen Risiken bewußt sein, beispielsweise von einer größeren Welle von den Felsen gespült oder von der Flut eingeschlossen zu werden.

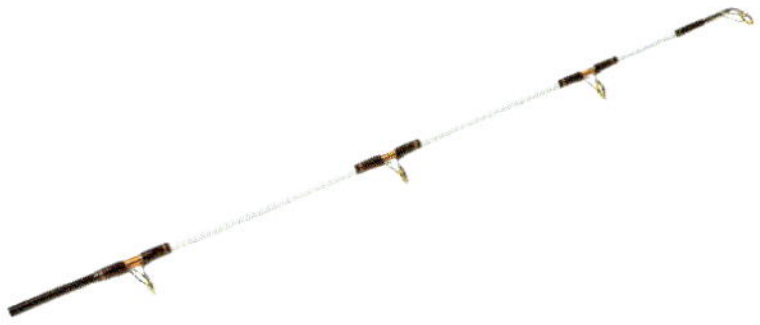

Reflektierende Spitze
Brandungsfischen ist besonders in der Dunkelheit erfolgreich, wenn die Fische auf Nahrungssuche unmittelbar unter Land vordringen. Dabei verwenden die Angler Taschen- und Stirnlampen. Eine weiße Rutenspitze hebt sich in deren Licht vom dunklen Nachthimmel optimal ab.

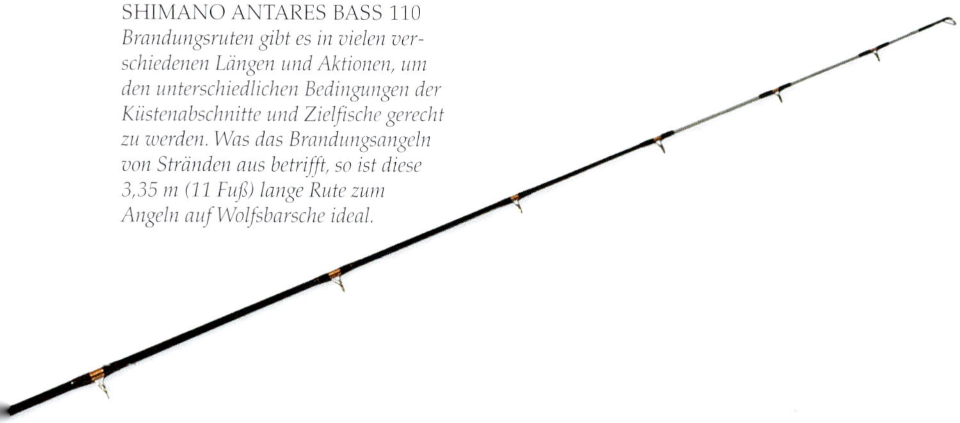

SHIMANO ANTARES BASS 110
Brandungsruten gibt es in vielen verschiedenen Längen und Aktionen, um den unterschiedlichen Bedingungen der Küstenabschnitte und Zielfische gerecht zu werden. Was das Brandungsangeln von Stränden aus betrifft, so ist diese 3,35 m (11 Fuß) lange Rute zum Angeln auf Wolfsbarsche ideal.

SHIMANO ANTARES SPECIALIST SURF
Dieses Produkt der Antares-Serie ist 30 cm länger als die Antares Bass 110 und eher für das Angeln von Felsen aus geeignet. In dieser Serie gibt es auch Brandungsruten in noch schwererer Ausführung.

VOM FELSEN AUS
Das Angeln von Felsen aus kann extrem lohnend sein. Das Wasser erreicht gleich verhältnismäßig große Tiefen, weshalb sich zahlreiche Arten auf der Nahrungssuche bis in Wurfweite wagen. Die dabei zum Einsatz kommenden Ruten müssen kraftvoll genug sein, um die Fische im Drill von Hindernissen fernzuhalten und sie über eine größere Strecke aus dem Wasser heben zu können.

Die Rolle

Von ihrem Prinzip her ist eine Rolle nichts anderes als ein Hilfsmittel für den Angler, um seinen Köder in größerer Entfernung anbieten zu können, als das mit einer an die Rutenspitze gebundenen Schnur möglich ist. Im Laufe der Zeit sind zwei Rollentypen entstanden – mit rotierender und mit festsitzender Schnurspule. Die älteste und einfachste Form einer Rolle mit rotierender Schnurspule ist die Centre-Pin-Rolle. Sie besteht aus einer Spule mit Flansch, die sich um eine Achse aus Stahl dreht; diese Art von Rollen war fast schon ausgestorben, erfreut sich seit einigen Jahren jedoch wieder wachsender Beliebtheit. Fliegenrollen und Multirollen (wozu auch die Baitcaster-Rollen zählen), sind lediglich komplexere Formen einer rotierenden Schnurspule. Rollen mit festsitzender Schnurspule heißen Stationärrollen. Ein sich um seine Achse drehender Schnurfangbügel verlegt die Schnur auf der Spule.

DIE WAHL DES SPINNFISCHERS
Eine Stationärrolle ist zum Angeln mit leichten Ködern wie diesem Spinner ideal, weil sich mit ihr nicht nur recht weit, sondern auch noch ziemlich genau werfen läßt. Spinner verdrallen die Angelschnur durch ihr rotierendes Blatt, weshalb man sie nie ohne einen vorgeschalteten Karabinerwirbel fischen sollte. Der Wirbel kann unmittelbar vor dem Spinner, aber auch am Anfang des Vorfaches sitzen.

Moderne Rollen

Neue Materialien und Fertigungstechnologien haben sich im Bereich der Rollenherstellung wahrscheinlich noch stärker ausgewirkt als beim Rutenbau. Heute werden beispielsweise Titan- und Aluminiumlegierungen eingesetzt, was die Rollen gleichzeitig belastbarer und leichter macht. Entwicklung und Forschung seitens der Rollenhersteller haben dazu geführt, daß Stationär- und Multirollen, aber auch Fliegenrollen, die am ehesten an die früheren Centre-Pin-Rollen erinnern, heute voller technischer Raffinessen stecken. Bessere Balance, moderne Getriebe und Kugellager lassen heute den Umgang mit Rollen zu einer wahren Freude werden. All das erschwert einem Anfänger natürlich die Wahl. Weil auch die technische Ausstattung der Rollen große Unterschiede aufweist, ist es empfehlenswert, einen fachkundigen Gerätehändler zu Rate zu ziehen.

Fachbegriffe

Anti-Reverse oder Rücklaufsperre Mechanismus, der eine Multirolle oder Stationärrollenspule daran hindert, rückwärts zu drehen.

Bremse Mechanismus an Stationär- und Multirollen, der sich verstellen läßt und ab einem bestimmten Zug Schnur freigibt.

Getriebeübersetzung Anzahl der Drehungen, die die Spule bzw. der Schnurfangbügel macht, während der Angler nur eine Kurbelumdrehung vornimmt.

Knarre Vorrichtung, die die Spule am losen Drehen auf der Achse hindert.

Level Wind oder Schnurführung Dieses Öhr verlegt die Schnur beim Einholen gleichmäßig um die Achse einer Multirolle.

Line Guard Diese Vorrichtung gibt es nur an Centre-Pin- und Fliegenrollen. Sie hindert die Schnur daran, von der Spule zu springen und sich um die Spulenachse zu legen.

Rollenfuß Teil der Rolle, mit dem sie an der Rute befestigt wird.

Rotor Teil einer Stationärrolle, der sich mit dem Schnurfangbügel um die Spule dreht.

Schnurfangbügel Bügel, der sich an einer Stationärrolle um die Spule dreht und die Schnur verlegt.

Die Fliegenrolle

Es gab Zeiten, da waren Fliegenrollen klobig, schwer und mit einem schlecht funktionierenden Bremsmechanismus ausgestattet. In der Praxis waren sie kaum mehr als einfache Schnuraufnahmevorrichtungen, die die Wurfschnur vor Verwicklungen bewahren sollten. Moderne Fliegenrollen können jedoch weitaus mehr. Durch die Verwendung von Kohlefasermatten beim Bau der Ruten sind diese immer dünnwandiger und leichter geworden. Die Folge war, daß auch die Fliegenrollen leichter werden mußten. Die meisten Rollen werden heute aus hochwertigem Aluminium gefertigt, wie es auch in der Luftfahrtindustrie eingesetzt wird. Leichte Materialien haben es ermöglicht, größere Rollen herzustellen. In Verbindung mit den sich stetig verbessernden Getrieben bedeutet das, daß sich die Schnureinholgeschwindigkeit ständig erhöht. Dadurch ist es dem Angler möglich geworden, den gehakten Fisch direkt über seine Rolle zu drillen. Somit liegen keine Schnurklänge mehr vor seinen Füßen, die sich im Drill irgendwo verfangen können. Auch die Bremsmechanismen sind besser geworden, sie arbeiten ruckfrei und viel geschmeidiger. Bei einigen Rollen arbeitet die Bremse über ein Walzenlager auf der Achse, bei anderen über großflächige Korkscheiben: Durch Anziehen der Bremse werden die Scheiben zusammengedrückt, was der Spule immer mehr Reibungswiderstand entgegensetzt, ähnlich wie die Scheibenbremsen an einem Auto. Diese technischen Neuerungen sind für die Entwicklung der modernen Fliegenfischerei von großer Bedeutung gewesen, ohne sie wäre es nicht möglich, den Giganten des Süßwassers oder den Raubfischen der Weltmeere mit einer Fliegenrute nachzustellen. Haltbarkeit, Verläßlichkeit, Leichtigkeit und Praxistauglichkeit sind die zentralen Faktoren, wobei heute noch die Ästhetik hinzukommt: Angler wollen nicht nur mit einer Rolle angeln, die sich herrlich anfühlt, sie muß auch noch ansprechend aussehen.

DIE STATIONÄRROLLE

Der weltweit gebräuchlichste Rollentyp, speziell beim Süßwasserangeln, ist die Stationärrolle. Mit Ausnahme des Fliegenfischens lassen sich im Süßwasser alle Techniken mit einer Stationärrolle praktizieren. Stationärrollen sind auch bei allen Salzwasseranglern beliebt, die nicht unbedingt mit sehr dicken Schnüren angeln müssen. Das Grundprinzip der Stationärrolle ist der um eine festsitzende Spule rotierende Schnurfangbügel, der die Schnur gleichmäßig um den Spulenkern verlegt. Unter Zug kann sich die Spule dank eines Bremsmechanismus allerdings drehen, wodurch man einem flüchtenden Fisch Schnur geben kann, ohne daß sie reißt. Stationärrollen weisen eine Vielzahl von Vorteilen auf: einfaches Werfen, hohes Schnureinholvermögen, sanft und ruckfrei arbeitende Bremsmechanismen. Wenn nicht gerade schwerstes Gerät zum Einsatz kommen muß, ist eine Stationärrolle gewöhnlich die richtige Wahl.

DIE KAPSELROLLE

Diese Rollen sind klassische Stationärrollen mit einer verkapselten Spule. Die Schnur tritt aus dem Oberrand der Kapsel heraus und wird von einer Nadel um die Spule gelegt. Dieser Rollentyp ist besonders geeignet für Nylonschnüre mit geringem Durchmesser, beispielsweise zum Posenfischen auf kurze Distanz. Die Kapsel verhindert nämlich das Aufwickeln von losen Schnurklängen, die beim darauffolgenden Wurf zu schlimmen Verwicklungen führen können. Heute sieht man jedoch nur mehr selten jemanden mit einer Kapselrolle angeln. Vielleicht liegt das daran, daß beim Posenfischen auf kurze Distanz heute eher die modernen leichten Stippruten verwendet werden, die für diese Art der Angelei noch effizienter sind als die Matchrute mit Kapselrolle.

DIE MULTIROLLE

Multirollen sind die mit einem übersetzten Getriebe versehenen Nachfahren der Centre-Pin-Rollen. Sie sind immer dann angebracht, wenn es um den Fang besonders großer Fische unter schwierigen Bedingungen geht. Das Schnurfassungsvermögen dieser Rollen ist enorm, weshalb sie für Techniken mit weiten Würfen und für den Fang von Fischen, die im Drill mehrere hundert Meter Schnur nehmen, ideal sind. Sie sind äußerst widerstandsfähig und überleben auch zehrende Marlin- oder Mahseerdrills. Die meisten von ihnen lassen sich auf Freilauf schalten, wodurch die Spule beim Wurf dem Schnurabzug keinerlei Widerstand entgegensetzt. Es gibt Modelle mit mechanischem und mit magnetischem Bremsmechanismus, oft sorgt eine eigene Schnurführung für die richtige Schnurverlegung. Für jeden Angler, der sich mit großen Fischen anlegen möchte, ist dies die richtige Rolle.

DIE BAITCASTER-ROLLE

Baitcaster-Rollen sind kleine Multirollen, die auf möglichst einfache und problemlose Bedienung ausgerichtet sind. Gewöhnlich sind sie mit einer Schnurführung und einer sensiblen, stufenlos verstellbaren Bremse ausgestattet. Diese Eigenschaften machen sie ideal zum Angeln mit Kunstködern, wobei es darum geht, kleine Blinker und Löffel über viele Stunden hindurch mit höchst präzisen Würfen zu servieren. Die dabei gehakten Fische entpuppen sich regelmäßig als tapfere Kämpfer – Hechte, Welse, aber auch Barrakudas in Mangrovensümpfen. Baitcaster-Rollen sind ideale Partner, um auch aus dem heißesten Drill noch als Sieger hervorzugehen.

STATIONÄRROLLEN 1

Moderne Stationärrollen bieten effiziente Leistung und hohen Benutzungskomfort. Die moderne Technologie stellt uns heute Instrumente zur Verfügung, die den ersten Stationärrollen, die vor etwa hundert Jahren gebaut wurden, um Lichtjahre voraus sind. Die Leistungsfähigkeit moderner Stationärrollen ist wirklich sensationell. Die Balance, das geringe Gewicht sowie der geschmeidige Lauf von Getriebe und Bremse lassen das Angeln zu einer ganz neuen Erfahrung werden. Eine moderne Stationärrolle muß leicht sein, um gut zu den modernen Kohlefaserruten zu passen. Die besten Stationärrollen werden aus Aluminium gefertigt, einem leichten, aber auch sehr belastbaren Material. Perfekte Schnurverlegung um den Spulenkern durch ein direkt mit dem Antrieb der Rollenachse verbundenes Schneckengetriebe ist mittlerweile Standard, gleichzeitig sind die Stationärrollen langlebiger geworden. Mit ihnen lassen sich höhere Wurfweiten erzielen als je zuvor, gleichzeitig ist das Werfen einfacher geworden. Die Einholgeschwindigkeit ist höher und geschmeidiger: Wenn ein großer Fisch an der Schnur zerrt, gibt die Bremse samtweich Schnur, ohne daß die Schnur reißt und der Fisch entkommt.

SPÜRANGELN
Zum Spürangeln, bei dem man den Biß eher fühlt als sieht, ist die Stationärrolle das richtige Instrument. Der Angler hält dazu die Schnur unmittelbar vor dem Schnurlaufröllchen, der Anhieb erfolgt unmittelbar beim Wahrnehmen des Bisses. Dabei ist es egal, ob der Biß zaghaft oder vehement ausfällt.

SHIMANO SAHARA GTE 2500
Diese hervorragende Rolle ist von ihrem Anwendungsfeld her ungemein vielseitig, sofern es nicht um das Angeln mit großen Schnurdurchmessern geht. Die Spule faßt etwa 130 m Schnur mit 3,6 Kilo Tragkraft, wodurch sie zum Grundfischen mit Futterkorb und zum leichten Spinnfischen perfekt geeignet ist. Weil diese Rolle sehr leicht ist, läßt sie sich auch dann zum Posenfischen verwenden, wenn der Angler dabei die Rute ständig in der Hand halten muß. Drei Kugellager, ein gelagertes Schnurlaufröllchen, Schneckengetriebe und ein angenehm zu bedienender Schnurfangbügel machen aus dieser mittelgroßen Rolle ein komfortables Angelgerät.

Spule
Von der Spulengröße und -tiefe hängt das Schnurfassungsvermögen ab.

Kampfbremse
Im Drill läßt sich der Bremswiderstand durch Betätigen des Hebels in kürzester Zeit fester bzw. weicher einstellen.

Schnurfangbügel
Der Schnurfangbügel wird zum Werfen umgeklappt. Anläßlich der ersten Kurbelbewegung nach vorne sollte er problemlos wieder zurückklappen.

Doppelgriff
Dieser Grifftyp sorgt beim Kurbeln für weniger Unwucht, wodurch das Einholen gerade beim Angeln auf große Distanz geschmeidiger und reibungsloser vonstatten geht.

SHIMANO SAHARA GTE 2500

Bremseinstellschraube
Mit dieser Schraube läßt sich die Feineinstellung der Bremse vornehmen.

SHIMANO STRADIC X GTM 3000

Das Aluminiumgehäuse dieser vielseitig verwendbaren Rolle macht sie extrem leicht, weshalb sie ideal ist, um an einer modernen Kohlefaserrute gefischt zu werden. Die Bremse reagiert schon auf geringsten Druck durch die Finger der Kurbelhand. Vier Kugellager und ein gelagertes Schnurlaufröllchen lassen die Rolle geschmeidig laufen, während die Doppelkurbel beim Einholen für perfekte Balance sorgt. Diese Rollenserie eignet sich gut für leichte bis mittelschwere Süßwasserangelei. Das hier abgebildete Modell ist für das leichte bis mittelschwere Grundfischen ideal, ebenso für das Posen- und das leichte Spinnfischen.

Geringe Reibung

Der Spulenrand ist aus Edelstahl. Er setzt der beim Wurf abziehenden Schnur nur geringen Widerstand entgegen, was größere Wurfweiten ermöglicht.

SHIMANO STRADIC X GTM 3000

Geringes Schnurfassungsvermögen

Zum optimalen Werfen ist es unerläßlich, daß die Spule der Rolle bis zum Rand mit Schnur gefüllt ist. Diese Spule weist nur eine geringe Tiefe auf und ist deshalb perfekt für das Angeln mit dünnen Schnurdurchmessern (Matchfischen) geeignet, eine Technik, bei der es nicht auf besonders große Schnurreserven ankommt.

SHIMANO SUPER MATCH HS 3000

SHIMANO SUPER MATCH HS 3000

Das Matchfischen beansprucht Stationärrollen sehr stark, weil sie dabei fast ständig in Bewegung sind. Der Rotor dieser Rolle sitzt auf einem Schneckengetriebe mit geringem Reibungswiderstand, zu dem auch das gelagerte Schnurlaufröllchen beiträgt. Der Schnurfangbügel ist verstärkt, so daß auch bei wiederholter Betätigung anläßlich vielstündiger Angelpartien keine Bruchgefahr besteht. Diese Rolle wird mit zwei verschiedenen Getriebeübersetzungen angeboten – 7 : 1 für hohe Einholgeschwindigkeit, 5 : 1 für eine niedrigere Geschwindigkeit, aber dafür mit mehr Kraft zum Drill eines Großfisches. Die geringe Spulentiefe weist darauf hin, daß diese Rolle nicht zum Angeln auf große Distanz gedacht ist.

STATIONÄRROLLEN 2

Moderne Stationärrollen sind sehr komplexe Geräte mit einer Vielzahl von Funktionen. Das Schnurlaufröllchen ist stets hohem Druck ausgesetzt, da sich hier die Laufrichtung der Schnur um 90° ändert und die Angelschnur unablässig darüber gerieben wird, was bei modernen Nylon- und geflochtenen Schnüren eine harte Belastung darstellt. Die Bremsvorrichtung der Rolle kann auf der Spule oder am Heck sitzen. Einige Rollen für eher große Fische verfügen über einen sogenannten Freilaufmechanismus (Baitrunner). Über einen Hebel am Heck der Rolle läßt sich die Spule auf Freilauf schalten, wodurch ein schluckender Fisch ungehindert und nahezu ohne Widerstand Schnur abziehen kann. Eine Feststellschraube ermöglicht ein genaues Regulieren dieses Widerstandes, weshalb dieser Rollentyp ideal ist, um die modernen Selbsthakmontagen zu fischen. Einige Rollen haben einen Doppelgriff als Kurbel, der für einen ruhigeren Rollenlauf sorgt.

ANGENEHM IN DER HAND
Rute und Rolle müssen unbedingt möglichst angenehm und ausbalanciert in der Hand liegen, ganz besonders dann, wenn viel und über einen längeren Zeitraum geworfen werden muß. Halten Sie dabei den Rollenfuß nach Möglichkeit zwischen Zeige- und Mittelfinger und legen Sie den Rutengriff an ihrem Unterarm an. Wenn nötig, kann man das Rutenende auch zwischen Ellbogen und Oberkörper einklemmen.

SHIMANO BIG BAITRUNNER LONG CAST
Mit zunehmendem Befischungsdruck werden insbesondere Karpfen viel scheuer. Es macht sich daher immer öfter bezahlt, seine Köder in möglichst großer Entfernung vom Ufer anzubieten. Ruten und Rollen sind zu weit über 100 m langen Würfen in der Lage, allerdings muß man dazu das Werfen wirklich beherrschen. Auf die Spulen dieser Weitwurfrolle passen unglaubliche 550 m mit 5,4 Kilo (12 lbs) Tragkraft. Sie ist aus Aluminium, was den Reibungswiderstand am Spulenoberrand beim Wurf erheblich reduziert. Die Rolle ist ideal zum Befischen der großen und weitläufigen Karpfengewässer, wo man in ganz Europa weit über 25 Kilo schwere Karpfen antreffen kann. Die hochwertige Verarbeitung sorgt dafür, daß einen dieses Gerät nicht mitten in der Wildnis im Stich läßt.

SHIMANO BIG BAITRUNNER LONG CAST

Kopfbremse
Unter Angelexperten wird schon lange darüber debattiert, ob die Kopf- oder die Heckbremse das beste Bremssystem ist. Allmählich zeichnet sich wohl ein Konsens darüber ab, daß eine Heckbremse für den Fang kleinerer Fische das Richtige ist, während eine Kopfbremse für den Drill großer Fische das beste Hilfsmittel ist. Die Long-Cast-Rolle hat eine Kopfbremse und ist voll und ganz auf den Fang großer Fische ausgelegt.

SHIMANO BIOMASTER GT 7000

Ihren Merkmalen nach ist diese Rolle voll und ganz auf weitläufige Gewässer, große Wurfweiten und kapitale Fische ausgelegt. Die Spule ist hoch und tief, das Fassungsvermögen immens. Der solide Rollengriff ist groß genug, um im Drill optimalen Druck ausüben zu können. Gehäuse und Rollenfuß sind steif und fest, sie geben auch unter Belastung nicht nach. Die Bremse ist fein justierbar, sie arbeitet weich und ruckfrei.

Langer Kurbelgriff

Die Länge der Kurbel und der breite Griff geben guten Halt und einen im Drill günstigen Hebel.

SHIMANO BIOMASTER GT 7000

SHIMANO NEXUS BAITRUNNER 8000 GTE

Seit über einem Jahrzehnt sind die Freilaufrollen aus den Angelfachgeschäften nicht mehr wegzudenken, ganz besonders für Karpfenangler. Anläßlich einer Flucht ermöglicht der Freilaufmechanismus dieser Rollen ein ungehindertes Abziehen des Fisches, was besonders beim Verwenden der modernen Selbsthakmontagen ein großer Vorteil ist. Der Angler kann die Rute in aller Ruhe aufheben und nach einer kurzen Kurbelumdrehung, die automatisch das Rollengetriebe wieder hinzuschaltet, in aller Ruhe den Fisch drillen. Die Nexus gehört zu einer neuen Generation von Freilaufrollen, mit ihrem Gehäuse aus Aluminium und Kohlefaser ist sie leicht und solide zugleich. Das Getriebe wurde auf ein Maximum an Kraft pro Kurbelumdrehung ausgelegt, was immer dann praktisch ist, wenn ein tobender Fisch von irgendwelchen Hindernissen ferngehalten werden muß. Solche Freilaufrollen sind perfekte Geräte für jede Form der Großfischangelei, ganz egal, ob auf Grund, mit Futterkorb oder mit totem Köderfisch geangelt wird.

Freilauf-Hebel

Das Rollengetriebe läßt sich über einen Hebel am Heck auf Freilauf schalten. Eine rasche Kurbelumdrehung, und schon schaltet die Rolle wieder auf das Getriebe um – der Kontakt zum Fisch ist augenblicklich da. Dieser Freilaufmechanismus hat das Angeln mit festsitzendem Grundblei revolutioniert.

SHIMANO NEXUS BAITRUNNER 8000 GTE

Kapselrollen und Centre-Pin-Rollen

Kapselrollen sind immer dann angebracht, wenn der Angler mit dünner Schnur, beispielsweise mit einer Pose, auf kurze Entfernung angeln möchte. Gerade bei windigem Wetter entstehen dann nämlich an einer offenen Stationärrolle sehr leicht Verwicklungen beim Einholen. Darüber hinaus läßt sich mit einer Kapselrolle auch gut mit nur einer Hand werfen. Leider sind Einholgeschwindigkeit und Wurfweiten der Kapselrollen gering, zudem sind sie für den Drill großer Fische unpraktisch.

AUF DER PIRSCH
Kapsel- und Centre-Pin-Rollen sind v.a. für das Angeln auf kurze Distanz gedacht. Man sollte sich dabei geduckt, langsam und mit sparsamen Bewegungen fortbewegen und unauffällig gefärbte Kleidung tragen. Treten Sie sanft auf und nutzen Sie natürliche Deckung wie Bäume und Schilfgürtel aus.

Kapselrollen

Die Kapselrolle ist eine spezielle Form der Stationärrolle. Der Vorderteil wird von einer Kapsel bedeckt, aus der die Schnur herausragt. Das Einholen verläuft über eine Nadel, die die Schnur um eine Spule verlegt. Mit einem federgelagerten Knopf läßt sich die Nadel wegklappen, wodurch sie die Schnur für den Wurf freigibt. Dieses Rollendesign beseitigt das Problem mit den dünnen Schnüren, die bei Wind leicht von der Spule geweht werden, wobei schon einige Klänge zu lästigen Verwicklungen um den Schnurfangbügel oder Rotor mit fatalen Folgen führen können. Kapselrollen bringen beim Angeln mit dünnen Schnurdurchmessern ihre besten Leistungen. Sinnvollerweise kommen Rollen dieses Typs hauptsächlich beim Spinn- und Matchfischen zum Einsatz.

ABU GARCIA GOLD MAX
Diese Rolle wurde zum Wettkampffischen entwickelt, an ihr gibt es keinen Bremsmechanismus. Große, schnell abziehende Fische werden durch Rückwärtskurbeln mit der Rollenkurbel gedrillt. Die besonders breite Spule und ein Doppelhubmechanismus sorgen für eine perfekte Schnurverlegung in Kreuzwicklungen, wodurch sich die Schnur unter Zug nicht in die darunterliegenden Schnurschichten eingraben und verklemmen kann. Durch dieses bei anderen Kapselrollen recht häufige Problem werden die Qualität der Würfe und die Posenführung arg in Mitleidenschaft gezogen.

ABU GARCIA GOLD MAX

Die Rollenkapsel
Die Schnur tritt aus einem Spalt an der Spulenvorderseite aus. Die abnehmbare Kapsel hindert die Schnur daran, in Klängen von der Spule zu springen und sich zu verfangen.

Centre-Pin-Rollen

Diese lange Zeit in Vergessenheit geratenen Rollen zählen heute wieder zur Ausrüstung zahlreicher Angler. Speziell in England setzen viele Angler sie zum aktiven Posenfischen an Fließgewässern ein. Dabei kann dieser Rollentyp seine Vorteile beweisen. Moderne Centre-Pin-Rollen drehen sich so leicht, daß die Wasserströmung ausreicht, um Schnur von der Spule zu ziehen und in Fließgeschwindigkeit mit der Posenmontage abzudriften. Der Kontakt zwischen Angler und Pose ist direkt. Nach dem Anhieb kann der Angler augenblicklich mit dem Einholen beginnen, ohne den Schnurfangbügel einer Stationärrolle umlegen zu müssen. Dieser durch den direkten Kontakt gewonnene Sekundenbruchteil kann für den Erfolg ausschlaggebend sein. Für einige Ästheten geht nichts über den Drill eines guten Fisches an einer Centre-Pin-Rolle, weil der Kontakt zum Fisch so unmittelbar und direkt ist und jede Verwässerung durch modernes Getriebe wegfällt. Centre-Pin-Rollen sind ein sehr spezieller Rollentyp, in manchem jedoch unschlagbar.

YOUNG'S BOB JAMES CENTRE-PIN 10 CM (4 ZOLL)

Eine neue Generation von Centre-Pin-Rollen hat die Angelwelt im Sturm erobert, aber keine ist gelungener als diese, die den Namen des berühmten englischen Anglers Bob James trägt. Diese Centre-Pin-Rolle ist einfach herrlich, sehr belastbar und dennoch leicht, gleichzeitig dreht sich die Spule ohne den geringsten Widerstand um die Achse. Vermeiden Sie es, die Spule mit zuviel Schnur zu füllen, da sich die Klänge unter Zug leicht ineinandergraben, wodurch der geschmeidige Schnurablauf gehemmt wird. Der Spulenrand steht auffällig nach außen vor, wodurch die Spule optimal mit dem Handballen gebremst oder blockiert werden kann. Gleichzeitig erlaubt dieser Rand auch ein zügiges Einholen der Schnur ohne Verwendung der kleinen Griffe.

YOUNG'S BOB JAMES CENTRE-PIN 10 CM (4 ZOLL)

EINE ZEITLOSE TRADITION

Die Aufgabe der Centre-Pin-Rolle ist noch immer dieselbe wie vor hundert Jahren. Dieser Karpfen hat an einem Weiher auf kurze Distanz gebissen. Das Auswerfen und das Drillen des Fisches waren dank der guten Rolle ein echter Genuß.

Die Schnurtrommel

Beachten Sie die Breite der Schnurtrommel. Je breiter, desto besser läßt sich die Schnur gleichmäßig verteilt aufwickeln, wodurch das Problem der sich eingrabenden Schnurklänge weitgehend ausgeschaltet wird. Die zahlreichen Aussparungen dienen dazu, Gewicht einzusparen, ohne die Belastbarkeit zu reduzieren.

Baitcaster-Rollen

Baitcaster-Rollen sind nichts anderes als kleine Ausführungen von Multirollen. Sie werden meistens zum Spinnfischen verwendet. Die meisten modernen Baitcaster-Rollen werden aus einem Aluminiumblock gefräst und sind unglaublich leicht und widerstandsfähig. Die Schnureinholgeschwindigkeit ist verhältnismäßig hoch. So kann der Spinnfischer seine Wobbler rasch beschleunigen, wodurch sie schnell abtauchen. Moderne Bremsmechanismen an der Spule sorgen dafür, daß die Spule anläßlich der Würfe nicht überdreht. Die Schnurbremse ist im Regelfall äußerst präzise, in Sekundenbruchteilen läßt sich der Bremsdruck verstärken oder verringern. An zahlreichen Baitcaster-Rollen kann man mittels einer Daumentaste die Spule beim Wurf freigeben und auf Freilauf schalten, wodurch ein sehr schnelles Werfen möglich ist. Für einen auf Sicht angelnden Spinnfischer kann das beim Entdecken eines rasch vorbeiziehenden Fisches von entscheidender Bedeutung sein.

DER RÄUBER WIRD ZUM OPFER
Mit Baitcaster-Rollen lassen sich alle erdenklichen Weichplastikköder fischen, die den verschiedensten Raubfischen zum Verhängnis werden– Hechten, Zandern, Barschen oder Welsen. Mit diesem Rollentyp sind sehr präzise Würfe möglich. Der direkte Kontakt zum Kunstköder bleibt während der gesamten Einholphase erhalten, was zum richtigen Führen unerläßlich ist.

SHIMANO CALCUTTA 251
Die Calcutta 251 sieht herrlich aus, fühlt sich toll an und ist in der Praxis so gut wie unschlagbar. Dieses Modell ist eine der weltweit begehrtesten kleinen Multirollen. Es ist das perfekte Modell für jeden Angler, der eine bedienungsfreundliche, leichte und zuverlässige Rolle sucht. Durch einen das Überdrehen der Spule verhindernden Mechanismus und eine Schnurführung läßt sich die Schnur, ob aus Nylon oder geflochten, optimal um die Spulenachse verlegen. Die Sternbremse läßt sich auch im Drill problemlos bedienen. Die Calcutta 251 ist in Verbindung mit einer leichten Spinnrute das ideale Instrument für die verschiedensten Raubfischarten vom Flußbarsch bis zum Hecht oder gar Lachs.

Sternbremse
Die Bremse läßt sich über die Sternschraube am Griff sogar beim Drillen problemlos verstellen, so daß der Angler den Bremsdruck in den verschiedenen Drillphasen optimal anpassen kann.

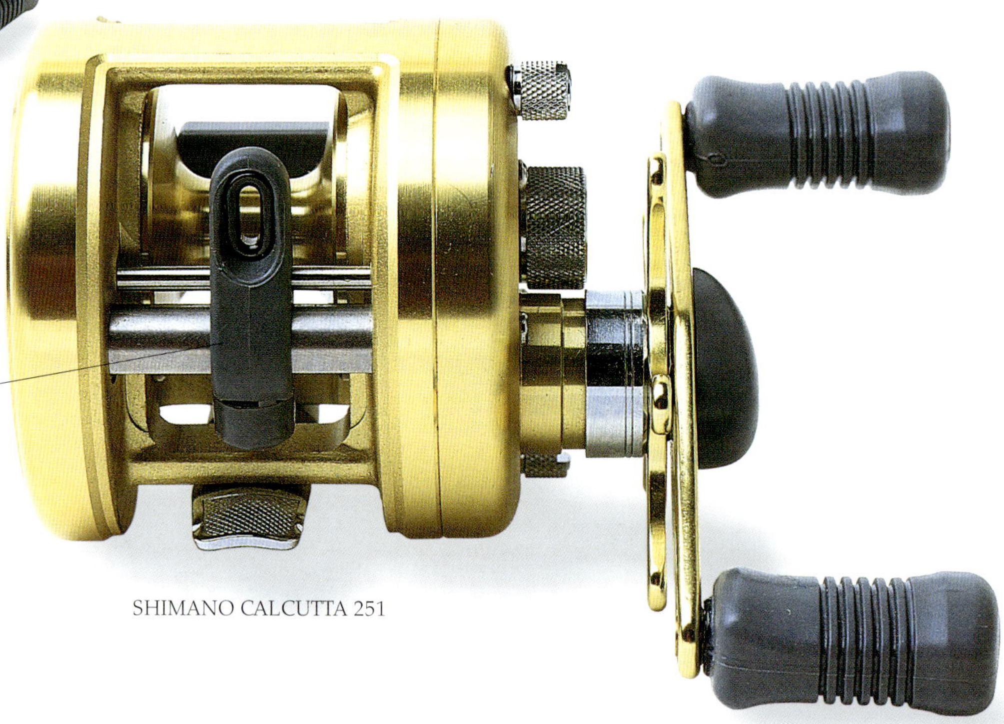

Schnurführung
Beim Einholen der Schnur bewegt sich die Schnurführung von links nach rechts über die Spule, wodurch die Schnur gleichmäßig verlegt wird. Das Werfen wird dadurch erheblich erleichtert.

SHIMANO CALCUTTA 251

SHIMANO CORSAIR 400 & 401

SHIMANO CORSAIR 400 & 401

Diese Rolle gibt es in zwei Ausführungen, nämlich mit links- und mit rechtsseitig sitzender Kurbel. Die Corsair ist eine Rolle, die für das Spinnfischen im Süßwasser entwickelt wurde. Durch das hohe Fassungsvermögen der Spule eignet sie sich auch zum Schleppen und für Weitwürfe. Wie die meisten modernen Baitcaster-Rollen wurde sie mit einer Schnurführung und einer Daumentaste ausgestattet.

Schnurführung

An der Vorderseite der Rolle sitzt eine Schnurführung, die die Schnur gleichmäßig über die Spulenachse verteilt.

SHIMANO CURADO 201B

SHIMANO CURADO 201B

Diese geschmeidig laufende, schlank geformte und herrlich leichte Rolle ist ein idealer Partner für die leichtesten Spinnruten. Sie ist zum Anbieten von Kleinwobblern, Spinnern und Weichplastikködern ideal. Die hohe Getriebeübersetzung sorgt für eine hohe Einholgeschwindigkeit, wodurch sich die Köder im Lauf stark beschleunigen lassen. Das verstellbare Bremssystem verhindert ein Überdrehen der Schnurspule. Zieht man ein wenig fester an, läßt sich mit dieser Rolle auch schleppen. Insgesamt ist es ein vielseitig verwendbares, leichtgewichtiges Modell, das für die vielen und präzisen Würfe der modernen Spinnfischerei ideal ist.

FLIEGENROLLEN 1

Weil man beim Befischen von Äschen oder kleinen bis mittelgroßen Forellen keine große Schnurreserve braucht, ist für diese Angelei eine leichte Rolle mit kleinem Spulendurchmesser ideal. Die kleine Spule sollte jederzeit gut gefüllt sein, weil das den Spulendurchmesser und damit die Einholgeschwindigkeit erhöht, was immer dann wichtig ist, wenn der Fisch schnell auf den Angler zuschwimmt. Achten Sie beim Kauf stets auf die Qualität der Bremse: Sie muß fein einstellbar sein und sanft funktionieren. Praktisch ist auch ein breiter Spulenrand, da er ein schnelles Einholen mit Hilfe des Handballens ermöglicht. Die Bremse muß ruckfrei arbeiten. Ist sie leicht eingestellt, so muß sie schon bei geringstem Zug die Rollenspule drehen lassen. Bei einer plötzlichen Flucht trägt ein ruckfreies Arbeiten der Bremse ganz wesentlich dazu bei, Schnurbruch zu vermeiden.

RECHTSHÄNDIGES WERFEN

Viele Hersteller von Fliegenrollen legen diese auf rechtshändigen Betrieb aus. Das ist in Ordnung, wenn man mit der linken Hand wirft. Als Rechtshänder sollte man die Rolle aber umgekehrt an der Rute montieren, damit man mit der gefühlvolleren Hand werfen kann.

ARI 'T HART INTERNATIONAL (DUTCH REELS) MACH ONE

Diese herrliche kleine Fliegenrolle ist für das Befischen von kleinen Gewässern mit einer 4er-Wurfschnur ausgelegt. Die Spule ist von ihrem Durchmesser her jedoch groß genug, um die Wurfschnur aufnehmen und sie ohne Knicke freigeben zu können. Das Bremssystem an dieser Rolle arbeitet ganz hervorragend, was in Anbetracht der immens leichten Wurfschnur und der sehr dünnen Vorfächer unerläßlich ist. Dünne Vorfächer werden immer wichtiger, da weltweit immer mehr Fische zurückgesetzt werden und dadurch die Bestände insgesamt erfahrener und scheuer werden. Mit dünnem Vorfachdurchmesser und einer geschmeidig und ruckfrei arbeitenden Bremse kommt man solchen Fischen noch bei.

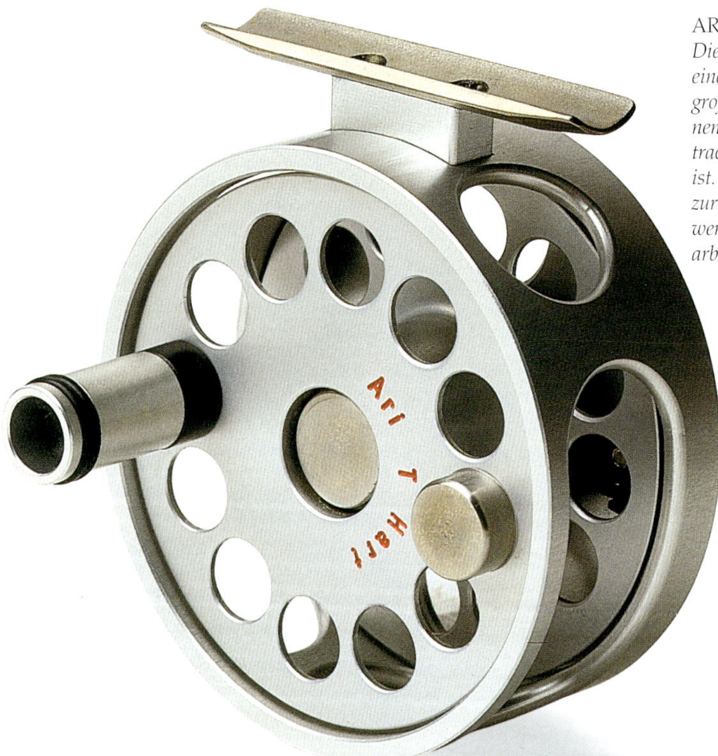

ARI 'T HART INTERNATIONAL (DUTCH REELS) MACH ONE

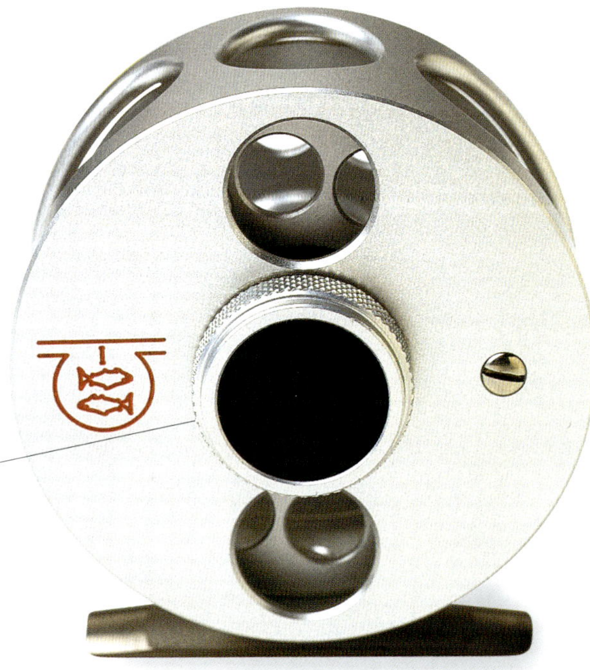

Bremseinstellschraube

Beachten Sie die relativ große Schraube auf der Rückseite des Rollengehäuses. Mit ihr läßt sich der Bremsdruck innerhalb von Sekunden erhöhen oder verringern, wodurch sich in so manchen Fällen ein Fisch von Hindernissen abhalten oder ein Schnurbruch vermeiden läßt.

SAGE 3100 LIGHT TROUT REEL

Das ist eine besonders gelungene Fliegenrolle mit durchdachtem Design. Alle Rollen der 3000er-Serie sind unglaublich leicht und verfügen über eine hohe Einholgeschwindigkeit. Der Scheibenbremsmechanismus ist verkapselt, damit er vor Wasser und Schmutz verschont bleibt. Über Nummern am Einstellrad läßt sich der Bremsdruck problemlos wieder auf die Grundeinstellung zurücksetzen. Dank des breiten Spulenrands kann man die Spule bequem mit dem Handballen drehen, während der große Spulendurchmesser einem Knicken der Wurfschnur entgegenwirkt. Fazit: Diese Rolle ist ideal für präzises Forellenfischen in seichten, klaren Flüssen.

SAGE 3100 LIGHT TROUT REEL

Offenes Gehäuse

Die Rückseite offenbart die Architektur dieses Präzisionsinstrumentes. Das Gehäuse wurde so leicht wie möglich gehalten, ohne daß dabei die Belastbarkeit in Mitleidenschaft gezogen wurde.

LOOP EVOTEC LW 6 NINE

Bei dieser topmodernen Rolle sorgt ein Bremsmechanismus mit Walzenlager für minimalen Anlaufwiderstand, was erheblich dazu beiträgt, dünne Schnurdurchmesser bei einem plötzlichen Ruck vor dem Reißen zu bewahren. Diese Rolle wurde für die Verwendung einer 9er-Wurfschnur ausgelegt, des weiteren passen 140 m Nachschnur (Backing) auf die Spule. Das macht diese Rolle zum idealen Partner beim schweren Fischen in Forellenseen, beim Angeln auf Meerforelle oder gar beim Angeln im Salzwasser. Mit der recht großen, aber dennoch eleganten Rolle läßt sich sowohl sanft als auch kraftvoll arbeiten.

LOOP EVOTEC
LW 6 NINE

ES GEHT LOS!

Das Waten sorgt für Bewegungsfreiheit an Flüssen: Sonst unerreichbare Stellen lassen sich befischen, und man kann Büschen und Bäumen entgehen, die zu oft den Rückwurf stark erschweren. Waten Sie nie zu tief, vor allem nicht in schneller Strömung. Ein Watstock, rutschfeste Sohlen und eine Schwimmweste sollten zur Ausrüstung gehören.

FLIEGENROLLEN 2

Wenn man eine Fliegenrolle zum Angeln auf große Meerforellen, frisch aufgestiegene Steelheadforellen, Atlantik- und Pazifiklachse oder gar auf noch größere Salzwasserarten sucht, kommen nur jene Modelle in Frage, die über ein besonders hohes Schnurfassungsvermögen verfügen. Die Wurfschnüre liegen in den Klassen 10 und aufwärts, zudem müssen mindestens 200 m Nachschnur (Backing) auf die Spule passen. Ein guter Bremsmechanismus ist an jeder Fliegenrolle wichtig, aber nie so sehr, wie wenn eine Steelheadforelle im Drill wild umherspringt oder ein Königslachs mit aller Kraft am Verlassen des Pools gehindert werden muß. Das Gehäuse muß ebenfalls solide sein, damit es sich unter Belastung nicht verwindet. Qualitativ hochwertige Rollen werden aus hochwertigem Aluminium hergestellt, das enorme Solidität mit Leichtigkeit vereinigt.

EINE LACHSROLLE IM EINSATZ
Traditionelle Ausrüstung in traditionsreicher Landschaft: Ein schottischer Ghillie (Angelführer) und sein Hund begleiten eine Anglerin im Drill eines frisch aufgestiegenen Sommerlachses. Die lange Rute erleichtert das Werfen, während der große Spulendurchmesser eine hohe Einholgeschwindigkeit ermöglicht.

LACHSROLLE ARI 'T HART (DUTCH REELS)
Diese herrliche Lachsrolle verfügt über einen großen Spulendurchmesser und ein hohes Schnurfassungsvermögen. Sie ist ideal, um mit einer Wurfschnur Nr. 9 oder 10 und 200 m Nachschnur (Backing) gefüllt zu werden. Die Tragkraft der Nachschnur sollte bei 13 bis 15 Kilo liegen. Mit diesen Eigenschaften ist diese Rolle zum Befischen der großen norwegischen und russischen Lachsflüsse ideal. Auffällig ist an der Rolle der überdimensionale und leicht zugängliche Bremsmechanismus. Er funktioniert sehr genau, und eine Drehung von nur wenigen Zentimetern an der Einstellschraube macht bereits einen großen Unterschied aus – unerläßlich, wenn es um das Bezwingen eines rasant flüchtenden Fisches geht. Dies ist die richtige Rolle für Angler, die sich mit skandinavischen Blanklachsen, amerikanischen Pazifiklachsen oder gar mongolischen Huchen anlegen möchten.

LACHSROLLE ARI 'T HART
(DUTCH REELS)

Der Bremsmechanismus
Die Bremse ist an einer Lachsrolle von entscheidender Bedeutung. Das Verstellen erfolgt über ein Vor- oder Rückwärtsdrehen des Gehäusedeckels.

SALZWASSERROLLE ABEL SUPER 8

SALZWASSERROLLE ABEL SUPER 8

Dies dürfte die beste heute auf dem Markt erhältliche Rolle zum Fischen in Salzwasser sein. Zum Aufspüren von Bonefish auf Flats ist sie perfekt. Einer der Gründe, warum diese Rolle so unglaublich viele Anhänger gefunden hat, ist der perfekt und langfristig fehlerfrei arbeitende Bremsmechanismus. Jeder, der erlebt hat, wie ein frisch gehakter Bonefish flüchtet, wird wissen, wie wichtig eine gute Bremse ist. Bei der ersten Flucht muß man den Bonefish abziehen lassen – man kann nichts tun, außer Kontakt zu behalten. Dabei können durchaus 50 bis 100 m Schnur von der Rolle gerissen werden. Wenn die Bremse während einer solchen Flucht auch nur für Sekundenbruchteile hakt, reißt die Schnur. Diese Rolle ist auch gegenüber Salzwasser höchst unempfindlich.

Modernste Technologie

Eine gute Fliegenrolle muß sehr leicht sein. Die vielen Bohrungen sparen Gewicht ein, ohne die Belastbarkeit des Rollengehäuses und der Spule zu beeinträchtigen. Mit einem Minimum an Material werden Kraft und Zuverlässigkeit gewährleistet.

BILLY PATE BLUEFIN

Diese gewaltige Rolle wurde entwickelt, um die größten Fische der Weltmeere zu bezwingen. Mit ihrem herausragenden Schnurfassungsvermögen ist sie die ideale Ergänzung der schwersten Salzwasser-Fliegenruten. Für wiederholtes Werfen dürfte man diese Rolle nicht brauchen, da auf hoher See mit Fliegenruten in erster Linie geschleppt oder gedriftet wird. Hängt aber erst einmal ein großer Fisch, zeigt sie, was in ihr steckt. Die Bremse arbeitet hervorragend und ist dafür bekannt, daß sie auch die längsten und härtesten Drills übersteht. Sie verfügt auch über eine Rücklaufsperre, so daß der Angler optimal direkt über die Rolle drillen kann.

BILLY PATE BLUEFIN

BONEFISH AUF DEN FLATS

Der Bonefish wird selten über 3,5 Kilo schwer, dafür erreicht das Muskelpaket im Wasser über 40 km/h. Die komplette Wurfschnur und über 100 m Nachschnur können bereits in Sekunden von der Spule gerissen werden.

BOOTSROLLEN

Das Bootsangeln ist eine der härtesten Angeltechniken überhaupt und verlangt den Rollen einiges ab. Oft ist es Aufgabe der Rolle, einen Großfisch aus gewaltigen Tiefen emporzukurbeln. Eine Multirolle muß dafür solide und durchdacht gebaut und mit einer Spule von hohem Fassungsvermögen versehen sein. Das Getriebe muß ebenfalls belastbar und zuverlässig sein, gleichzeitig muß der Bremsmechanismus ruckfrei funktionieren. Der kleinste Ruck kann im Drill zu Schnurbruch und damit zum Verlust des Fisches führen. Lernen Sie den instinktiven Umgang mit der Rolle, noch bevor Sie zum ersten Mal mit ihr auf hohe See starten. Machen Sie sich mit dem Werfen und dem Bremsmechanismus vertraut. Vergessen Sie nie, daß die Bremse bereits vor dem Haken eines großen Fisches richtig eingestellt sein muß: Nur so läßt sich Druck auf den Fisch ausüben und im Fall einer Flucht Schnur freigeben.

ALLZEIT BEREIT
Vergewissern Sie sich vor der ersten Ausfahrt, daß Sie alle Funktionen ihrer Rolle kennen. Wenn ein Dickdorsch wie hier vehement in die Tiefe zieht, muß der Angler seinen Bremsdruck verringern, damit es nicht zu einem Schnurbruch kommt.

SHIMANO CALCUTTA 700
Die Shimano Calcutta 700 ist eine der besten Rollen zum Uptidefischen. Bei dieser Technik muß die Grundmontage ausgeworfen werden – dafür ist die Calcutta perfekt geeignet. Muß der Köder lediglich unter der Rutenspitze abgelassen werden, dann verrichtet sie natürlich auch diese Aufgabe mit Leichtigkeit. Aufgrund ihres hohen Schnurfassungsvermögens ist sie überall dort angebracht, wo ein großer Fisch anläßlich einer langen Flucht in kürzester Zeit viel Schnur von der Rolle zieht.

SHIMANO CALCUTTA 700

IM EINSATZ
Wenn die gekrümmte Rute in den Kampfgurt muß, geht für den Angler der Kampf los. Jetzt kommt die Stunde der Wahrheit, die die Schwachstellen der Rolle offenbart. Wer die Gewißheit hat, daß seine Ausrüstung den Ansprüchen gewachsen ist, geht in solchen Momenten mit viel mehr Selbstvertrauen zu Werke.

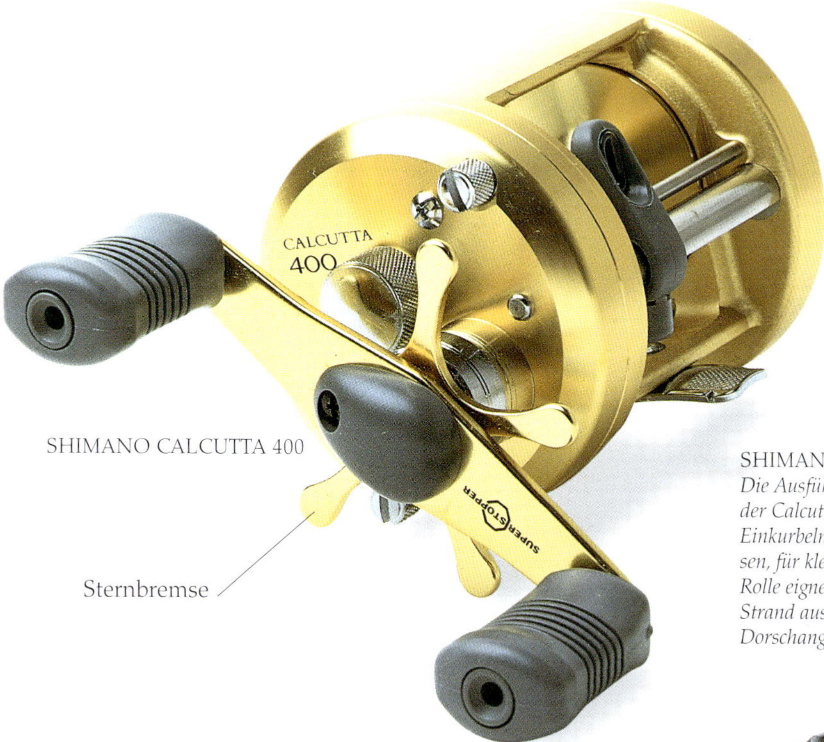

SHIMANO CALCUTTA 400

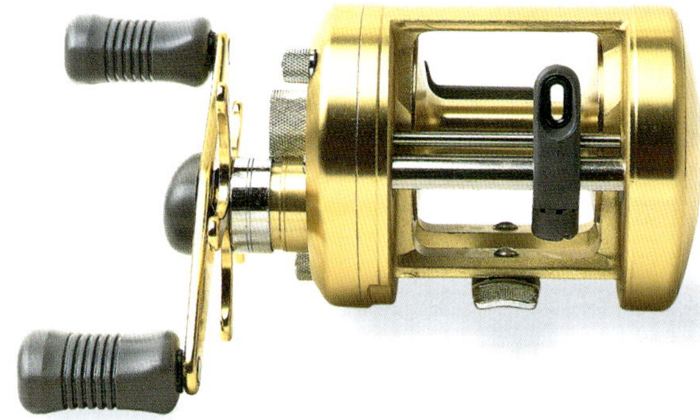

SHIMANO CALCUTTA 400
Die Ausführung zwischen der kleinen Calcutta 251 und ihrer großen Schwester, der Calcutta 700, ist die 400er, eine herrliche Rolle zum leichten Bootsangeln. Dem Einkurbeln eines Großfisches, der an dicker Schnur kämpft, ist sie nicht gewachsen, für kleinere Arten wie etwa die Wolfsbarsche ist sie aber ideal. Die vielseitige Rolle eignet sich auch gut zum Brandungsfischen vom Strand aus, beispielsweise zum winterlichen Dorschangeln.

SHIMANO CHARTER SPECIAL

SHIMANO CHARTER SPECIAL
Die Charter Special ist ein kampferprobtes Arbeitstier, die Art von großer Multirolle, die auf allen Weltmeeren geschätzt wird. Viele Formen der Köderführung werden durch die Hebelbremse optimiert, während die Zentrifugalbremse an der Spule ein Überdrehen anläßlich der Würfe und damit die Bildung von Perücken verhindert.

SHIMANO TLD TWO SPEED

SHIMANO TLD TWO SPEED
Auf der Suche nach neuen Herausforderungen reist der Sportangler des 21. Jahrhunderts im Schnitt mehr als früher. Die TLD mit ihren zwei Gängen ist dabei der richtige Begleiter. Sie läßt sich von hoher auf niedrige Einholgeschwindigkeit umschalten, wodurch der Angler flexibel auf die jeweiligen Umstände reagieren kann. Wer z.B. vor Grönland auf großen Heilbutt angelt, wird die niedrige Übersetzung zuschalten, da er beim Kurbeln Kraft braucht, um diese Plattfische aus Tiefen von über 150 m emporzupumpen. Wer damit jedoch auf schnellschwimmende Kleinthune angelt, wird eher die hohe Übersetzung zuschalten, damit er über ausreichend Einholgeschwindigkeit verfügt, wenn einer dieser rasanten Schwimmer plötzlich in seine Richtung schießt.

BRANDUNGSROLLEN

Beim Brandungsfischen wird nicht nur den Ruten, sondern auch den Rollen einiges abverlangt. Das Brandungsfischen hat viele Aspekte: Es wird von Hafenmolen, Kiesstränden oder Felsen aus geangelt, manchmal watet der Angler für den Wurf auch weit in die Brandung vor. Beim Zusammenstellen der Ausrüstung muß der Angler all das berücksichtigen. In der Theorie sind Multirollen der solideste Rollentyp und zugleich der, mit dem sich am weitesten werfen läßt. Muß der Köder am Horizont serviert werden, ist eine Multirolle zweifelsfrei die richtige Wahl. Eine große Stationärrolle ist dagegen für leichtere Montagen angebracht. Wer ein echter Brandungsangler werden möchte, wird sowohl Multi- als auch Stationärrollen brauchen und muß unbedingt den richtigen Umgang mit beiden Rollentypen lernen. Darüber hinaus ist es beim Brandungsangeln besonders wichtig, das Gerät schonend zu behandeln und die Rollen vor Sand zu schützen. So wertvolle Ausrüstungsgegenstände sollte man pfleglich behandeln.

WEITWÜRFE
Um vom Strand aus weit zu werfen, ist eine Multirolle genau richtig. Vergewissern Sie sich, daß sie stets fachgerecht gewartet wird, und schützen Sie sie vor Sand und Schmutz, der sich zwischen bewegliche Teile setzen und diese an ihrer freien Bewegung hindern kann. Der dadurch entstehende Abrieb kann auch dauerhaften Schaden verursachen.

ABU AMBASSADEUR 7000
Die Serie der Ambassadeur-Rollen wird seit vielen Jahren weltweit geschätzt. Diese Rollen sind äußerst zuverlässig und herrlich präzise gearbeitet. Die 7000er hat das Werfen und Distanzangeln revolutioniert, ihr Design hat sich über zwei Jahrzehnte so gut wie überhaupt nicht verändert. Sie ist zum Brandungsangeln in mittleren Entfernungen ideal geeignet und wird am besten mit sechs bis 14 Kilo tragender Schnur gefischt. Sind dickere Schnurdurchmesser und größere Wurfweiten erforderlich, dann ist die 9000er angebracht, die größere Schwester der 7000er. Die 9000er verfügt über dieselben Wurfqualitäten, gleichzeitig jedoch auch über ein Rollengetriebe mit zwei Übersetzungen. Die niedrige Übersetzung ermöglicht ein langsames und doch kraftvolles Einholen, während die hohe Übersetzung eine schnelle Einholgeschwindigkeit ermöglicht, die besonders für den Drill von schnellschwimmenden Fischarten von Vorteil ist.

Ausgewogener Griff
Ein Gegengewicht an der Rollenkurbel sorgt beim Einholen für einen sanften Kurbellauf.

ABU AMBASSADEUR 7000

Sternbremse
Die problemlos erreichbare und leicht verstellbare Sternbremse erlaubt auch im Drill ein stufenloses Verstellen des Bremsdruckes.

Schnurführung
Die Schnurführung aus rostfreiem Edelstahl ist an diesem Modell besonders gelungen.

SHIMANO AERLEX GT 8000

SHIMANO AERLEX GT 8000
Diese herrliche Rolle ist für Schwerstarbeit bei Weitwürfen prädestiniert. Die Spule ist verhältnismäßig groß, ihr Fassungsvermögen liegt bei weit über 300 m Schnur mit etwa sieben bis acht Kilo Tragkraft. Darüber hinaus ist die Schnurverlegung um den Spulenkern äußerst gelungen, weshalb die Schnur nicht in tiefere Schnurschichten einschneiden kann und beim Wurf ziemlich problemlos von der Spule gleitet. Die große Einfachkurbel treibt ein Rollengetriebe an, das mit 3,8:1 übersetzt ist, weshalb sich große Schnurlängen schnell und mit geringem Kraftaufwand einholen lassen – ein großer Pluspunkt, wenn es um das Angeln auf große Entfernungen geht. Kurzum, diese Rolle ist ideal für leichteres Brandungsfischen, aber auch für die schwersten Techniken der Süßwasserangelei, wie etwa das Distanzangeln auf große Karpfen oder Welse.

SHIMANO ULTEGRA XT
Diese Rolle ist für Brandungsangler genauso geeignet wie für Süßwasserangler, die sich mit riesigen Karpfen, schweren Hechten oder Welsen anlegen wollen. Die Kopfbremse arbeitet hervorragend, und auf die riesige Spule des 14 000er-Modells passen über 400 m Schnur mit etwa sieben Kilo Tragkraft. Die Kurbel ist groß und kraftvoll genug für das Herbeidrillen eines Großfisches, sogar der Schnurfangbügel wurde extra verstärkt. Insgesamt eine sehr gelungene Großfischrolle.

SHIMANO ULTEGRA XT

MIT DER STATIONÄRROLLE
Stationärrollen haben beim Brandungsangeln auf kurze Distanz ihren festen Platz. Da hier keine Weitwürfe erforderlich sind, sind sie für den Fang von Wolfsbarschen, Meeräschen oder Lippfischen an leichter Schnur ideal.

Schnüre, Klemmhülsen, Perlen und Wirbel

Auch wenn sie klein und unbedeutend scheinen, sind Vorfachmaterialien, Klemmhülsen, Perlen und Wirbel ebenso wichtig wie die Ruten und Rollen selbst, da sie zusammen mit den Haken und Kunstködern diejenigen Teile der Angelausrüstung darstellen, die in direkten Kontakt mit dem Fisch kommen. Sind diese Kleinteile nicht zuverlässig und leistungsfähig, leidet die Köderpräsentation (wodurch jeder noch so gute Köder einen Großteil seiner Anziehungskraft verliert). Eine weitere negative Auswirkung, die sich aus der Verwendung unzulänglicher Vorfachmaterialien ergibt, kann die Freude am Angeln empfindlich trüben: Im Drill sinken die Chancen einer sicheren Landung. Ähnliches trifft auch auf die Hauptschnur zu, wobei es egal ist, ob sie aus Monofilament, geflochtener Schnur (etwa Dacron und Dyneema) oder Stahldraht besteht. Eine Ausrüstung ist stets nur so robust wie ihre schwächste Stelle, und oft ist das die Schnur. Überprüfen Sie sie regelmäßig und verwenden Sie stets Schnüre, die von ihrer Tragkraft her zur jeweiligen Technik passen.

Monofilament

Nach wie vor ist monofile Nylonschnur das zum Angeln mit Natur- und Kunstködern meistverkaufte Schnurmaterial. Nylonschnur wird auch als Backing von Fliegenrollen verwendet, auch wenn hierzu gewöhnlich beschichtetes Dacron eingesetzt wird (siehe Seite 52). Monofilament ist billig, zuverlässig und als einzige wirklich weitwurftaugliche Schnur ein absolutes Muß für das Süßwasserangeln. Es gibt allerdings auch Nachteile, auf die Rücksicht genommen werden muß. Die Fabrikate der verschiedenen Marken haben unterschiedliche Dehnungsraten. Diese Dehnung kann zum Abfedern der brutalen Schläge eines großen Fisches hilfreich sein, sie kann aber ebenso Bisse und Anhiebe in tieferem Wasser völlig abdämpfen. Weitere Nachteile sind ihre recht niedrige Knotenfestigkeit, ihr Tragkraftverlust in nassem Zustand und ihre UV-Empfindlichkeit. Im allgemeinen sollte man mindestens einmal jährlich seine monofile Nylonschnur erneuern.

9,1 kg (20 lb) MONO

9,1 kg (20 lb) MONO

Geflochtene Schnur

Die geflochtenen Schnüre sind seit Jahren auf dem Vormarsch. Einige Angler fischen nur mehr mit diesem Material. Im Verhältnis zum Durchmesser ist die Tragkraft dieser Schnüre enorm, sie haben kaum Gedächtnis, weshalb sie nicht steif von der Schnurspule springen und für Weitwürfe ideal sind. Darüber hinaus weisen geflochtene Schnüre so gut wie keine Dehnung auf, wodurch man im Drill einen sehr direkten Kontakt zum Fisch hat. Die Kehrseite der Medaille ist die Tatsache, daß aufgrund der fehlenden Dehnung auch mehr Fische im Drill als Aussteiger verloren gehen. Weil geflochtene Schnur leicht rutscht, sind ganz eigene Knoten nötig. Im Regelfall hat geflochtene Schnur Auftrieb, d.h. sie schwimmt. Wer beim Grundangeln ein Vorfach aus geflochtener Schnur verwendet, sollte es entsprechend in der Vorfachmitte ein wenig beschweren.

8,2 kg (18 lb) GEFLOCHTEN

11,3 kg (25 lb) GEFLOCHTEN

Stahlschnur

Stahlschnur gibt es in drei Ausführungen: aus einfibrigem rostfreiem Stahl, aus mehreren Stahlfibern verflochten oder verzwirnt und als einfibrige Monelschnur (eine Legierung aus Nickel und Kupfer). Sie ist hervorragend zum tiefen Angeln in stark strömendem Wasser geeignet, da sie sich nicht dehnt und bei niedrigem Durchmesser über eine hohe Tragkraft verfügt. Das hat zur Folge, daß sich die Bisse ausgezeichnet erkennen und anschlagen lassen und daß man mit viel niedrigeren Gewichten auskommt als bei Verwendung anderer Schnurmaterialien. Der Nachteil dieser Schnüre ist die Tatsache, daß eine schmale Multirolle ohne Schnurführung und mit tiefer Spule unerläßlich ist, ebenso wie Rollerringe (zumindest der Spitzenring) und eine Sollbruchstelle aus Monofilament an ihrem Ende. Dieses Schnurmaterial läßt sich nicht werfen, die Haken schlitzen aufgrund der fehlenden Dehnung leicht aus, und es schneidet leicht in die Hände ein.

13,6 kg (30 lb)

22,7 kg (50 lb)

18,1 kg (40 lb)

13,6 kg (30 lb)

18,1 kg (40 lb)

Vorfachmaterialien

Wer auf Hecht und andere Fischarten mit scharfen Zähnen und starken Kiefern fischt, der braucht zwischen der Hauptschnur und dem Haken ein robustes Vorfach. Im Süßwasser sollte unbeschichtetes Stahlvorfach oder, zum Schleppen mit toten Köderfischen, einfibrige Stahlschnur verwendet werden. Im Salzwasser reicht für kleine bis mittelgroße, zahnlose Fische einfaches Monofilament aus, für große Fische und jene mit scharfen Zähnen sollte Longliner-Nylon oder ein Stahlvorfach vor den Haken geschaltet werden. Ganz allgemein lassen sich die besten Bootsvorfächer aus einfachem Monofilament von über 0,70 mm Durchmesser anfertigen; an dünneren Schnüren lassen sich die Köder nur viel schlechter anbieten. Verwenden Sie zum schweren Riff- und Wrackfischen Vorfächer aus Nylonschnur mit 150 lbs (68 kg) Tragkraft und mit mindestens 200 lbs (90 kg) Tragkraft, wenn Sie auf Riesenthune und Schwertfische aus sind.

79 kg (175 lb) STAINLESS STEEL

27,2 kg (60 lb) MONO

Klemmhülsen und Perlen

Dicke Nylonschnur oder Stahlvorfächer werden mit Wirbeln und anderen Schnüren mit Hilfe von Klemmhülsen verbunden. Um beispielsweise einen Wirbel an einem Stahlvorfach zu befestigen, wird eine Klemmhülse über das Vorfachende gesteckt, worauf durch die Wirbelöhr eine Schlaufe gelegt wird und das Vorfachende erneut durch die Hülse geführt wird. Dann wird die Hülse mit Hilfe einer Zange flach gedrückt. Perlen verwendet man, um die Knoten vor Gleitbooms zu schützen, da sie über den Knoten und Stoppern wie Stoßdämpfer wirken.

KLEMMHÜLSEN

PERLEN

COIL CRIMP *(rechts)*
Coil Crimp ist ein federnder, spiralförmig gebogener, rostfreier Stahldraht. Kurze Stücke werden auf die Schnur gedreht und ersetzen so Stopknoten und Plastikstopper, die mit Sekundenkleber gesichert werden müssen, um den aufschlagenden Booms und Gewichten standzuhalten. Die Stellung der Drahtstücke läßt sich schnell ändern und sie können wieder verwendet werden.

COIL CRIMP

Wirbel

Jede Endmontage, ganz egal, wie einfach sie ist, sollte nach Möglichkeit mit mindestens einem Wirbel versehen werden. So wird Schnurdrall vermieden und gleichzeitig bietet sich ein Wirbel ideal dazu an, über ihn das Vorfach oder das Blei mit der Hauptschnur zu verbinden. Sogar die besten Marken sind verhältnismäßig günstig, sodaß Sie sich für Fabrikate von Herstellern wie Berkley, Mustad, Drennan und Sampo entscheiden sollten; markenlose Imitationen sind gewöhnlich unzuverlässig und manchmal drehen sie sich unter Belastung nicht.

TONNEN-WIRBEL
Tonnenwirbel sind sehr vielseitige Wirbel. Ihr Design garantiert fast schon Langzeitzuverlässigkeit.

GELAGERTE WIRBEL
Durch diese herrlich leicht drehenden Wirbel wird die Verdrallungsgefahr fast gänzlich ausgeschlossen, was besonders beim Schleppfischen wichtig ist.

DREIWEGWIRBEL
Früher wurden diese Wirbel gerne zum Befestigen von Bleien verwendet, heute werden gewöhnlich jedoch Standoff-Booms mit Tonnenwirbeln an ihrem Ende vorgezogen.

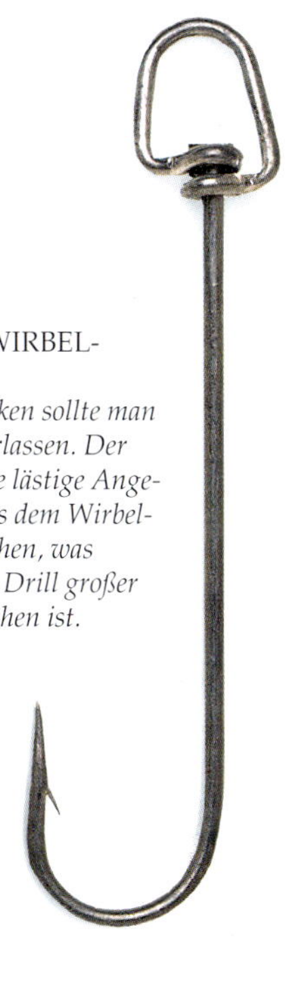

CONGER-WIRBEL-HAKEN
Auf diese Haken sollte man sich nicht verlassen. Der Haken hat die lästige Angewohnheit, aus dem Wirbelkopf zu rutschen, was bereits oft im Drill großer Fische geschehen ist.

KARABINERWIRBEL

KARABINERWIRBEL
Ein Karabinerwirbel ist ein Wirbel mit einer Klammer (dem Karabiner), über die er mit der Endmontage verbunden wird. Es gibt verschiedene Karabinerformen und mit allen läßt sich die Endmontage schnell abändern, indem beispielsweise ein geknicktes Vorfach ersetzt wird.

SAMPO-WIRBEL

BIG-GAME WIRBEL
Zuverlässige, schwer belastbare gelagerte Wirbel, wie die von Sampo und Berkley hergestellten, sind unerläßlich, wenn es darum geht, stundenlangen, materialzehrenden Drills mit außergewöhnlich großen Fischen, wie es beim Big-Game Fischen üblich ist, standzuhalten.

FLIEGENSCHNÜRE UND VORFÄCHER

Die meisten Kunstfliegen sind leicht und wiegen nahezu nichts. Das zum Wurf erforderliche Gewicht erhalten sie von der Wurfschnur. Die Fliege wird über ein geflochtenes oder ein mehrteiliges Monofil-Vorfach mit der Wurfschnur verbunden und letztere wiederum mit einem Backing aus geflochtener Schnur oder Monofilament. Das Backing ist eine Schnurreserve, um große, weitflüchtende Fische drillen zu können. Gleichzeitig füllt das Backing einen Teil der Fliegenrolle, was durch den größeren Durchmesser des Spulenkerns zu einer höheren Einholgeschwindigkeit der Schnur führt. Die Schnur wird in großen Klängen aufgewickelt, die sich beim Abziehen von der Rolle weniger verfangen. Wurfschnüre werden aus Materialien wie geflochtener Nylonschnur, Dacron oder PVC hergestellt und mit verschiedenen Polymeren, wie Polyurethan und PTFE beschichtet.

SCHNURFARBE
Die meisten Schwimmschnüre sind von recht heller Farbe, Sinkschnüre werden gewöhnlich jedoch dunkel eingefärbt.

DAS AFTMA-SYSTEM

Die American Fishing Tackle Manufacturers Association (AFTMA) hat dieses System in die Welt gesetzt. Mit einem Code von Zahlen und Buchstaben werden die verschiedenen Charakteristika der Wurfschnüre beschrieben. Die ersten Buchstaben des Codes klären über das Profil oder die Form der Wurfschnur auf, die nachfolgende Zahl über ihr Gewicht und der letzte (oder die letzten) Buchstabe über ihre Dichte. Die Nummer der Wurfschnur hängt von dem Gewicht der ersten 9,1 Meter ab. Auch die Fliegenruten werden mit den AFTMA-Nummern versehen und die Nummer der gefischten Wurfschnur sollte zur Nummer der Rute passen, mit der sie gefischt wird.

AFTMA-Schnurgewichtsangaben

AFTMA-Nummer	Gewicht in Grains	Gewichts-klassen
1	60	54–66
2	80	74–86
3	100	94–106
4	120	114–126
5	140	134–146
6	160	152–168
7	185	177–193
8	210	202–218
9	240	230–250
10	280	270–290
11	330	318–342
12	380	368–392
13	430	418–442
14	480	468–492

AFTMA-WURFSCHNURPROFILE

ANATOMIE EINER DOPPELT VERJÜNGTEN WURFSCHNUR (DOUBLE TAPER)

Die heute üblicherweise verwendeten Profile der Wurfschnüre (Tapers) sind die doppelt verjüngten (Double Taper) Wurfschnüre, die Keulenschnüre (Weight Forward) und die einfach verjüngten Wurfschnüre (Shooting Taper). Level-Schnüre sind auf ihrer gesamten Länge zylindrisch, sie lassen sich nur schwer werfen und werden heute nur noch selten gefischt. Doppelt verjüngte Wurfschnüre werden verwendet, um Fliegen auf kurze bis mittlere Distanz sanft anzubieten. Gleichzeitig lassen sich diese Schnüre leicht werfen. Keulenschnüre werden für mittlere bis große Wurfentfernungen verwendet. Haben erst einmal die Spitze und der Schnurkörper die Rute verlassen, schießt die dünne Restschnur mit Leichtigkeit durch die Rutenringe. Mit einer durchdachten Keulenschnur läßt sich eine Fliege ebenso sanft, wie mit einer doppelt verjüngten Schnur auf die Oberfläche setzen. Schußköpfe sind kurze Wurfschnüre, auf die geflochtene oder monofile Schnur folgt, die beim Zug durch die Rutenringe nur wenig Widerstand bietet. Mit solchen Schnüren lassen sich erstaunliche Wurfweiten erzielen und sie werden deshalb in erster Linie an großen Stillwassern gefischt.

DOPPELT VERJÜNGTE WURFSCHNUR (DOUBLE TAPER)

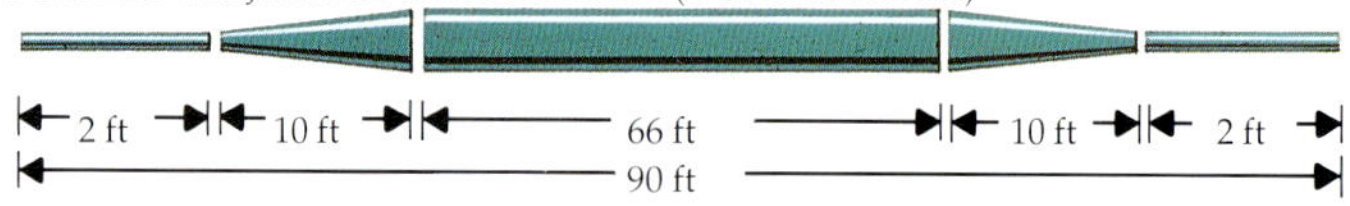

KEULENSCHNUR (WEIGHT FORWARD)

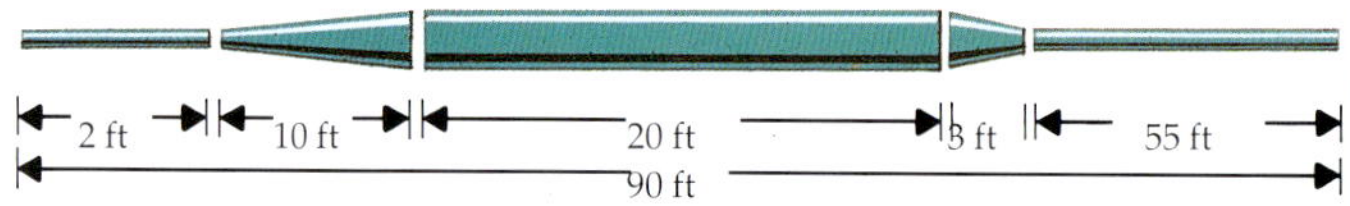

EINFACH VERJÜNGTE WURFSCHNUR (SHOOTING TAPER)

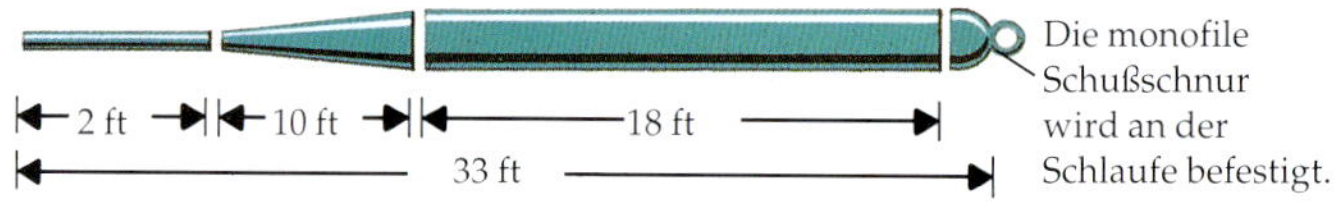

Die monofile Schußschnur wird an der Schlaufe befestigt.

DIE AFTMA-FLUGSCHNUR KODIERUNG

In der AFTMA-Flugschnur Klassifizierung stehen die Buchstaben vor der Gewichtsangabe der Schnur (DT, WF, ST oder manchmal L) für deren Art der Verjüngung. Der oder die Buchstaben, die auf die Gewichtsnummer folgen (wie beispielsweise F, ND, I, S, FS und VFS), stehen für ihre Dichte bzw. ihre Funktion, da die Tatsache, ob sie schwimmt, sinkt oder schwebt von ihrer spezifischen Dichte abhängt. So ist beispielsweise eine mit DT 9 F umschriebene Schnur eine, die doppelt verjüngt ist, deren Gewichtsnummer bei 9 liegt und die zu den Schwimmschnüren gehört. Demgegenüber wird eine Keulenschnur, die sich im Wasser neutral verhält und deren Gewichtsnummer bei 7 liegt, mit WF 7 ND umschrieben.

FLUGSCHNURSYMBOLE

DT	(Double Taper)	Doppelt verjüngt
WF	(Weight Forward)	Keulenschnur
ST	(Shooting Taper)	Schußkopf
F	(Floating)	Schwimmschnur
ND	(Neutral Density)	Im Wasser neutral
I	(Intermediate)	Schwebschnur
S	(Sinking)	Sinkschnur
FS	(Fast Sinking)	Schnellsinkende Schnur
VFS	(Very Fast Sinking)	Sehr schnell sinkende Schnur

DIE DICHTE DER FLUGSCHNÜRE

Flug- oder Wurfschnüre werden in verschiedenen spezifischen Dichten hergestellt. Von der spezifischen Dichte der Schnur hängt letztlich ab, ob sie schwimmt oder sinkt. Die Wurfschnüre mit der niedrigsten spezifischen Dichte sind die Schwimmschnüre und die mit der höchsten die am schnellsten sinkenden. Allerdings sind die den einzelnen Wurfschnüren beiliegenden Beschreibungen nicht immer sehr zuverlässig, sodaß die schnellsinkende Schnur des einen Herstellers vielleicht nicht schneller absinkt als die normale Sinkschnur eines anderen Herstellers. Um dem Kunden ein genaueres Bild von der Sinkgeschwindigkeit der Wurfschnüre zu geben, sind viele Hersteller dazu übergegangen, die Sinkgeschwindigkeiten ihrer Produkte zu veröffentlichen. Diese werden in Zentimeter oder Zoll pro Sekunde angegeben oder aber es wird die Tiefe angeführt, die nach einer bestimmten Zeit erreicht wird. Der einzige Haken an der Sache ist, daß verschiedene Abschnitte der Schnur unterschiedlich schnell sinken können und daß diese Sinkgeschwindigkeiten von einer Vielzahl von Faktoren beeinflußt werden können. So wirken sich beispielsweise die Wassertemperatur und die Windgeschwindigkeit (durch die manchmal entstehende Unterströmung) auf die Sinkgeschwindigkeit aus.

AIRFLO DI SINKGESCHWINDIGKEITEN

Nach 30 Sekunden erreichte Tiefe

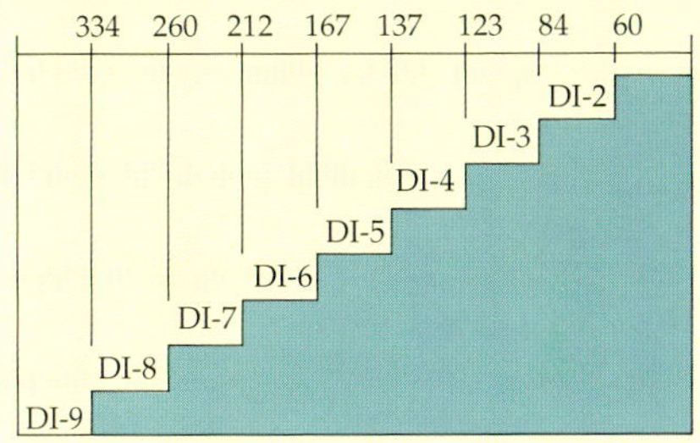

SINKGESCHWINDIGKEITEN *(oben)*
Dies ist ein Beispiel für die von den Herstellern angegebenen Sinkgeschwindigkeiten, in diesem Fall das DI-Programm von Airflo. Die Tiefe wurde in Zoll angegeben.

VORFÄCHER

Das Vorfach ist ein Stück Nylonschnur, das die Fliege mit dem Ende der Wurfschnur verbindet. Um beim Wurf mit guten Abrolleigenschaften aufzuwarten, sollte es sich von dem Wurfschnurende zur Fliege hin verjüngen. Der Durchmesser des Vorfaches am Ende der Wurfschnur sollte bei mindestens einem Drittel von deren Durchmesser liegen. Beim Fischen mit Schwimmschnüren sollte zwischen die meist auffällig gefärbte Wurfschnur und die Fliege ein ausreichend langes Vorfach geschaltet werden. Dieser Abstand ist beim Fischen mit Sinkschnüren gewöhnlich weniger wichtig.

Flechtvorfächer
Diese Vorfächer werden aus einem Nylon-Flechtwerk hergestellt, das sich über seine ganze Länge verjüngt und sehr geschmeidig bleibt. Aufgrund ihrer guten Abrolleigenschaften lassen sich Fliegen sehr sauber anbieten. An einigen der Vorfächer wird das Ende der Wurfschnur in das Vorfach geschoben und dann mit einem kleinen Silikonröhrchen arretiert; andere besitzen eine Schlaufenverbindung. Die Fliege wird über ein kurzes Stück Monofilament, der Vorfachspitze, mit dem Flechtvorfach verbunden.

Monofile Vorfächer
Industriell gefertigte monofile Vorfächer bestehen entweder aus einem sich kontinuierlich verjüngenden Stück Nylonschnur oder aus aneinandergeknüpften Nylonschnurstücken, deren Durchmesser zur Vorfachspitze hin progressiv abnimmt. Die knotenlosen Vorfächer sind robuster und in ihnen verfängt sich bei weitem nicht soviel Unrat, wie in den geknoteten. Ihr Nachteil ist, daß sie bei jedem Fliegenwechsel um ein Stück kürzer werden und somit der Durchmesser der Vorfachspitze immer mehr zunimmt. Irgendwann muß dann schließlich das gesamte Vorfach ausgetauscht oder eine dünnere Spitze angebunden werden.

ROMAN MOSER FLECHTVORFÄCHER

VORFÄCHER MIT UNTERSCHIEDLICHER SPEZIFISCHER DICHTE
Heute sind auch Flechtvorfächer mit hoher Dichte erhältlich, die auch ohne Sinkschnur kleine, leichte Fliegen auf Tiefe bringen.

AIRFLO FLECHT-VORFÄCHER

HAKEN 1

Haken sind zwar ein unrühmlicher, jedoch ein unerläßlicher Bestandteil des Angelgerätes. Auch wenn ihre Funktion einfach ist, ihr Design ist oft komplex und subtil und auf dem Gerätemarkt sind unzählige Muster, Größen und Formen erhältlich. Nach und nach sind diese als Antwort auf die Erfordernisse der verschiedenen Angeltechniken und -methoden entstanden, wobei die unterschiedlichen Fischgrößen, Maul-, Lippenformen, Zähne und Köder berücksichtigt wurden. Das Ergebnis ist, daß Sie beim Hakenkauf berücksichtigen müssen, mit was für einer Methode Sie welcher Fischart nachstellen wollen. In diesem Punkt, wie beim sonstigen Gerätekauf auch, erweist sich der Rat eines guten Fachhändlers als überaus wertvoll.

DIE HAKENWAHL
Verwenden Sie stets nur solche Haken, die stark genug sind, um die gewünschte Fischart erfolgreich drillen zu können.

HAKENTYPEN

Es gibt drei Hakengruppen, die Einfach-, die Doppel- oder Zwillingshaken und die Drillinge. Das Hakenangebot ist gewaltig groß, zweifellos die beliebtesten sind die Einfachhaken in den verschiedensten Ausführungen, die von den kleinen, von Matchfischern verwendeten Plättchenhaken bis zu den großen, rostfreien Stahlhaken reichen, wie sie von Big-Game Fischern gefischt werden. Doppel- oder Zwillingshaken trifft man in erster Linie in den Händen von Fliegenfischern an, einige werden jedoch, wie beispielsweise der Whichway, zum Hechtfischen verwendet. Mit seinen drei Hakenspitzen verfügt der Drilling über ausgezeichnete Hakqualitäten. Drillinge werden hauptsächlich beim Spinnfischen (Wobbler und Löffel) sowie beim Hecht- und Lachsfischen (Tubenfliegen u.a.) eingesetzt.

EINFACHHAKEN

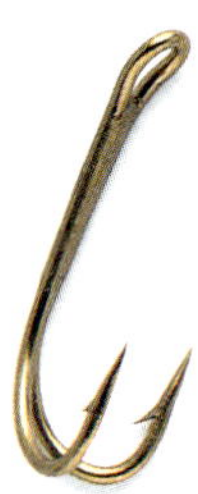

DOPPEL- ODER ZWILLINGSHAKEN

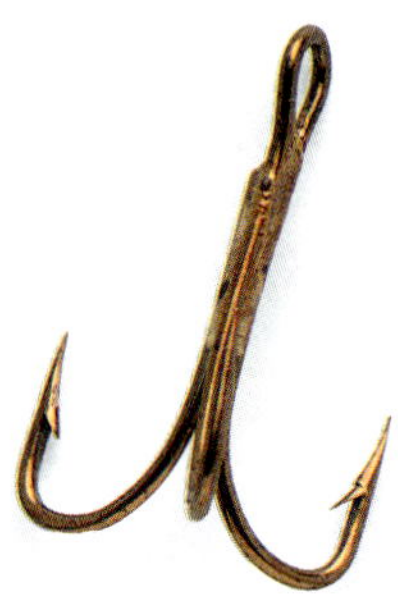

DRILLING

DIE HAKENBESTANDTEILE

Die Bestandteile eines typischen Hakens sind die Öhr, der Schenkel, die Krümmung, die Spitze, der Widerhaken, seine Tiefe und seine Öffnung. Haken werden aus sehr carbonhaltigem Stahl hergestellt und anschließend gewöhnlich mit einem Korrosionsschutz versehen oder direkt aus rostfreiem Stahl gefertigt.

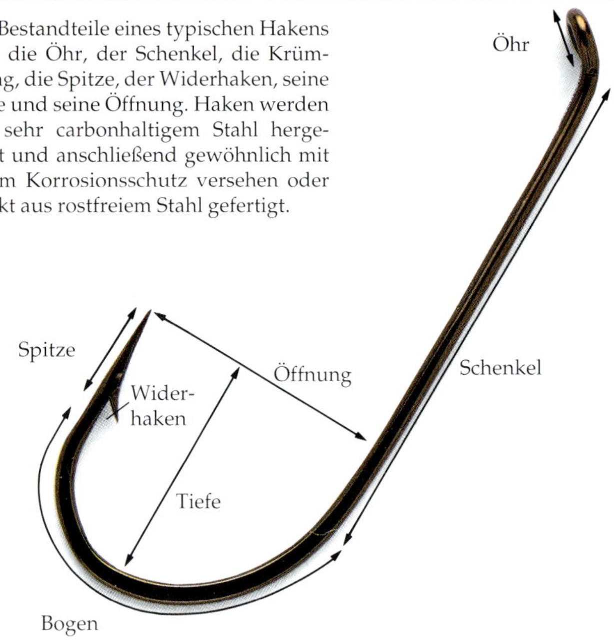

HAKENGRÖSSEN

Die Hakengrößen werden über Nummern definiert, jedoch können die Nummern eines Herstellers von denen eines anderen abweichen. Die kleinste Hakengröße ist 30. Generell kann behauptet werden, daß Haken von Größe 30 bis 1 zum Süßwasserfischen und Haken der Größe 1/0 bis 16/0 zum Salzwasserfischen verwendet werden. Japanische Haken fallen bei gleicher Nummer im allgemeinen ein bißchen kleiner aus als europäische Haken. Die Importgesellschaften kompensieren diese Tatsache, indem sie die Haken um eine Größe heruntersetzen.

EUROPÄISCHE GRÖSSE 8
Dicker, gehärteter Draht, runde Krümmung.

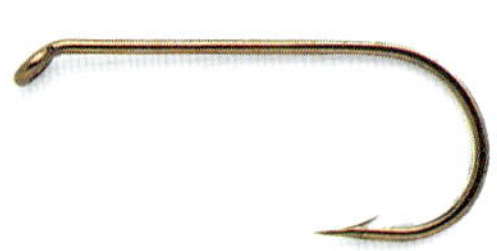

JAPANISCHE GRÖSSE 6
Mitteldicker Draht, runde Krümmung.

JAPANISCHE GRÖSSE 6
Mitteldicker Draht, Sproatkrümmung.

DRAHTSTÄRKEN

Der Durchmesser des Drahtes, aus dem ein Haken gefertigt wird, hängt vom Hakenmuster und seiner Größe ab. Heute bieten einige Hersteller jedoch alle Hakenmuster und -größen in verschiedenen Drahtstärken an. Dünndrähtige Haken werden zum Fischen mit dünner Schnur und Trockenfliegen verwendet, während mitteldicke Haken eher für das Naßfliegenfischen gebraucht werden. Wirklich dickdrähtig sind in erster Linie jene Haken, die beim Fang von Big-Game Fischen und großen Süßwasserfischen zum Einsatz kommen oder zum Binden schwerer Lachs- und Naßfliegen gebraucht werden, wenn eine hohe Sinkgeschwindigkeit erforderlich ist.

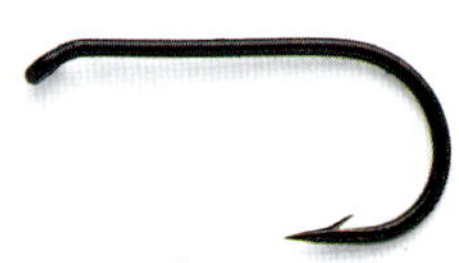

DICKDRÄHTIGER HAKEN

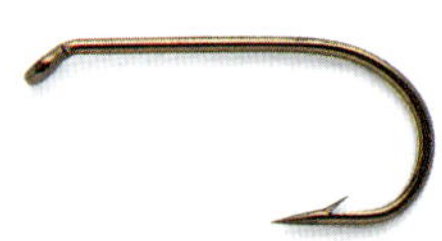

MITTELSTARKER HAKEN

DÜNNDRÄHTIGER HAKEN

Hakenöhre

Hakenöhre gibt es in vielen verschiedenen Formen und Größen. An den Plättchenhaken fehlen sie sogar ganz. Abgeflachte Hakenschenkel waren einmal überaus beliebt, das arbeitsintensive Hämmern und Lackieren rechnet sich heute jedoch nicht mehr. Ebenso sind Haken mit verjüngtem Öhr in der Herstellung teurer als Haken mit Öhr aus zylindrischem Draht und werden deshalb von immer mehr Herstellern aus dem Programm genommen. Gerade Öhre sind bei Süß- und Salzwasseranglern zum Fischen mit Naturködern sehr beliebt, während abgewinkelt stehende Öhre den Fliegenfischern lieber sind. Prüfen Sie beim Hakenkauf stets, ob das Öhr auch bis zum Schenkel bündig schließt; Haken mit einer kleinen Öffnung in der Öhrkrümmung sollten aussortiert werden. Das Plättchen eines Plättchenhakens darf auf gar keinen Fall irgendwelche scharfe Kanten aufweisen, welche die Angelschnur unter Zug beschädigen könnten.

RINGÖHR
Dieses aus zylindrischem Draht gefertigte Rundöhr ist der gängigste Öhrtyp.

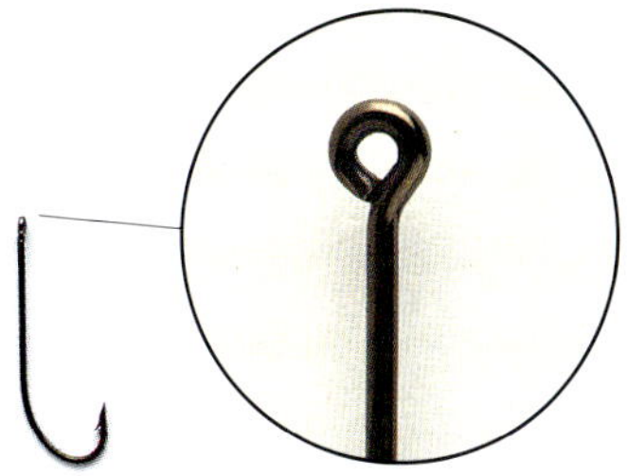

VERJÜNGTES ÖHR
Wo der Hakendraht auf den Schenkel trifft, ist er verjüngt, was eine sauberes Öhr ergibt, das sich nicht so leicht zusetzt.

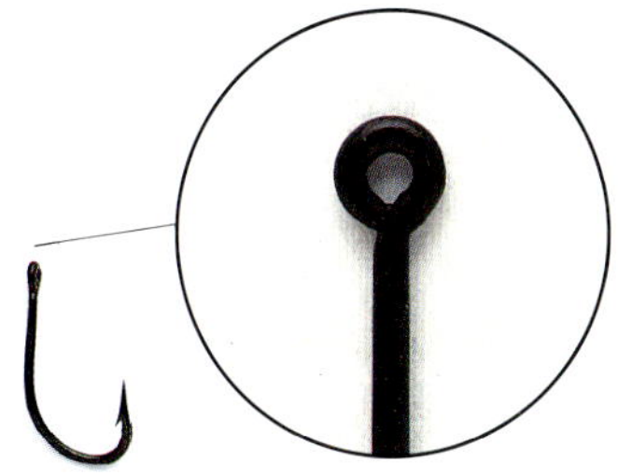

PLÄTTCHENENDE
Das Plättchen wird durch Abflachen des Drahtendes geformt.

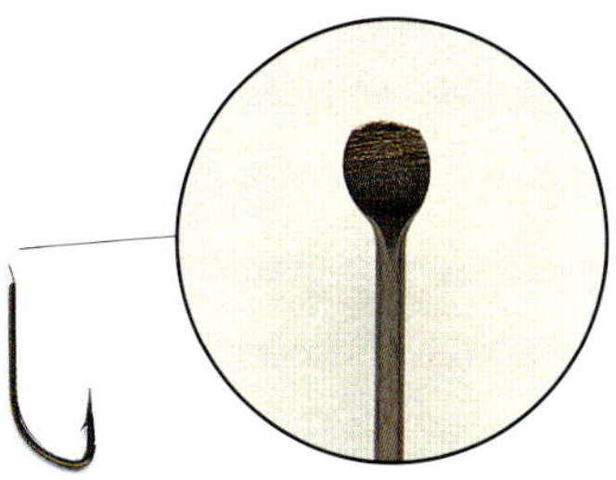

SCHLAUFENÖHR
Diese sehr robuste Öhrform trifft man an klassischen Lachsfliegen an.

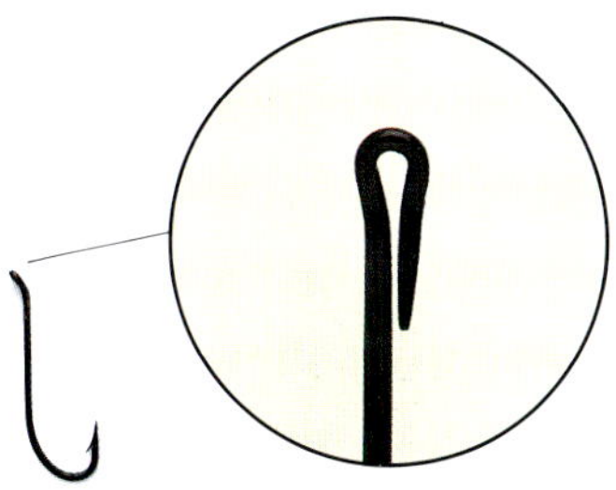

NADELÖHR
Drillinge werden mit Nadelöhr versehen, insbesondere, wenn sie an Tubenfliegen gefischt werden.

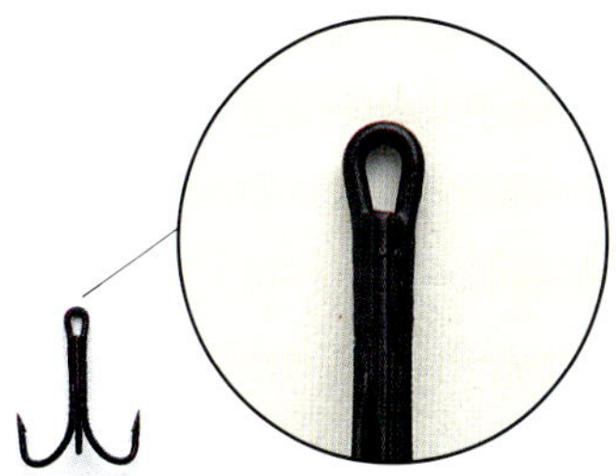

WIRBELÖHR
Dieser Öhrtyp findet auf starken Meeres- und Big-Game Haken Anwendung.

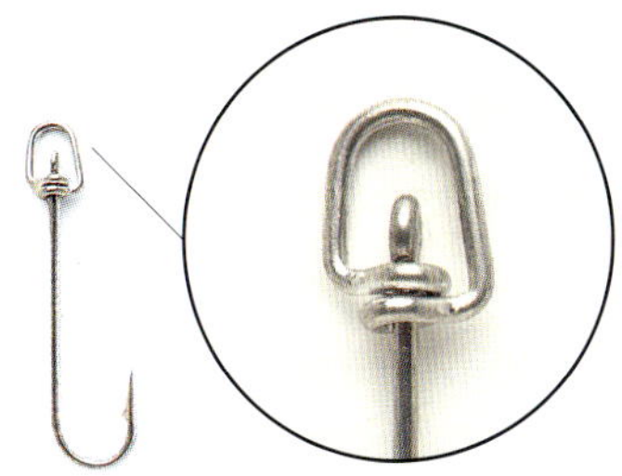

Der Öhrwinkel
Das Öhr steht entweder in der Achse des Hakenschenkels oder aber nach oben oder unten geknickt. Ein aufwärts gerichtetes Öhr steht von der Hakenspitze weg, wodurch zwischen Schenkel und Spitze ein großer Freiraum entsteht. Das abwärts gerichtete Hakenöhr steht zur Hakenspitze, wodurch diese beim Anhieb besser eindringt.

AUFWÄRTS GERICHTETES ÖHR

GERADES ÖHR

ABWÄRTS GERICHTETES ÖHR

DARMÖHR (GUT-EYE)
Darmöhre, die heute veraltet sind, wurden aus einem Stück (Katzen-) Darm hergestellt, das vor dem Binden der Fliege am Haken befestigt wurde.

Hakenschenkel

Die zum Naturköderfischen entwickelten Haken sind bei weitem nicht so vielseitig in Form- und Schenkellänge, wie das bei den fürs Fliegenfischen entworfenen Haken der Fall ist, die der gewaltigen Menge an unterschiedlichen Fliegenmustern und -größen gerecht werden müssen. Haken mit kurzen oder Standardschenkeln werden im Süßwasser zum Fischen mit Naturködern verwendet. Salzwasserhaken sind gewöhnlich ein wenig langschenkliger, um die größeren Köder besser zu halten und die Vorfächer vor den Zähnen vieler Meeresfischarten zu schützen. Viele große Haken, insbesondere Salzwasserhaken, verfügen über geschmiedete Schenkel und Krümmungen. Hierzu wird der Hakendraht gehämmert, nachdem er in Form gebracht wurde. Sein Durchmesser ist dann ein wenig abgeflacht. Dadurch wird der Haken viel belastbarer als einer derselben Größe, der nicht geschmiedet wurde und dessen Drahtdurchmesser nach wie vor rund ist.

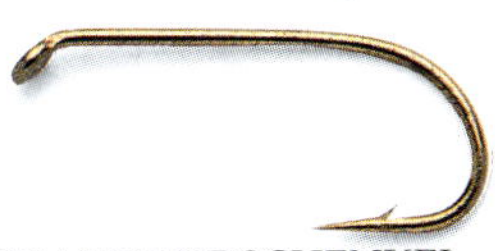

STANDARDSCHENKEL
Die Krümmung eines Standardschenkelhakens steht, ganz unabhängig von seiner Größe, in einem festen Verhältnis zu seiner Schenkellänge.

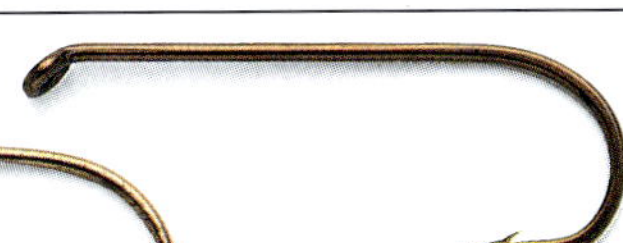

LANGSCHENKEL
Ein 2X Langschenkelhaken hat eine Schenkellänge, die bei der eines Standardschenkelhakens liegt, der zwei Nummern größer ist.

KURZSCHENKEL
Ein 2X Kurzschenkelhaken hat eine Schenkellänge, die bei der eines Standardschenkelhakens liegt, der zwei Größen kleiner ist.

HAKEN-QUERSCHNITTE

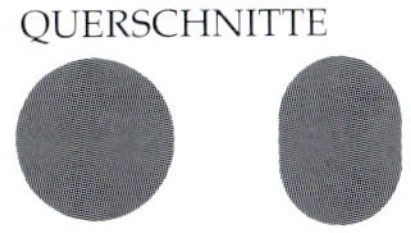

RUNDER DRAHT

GESCHMIEDETER DRAHT

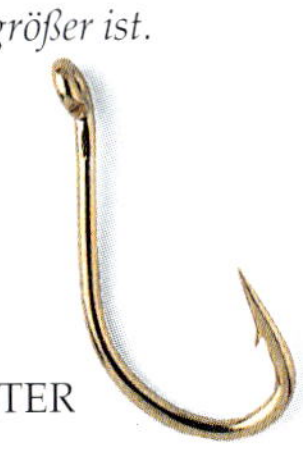

GEKRÜMMTER SCHENKEL
Dieser Schenkel verleiht dem Körper einer Kunstfliege ein natürliches Aussehen. Solche Haken sind zum Binden von Sedge Pupa, Midges und Larvenimitationen ideal.

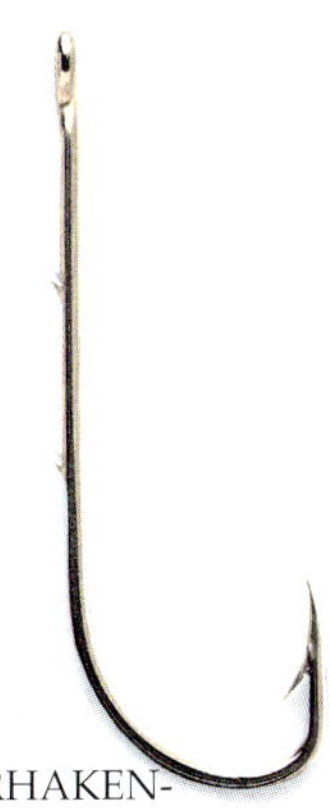

WIDERHAKENSCHENKEL
Die Widerhaken am Hakenschenkel helfen dabei, weiche und empfindliche Salzwasserköder fest auf dem Haken zu halten.

HAKEN 2

HAKENKRÜMMUNGEN

Die Form der Hakenkrümmung ist ein wesentlicher Faktor beim Vergleichen verschiedener Hakenmuster und -formen. So wie die anderen wichtigen Hakenmerkmale, wie etwa Schenkellänge und Öhrform, ist es im Laufe der Jahre zur Entwicklung einer ganzen Reihe unterschiedlicher Hakenkrümmungen gekommen. Die Art der Krümmung wird in erster Linie vom Verwendungszweck des Hakens diktiert, gewöhnlich ist jedoch ein sacht gebogener Haken stärker als ein scharf gebogener und gewinkelte Krümmungen erlauben ein besseres Eindringen der Hakenspitze beim Anhieb. Einige Krümmungen sind nur für eine ganz bestimmte Angeltechnik geeignet, wogegen andere sehr vielseitig sind. Der Sproathaken verfügt beispielsweise über die ideale Krümmung für klassische Fliegen, Emerger und Trockenfliegen, wogegen eine runde Krümmung nicht nur für das Naturköderfischen im Süß- und Salzwasser geeignet ist, sondern auch für Trockenfliegen.

CRYSTALHAKEN
Crystalhaken sind besonders in kleinen Größen zum Fischen mit Naturködern im Süßwasser beliebt.

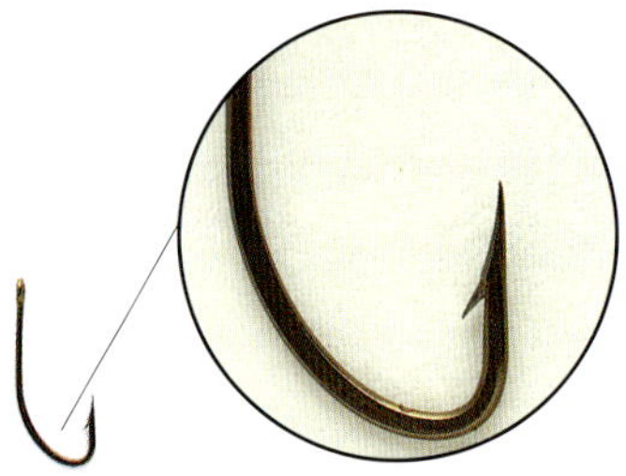

RUNDHAKEN
Rundhaken mit geschränkter Spitze werden zum Naturköderfischen verwendet, mit gerader Spitze zum Fliegenfischen.

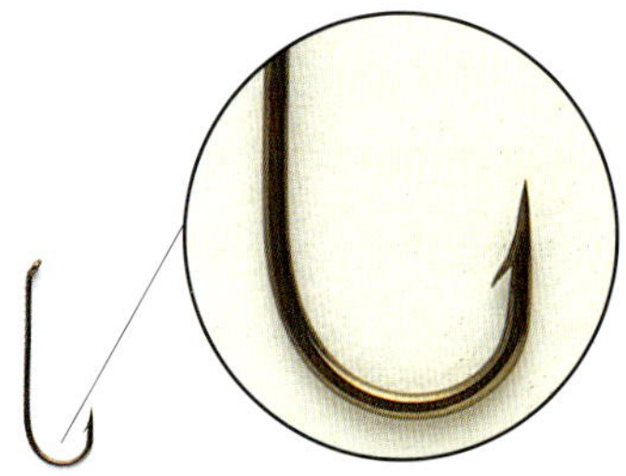

SPROAT
Der Sproathaken hat eine gute Fliegenhakenform. Der erste Knick in der Krümmung ist nicht so stark, wie beim Crystalhaken.

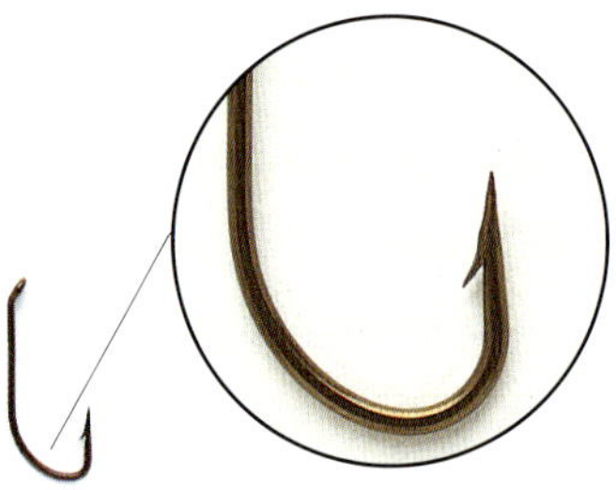

ABERDEEN
Ein dünndrähtiger Rundhaken mit langem Schenkel zum Salzwasserfischen, speziell für Naturköder.

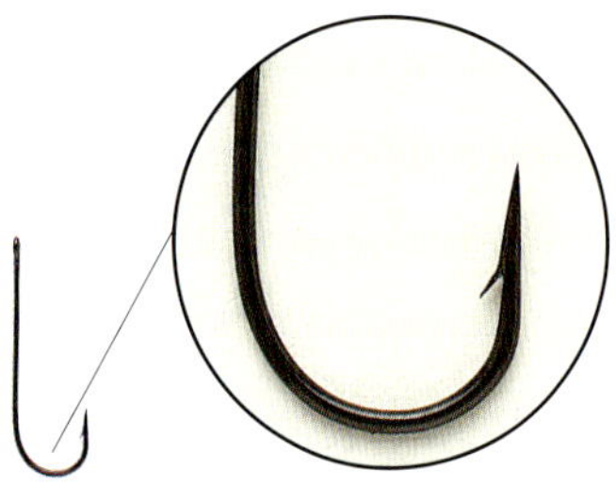

LIMERICK
Limerickhaken finden in vielen Bereichen der Salz- und Süßwasserfischerei Anwendung, u.a. beim Lachsfischen.

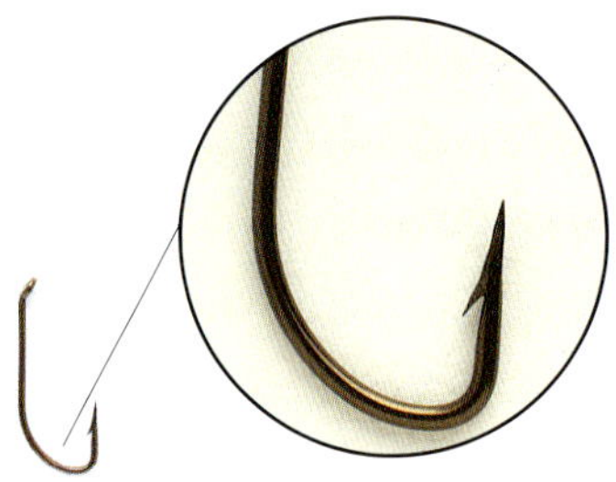

KENDAL-RUND
Dieser Haken ist etwas weniger abgerundet und leicht eckiger als der gewöhnliche Rundbogenhaken.

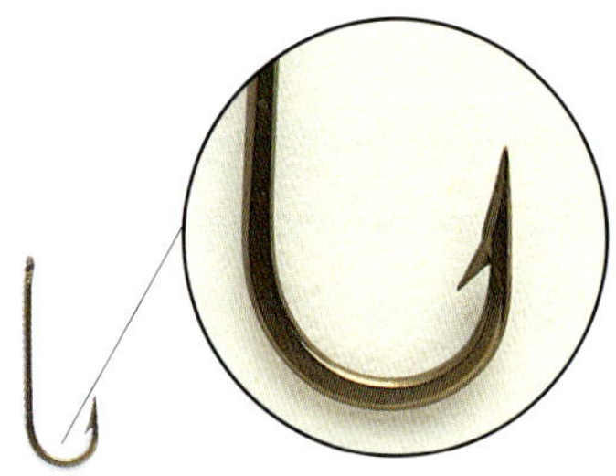

GARNELEN
Die weit geöffnete Hakenkrümmung wurde für hochrückige Fliegen sowie Garnelen- und Käferimitationen entworfen.

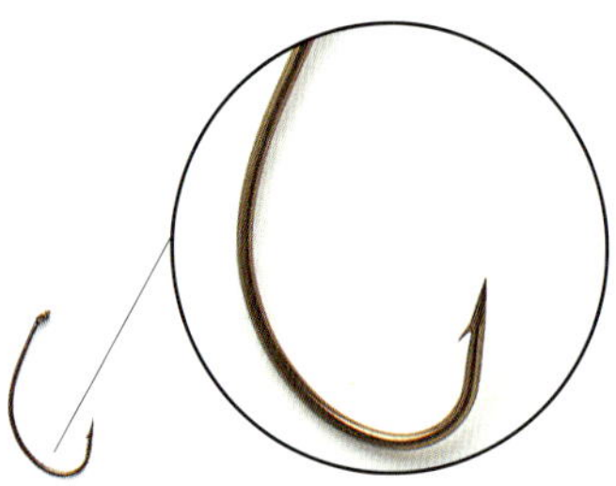

TIEMCO
Minimal gekrümmter Schenkel, gerade Spitze. Diese Haken sind zum Binden von Emerger- und Trockenfliegenimitationen ideal.

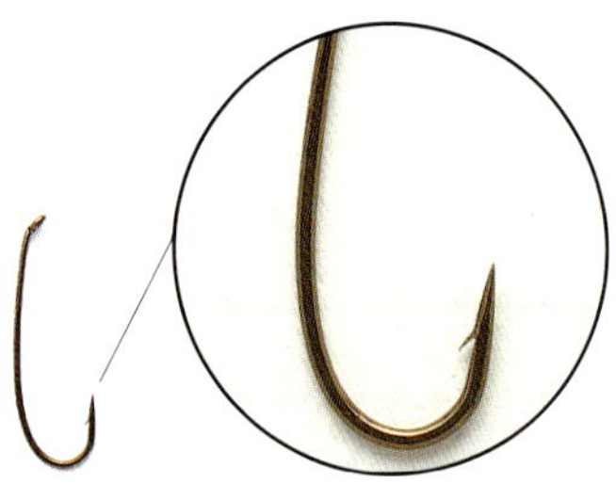

O'SHAUGHNESSY
Die O'Shaughnessy Krümmung ist ein sehr starker Hakenbogen für große Fische und der für das Big-Game geeignet ist.

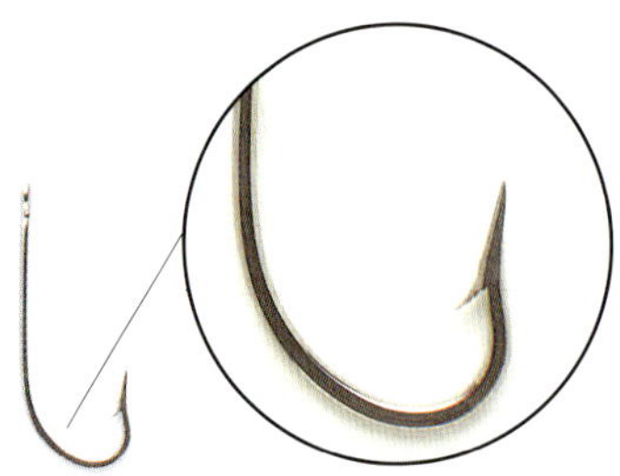

SPECIMEN
Eine moderne Bogenform mit geschränkter Spitze für das Naturköderfischen in Süß- und Salzwasser entwickelt.

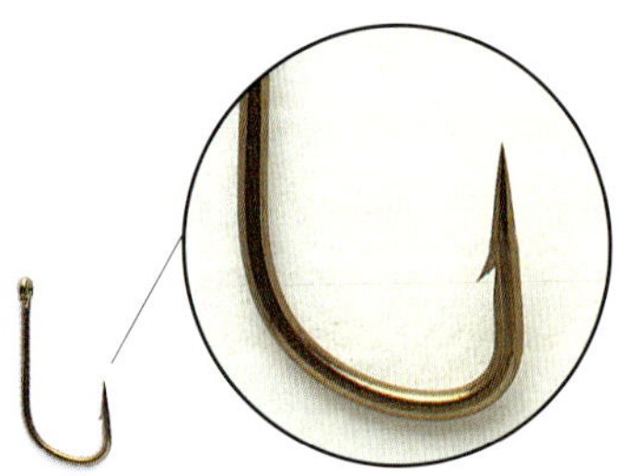

HAKENFORMEN

Mit Hakenform ist die Art seiner Krümmung, seiner Spitze, seines Schenkels und seines Öhrs gemeint. Süßwasserhaken sind meist kurz bis mittellang, entweder mit einem Öhr oder einem Plättchen versehen und oft geschränkt. Krautschutzhaken werden durch ein Stück Federdraht vor Hängergefahr weitgehend geschützt. Haken, die für das Fischen im Meer mit Naturködern bestimmt sind, sind gewöhnlich langschenkliger als Süßwasserhaken. Die sehr beliebten O'Shaughnessy-, Kirby- und Aberdeenhaken sind gute Beispiele für Naturköderhaken zum Meeresfischen. Von Fliegenfischern werden meistens geradschenklige Haken mit geraden Spitzen, verschiedenen Krümmungen und auf- oder abwärts gerichteten Öhren gefischt.

KEVIN MADDOCKS KARPFENHAKEN

NYMPHENHAKEN

KIELHAKEN

LACHS-EINFACH-HAKEN

LANDINSEKTEN-HAKEN

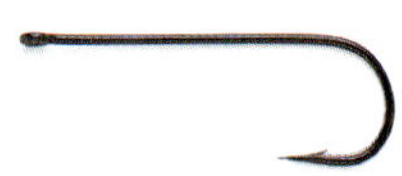

ABERDEENHAKEN

PIGGYBACKHAKEN

KARPFENHAKEN

STREAMERHAKEN

Hakenspitzen

Hakenspitzen sind von Muster zu Muster und von Hersteller zu Hersteller unterschiedlich; Hohlspitzen und die sog. "Superior"-Spitzen sind beispielsweise für die Mustad-Haken typisch. Die meisten Haken sind mit solchen Spitzen versehen, da sie sich so als Massenware günstiger herstellen lassen als gekrümmte Schnabelspitzen. Der äußere Rand der Hohlspitzen ist gerade, wogegen die Innenseite von der Spitze zum Widerhaken leicht gekrümmt ist. Bei den "Superior"-Spitzen sieht es genau umgekehrt aus, hier ist die Außenseite leicht gekrümmt, während die Innenseite gerade bleibt. Dublinspitzen, wie sie an vielen Lachshaken gefunden werden, tragen Merkmale von beiden Spitzen und stehen vom Schenkel weg. Schnabelspitzen zählen zu den besten und stabilsten Spitzen überhaupt, ebenso, wie die chemisch geschärften japanischen Nadelspitzenhaken mit winzigem Widerhaken.

WIDERHAKENLOS
Widerhakenlose Hakenspitzen erleichtern das Hakenlösen und sind ideal, wenn Fische zurückgesetzt werden sollen.

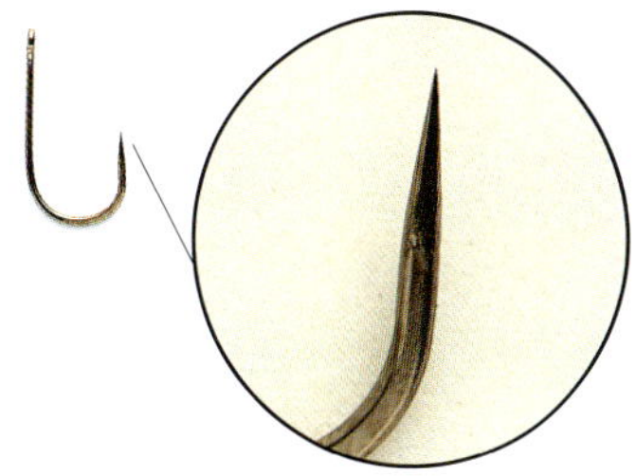

HOHLSPITZE
Diese Hakenspitze ziert viele Haken aus der Produktpalette des Hauses Mustad of Norway.

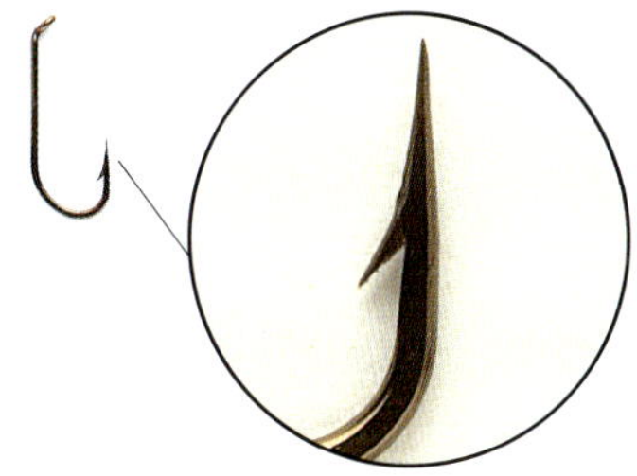

DUBLIN
Ihren Ursprung hat diese Spitze in Dublin. Verwendung findet sie besonders an Lachs- und Friedfischhaken.

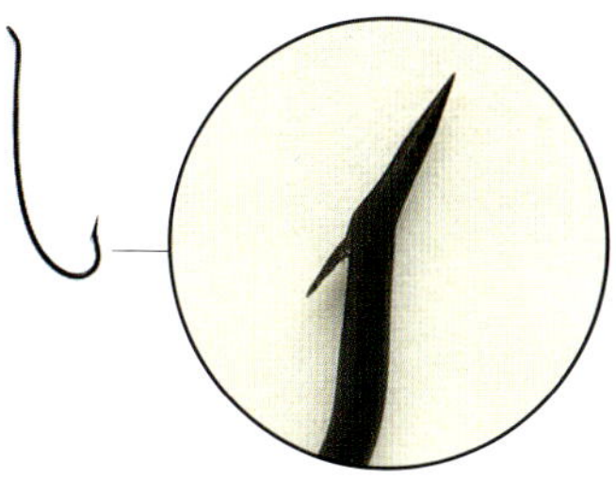

PFEILSPITZE
Haken mit Pfeilspitzen dringen nicht so leicht wie widerhakenlose Spitzen ein, dafür halten sie die Fische besser.

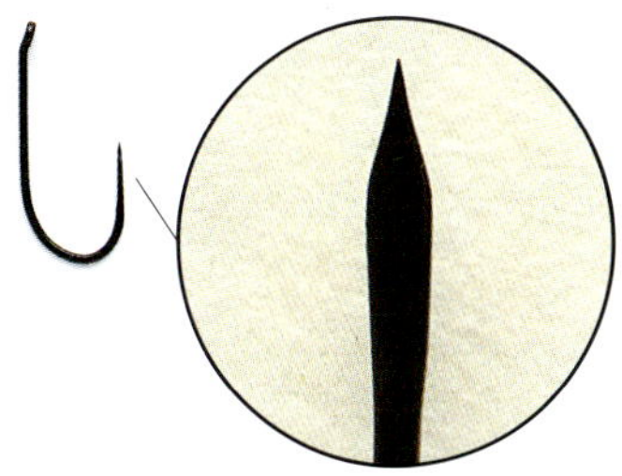

SCHNABELSPITZE
Chemisch geschärfte Schnabelspitzen sind robust und dringen gut ein, da ihr Widerhaken nicht tief eingeschnitten ist.

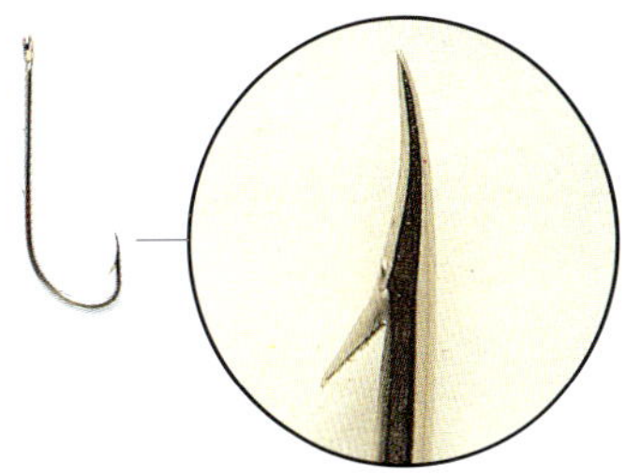

FALKUS OUTBARB
Die Widerhaken an diesem Drilling befinden sich auf der Außenseite der Hakenspitze. Diese Haken halten besonders gut im Körpergewebe.

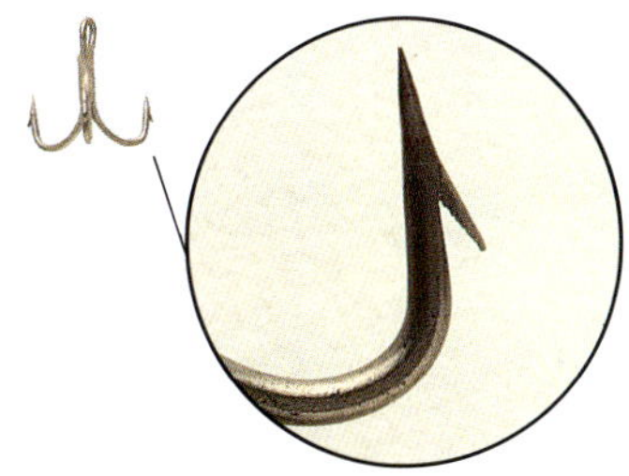

Geschränkte Spitzen

Hakenspitzen unterscheiden sich nicht nur von ihrer Form her, sondern auch darin, daß sie entweder gerade oder aber geschränkt sind. Um festzustellen, ob eine Hakenspitze geschränkt ist, braucht man lediglich zu überprüfen, ob die Hakenspitze in der Achse des Hakenschenkels steht. Eine geschränkte Spitze weist entweder nach rechts (reversed) oder nach links (kirbed). Gerade Spitzen sind zum Fliegenfischen ideal, geschränkte für das Fischen mit Naturködern. Die beliebteste Hakenschränkung ist die nach rechts weisende, da die meisten Angler Rechtshänder sind: das Anködern fällt ihnen dann leichter, da der in der rechten Hand gehaltene Haken mit der Spitze nach oben weist.

NACH LINKS GESCHRÄNKTE SPITZE/KIRBED

NACH RECHTS GESCHRÄNKTE SPITZE/REVERSED

Hakenfehler

OFFENES HAKENÖHR

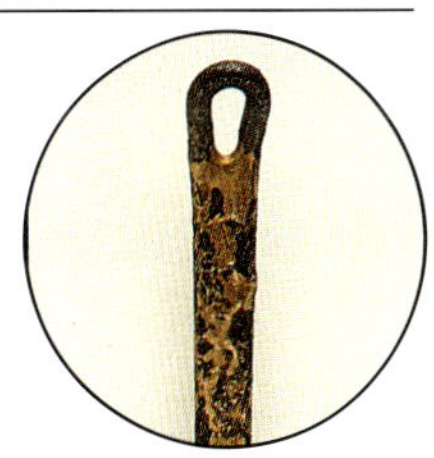

SCHLECHTE BRÜNIERUNG

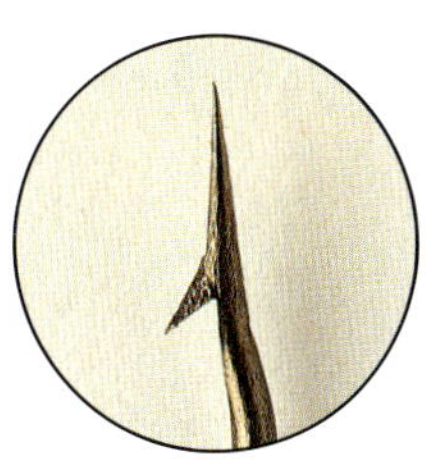

ZU TIEFER SCHNITT

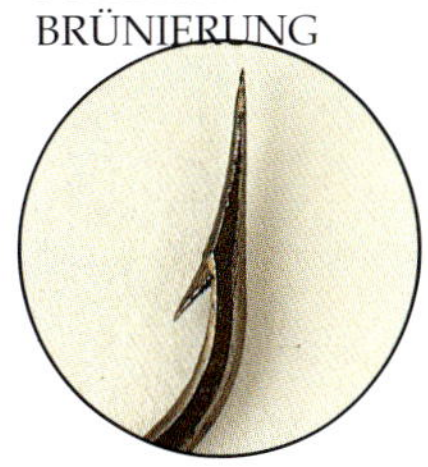

ÜBERLANGE SPITZE

Zu den häufigen Fehlern an Haken gehören ein offenes Öhr, schlechte Brünierung, ein zu tief eingeschnittener Widerhaken, eine unzureichende Härtung und eine überlange Spitze. Die meisten dieser Fehler sind offensichtlich, lediglich schlecht gehärtete Haken sind nur schwer zu erkennen. Versuchen Sie, die Hakenspitze mit dem Daumennagel vom Hakenschenkel wegzudrücken. Ein nicht ausreichend gehärteter Haken biegt sich hierbei leicht auf und springt nicht mehr in seine Ausgangsstellung zurück; ein überhärteter Haken bricht.

Hakenfarben

Haken werden in einer ganzen Reihe von Farben und mit unterschiedlichen Beschichtungen für verschiedene Angeltechniken angeboten. Traditionell schwarze Haken werden nach wie vor, insbesondere für Lachsfliegen, hergestellt, heute sind jedoch braune Haken mit einer bronzefarbenen Beschichtung am gängigsten. Einige Meereshaken werden aus rostfreiem Stahl hergestellt, der erst gar nicht beschichtet wird, da er auch so schon Salzwasser gegenüber fast unempfindlich ist. Andere Meereshaken werden manchmal silbern gefärbt, um Fische anzulocken.

SCHWARZ

NIFLOR

VERGOLDET

GEFÄRBT

BRÜNIERT

VERSILBERT

SENKGEWICHTE FÜR DAS SÜSSWASSER

Die Vielzahl an Bleiformen und -größen wird für die unterschiedlichen Angeltechniken und Gewässerverhältnisse benötigt. So sollen Bleie beispielsweise eine Pose austarieren oder einen Köder auf dem Grund verankern. Früher wurden fast alle Gewichte zum Angeln aus Blei hergestellt, viele Ländern verboten dieses Material aus Umweltgründen jedoch ganz oder teilweise. So müssen in Großbritannien Grundgewichte bis 28 Gramm und Spaltbleie in den Größen 6 bis SSG aus einem ungiftigen Material hergestellt werden. Die Grundgewichte in den betroffenen Größen sind daher gewöhnlich aus Stahl, Zink oder Messing und Spaltbleie aus Wolfram oder einer schweren Legierung.

KORKSONDE

KLEMMSONDE

SONDEN
Sonden werden beim Posenfischen zum Herausfinden der genauen Gewässertiefe verwendet. Bei Korksonden wird die Schnur durch die Öse geführt und dann der Haken in den Korkfuß gesteckt; Klemmsonden enthalten eine Feder, mit der sie sich am Haken festklammern.

SSG (SWAN SHOT)

AA

BB

No. 1

No. 4

No. 8

No. 10

No. 12

SPALTBLEI
Spaltbleie sind sehr vielseitige Gewichte, die beispielsweise als Stopper eine Gleitpose arretieren, Schwimmer austarieren oder Ledger-Montagen auf die nötige Tiefe bringen. Beim Grundfischen fixieren Spaltbleie größere Gleitbleie oder halten eine Brotflocke kurz über dem Grund. Spaltbleie gibt es in Größen vom sogenannten "Schwanenschrot" (SSG) - diesen Namen verdankt es der Tatsache, daß zum Schwäneschießen früher Schrotkugeln vergleichbaren Kalibers verwendet wurden - bis zum sogenannten "Staubschrot" (Größen 8 bis 12). Eine Faustregel besagt, daß zwei Bleischrote einer bestimmten Größe etwa so schwer sind, wie eines aus der darüberliegenden Größe (siehe auch Seite 222). Klemmen Sie ein Spaltblei nur mit Daumen und Zeigefinger fest und öffnen Sie es mit dem Daumennagel. Verschieben Sie kein Spaltblei auf der Schnur – es könnte sie beschädigen.

RÖHRENBLEI
Diese dünnen, flexiblen Röhrchen aus Polymer-Kunststoff und Wolfram verfangen sich nicht so leicht im Wurf wie Spaltbleie. Beim Fischen mit Körnerködern verhindern Sie, daß Fische statt am Köder am Spaltblei knabbern. Das Röhrchen wird geschnitten, aufgefädelt und mit Spaltblei fixiert.

BLEIDRAHT
Wie Tubenblei ist auch Bleidraht beim Posenfischen eine gute Alternative zu den Spaltbleien. Um eine Pose auszutarieren, kann man den Draht direkt um den Posenfuß wickeln oder ihn um ein Streichholz wickeln und anschließend unter der Pose auf die Schnur schieben, wo er von einem kleinen Spaltblei in Stellung gehalten wird.

KNETBLEI
Dieses schwere, kittartige Material war eine frühe Alternative zu Blei, seitdem jedoch zufriedenstellender Bleiersatz entwickelt wurde, verschwand es weitgehend aus den Gerätekästen der Angler. Lediglich Karpfenangler verwenden es noch regelmäßig, um Köder mit Auftrieb auszutarieren.

OLIVETTEN
Diese winzigen, stromlinienförmigen Gewichte hatten ihren Ursprung in Frankreich und sie werden heute beim Stippfischen verwendet. Die kleinste Größe, 4/0, wiegt lediglich 0,081 gr.; die größte, Größe 12, wiegt 3 gr.

LOCHKUGELN
Durchbohrte Bleikugeln werden verwendet, um bewegliche Köder anzubieten. An schnellströmenden Strecken rollen sie über den Grund und ziehen dabei den Köder mit sich.

HILLMAN
Dieser Gewichts-Typ verringert beim Spinnfischen den Schnurdrall. Derartige Gewichte werden in den Karabinerhaken eines Wirbels eingeklinkt, der in die Hauptschnur eingebunden ist.

BLEI-OLIVEN
Blei in Olivenform ist dazu gedacht, langsam über das Flußbett zu rollen und den Köder beweglich anzubieten. Die Schnur läuft durch eine Bohrung.

SARGBLEI
Das Sargblei wurde dazu entworfen, einen Köder in strömendem Wasser an einem Punkt anzubieten. Seine flache, kantige Form verhindert eine Rollbewegung auf dem Gewässerboden, in Kies oder Lehm gräbt es sich sogar ein wenig ein. Die Schnur wird durch ein Loch entlang der Längsachse geführt.

SCHEIBENBLEI
Diese flachen Gewichte halten den Köder auch in schneller Strömung in Position. Durch seine flache Form bietet es auf dem Flußgrund liegend der Strömung wenig Widerstand. Der Wasserdruck drückt das Blei durch dessen große Oberfläche noch zusätzlich auf den Boden. Über einen Wirbel wird das Blei in die Montage eingebunden, wodurch Verwicklungsprobleme beim Wurf weitgehend ausgeschlossen werden.

SPHÄRISCHE BOMBE
Dieses Blei wird an einer Reißleine verwendet. Es wird über ein kurzes Stück dünne Schnur in die Montage gebunden. Flüchtet ein gehakter Fisch in Holz oder dichte Pflanzen, reißt das Blei ab. Ohne diese Reißleine kann es zum Bruch der Hauptschnur kommen, was beim Verheddern der Montage im Hindernis zum Verludern des Fisches führen kann.

ARLESEY BOMBEN
Diese Gewichte wurden von Richard Walker in den 50er Jahren entworfen, um in tiefen Gewässern große Fische auch noch auf große Distanz fangen zu können. Ein Wirbel verhindert Verwicklungen. Es sind wahrscheinlich die am meisten verwendeten Bleie zum Grund- und vor allem zum Quivertipfischen im Fluß.

FLASCHENBLEI
Dieses pfiffige Design erlaubt ein rasches Gewichtwechseln direkt auf der Schnur. Über einen Karabinerwirbel wird ein Stück Silikonröhrchen in die Montage eingebunden, in dessen unteres Ende ein flaschenförmiges Gewicht gesteckt wird. So läßt sich das Blei problemlos durch ein leichteres oder schwereres austauschen.

WYE-BLEI
Das Wye-Blei wird wie das Hillmanblei zum Spinnfischen verwendet. Mit ihm läßt sich ein Spinnköder zusätzlich beschweren und verringert bei rotierenden Spinnködern den Schnurdrall. Viele Angler ziehen es dem ebenfalls zum Spinnfischen verwendeten Spiralblei vor, das öfter von der Schnur fällt. Die Form des Wye-Bleies ist allerdings nicht so aerodynamisch.

SPIRALENBLEI
Auch dieses Blei verwendet man beim Spinnfischen, um den Schnurdrall zu reduzieren und um die Montage zu beschweren. Es wird unmittelbar über dem Wirbel auf der Hauptschnur befestigt. Hierzu wird die Schnur sorgfältig und straff um das Blei (in der spiralförmigen Vertiefung) sowie durch die Drahtspiralen an den Enden gewickelt. Die Stromlinienform ermöglicht hohe Wurfweiten.

EINSEITIG ABGEFLACHTES BLEI
Diese Bleiform wird in erster Linie von Karpfenfischern verwendet. Die abgeflachte Bodenfläche erlaubt es ihm, schnell vom Grund weggehoben werden zu können und beim Einholen emporzugleiten, wodurch es zu weniger Hängern kommt.

SCHLEPPGEWICHT
(rechts)
Schleppgewichte wiegen bis etwa 1,4 kg und werden dazu verwendet, die Köder schnell auf große Tiefe zu bringen. Da sie lediglich abgelassen werden, ist ein stromlinienförmiges Aussehen nicht notwendig.

BUZZ BOMBE
Die Buzz Bombe ist eine Abwandlung der Arlesey Bombe. Die abgeflachten Ränder wirken beim Wurf wie Tragflächen, wodurch das Blei eine geradere Flugbahn erhält. Mit ihm lassen sich verhältnismäßig genaue Würfe von über 90 m Länge durchführen.

Salzwassergewichte und Seitenarme (Booms)

Zum Meeresangeln gehören starke Gezeitenströmungen, große Tiefen und hohe Wurfentfernungen. Nur ausreichend schwere Gewichte an der Angelleine bringen den Köder in die richtige Tiefe. Seitenarme (Stand-Off Booms) vermeiden Vorfach-Verwicklungen. Zubehör schützt die Köder vor Beschädigung.

Gewichte

Ganz allgemein versteht man beim Angeln unter einem Gewicht alles, was Angler an ihrer Schnur befestigen, um sie auf Tiefe zu bekommen. Beispielsweise verwenden Brandungsfischer in hängerträchtigen Gewässern statt teurer Spezialbleie häufig billige Alternativen, wie etwa alte Zündkerzen. Gewöhnlich ist es jedoch ratsam, wann immer die Möglichkeit besteht, eigens für die vorhandenen Bedingungen entworfene Gewichte zu verwenden.

VERLÄNGERTES KRALLENBLEI (mit Klip)

KRALLENBLEI (mit Klip)

PLASTIK-KRALLENADAPTER

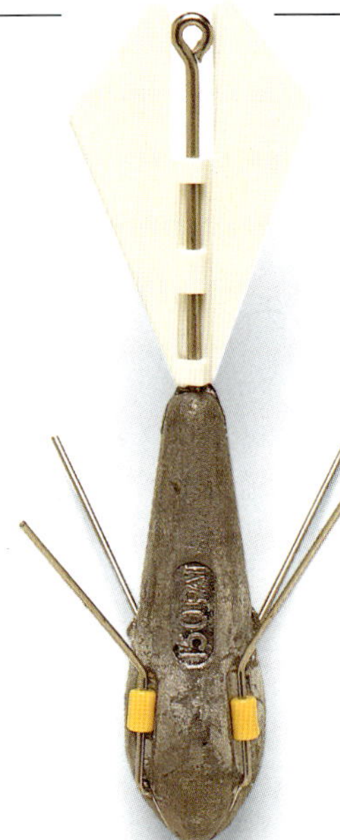

FLÜGELKRALLENBLEI (mit Klip)

KRALLENBLEIE
Die Drähte eines Krallenbleies graben sich in den Meeresgrund und verankern so den Köder. Oft halten die Drahtkrallen über einen Klip am Gewichtskörper, der die Krallen bei Zug aufklappen läßt und so ein hängerfreies Einholen ermöglicht. Die vorne und hinten verlängerten Ausführungen erlauben auch auf kurze Entfernungen einen sicheren Halt, wodurch sie besonders für das Uptide-Fischen geeignet sind; der Plastik-Krallenadapter kann im Tandem mit einem herkömmlichen Krallenblei gefischt werden, wodurch dessen Halt verstärkt wird.

Seitenarme oder Booms

Vorfächer aus Nylon haben die lästige Tendenz, sich zu verwickeln und Köder, die von einem Boot herabgelassen werden, kreisen oft spiralförmig hinab, wodurch sich das Vorfach um die Hauptschnur wickelt. Wer die Vorfächer an ausreichend voneinander entfernten Seitenarmen montiert, kann diese Probleme auf ein erträgliches Minimum reduzieren. Droppers (kurze Vorfächer), die an über dem Gewicht angebrachten, ausreichend voneinander entfernten Seitenarmen montiert werden, sind gut zum Brandungsfischen geeignet, wenn der Angler auf große Mengen kleinerer Fische aus ist - denn damit wird so eine Vielzahl von Ködern geradezu ideal präsentiert.

UPTIDE BOOM

DOWNTIDE BOOM

COX & RAWLE BOOMS *(oben)*
Mit diesen Gleitbooms wird das Blei vor ein Vorfach geschaltet. Man kann damit auch das Vorfach mit der Hauptschnur verbinden, wenn auf Grund mit lebenden Sandaalen gefischt wird oder um mit Sandaalimitationen an Flying Collars zu fischen.

RELAY- ODER HAKEN-CLIP
Dieser Klip wird in die Endmontage eingebunden und er sorgt dafür, den Köder beim Wurf in Position zu halten.

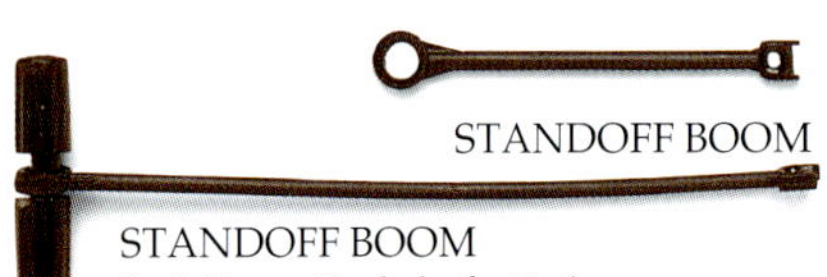

STANDOFF BOOM

STANDOFF BOOM (mit Boom Perle befestigt)

COX & RAWLE STANDOFF BOOMS *(links)*
Diese ausgezeichneten Seitenarme arbeiten kreisförmig. Einige werden über Perlen und Stopper montiert, andere verfügen über integrierte Arretiersysteme. Sie sind beim Brandungsfischen sehr nützlich, ebenso wie zum Bootsfischen.

BREAKAWAY QUICK-FIX

BREAKAWAY PIVOT BOOM

BOOM PERLEN

PIVOT PERLE

BREAKAWAY BOOMS *(rechts)*
Diese Seitenarme werden mit Perlen auf der Schnur befestigt. Sie setzen sich jedoch leicht mit Sand zu, wodurch sie manchmal nicht mehr auf der Leine gleiten.

RUNDBOMBE
Diese Bleiform ist zum langsamen Downriggerschleppen ideal geeignet. Das Blei eignet sich auch zum Grundfischen, wo es allerdings sehr leicht rollt.

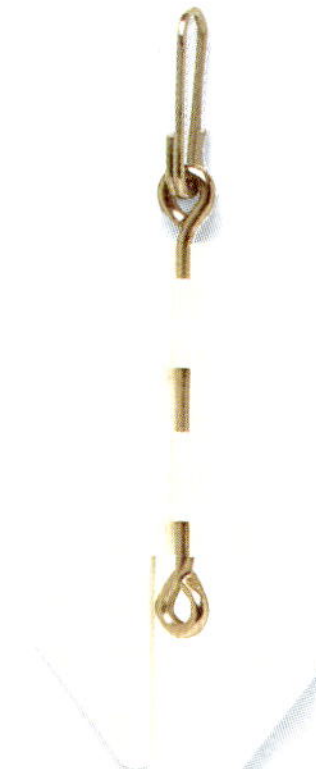

SPIRALBLEI
Dieses Blei wurde zum Spinn- und Schleppfischen entworfen. Da die Schnur lediglich durch die Spiralen gewickelt wird, läßt es sich schnell montieren und seine Position leicht verändern. Spiralbleie werden auch zum langsamen Schleppen von Lebendködern verwendet.

UPTIDE GEWICHT
(links)
Dieser Gewichtstyp wird von Uptide-Fischern vorgezogen, da seine Drahtkrallen auch in starker Strömung noch ausreichenden Halt bieten. Die Drahtkrallen vergraben sich in den Grund und verankern so den Köder recht zuverlässig. Packt jedoch ein Fisch zu, lösen sich die Krallen sehr leicht.

WYE-BLEI
Die Stromlinienform diese Gewichtes zum Spinnfischen macht es zum idealen Zusatzgewicht, um Löffel und Sandaalimitationen weit werfen und tief fischen zu können.

TORPEDOBLEI
Aufgrund seiner abgeflachten Seiten rollt dieses Brandungsblei weniger in der Strömung als runde Gewichte.

LOCHKUGELN
Hiermit werden Gleitposen austariert oder große tote Köderfische zusätzlich beschwert, um sie auf die entsprechende Tiefe zu bekommen.

GLEITFLÜGEL
Beim schnellen Einholen mit hoch gehaltener Rute steigen diese Plastikflügel empor. Hierdurch läßt sich die Endmontage an hängerträchtigen Stellen rasch vom Grund weg einholen.

GLOCKENBLEI
Diese Bleiform wird vom verankerten Boot aus gefischt, sie ist jedoch zum treibenden Fischen nicht gerade ideal.

BOMBE
Sie ist die beste Lösung,, gleichzeitig mit Hängern und Gezeitenströmungen zurechtzukommen. Beim Brandungsfischen erlaubt sie, den Köder ständig in Bewegung zu halten.

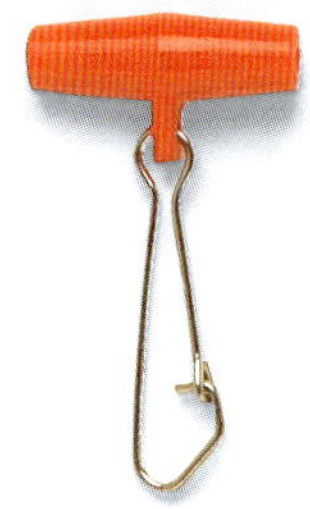

GLEITRÖHRCHEN ODER LAUFPERLE
Durch ein Gleitröhrchen läßt sich ein Vorfach an der Hauptschnur befestigen, wobei sich das Vorfach frei bewegen kann.

UHRBLEI
Diese Bleiform bietet auch auf kurze Distanz sicheren Halt.

PLASTIK BOOM ODER SEITENARM

SCHUTZSCHILD
Es ist dem Relay Clip ähnlich, bietet jedoch dem Köder noch mehr Schutz, da beim Eintauchen das Wasser weitgehend von ihm abgehalten wird.

PLASTIK BOOMS ODER SEITENARME
Die Plastikversionen des französischen Seitenarmes. Einige Modelle verfügen über drei oder vier "Zähne", um die die Schnur gelegt wird, um den Seitenarm zu arretieren. Andere sind mit kleinen Ösen für die Schnur versehen.

PLASTIK BOOM ODER SEITENARM

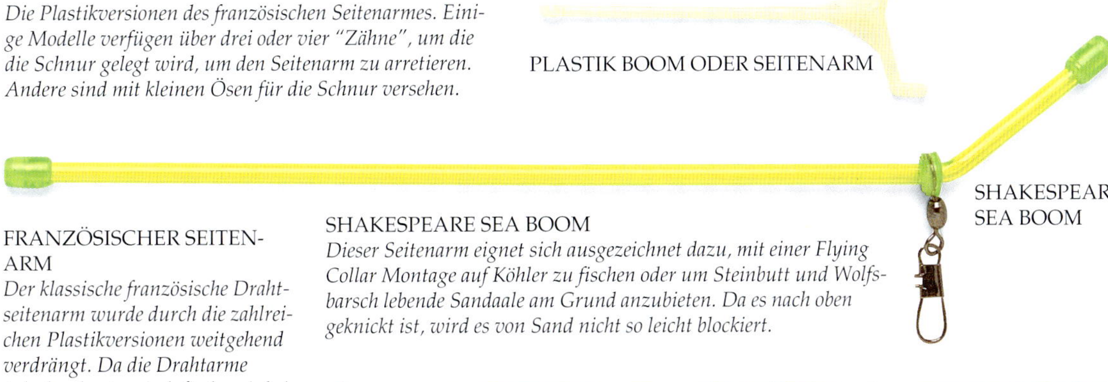

SHAKESPEARE SEA BOOM

FRANZÖSISCHER SEITENARM
Der klassische französische Drahtseitenarm wurde durch die zahlreichen Plastikversionen weitgehend verdrängt. Da die Drahtarme jedoch robuster sind, finden sie beispielsweise beim Wrackfischen noch häufig Anwendung.

SHAKESPEARE SEA BOOM
Dieser Seitenarm eignet sich ausgezeichnet dazu, mit einer Flying Collar Montage auf Köhler zu fischen oder um Steinbutt und Wolfsbarsch lebende Sandaale am Grund anzubieten. Da es nach oben geknickt ist, wird es von Sand nicht so leicht blockiert.

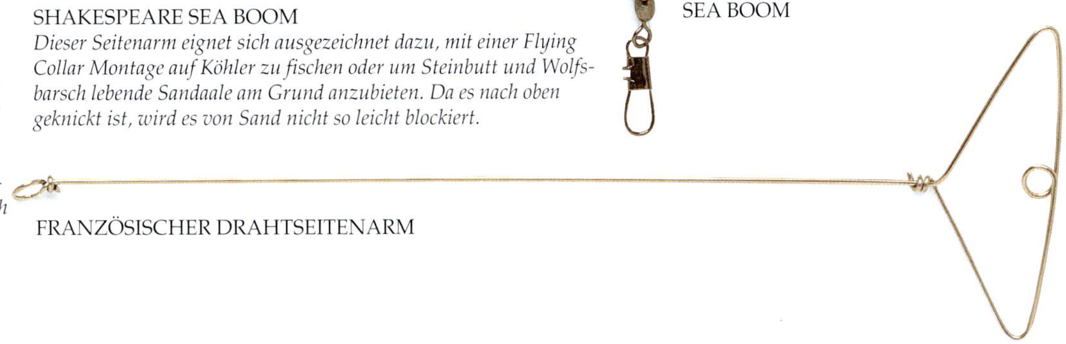

FRANZÖSISCHER DRAHTSEITENARM

Posen

Posen (Schwimmer) sind äußerst sensible und vielseitige Bißanzeiger. Ihrem Spiel auf dem Wasser zuzusehen macht mehr Spaß als eine Rutenspitze zu beobachten. Auch wenn es Posen in unterschiedlichsten Materialien, Ausführungen, Formen und Farben gibt, wurden alle für ganz bestimmte Aufgaben entworfen.

BALSAHOLZ-POSEN

Diese aus Balsaholz gefertigten und verhältnismäßig dicken Schwimmer sind bei Wind und schneller Strömung schlanken Posen überlegen. Wird mit ihnen verzögert gefischt und die Schnur dabei zu sehr gebremst, legen sie sich aufgrund des hohen Auftriebes des Balsaholzes schnell schräg oder gar flach. Befestigt werden sie kurz vor ihrem oberen und an ihrem unteren Ende.

LOAFERS

Diese entweder aus Balsaholz oder hohlem Plastik gefertigten Schwimmer verfügen über einen sehr starken Auftrieb und sind dazu gedacht, raschfließendes, turbulenzreiches Wasser zu befischen. Sie sollten an beiden Enden befestigt werden.

POLYWAGS

SWINGERS

POLYWAGS UND SWINGERS

Diese Posen sind besonders zum Fischen an stillstehenden Gewässern geeignet, wenn der Wind die Oberfläche leicht kräuselt ohne dabei echte Wellen zu bilden. Beide Typen werden an ihrem unteren Ende befestigt und kurz vor der Rutenspitze gefischt.

DRIFT-BEATERS

Diese Schwimmer sind die Ideallösung, um an stillstehenden Gewässern bei starkem Wind zu fischen, wenn große Wellen das Wasser zerfurchen. Sie werden nur unten befestigt.

CRYSTAL AVONS

WIRE AVONS

AVONS

Diese Posen befestigt man oben und unten. Mit ihnen lassen sich Köder in turbulenten Bächen und Flüssen auf größere Distanz als mit Sticks anbieten.

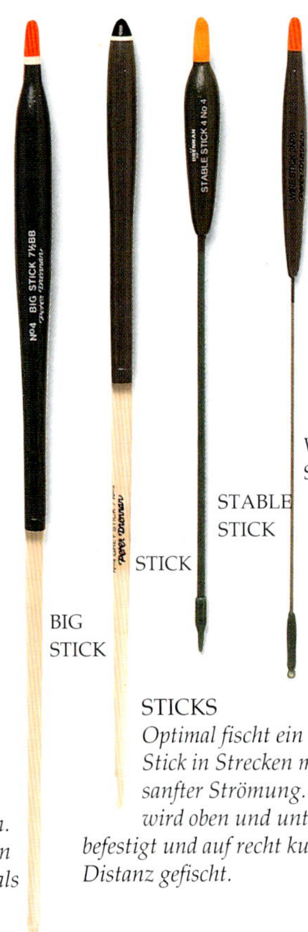

BIG STICK

STICK

STABLE STICK

WIRE STICK

STICKS

Optimal fischt ein Stick in Strecken mit sanfter Strömung. Er wird oben und unten befestigt und auf recht kurze Distanz gefischt.

ONIONS

Diese Schwimmer wurden für das Fischen in stillstehenden Gewässern entworfen, wenn diese stärksten Winden ausgesetzt sind. Mit ihnen wird nicht auf allzu große Distanz gefischt (höchstens einige Rutenlängen).

BLUES

GREYS

DARTS

BLUES, GREYS UND DARTS

Sie werden lediglich am unteren Ende befestigt und sind für das Befischen von stillstehenden Gewässern geeignet.

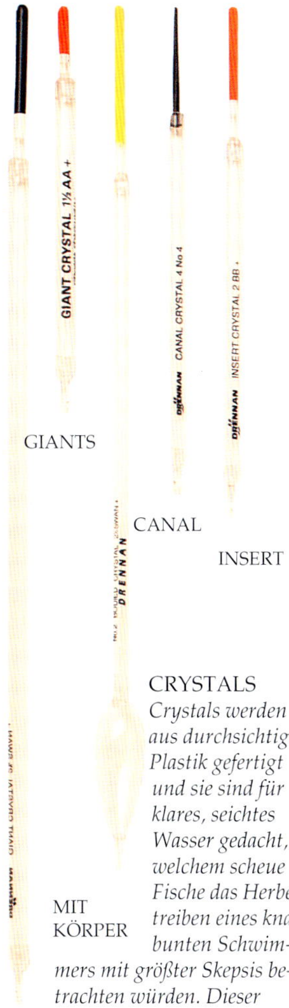

CRYSTALS

Crystals werden aus durchsichtigem Plastik gefertigt und sie sind für klares, seichtes Wasser gedacht, in welchem scheue Fische das Herbeitreiben eines knallbunten Schwimmers mit größter Skepsis betrachten würden. Dieser Posentyp ist in stillstehenden und langsam fließenden Gewässern gleichermaßen fängig.

PEACOCKS

Federkiele aus den Schwertfedern von Pfauen sind das Ausgangsmaterial für diese herrlichen Schwimmer. Die Kiele sind lange und gerade, sehr leicht und völlig wasserdicht. Schwimmer, die aus dem dickeren Kielende gefertigt werden, sind in turbulentem Wasser äußerst schwimmfähig und auch noch auf größere Entfernung gut sichtbar. Die aus dem dünneren Kiel-Ende hergestellten Posen sind dagegen sensibler und für zögernde Bisse besser geeignet.

WAGGLERS

Alle Waggler werden lediglich an ihrem unteren Ende befestigt und sind zum Befischen von stillstehenden und langsam bis mittelschnell fließenden Gewässern geeignet. Sie werden aus einer Vielzahl unterschiedlicher Materialien hergestellt, wozu Pfauenfederkiel, Saracandarohr, Plastik und Balsaholz gehören.

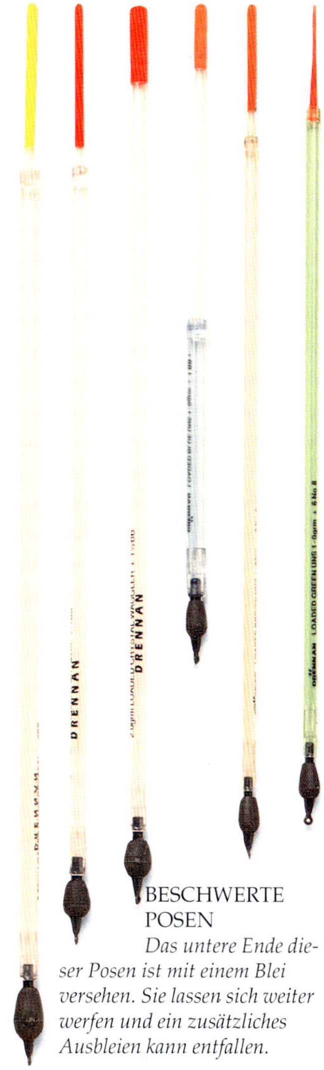

BESCHWERTE POSEN

Das untere Ende dieser Posen ist mit einem Blei versehen. Sie lassen sich weiter werfen und ein zusätzliches Ausbleien kann entfallen.

ZOOMERS

Die Zoomer wurden von Matchfischern entwickelt, um auf große Entfernungen scheue Fische in seichtem Wasser zu überlisten. Sie bestehen aus einem Röhrchen mit einem großen Auftriebskörper aus Balsaholz, in den ein Metallgewicht integriert ist. Diese Schwimmer sollten oben und unten befestigt werden. Ihre Bestleistung erbringen sie bei leichtem Wind an weiten Flüssen und stillstehenden Gewässern.

LEUCHTSCHWIMMER

Diese Posen werden zum Nachtfischen verwendet. Sie verfügen dazu über kleine durchsichtige und mit Leuchtgas gefüllte Röhrchen. Die Leuchtkraft dieser Betalights hält 20 bis 30 Jahre an.

STIPP-SCHWIMMER

Die beim Stippfischen verwendeten Posen sind klein und oft mit einer dünnen Antenne ausgestattet, die den kleinsten Biß anzeigen.

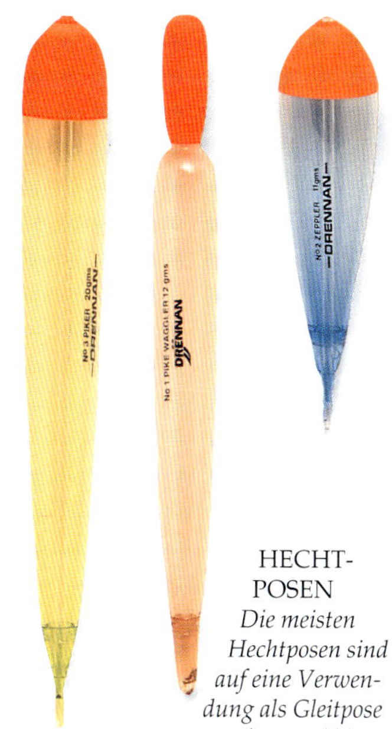

HECHT-POSEN

Die meisten Hechtposen sind auf eine Verwendung als Gleitpose ausgelegt und hierzu entweder mit Ösen oder mit einem Schnurdurchlauf entlang der Längsachse versehen. Einige sind auch mit einem fähnchenartigen Gebilde an ihrer Antenne ausgestattet, wodurch sie vom Wind erfaßt werden können und so den Köder über weite Strecken mit sich ziehen. S

Bissanzeiger und Rutenständer

Bißanzeiger werden in erster Linie zum Grundfischen verwendet, wo kein Schwimmer den Biß eines Fisches verrät. Bisse können ganz einfach durch eine Bewegung der Rutenspitze angezeigt werden. Diese Anzeige ist jedoch häufig für vorsichtige Bisse zu ungenau, sodaß eine feinere Methode notwendig ist. Diese kann aus einer feinen Verlängerung der Rutenspitze (Swing-, Spring- oder Quivertip) bestehen. Diese Zusatzspitzen werden in einen Spitzenring mit Gewinde gedreht. Andere Hilfsmittel, wie z.B. ein Bobbin oder ein elektronischer Bißanzeiger, reagieren auf Bewegungen der Schnur. Rutenhalter kann man dann verwenden, wenn die Rute nicht die ganze Zeit über gehalten werden muß; beispielsweise bei sehr unregelmäßigen Bissen oder wenn mit zwei Ruten gleichzeitig gefischt wird.

PENDEL-BISSANZEIGER *(links)*
Dieser Bißanzeiger wurde für das Hechtfischen entworfen. Das Ende mit dem Bällchen wird in die Schnur geklinkt und das andere am Rutenhalter befestigt. Bei einem Biß springt die Schnur frei und das Ende mit dem Bällchen fällt nach unten.

BOBBINS *(rechts)*
Bobbins werden zwischen Rolle und erstem Rutenring in die Schnur eingehängt. Nimmt ein Fisch den Köder und zieht Schnur ab, steigt der Bobbin in Richtung Rute empor; schwimmt der Fisch zur Rute hin, fällt der Bobbin nach unten.

GLÖCKCHEN *(rechts)*
Ein an die Rutenspitze geklemmtes Glöckchen zeigt die Bisse akustisch an. Die Verwendung von Glöckchen als Bißanzeiger ist stark zurückgegangen, gelegentlich wird sie noch bei Süßwasseranglern angetroffen, öfter jedoch bei Küstenanglern, die von Molen und Stränden aus ihr Glück versuchen.

ELEKTRONISCHE BISSANZEIGER *(links)*
Elektronische Bißanzeiger geben bei einem Biß gut hörbare akustische Signale von sich. Die Schnur läuft in ihrer Gabel über ein Rädchen, das bei Bewegung den Alarm auslöst. Der hier abgebildete Bißanzeiger ist dazu gedacht, auf einen Erdspieß geschraubt zu werden und gleichzeitig als Rutenhalter zu fungieren.

SPRINGTIP

SWINGTIP

QUIVERTIP

SWINGTIP, SPRINGTIP UND QUIVERTIP *(rechts)*
Sie werden in die kleinen Gewinde geschraubt, die fast jede Grundrute an ihrem Ende besitzt. Die Swingtip hängt schräg in der Schnur und zeigt Bisse durch Fallen oder Ansteigen an. Eine Springtip verhält sich ähnlich, ist jedoch mit einer Spirale an seinem Fuß versehen. Hierdurch bleibt diese Spitze wie eine Verlängerung der Rutenspitze stehen. Sie schlägt lediglich bei einem Biß aus. Auch die Quivertip verhält sich wie eine sehr sensible Verlängerung der Rutenspitze.

AFFENKLETTERER *(rechts)*
Dieser Bobbin gleitet entlang eines dünnen Erdspießes frei nach oben und unten. Er wird auf dieselbe Art wie ein gewöhnlicher Bobbin verwendet, er zeigt jedoch Bisse bei Wind viel zuverlässiger an. Beim Anhieb springt die Schnur aus dem Bobbinklip frei.

ERDSPIESS *(unten)*
Dieses spitze Metallrohr ist an seinem oberen Ende mit einer Bohrung versehen, die einen Rutenhalter oder elektronischen Bißanzeiger aufnehmen kann. Die meisten dieser Erdspieße sind 60 bis 90 cm lang, einige Teleskopversionen erreichen sogar 1,2 m Länge.

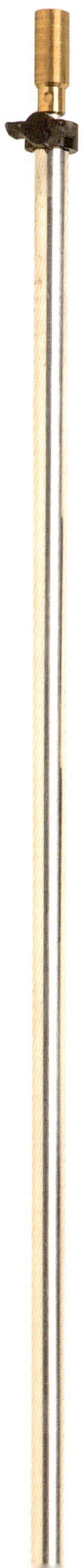

T-BALKEN *(links)*
Mit einem T-Balken kann man die Rutenkapazität eines Erdspießes verdoppeln. Statt nur einen Rutenhalter auf einen Erdspieß zu schrauben, wird der T-Balken aufgeschraubt und mit zwei Rutenhaltern versehen.

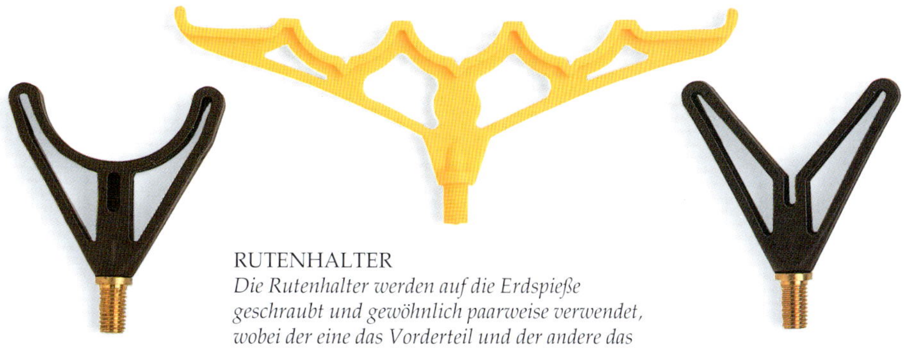

RUTENHALTER
Die Rutenhalter werden auf die Erdspieße geschraubt und gewöhnlich paarweise verwendet, wobei der eine das Vorderteil und der andere das Griffstück der Rute abstützt. Für die verschiedenen Angeltechniken sind unterschiedlich geformte Rutenhalter erhältlich.

BRANDUNGSRUTENHALTER *(links)*
Diese Rutenhalter werden deshalb von Brandungsfischern verwendet, weil sie die Brandungsruten in den oft langen Zeitabständen zwischen den Bissen zuverlässig aufrecht halten. Ihr Fassungsvermögen liegt bei einer oder zwei Ruten und durch ihre langgezogene Spitze lassen sie sich tief in den Sand stecken.

TRIPOD *(rechts)*
Dreifüßige Rutenhalter, besonders die mit verstellbaren Teleskopbeinen, sind überaus standfest. Sie sind mit Einfach- oder Doppelrutenhalter erhältlich und finden beim Küstenfischen vor Hafenmauern und Kiesstränden einen weiten Anwendungsbereich.

STIPPRUTENHALTER *(oben)*
Dieser Rutenhaltertyp kann entweder zum Abstützen des vorderen oder des hinteren Rutenteiles dienen. Er ist V-förmig, um vorne die Rute zu halten und ein umgekehrtes "V" verhindert ein Steigen des Griffteiles, wenn er den hinteren Rutenteil abstützen soll.

LANDEHILFEN

Jeder Angler hat die Pflicht, seinen Fang so schonend wie möglich zu drillen, zu landen, abzuhaken und gegebenenfalls zurückzusetzen. Reißen Sie im Drill nicht am Fisch, aber lassen Sie ihn auch nicht bis zur völligen körperlichen Erschöpfung kämpfen. Ist er erst einmal im Kescher, dann lassen Sie ihn im Wasser und lösen Sie den Haken mit einer Zange oder Arterienklemme. Unmittelbar über dem Wasser kann man durchaus noch ein schnelles Bild vom Fisch machen, spätestens dann steht jedoch ein schonendes Zurücksetzen an, wobei aber stets auf die gesetzlichen Bestimmungen zu achten ist. Widerhakenlose Angelhaken verletzen die Fische weniger, der Kescher sollte stets möglichst groß gewählt werden. Wiegen Sie einen Fisch nur, wenn es unbedingt erforderlich ist, denn jede Sekunde außerhalb des Wassers verursacht ihm Qualen. Soll der Fang verzehrt werden, ist es sinnvoll, ihn gleich auszunehmen. Dazu sollte er noch vor dem Hakenlösen abgeschlagen und abgestochen werden.

FÜR DIE NACHWELT
Ein Fisch sollte zum Fotografieren möglichst immer so präsentiert werden. Beachten Sie, wie knapp er über der Oberfläche gehalten wird. So fällt er nicht auf harten Untergrund, wenn er um sich schlägt und dem Angler aus der Hand rutscht. Solange sie im Wasser bleiben, lassen sich die Fische längere Zeit unbeschadet und bei guter Verfassung halten.

DREIECKIGER LANDEKESCHER
An diesem Keschertyp wird der Netzsack von zwei soliden Fiberglasarmen gehalten. Die Arme sitzen in einem Dreieck aus Plastik am Kescherstiel, während eine Nylonschnur ihre Vorderenden verbindet. Der Netzsack selbst ist feinmaschig, weich und knotenlos und von seiner Größe her zum Keschern von großen Fischen, wie Karpfen, Hechten und Welsen, geeignet.

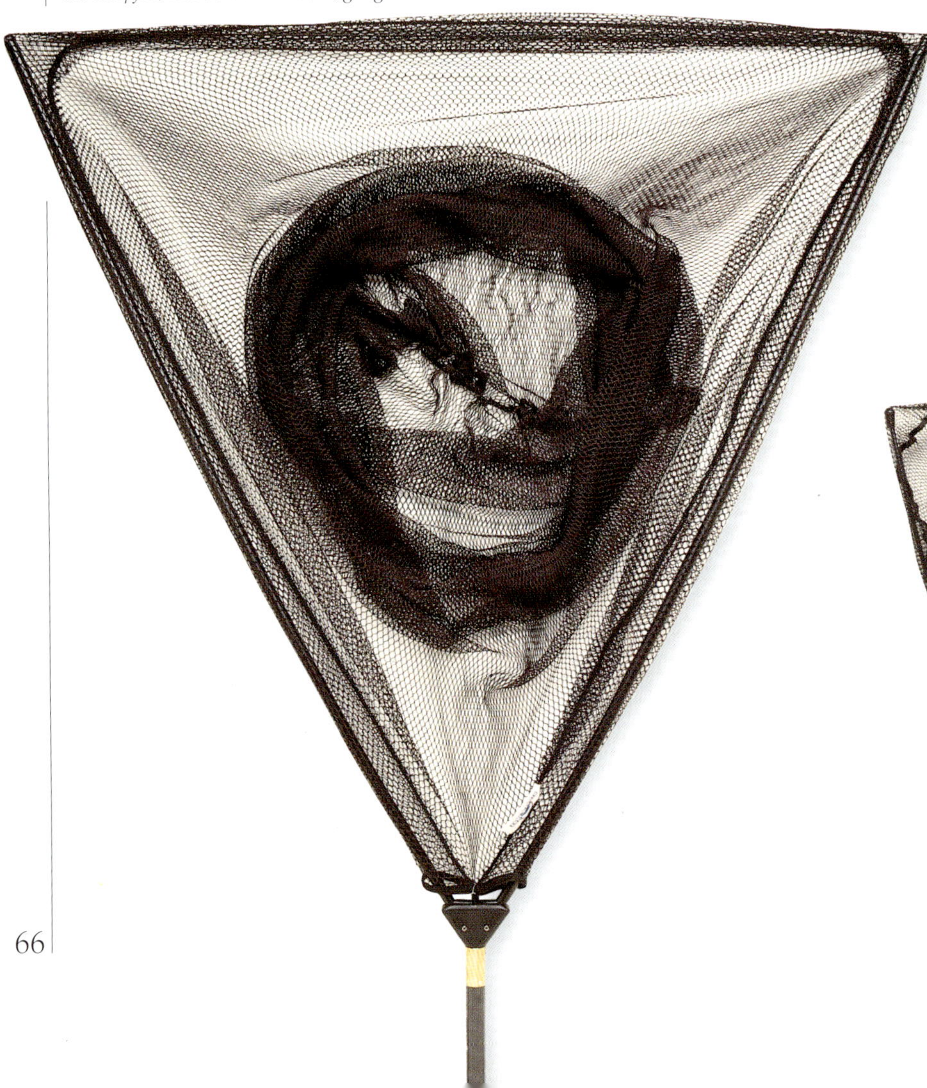

DREIECKIGER STIPPKESCHER
Dieser kleine Kescher hat einen Netzsack mit geringer Tiefe, er ist für das Matchfischen und das Keschern von mittelgroßen Fischen entworfen worden. Für einen besseren Transport läßt sich der Kescherrahmen zusammenklappen.

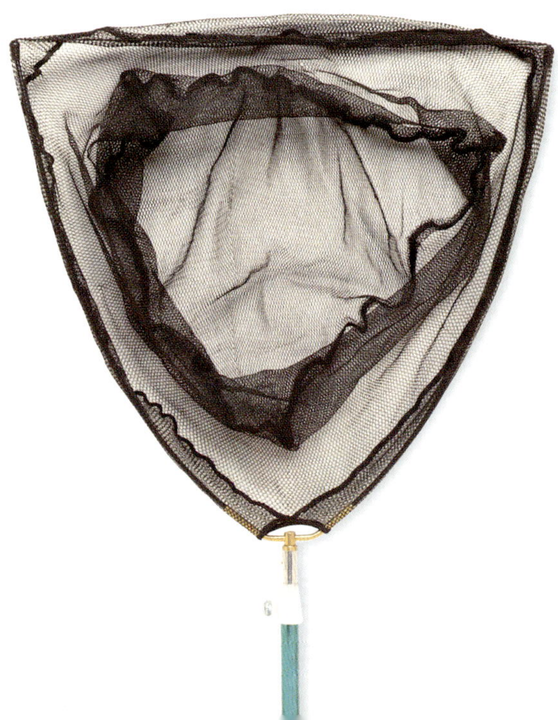

IM WASSER HALTEN

Beachten Sie, wie der Angler den Fisch schonend im Wasser über dem Keschernetz hält. Das ist vor allem bei heißem Wetter wichtig, wenn der Sauerstoffgehalt niedrig ist und die Fische länger zum Erholen brauchen. Beim Keschern ist es immer wichtig, das Netz ruhig zu halten und den Fisch darüber zu ziehen. Falsch wäre es, den Fisch mit dem Kescher fangen zu wollen – die damit einhergehenden Kescherbewegungen können den Fisch zu weiteren Fluchten veranlassen, mit denen man einen Schnurbruch riskiert.

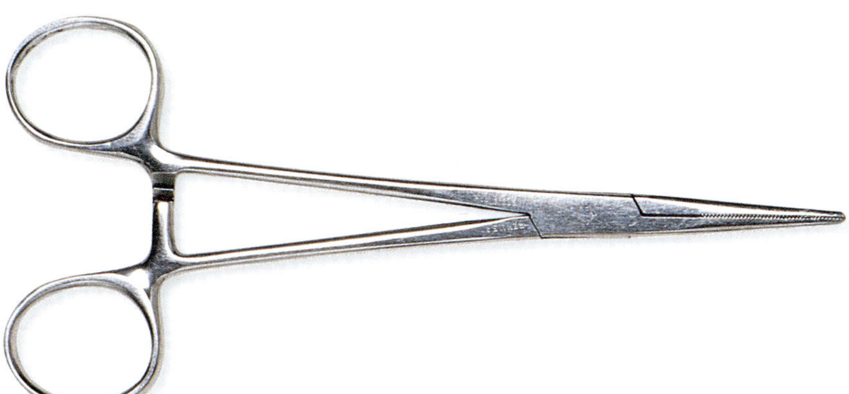

ARTERIENKLEMME

Eine Arterienklemme ist eine sehr praktische Hilfe, um Haken zu lösen. Sie ermöglicht einen guten Halt am Hakenschenkel, wodurch sich die Hakenspitze problemlos und schnell befreien läßt.

DER KESCHER DES FLIEGENFISCHERS

Dieser verhältnismäßig kompakte Keschertyp ist bei watenden Fliegenfischern und Anglern beliebt, die vom Belly-Boot aus den Fischen nachstellen. Dabei lassen sich die Fische bis in unmittelbare Nähe zur Hand drillen. Der Rahmen ist aus Holz, das Netz weich und knotenlos.

SORGSAMER UMGANG

Dieser stolze Angler präsentiert seinen Fang auf vorbildliche Weise. Der Fischkopf ist im Wasser, weshalb er ungehindert über die Kiemen atmen und sich erholen kann. Darüber hinaus stützen die Hände den Fisch nicht in der Magengegend ab, wo sich viele empfindliche Organe befinden. Vor dem Freilassen eines Fisches sollte man ihn immer derart mit dem Kopf gegen die Strömung halten, bis er zu Kräften kommt und von selbst aus den Händen schwimmt.

GERÄTEKÄSTEN

Die Gerätekästen lassen sich in zwei Kategorien aufteilen: einerseits gibt es die kleinen Behälter, in denen Sie jeweils jene Kleinteile verstauen, die Sie für den anstehenden Angelausflug brauchen, und andererseits gibt es die großen, voluminösen Kästen, in die Sie Ihr gesamtes Zubehör langfristig packen können. Auch wenn viele Angler sich mit den verschiedensten Behältnissen, wie beispielsweise Zigarrenschachteln und Werkzeugkästen helfen, ist gewöhnlich nichts so praktisch wie ein spezieller Angelgerätekasten. Hölzerne Gerätekästen sehen zwar schön aus, sind jedoch pflegebedürftig und schwer, sodaß die Wahl der meisten Angler auf Kästen und Schachteln aus Plastik und Aluminium fällt, die leicht, stabil und wasserbeständig sind.

SITZKIEPEN

Diese geräumigen Gerätekästen erfüllen als Sitzgelegenheit eine doppelte Funktion. Sie werden in erster Linie von Süßwasseranglern verwendet, die das Posen- oder Grundfischen betreiben und an einer Stelle bleiben. Die meisten Kiepen bestehen aus zwei Abschnitten. Unten finden sperrige Gegenstände Platz, die Schubladen fassen Kleinteile, wie Schwimmer, Haken und Bleie.

SHAKESPEARE/SNOWBEE SPECIMEN GERÄTEKASTEN *(rechts)*
Dieser klassische Gerätekastentyp bietet ein großes Fassungsvermögen, wobei die verschiedenen Gegenstände sehr leicht erreichbar bleiben. Er ist aus Plastik in zwei verschiedenen Grüntönen hergestellt und mit drei Laden versehen, deren Einzelfächer sich nach belieben neu einteilen lassen, um möglichst jede persönliche Vorstellung zu erfüllen. Dieser Kasten ist auch mit nur einer, zwei oder gar sechs Laden erhältlich.

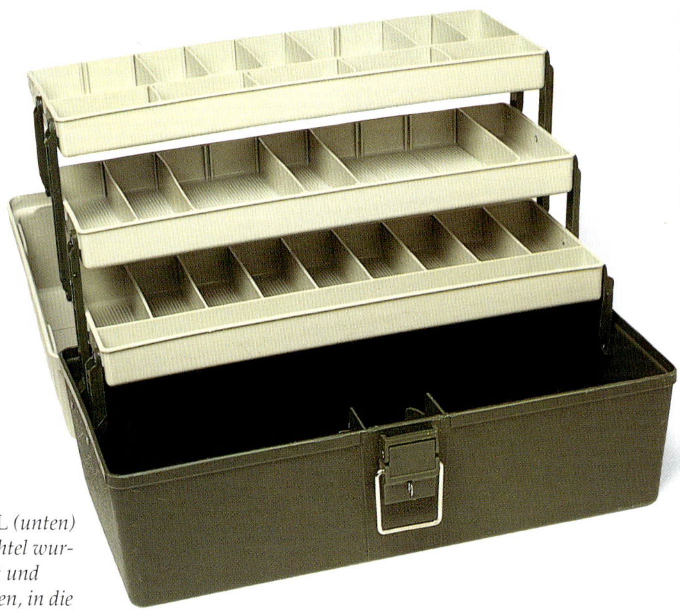

FOX BOX *(unten)*
Diese Fliegenschachtel aus Plastik faßt bis zu 66 Trockenfliegen und ihre gummierte Einlage sorgt dafür, daß keine Feuchtigkeit gespeichert wird, die zu Korrosion an den Haken führen könnte. Die Form der Hakenklammern wurde eigens dazu entwickelt, die Fliegen sicher zu halten, ohne dabei ihre Hecheln zu quetschen.

HÖLZERNE POSENSCHACHTEL *(unten)*
Diese einfache, dreiladige Posenschachtel wurde aus lackiertem Hartholz hergestellt und innen mit Schaumstoffstreifen versehen, in die Sie Schlitze schneiden können, um in ihnen die Posen-Enden festzuklemmen.

RICHARD WHEATLEY FLIEGENSCHACHTEL NR.4607F *(rechts)*
Der Deckel dieser robusten Aluminiumschachtel ist mit einem geschlossenporigen Kunststoffschaum versehen, in den Naßfliegen und Nymphen gesteckt werden können, während der untere Teil in 16 Trockenfliegenfächer unterteilt ist. Wheatley versah sie jeweils mit einem eigenen Deckel aus durchsichtigem Plastik.

RICHARD WHEATLEY TUBENFLIEGENSCHACHTEL *(rechts)*
Zur sachgemäßen Lagerung sind für Tubenfliegen spezielle Schachteln erforderlich. Einige Tubenfliegenschachteln verfügen innen über eine Nadelreihe, auf die die Fliegen gesteckt werden. Bei dieser Schachtel übernehmen geschoßförmige Vertiefungen diese Aufgabe. Insgesamt passen 28 Fliegen in die Schachtel, deren lose Drillinge in die Schaumbeschichtung gesteckt werden können.

FLIEGENBINDEKOFFER *(unten)*
Dieser Koffertyp wird von Fliegenfischern verwendet, die direkt am Wasser Fliegen binden, um sich schnellstmöglich auf die jeweilige Forellennahrung einstellen zu können. Der hier abgebildete Koffer hat eine kleine Hartholzplatte, die seitlich ausgeklappt werden kann und so als Befestigungsplatte für den Bindestock dient. In den verschiedenen Fächern lassen sich die Bindematerialien unterbringen.

SHAKESPEARE/SNOWBEE KUNSTKÖDERKASTEN *(rechts)*
Die hochkant angebrachten Trennplatten dieses Kastens sind oben eingekerbt. In diese Kerben werden die Haken von Spinnern, Löffeln und Wobblern eingehängt. Indem man sie an ihren Haken aufhängt, verhängen sie sich nicht ineinander. Die Trennplatten lassen sich in unterschiedlicher Entfernung zueinander befestigen, um Kunstköder unterschiedlicher Größe aufzunehmen.

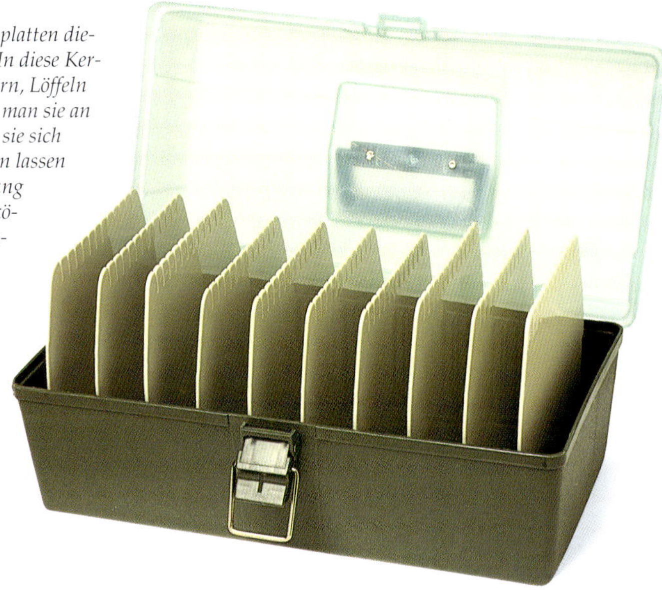

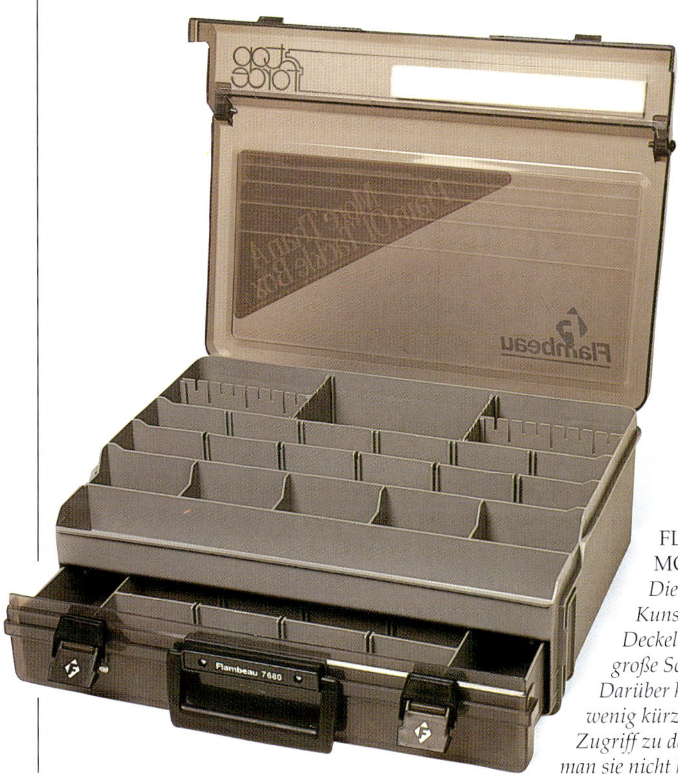

FLAMBEAU TOP FORCE MODEL 7680 *(links)*
Dieser aktenkofferförmige Geräte/Kunstköderkasten besitzt einen Deckel an seiner Oberseite und eine große Schublade in seinem Unterteil. Darüber hinaus ist das Oberteil ein wenig kürzer, sodaß man auch dann Zugriff zu dem Schubladeninhalt hat, wenn man sie nicht herauszieht.

PLANO 757 *(oben)*
Der Plano 757 ist einer der größten erhältlichen Gerätekästen, der am besten als "Basislager" verwendet wird und kleinere Schachteln mit dem am Wasser jeweils Benotwendigten aufgefüllt werden. Solche Kästen sind für Angelreisen ideal, wenn viel verschiedenes Gerät mitgeführt werden muß: man kann ihn im Auto, im Hotelzimmer oder im Zelt zurücklassen. Fischen Sie von einem Boot aus, dann können Sie ihn problemlos mitnehmen.

Schuhwerk

Gutes Schuhwerk ist ein wesentlicher Bestandteil der Angelausrüstung. In jedem Fall sollte es auch auf rutschigen Oberflächen sicheren Halt bieten, komfortabel sein und zu den jeweiligen äußeren Bedingungen passen. So sind beispielsweise leichte Gummistiefel für die Sommerzeit geeignet, im Winter jedoch gefütterte Stiefel mit gut isolierten Sohlen notwendig, um warme Füße zu behalten. Zur warmen Jahreszeit sind Watstiefel mit einem dünnen Oberteil praktisch, das heruntergefaltet werden kann. Wer in kaltem Frühlingswasser jedoch Forellen und Lachsen watend zu Leibe rücken möchte, ist besser mit dicken, gut isolierten Wathosen aus Neopren beraten.

Die verschiedenen Sohlenarten

Filzsohlen
Den besten Halt auf nassen, glitschigen Oberflächen bieten Filzsohlen. Ein weiterer Vorteil liegt darin, daß sie völlig geräuschlos sind und keine Fische vergrämen.

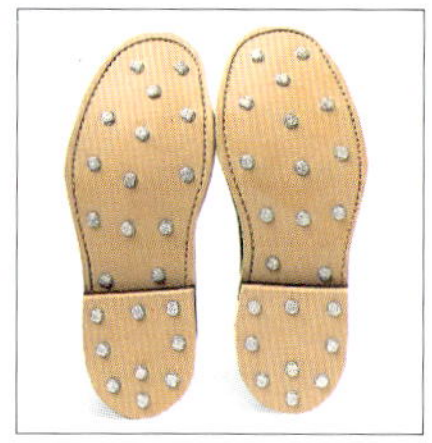

Nagelsohlen
Dieser Sohlentyp eignet sich hervorragend, um durch nasses Gras und über Schlammbänke zu gehen, er ist jedoch laut und bietet auf rutschigen Steinen keinen so guten Halt.

Gummisohlen
Gummisohlen sind gewöhnlich günstiger als Filz- und Nagelsohlen. Auf Gras und Lehm bieten sie zufriedenstellenden Halt, auf Steinen jedoch nicht so sehr.

AIR GRIP KNIESTIEFEL *(links)*
Diese völlig wasserdichten Stiefel sind 43 cm hoch und aus nylonbeschichtetem Gummi hergestellt. Die gedämpfte Sohle bietet gute Isolierung und komfortablen Halt. Die oben angebrachten Schnallen können zugezogen werden, um das Hineinfallen von Steinen, Blättern und anderem Unrat zu vermeiden.

SKEE-TEX, GEFÜTTERTE KNIESTIEFEL *(oben)*
Gefütterte Kniestiefel, wie die hier abgebildeten, werden im Winter von vielen Anglern verwendet, die am Ufer sitzen und den ganzen Tag nur ein und dieselbe Stelle befischen. Die dicken, isolierten Sohlen sorgen dafür, daß die Kälte nicht von unten her emporkriecht. Die restliche Isolierung ist so gut, daß ein gewöhnliches Paar Strümpfe völlig ausreicht, um die Füße warmzuhalten.

EDINGTON WELLY-WATSTIEFEL *(links)*
Das Oberteil dieser Stiefel besteht aus einem leichtgewichtigen Material, das, wenn es nicht benötigt wird, bis unter Kniehöhe zusammengefaltet werden kann. Sie können daher sowohl als Watstiefel als auch als einfache Stiefel verwendet werden. Das Oberteil sollte jedoch vor Stacheldraht und dornigen Ästen geschützt werden.

ORVIS GREEN MOUNTAIN WATSTIEFEL *(oben)*
Diese hüfthohen Stiefel verfügen über rutschfeste Filzsohlen, während das Oberteil aus leichtem, laminiertem PVC besteht. Bei warmem Wetter läßt sich das Oberteil herunterfalten und mit Klammern befestigen.

ORVIS LEICHTGEWICHT-WATHOSE *(unten)*
Diese aus Nylon gefertigte Wathose, deren Nähte allesamt versiegelt sind, wiegt nur 340 gr. und läßt sich auf ein sehr kleines Packmaß zusammenrollen. Sie ist bei warmem Wetter die Ideallösung und gleichzeitig sehr strapazierfähig.

ORVIS GUIDEWEIGHT WATHOSE MIT STRUMPF-ABSCHLUß *(oben)*
Diese aus Neopren und Nylongewebe hergestellte Wathose bietet sogar noch in eisigem Wasser guten Komfort, was besonders Lachsangler, die im zeitigen Frühjahr unterwegs sind, zu schätzen wissen. Die Knie sind verstärkt und alle Nähte versiegelt. Im Gegensatz zur Stiefelwathose, die eine Kombination aus Wathosen und Stiefeln ist, wird die Wathose mit Strumpf-Ende ohne Schuhe geliefert. Über sie müssen spezielle Watschuhe getragen werden.

ORVIS GRAVEL GUARDS *(oben)*
Die Gravel Guards (Kiesschutz) werden über den Oberrand der Watschuhe getragen und sollen verhindern, daß Steinchen in den Schuh gelangen. Steine in den Schuhen sind nicht nur unkomfortabel, sie beschädigen auch leicht die Wathose.

ORVIS LIGHTWEIGHT WATSCHUHE *(unten)*
Diese bis über die Ferse aus einem Stück gefertigte, filzbeschichtete Sohle bietet beim Waten auf rutschigem Untergrund außergewöhnlich guten Halt. Darüber hinaus sind die Knöchel gepolstert und die Zehen durch eine Kappe geschützt, sodaß dieser Schuh auf widrigem Grund guten Schutz gewährleistet.

ORVIS GRIP STABIL-ICER AM WATSCHUH

ORVIS GRIP STABIL-ICERS *(oben)*
Diese Sohle läßt sich zusätzlich an Stiefeln und Schuhen anbringen und sie bietet auf Eis, nassem Gras oder auf Lehm besseren Halt. Recht nützliche Dienste erweisen diese Sohlen auch auf rutschigen Felsen.

WESTEN UND JACKEN

Der große Vorteil von Fliegenwesten besteht darin, daß in ihren vielen Taschen eine Unmenge von Kleingerät verstaut werden kann. Hierdurch sind sie für jede Art des Angelns, bei der Bewegungsfreiheit wichtig ist, überaus nützlich. So kommt es, daß sie beispielsweise beim Fliegen- und Kunstköderfischen sowie beim Sichtfischen auf Karpfen gerne getragen werden. Die meisten Westen sind kurz, sodaß sie beim Waten nicht im Wasser hängen. Für Uferangler sind allerdings auch längere Versionen erhältlich, die auch die Nieren abdecken und bei kaltem Wetter daher angenehmer zu tragen sind als kurze Ausführungen. Jacken aus traditionellen Materialien, wie etwa Wachstuch, sind nach wie vor erhältlich. Die meisten werden heute jedoch aus leichteren, wasserdichten Kunstfasern hergestellt (siehe auch Seite 74). Diese Jacken sind "atmungsfähig", wodurch in ihrer Innenseite Kondenswasserbildung vermieden wird. Sie müssen auch nicht erneut "abgedichtet" werden, sie sind pflegeleicht und können jederzeit gerollt und in eine Ecke der Gerätetasche gestopft und dort vergessen werden, bis der nächste Regen aufzieht. Einige von ihnen sind mit einem herausnehmbaren Innenfutter versehen, wodurch sie sich das ganze Jahr über komfortabel tragen lassen.

STEADE-FAST STIPPSCHÜRZE *(oben)*
Diese für das Stipp- und Matchfischen entworfene Schürze ist leicht und wegen der Bewegungsfreiheit weit geschnitten. Durch ein seitlich angebrachtes verstellbares Schnellverschlußsystem läßt sie sich problemlos an- und ausziehen. Sie ist mit zwei Ködertaschen versehen, deren größere durch eine überhängende Lasche vor Regen geschützt ist. In die drei anderen Taschen paßt eine Vielzahl Kleingerät und in die Schlaufe wird der Griff der Futterschleuder eingehängt.

WYCHWOOD FOUR SEASONS *(rechts)*
Diese Weste mit zahlreichen Taschen ist für den Gebrauch bei schlechtem Wetter gedacht. Das Gewebe ist ein Polyester/Baumwollgemisch und das Innenfutter aus Fleece. Die Weste ist sehr lang geschnitten, um den unteren Rückenabschnitt vor kaltem Wind zu schützen. Ihr Reißverschluß läßt sich in zwei Richtungen öffnen, wodurch Einschnürungen beim Sitzen im Boot vermieden werden. Sie verfügt über eine Vielzahl unterschiedlich großer Taschen sowie ein Scherenfach und zwei Kescherösen.

ORVIS SUPER TAC-L-PAK *(unten)*
Diese Weste ist regelrecht ein Angelgerätekasten zum Anziehen, der über 35 Taschen verfügt und in den nahezu alles hineinpaßt, was ein Angler so brauchen kann: von einer kleinen Schere bis zu einer faltbaren Wathose. Das Gewebe besteht aus einem robusten Polyester/Baumwollgemisch, der Kragen ist zur besseren Gewichtsverteilung dick gefüttert, die Armöffnungen sind übergroß und insgesamt hat die Weste einen kurzen Schnitt, um tief in das Wasser waten zu können.

SHAKESPEARE SICHERHEITSWESTE *(unten)*
Diese leichte und komfortable Fliegenweste erfüllt mit ihrer integrierten Rettungsweste eine doppelte Funktion. In Sekundenbruchteilen wird durch Zug an einem Griff die Weste von einer auswechselbaren CO_2-Kartusche aufgeblasen, was aber ebenfalls mit dem Mund möglich ist. Sie verfügt über zahlreiche Taschen, einen D-Ring für eine Schere und eine Schlaufe, an der ein Kescher befestigt werden kann.

MUSTO HIGHLANDS JACKET *(rechts)*
Die Highlands-Jacke besitzt unter ihrem äußeren Polyester/Baumwollgewebe eine wasserdichte Gore-Tex Membran. Die Jacke läßt sich in jeder Waschmaschine reinigen. Der Reißverschluß der Jacke öffnet sich in beide Richtungen, um komfortables Sitzen zu ermöglichen. An ihr befinden sich zahlreiche großzügig ausgelegte Taschen und in das Rückenteil ist eine wasserdichte Sitzunterlage integriert. Eine Kapuze und ein Innenfutter sind als Zubehör erhältlich.

NOMAD 5/8 RANGER *(oben)*
Diese 5/8 lange Jacke hat an der Hüfte einen Gummizug, sodaß ihr Gewicht eher von den Beckenknochen als von den Schultern getragen wird. Der Arm-Abschluß dieser Jacke ist großzügig weit geschnitten, um beim Wurf die notwendige Bewegungsfreiheit zu bieten. Sie ist maschinenwaschbar und mit vielen Taschen versehen sowie mit einer festsitzenden Kapuze und einem in beide Richtungen funktionierenden Reißverschluß.

HARDY WACHSTUCHJACKE *(unten)*
Diese Jacke wurde speziell zum Fischen mit brusthohen Wathosen entworfen. Ihre Ärmel sind zum Werfen weit geschnitten und sie besitzt zwei Außen- und zwei Innentaschen. Gefertigt wird sie aus gewachster ägyptischer Baumwolle und ihr Innenfutter ist aus elegantem Tartanstoff. Sie ist völlig wasserdicht, muß jedoch, wie alle Wachskleider, regelmäßig nachgewachst werden.

REGENKLEIDUNG

Bis vor wenigen Jahren bestand der große Nachteil der wasserdichten Kleidung darin, daß innen entstehende Feuchtigkeit kondensierte, wodurch der Tragekomfort stark eingeschränkt wurde. Oft war diese Kleidung auch schwer, schwierig zu reinigen, sie mußte regelmäßig neu abgedichtet werden und das oft mit Substanzen, die auf Autositzen Flecken hinterließen. Diese Probleme wurden durch moderne Herstellungsverfahren und neuartige Stoffe beseitigt, sodaß dem Angler jetzt komfortable und pflegeleichte Regenkleidung zur Verfügung steht. Die Entwicklung atmungsaktiver Stoffe, deren mikroskopisch kleine Poren von außen kein Wasser eindringen lassen, sehr wohl aber ein Verdampfen von innen nach außen ermöglichen, haben dem ewigen Kondensationsproblem ein Ende bereitet. Kleidung aus solchen Stoffgeweben ist leicht und waschbar, sie muß nicht wieder imprägniert werden und sie verschmutzt keine Autositze mehr.

ORVIS EASY-ON-AND-OFF ÜBERHOSE *(unten)*
Diese leichtgewichtige und wasserdichte Überhose kann zusammengerollt und platzsparend verstaut werden. Die Reißverschlüsse an den Bein-Enden erlauben das An- und Ausziehen der Hose, ohne die Schuhe ausziehen zu müssen. Diese aus polyurethanbeschichtetem Nylongewebe hergestellte Überhose ist zum Uferfischen an regnerischen Tagen und zum Bootsfischen in rauhem Wasser gut geeignet. Sie ist ebenfalls dornenfest, sodaß auch ihre Hosen geschützt ist, wenn Sie sich Ihren Weg durch Dickicht ans Wasser bahnen.

WYCHWOOD EINTEILIGER THERMO-ANZUG *(oben)*
Dieser leichte, völlig wasserdichte, einteilige Overall ist mit einem Thermofutter versehen worden, aber dennoch atmungsaktiv, um Kondenswasserbildung zu vermeiden. Durch den hohen Kragen ist der Hals gut geschützt und seine Kapuze wird über einen Reißverschluß befestigt. Ideal ist ein solcher Anzug, wenn man bei kaltem Wetter bewegungslos angelt.

WYCHWOOD THERMO-ZWEITEILER *(unten)*
In der kalten Jahreszeit kann ein kalter Luftzug in der Nierengegend die Freuden eines ganzen Angeltages zunichte machen. Ein zweiteiliger Thermoanzug verhindert ein solches Problem, da die Kleidung so viel genauer auf die jeweiligen Erfordernisse eingestellt werden kann, als mit einem Einteiler. Der Wychwood Zweiteiler wurde aus einem leichtgewichtigen, mit Thermofutter versehenen Polyester/Baumwollgemisch hergestellt, er ist völlig wasserdicht, aber dennoch atmungsaktiv. Seine Taschen bieten viel Stauraum; durch seine nach zwei Seiten funktionierenden Reißverschlüsse läßt er sich problemlos an- und ausziehen.

MAINSTREAM SURVIVAL OVERALL *(oben)*
Dieser einteilige, isolierte und wasserdichte Overall aus nicht atmungsaktivem Gewebe ist zum Meeresfischen gedacht. Er schützt nicht nur vor Spritzwasser, sondern bietet seinem Träger auch den großen Vorteil, ihn bei einem Sturz ins Wasser durch Auftrieb zu unterstützen (dennoch handelt es sich nicht um eine Alternative zur Rettungsweste). Der Auffälligkeit wegen wird er in feuerrot geliefert. Mit Klettverschlüssen lassen sich die Arm- und Bein-Enden abdichten. Die Kapuze läßt sich im Kragen verstauen.

HÜTE, HANDSCHUHE & SONNENBRILLEN

Passende Kopfbedeckung hält Ihren Kopf im Sommer kühl, bei Regen trocken und (was wahrscheinlich am wichtigsten ist!) im Winter warm: bei kaltem Wetter verliert der Mensch über 30% seiner Körperwärme an Hals und Kopf, sofern diese Körperpartien nicht besonders geschützt werden.

Warme Handschuhe oder Fäustlinge, nach Möglichkeit wasserdicht, sollten bei unwirschem Winterwetter Teil Ihrer Ausrüstung sein. Vor Kälte schmerzende Finger sind sehr unangenehm - nicht zuletzt deshalb, weil sich mit klammen oder gar schon gefühllosen Fingern das Gerät nur noch mit Mühe oder überhaupt nicht mehr montieren läßt. Handschuhe sind auch beim Umgang mit stachelbewehrten und mit scharfen Zähnen ausgestatteten Fischen praktisch. Polaroid-Brillen heben die Oberflächenspiegelung des Wassers zu einem großen Teil auf, wodurch sich in klarem Wasser die Fische besser ausmachen lassen. Brillen sind auch ein guter Augenschutz, der schon so manches Auge vor Haken bewahrt hat - insbesondere beim Fliegenfischen.

SHAKESPEARE OPTI-SHIELDS
Der Rahmen dieser Polaroid-Sonnenbrille wurde dahingehend entworfen, oben Schatten zu bilden, während die breiten Seitenplättchen die Augen vor Seitenlicht und fehlerhaft geworfenen Fliegen schützen sollen.

ASSET NACHTSICHTGLÄSER
Diese Brillengläser sorgen bei schwachem Licht für stärkeren Kontrast, wodurch sie speziell beim Fliegenfischen in der Dämmerung als Sichthilfe und Augenschutz dienen.

ASSET VERGRÖSSERUNGSBRILLEN
Diese in unterschiedlichen Vergrößerungsstärken erhältlichen Brillen sind für denjenigen von Nutzen, der gerne am Wasser seine Fliegen bindet.

ORVIS NEOPRENHANDSCHUHE
Neopren ist ein ausgezeichnetes Handschuhmaterial, das vor Kälte und vor Wasser schützt. Diese Neoprenhandschuhe sind Nylonbeschichtet, sodaß sie sich problemlos an- und ausziehen lassen. Verstellbare Klettverschlüsse an den Handgelenken sorgen für sicheren Halt.

DAIWA, REGENDICHTE FÄUSTLINGE MIT HANDFLÄCHENSCHLITZ
Der Handflächenschlitz dieser Fäustlinge ermöglicht es, das Fingerende zurückzuklappen und so die Finger bloßzulegen. Besonders beim Montieren des Gerätes ist das praktisch, wie auch zu allen anderen Gelegenheiten, bei denen Fingerspitzengefühl notwendig ist.

GUL NEOPRENHANDSCHUHE
Diese Handschuhe sind dazu gedacht, die Hände auch bei widrigstem Wetter noch warmzuhalten. Sie sind gleichzeitig geschmeidig und flexibel, sodaß sie jene Bewegungsfreiheit gewährleisten, die nötig ist, um beispielsweise Knoten zu binden oder einen Haken zu lösen.

DAIWA, FINGERLOSE THERMOFÄUSTLINGE
Solche fingerlosen Fäustlinge halten zwar die Hand warm, lassen jedoch die Finger frei, um beim Wurf genaueste Schnurkontrolle und das Anfertigen komplizierter Montagen zu ermöglichen. Um das Handgelenk haben diese Fäustlinge von Daiwa einen Gummizug, der ihnen sicheren Halt bietet.

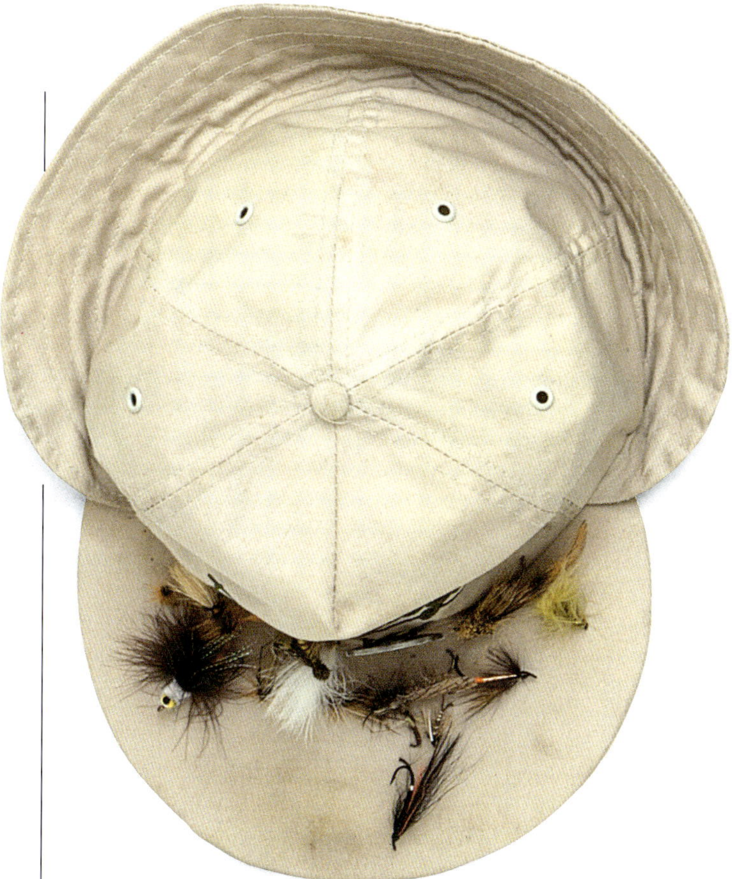

UP-DOWNER *(links)*
Diese besonders leichte Kopfbedeckung ist der der französischen Fremdenlegion in Nordafrika ähnlich, an welcher ein breiter Sonnenschutz über den Augen für Schatten sorgt und ein herunterklappbarer Nackenteil den hinteren Halsbereich schützt. Diese Kopfbedeckung bietet bei heißem Wetter hervorragenden Schutz und wurde durch amerikanische Angelführer unglaublich beliebt gemacht.

SHAKESPEARE SUN VISOR
Der Shakespeare Sun Visor besteht aus einem getönten Sonnenschutz und einem beschichteten, elastischen Kopfband, das an warmen Tagen die Dienste eines Schweißbandes übernimmt. Der Kopf bleibt einem eventuellen kühlenden Luftzug frei ausgesetzt, jedoch ist bei wirklich heißem Wetter eine Kappe vorzuziehen, die dem Kopf besseren Schutz vor der Sonne bietet.

DAIWA BASEBALL-KAPPE *(oben)*
Diese Nylonkappe ist entweder ganz aus Stoff oder aus einem Netzgewebe erhältlich, das dem Hinterkopf bessere Luftzufuhr gewährleistet. Der breite Sonnenschutz hält die Sonne aus den Augen, während ein mit Druckknöpfen versehenes Band an ihrer Rückseite für sicheren Sitz sorgt.

DEERSTALKER
Der Deerstalker ist ein sehr traditioneller Tweedhut, der entweder mit einer kreisrunden Krempe oder mit einer vorne und hinten zugespitzten Krempe hergestellt wird. Die "zugespitzten" Versionen sind gewöhnlich auch mit wegklappbaren Seitenlaschen versehen, die die Ohren vor Kälte und Mückenstichen schützen.

Zubehör

Zusätzlich zur Grundausrüstung wie Rute, Rolle, Schnur und Haken gibt es noch eine ganze Reihe von Kleingerät, das ganz grob als Zubehör bezeichnet werden kann und mit dem jeder gut ausgestattete Angler ausgerüstet sein sollte. Hierzu gehören Hakenlösehilfen, Waagen sowie Instrumente zum Auswaiden und Putzen der für den Tisch bestimmten Fische. Zusätzliches Zubehör, das hier nicht beschrieben, aber dennoch sinnvoll ist, sind beispielsweise eine gepolsterte Hakenlösematte, ein Fernglas, um Spuren und Anzeichen aktiver Fische auszumachen, sowie ein Kompaß. Letzterer erweist sich für denjenigen Angler als unerläßlich, der einen abgelegenen Bergsee aufsuchen möchte, sich aber den Luxus eines GPS-Empfängers (Global Positioning System = Satelliten Navigations System) nicht leisten kann.

HARDY PIN-ON FEDERZUG *(unten)*
In ihm befindet sich eine federgelagerte Spule, die mit Schnur gefüllt ist, an welcher ein Karabinerwirbel hängt. Gegenstände, wie etwa Scheren, lassen sich in den Karabinerhaken einhängen, sodaß sie bei Nichtgebrauch aus dem Weg sind.

SHAKESPEARE KNOTENBINDER *(links)*
Dieses Instrument ist ganz hilfreich, wenn Ihre Finger nicht mehr ganz so geschickt sind oder wenn kalte Finger das Knotenbinden erschweren.

HARDY TASCHENTHERMOMETER *(rechts)*
Ein Thermometer hilft Ihnen beim Suchen der Aufenthaltsbereiche der Fische, beispielsweise beim Auffinden kalter Wasserflecken in ansonsten warmem Wasser oder wärmerer Wassermassen in kaltem Wasser. Binden Sie es an Ihre Schnur, lassen Sie es herab und nach einigen Minuten können Sie die genaue Wassertemperatur ablesen.

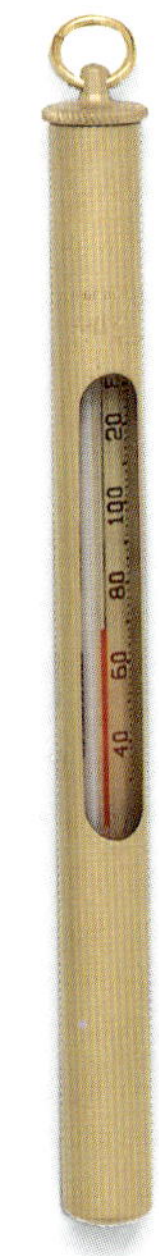

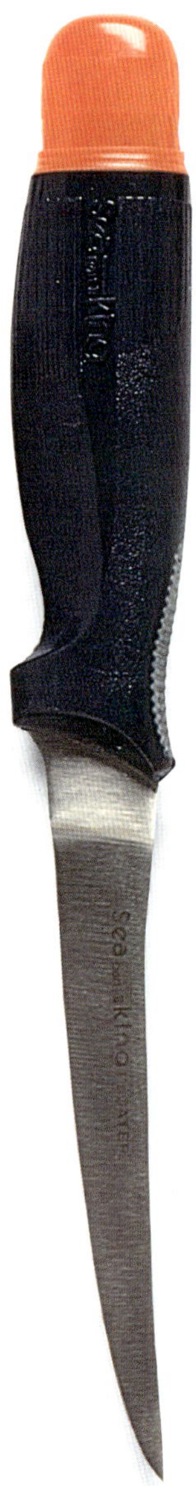

LUCKY TOOLS ANGLERZANGE
Robuste Angelzangen wie diese sind unerläßlich, wenn Sie mit Stahlvorfächern angeln. Ihr Griff ist lang und bietet so eine hohe Hebelkraft. Ihre starken Kiefer machen das Anbringen von Klemmhülsen einfach, während der integrierte Saitenschneider problemlos dicke Stahlvorfächer zertrennt.

DAIWA STIRNLAMPE *(rechts)*
Nachtangler, wie beispielsweise Brandungsangler finden derartige Lampen überaus praktisch, da sie sich um den Kopf schnallen lassen und so die Bewegungsfreiheit der Hände erhalten bleibt. Das hier abgebildete Modell wird von einer am Gürtel befindlichen Batteriebox gespeist.

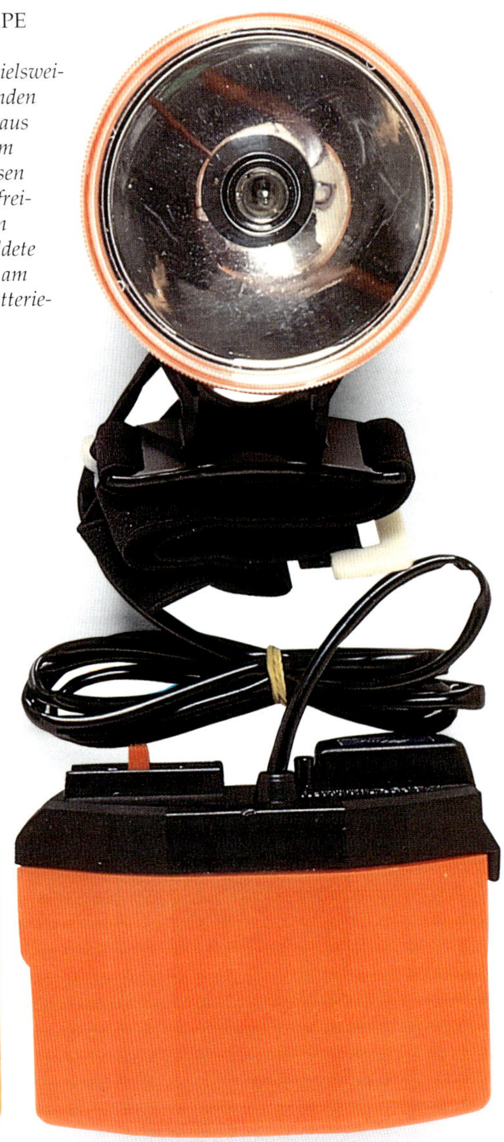

DAIWA FLEXI-LIGHT *(rechts)*
Eine Lampe ist ein ganz nützliches Zubehör, wenn bis in die Dunkelheit hinein gefischt wird. Der Hals dieser Ansteckklampe ist flexibel, sodaß der Lampenkopf in die notwendige Richtung gedreht werden kann.

DAIWA SEA KING FILIERMESSER *(links)*
Fische, die nicht zurückgesetzt werden und für die Küche bestimmt sind, sollten mit einem scharfen Filiermesser ausgenommen und gereinigt werden.

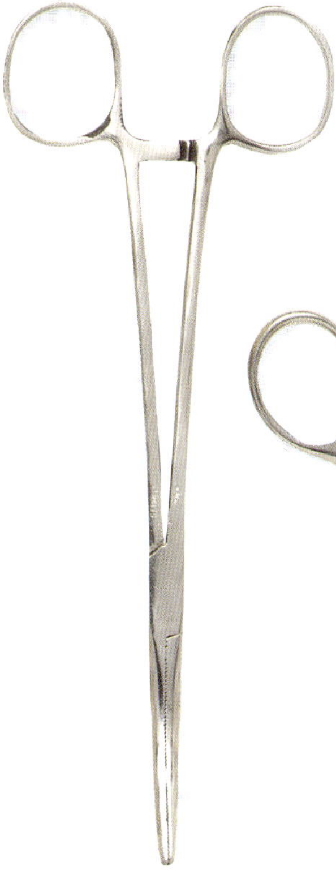

HARDY PRIEST *(links)*
Das Verwenden eines Priests oder Fischtöters ist eine humane Art und Weise, einen für den Tisch bestimmten Fisch abzuschlagen. Mindestens zweimal sollte mit dem schweren Ende aus Messing gezielt auf den Hinterkopf des Fisches geschlagen werden.

HARDY FEDERWAAGE *(unten)*
Eine Federwaage ist ein geeignetes Instrument, um das Gewicht eines Fisches festzustellen. An dieser Waage befinden sich Gewichtseinteilungen in Kilogramm und englischen Pfund. Durch eine Mikrometereinstellung läßt sie sich genau nullen.

HARDY ZANGENSCHERE *(links)*
Dieses Instrument ist sehr vielseitig. Mit ihm läßt sich beispielsweise Spaltblei andrücken, ein Widerhaken entfernen oder Monofilament und leichtes Stahlvorfach zerschneiden.

HARDY ARTERIENKLEMME *(oben)*
Dieses Instrument ist hervorragend zum Lösen von Haken der Größe 10 aufwärts geeignet, insbesondere wenn einer in dem zahnbewehrten Maul, wie dem eines Hechtes gefaßt hat. Der dünne Draht kleinerer Haken wird mit der Arterienklemme leicht verbogen, sodaß diese Haken eher mit einem klassischen Hakenlöser befreit werden sollten.

HARDY HAKENSCHÄRFER *(links)*
Hakenschärfer können die Spitzen mechanisch geschärfter Haken deutlich spitzer machen, was bei chemisch geschärften Haken jedoch nicht notwendig ist. Vor dem Fischen sollte man jeden Haken an der Schnur auf seine Schärfe prüfen.

HUFF FLIEGENRUTENHALTER *(links)*
Dieser 50 cm lange Erdspieß aus Aluminium ist dazu gedacht, Ihre Fliegenrute zu halten, während Sie mit dem Vorfach oder den Fliegen beschäftigt sind. So besteht keine Gefahr, daß sie versehentlich zertreten wird. Das Griff-Ende findet in einer Vertiefung Platz und oben hält eine Federklammer die Rute aufwärts gerichtet.

NICAN ENTERPRISES UNI-LOADA *(links)*
Das aufwendige Füllen der Rollen mit Schnur wird durch so ein Hilfsinstrument viel einfacher. Es ist verstellbar, sodaß es zum Füllen von Stationär- und Multirollen gleichermaßen verwendet werden kann. Sogar mit den sperrigsten Schnurspulen kommt es zurecht.

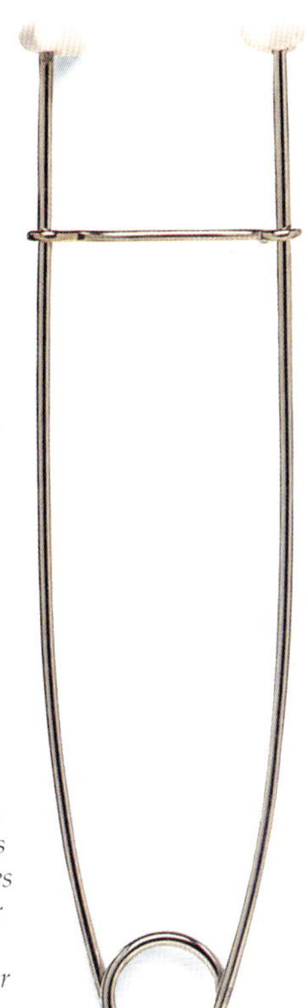

RACHENSPERRER *(rechts)*
Ein Maulsperrer wird dann verwendet, wenn ein Haken aus dem Maul eines zahnbewehrten Raubfisches gelöst wird. Die Enden der Federarme sind an diesem Modell abgerundet, daß der Fisch nicht verletzt wird.

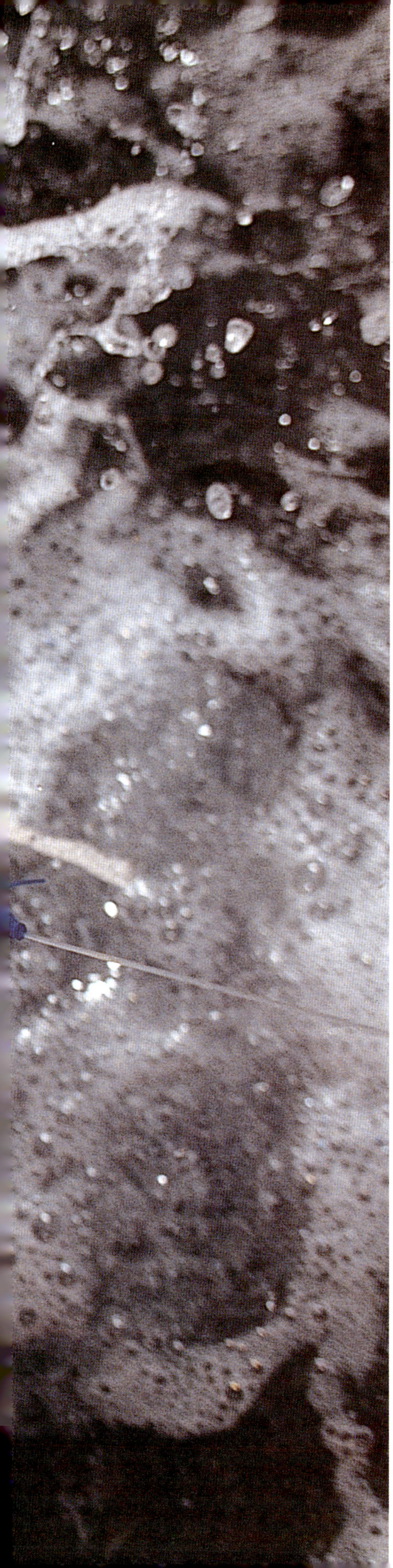

KÖDER

Ganz egal, ob man auf einem tropischen Ozean hinter einem Marlin her ist oder ob man in einem kleinen Teich den Karpfen nachstellt: eines der Geheimnisse des erfolgreichen Angelns ist das Verwenden eines geeigneten Köders. Heute stehen dem Angler jedoch eine Unmenge an Ködern zur Verfügung, sodaß das Herausfinden des richtigen nicht nur gute Kenntnisse der Nahrungsgewohnheiten der gewünschten Beute erfordert, sondern eine ebensolche Kenntnis über die für diese Art in Frage kommenden Köder unerläßlich ist. Es gibt Köder pflanzlichen und tierischen Ursprungs sowie künstliche Köder, ihre Hauptaufgabe besteht jedoch in jedem Fall darin, den Fisch zum Biß auf den Haken zu verleiten. Köder pflanzlichen und tierischen Ursprungs bilden zusammen die Gruppe der Naturköder. Viele von ihnen lassen sich sehr preisgünstig direkt am Wasser sammeln, andere, beispielsweise Maden und Würmer, sind auch in Angelgerätegeschäften erhältlich. Zu den Naturködern gehören auch Köder wie Käse und Brot, auch wenn diese offensichtlich nicht zum natürlichen Nahrungsangebot von wildlebenden Fischen gehören. Die Fische finden an diesen Ködern aufgrund ihres Geruchs und des Geschmacks Gefallen; die Angler haben wegen ihrer vielfach bewiesenen Fängigkeit Vertrauen in sie. Neben dieser Ködergruppe gibt es noch die sogenannten Kunstköder, wie beispielsweise Wobbler und Blinker, die entweder natürliche Nahrung imitieren oder den Jagdtrieb im Raubfisch wecken sollen. Ihre großen Vorzüge liegen in ihrer recht einfachen Anwendung und in der Tatsache, daß sie sich immer wieder aufs neue verwenden lassen. In diesem Kapitel werden die gängigsten und fängigsten Köder zum Süß- und Salzwasserangeln vorgestellt.

DER RICHTIGE KÖDER
Einen zur gesuchten Fischart passenden Köder zu verwenden ist einer der Schlüssel zum Erfolg.

Naturköder tierischen Ursprungs

Die meisten Naturköder kosten nichts und bieten darüber hinaus den Vorteil, daß sie ohnehin ein natürlicher Bestandteil der Nahrung der gesuchten Fischart oder -arten sind. So lassen sich mit Erdwürmern (Tauwürmer, Laubwürmer, Mistwürmer usw.) nahezu alle interessanten Süßwasserfischarten fangen. Auch Wasserlebewesen wie Garnelen oder Köcherfliegenlarven sind gute Süßwasserköder. Sammeln Sie nie mehr Naturköder als nötig, und lassen Sie die nicht verwendeten später wieder frei.

Maden & Caster

Meistens werden die Larven der blauglänzenden Stubenfliegen verwendet, ein für die gängigen Süßwasserfische bewährter Köder. Maden werden meist in ihrer weißen Naturfarbe angeboten. In vielen Ländern gibt es auch gefärbte Maden, allerdings ist die Verwendung der dafür erforderlichen Farbstoffe in Deutschland verboten. Gefärbte Maden werden im europäischen Ausland immer dann mit Erfolg eingesetzt, wenn die Fische durch starken Befischungsdruck auf ungefärbte weiße Maden nur mehr zurückhaltend reagieren.

Die Larven der gemeinen Stubenfliege und der grünglänzenden Stubenfliege (Pinkies) sind etwas kleiner und entsprechend bei jenen Anglern begehrt, die auf kleinere Fischarten aus sind. Diese Maden sind auch immer dann angebracht, wenn die Fische schon beim Absinken der Montage nach der Made schnappen.

Als Caster werden die bereits verpuppten Maden bezeichnet. Sie sind ausgezeichnete Köder für die meisten Arten. Empfehlenswert sind sie überall dort, wo die Fische es gelernt haben, sich vor Maden zu hüten. Sie eignen sich gut, um über einem Futterteppich aus gequollenem Hanf angeboten zu werden. Alte Caster haben Auftrieb und sind ausgezeichnete Oberflächenköder für Arten wie Rotfedern oder Döbel.

MADE

MADEN ANKÖDERN *(oben)*
Bei einer einzelnen Made als Köder wird das dicke Körperende quer durchstochen, wobei der Haken so wenig Haut wie möglich fassen sollte. Einzelne Maden werden an Einzelhaken Nr. 16 bis 18 angeboten, Madenbündel an 12er-Haken. Beißen die Fische nur zurückhaltend, kann es helfen, die Maden bis zur Hälfte ihrer Länge auf den Hakenschenkel aufzuziehen. Dadurch sinken sie in horizontaler Lage und langsamer, was natürlicher wirkt.

CASTER ANKÖDERN *(rechts)*
Ein einzelner Caster wird so angeködert, daß der Haken durch das dicke Ende komplett in ihm verschwindet. Verwenden Sie dazu Hakengrößen von 14 bis 18. Caster lassen sich einzeln, zu zweit oder zu dritt anbiten, indem man sie an ihren dicken Enden durchbohrt.

CASTER

Würmer & Schnecken

Karpfen, Schleien und Döbel können einen Tauwurm in Sekundenschnelle hinunterschlingen, während kleinere Arten mit einem halben Tauwurm oder einem Laubwurm besser zurechtkommen. Schnecken sind ein hervorragender Karpfen-, Döbel- und Rotaugenköder. In milden, feuchten Nächten lassen sich Tauwürmer auf Wiesen einsammeln, während die Nacktschnecken aus ihren Felsritzen in die Gartenhecken ausschwärmen. Rot- und Laubwürmer finden sich in Komposthaufen.

TAUWURM

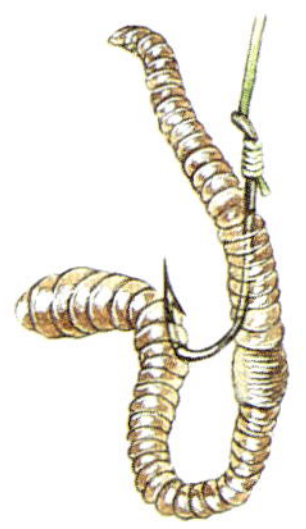

WÜRMER ANKÖDERN
Tauwürmer werden entweder mindestens auf halbe Länge aufgefädelt oder mindestens zweimal mit der Hakenspitze durchstochen. Nur so überstehen sie den Wurf und verbleiben beim Biß auf dem Haken. Für Tauwürmer sind Haken Nr. 4 bis 8 ideal, für Mistwürmer und Wurmsegmente dagegen Haken Nr. 10 bis 14. Knapp sollten die Würmer immer nur dann angeködert werden, wenn die Fische entschieden zubeißen. Wenn sie nur unentschlossen am Köder spielen, bringt ein Auffädeln der Würmer eine viel größere Bißausbeute.

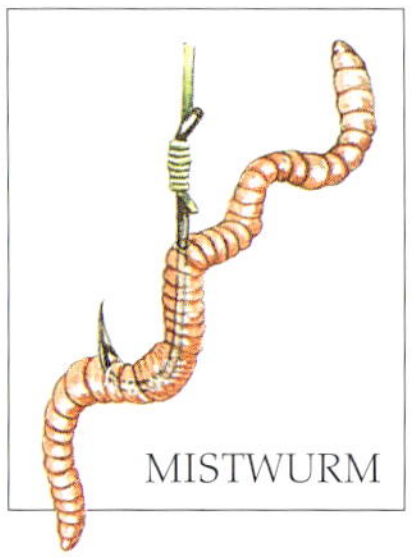

MISTWURM

SCHNECKEN ANKÖDERN
Ein Haken Nr. 2 oder 4 wird quer durch das hintere Körperende gestochen. Dank ihres Eigengewichts und der verhältnismäßig zähen Haut lassen sie sich gut auswerfen und müssen nicht nach jedem Fang erneuert werden.

SCHNECKE

FISCH

MAKRELE

HERING

SARDINE

Bei vielen Fischarten stehen auch Fische auf dem Speiseplan. Hechte nehmen nahezu jede angebotene Fischart als Köder an, auch wenn es zweifellos bevorzugte Arten gibt: Heringe, Sprotten, Stinte, Sardinen, Makrelen, Forellen und Äschen sind allesamt gute Hechtköder, ebenso Aale. Überall dort, wo sich die Hechte bereits an einen bestimmten Ködertyp gewöhnt haben, kann es sich bezahlt machen, die eigenen Köderfische mit Lebensmittelfarbe einzufärben. Mit Fisch als Köder lassen sich auch noch eine ganze Reihe weiterer Fischarten regelmäßig an den Haken bekommen. Hierzu gehören der Wels, der Barsch, der Zander, der Schwarzbarsch, der Rapfen und die Forelle. Beim Hechtangeln wurden in den letzten Jahren auch immer öfter große Döbel auf tote Köderfische gefangen. Köderfische können am bloßen Haken, an einer Grundmontage oder mit Hilfe eines Schwimmers angeboten werden, ebenso auf entsprechenden Systemen zum Spinnfischen. Durch ihr verhältnismäßig weiches Fleisch sind die Meeresfische zum Spinnfischen nicht so sehr geeignet. Süßwasserfische halten wesentlich besser, wobei kaum eine andere Art eine kleine Forelle übertrifft.

FISCHE ANKÖDERN
Tote Köderfische werden an zwei Drillingen der Größen 8 bis 10 gefischt. Der obere Drilling wird in der Schwanzwurzel befestigt, der andere über acht Zentimeter vor ihm, wobei die Hakenspitzen zum Schwanz weisen. Beim Spinnfischen sitzt der obere Haken im Maul, der andere in der Flanke.

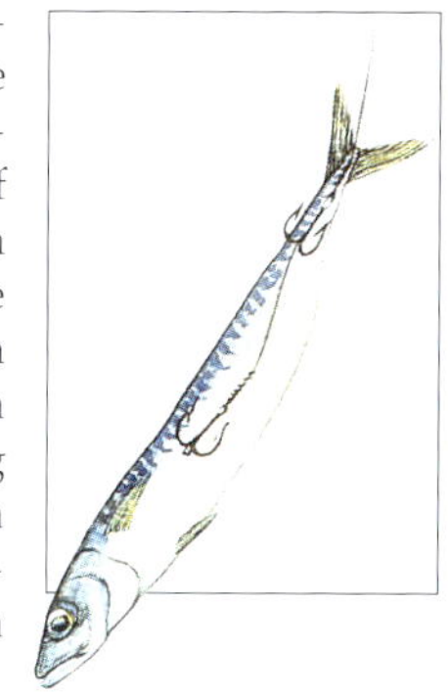

KRABBEN & GARNELEN

Gepult sind diese Arten für fast alle Süßwasserfische ein ausgezeichneter Köder. Ungepult sind sie in den Händen der Lachsfischer am bekanntesten. In diesem Zustand locken sie aber auch Wels, Barsch, Schwarzbarsch, Barbe, Karpfen und Schleie an den Haken. Diese Köder können roh oder gekocht verwendet werden und sind in den meisten Supermärkten frisch, gefroren oder in Dosen erhältlich.

GARNELEN

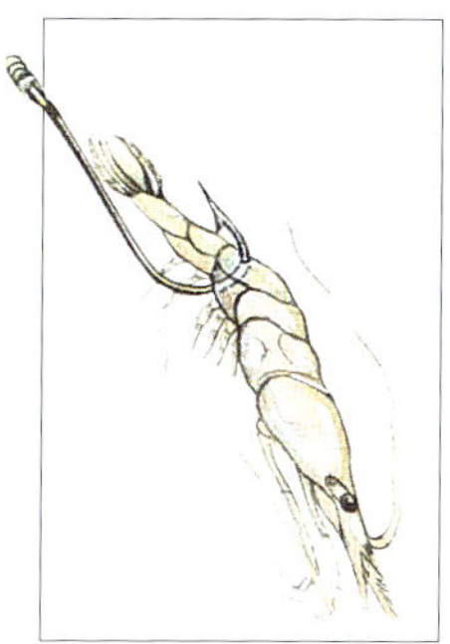

KRABBEN ANKÖDERN
Gepulte Krabben werden am besten einzeln auf einem Haken der Größe 8 oder 10 angeboten, wobei dessen Spitze durch die Verdickung am Schwanz geführt wird. Ungepulte Krabben fädelt man vom Schwanz her auf.

KÖCHERFLIEGENLARVEN

KÖCHERFLIEGENLARVEN

Die Larven der Köcherfliegen oder "Sedges", wie sie unter Anglern genannt werden, sind äußerst interessante Hakenköder, die in einer kleinen Schutzröhre aus Steinchen, Pflanzen- oder Holzresten leben. Köcherfliegenlarven findet man unter im Wasser liegenden Steinen, insbesondere im seichten Uferwasser. Heben Sie die Larven am Köcher vorsichtig vom Stein und ziehen Sie sie aus ihrer Schutzhülle. Köcherfliegenlarven sind hervorragende Köder, mit denen sich nahezu jede Fischart fangen läßt. Versuchen Sie einmal zwei Köcherfliegenlarven an einem 12er-Haken beim Angeln auf Barben, Döbel oder Rotaugen. Gelegentlich lohnt es sich, diese Larven im Bündel anzubieten, aber scheue Fische nehmen manchmal eine einzelne an einem 16er-Häkchen angebotene besser.

AALE

Aale sind gute Hechtköder, die entweder ganz oder in Stücken verwendet werden können. Ihre Haut ist zäh, so daß oft mehrere Fische mit nur einem Köder gefangen werden können und große Wurfweiten möglich sind. Aale bis zu 30 Zentimeter (Mindestmaße beachten!) sind gut zum Spinnfischen geeignet, wogegen Aalstücke gewöhnlich am bloßen Haken oder grundangelnd angeboten werden.

AALSTÜCKE

AALE ANKÖDERN
Zum Spinn- und Grundangeln wird ein Aal oder Aalstück an einem Spinnsystem aus zwei Drillingen der Größe 8 bis 10 angeboten, vor das ein 50 cm langes Stahlvorfach geschaltet wird. Kleinere Stücke können auf große Einfachhaken gefädelt werden, wobei nur ein Teil ihrer Krümmung und die Spitze sichtbar bleiben.

NATURKÖDER PFLANZLICHEN URSPRUNGS & PARTIKELKÖDER

Die meisten Naturköder pflanzlichen Ursprungs und Partikelköder sind gängige Nahrungsmittel wie Brot, Getreide und Gemüse. Auch wenn es bei den meisten dieser Köder sehr unwahrscheinlich ist, daß sie auf dem natürlichen Speiseplan der Fische stehen, werden sie gerne genommen. Speziell für das Angeln werden die sogenannten "Hochproteinköder" (HP) hergestellt.

SÜSSMAIS

MAIS ANKÖDERN
Verwenden Sie für Einzelkörner Größe 8 bis 10, für mehrere bis zu Größe 4.

KÄSE

HARTKÄSE

SCHMELZ-KÄSE

STARK RIECHENDER KÄSE

Im Sommer kann Käse in seinem natürlichen Zustand verwendet werden. Bei kaltem Wetter erhärten einige Käsesorten, deshalb sollte man sie reiben und daraus einen steifen Teig anrühren, dem noch Brotkrumen, ein wenig Wasser und Tafelöl beigemengt werden.

KÄSE ANKÖDERN
Für große Köder sind Haken der Größe 4 ideal, für kleinere die Größe 10. Verstecken Sie die Spitze im Käse.

SÜSSMAIS

Dieser entweder in Dosen oder gefroren erhältliche Mais ist bei vielen Fischarten beliebt. Die Maiskörner sind recht dickwandig, so daß sie verhältnismäßig gut auf dem Haken halten. Ihre spezifische Dichte ist auch recht hoch, wodurch diese Körner recht schnell auf den Grund sinken, was besonders an Flüssen praktisch ist. An Gewässern, an denen übermäßig viel mit Süßmais geangelt wird, kann es sich auszahlen, die Körner zu färben oder mit ein wenig Geschmacksstoff, wie etwa Nelkenöl, aufzuwerten.

BROT

BROT-WÜRFEL

BROT-KRUSTEN

BROTFLOCKEN

BROT-TEIGKUGELN

Brot läßt sich auf sehr unterschiedliche Weise als Köder verwenden. Es kann am Schwimmer, auf Grund und am bloßen Haken geangelt werden. In Seen ist es ein guter Karpfenköder, im Fluß eignet es sich gut zum Fang von Rotaugen und Döbeln. Das weiche Brotinnere kann als Flockenköder, aber auch als Grundfutter verwendet werden. Am Haken halten die Brotflocken aus einem wirklich frischen Brotlaib am besten. Aus dem weichen Brotinneren läßt sich mit Hilfe eines porösen Tuches und Wasser auch ein guter Angelteig herstellen.

BROTFLOCKEN ANKÖDERN
Verwenden Sie hierzu Haken in den Größen 4 bis 14, je nach Fischart. Die Flocke wird in den Schenkel gedrückt.

DOSENFLEISCH

Frühstücksfleisch oder Schinken aus der Dose ist ein ausgezeichneter Köder für Barben oder Döbel, aber auch für andere Arten, etwa Karpfen. Fachgerecht angeködert hält dieser Köder lange am Haken, wobei er sogar Weitwürfe übersteht. Dosenfutter für Katzen ist ein guter Karpfen- und Welsköder. Kneten Sie daraus mit Brot einen Teig und formen Sie kleine Futterbälle.

FRÜHSTÜCKSFLEISCH

FLEISCH ANKÖDERN
Der Köderwürfel wird mit einer Ködernadel auf das Vorfach gefädelt, die Hakenspitze (Nr. 4 bis 8) soll leicht hervorstehen. Gesichert wird der Würfel mit einem Blatt.

Hunde- & Katzenkekse

KATZEN-KEKSE

HUNDEKEKSE

GEQUOLLENE HUNDEKEKSE

Trockene Hunde- und Katzenkekse sind äußerst effektive Oberflächenköder für Karpfen. Ihre Stärke liegt in ihrem hohen Gehalt an Ölen, die sie abgeben. Durch einige Minuten Quellen in kochendem Wasser werden sie weich genug zum Anködern. In Verbindung mit einer Wasserkugel gefischt, lassen sich diese Köder weit genug auswerfen, während rundherum mit der Futterschleuder ein Futterteppich aus weiteren Keksen gelegt werden kann. Idealerweise sollten die Futterkekse gegen die vorherrschende Windrichtung geschossen werden, damit der Teppich über die Angelstelle treiben kann. Wenn die Karpfen der auf der Oberfläche liegenden Schnur gegenüber scheu reagieren, lohnt es sich, den Köder zwischen Seerosen oder anderen Wasserpflanzen anzubieten.

Fischpellets

Hierbei handelt es sich um genau jene Kraftnahrung, die Fische in Zuchten verabreicht bekommen. Diese Köder sind nicht überall erlaubt, weshalb man sich vor ihrem Gebrauch erst einmal nach den jeweils gültigen Bestimmungen erkundigen muß. Grund dafür ist, daß einige Pelletsorten z.B. für Forellen als unverdaulich gelten. Es gibt im Handel jedoch eine Vielzahl von Pelletsorten, die bereits erprobt und als unschädlich bekannt sind. Wählen Sie stets etwas weichere Pellets, die sich noch kneten lassen. Die harten Sorten lassen sich schlechter anködern, man kann sie jedoch weichkochen und dann um einen Haken zu einer Kugel formen. Pellets lassen sich mit dem Katapult ausbringen, aber auch in PVC-Beuteln, die mit dem Hakenköder ausgeworfen werden.

KARPFENPELLETS
Pellets lassen sich sowohl als Hakenköder wie auch als Futtermittel einsetzen. Größere Mengen werden meist mit der Futterschleuder ausgebracht.

Körner & Getreide

REIS · MAIS · ROHE GRAUPEN · GEQUOLLENER HANF · GEKOCHTE GRAUPEN · ERDNÜSSE

Viele Körner- und Getreidearten stellen vorzügliche Partikelköder dar, jedoch müssen sie alle zuvor gekocht werden, da sie von den Fischmägen ansonsten nicht verdaut werden können. Der gängigste Körnerköder ist Hanf, der die Friedfische oft in einen regelrechten Freßrausch versetzt. Oft wird gequollener Hanf als Futter verwendet und darüber mit einer Graupe am Haken gefischt. Gekochte Erdnüsse haben sich beim Karpfenfischen als fängig herausgestellt, während Mais und Weizen (gekocht!) gute Rotaugenköder sind. Gekochter Reis kann im Grundfutter erfolgreich sein, wenn man nur wenige Maden hat.

KÖRNER ANKÖDERN
Körner werden auf den Haken geschoben (Größe 6 bis 14). Gekochter Hanf springt auf und wird durch den Spalt gehakt.

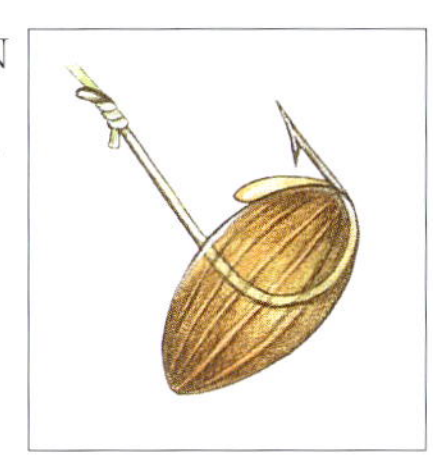

Hochproteinhaltige Köder

HP-Köder werden aus Milchproteinen, Eiern, tierischen Proteinen, Sojamehl, Farb- und Geschmacksstoffen hergestellt. Die Mischung wird entweder als Teig verwendet, oder es werden aus ihr kleine Kugeln geformt, die abgekocht und so zu »Boilies« werden (to boil, engl. = kochen). Ihre Oberfläche ist so hart, daß ihnen kleine Fische nichts anhaben können. Die meisten Boilies sinken.

BOILIES

BOILIES ANKÖDERN
Verwenden Sie hierzu Haken der Größen 2 bis 8, wobei Hakenspitze und -krümmung nicht völlig verdeckt werden. Auch die Haarmontage ist erfolgreich.

SÜSSWASSERGRUNDFUTTER

Unter Grundfutter versteht man jenes Futter, das zum Herbeilocken der Fische ins Wasser eingebracht wird. Es soll sie in Freßlaune versetzen und sie lange genug am Futterplatz halten, um den beköderten Haken zu finden. Der Schlüssel zum erfolgreichen Anfüttern ist das Verwenden eines Grundfutters, das die gewünschte Fischart anlockt und die einzelnen Fische möglichst lange in Freßlaune hält, ohne sie dabei zu sättigen.

RICHTIG ANFÜTTERN

Grundfutter läßt sich sowohl in stillstehenden, wie auch in fließenden Gewässern verwenden. In Flüssen mit träger bis schneller Strömung und überall dort, wo Grundfische angelockt werden sollen, ist ein festes, schweres Grundfutter auf Brotbasis empfehlenswert, da so die Futterkugeln rasch zu Boden sinken bevor sie aufbrechen. In stillstehenden oder sehr trägen Gewässern und für oberflächenaktive Fische sollte mit leichterem und feinerem Grundfutter angefüttert werden. Derartiges Futter bildet im Wasser eine Futterwolke. Dieses Futter besteht aus fein gemahlenem Paniermehl, das mit Wasser befeuchtet wird und unmittelbar vor seiner Verwendung zu kleinen Kugeln gepreßt wird. Beim Aufprall auf die Wasseroberfläche platzen diese Kugeln auseinander und es bildet sich eine langsam absinkende Futterwolke aus winzigen Brotpartikeln. Beigemengtes Milchpulver verstärkt die Wirkung.

Das Anrühren von Grundfutter
Beim Anrühren von Grundfutter muß erst einmal die Ausgangsbasis hergestellt werden. Zur Herstellung eines schnellsinkenden Grundfutters muß zunächst trockenes Brot für mindestens eine halbe Stunde eingeweicht werden (Verwenden sie hierbei kein warmes Wasser, das Brot wird dadurch schleimig). Gießen Sie dann das Wasser ab und drücken Sie ein wenig von dem aufgesaugten Wasser aus der Masse - je mehr Sie drücken, desto fester wird die Futtermasse. Rühren Sie das nasse Brot nun zu einem weichen knotenlosen Teig. Mit einfachem Getreidemehl, wie beispielsweise Maismehl versteift das Grundfutter nach Bedarf. Diese Masse läßt sich zu Kugeln formen, in die nach Möglichkeit noch einige Köder, wie etwa Maden oder Wurmstücke eingeknetet werden. Manchmal ist das Beimengen von Aromen und Geschmacksverstärkern ganz sinnvoll. Einige Mitglieder der großen Familie der Karpfenfische sind regelrechte Süßmäuler, die ein mit ein wenig süßlichem Aroma versehenes Grundfutter recht appetitlich finden.

DIE AUSGANGSBASIS VON GRUNDFUTTER
Die einfachste Ausgangsbasis von Grundfutter ist eingeweichtes, geknetetes Trockenbrot sowie im Ofen getrocknetes Brot, das zerstoßen wird. Beides kann im Rohzustand oder mit Ködern und anderen Additiven gemischt verwendet werden. Viele Angler sind der Auffassung, daß dunkles Brot als Grundfutter besser lockt als Weißbrot.

Kommerzielles Grundfutter und Zusätze
Kommerziell hergestelltes Grundfutter bedarf nur wenig oder überhaupt keiner Vorbereitung. Viele dieser Futtersorten wurden speziell für eine Fisch- oder Angelart entwickelt. Additive, entweder als Pulver oder Flüssigkeit, geben dem Futter zusätzlichen Geruch, Geschmack und Farbe. Besonders an stark befischten Gewässern mit scheuen Fischen kann sich eine solche Mixtur bezahlt machen. Mit diesen Zusätzen sollte sparsam umgegangen werden, da eine zu hohe Konzentration dieser Substanzen die Fische eher vergrämt als anlockt.

FUTTERSCHLEUDERN

Um mit Futterkugeln auf große Entfernung anzufüttern, ist eine speziell hierzu entworfene Futterschleuder praktisch. Damit die Futterkugeln nicht im Flug zerplatzen, muß die Ausgangsmasse recht steif sein und gefühlvoll mit der Schleuder umgegangen werden. Um auch entfernte Angelstellen gezielt anfüttern zu können, lohnt es sich, am gegenüberliegenden Ufer ein Ziel anzuvisieren, etwa einen Baum, und dabei den Gummizug bei jedem Schuß immer bis zu derselben Länge zu spannen. Beim Umgang mit der Futterschleuder sollte diese in gespanntem Zustand immer nur in Brusthöhe gehalten werden. Hierdurch wird vermieden, daß der Gummizug, sofern er reißen sollte, die Augen verletzt.

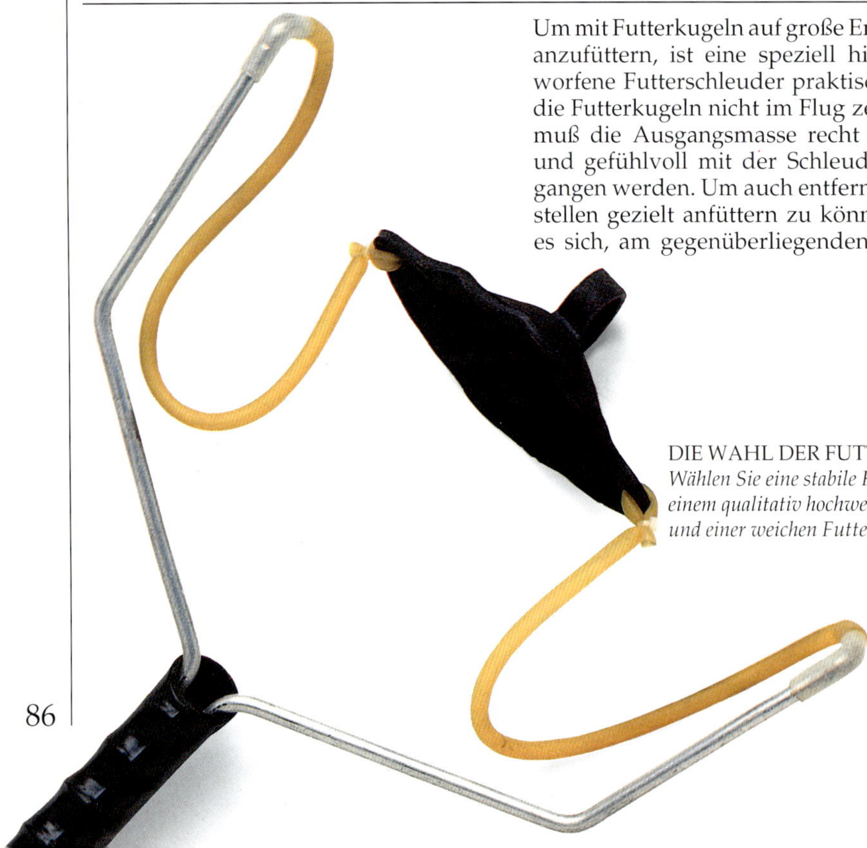

DIE WAHL DER FUTTERSCHLEUDER
Wählen Sie eine stabile Futterschleuder mit einem qualitativ hochwertigen Gummizug und einer weichen Futtertasche.

DAS GRUNDFUTTER FÜR DIE FUTTERSCHLEUDER
Versteifen Sie ihre Futtermasse mit einem Bindemittel, wie beispielsweise Maisflocken und formen Sie hieraus Kugeln. Maisflocken brauchen ein wenig Zeit, um gut aufzuweichen, sodaß das Futter erst nach etwa einer Stunde die gewünschte Konsistenz erreicht hat.

FUTTERKÖRBCHEN

Futterkörbchen werden oft beim Grundfischen verwendet, um entweder Grundfutter oder Hakenköder in der Nähe des beköderten Hakens anzubieten. Sie werden anstelle des Grundbleies in die Endmontage eingebunden. Die meisten von ihnen sind ganz einfache, mit Löchern versehene Plastikzylinder, die zusätzlich beschwert sind, um den Wurf zu vereinfachen und um auf dem Gewässergrund auch dann noch Halt zu finden, wenn sie sich ihres Inhaltes entleert haben. Die Gewichte sind entweder am unteren Ende des Körbchens oder seiner Länge nach angebracht.

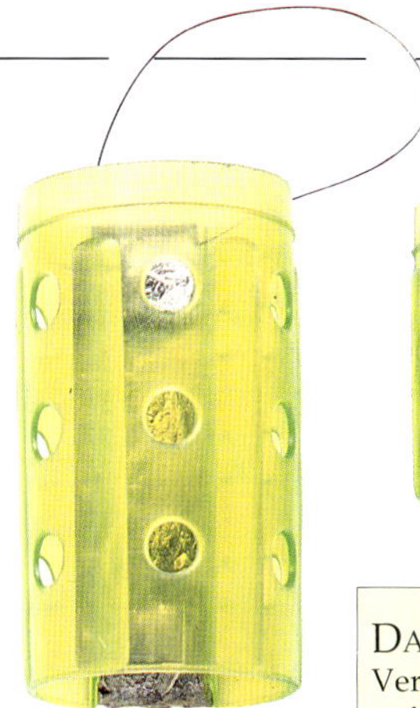

OFFENE FUTTERKÖRBCHEN
Diese werden mit reiner Futtermasse oder mit mit Hakenködern vermengtem Grundfutter gefüllt. Es lassen sich auch einige Hakenköder zwischen zwei Stopfen aus Grundfutter "einsperren".

Offene Futterkörbchen
Offene Futterkörbchen sind Plastikröhrchen, die an beiden Enden geöffnet und normalerweise mehrfach durchbohrt sind. Dadurch wird der Durchfluß von Wasser gefördert, und der Inhalt verteilt sich schnell. Gewöhnlich sind sie mit Bleistreifen beschwert, deren Enden über die Ränder gefaltet und angepreßt sind. Da sich das Gewicht nicht verändern läßt, werden diese Körbchen in verschiedenen Größen und mit unterschiedlich großen Bleistreifen hergestellt. Offene Futterkörbchen werden gewöhnlich mit Grundfutter gefüllt. Es lassen sich mit ihnen auch Hakenköder anbieten, die allerdings durch Grundfutterstopfen an beiden Enden gesichert werden müssen. Sie sind besonders zum Fang von Brassen und anderen Friedfischarten geeignet, die in großen Schwärmen leben und die nur mit großen Futtermengen an der Angelstelle gehalten werden können.

Geschlossene Futterkörbchen
Diese Körbchen sind an jedem Ende mit einem Deckel geschlossen. An einigen Modellen lassen sich beide Deckel entfernen, während an anderen lediglich der obere Deckel zum Füllen abgehoben werden kann. Gewöhnlich werden diese Körbchen mit Maden, Castern und Hanf gefüllt; die Perforierung der Körbchen reicht aus, damit die Maden herauskrabbeln bzw. damit die Caster oder der Hanf vom Wasser herausgeschwemmt werden. Die Futterfreigabe kann durch das Überkleben einiger Löcher mit Isolierband zusätzlich gehemmt werden. Die Position des Gewichtes kann recht unterschiedlich sein. An einigen befindet es sich am unteren Ende, an anderen in einem der Deckel und schließlich gibt es noch viele, die mit einem Bleistreifen entlang der Längsachse beschwert sind. Die meisten der geschlossenen Futterkörbchen haben einen runden Querschnitt, bei einigen ist er jedoch oval, wodurch in schnellfließendem Wasser besserer Halt geboten wird.

DAS GEWICHT DER FUTTERKÖRBCHEN
Vergewissern Sie sich, daß das Gewicht des gefüllten Futterkörbchens für die verwendete Rute und Schnur nicht zu hoch ist.

DRAHTFUTTERKÖRBCHEN
Diese Körbchen werden aus Drahtspiralen hergestellt. Sie lassen sich schnell und einfach durch Eindrücken in die Futtermasse füllen.

SEITEN-ANSICHT

DAIWA FUTTERKÖRBCHEN "HARRIER"
Die aerodynamische Form dieser Futterkörbchen erlaubt genaue Weitwürfe und beim Einholen unterstützt sie das Aufsteigen des Körbchens. Die Schlitze ermöglichen einen besseren Wasserdurchfluß als die Löcher, wodurch auch das Futter schneller freigesetzt wird.

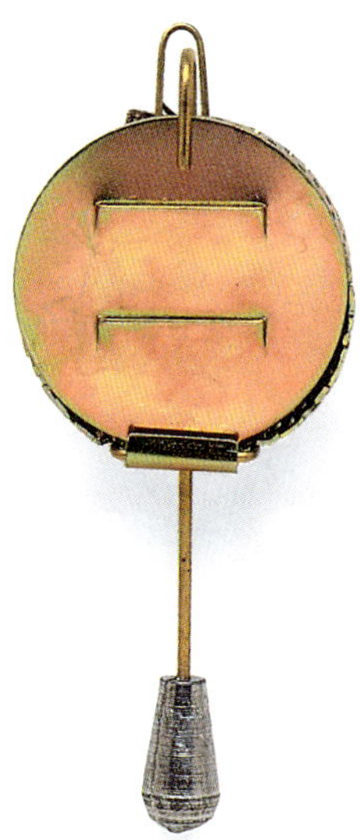

DROPPER
Der Deckel des Droppers öffnet sich, sobald das Gewicht den Grund berührt hat, wodurch sein Inhalt freigegeben wird. Manchmal wird der Dropper an einer separaten Rute ausgeworfen und wieder eingeholt.

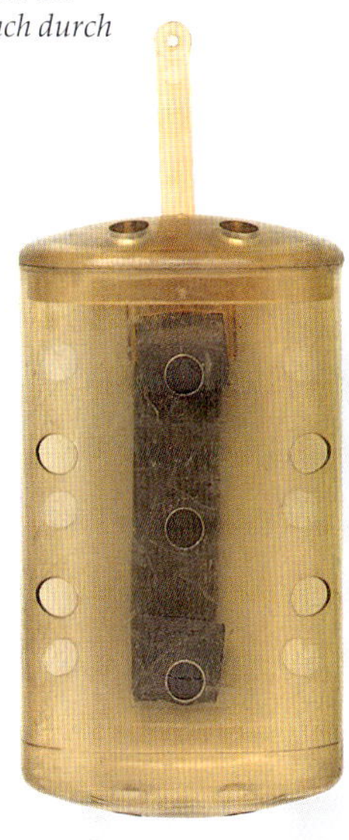

DRENNAN FLACHKÖRBCHEN
Dieses Futterkörbchen ist seiner Länge nach ein wenig abgeflacht. Zusammen mit seinem Bleistreifen entlang der Längsachse findet es auch in schnellfließendem Wasser noch guten Halt.

DRENNAN FEEDERLINK
Der Feederlink verfügt über einen abnehmbaren Deckel und Wechselgewichte, die an sein unteres Ende geklemmt werden.

THAMSLEY FUTTERKÖRBCHEN, GESCHLOSSEN
Beide Deckel dieses vielseitigen Futterkörbchens sind abnehmbar. Hierdurch läßt sich dieser Futterkorb schnell und einfach von einem geschlossenen in einen offenen verwandeln.

Spinner & Löffel

Spinner und Löffel sind Kunstköder, die Raubfische durch die von ihnen ausgehenden Signale zum Biß reizen sollen, wobei dieser Biß aus Hunger oder zur Revierverteidigung stattfinden kann. Sie können aus ganz unterschiedlichen Materialien gefertigt sein und werden meist mit Einfach- oder Drillingshaken "bewaffnet" angeboten.

Spinner

An einem Spinner rotiert ein Blatt oder ein Propeller beim Einholen um die Längsachse. Einige sind mit recht natürlich aussehenden Würmern aus Weichplastik ausgestattet, die etwas unentschlossene Fische noch zum Angriff provozieren können. Andere wiederum, wie beispielsweise die Buzz Baits, tragen Schürzen aus Gummifransen um ihre Haken, wodurch Flußkrebse imitiert werden sollen: angelockt wird der Fisch von dem rotierenden Propeller, zum Biß verleiten ihn jedoch erst die lebhaft spielenden Gummifransen.

LIL'HUSTLER SPOILER *(oben)*
Ein Spinnerbait. Da sich diese Köder fast nie mit Pflanzen und Kraut zusetzen, eignen sie sich optimal, um in pflanzenreichen Gewässern zu fischen. Sie sollten seicht gefischt und kontinuierlich eingeholt werden, wobei die Rute angehoben und gesenkt wird.

DEVONSPINNER
Diesen klassischen Lachs- und Forellenköder gibt es in schwimmenden und sinkenden Ausführungen, wodurch er sich in den unterschiedlichsten Gewässern erfolgreich fischen läßt. Er fängt auch viele andere Raubfischarten.

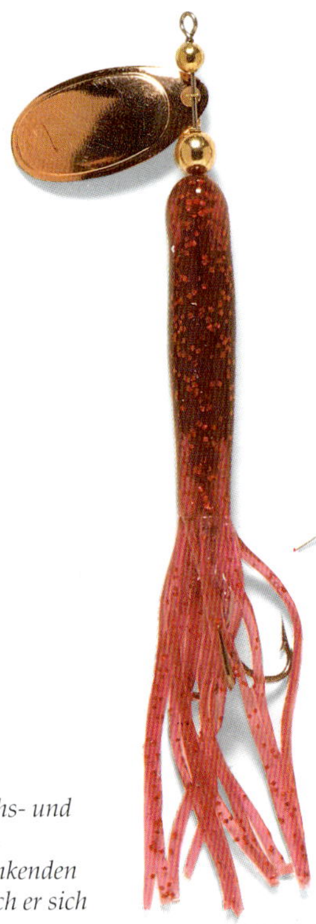

TEASER *(oben)*
Diese Spinner werden möglichst geradlinig eingeholt und sind gut für mittelschnelles bis schnellfließendes Wasser geeignet. Ihre schlanke, aerodynamische Form sorgt für gute Wurfeigenschaften.

GOLD WING *(oben)*
Ein Buzz Bait erzielt die besten Ergebnisse, wenn er an der Oberfläche bzw. unmittelbar darunter eingeholt wird. Da sich in ihm so gut wie nie Kraut verfängt, läßt es sich ausgezeichnet zum Fang von Hechten in stark verkrauteten Gewässern verwenden.

FLYING CONDOM
Dieser einzigartige Köder verursacht beim Einholen besonders starke Schwingungen. Er hat seine Fängigkeit schon durch den Fang vieler Hechte, Lachse, Barsche und Schwarzbarsche unter Beweis gestellt.

MEPPS COMET *(links)*
Dieser kleine Kunstköder arbeitet auf sehr attraktive Art und Weise und mit ihm läßt es sich erfolgreich auf Forelle, Hecht, Barsch und Döbel fischen. Optimal arbeitet er, wenn er in träge fließenden oder stillstehenden Gewässern gefischt wird.

SNAGLESS SALLY *(links)*
Dieser mit einem doppelten Krautschutz versehene Kunstköder kann auch in die dichtesten Krautbänke geworfen werden, ohne daß man vor seinem Verlust Angst haben muß.

BIG FISH
Diese Abwandlung des Flying Condom wurde mit einem sehr echt aussehenden Weichplastikfisch hinter dem Spinnerblatt versehen.

LÖFFEL

Blinker (Löffel) wobbeln auf sehr "fischähnliche" Art durch das Wasser und werden deshalb gerne als Spinn- und Schleppköder verwendet. Die meisten dieser Metallköder sind oval und lassen sich aufgrund ihres Gewichts gut werfen. Ihre Aktion hängt von der Art des Einholens ab: ein unregelmäßiges Kurbeln kann den Eindruck eines kranken Fisches vermitteln, während ihnen durch Zupfer mit der Rutenspitze noch zusätzliches Leben eingehaucht werden kann.

ABU ATOM
Die geriffelte Oberfläche des Atom fängt beim Einholen Sonnenstrahlen ein und reflektiert diese. Seine unregelmäßige Aktion scheint in klaren Gewässern besonders den Hechten gut zu gefallen.

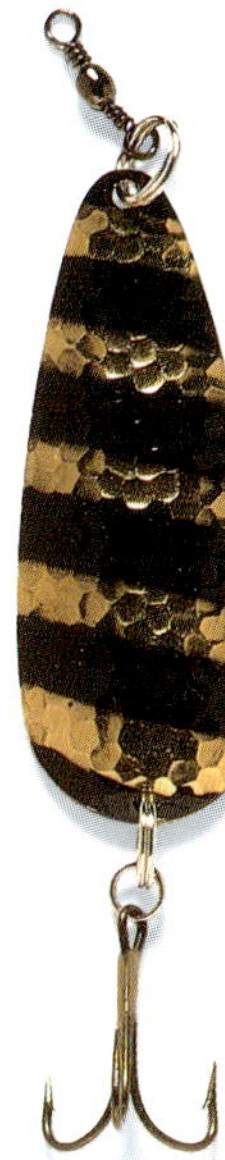

ATLANTIC
Dieser Löffel hat schon längst seine Fängigkeit unter Beweis gestellt und nicht nur Hechte, sondern auch viele andere Raubfische gefangen. Am fängigsten ist er in Seen und Kiesgruben, wenn er sehr langsam, unmittelbar über dem Grund eingeholt wird.

CISCO
Dieser Kunstköder hat eine naturgetreue Aktion, die zum Fang von Lachsen, Forellen und Hechten ausgelegt ist. Er arbeitet gut bis Schleppgeschwindigkeiten von 13 Stundenkilometern, läßt sich jedoch auch vom Ufer aus erfolgreich fischen.

HERON
Dieser riesige Löffel ist speziell auf den Fang großer Hechte ausgelegt. Er läßt sich hervorragend werfen, ist aber auch bestens für die verschiedenen Arten der Schleppfischerei geeignet.

ABU TOBY SALMO
Dieser überaus fängige Kunstköder imitiert die Schwimmbewegungen eines kleinen Fisches, der sich zuckend fortbewegt. Der Salmo ist an schnellfließenden Gewässern ein guter Ködertip.

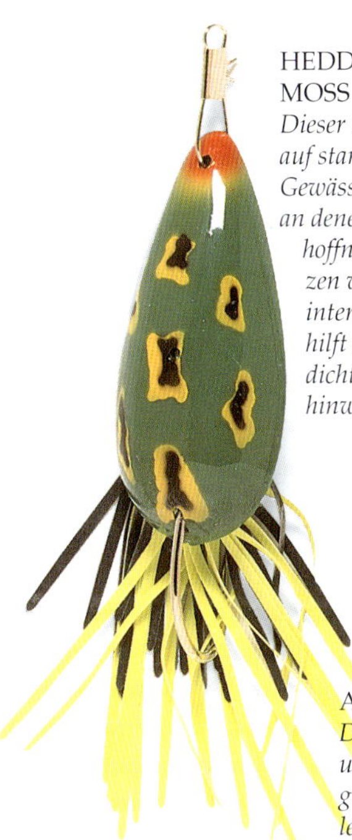

HEDDON BOSS MOSS *(links)*
Dieser Kunstköder ist auf stark verkrautete Gewässer ausgelegt, an denen sich andere hoffnungslos zusetzen würden. Seine interessante Aktion hilft ihm dabei, über dichte Krautfelder hinwegzugleiten.

ABU GLIMMY
Dieser ausgezeichnete Hecht- und Lachslöffel hat durch sein gekrümmtes Profil eine wellenartige Schwimmbewegung. Bei hoher Einholgeschwindigkeit steigt er schnell in Richtung Oberfläche.

ABU STOR-ÖRINGEN
Dieser Löffel ist der quicklebendige, große Bruder des Lill-Öringen, und ein sehr fängiger Lachs- und Zanderköder. Beim Einholen werden von ihm große Wassermengen bewegt.

KILTY KERRYMAN
Dieser irische Lachslöffel hat sich auch als fängiger Hechtköder erwiesen. Seine flatternde Aktion provoziert oft brutale Bisse.

ABU LILL-ÖRINGEN *(unten)*
Dieser kleine, stromlinienförmige und leichtgewichtige Löffel eignet sich gut, um seichtes Wasser abzusuchen oder um nahe an der Oberfläche zu angeln.

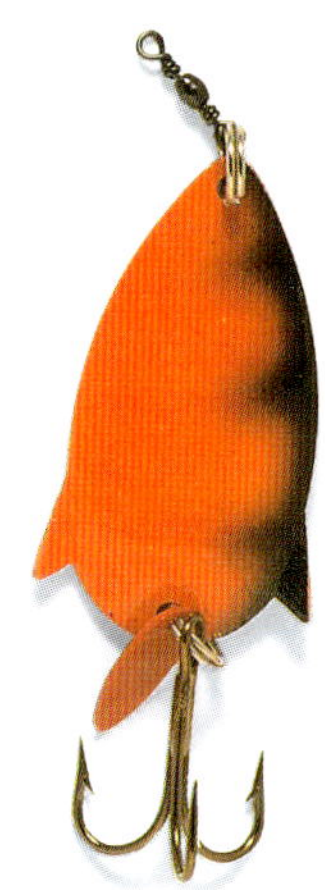

TOBY FAT
Die elliptische Form und das gekrümmte Profil dieses Löffels verursachen eine sehr lebendige, wellenartige Schwimmbewegung. Dieser Kunstköder ist gut für Weitwürfe geeignet. Die besten Ergebnisse erzielt man mit ihm, wenn man ihn langsam einholt.

Wobbler

Wobbler werden aus Materialien wie Holz, Plastik und Metall hergestellt. Sie sind derart konzipiert, daß sie beim Einholen entweder schwimmen, sinken oder abtauchen. Schwimmwobbler werden an der Oberfläche gefischt und sie sind oft mit Anhängseln wie Propellern und Gummischürzen ausgestattet, die an der Oberfläche reizvoll wirkende Verwirbelungen verursachen. Schwimmwobbler, die beim Einholen abtauchen, sind sehr vielseitig, da durch die Einholgeschwindigkeit die Abtauchtiefe bestimmt wird. Das Abtauchen wird durch die am Wobblerkopf befindliche Tauchschaufel ermöglicht. Einige Wobbler enthalten im Körper Kügelchen, die beim Einholen zu rasseln beginnen, wodurch der Wobbler Schwingungen aussendet. Sinkende Wobbler werden mit unterschiedlichen spezifischen Dichten hergestellt, um in den verschiedenen Tiefen erfolgreich fischen zu können.

Schwimmwobbler

SPUTTERBUG *(rechts)*
Dieser Kunstköder verfügt vor dem Kopf über einen großen Propeller, der beim Einholen für gurgelnde und platschende Geräusche sorgt, während die hinten befindliche Gummischürze pulsiert.

HEDDON TORPEDO *(rechts)*
Der Propeller furcht durch das Wasser, während der stumpfe Kopf für zusätzliche Schwingungen sorgt.

HULA POPPER *(oben)*
Diesem Oberflächenköder muß die gesamte Aktion mit der Rutenspitze eingeflößt werden. Mit kurzen Rucken gefischt, verursacht er an der Wasseroberfläche laute "Plop"-Geräusche, die die Fische von weitem orten können.

BILL LEWIS SLAPSTICK *(links)*
In diesem Wobbler befinden sich Hohlräume, in denen beim Einholen Kügelchen zu rasseln beginnen. Ansonsten wird er wie ein herkömmlicher Wobbler gefischt.

Abtauchende Schwimmwobbler

JOINTED BELIEVER *(rechts)*
Der zweigeteilte Körper verhilft diesem Wobbler zu einer sehr lebensechten Aktion, während die Tauchtiefe davon abhängt, an welcher der beiden Ösen er befestigt wurde.

CORADO CONQUEROR *(unten)*
Ein abtauchender Schwimmwobbler aus Polen. Je schneller er eingeholt wird, desto übertriebener werden seine wobbelnden Schwimmbewegungen. Die größten Modelle tauchen bei hoher Einholgeschwindigkeit bis zu 3,7 Meter tief.

RIVER RUNNER *(oben)*
Die Tauchschaufel dieses Wobblers läßt sich in zwei Stellungen bringen. Hiervon hängt ab, wie tief der Wobbler beim Einholen abtaucht.

STINGFISH *(links)*
Wird er nur langsam gefischt, dann arbeitet dieser bananenförmige Wobbler unmittelbar unter der Oberfläche. Schnelleres Einholen läßt ihn jedoch rasch abtauchen, wobei sehr fängige Schwingungen von ihm ausgehen.

Sinkende Wobbler

SMITHWICK DEVIL'S HORSE *(rechts)*
Dieser hölzerne Wobbler kann an der Spinnrute gefischt oder geschleppt werden. Seine Zwillingspropeller verwirbeln das Wasser recht stark und locken die Raubfische schon von weitem.

LEROY BROWN *(unten)*
Dieser sehr lebensecht aussehende Wobbler gibt intensive Schwingungen von sich, die auf Raubfische recht attraktiv wirken.

SHIMMY *(rechts)*
Dieser langsam absinkende Wobbler ist dazu gedacht, sägezahnartig bei abwechslungsreicher Einholgeschwindigkeit geführt zu werden.

CORDELL RATT'L SPOT *(oben)*
Durch die auffällige Farbgestaltung dieses Kunstköders bleibt er auch bei schwachem Licht noch gut sichtbar. Die von ihm ausgehenden Schwingungen werden durch in den Körper integrierte Kügelchen noch verstärkt.

JOINTED WIGGLER *(links)*
Dieser schwere, schnellsinkende Wobbler aus Kanada ist hervorragend zum Befischen von großen Seen und tiefen, schnellfließenden Flüssen geeignet.

Tieftauchende Wobbler

BAGLEY DIVING BANG-O-B *(rechts)*
Dieser große, robuste Wobbler aus Hartholz verfügt über eine große Tauchschaufel, durch die er Tiefen von 6 bis 9 m erreicht. Er kann sowohl im Salzwasser als auch im Süßwasser verwendet werden.

HUNTER *(unten)*
Dieser Hechtköder wurde dazu konzipiert, unmittelbar über Grund gefischt zu werden, insbesondere im Winter, wenn die Fische oft träge auf dem Gewässergrund liegen.

HEDDON MAGNUM HELLBENDER *(oben)*
Dieser klassische Kunstköder taucht beim Schleppfischen schnell bis zu 11 Meter ab. Besonders fängig ist er entlang von tiefen Scharkanten und jähen Abbrüchen.

BAGLEY DEEP DIVING 5 *(links)*
Dieser robuste Kunstköder wird aus mit Hartholz verstärktem Balsaholz hergestellt. Er ist dazu gedacht, die tieferen Abschnitte von Seen, Talsperren und großen Flüssen abzufischen.

SALZWASSER-NATURKÖDER

KUTTELFISCH

Neben ganzen Fischen und Fischstücken steht dem Meeresangler noch eine breite Palette Naturköder zur Verfügung. Insgesamt betrachtet gibt es wahrscheinlich mehr Fischarten die keine anderen Fische fressen als Raubfische, sodaß eine breite Naturköderpalette auch die Fangaussichten der Meeresangler vergrößert. Nichts reicht in punkto Fängigkeit an frische Köder heran, sodaß diese stets kühl und feucht gelagert werden müssen. Wann immer möglich, sollte man sich darum bemühen, diese Köder auf möglichst natürliche Art und Weise anzubieten.

TINTENFISCH

SEERINGELWÜRMER

Angler machen in der großen Familie der Seeringelwürmer (Nereis spp.) Unterschiede nach Größe und Farbe. Nach roten Seeringelwürmern sollte man auf Muschelbänken graben sowie in der Nähe von vereinzelt auf dem Strand liegenden Felsen und Steinen. Lose in Zeitungspapier gewickelt lassen sie sich im Kühlschrank eine Woche lagern. Die größten roten Seeringelwürmer werden ganz oder in Stücken zum Fischen auf Stachelrochen, Pollack und andere Raubfische vergleichbarer Größe verwendet. Die kleineren roten Seeringelwürmer sind beliebte Universalköder, während die winzigen Hafenseeringelwürmer, die in Mündungsschlämmen zuhause sind, von Meeräschen und Plattfischen sehr geschätzt werden. Der beliebteste Köder bei den Wettkampffischern ist der weiße Seeringelwurm, der in sauberem Sand zuhause ist.

RIESENSEERINGELWURM

SEERINGELWURM

DAS ANKÖDERN VON SEERINGELWÜRMERN

Ziehen Sie den Wurm ganz über den Hakenschenkel, ja sogar bis auf das Vorfach, sodaß nichts mehr frei überhängt. Achten Sie beim Umgang mit Seeringelwürmern auf die kräftigen Zangen am Kopf!

WATTWÜRMER

Es gibt zwei gängige Wattwurmarten (Arenicola spp.) und beide hinterlassen über ihren Behausungen kringelförmige Sandhaufen. Nach den braunen Wattwürmern sollte man etwa in Strandmitte graben. Sie lassen sich einige Tage aufbewahren, sofern sie lose in feuchtes Zeitungspapier gewickelt und kühl gehältert werden. Der größere schwarze Wattwurm lebt in den unteren Strandabschnitten. Dieser Wurm läßt sich auch gut gefroren konservieren. Viele Fischarten finden ihn unwiderstehlich.

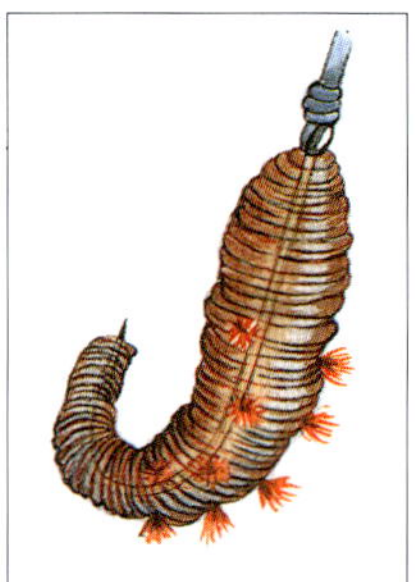

WATTWURM

DAS ANKÖDERN VON WATTWÜRMERN

Fädeln Sie hierzu den Haken durch die Körpermitte und achten Sie darauf, den Wurm hierbei nicht zu zerdrücken. Zwicken Sie ein eventuell überstehendes Ende ab, damit Kleinfische keine Gelegenheit bekommen, den Wurm vom Haken zu ziehen.

BRAUNE WATTWÜRMER

SANDAALE

SANDAALE

Die verschiedenen Arten der großen Familie der Sandaale (Ammodytidae) sind kleine, langgezogene Schwarmfische, die zum besseren Eigenschutz riesige Schwärme bilden und sich bei Gefahr in Sekundenbruchteilen im Sand vergraben können. Sie sind ein wesentlicher Bestandteil der marinen Nahrungskette - die meisten Raubfische ernähren sich von ihnen und einige, wie beispielsweise der Wolfsbarsch und auf Sandbänken lebende Steinbutte haben sich auf diese Fischlein spezialisiert. Sie werden in Gebieten mit starken Gezeitenströmungen mit Netzen gefangen oder an großen Sandstränden ausgegraben. Gehältert werden sie in gut belüfteten Eimern.

DIE DREI ARTEN, EINEN SANDAAL ANZUKÖDERN

DAS ANKÖDERN VON SANDAALEN

Am effektivsten sind lebendig angebotene Sandaale, die treibend gefischt werden. Am natürlichsten verhält sich der Sandaal, wenn er an der Lippe beködert wird, sofern die Hakenspitze noch leicht durch die Haut unter den Kiemendeckeln geführt wird. Kopf- und Schwanzbeköderung wirken weniger natürlich.

TINTENFISCH UND KUTTELFISCH

Tintenfisch und Kuttelfisch gehören zur Familie der Cephalopoden, mit Tentakeln versehene Mollusken mit kleinen, im Körper befindlichen Schalen. Es sind hochintelligente und aktive Raubtiere, die, ganz oder in Streifen geschnitten, hervorragende Köder für eine Vielzahl von Fischarten darstellen. Der einzige Vorwurf, den man ihnen machen kann, ist, daß sie nicht sehr geruchsintensiv sind. Wurden sie jedoch erst einmal von einem Fisch gefunden, werden sie gewöhnlich begierig genommen. Kleine Tintenfische sind beim Fischhändler erhältlich, größere und Kuttelfische erfragen Sie auf küstennah operierenden Fischkuttern.

KUTTELFISCH-KOPF

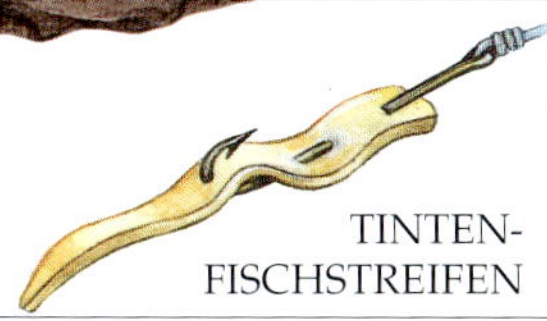

TINTENFISCHSTREIFEN

DAS ANKÖDERN VON TINTENFISCH *(links)*
Öffnen, putzen und dann die Außenhaut entfernen. Nun das Fleisch in Streifen schneiden. Führen Sie die Hakenspitze zweimal hindurch; das Fleisch ist zäh, sodaß es keineswegs stört, wenn ein wenig überhängt.

DAS ANKÖDERN VON KUTTELFISCH
Wie beim Tintenfisch. An einem großen Haken ist der Kopf ein guter Conger- und Dorschköder. Ebenso kann der ganze Körper verwendet werden, mit oder ohne Tentakel.

KRAKEN

Kraken gibt es in küstennahem Wasser weitaus häufiger, als es die meisten Angler annehmen. In einigen Gegenden werden sie auch immer wieder mit Rute und Rolle gefangen. Wie bei Tinten- und Kuttelfisch handelt es sich auch bei den Kraken um räuberisch lebende Cephalopoden, die auf sehr vergleichbare Weise als Köder verwendet werden; kleine lassen sich auch unzerteilt anbieten. Lange Streifen Krakenfleisch spielen in starker Gezeitenströmung sehr verführerisch und üben auf die Fische einen starken optischen Reiz aus. Wenn Sie mit solchen langen Streifen fischen, müssen Sie dem Fisch vor dem Anhieb genug Zeit zum Schlucken geben.

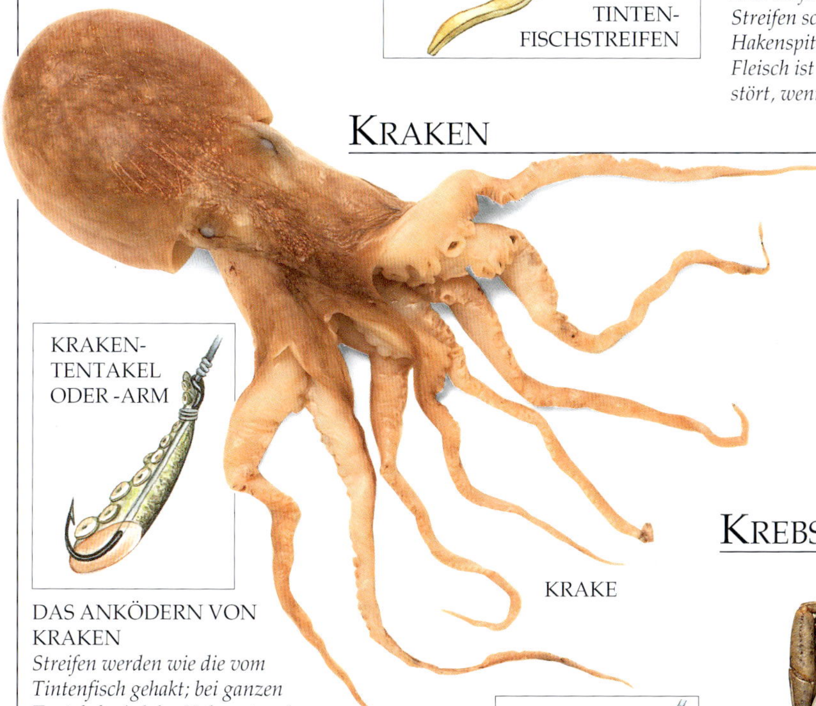

KRAKE

KRAKENTENTAKEL ODER -ARM

DAS ANKÖDERN VON KRAKEN
Streifen werden wie die vom Tintenfisch gehakt; bei ganzen Tentakel wird der Haken etwa in der Mitte eingestochen.

MEERSCHEIDE

Verschiedene Arten der Familie der Meerscheiden (Ensis spp. und Solen spp.) leben im Sand der untersten Strandabschnitte. Meerscheiden sind zum Ausgraben zu flink, sodaß sie aus ihren Löchern gespießt oder mit einer starken Salzlösung aus ihnen hervorgelockt werden müssen. Die Öffnung zu ihrer Behausung sieht wie ein Schlüsselloch aus. Viele Fische mögen diese Muscheln, unter anderem auch all diejenigen, die gewöhnlich mit Fischfetzen gefangen werden. Achten Sie beim Herauslösen aus der Schale darauf, das Fleisch nicht zu beschädigen und entfernen Sie den zähen Muschelfuß, der bei den Fischen recht unbeliebt ist.

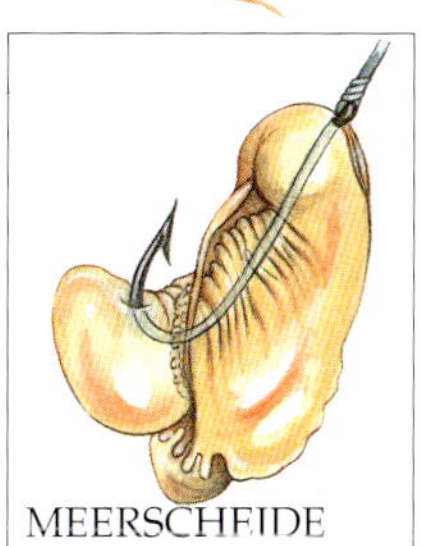

MEERSCHEIDE

DAS ANKÖDERN VON MEERSCHEIDEN
Schneiden Sie ein passendes Stück möglichst zähes Muschelfleisch zurecht und führen Sie so oft es geht die Hakenspitze hindurch.

MEERSCHEIDE

KREBSE

KREBSE

Im Laufe ihres Wachstums entledigen sich die Krebse in regelmäßigen Abständen ihres Panzers, bevor ihnen ein größerer nachwächst. Nachdem der alte Panzer abgeworfen wurde, vergrößert sich der Körper durch Aufsaugen von Wasser, bevor sich die Außenhaut nach einigen Tagen zu einem neuen Panzer erhärtet hat. Krebse, die ihren Panzer gerade abgestoßen haben, sind weich und werden als Butterkrebse bezeichnet. Butterkrebse sind für viele Fischarten hervorragende Köder.

DAS ANKÖDERN VON BUTTERKREBSEN
Entfernen Sie eventuell vorhandene Panzerreste und schneiden sie den Krebs in Hälften. Legen Sie diese um den Haken und sichern Sie sie mit Bindfaden. Der Anblick des Köders ist unwesentlich: sein Reiz liegt im Geruch.

BUTTERKREBS

SALZWASSERGRUNDFUTTER

Das Anfüttern im Salzwasser, das auch als "Chumming" bezeichnet wird, ist eine sehr wirksame Methode, um Fische in die Nähe des Köders zu locken und sie dort zu halten. Gekonntes Anfüttern kann auch dazu führen, daß sogar völlig apathische Fische nach und nach Interesse am Köder zeigen. Das Geheimnis des richtigen Anfütterns besteht darin, den äußeren Bedingungen und der Fischart entsprechende Mengen an Futter ins Wasser einzubringen, sodaß die Fische zur Nahrungsaufnahme verleitet, jedoch nicht gesättigt werden.

RUBBY DUBBY

Hierbei handelt es sich um ein überaus effektives Grundfutter, dessen Ausgangsbasis sehr fetthaltiger Fisch ist. Im Wasser bildet dieses Futter einen Ölfilm an der Oberfläche, von dem viele Partikel, Blut und Körpersäfte in die Tiefe sinken. Je schneller diese Partikel absinken, desto dreidimensionaler wirkt diese Futtermasse. Die Tiefe, in der die eigentlichen Köder angeboten werden, sollte zu dieser Sinkgeschwindigkeit passen. Für den Fang pelagischer Fische, wie es beispielsweise die Haie sind, wird das Rubby Dubby vom treibenden Boot aus verwendet, es läßt sich mit ihm jedoch auch erfolgreich vom verankerten Boot aus anfüttern. Wenn vom verankerten Boot auf grundnah lebende Fische gefischt wird, befestigen einige Angler einen mit gehackten Makrelen gefüllten Netzsack am Anker. Sie sind der festen Überzeugung, daß nun eine appetitliche Geruchsfahne unter dem Boot hindurchzieht, was aber keineswegs der Fall sein muß. Bei nachlassender Gezeitenströmung und starkem Seitenwind wird das Boot aus dem Driftwasser des Ankers gedrückt, sodaß die Fische auf der Suche nach der Quelle dieser Geruchsfahne keineswegs unter dem Boot hindurchschwimmen. Viel sinnvoller ist es, den Sack an einer kurzen Schnur am Heck zu befestigen.

RUBBY DUBBY *(oben)*
Das fängigste Rubby Dubby wird aus alten Makrelen hergestellt, unter die Kleie und Pilchardöl gemischt wird. Einige Angler zerhacken die Makrelen, wodurch jedoch lediglich einheitlich große Partikel entstehen, die sich alle im Wasser auf vergleichbare Art und Weise verteilen und letztlich nicht das volle Potential dieser Anfütterungstechnik ausschöpfen. Viel besser ist es, die Futtermasse in einem Eimer mit einem Holzpflock zu zerstoßen. So entstehen sehr unterschiedlich große Partikel, die in verschiedene Tiefen sinken, während einige von ihnen überhaupt nicht aus dem Netzsack geschwemmt werden können und so die Fische bis unmittelbar an das Boot locken.

DAS ANFÜTTERN MIT RUBBY DUBBY *(links)*
Die Mischung wird in einen Netzsack gefüllt und über die Bordwand gehängt. Der Sack sollte regelmäßig geschüttelt und neu aufgefüllt werden.

BAIT DROPPERS

Bait Droppers werden an einem Tau oder mit einer Rute und Rolle hinabgelassen. Mit ihrer Hilfe läßt sich auch mit großen Köderstücken unmittelbar auf dem Meeresgrund anfüttern. Hierdurch lassen sich Haie und andere große Räuber anlocken sowie aus ihrer Deckung heraus raubende Raubfische, wie etwa Conger, aus ihrem Unterschlupf hervorlocken. Da die Köderstücke von einer starken Gezeitenströmung zu sehr verteilt werden, ist diese Technik bei Nipptiden am erfolgreichsten.
Ein Bait Dropper besteht gewöhnlich aus einem beschwerten Plastikrohr mit einem Deckel, der sich bei Bodenkontakt öffnet. Eine kostengünstige Alternative ist eine Plastiktüte, wo in einer Ecke ein Gewicht befestigt wird. Wird die gefüllte Plastiktüte schnell hinabgelassen, hält der Wasserdruck sie nahezu geschlossen. Der Inhalt wird durch ein wenig Heben und Senken auf dem Grund freigesetzt.

DAS HINABLASSEN EINES DROPPERS *(links)*
Lassen Sie den Dropper gefühlvoll hinab, um ein vorzeitiges Öffnen des Deckels zu vermeiden.

DROPPERKÖDER *(oben)*
Wenn Sie einen Dropper verwenden, sollten Sie darauf achten, nur solche Köder zum Anfüttern zu benutzen, mit denen sich die von ihnen gewünschte Fischart auch wirklich anlocken läßt. Für Dropper geeignete Köder sind große Fisch- und Tintenfischstücke, ganze oder zerkleinerte Würmer, ganze oder zerstoßene Muscheln sowie zerstampfte Krebse.

Big Game und Anfüttern

"CHUMMING" BEIM HAIANGELN
Im Freiwasser kreuzende Haie lassen sich durch "Chumming" in die Nähe der beköderten Haken locken - hierzu werden Fisch- und Tintenfischstücke ins Wasser geworfen. Sehr fetthaltige Fische, wie Makrele und Hering, sind am effektivsten.

Das Anfüttern beim Big Game Fischen kann auf recht unterschiedliche Art und Weise stattfinden, in jedem Fall geht es jedoch darum, die Fische in die Nähe der Haken zu locken bzw. ihren Freßreiz anzustacheln. Rubby Dubby und Bait Dropper sind erfolgreiche Methoden, um Fische in Hakennähe zu locken, sofern mit Naturködern gefischt wird. Eine weitere Methode ist das "Chumming". Hierbei werden kleine Fischstücke ins Wasser geworfen. Um wirklich effektiv zu sein, muß diese Art des Anfütterns sehr regelmäßig erfolgen, sodaß letztlich eine Person ausschließlich mit dem Kleinschneiden und Auswerfen des "Chum" beschäftigt ist. Auch beim Schleppfischen gibt es Möglichkeiten, die Fische aus der Tiefe emporzulocken. Hierzu werden etwa 20 Karabinerwirbel in regelmäßigen Abständen auf mehreren Metern dicker, monofiler Schnur befestigt und in jeden Karabinerhaken eine lebende Sardine eingehängt. Diese Montage wird anschließend am Heck geschleppt, während andere lebende Sardinen lose ins Wasser geworfen werden. Beim Schleppen mit Kunstködern können Sie unter Wasser auch den Eindruck eines kleinen Schwarmes Futterfische erwecken, indem Sie mit einer Vielzahl von Kunstködern schleppen bzw. indem Sie mehrere hakenlose Teaser zum Anlocken ausbringen.

Das Anfüttern an der Küste

Felsen- und Molenangler erreichen gewöhnlich nicht die eigentlichen Jagdgründe der Fische, sie können sie jedoch bis in Wurfweite herbeilocken, indem sie mit "Shirvy" anfüttern. Wird dieser Futterteig in tiefes Wasser gehängt, wie etwa am Fuß großer Felsen, wird er mit der Gezeitenströmung nach und nach weit ins Meer hinaus geschwemmt, wodurch eine lange Geruchsfahne entsteht, die die Fische bis unmittelbar ans Ufer lockt. Meeräschen und Wolfsbarsche gehören zu den Arten, die sich leicht von Shirvy anlocken lassen, aber auch Conger lassen bei Nacht einen an der Hafenmauer hängenden Shirvysack nicht unberührt. Fische versammeln sich auch gerne in der Nähe von Fischkuttern, wo sie auf ins Wasser geschwemmte Futterpartikel warten. Gleiches gilt für die Umgebung von Restaurants und verankerten Booten, sofern von dort aus regelmäßig Abfall ins Wasser geworfen wird.

DAS ANFÜTTERN MIT SHIRVY
Beim Anfüttern mit Shirvy ist es unerläßlich, eine kontinuierliche Duftspur zu legen. Hierzu kann die Futtermasse in einen Netzsack gefüllt werden, der ins Wasser abgelassen wird, oder man wirft mit Hilfe eines Eßlöffels regelmäßig kleine Futtermengen ins Wasser. Das Shirvy bildet an der Oberfläche einen deutlichen Ölfilm, sodaß man stets genau weiß, wohin man den beköderten Haken am besten wirft.

SHIRVY
Shirvy ist ein steifer Teig aus kleingehacktem Fleisch und tierischem Fett, unter das Kleie und Fischblut geknetet werden. Ebenso können gekochte, fetthaltige Fische zerstoßen und dann mit Brot und Pilchardöl vermengt werden. Wie beim Rubby Dubby werden die unterschiedlich großen Partikel mit dem Öl und den Säften von der Gezeitenströmung weit mitgeführt.

DAS FLIEGEN-FISCHEN

Der Fang eines wildlebenden Fisches mit Hilfe einer künstlichen Fliege stellt für viele beim Angeln die Herausforderung schlechthin dar. Zwar können andere Methoden, wie etwa das Fischen mit Naturködern effektiver sein, dafür bietet das Fliegenfischen ein erlebnisreiches Fischen, das bereits über mehrere Jahrhunderte das Geschick der Angler auf die Probe gestellt hat.

Heute steht uns eine unglaublich große Auswahl an Kunstfliegen zur Verfügung; aber letztlich sind es rein praktische Gründe, die uns zum Fischen mit dem einen oder anderen Muster bewegen. Die Fliegenwahl wird hauptsächlich von den äußeren Bedingungen bestimmt, ganz egal, ob sie nun auf einen Großstreamer oder auf eine winzige Trockenfliege fällt. Die vielen neuen Materialien, die uns heute als Bindematerial zur Verfügung stehen, sorgen dafür, daß sich das Fliegenbinden schneller als je zuvor weiterentwickelt. In diesem Kapitel werden die verschiedenen Fliegengruppen vorgestellt, von der farbenprächtigsten Reizfliege bis zum detailgenauen Imitat. Es werden Streamer, Haarflügelfliegen, Nymphen, Naßfliegen und Trockenfliegen behandelt und fängige Muster abgebildet. Zu diesen Gruppen gehören auch Fliegen mit einem sehr weiten Anwendungsbereich, die sich gleichermaßen zum Fang von Salmoniden, Hechten, Schwarzbarschen und Äschen eignen. Ebenfalls werden die natürlichen Vorbilder der künstlichen Imitate vorgestellt, wie etwa die für den Fliegenfischer wichtigen Insektengruppen. Das Herstellen der eigentlichen Imitate, das Fliegenbinden, wird in seinen Grundzügen ebenso abgehandelt, wie die hierzu notwendigen Binde-Instrumente und -Materialien.

FLIEGENMUSTER
Die ersten Fliegen wurden zum Fang von Bachforellen gebunden, heute zielt diese Art der Fischerei allerdings auf eine Vielzahl von Süß- und Salzwasserfischen ab.

DIE VORLAGEN 1

Da Fliegenfischer über Imitationen zum Erfolg gelangen wollen, ist gute Kenntnis über die Nahrung der Fische überaus wichtig. Auch für die weniger begeisterten ist eine solide Grundkenntnis dieses Bereiches wesentlich, da sich hierdurch das Verhalten eines Fisches gegenüber einer künstlichen Fliege nachvollziehen läßt. Wichtig für den Fliegenfischer sind prinzipiell sieben Tiergruppen: die Maifliegen (Ephemeroptera); die Köcherfliegen (Trichoptera); die Steinfliegen (Plecoptera); die Chironomen oder Midges (Diptera); die Libellen (Odonata); Krustentiere und Futterfische sowie Landinsekten, die zufällig ins Wasser geraten.

DIE FORELLE UND IHRE NAHRUNG
Bachforellen wissen jede erdenkliche zur Verfügung stehende Nahrungsquelle zu nutzen. Versuchen Sie stets, ein Fliegenmuster zu verwenden, das die von den Forellen jeweils genommenen Insekten aufs genaueste imitiert.

MAIFLIEGEN

Zu der Gattung Ephemeroptera zählen die Fliegen, deren Flügel nach oben gerichtet sind (Up-Wing) sowie die Olives. Zusammen gehören sie zu den für den Fliegenfischer wichtigsten Insekten. Mit "Up-Wing" sind Insekten mit nach oben gerichteten Flügeln gemeint, deren Flügel in Ruhestellung wie die eines Schmetterlinges nach oben weisen. Der Lebenszyklus beginnt mit dem Ausschlüpfen der Nymphe oder Larve aus dem Ei. Nun beginnt der längste Lebensabschnitt dieser Insekten, die sich, je nach Art, von kleineren Organismen, Algen und Unrat ernähren, bis sie sich körperlich voll entwickelt haben. Sind sie schließlich erwachsen, steigen sie zur Wasseroberfläche empor, wo sie als Subimago oder Dun schlüpfen. Sie verfügen nun zwar über Flügel, sind jedoch noch nicht geschlechtsreif. Hierzu müssen sie sich erst noch einmal häuten, um sich schließlich in einen Imago oder Spinner (Bezeichnungen für das vollständig ausgebildete Insekt) zu verwandeln. Die einzige Lebensaufgabe besteht nun in der Vermehrung.

Die größten aller "Up-Wings" sind die Maifliegen. Sie gehören dem Genus Ephemera an, dessen Körperlänge bei etwa 2,5 Zentimeter liegt. Ihre kleineren Verwandten, zu denen die Medium Olive, die Blue-Winged Olive und die Iron Blue gehören, werden aufgrund ihrer längeren Saison öfter von den Fischen genommen. Einige, wie beispielsweise die Caenis sind so klein, daß ihre Imitationen auf winzige Haken der Größe 24 gebunden werden.

WEIBLICHER MAIFLIEGENSPINNER
Der Imago oder Spinner der Maifliege Ephemera danica ist ein hübsches Wesen, dessen schillernde Flügel von dunklen Blutgefäßen durchzogen sind. Nach der Befruchtung kehrt das Weibchen zur Eiablage ans Wasser zurück. Hat sie diese Lebensaufgabe vollbracht, stirbt sie und ihr Körper fällt auf die Wasseroberfläche. Begierig werden dort die Körper von den Forellen erwartet.

WEIBLICHE MAIFLIEGE IM SUBIMAGO-STADIUM
Die Subimagos oder Duns der Maifliegen schlüpfen etwa zur Mittagszeit, wo sie ein massives Steigen der Fische auslösen können.

GREENWELL'S GLORY
Diese vielleicht berühmteste "Up-Wing"-Imitation wurde erstmalig 1854 von Canon Greenwell und James Wright gebunden, um die großen Bachforellen des schottischen Flusses Tweed zum Biß zu verleiten.

BAETIS RHODANI NYMPHE
Diese Nymphe weist die typische Körperform der Familie der Baetiden auf, zu der auch die Medium Olive und die Large Dark Olive gehören. Ihre Grundfarbe ist oliv, sodaß sie vor Räubern gut getarnt ist. Aber nicht nur ihre Farbe, sondern auch ihre Gewandtheit schützt diese Tierchen vor ihren Feinden.

OLIVE NYMPH
Diese einfach gebundene Nymphe soll eine Vielzahl von "Up-Wing"-Nymphen imitieren. Der Körper ist aus hellolivem Fell, in das Fibern vom Fasanenstoß eingebunden werden. So läßt sich eine recht naturgetreue Imitation der Nymphen kurz vor ihrem Schlupf herstellen. Diese Nymphen sollten entweder treibend angeboten oder langsam eingeholt werden.

Köcherfliegen

Köcherfliegen oder Sedges trifft man an stillstehenden und fließenden Gewässern an. Zu ihrem Lebenszyklus gehört ein Larven-, Puppen- und Erwachsenenstadium. Es sind mottenartige Insekten, die zur Gattung Trichoptera gehören, was so viel wie "haarige Flügel" bedeutet; Köcherfliegen haben mit Haaren besetzte Flügel, wogegen die Flügel von Motten mit winzigen, staubartigen Schuppen überzogen sind. Der Körper der Larven ist weich und viele Arten bauen sich aus Steinchen, Sand, Kraut, ja sogar aus Schneckenhausresten ein Schutzröhrchen. Einige Köcherfliegenarten verzichten hierauf, u.a. Hydropsyche und Rhyacophila. Die Larven sind sehr aktive Kreaturen, die über ein eigens zum Schwimmen ausgebildetes behaartes Beinpaar verfügen. Steht das Verpuppen unmittelbar bevor, bauen sich auch die Arten ohne Schutzröhrchen einen Schutzpanzer, der gewöhnlich an einem großen Stein befestigt wird. Hat die Metamorphose stattgefunden, schneidet sich das voll ausgebildete Insekt mit Hilfe seiner starken Kiefer einen Weg in die Freiheit. Es steigt dann zur Oberfläche empor, wo am Thorax eine letzte Schutzhaut aufplatzt, bevor das Insekt aus dem Wasser schlüpft. Die erwachsenen Köcherfliegen besitzen zwei Flügelpaare, die in Ruhestellung entlang des Körpers liegen. Dieser Ruhestellung verdanken die Köcherfliegen ihr typisches Flügeldach.

KÖCHERFLIEGENLARVE MIT SCHUTZRÖHRCHEN

Viele Köcherfliegenarten bauen sich mit Hilfe einer stark klebrigen, vom Körper sekretierten Substanz einen solchen Schutzpanzer.

KÖCHERFLIEGENPUPPE

An dieser Imitation einer mittelgroßen Köcherfliegenpuppe wurde versucht, die natürliche Körperkrümmung und die Fühler nachzuahmen.

DIE ERWACHSENE KÖCHERFLIEGE *(Sedge)*

Die erwachsene Köcherfliege verfügt über zwei Flügelpaare und lange Fühler. Die Größe dieser Insekten reicht von 6 bis 38 Millimeter (Rote Köcherfliege oder Phryganae grandis).

Fische und Krebse

Die Nahrung der Salmoniden beschränkt sich nicht nur auf Insekten; verschiedene Futterfische stehen ebenfalls auf ihrem Speiseplan. Viele von ihnen stellen nicht nur einen nährstoffreichen Happen dar, sondern leben in dichten Schwärmen wie auf einem Präsentierteller. In stillstehenden Gewässern sind Fischarten mit silbrigen Flanken sehr wichtige Futterfische (Brassen, Rotaugen), die Forellen geradezu in einen Freßrausch versetzen können. In Flüssen sind Elritzen und weitere kleine, grundnah lebende Fischarten die bevorzugte Beute. Krebse stehen ebenfalls ganz oben auf dem Speiseplan. Am zahlreichsten ist die große Familie der Flohkrebse (Gammarus) vertreten, am Gewässergrund lebende Kreaturen, deren Länge von 6 bis 18 Millimeter reicht. Ihre Farbe reicht von blassem Oliv bis zu rostigem Braun. Bei den Imitationen sollte hierauf Rücksicht genommen werden. Des weiteren vergreifen sich die Forellen gerne an Wasserläusen (Asellus), die etwa so groß wie die Flohkrebse sind. Diese Krebsart findet man am ehesten in stillstehenden Gewässern, wo sie stellenweise in unglaublichen Mengen vorkommen können. Sie leben im Bodenunrat und ernähren sich auch von diesem.

DIE MÜHLKOPPE

Mühlkoppen sind begehrte Futterfische, denen vor allem große Bachforellen nachstellen.

DER FLOHKREBS

Die Flohkrebse (Gammarus) machen einen wesentlichen Bestandteil der Forellennahrung aus, und zwar sowohl in Fließgewässern, wie in stillstehenden Gewässern. Die Nachahmungen sollten gut beschwert werden und ihre Farbgestaltung dem natürlichen Vorbild entsprechen.

DIE WASSERLAUS

Diese unscheinbar aussehenden Kreaturen leben in vielen Flüssen und Seen in gigantischen Mengen.

DIE WASSERLAUS

Mit Feldhasenfell, braunem Rebhuhn und dunklem Truthahnstoß läßt sich eine sehr fängige Kopie binden.

DIE VORLAGEN 2

LIBELLEN

Der Sommer wäre kein echter Sommer ohne den Anblick dieser großen Raubinsekten, die in der Uferböschung herumschwirren. Aus wissenschaftlicher Sicht werden alle Libellen der Gattung Odonata zugeordnet. Unterschieden werden lediglich die Kleinlibellen (Zygopters) von den Großlibellen (Anisoptera).
Beide Unterarten leben zunächst als Nymphen im Wasser. Auch in diesem Stadium sind sie bereits sehr räuberisch veranlagt und fallen begierig über andere Kleinlebewesen her. Kleinlibellen unterscheiden sich von den Großlibellen durch ihre schlankeren Körper und durch die Tatsache, daß sie ihre Flügel entlang des Körpers zusammenfalten, während die Flügel der Großlibellen horizontal in Ruhestellung liegen. Die Nymphen und Imagines der beiden Arten werden von Fischen wie Schwarzbarsch und Forelle genommen, sodaß es sich durchaus bezahlt machen kann, gute Imitationen entlang von Krautbänken und in versunkenem Holz anzubieten.

KLEINLIBELLENNYMPHE (links)
Die Nymphe einer Kleinlibelle unterscheidet sich von der einer Großlibelle durch ihr schlankeres Erscheinungsbild und ihre drei blattartigen Kiemen am Schwanzende. Diese Nymphen gibt es in einer Vielzahl von Braun- und Olivtönen.

DIE BLAUE KLEINLIBELLE (unten)
Die blaue Kleinlibelle bietet in der Umgebung von Seen ein gängiger Anblick. Zum Schlüpfen krabbeln die Nymphen aus dem Wasser, ihre Haut platzt entlang des Rückens auf und das fertig ausgebildete Insekt tritt hervor.

KLEINLIBELLE
Im Sommer kann die Imitation einer Kleinlibelle immer dann recht fängig sein, wenn Forellen und Schwarzbarsche nach diesen Insekten springen.

STEINFLIEGEN

Steinfliegen, die zu den Insekten der Gattung Plecoptera gehören, leben in Flüssen mit einem Bett aus Stein und Kies. In diesen Gewässern stellen sie, insbesondere in ihrem Nymphenstadium, einen wichtigen Bestandteil der Fischnahrung dar. Die meisten Arten sind dunkelbraun oder schwarz, einige jedoch viel heller, wie beispielsweise die Yellow Sally. Die harten, glänzenden und auffällig durch Blutgefäße gezeichneten Flügel finden entlang der Rückenoberseite ihre Ruhestellung. Im Nymphenstadium sind Steinfliegen sehr aktive Kreaturen, die eifrig auf dem Unterwassergestein herumkrabbeln. Beim Schlupf klettert die Steinfliege meist auf einen Uferstein, wo ihre Haut entlang vom Rücken aufplatzt und bald das fertig ausgebildete Insekt zum Vorschein kommt. Auch wenn die zur Eiablage ans Wasser zurückkehrenden Weibchen begierig von den Forellen genommen werden, ist für den Fliegenfischer die Steinfliege in ihrem Nymphenstadium von größerer Bedeutung. Eine ausreichend beschwerte Steinfliegennymphe, die unmittelbar über dem Grund treibend angeboten wird, kann sich vor allem bei hohem Wasserstand als überaus fängig erweisen.

STEINFLIEGENNYMPHE
Die Steinfliegennymphen unterscheiden sich von "Up-Wing"-Insekten dadurch, daß sie zwei statt drei Verlängerungen am Schwanz besitzen.

DIE KÖCHERFLIEGE ALS TROCKENFLIEGE
Wenn die weiblichen Köcherfliegen zur Eiablage ans Wasser zurückkehren, hüpfen sie auf der Wassserberfläche herum. Forellen lassen sich dann oft von Imitationen der passenden Größe zum Biß verleiten.

DIE ERWACHSENE KÖCHERFLIEGE
Die Länge der verschiedenen Steinfliegen reicht von weniger als sechs Millimeter (Nadelfliegen) bis zu über fünf Millimeter (die Pteronarcys-Arten). Auch wenn diese Insekten flugfähig sind, ziehen sie es vor, in der Deckung der Uferböschung herumzukrabbeln.

Chironomiden

Die verschiedenen Chironomidenarten oder Midges, wie sie von den Anglern gerne genannt werden, gehören zur Gattung Chironomus und sind ein wesentlicher Bestandteil der Forellennahrung in stillstehenden Gewässern. Ihr Lebenszyklus beginnt damit, daß aus dem Ei eine kleine, wurmartige Larve schlüpft, die sich schnell im Bodenschlamm vergräbt. Die Färbung der Chironomidenlarven reicht von blassem Oliv bis zum Feuerrot von Chironomus plumosus, die unter dem Namen Zuckmückenlarve bekannt ist. Ihre Farbe verdankt die Zuckmückenlarven dem Blutfarbstoff Hämoglobin, einer Substanz, die Sauerstoff an sich bindet und der Larve ein Leben in sauerstoffarmem Bodenschlamm ermöglicht. Auch das Verpuppen findet im Schlamm statt, ein Vorgang, der stellenweise schon nach 36 Stunden abgeschlossen ist. Dann steigen die Insekten als Emerger zur Oberfläche, wo sie sich in das vollständig ausgebildete Insekt verwandeln. Bei diesem Aufstieg werden sie begierig von Forellen genommen, manchmal in schier unglaublichen Mengen. Diese Insekten werden nicht nur als Emerger, sondern auch beim eigentlichen Schlüpfen an der Oberfläche genommen.

EINE ERWACHSENE CHIRONOMIDE
Im Erwachsenenstadium haben die Chironomiden schlanke Körper und ein Flügelpaar. Ihre Größe reicht von winzig kleinen Mücken bis zu über zwölf Millimeter Länge. Ihre Färbung schwankt zwischen Schwarz, Braun und sattem Grün.

MIDGE PUPA
Imitationen von Cironomidenpuppen sollten die Körpersegmente der natürlichen Vorbilder aufweisen.

CHIRONOMIDENPUPPE
Obwohl sie von unterschiedlicher Größe sein können, haben alle Chironomidenpuppen einen schlanken Hinterleib, der deutlich segmentiert ist. Die weißen Härchen sind die Atemorgane. Die gängigste Farbe dieser Puppen ist schwarz.

Landinsekten

Nicht alle von Fischen vertilgte Insekten leben im Wasser: viele von ihnen sind Landinsekten, die durch einen Unfall ins Wasser geraten. Viele, wie etwa Spinnen, Käfer, Ameisen und Blattläuse werden vom Wind ins Wasser befördert. An großen Gewässern, die oft von starkem Wind heimgesucht werden, gelangen viele Fluginsekten in das Wasser, wo sie schnell ertrinken.

Die großen, langbeinigen Schnaken sind hierfür ein gutes Beispiel. An feuchten Herbsttagen ertrinken manchmal so große Mengen dieser Insekten, daß hierdurch ein massives Steigen der Fische ausgelöst werden kann. Früher in der Saison gelangen oft Hagedornfliegen und Verwandte von ihr auf das Wasser, wo sie ein ähnliches Phänomen provozieren können. Landinsekten stellen einen bedeutenden Teil der Fischnahrung dar, insbesondere für Forellen, die in von Regenwasser gespeisten Flüssen leben. Das Wasser ist in diesem Flußtyp oft verhältnismäßig nahrungsarm. In solchen Gewässern sind die Forellen den verschiedensten Nahrungsarten gegenüber offen. Sie schnappen dort begierig nach Tausendfüßlern und Käfern sowie nach allen anderen unglücklichen Kreaturen, die von der Uferböschung ins Wasser fallen.

DIE SCHNAKE
Um fängig zu sein, muß eine Schnakenimitation ebenfalls die langen Beine des natürlichen Vorbildes aufweisen.

DIE HAGEDORNFLIEGE
Diese große, pechschwarze Fliege schwärmt im späten Frühjahr aus. Die langbeinigen Männchen schwirren in kleinen Schwärmen gerne in der Nähe von Uferböschungen.

BLACK ANT
Diese Ameisenimitation ist an schwülen Spätsommertagen, an denen sich große Schwärme fliegender Ameisen in die Lüfte begeben, ein fängiges Muster.

GUM KÄFER
Der irisierende australische Gum Käfer wird von Bach- und Regenbogenforellen begierig genommen.

Die künstliche Fliege

Die künstliche Fliege ist das Verbindungsstück zwischen dem Angler und dem Fisch. Das Binden einer solchen Fliege stellt für den Fliegenfischer eine Herausforderung dar, weil er die zart gebauten Insekten oder andere Kleinlebewesen mit einer Handvoll lebloser Materialien imitieren muß. Der Fisch wird nicht nur von der Fliege, sondern auch von der Art, wie sie angeboten wird zum Biß verleitet, einem Biß, der entweder zur Nahrungsaufnahme oder aus Aggressivität erfolgen kann. Durch dieses Spiel zwischen den Fähigkeiten des Anglers und der natürlichen Achtsamkeit der Fische erhält das Fliegenfischen seinen ganz eigenen Reiz.

ORANGE BUSTARD

GOLDEN DRAKE

DIE GESCHICHTE VOM FLIEGENFISCHEN

Auf erste Spuren des modernen Fliegenfischens stößt man 1676 in Charles Cotton's Kapitel in "The Compleat Angler". In ihm werden 65 fängige Fliegenmuster vorgestellt. Um die Jahrhundertwende erreichte die Entwicklung neuer Fliegenmuster ihren Höhepunkt.

Reizfliegen & Deceivers (originalgetreue Kopien)

Kunstfliegen lassen sich in zwei Hauptgruppen unterteilen: in Reizfliegen und in sog. Deceivers. Reizfliegen sind gewöhnlich sehr farbenfroh und auffällig. Sie sind dazu gedacht, den natürlichen Jagdtrieb im Raubfisch zu wecken; sie imitieren nichts und sollen lediglich eine Reaktion des Fisches provozieren. Orange und gelb sind für Reizfliegen beliebte Farben. Deceivers sollen dem Fisch natürliche Nahrung, wie etwa Nymphen, Krebse oder Kleinfische vortäuschen. Zu dieser Fliegengruppe gehören auch alle Trockenfliegen, Nymphen sowie einige Naßfliegenmuster. Die Farbgestaltung der Deceivers ist gewöhnlich unauffällig und den natürlichen Vorbildern nachempfunden.

REIZFLIEGE

DECEIVER

Fliegenarten

NASSFLIEGE MIT FLÜGEL

TROCKENFLIEGE MIT FLÜGEL

NYMPHE

HAARFLÜGELFLIEGE

Naßfliegen

Naßfliegen erzielen an einer Vielzahl von Gewässertypen gute Ergebnisse, an Bächen und Flüssen ebenso wie an großflächigen, dem Wind ausgesetzten Seen. Eines haben jedoch alle gemeinsam: sie werden unter der Wasseroberfläche angeboten. Einige Naßfliegen sind sehr unauffällig gefärbte Imitationen, während andere farbenfroher gestaltet sind und eher als Reizfliegen arbeiten. Zu den Naßfliegen gehören einfache Spinnenimitationen mit nur wenigen Hechelwicklungen an der Öse und viel kompliziertere Muster mit Körper- und Kehlhecheln sowie Flügeln. Viele der Naßfliegen mit Flügeln, die zum Bootsfischen an Seen verwendet werden, gehören zu diesem letzteren Typ.
Ein weiterer Naßfliegentyp sind die Palmer. Der gedubbte Körper wird seiner ganzen Länge nach von einer Hechel umwickelt.

Trockenfliegen

Trockenfliegen sind dazu gedacht, auf der Wasseroberfläche zu schwimmen. Um sie am Sinken zu hindern, werden um den Haken Federn gebunden, deren abstehende Fibern (Hecheln) die Fliege durch die Oberflächenspannung des Wassers am Schwimmen halten. Die Hecheln imitieren gleichzeitig die Beine und das Zappeln eines auf dem Wasser gelandeten Insektes. Die meisten Trockenfliegen sind naturgetreue Nachahmungen und viele Muster imitieren lediglich ein ganz bestimmtes Insekt; Beispiele hierfür sind die Blue Winged Olive, die Grannom und die Crane Fly. Andere wiederum, wie die Wickham's Fancy und die Adams sind vielseitiger und sollen nur nach etwas Eßbarem aussehen. Trockenfliegen sind manchmal nur gehechelt oder werden manchmal auch mit Flügeln gebunden, je nachdem, wie genau die Imitation sein soll.

Nymphen

Nymphen sind unreife Larven bestimmter Wasserinsekten, wie beispielsweise Maifliegen und Libellen. Mit Nymphen wird das Larven- und Puppenstadium der Insekten imitiert. Echte Nymphen sind recht dunkel gefärbt, sodaß die Nachahmungen ähnlich gefärbt sein sollten. Braun-, Oliv- und Grüntöne sind besonders fängig.

Emerger

Emerger werden gebunden, um jenes Stadium eines Wasserinsektes zu imitieren, an welchem es mit dem eigentlichen Schlüpfen beschäftigt ist, d.h., wenn es sich an der Oberfläche aus seiner Nymphen- oder Puppenhaut löst. Bei diesem Vorgang werden die schlüpfenden Insekten besonders leicht zur Beute hungriger Fische.

Streamer und Haarflügelfliegen

Die gewöhnlich großen Streamer und Haarflügelfliegen, die auf große, langschenklige Haken gebunden werden, stellen die Mehrzahl der Lachs- und Steelheadmuster dar. Der Unterschied zwischen Streamern und Haarflügelfliegen besteht ganz einfach darin, daß die Flügel von Streamern aus Federn, wie Marabou oder Hahnenfedern gebunden werden und die der Haarflügelfliegen aus Haaren, wie Hirsch- und Eichhörnchenhaare. Wie die Naßfliegen können auch Streamer auffällig gefärbt als Reizfliegen wirken oder als unauffällige Deceivers gefischt werden. Viele haben auch eine rein imitierende Aufgabe, wenn beispielsweise zum Fang von Hechten und Forellen bestimmte Futterfische aufs genaueste nachgebildet werden. In diesen Mustern sind oft weiße und silbrige Materialien enthalten.

Die Bestandteile einer Fliege

Der Kopf
Der Kopf wird üblicherweise ganz zum Schluß gebunden und besteht gewöhnlich aus jenen Wicklungen mit Bindeseide, die auch die Flügel, die Hechel, die Rippung und die Körpermaterialien in Position halten. Diese Wicklungen stellen gleichzeitig den Schwachpunkt der Fliege dar und so wird deutlich, warum Kopfwicklungen sorgsam ausgeführt werden müssen. Lackschichten, die entweder mit Hilfe einer Nadelspitze oder eines eigens hierzu entwickelten Instrumentes aufgetragen werden, schützen den Kopf. Wird gefärbte Bindeseide verwendet, so erzielt man mit Klarlack die besten Ergebnisse. Zwei oder drei Schichten schwarzer oder roter Lack können an Streamern oder anderen Großfliegen allerdings auch recht interessant aussehen.

Die Flügel
Sowohl an Trocken-, als auch an Naßfliegen sollen die eingebundenen Flügel oft an echte Flügel erinnern, sie können aber auch eingebunden werden, um die Fliege im Wasser lebhafter spielen zu lassen. Insbesondere ist das an jenen Naßfliegen und Streamern der Fall, die mit sehr beweglichen Flügelmaterialien, wie beispielsweise Hahnenhecheln gebunden werden. Hier soll den Fliegen "Leben" verliehen werden. Als Flügelmaterial sind viele Federn und Tierhaare geeignet, besonders beliebt sind hierzu Streifen aus den Schwungfedern von für die Jagd interessanten Vogelarten. Entenfedern sind ganz besonders nützlich. Die rauchfarbenen Farbtöne von Stock- und Krickente eignen sich hervorragend dazu, die Flügelfärbung vieler Maifliegenarten zu imitieren.

Der Schwanz
An Trockenfliegen dient der Schwanz nicht der besseren Imitation, sondern unterstützt vielmehr ihre Schwimmeigenschaften. An Naßfliegen und Streamern übernimmt der Schwanz eher dekorative als funktionale Aufgaben; seine oft auffällige Färbung soll die Fliege für die Fische interessanter gestalten. Fibern von Hahnenhecheln werden oft zum Binden imitierender Schwänze verwendet, während sich mit Wolle, fluoreszierender Rohseide, Haar, Goldfasan-Toppings und -Tippets auffälligere Schwänze binden lassen. Überaus bewegliche Materialien werden ebenfalls sehr gerne verwendet; in einer Vielzahl von Farben gefärbtes Marabou kann Großnymphen und Bleikopffliegen zu einem herrlichen Schwimmverhalten verhelfen.

Die Haken
Fliegenhaken reichen von winzig kleinen Midgehaken bis zu riesigen, langschenkligen Mustern, die, je nach Verwendungszweck, mit einer, zwei oder drei Spitzen versehen sind. Weltweit sind Einfachhaken die mit Abstand beliebtesten Fliegenhaken.

Die Hechel
Die Hecheln sind in ihren verschiedenen Formen das auffälligste Merkmal der meisten Fliegenmuster. Auch wenn sich hierzu eine Vielzahl von Federn eignen, werden über 90% der Hecheln aus den Nackenfedern oder "Bälgen" von Zuchtgeflügel hergestellt. Die Farbenvielfalt und die unterschiedlichen Steifheitsgrade, die das Gefieder von Hähnen und Hühnern liefert, haben die Geschichte der Naß- und Trockenfliegen von Anfang an begleitet. Zur Herstellung von Trockenfliegen werden die steiferen Hechelfibern vom Hahn wegen ihrer wasserabweisenden Eigenschaft bevorzugt. Demgegenüber werden die weicheren Hühnerhecheln zum Binden von Streamern und Naßfliegen vorgezogen, da es hier in erster Linie um gute Sinkeigenschaften geht. Weiche Hecheln arbeiten im Wasser auch besser und täuschen somit leichter ein Lebewesen vor.
Wo eher Geschmeidigkeit und Beweglichkeit als Schwimmfähigkeit erforderlich sind, können auch andere Federsorten verwendet werden. Federn vom Moorhuhn, von der Schnepfe, vom Rebhuhn und von der Stockente sind sehr fängige Beispiele. Ihre Färbung imitiert auf herrliche Art und Weise diejenige vieler natürlicher Puppen und Nymphen.

Der Körper
Der Fliegenkörper verdeckt den Hakenschenkel. Für ihn kommen viele Bindematerialien in Frage, dunkle Tierhaare ebenso wie glänzendes, dünnes Metallband. An imitierenden Fliegenmustern, sorgen Tierhaare (oder künstlich hergestelltes Ersatzmaterial) für einen herrlich zottigen Eindruck. Einen weicheren Eindruck erzielt man mit Rohseide (Floss), flachem Tinsel oder Lurex. Mylar-Röhrchen eignen sich aufgrund ihres schuppenartigen Erscheinungsbildes hervorragend als Körpermaterial kleiner Fischimitationen. Ganz interessant sehen auch aus Federfibern gebundene Körper aus: Gans, Truthahn und die Stoßfedern männlicher Jagdfasane sind hierfür gute Beispiele.

Abstehende Körper
Die abstehenden Körper sind die einzigen Körper, die nicht um den Haken gebunden werden: sie werden aus Plastik, Rehhaar oder Federn angefertigt und lediglich an einem Ende am Haken befestigt, sodaß sie über dessen Krümmung hinausragen. Der Vorteil dieser Körper liegt in ihrer Leichtigkeit und in der Tatsache, daß sie an viel kleineren Haken gefischt werden können.

Die Rippung
Die Rippung übernimmt dreierlei Funktionen. Zum einen imitiert sie die Körpersegmentierung kleiner Krebse und Insekten. Darüber hinaus sorgt sie, sofern sie aus glänzenden Materialien, wie Tinsel oder Lurex gebunden wird, für zusätzliche Lichtreflektierungen an der Fliege. Ganz gut lassen sich so auch jene Gasblasen nachahmen, die unter der Haut eines aufsteigenden Insektes stecken. Zu guter Letzt sorgt ein robustes Rippungsmaterial (etwa Metalldraht) für die Langlebigkeit der Fliege, da es dem Körpermaterial Halt gibt und es vor den Zähnen zupackender Raubfische schützt. Ursprünglich wurde zum Rippen ausschließlich Metalldraht verwendet. Auch heute ist dieses Rippungsmaterial noch beliebt, das es mittlerweile jedoch in vielen Farben gibt. Zum Binden von Trockenfliegen ist es allerdings von Nachteil, denn hierzu sind leichtere Materialien geeigneter. Monofiles Nylon ist eine sehr robuste Alternative, während das etwas empfindlichere Lurex am Körper von Emergermustern sehr fängig ist. Gefärbte, aber dennoch durchsichtige Plastikstränge sorgen an Nymphen- und Puppenimitationen für eine sehr lebensecht wirkende Körpersegmentierung.

DIE BINDEAUSRÜSTUNG

Bevor Sie mit dem Binden Ihrer eigenen Fliegen beginnen können, müssen Sie sich die hierzu notwendige Grundausrüstung zulegen. Für den Anfang reichen ein Bindestock, eine Schere, eine Hechelklemme und ein Spulenhalter (Bobbin) aus, alle weiteren Werkzeuge können mit zunehmender Erfahrung dazugekauft werden. Viel schwieriger stellt sich bei dem riesigen Angebot an Federn und Tierhaaren die Auswahl der Bindematerialien dar. Die beste Lösung hierzu besteht darin, drei oder vier der eigenen Lieblingsmuster unter die Lupe zu nehmen und diese Materialien als Einkaufsliste zu benutzen.

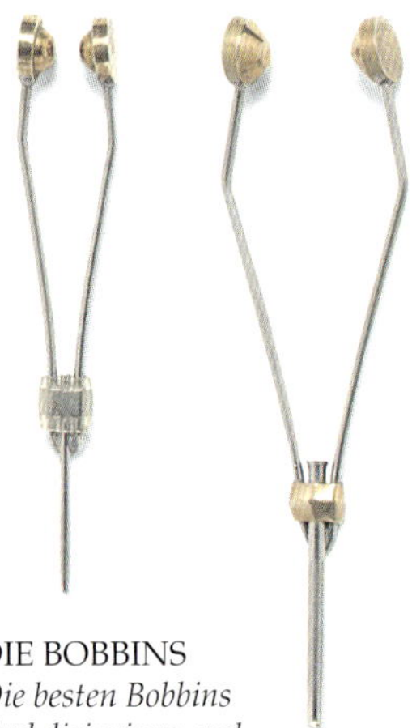

DIE BOBBINS
Die besten Bobbins sind diejenigen, welche die Schnurspule mit zwei Federarmen halten. Der Faden wird durch ein Röhrchen geführt.

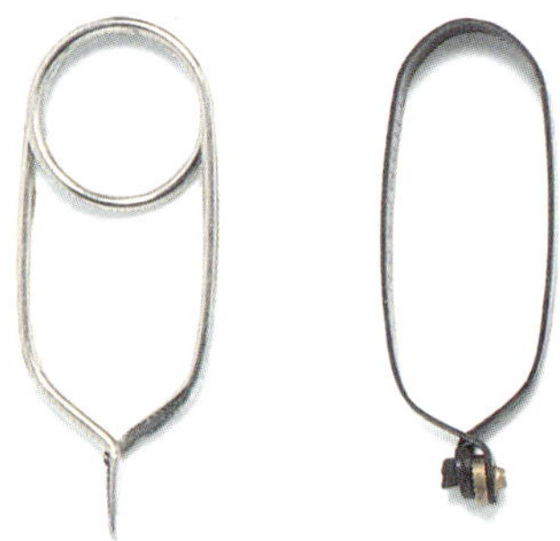

DIE HECHELKLEMMEN
Hechelklemmen werden zum Wickeln von Hecheln, Chenille und anderen Materialien verwendet. Die einfachsten und besten bestehen aus nur einem unter Spannung stehenden Metallstück, dessen Klemmbacken zur Schonung der Hecheln entweder aus abgeflachtem Metall oder mit Gummi überzogen sind.

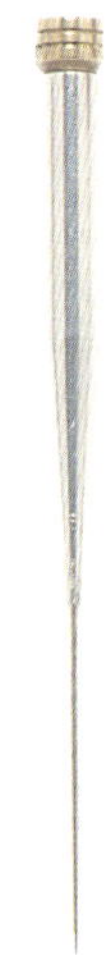

DIE DUBBINGNADEL
Eine dünne, spitze Nadel hat viele Verwendungszwecke. Sie kann zum Teilen von Federfahnen oder zum Herauszupfen von gedubbtem Körpermaterial verwendet werden. Im Handel sind hierzu spezielle Dubbingnadeln erhältlich, eine große Nähnadel verrichtet jedoch dieselben Dienste.

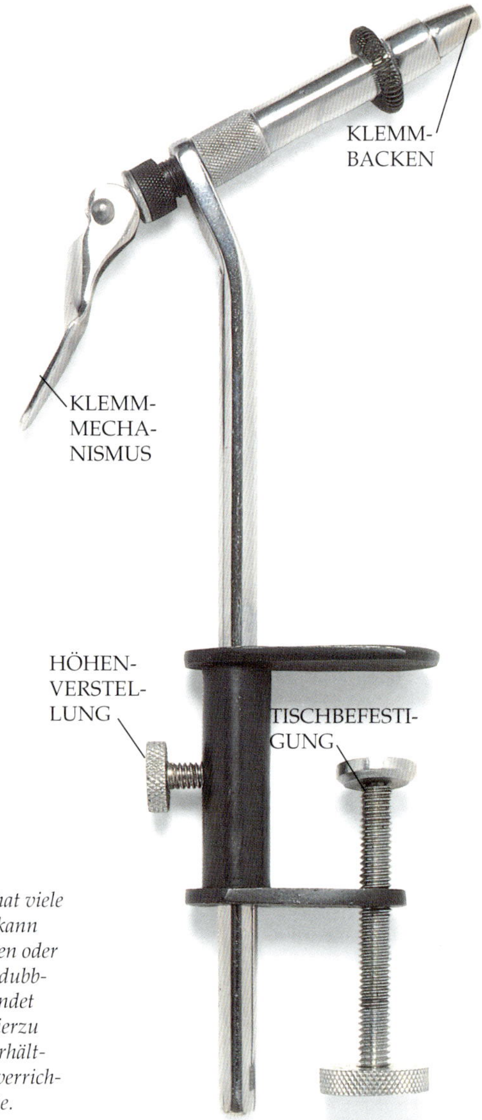

DER BINDESTOCK
Von allen zum Fliegenbinden notwendigen Werkzeugen ist der Bindestock sicherlich das wichtigste. Seine Aufgabe besteht darin, den Haken während des gesamten Bindevorganges festzuhalten. Hierzu wird der Haken zwischen zwei Metallbacken geklemmt, die sich an eine Vielzahl unterschiedlicher Hakengrößen anpassen lassen. Im Handel sind verschiedene Bindestocktypen erhältlich. An einigen klemmt eine Schraubvorrichtung die Backen zusammen, andere wiederum sind federgelagert oder, wie der hier abgebildete, mit einer Hebelklammer versehen. Welchen dieser Bindestocktypen man nun wählt, ist recht unerheblich. Wichtig ist einzig und allein, daß der Haken sicher und bewegungslos gehalten wird.

DIE SCHERE
Eine spitze Schere, deren Klingen entweder gerade oder gekrümmt sind, ist für den Fliegenbinder ein sehr wichtiges Instrument. Der hintere Klingenabschnitt wird zum Durchtrennen fester Materialien verwendet, damit die Spitze zum Zurechtstutzen der Fliegen scharf genug bleibt.

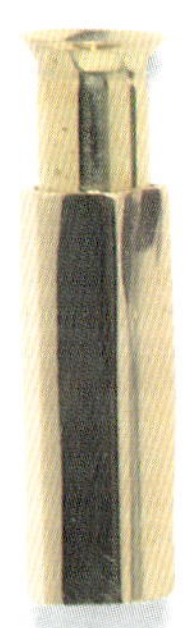

DER HAAR-AUFSTOSSER
Eine Haarflügelfliege so sauber zu binden, daß sich alle Haarspitzen auf einer Höhe befinden, ist nicht einfach. Mit einem Haaraufstoßer lassen sich die Haare problemlos auf dieselbe Höhe bringen.

DER WHIP FINISHER
Dieses Instrument ist sehr praktisch, sofern Ihnen das Binden des Kopfknotens schwer fällt, bzw., wenn die Bindematerialien bis unmittelbar an die Hakenöse reichen. An diesen Standardinstrumenten wird eine Schlaufe aus Bindeseide über die beiden Drahtarme gelegt.

DER EINFÄDLER
Dieses einfache Hilfsinstrument hilft dabei, die Bindeseide durch das dünne Bobbinröhrchen zu fädeln.

DER DUBBING TWISTER
Schlaufenbildung im Dubbing kann manchmal recht interessant wirken. An diesem Instrument halten zwei Drahtarme die Schlaufe offen, während Ihnen sein Gewicht dabei hilft, den Faden zu verzwirbeln.

GOLD-
FASAN-
TIPPETS

SCHWANZ-
FEDER EINES
WEIBLICHEN
FASANS

SEGMENT
EINER
MÄNNLICHEN
JAGDFASAN-
STOSSFEDER

FASANENFEDERN

Zum Fliegenbinden werden die Federn vieler Fasanenarten verwendet, insbesondere die Stoßfedern der männlichen und weiblichen Jagdfasane. Die farbenfrohsten Fasanenfedern werden zum Binden von Lachsfliegen verwendet.

HENNENBALG

HAH-
NEN-
BALG

BÄLGE

Hecheln aus Hühner- und Hahnenbälgen sind ein sehr wichtiges Bindematerial. Die weichen Hennenhecheln eignen sich besonders zum Binden von Naßfliegen, wogegen die mehr wasserabweisenden Hahnenhecheln an Trockenfliegen ihren Platz haben.

KRICK-
ENTEN-
FLÜGEL

KRICK-
ENTENFLÜGEL

Die Hauptfedern von einigen Entenarten, also auch Krickenten, bieten blaßgraue dunkle Federn, die sich als Flügel für viele natürlich wirkende Up-wing-Muster eignen.

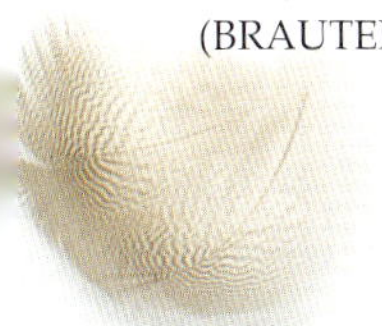

WOOD DUCK
(BRAUTENTE)

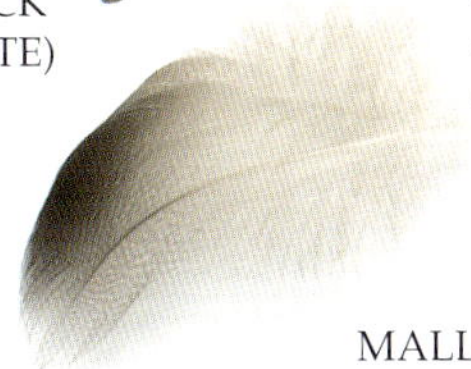

MALLARD
(STOCKENTE)

ENTENFEDERN

Zu den unter den Fliegenbindern beliebtesten Entenfedern gehören die bronzefarbenen und grau gesprenkelten Stockentenfedern sowie die schwarz und weiß quergestreiften Federn der Krick- und Spießente. Die unregelmäßig gestreiften, zitronenfarbenen Federn der amerikanischen Wood Duck finden ebenfalls Verwendung.

NATURFARBENES SQUIRREL (EICHHÖRNCHEN)

GEFÄRBTES
SQUIRREL (EICH-
HÖRNCHEN)

EICHHÖRNCHEN-
SCHWANZ

Zwar können die grauen, weißen und schwarzen Schwanzhaare des Grauhörnchens in ihrer natürlichen Färbung verwendet werden. Bleicht und färbt man sie jedoch ein, erhöht sich die Vielseitigkeit dieses Bindematerials ungemein.

MARABOU

MARABOU

Dieses Material wurde ursprünglich aus dem Federkleid des Maraboustorches gewonnen, heute stammt es jedoch aus dem Gefieder weißer Zuchttruthähne.

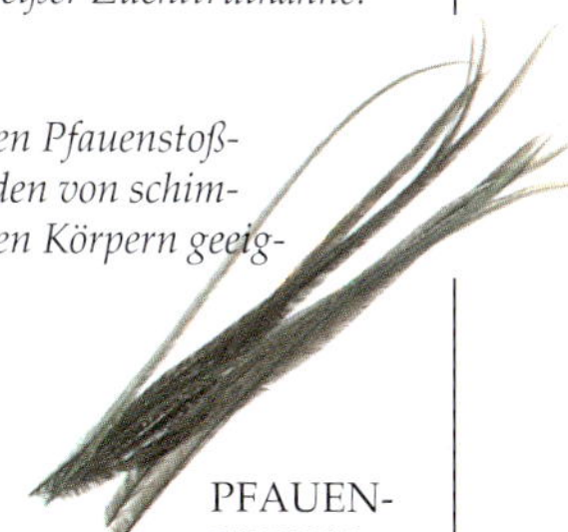

PFAUEN-
FIBERN

PFAUENFIBERN

Die Fibern der männlichen Pfauenstoßfedern sind gut zum Binden von schimmernden und voluminösen Körpern geeignet.

BINDESEIDE

Bindeseide bestand ursprünglich aus echter Seide. Heutzutage wird sie fast ausschließlich durch robustere und verrottungsfreie Kunstfibern, wie etwa Nylon ersetzt. Bindeseide ist in vielen Farben erhältlich, entweder vor- oder ungewachst.

RAYON FLOSS

Wie die Bindeseide wurde auch das Floss ursprünglich aus Seide hergestellt. Heutzutage läßt sich aus Fibern wie Rayon ein mehrfaseriges, verrottungsfreies Floss herstellen, das sich beim Binden gut abflacht, wodurch sich hübsche Körper anfertigen lassen.

TINSEL

Tinsel bringt ein wenig Glitzer in die Fliege und schützt gleichzeitig empfindliche Körpermaterialien.

WOLLE

Echte oder künstlich gefertigte Wolle wird zum Binden von Schwänzen verwendet oder zum Herstellen von Körpern.

LACK

Mit Lack werden die Bindeseidewicklungen an der Hakenöse geschützt. Zelluloselacke können hierzu verwendet werden. Um allerdings Materialien zu fixieren, sind Lacke auf einer Vinylbasis viel besser geeignet.

MYLAR TUBING

Dieses schimmernde, metallisch aussehende Material eignet sich hervorragend dazu, das Schuppenkleid von Futterfischen zu imitieren.

POLYPROPYLENE FLOSS

Dieses leichte, wasserabweisende Material ist hervorragend zum Binden der Körper und Flügel von Trockenfliegen geeignet, die "Spents" (sterbende Eintagsfliegen) imitieren sollen.

Die Grundzüge vom Fliegenbinden 1

Das Fliegenbinden erlaubt dem einzelnen Angler, sich die Fliegen nach eigenen Erfahrungen selbst zu entwerfen oder Muster durch kleine Abänderungen fängiger zu gestalten. Für die Entomologen unter den Anglern handelt es sich um eine unerläßliche Kunst: erst wird beobachtet, wonach genau die Fische steigen und dann eine entsprechende Fliege gebunden. Einen gezielt angeworfenen Fisch mit einer solchen Fliege zu binden, bedeutet für den Angler eine besondere innere Befriedigung.

DAS FLIEGENBINDEN
Die Freuden am Fliegenfischen steigen um ein vielfaches, wenn selbstgebundene Fliegen verwendet werden.

Ausgangswicklung & Kopfknoten

Es ist zwecklos, eine Fliege binden zu wollen, wenn man noch nicht einmal weiß, wie man mit der Bindeseide die Ausgangswicklung herstellt. Ebenso wichtig ist es, den Abschlußknoten richtig auszuführen: ohne diesen Knoten zerfällt die Fliege beim Fischen in ihre Bestandteile. Die richtige Ausgangswicklung ermöglicht auch das Herstellen einer sauberen Grundwicklung, auf die die restlichen Materialien gebunden werden. Sauberes und genaues Arbeiten sind das Geheimnis einer schmucken und robusten Fliege. Der Kopfknoten (Whip Finish) ist der sicherste Abschlußknoten beim Fliegenbinden. Hierzu wird eine Schlaufe aus Bindeseide mehrfach über sich selbst gelegt, bevor das lose Ende unter einige Wicklungen eingebettet wird. Eine derartig beendete Fliege verträgt einiges an Belastung.

Die Ausgangswicklung

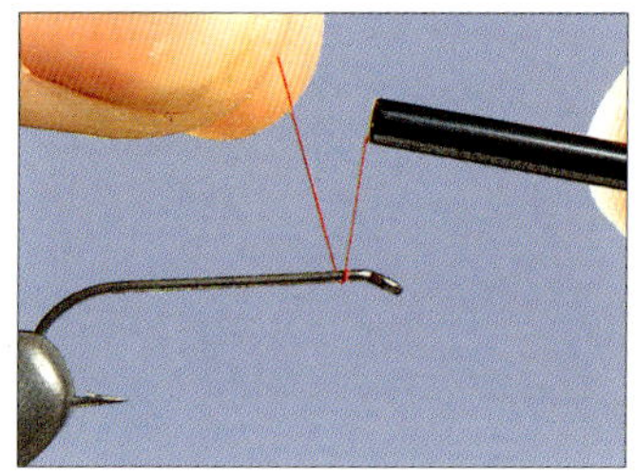

1 Klemmen Sie den Haken gut im Bindestock fest. Bilden Sie als nächstes mit der Bindeseide am Hakenschenkel ein nach oben gerichtetes "V".

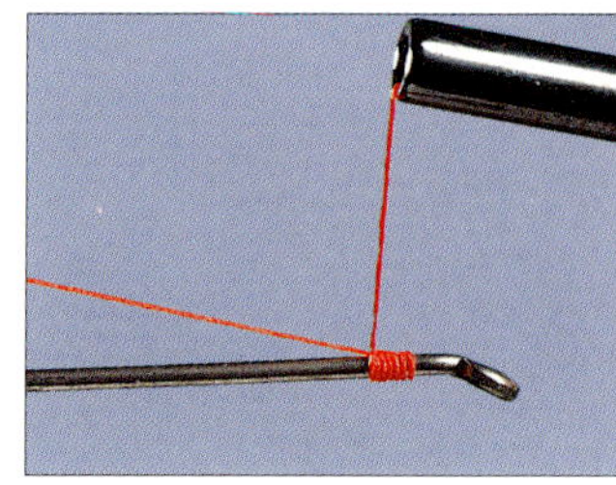

2 Halten Sie das lose Ende der Bindeseide straff und umwickeln Sie es mit dem Bobbin, bis es gut festsitzt.

Das Binden des Kopfknotens mit der Hand

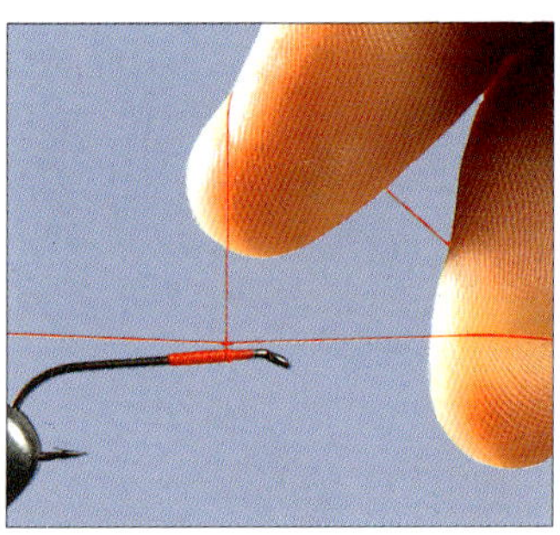

1 Ist die Fliege beendet, dann bilden Sie über den ersten beiden Fingern Ihrer rechten Hand eine Schlaufe, die nach einer "4" aussieht.

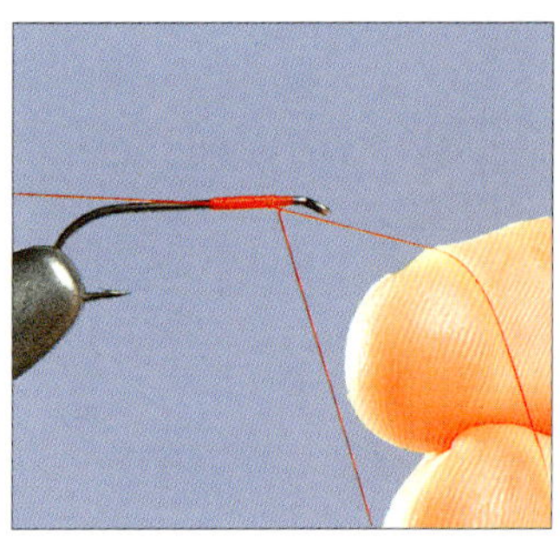

2 Führen Sie nun die Finger um den Schenkel bis unter den Haken. Hierbei legt sich der vertikale Schlaufenabschnitt um das lose Ende.

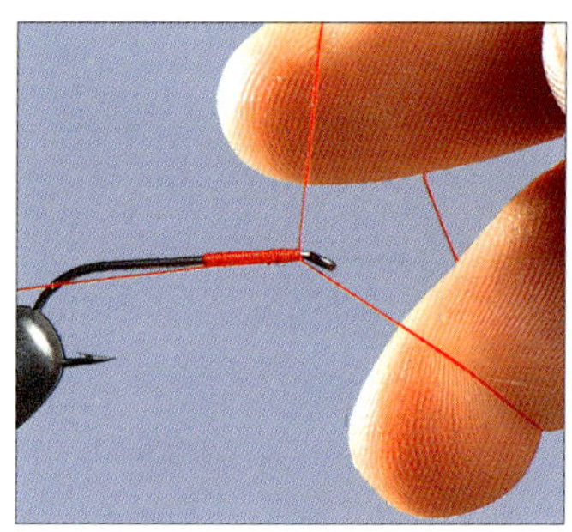

3 Wiederholen Sie diesen Vorgang vier- oder fünfmal und vergewissern Sie sich dabei, daß die Schlaufe sauber über das lose Ende gelegt wird, das in Richtung Hakenende weist.

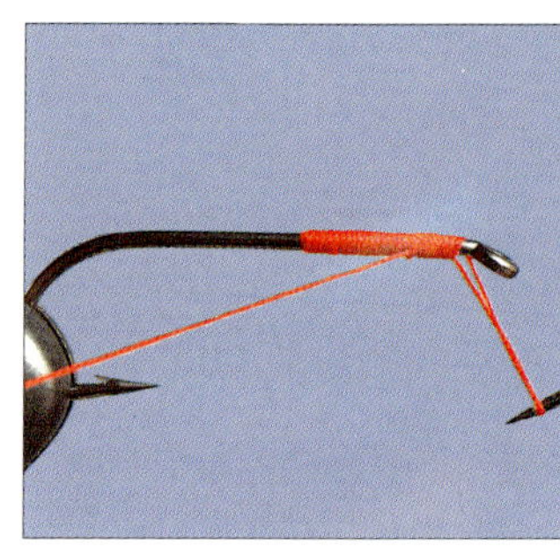

4 Lassen Sie den Faden von den Fingern rutschen und ziehen Sie die Schlaufe fest, wobei Sie mit einer Dubbingnadel die Spannung erhalten.

Der Kopfknoten mit Hilfe eines "Whip Finishers"

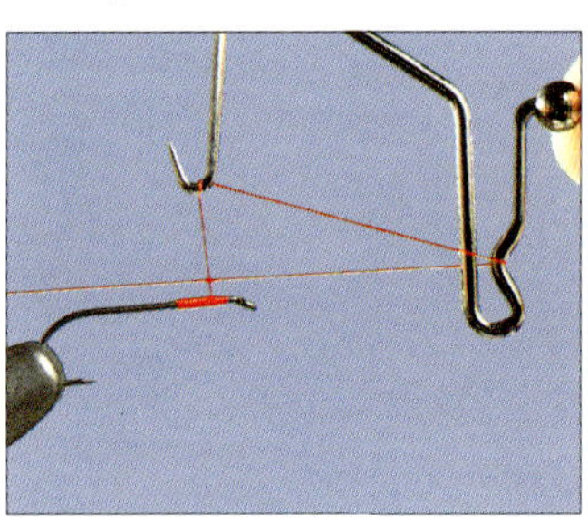

1 Legen Sie um die beiden Arme des Whip Finishers eine Schlaufe. Führen Sie dann den Faden nach hinten, sodaß sich eine "4" bildet.

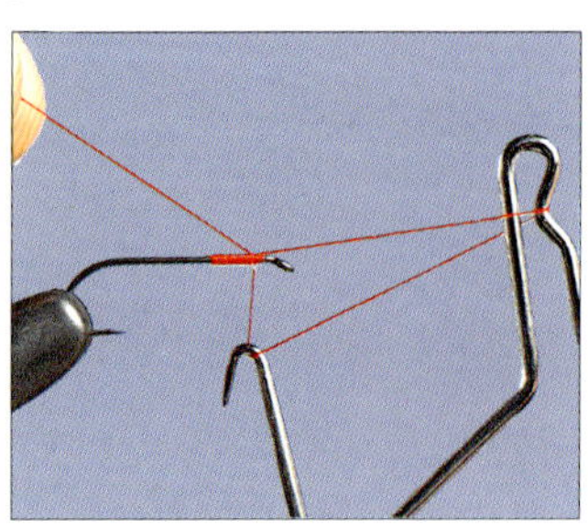

2 Drehen Sie das Instrument so, daß es unter den Haken kippt und dabei das lose Ende einklemmt. Diese Bewegung stellt die erste Wicklung dar.

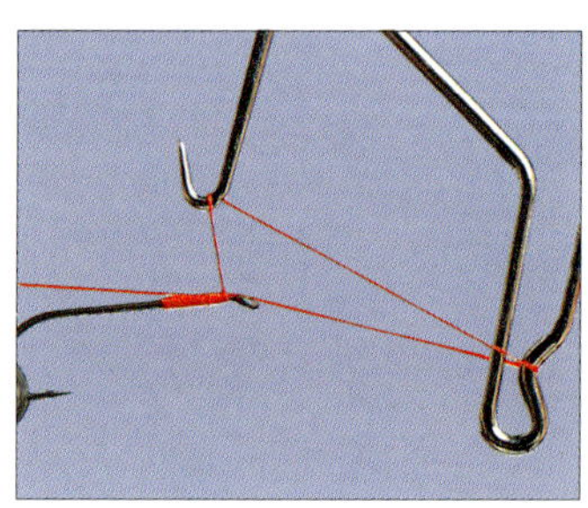

3 Wiederholen Sie diesen Vorgang vier- oder fünfmal. Wenn Ihnen die Anzahl an Wicklungen reicht, lassen Sie den Faden von dem längeren Arm rutschen.

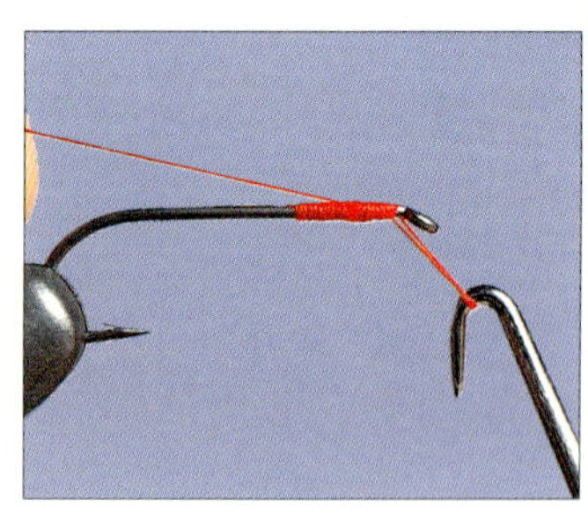

4 Erhalten Sie die Spannung, indem Sie die Schlaufe mit dem Hakenende halten. Ziehen Sie die Schlaufe durch gleichmäßigen Zug am losen Ende zu.

Schwanz

Der Schwanz kann dazu dienen, ein Insekt zu imitieren, einer Fliege Bewegung zu verleihen oder sie mit einem Farbtupfer auszustatten. Die hierzu verwendeten Materialien reichen von Hahnenhechelfibern bis zu fluoreszierendem Floss und in traditionelle Naßfliegen werden die schwarz-goldenen Fibern der Goldfasantippets eingebunden.

Das Einbinden vom Schwanz

1 Stellen Sie die Grundwicklung bis auf die Höhe des Widerhakens her. Wählen Sie eine deutlich gezeichnete Goldfasantippetfeder aus.

2 Ziehen Sie fünf oder sechs Fibern von der Feder ab. Legen Sie das Bündel derart auf den Haken, daß es über die Hakenkrümmung hinausragt.

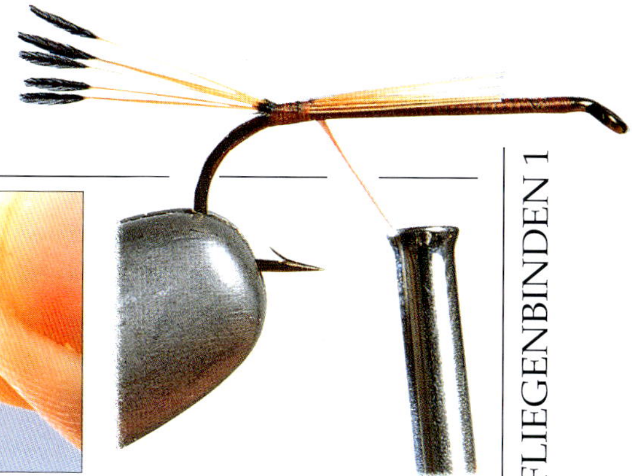

3 Klemmen Sie den Schwanz mit einigen Bindeseidewicklungen fest und vergewissern Sie sich hierbei, daß er nicht verkantet. Der Schwanz sollte etwa halb so lang wie der Haken selbst sein.

Körper

Körper gibt es in vielen Formen und Größen, in schlanken Tinselausführungen ebenso wie als buschige Dubbingkörper. In den meisten Fliegenmustern besteht die Hauptaufgabe des Körpers darin, der Fliege Substanz zu verleihen. Die meisten Fliegenkörper, außer den abstehenden und den Mylarkörpern, werden um den Hakenschenkel gewickelt. Achten Sie darauf, daß die einzelnen Wicklungen möglichst dicht aneinanderliegen.

Das Binden eines Tinselkörpers

1 Vergewissern Sie sich, daß eine gleichmäßige Grundwicklung zur Verfügung steht und klemmen dann das Ende des aufgerauhten Tinselfadens unter eine Wicklung mit Bindeseide.

2 Bringen Sie den Bobbin nun unter der Öse in Stellung. Legen Sie jetzt das Tinsel in engen und straffen Wicklungen um den Hakenschenkel.

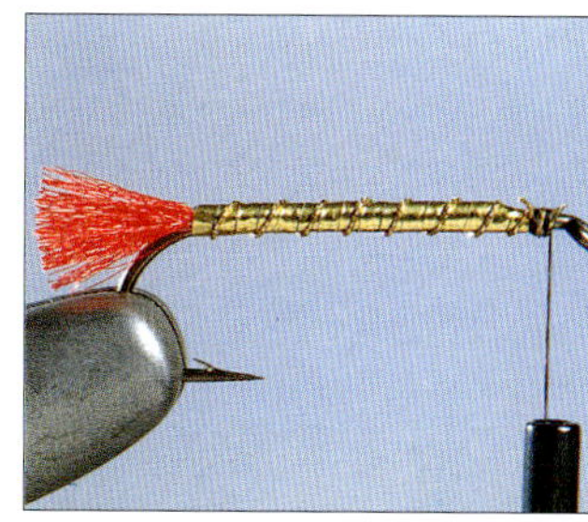

3 Sichern Sie das lose Ende mit einigen Bindeseidewicklungen; schneiden Sie überstehendes Tinsel ab. Rippen Sie den Körper spiralförmig.

Das "Dubben" eines Körpers

1 Nachdem das Rippungsmaterial befestigt wurde, legt man ein wenig Dubbingmaterial auf die vorgewachste Bindeseide. Vergewissern Sie sich, daß es gleichmäßig auf dem Faden verteilt ist.

2 Zwirbeln Sie das Dubbing gefühlvoll zwischen Zeigefinger und Daumen zu einem gleichmäßigen Strang. Legen Sie diesen in engen Wicklungen um den Hakenschenkel.

3 Beenden Sie den Körper erst unmittelbar vor der Hakenöse. Rippen Sie ihn nun und zupfen Sie einige Dubbinghaare heraus.

Rippung

Die Rippung gibt der Fliege ein wenig Glanz und verstärkt den Körper. Eine perfekte Rippung bildet eine offene Spirale mit gleichmäßigen Abständen, die über die ganze Körperlänge verläuft. Gefärbte Drähte und Tinsel sind die traditionellen Rippungsmaterialien. Allerdings ist auch monofiles Nylon geradezu ideal zum Rippen von Trockenfliegen geeignet. Mit Lurex und Crystal Hair lassen sich herrlich irisierende Rippungseffekte erzielen.

Das Binden der Rippung

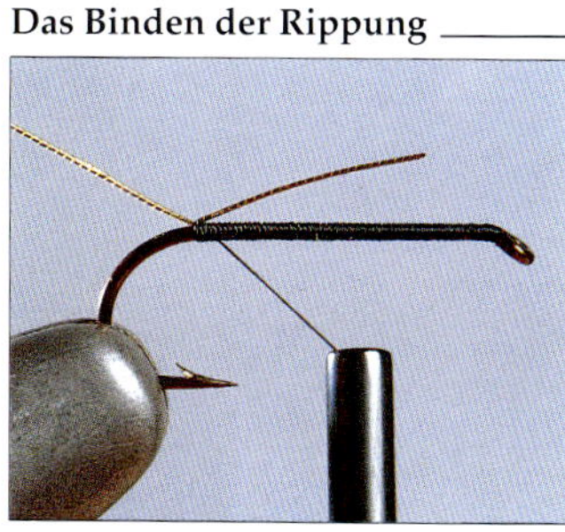

1 Bringen Sie die Bindeseide bis auf Höhe des Widerhakens. Klemmen Sie dort mit einigen Wicklungen das Rippungsmaterial fest.

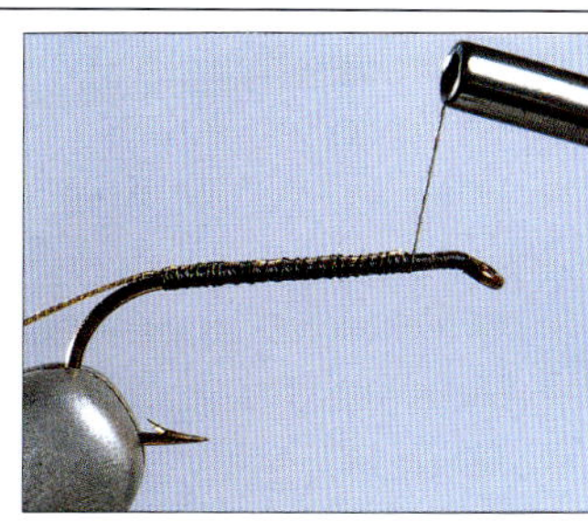

2 Binden Sie das Ende des Rippungsmateriales entlang des Hakenschenkels, um einen gleichmäßigen Unterkörper herzustellen.

3 Fügen Sie das Körpermaterial hinzu. Wickeln Sie nun das Rippungsmaterial straff mit Abständen auf der gesamten Körperlänge um den Körper.

DIE GRUNDZÜGE VOM FLIEGENBINDEN 2

HECHELN

Die genaue Funktion der Hechel hängt von dem Fliegenmuster ab, in die sie eingebunden werden soll. An Naßfliegen, Nymphen, Streamern, ja letztlich an allen unter der Oberfläche gefischten Fliegen stellt die Hechel die Beine einer Nymphe oder die winzigen Flossen eines Futterfisches dar. An Trockenfliegen und Emergern braucht man die Hecheln nicht nur, um die Beine zu imitieren, sondern auch, um die Fliege schwimmfähig zu machen. Mit einer Palmerhechel versehene Fliegen sind nicht nur am Kopf, sondern auf ihrer ganzen Körperlänge mit einer Hechel ausgestattet. Die Vielzahl der einzelnen, im Wasser schwingenden Hecheln sorgt bei Naßfliegen für eine verführerische Bewegung. Mit einer Palmerhechel ausgestattete Trockenfliegen sind überaus schwimmfähig. Die meisten Hecheln werden aus Federn hergestellt, allerdings lassen sich auch eine ganze Reihe von Tierhaaren in eine Hechel umfunktionieren: Kaninchen, Feldhase und Eichhörnchen lassen sich an eine Dubbingschlaufe spinnen und zu einer Kehlhechel binden. Diese Technik ist besonders zum Binden von Nymphen- und Puppenimitationen zu empfehlen.

Naßfliegenhechel

1 Sichern Sie den Kiel der Hechelfeder unmittelbar hinter der Öse. Mit Hilfe einer Hechelklammer umwickeln Sie den Haken nun viermal.

2 Streifen Sie die Hechelfibern unter den Haken und befestigen Sie sie dort mit einigen Wicklungen Bindeseide.

3 Entfernen Sie übriggebliebene Fibern über dem Haken oder jene, die nicht nach hinten weisen. Binden Sie nun den Flügel ein, bevor Sie die Fliege beenden.

Dubbingschlaufenhechel

1 Der Körper wird nur um die zwei hinteren Hakendrittel gebunden. Schieben Sie nun ein wenig Hare's Fur (Hasenwolle) in eine Schlaufe aus Bindeseide.

2 Fassen Sie die Schlaufe mit einer Hechelklammer und verdrehen Sie sie, bis sich das Hare's Fur buschig auseinanderdrückt.

3 Wickeln Sie das Dubbing in Richtung der Öse; stutzen Sie Rücken und Seiten, jedoch nicht die Unterseite.

Trockenfliegenhechel

1 Ist der Körper beendet, bereiten Sie eine Hahnenhechel vor, indem Sie die untersten Fibern beidseitig abstreifen.

2 Befestigen Sie den Hechelfuß und fassen Sie die Hechelspitze mit einer Hechelklammer. Drehen Sie die Hechel drei- oder viermal um den Haken.

3 Vergewissern Sie sich, daß die Wicklungen aneinanderliegen. Sichern Sie die Spitze, entfernen Sie das überschüssige Ende und binden Sie einen Kopfknoten.

Palmerhechel

1 Ist der Körper beendet, bereiten Sie eine Hahnenhechel vor, indem Sie ihr unteres Ende beidseitig von den Fibern befreien. Befestigen Sie die Feder am blanken Kiel.

2 Mit Hilfe einer Hechelklemme wickeln Sie die Hechel nun gleichmäßig entlang des Körpers nach hinten bis an die Krümmung.

3 Wickeln Sie das Rippungsmaterial in einer in entgegengesetzte Richtung verlaufenden Spirale durch die Hechel. Hierdurch bleibt die Hechel in Stellung.

4 Schneiden Sie überschüssige Fibern am Hakenbogen und überschüssiges Rippungsmaterial am Öhr ab. Binden Sie eine zweite, langfibrigere Hechel ein.

FLÜGEL

Flügel können einer Fliege Bewegung verleihen oder Insektenflügel imitieren. An Streamern sind Hahnenhecheln das traditionelle Flügelmaterial. Heute wird jedoch gewöhnlich gefärbtes Truthahnmarabou vorgezogen, das unter Wasser für eine herrlich pulsierende Aktion sorgt. An Haarflügelfliegen werden die Flügel aus einer Vielzahl von Haarsorten gebunden. Besonders zum Fischen in schnellem Wasser sollten diese Haare verhältnismäßig steif sein. Die Flügel imitierender Naß- und Trokkenfliegen lassen sich in einer Vielzahl von Stellungen binden. Je nachdem, welches Insektenstadium imitiert werden soll, werden paarige, geschlossene und offene Flügel gebunden. Paarige Streifen aus einer Entenschwungfeder gehören zu den beliebtesten Flügelmaterialien, aber es sind hierzu auch Hechelspitzen, Polypropylene Yarn, Federfibern und gleich lange Haarbüschel geeignet.

Hechelspitzenflügel

1 Nachdem Körper und Schwanz vollständig sind, wählen Sie zwei gut gezeichnete Hechelspitzen mit Fibern aus, deren Länge etwa mit der Hakenöffnung übereinstimmt.

2 Entfernen Sie die Fibern an der Basis der beiden Federn, sodaß lediglich zwei Spitzen übrigbleiben, die etwa so lang wie der Hakenschenkel sind.

3 Befestigen Sie die Federn an ihren abgestreiften Enden und bringen Sie sie mit einigen Wicklungen Bindeseide in vertikale Stellung.

Federflügel

1 Nachdem Körper und Schwanz beendet sind, werden aus zwei gegenüberliegenden Entenschwungfedern zwei etwa gleich große Federfahnen geschnitten.

2 Plazieren Sie die Federn mit ihrer Krümmung nach innen weisend auf dem Haken. Sichern Sie die Flügel mit einigen Wicklungen Bindeseide.

3 Sind die Flügel in Stellung gebracht worden, wird das überstehende Ende angeschnitten und dann ein hübscher Kopf gebunden, der mit einem Kopfknoten beendet wird.

Einfacher Federfahnenflügel

1 Sind der Körper und Schwanz beendet, befestigen Sie im hinteren Brustbereich eine Federfahne.

2 Binden Sie nun den Thorax (hier ist es gedubbte Tierwolle) und legen Sie die Federfahne nach vorne, wo Sie sie unmittelbar hinter der Öse fixieren.

Haarflügel

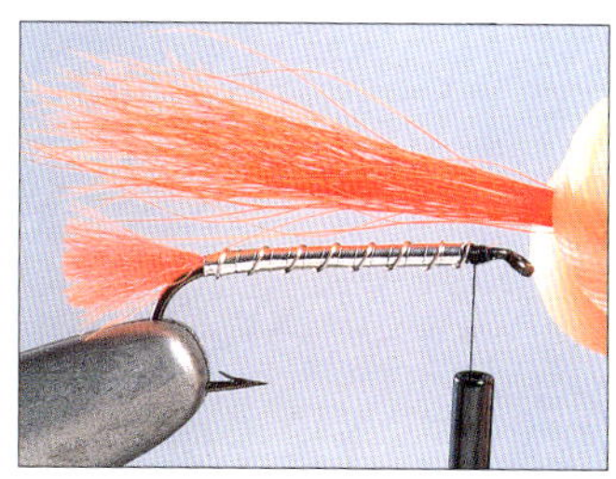

1 Lassen Sie hinter der Öse ein wenig Platz, nehmen ein kleines Haarbüschel, aus dem Sie gebrochene Haare entfernen, und bringen es auf gleiche Länge.

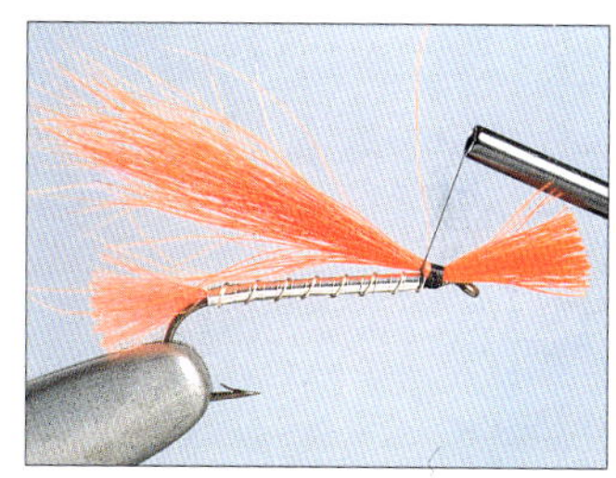

2 Befestigen Sie das Büschel so, daß es ein wenig hinter die Krümmung ragt. Umwickeln Sie es hierzu straff mit Bindeseide.

KÖPFE

Der Kopf kann lediglich aus dem Abschlußknoten bestehen oder eine Zusatzfunktion erfüllen: er kann zwecks besserer Sinkeigenschaften beschwert oder schwimmfähig gemacht werden, um die Fliege unmittelbar im Oberflächenfilm anzubieten. Die Muddler sind mit ihren schwimmfähigen Rehhaarköpfen bekannte Vertreter dieser "Schwimmfliegen".

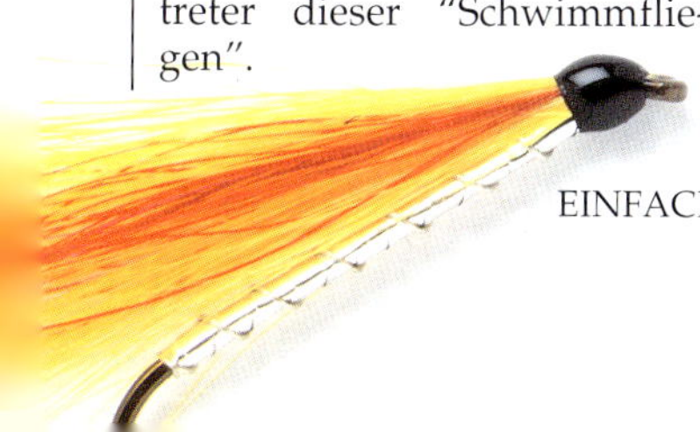

EINFACHER KOPF

Muddlerkopf

1 Sind Körper und Flügel beendet, wird ein Büschel Rehhaar auf den Haken gelegt und mit zwei losen Wicklungen Bindeseide gesichert.

2 Straffen Sie nun die Bindeseide. Hierdurch richtet sich das Haar kreisförmig um den Haken auf. Binden Sie, sofern nötig, weitere Büschel ein und geben Sie dem Kopf durch Stutzen seine Form.

3 Mit einer scharfen Schere schneiden Sie das Haar derart zurück, daß ein geschoßförmiger Kopf übrigbleibt. Lassen Sie einige Haarspitzen als eine Art Hechel stehen.

Trockenfliegen

Der Begriff "Trockenfliege" deckt eine breite Palette an strukturell unterschiedlichen Fliegenmustern ab, die von kleinsten Mückenimitationen bis zu riesigen Köcherfliegen-, Maifliegen- und Libellenimitationen reicht. Wichtigste Eigenschaft aller Trockenfliegen ist, daß sie auf der Oberfläche oder im Oberflächenfilm schwimmen. Hierzu werden sie aus verschiedenen leichten oder wasserabweisenden Materialien gebunden. Hahnenhecheln sind die üblichsten "Schwimmhilfen", aber auch andere Materialien, wie beispielsweise Rehhaar und Polypropylene sind hierzu gut geeignet.

GREY WULF
Diese Fliege stammt aus einer Reihe von großen, hechelreichen Fliegenmustern, die von dem bereits älteren Fliegenfischer Lee Wulff entworfen wurden und die sogar in schnellfließendem Wasser hoch auf der Oberfläche schwimmen. Die hier abgebildete soll die Maifliege Ephemera danica darstellen.

IRON BLUE *(rechts)*
Mit dieser Fliege lassen sich eine ganze Reihe kleiner, dunkler "Up-Wing"-Fliegen der Gattung Baetis, u.a. Baetis muticus imitieren. Das gehechelte Muster ist besonders zur Hauptschlupfzeit dieser Insekten fängig, nämlich im Frühsommer und im Herbst.

LETORT HOPPER
Seinen Namen verdankt diese einfache Heuschreckenimitation dem pennsylvanischen Letort River. Wie auch an vielen weiteren Heuschreckenimitationen wird hier Rehhaar zum Binden von Kopf und Überflügel (Overwing) verwendet, um den notwendigen Auftrieb zu erhalten.

DADDY LONGLEGS
Die Daddy Longlegs oder Schnake ist ein großes Landinsekt, das im Spätsommer und im zeitigen Herbst recht fängig ist. Imitationen werden entweder trocken oder naß gefischt und oft lassen sich mit dieser Fliege überdurchschnittlich große Fische fangen.

TRAUN WING CADDIS
Die Firma Traun River Products stellt ein sehr lebensecht aussehendes Flügelmaterial her, auf dem deutlich die Flügelgefäße einer Köcherfliege zu erkennen sind. Dieses Material wird in Verbindung mit weicheren Materialien eingebunden. Mit ihm lassen sich genaue Imitationen vieler Köcherfliegenarten anfertigen.

CUT WING GREEN DRAKE
Zum Binden von diesem Muster sind zurechtgestutzte Mallard-Brustfedern notwendig, um die Flügel der großen Eintagsfliegen nachzuahmen. Ihr realistischer Anblick macht diese Fliege auch dann noch zu einem fängigen Köder, wenn sie an einem Gewässer mit erfahrenen Forellen gefischt wird.

POLY-WING SPINNER
Hier kommen die wasserabweisenden Eigenschaften von Polypropylene zum Einsatz, die am Flügel dieser "Spent Spinner"-Imitation für deren Schwimmfähigkeit sorgt.

GODDARD SEDGE
Diese überaus schwimmfähige Nachahmung einer erwachsenen Köcherfliege wurde von John Goddard entworfen und wird fast ausschließlich aus Rehhaar gebunden. Diese Fliege erzielt sowohl an stillstehenden, wie auch an fließenden Gewässern gute Ergebnisse.

HUMPY
Die Humpy verdankt ihre Schwimmfähigkeit dem Körper aus Rehhaar. Sogar auf turbulentem Wasser schwimmt sie noch gut. Dieses Muster läßt sich sehr vielseitig einsetzen: mit ihm läßt sich alles mögliche fangen, Forellen in kleinen Bächen ebenso, wie Lachse in breiten, kraftvollen Flüssen.

IRRESISTIBLE
Die Irresistible wird in vielen Größen gebunden, da es ein sehr vielseitiges Muster ist. Mit ihm lassen sich in kleinen, reißenden Bächen Forellen fangen, aber auch Lachse und Steelheadforellen. Das Geheimnis ihrer Fängigkeit beruht auf ihrem zurechtgestutzten Rehhaarkörper, der dieser Fliege das Sinken nahezu unmöglich macht.

ADAMS
Die Adams wurde nach und nach zum beliebtesten "Up-Wing" Dun-Muster. Ihr grauer Pelzkörper, ihre gesprenkelten Flügel aus Hechelspitzen sowie ihre gesprenkelten und braunen Hecheln lassen sie einer frisch geschlüpften Olive Dun täuschend ähnlich sehen. Sie kann auf Haken der Größen 10 bis 24 gebunden werden.

BLACK KLINKHAMMER
Der Niederländer Hans van Klinken hat diese ungewöhnliche Version einer Fliege mit Parachute-Hechel entworfen. Sie wird auf einen Emergerhaken gebunden, der ihr die typische Körperkrümmung eines aufsteigenden Chironomiden verleiht.

COMPARA-DUN
Die leicht zu bindende Compara-Dun, die von den amerikanischen Fliegenbindern Al Caucci und Bob Nastasi entworfen wurde, sieht einer frisch geschlüpften Olive Dun Maifliege täuschend ähnlich.

TROTH CADDIS
Al Troth steht hinter dieser sehr fängigen Imitation einer erwachsenen Köcherfliege. Die richtige Silhouette wird durch einen Flügel aus gebleichtem Elchhaar erreicht, wodurch die Fliege gleichzeitig sehr schwimmfähig wird. Fängig ist sie an stillstehenden und fließenden Gewässern.

DUCK'S DUN
Entenbürzelfedern, die entlang der Bürzeldrüsen von Enten wachsen, sind ein sehr fängiges Flügelmaterial, um "Up-Wing"-Imitationen zu binden. Die Duck's Dun soll an eine Vielzahl von Insekten erinnern, u.a. die Blue Winged Olive, die Medium Olive und die Lake Olive.

EPHEMERELLA SPINNER
Diese Fliege imitiert abgestorbene "Up-Wings" der Gattung Ephemerella, wie beispielsweise die Blue Winged Olive. Ihre Hecheln imitieren die am Wasser klebenden Flügel des Insektes.

HAWTHORN FLY
Hierbei handelt es sich um eine Imitation der Hagedornfliege Bibio marci, ein Landinsekt, das sich in Frühlingsmitte bis zum Spätfrühling gerne in kleinen Schwärmen entlang der Uferböschung sammelt. Imitationen sollten die Größe, Farbe und die langen Beine der natürlichen Vorlagen nachahmen.

HARE'S FACE MIDGE
Charles Jardine hat diese schöne Imitation einer erwachsenen Chironomidenmidge entworfen. Hierzu ist sandfarbene Wolle aus der Hasenmaske notwendig sowie ein Flügel aus Entenbürzelfeder, durch den diese Fliege gut sichtbar wird.

CLARET HOPPER
Die Hopper-Fliegen haben in Windeseile die Stillwasserfischerei erobert. Das Trockenfliegenfischen wurde an Seen und Talsperren nur selten als fängig betrachtet, was allerdings durch die unglaublich fängige Hopper widerlegt wurde.

THORAX MAYFLY
Die gesprenkelten, zitronenfarbenen Federn der amerikanischen Wood Duck (das europäische Gegenstück ist die Brautente) werden hier benutzt, um die Flügelfarbe und -zeichnung der größeren Maifliegenarten zu imitieren, beispielsweise Ephemera danica.

GINGER QUILL
Dieses klassische Fliegenmuster ahmt die Duns mittelgroßer Olives oder "Up-Wings" nach. Eine Fiber aus einer Pfauenstoßfeder sorgt für die Körpersegmentierung, während Federfahnen aus grauem Mallard in erster Linie dazu dienen, den genauen Farbton der natürlichen Vorlagen zu imitieren. Ähnliche Muster sind u.a. die Olive Quill und die Red Quill.

BEACON BEIGE
Diese Fliege wurde durch den Fliegenbinder Peter Deane bekannt. Sie ist eine der besten Olive Dun Imitationen. Ihren lebensechten Eindruck verdankt diese Fliege ihrer Hechel aus gesprenkelten und braunen Fibern, während der Körper aus abgestreiftem Pfauenkiel gebunden wird.

DAVE'S HOPPER
Bei diesem Dave handelt es sich um den amerikanischen Fliegenbinder Dave Whitlock, ein Angler, der vielen fängigen Schwarzbarsch- und Forellenfliegen seinen Namen gegeben hat.
An dieser herrlichen Heuschreckenimitation sorgen verknotete Federfahnen vom Truthahn für das lebensechte Aussehen der großen Sprungbeine.

NASSFLIEGEN

Eine Naßfliege ist dazu bestimmt, unter der Wasseroberfläche zu fischen. Hierzu werden viele Naßfliegen sehr schlank und mit nach hinten gerichteten Flügeln und Hecheln gebunden, damit sie dem Wasser weniger Widerstand bieten. Ausnahmen sind u.a. die Palmerfliegen, die sehr kompakt und mit buschigen Hecheln versehen sind und in erster Linie zum Befischen von großen, natürlichen Gewässern dienen. Sie sind darauf ausgelegt, beim Einholen im Wasser attraktive Verwirbelungen zu verursachen. Andere Naßfliegen werden als Reizfliegen gebunden; manchmal erinnert nur mehr ihr Flügel an ein erwachsenes Insekt.

DARK CAHILL
Diese Fliege ist eines von zwei Mustern, die der amerikanische Fliegenbinder Dan Cahill entworfen hat. Mit ihrem dunkelgrauen Körper und dem zitronenfarbenen Wood Duck Flügel imitiert sie recht gut eine Vielzahl der dunklen, mittelgroßen Ephemeroptera-Arten, worunter auch die Mitglieder der Gattung Stenonema fallen. Sie kann stromauf oder aber klassisch quer stromab gefischt werden.

INVICTA
Die Invicta wurde im späten 19.Jahrhundert von James Ogden entworfen und ist heute noch so beliebt wie früher. Mit ihrem Körper aus gelbem Seal's Fur Ersatz (Seehundwolle-Ersatz) und ihrer braunen Palmerhechel imitiert sie recht gut eine schlüpfende Köcherfliege.

PARTRIDGE AND ORANGE
Diese bekannteste Fliege aus der Partridge-Serie ist vorzüglich zum Fischen auf Äschen und Forellen in schnellfließenden Bächen geeignet. Hier wurde der Körper aus Tierwolle statt, wie vom Originalmuster vorgeschrieben aus Seide gebunden.

OLIVE BUMBLE
Der Doyen der irischen Fliegenbinder, T. Kingsmill Moore, entwarf diese Fliege als einen Teil einer Großfliegenserie, die speziell für die rauhen Bedingungen an den großen irischen Gewässern gedacht war. Hier handelt es sich um die große, buschige Version einer Maifliege.

MALLARD AND CLARET
Dieses klassische Naßfliegenmuster ist das beliebteste und langlebigste aus einer großen Serie mit verschiedenartigen Körper- und Hechelfarben. Der Flügel der Mallard and Claret stammt aus einer Schulterfeder vom Stockentenerpel, während der Körper aus Seehundwollersatz gebunden wird. Diese Fliege ist ein guter Bach- und Meerforellenköder.

BUTCHER
Der Stammbaum dieser Fliege reicht mindestens 150 Jahre zurück, als sie noch als Moon Fly bezeichnet wurde. Im frühen 20.Jahrhundert wurde sie auf den Namen "Butcher" umgetauft. An stillstehenden Gewässern und an Flüssen ist es ein fängiges Muster, an dem auch Meerforellen Gefallen finden.

DUNKELD
Ursprünglich war die Dunkeld ein klassisches Lachsfliegenmuster, dessen Flügel ein sog. "Married Wing" war, d.h., daß er aus mehreren Einzelfibern zusammengesetzt war. Diese stark vereinfachte Version ist eine sehr fängige Reizfliege zum Forellenfang. Gute Ergebnisse erzielt sie auch, wenn sie an der Spitze einer Montage mit drei Fliegen gefischt wird.

SOLDIER PALMER
Auch wenn dieses Muster eigentlich unter dem Namen Red Palmer bekannt sein sollte, wird sie von vielen Forellenfischern an stillstehenden Gewässern als Soldier Palmer bezeichnet. Die ganze Saison über lassen sich mit ihr gute Ergebnisse erzielen, besonders fängig ist sie jedoch im Frühsommer. Ein unerläßliches Muster.

BREADCRUST
Trotz des Namens handelt es sich nicht um eine Brotkrustenimitation, sondern um eine allgemeine Naßfliegen- und Nymphenimitation. Der Körper wird aus Seehundwollersatz oder Wolle gebunden und wird dann mit einem abgestreiften, braunen Hahnenhechelstiel gerippt. Recht gut täuscht diese Fliege eine verpuppte Köcherfliege vor.

DARK WATCHETT
Diese Version der Dark Watchett, die auf T.E.Pritt zurückzuführen ist, bewies als typische Weichhechelfliege ihre Fängigkeit bereits an vielen Forellenbächen.

OLIVE QUILL
Diese Naßfliege stammt aus der beliebten Quill-Serie, deren segmentierte Körper alle aus abgestreiftem Pfauenfederkiel gebunden werden. Die hier abgebildete Version soll an eine mittelgroße Eintagsfliege, wie etwa eine Lake Olive, erinnern. Sowohl zum Befischen von Flüssen und Seen gut geeignet.

TEAL, BLUE AND SILVER
Mit ihrem quergestreiften Flügel und dem silbrigen Körper ahmt dieses Mitglied aus der Teal-Serie recht gut einen Kleinfisch nach. Sie ist gut zum Fang von Forellen an stillstehenden und fließenden Gewässern geeignet und große Versionen dieser Fliege (bis Hakengröße 2) sind hervorragend zum nächtlichen Meerforellenfischen zu empfehlen.

BIBIO
Dieses überaus fängige Muster ahmt recht gut viele Mitglieder der Landinsekten aus der Bibionidenfamilie nach, insbesondere die Erikafliege, deren rote Beine durch den auffälligen Tupfer in der Körpermitte imitiert werden.

MARCH BROWN
Diese fängige Imitation der Märzbraunen (Rhithrogena germanica) ist eine sehr appetitlich aussehende Fliege, die sogar dort gute Ergebnisse erzielt, wo den Forellen die natürliche Vorlage noch nie zu Gesicht gekommen ist.

SOOTY OLIVE
Die Lake Olives (Cloeon simile), die aus den großen Kalkseen Westirlands schlüpfen, sind auffällig dunkel gefärbt. An diesem Muster wird dunkeloliver Seehundwollersatz als Körpermaterial verwendet und brauner Mallard zum Binden des Flügels. In der Frühsaison eine hervorragende Fliege.

ROYAL COACHMAN
Dieses amerikanische Muster ist der farbenfrohe Cousin der Coachman. Die Naßfliegenversion ist eine Abwandlung der 1878 von John Haily gebundenen Trockenfliege. Heute gibt es von ihr eine Vielzahl von Abwandlungen, u.a. auch Streamer und Haarflügelfliegen. Auch wenn der Flügel unterschiedlich ausfallen kann, verfügen alle über denselben roten Körper, der an jedem Ende mit Ringen aus Pfauenschwertfiber versehen ist. Mit dieser Fliege lassen sich auch oft dann noch Fische überlisten, wenn alle anderen Muster versagen.

GREEN PETER
Die Green Peter (Phryganea varia) ist eine hübsche Köcherfliegenart. Diese Fliege ist sogar dann noch fängig, wenn die echten Insekten ausbleiben.

GOSLING *(rechts)*
Die Gosling ist die typische irische Stillwasserfliege. Sie soll die Duns der Maifliege Ephemera danica nachahmen, die über ganz Europa verbreitet ist und an Kalkseen in unglaublichen Mengen schlüpfen kann. Über die orange Hahnenhechel wird eine gesprenkelte graue Mallard-Flankenfeder gebunden, welche die Flügel andeuten soll. Auch wenn der allgemeine Farbeindruck nicht mit der natürlichen Vorlage übereinstimmt, erzielt dieses Muster gute Ergebnisse.

OAKHAM ORANGE
In den warmen Sommermonaten durchleben die Regenbogenforellen in stillstehenden Gewässern regelrecht einen "orangen Wahnsinn". Je wärmer das Wasser wird, desto williger vergreifen sie sich an grellfarbigen Fliegen und kaum eine Farbe ist greller als leuchtendes Orange. Diese Palmerfliege mit einem Tag aus fluoreszierendem orangem Floss ist ein überaus fängiges Muster, das entweder an einer Schwimmschnur oder etwas tiefer gefischt werden kann.

DOOBRY
Der schottische Angler und Fliegenbinder Stan Headley hat die Doobry zum Befischen von klarem Wasser an bedeckten Tagen und zum Angeln in trübem Wasser an helleren Tagen entworfen. Besonders erfolgreich ist dieses Muster in Torfgewässern, in denen ihre Farben nicht nur schön aussehen, sondern auch sehr fängig sind.

KATE MCLAREN
Dieses dunkle, stark gehechelte Muster wurde nach dem Namen der Ehefrau von Charles McLaren benannt, einem wirklich hervorragenden Meerforellenangler. Dieses Muster ist besonders an großen Seen sehr fängig, wo es Bach- und Meerforellen sowie Lachse zum Biß verleitet.

NYMPHEN

Obwohl sich der Begriff "Nymphe" auf das Larvenstadium vieler Wasserinsekten bezieht, ist dieser Ausdruck für den Fliegenfischer viel umfassender. Neben den echten Nymphen zählen für ihn auch verpuppte Insekten, Kleinkrebse und all jene Allgemeinmuster dazu, die lediglich irgendetwas Kleines und Genießbares darstellen sollen. Die Vielzahl von Fliegen, die als Nymphen bezeichnet werden, ist wirklich beeindruckend. Hierzu gehören winzige Midgepuppen ebenso wie jene Riesen, die so unterschiedliche Kreaturen wie Libellen- und Steinfliegenlarven nachahmen.

SUSPENDER BUZZER
Dieses Muster von Brian Leadbetter ahmt eine verpuppte Chironomidenlarve nach, die unmittelbar vor dem Schlüpfen steht. Ein Thorax aus schwimmfähigem, geschlossenporigem Schaumstoff sorgt für den nötigen Auftrieb, um die Fliege im Oberflächenfilm anbieten zu können.

FOX-SQUIRREL NYMPH
Dieses fängige Nymphenmuster wurde von Dave Whitlock entworfen und soll eine Vielzahl verschiedener Insekten darstellen, wie beispielsweise Steinfliegennymphen und Köcherfliegenlarven. Fast zur Gänze wird diese Fliege aus der Wolle des amerikanischen Fox-Squirrel (eine Eichhörnchenart) gebunden.

DISTRESSED DAMSEL
Der lange, bewegliche, olivfarbene Marabouschwanz verhilft dieser übergroßen Libellenlarvenimitation zu einem herrlichen Schwimmverhalten. Diese von Charles Jardine entworfene Fliege wird gerne von den Forellen kleiner, stillstehender Gewässer genommen. Mit ihr wird das Wasser blind abgefischt, es können allerdings auch gezielt Fische angeworfen werden.

GOLDEN STONE
Die Nymphen der vielen Steinfliegenarten sind bezüglich ihrer Größe und Farbe sehr unterschiedlich. Dieses Muster imitiert die mittleren bis großen, etwas goldfarbenen Nymphen. Beim Binden sollten sie gut beschwert werden, um möglichst unmittelbar am Gewässergrund zu fischen.

MARABOU NYMPH
Das bewegliche Truthahnmarabou ist sowohl zum Binden von Flügeln und Schwänzen gut geeignet, es läßt sich aber auch zum Dubben verwenden, wobei es sich besonders gut für Nymphenimitationen eignet. Die Marabou Nymph ist ein solches Muster, das zudem noch durch seinen recht schwimmfähigen Rücken aus Rehhaar sehr langsam sinkt.

GOLD-HEAD DAMSEL
Dieses fängige Muster ähnelt einer Libellenlarve, ihren Kopf ziert eine goldfarbene Perle, während der Schwanz aus gefärbtem Blaufuchs besteht. Der beschwerte Kopf in Verbindung mit dem sehr beweglichen Schwanzmaterial verursacht eine unregelmäßige Schwimmbewegung, die auf Forellen unwiderstehlich wirkt. Diese olivfarbene Ausführung erzielt besonders dann das ganze Jahr über gute Ergebnisse, wenn echte Libellenlarven in großen Mengen vorkommen.

CASUAL DRESS
Die Casual Dress, ein überaus fängiges Nymphenmuster, wurde in den frühen 60er Jahren von E.H.(Polly) Rosborough zum Befischen vom Upper Big Deschutes in Oregon entworfen. Sie wird fast komplett aus Bisamwolle hergestellt, die einzige Ausnahme ist das Büschel aus schwarzer Straußenfiber (black Ostrich Herl) am Kopf. Diese Nymphe erinnert sehr an mittlere bis große Steinfliegennymphen und sie läßt sich ebenfalls beschwert fischen.

DRAGONFLY NYMPH
Große Libellenlarven nehmen im Spätsommer einen wichtigen Platz auf dem Speiseplan der Forellen und Schwarzbarsche ein. In diese Nymphe wurden Bleiaugen eingebunden, um sie in unmittelbarer Grundnähe anbieten zu können. Fischen Sie hiermit in der Nähe von versunkenem Holz und Krautbänken.

GE NYMPH
Dieses Muster von Charles Jardine erinnert an eine Vielzahl von Ephemeriden- oder "Up-Wing" Nymphen (das "GE" steht für General Ephemerid). Es wird in vielen Größen (von 20 bis 10) gebunden und imitiert Baetiden und andere ähnlich aussehende Nymphen.

LONGSHANK PHEASANT TAIL
An Flüssen und Bächen kommt eine viel kleinere Version dieser riesigen, schweren Nymphe zum Einsatz. An stillstehenden Gewässern kann sich dieses Muster als echter Trumpf erweisen. Die besten Ergebnisse erzielt es zwischen Mittelwasser und Grund, sodaß es meistens beschwert wird.

OLIVE FLASHBACK
Diese Nymphe ist Teil einer Musterserie, in der alle Nymphen über einen Lurexstreifen am Rücken verfügen. Das Lurex imitiert jenen Effekt, den die unter dem Hautpanzer befindlichen Gasblasen beim aufsteigenden Insekt verursachen.

WOOLY WORM
Der Wooly Worm ist ein leicht zu bindendes Muster, das einem haarigen Tausendfüßler ähnlich sieht, jedoch meistens in unmittelbarer Grundnähe als Nymphe angeboten wird. Er wird in verschiedenen Farbtönen, u.a. braun und oliv gebunden.

JORGENSEN'S FUR THORAX PUPA
Die Fur Thorax Pupa ist die herrliche Köcherfliegenpuppenimitation von Poul Jorgensen. Das interessante an ihr ist, daß über die Schlaufendubbingtechnik Wolle von Feldhase, Kaninchen oder Eichhörnchen dazu verwendet wird, die lebensecht aussehende Thorax/Hechelkombination zu binden.

WALKER'S MAYFLY NYMPH
Richard Walker war zweifellos einer der größten Erfinder neuer Forellenmuster, auf dessen Konto viele durchdachte Muster gehen. Seine Maifliegennymphe ist eine der besten; durch näheres Beobachten hat er festgestellt, daß die Körperfarbe echter Maifliegen keineswegs wie oft behauptet oliv, sondern blaß elfenbeinfarben ist.

TRUE-TO-LIFE MIDGE PUPA
Diese überaus lebensechte Imitation einer Chironomidenlarve in verpupptem Zustand enthält die wichtigsten Merkmale der natürlichen Vorlage, nämlich den auffälligen Thorax, den schlanken Körper und die dünnen Atemorgane.

LARGE DARK STONE
Diese Nymphe imitiert viele der größten Steinfliegennymphen, insbesondere die dunklen, wie etwa Pteronarcys californica. Da sie in schnellem Wasser gefischt wird, sollte ihr Unterkörper gut beschwert sein.

PHEASANT TAIL NYMPH
All die vielen Versionen und Abwandlungen dieses Musters werden aus den auffällig kastanienfarbenen Fibern vom Stoß des Jagdfasanes gebunden.

THE GOLDHEAD
Hans van Klinken steht hinter diesem neuartig aussehenden aber sehr fängigen Muster, das grundnah angeboten werden sollte. Es erinnert sehr an eine Köcherfliegenlarve in ihrem Schutzpanzer. Beim Binden wird der Unterkörper beschwert, sodaß diese Nymphe mit ihrem Goldkopf unmittelbar am Grund fischt.

FOUR WATER FAVOURITE
Diese Abwandlung der Hare's Ear ist ein Stillwassermuster, das eigens hierzu von Gordon Fraser entworfen wurde. Das kleine Kaninchenhaarbüschel im Schwanz sorgt für zusätzliche Bewegung. Diese Nymphe sollte beschwert werden, entweder in ihrem Unterkörper oder durch einen Goldkopf.

EMERGENT PUPA
Diese Fliege ist Teil einer Serie, die von Gary La Fontaine entwickelt wurde. Sie soll die verschiedenen Stadien der Köcherfliegenpuppen nachahmen. Hierzu wird das künstlich hergestelltes Material Antron verwendet, damit die Oberfläche des gedubbten Körpers ein wenig schimmert. Das Antron wird recht lose eingebunden, sodaß sich in ihm Luftblasen verfangen, welche die Fliege sehr lebendig erscheinen lassen. Dieses Muster wird in vielen Farben gebunden, u.a. amberfarben und braun.

CASED CADDIS
Dieses Muster von Bob Carnill ist hervorragend zum Fischen in der Frühsaison geeignet. Es ahmt eine Köcherfliegenlarve in ihrem Schutzpanzer nach. Durch den beschwerten Unterkörper fischt diese Nymphe langsam und tief.

BACHFLOHKREBS *(Shrimp)*
Die Nachahmung eines Bachflohkrebses (Gammarus pulex) sollte mitten im Grundgestein und zwischen Pflanzen gefischt werden, da dort die Bachflohkrebse zuhause sind.

BIRD'S STONEFLY NYMPH
Diese hervorragende Imitation einer großen Steinfliegennymphe wurde von Calvert T.Bird entworfen. Sie sieht nicht so lebensecht wie andere aus, was jedoch mit Bird's Philosophie übereinstimmt. Er möchte den Forellen lieber etwas servieren, was ihnen wie etwas Genießbares vorkommt, als eine genaue Kopie irgendeines echten Insektes.

LACHS- & STEELHEADFLIEGEN

Bis auf einige Ausnahmen stellen aufsteigende Salmoniden ihre Nahrungsaufnahme ein. Lachs und Steelheadforelle lassen sich von Reizfliegen oder der Erinnerung an etwas, was sie im Meer gefressen haben, dennoch zum Biß verleiten oder provozieren. Garnelen- und Krabbenimitationen sind überaus fängig, erstaunlicherweise gibt es jedoch nur wenige Muster, die Sandaale oder andere Futterfische imitieren. Oft lassen sich Lachse jedoch auch von unscheinbaren kleinen schwarzen Haarflügelfliegen verleiten, nachdem sie eine Vielzahl größerer und farbigerer Fliegen ignoriert haben.

SILVER RAT
Die Rat-Serie hat sich überall als besonders fängiger Atlantiklachsköder erwiesen. Die silbrige Version ist mit grauen Fuchshaaren als Flügel und darüber mit einer weichen, gesprenkelten Hechel versehen. Diese Fliege ist eine echte Universalfliege und besonders an kanadischen Flüssen, wie dem Restigouche oder dem Matapedia beliebt.

SILVER DOCTOR *(rechts)*
Der Silver Doctor ist eines jener klassischen Lachsfliegenmuster, das bei den Anglern des 19. und frühen 20.Jahrhunderts so überaus beliebt war. Das Binden dieser Fliegen ist äußerst kompliziert, da hierzu unterschiedlich gefärbte Schwanfibern erforderlich sind, die miteinander zu einem Flügel verhakt werden (Married Wing). Auch die anderen Materialien, wie Indian Crow, Blue Chatterer und Toucan sind heute kaum mehr erhältlich.

BLACK BRAHAN
Diese Fliege ist eine ideale Frühsommerfliege für den Lachsfang, die besonders in der Morgen- und Abenddämmerung fängig ist. Der einzige Schimmer an ihr stammt von dem roten (manchmal grünen) Lurexkörper.

EGG-SUCKING LEECH
Dieses große, dunkle Muster erinnert an die großen Blutegel, die über die Eier der Pazifiklachse herfallen. Der beschwerte Kopf, der pulsierende Körper und Schwanz aus gefärbtem Kaninchenfell verleihen diesem Muster eine herrliche Aktion, dessen Reize sich die Lachse, Steelhead- und Regenbogenforellen nur schwer entziehen können.

ALLY'S SHRIMP
Alistair Gowans hat dieses Muster entworfen, um die durchsichtige Körperstruktur garnelenartiger Kleinkrebse zu imitieren, die er in den Netzen von Berufsfischern gesehen hat. An großen Flüssen hat sich dieses Muster seitdem als fängige Lachsfliege herausgestellt.

TEENY NYMPH
Jim Teeny zählt zu den allerbesten Lachs- und Steelheadanglern und jedes von ihm stammende Muster ist einen näheren Blick wert. Bei der Teeny Nymph handelt es sich genaugenommen nicht um eine Nymphe, sie ist aber dennoch ein sehr fängiges Muster. Als Körper- und Schwanzmaterial wird naturfarbener oder gefärbter Fasan gebraucht.

GENERAL PRACTITIONER
Diese Fliege wurde in den frühen 50er Jahren von Esmond Drury entworfen. Sie war als Garnelenimitation gedacht, mit der überall dort gefischt werden konnte, wo diese Naturköder verboten waren. Sie besteht aus Körperfedern vom Goldfasan und oranger Tierwolle. Ihre Fängigkeit hat sie an vielen Gewässern Englands, Kanadas und Islands unter Beweis gestellt.

SPARKLE SHRIMP
An dieser Garnelenimitation sorgt ein Perllurexstreifen am Rücken für ein bißchen zusätzlichen Schimmer. Sie hat sich beim Fischen auf Pazifiklachse als fängig herausgestellt.

CHARTREUSE STREAMER
Kartäusergrün ist für den Fang von Steelheadforellen und Pazifiklachsen eine sehr fängige Farbe und das hier vorgestellte Muster erzielt tief gefischt sogar in angetrübtem Wasser gute Ergebnisse. Der äußerst bewegliche Schwanz und die Metallaugen sorgen im Wasser für eine herrliche Aktion.

PURPLE ZONKER
Ein Kaninchenfellstreifen als Flügel verhilft dem Purple Zonker zu viel Bewegung im Wasser, was besonders auf Steelheadforellen und Lachse anziehend wirkt. Zwar hat sich die violette Farbe bei wenig Licht oder niedrigem Wasserstand als sehr fängig herausgestellt, es kann aber auch gut sein, daß sie die Fische schlicht und einfach verscheucht.

COMET
Im kalten Wasser der Frühsaison stehen dem Fliegenfischer mit den Tubenfliegen große Köder zur Verfügung, mit denen sich manchmal sehr zurückhaltende Fische überlisten lassen. Die Comet ist eine dunkle Fliege, deren Flügel aus Bucktail bestehen und die bis zu einer Länge von 8 Zentimeter auf Plastik- oder Messingröhrchen gebunden wird, je nach dem, wie tief gefischt werden muß.

GREEN HIGHLANDER
Abgebildet ist hier die Haarflügelversion des klassischen Green Highlander, an dem verschiedenfarbige Bucktailhaare den Flügel bilden, während in der klassischen Version der Flügel aus Federn angefertigt wird. Heute werden viele klassische Muster auf diese Art und Weise vereinfacht.

WILLIE GUNN *(rechts)*
Die Willie Gunn wurde nach dem Aufseher des Sutherland Estates, das an den Ufern des schottischen Brora liegt, benannt. Der Flügel ist eine Mischung aus gelben, roten und schwarzen Bucktailhaaren. Diese Tubenfliegenversion kann auf ein Plastik- oder Metallröhrchen gebunden werden und sie erzielt in hohem oder kaltem Wasser gute Ergebnisse.

TWO-EGG SPERM FLY *(unten)*
Eifliegen sind fängige Steelhead- und Lachsmuster. Dieselbe Idee wird von diesem Muster aufgegriffen, auf dessen Haken sich gleich zwei Eier befinden. Den Rogen selbst imitiert fluresziérend oranges Chenille, während ein wenig weißes Truthahnmarabou die Milch nachahmt.

SPRUCE
Ursprünglich wurde die Spruce für den Fang von ins Meer abgewanderten Cutthroat- und Regenbogenforellen entwickelt, sie hat sich jedoch auch auf Steelheadforellen als sehr fängig herausgestellt. An der amerikanischen Westküste wurde sie zu einem der beliebtesten Streamermuster.

UMPQUA SPECIAL
Dieses klassische Muster wurde von Don Hunter in den 30er Jahren entwickelt, um die Steelheadforellen des Umpqua Rivers in Oregon zum Biß zu verleiten. Diese Fliege ist auffällig gefärbt und ideal für angetrübtes Wasser, wo sich die Rot/Weiß-Kombination im Haarflügel als auf Steelheadforellen überaus fängig herausgestellt hat. Sie wird auf viele Hakengrößen gebunden, am meisten jedoch auf Lachshaken der Größen 2 bis 8, deren Öse aufgerichtet ist.

EGG FLY
Diese Fliege ist die einfachste aller Fliegen, an Bindematerial ist lediglich oranger Glo-Bug Faden erforderlich. Es ist eine überaus fängige Steelhead-, Pazifiklachs- und Regenbogenforellen-Fliege, die beschwert werden sollte und die man im Wasser möglichst natürlich abtreiben läßt, geradeso, wie ein wirklich in der Strömung treibendes Ei.

STREAMER & HAARFLÜGELFLIEGEN

Streamer und Haarflügelfliegen unterscheiden sich auf eine ganz offensichtliche Art und Weise: Streamerflügel bestehen aus Federn, während Haarflügel aus Tierhaaren gebunden werden. Die meisten Streamer und Haarflügelfliegen sind groß, und gewöhnlich werden sie auf langschenklige Haken gebunden. Meistens arbeiten sie als Reizfliegen, die den Raubfischen irgendetwas Genießbares vortäuschen. Anders verhält es sich mit den genauen Imitationen von Futterfischen, wie beispielsweise die der verschiedenen Koppenarten oder die aktiverer Schwarmfische, wie Barsch und Rotauge.

ORANGE BOOBY
Diese Fliege ist die Streamerversion von Gordon Fraser's Booby Nymph. Alle Boobies verfügen über schwimmfähige Augen aus geschlossenporigem Schaum. In Verbindung mit dem beweglichen Marabouschwanz sorgen diese Augen für ein herrliches Spiel im Wasser. Fischen Sie diese Fliege an einer besonders schnellsinkenden Schnur und an einem besonders kurzen Vorfach.

GOLDIE
Schwarz, gold und gelb sind eine auf Bachforellen sehr fängige Farbkombination. Dieses Muster wurde von Bob Church zum Fang großer Bachforellen in stillstehenden Gewässern entwickelt. Es kann auf einen Einfachhaken oder als Tandem gebunden werden und ist ebenfalls gut zum Fang von Meerforellen geeignet.

BLACK GHOST
An diesem typischen Streamer bilden zwei Rücken an Rücken liegende weiße Hahnenhecheln den Flügel. Dieses Muster ist sehr vielseitig und gleichermaßen zum Fang von Bach- und Regenbogenforellen in stillstehenden und fließenden Gewässern geeignet.

DAHLBERG DIVER
Diese Muddlerabwandlung von Larry Dahlberg aus Minnesota wurde zwecks besseren Abtauchens mit einer Art Tauchschaufel versehen, die man durch Zurückstutzen des Kragens am Kopf erhält. Ihre unglaublich lebhafte Aktion macht diese Fliege zu einem hervorragenden Großforellen- und Schwarzbarschköder.

THUNDER CREEK MINNOW
Dieses Muster wurde von Keith Fulsher als naturgetreue Imitation bestimmter Futterfische entworfen. Ihr schlankes Profil erzielt man, indem man ein wenig weißen und braunen Bucktail nach vorne gerichtet einbindet und dann nach hinten legt, wo es um den Hakenschenkel gesichert wird.

JAFFA
Dieser orange Kleinstreamer, der aus gefärbtem Truthahnmarabou gebunden wird, ist im Hochsommer auf Stillwasser-Regenbogner überaus fängig. Er wird in Größen gebunden, die unmittelbar über den Mindestgrößen der internationalen Wettkampfregeln des Fliegenfischens liegen.

FLOATING FRY
Sterbende Kleinfische werden von Forellen gerne von der Oberfläche gepflückt, sodaß sich eine schwimmfähige Kleinfischimitation als überaus fängig erweisen kann. Rehhaar ist hervorragend als Körpermaterial für diese schwimmfähigen Muster geeignet.

MUDDLER MINNOW
Dieser Muddler wurde genau nach dem Don Gapen Muster gebunden. Schwanz und Flügel sind aus eichenfarbenem Truthahn, während ein Kopf aus Rehhaar den Eindruck einer kleinen Koppe erweckt. Von diesem Muster ausgehend entstanden alle uns heute zur Verfügung stehenden Muddlerversionen.

RABBIT
Dieses fängige Muster aus Australien verfügt über einen Rücken aus einem Kaninchenfellstreifen, der unter Wasser für reichlich Bewegung sorgt. Die Körperfarben können beliebig abgewandelt werden.

WOOLLY BUGGER

Dieser Großstreamer wird in einer Vielzahl von Farben und Größen gebunden und gewöhnlich sehr grundnah gefischt, wo er einen Blutegel und große Nymphen, wie etwa Steinfliegen- und Libellenlarven, imitieren soll.

TIN HEAD

In England wurden Fliegen mit beschwerten Köpfen und langen, beweglichen Schwänzen zum Befischen von stillstehenden Gewässern sehr beliebt. Die Tin Heads gibt es in einer Vielzahl von Kombinationen unterschiedlicher Schwanz-, Körper- und Kopffarben. Hierzu gehören olive Fliegen mit einem silbrigen Kopf sowie schwarze Fliegen mit einer gesprenkelten Hechel und einem entweder roten oder fluoreszierend grünen Kopf.

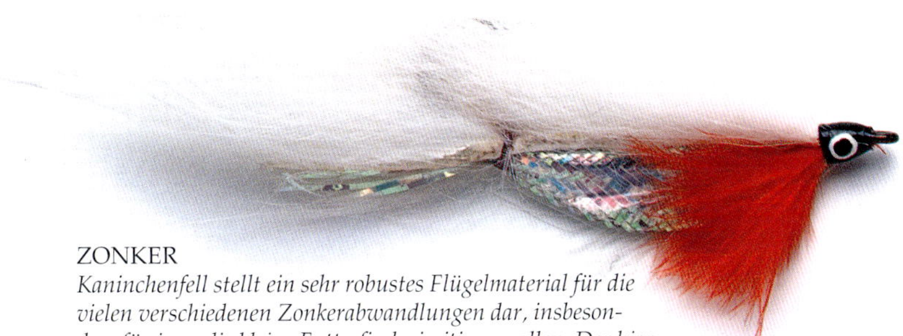

ZONKER

Kaninchenfell stellt ein sehr robustes Flügelmaterial für die vielen verschiedenen Zonkerabwandlungen dar, insbesondere für jene, die kleine Futterfische imitieren sollen. Der hier abgebildete Zonker wurde mit einem beschwerten Kiel versehen, der den Haken nach oben gerichtet hält, sodaß die Fliege unmittelbar über hängerträchtigen Untergrund gefischt werden kann.

MINKIE

Dieses Muster ist dem Zonker ähnlich, der Kaninchenstreifen wird hier jedoch durch einen weniger mondänen Nerzfellstreifen ersetzt. Dieses Muster wird entweder beschwert oder unbeschwert gebunden und manchmal mit einem Muddlerkopf versehen. Es ist eine ausgezeichnete Futterfischimitation, die entweder mit langsamen Zügen oder mit Achterschlaufen eingeholt wird.

WHITE TANDEM

Manchmal sind die Forellen auf große Futterfische bis etwa 15 Zentimeter Länge geradezu fixiert und lassen sich dann kaum von einem anderen Köder verleiten. In solchen Momenten ist es wichtig, mit einer Fliege zu fischen, die von der Größe her den Futterfischen ähnlich ist. Indem zwei Haken zu einem Tandem verbunden werden, läßt sich problemlos ein großer, aber dennoch leichter Streamer binden, der weit geworfen werden kann.

PINK NASTY

Rosarot ist eine erstaunliche Farbe, die sich stellenweise als überhaupt nicht fängig herausstellt, demgegenüber aber oft Fische zum Biß verleitet, die keine andere Farbe gereizt hätte. Gordon Fraser hat dieses ungewöhnliche Muster entwickelt, in welchem fluoreszierendes Rosa mit einem beweglichen Schwanz vereint wurde.

BADGER MATUKA

Die Idee, einen Hechelflügel auf der Streameroberseite zu befestigen, stammt aus Neuseeland. Derart gebundene Fliegen sind sehr widerstandsfähig. Der Flügel sieht wie eine langgezogene Rückenflosse aus.

SOFT HACKLE STREAMER

Der amerikanische Fliegenbinder Jack Gartside kam plötzlich auf die Idee, eine Maraboufeder als Hechel einzubinden. Derart einfach gebundene Fliegen sind gute Reizfliegen oder Futterfischimitationen.

VIVA

In stillstehenden Gewässern sind Schwarz und Grün eine zum Forellenfischen sehr fängige Farbkombination, insbesondere wenn im zeitigen Frühjahr sehr langsam gefischt wird. Diese Viva ist eine kompakte Haarflügelversion der Victor Furse.

DIE FISCHARTEN

Jede Fischart (und jeder andere Organismus) stellt aus genetischer Sicht eine eigene Gruppe dar, die aus miteinander verwandten Individuen besteht, die sich bezüglich ihres Aussehens und ihres Verhaltens ähnlich sind, sich untereinander vermehren können, aber nicht - bis auf wenige Ausnahmen - mit anderen Arten. Nah verwandte Arten werden zu Gattungen (oder Genera) zusammengefaßt und miteinander verwandte Gattungen zu Familien. Da die gängigen Fischnamen sich von einer Gegend oder von einem Land zum anderen stark unterscheiden können, werden sie von den Biologen mit ihren wissenschaftlichen Namen bezeichnet, um jegliche Verwechslung auszuschließen. Der wissenschaftliche Name einer Art besteht aus zwei Worten, die gewöhnlich aus dem Lateinischen abgeleitet wurden; das erste definiert die Gattung, das zweite die Art. Die Bachforelle, Salmo trutta, ist somit die Art Trutta, die zur Gattung Salmo gehört. Sie wird ebenfalls als Salmonide bezeichnet, da sie zur Familie der Salmoniden gehört, zu der Lachs, Forelle und Saibling zählen. Es gibt etwa 22000 Fischarten, von denen nur recht wenige für den Angler von Interesse sind. In diesem Kapitel werden die wichtigsten Sportfischarten kurz vorgestellt, gleichzeitig werden Hinweise zu den für sie in Frage kommenden Techniken, dem Gerät und den Ködern gegeben. Sofern es aus praktischer Sicht sinnvoll war, wurden sie in Salz- und Süßwasserfische unterschieden und innerhalb dieser Gruppen alphabetisch nach ihrem Familiennamen geordnet.

DIE HERAUSFORDERUNG DES ANGLERS
Die Fische, denen die Angler nachstellen, reichen von kleinen, nur Insekten fressenden Arten, bis zu so gefräßigen Räubern wie Hecht und Hai.

Anatomie

Fische lassen sich grob in zwei Gruppen einteilen: jene, deren Skelett aus Knochen besteht (die Knochenfische) und jene, deren Skelett aus Knorpel besteht (die Knorpelfische). Neben dem unterschiedlichen Skelettmaterial unterscheiden sich diese Gruppen auch in der Art ihrer Vermehrung. Bis auf wenige Ausnahmen vermehren sich die Knochenfische dadurch, daß von den Weibchen (Rogner) die Eier ins Wasser ausgestoßen werden, während sie mit der Milch der Männchen (Milchner) befruchtet werden. Bei den Knochenfischen werden die Eier wie bei den Säugetieren im Körperinnern der Weibchen befruchtet. (Das Glossar auf den Seiten 280 - 281 enthält eine Kurzerklärung der hier aufgeführten anatomischen Begriffe).

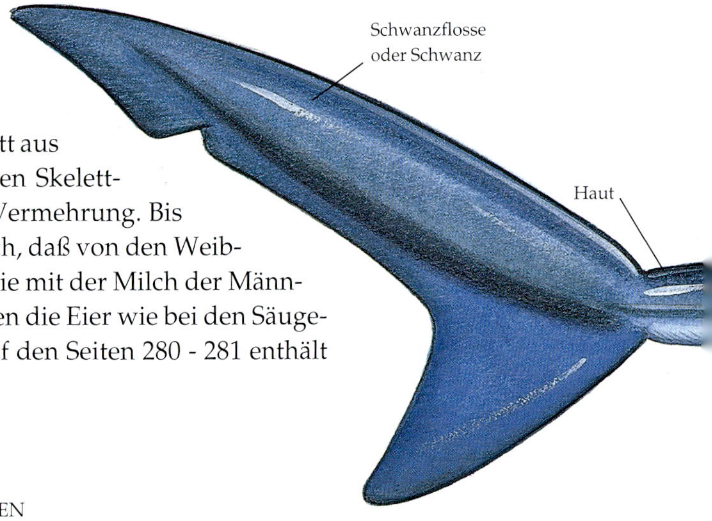

Die Knochenfische (Osteichthyes)

Der typische Knochenfisch verfügt über zwei Flossenpaare (Bauch- und Brustflosse) und über vertikale Flossen (Rücken-, After- und Schwanzflosse). Die vier Kiemenreusen an jeder Kopfseite werden von abgeflachten Knochen bedeckt, von denen das Operculum der größte ist. Die meisten Arten haben eine mit Gas gefüllte Schwimmblase. Durch Abändern der in dieser Blase befindlichen Gasmenge (gewöhnlich Sauerstoff) kann ein Knochenfisch seinen Auftrieb justieren und die jeweils gewünschte Tiefe halten, ohne dabei konstant schwimmen zu müssen. Den Knorpelfischen (siehe gegenüber) fehlt diese Schwimmblase, sie müssen permanent schwimmen, um nicht zu Boden zu sinken.

Kiemen

Ein Fisch "atmet", indem er durch sein Maul Wasser einsaugt, das dann durch die Kiemen gepreßt wird, bevor es aus den Kiemenspalten wieder austritt. An den Kiemenreusen wird der Sauerstoff von empfindlichen Blättchen aus dem Wasser gefiltert und ins Blut übergeleitet, während gleichzeitig die angefallene Kohlensäure vom Blut ins Wasser übergeleitet wird.

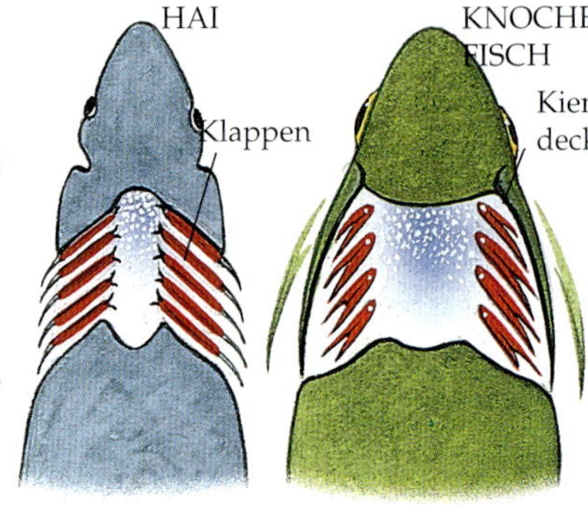

ANATOMIE EINES KNOCHENFISCHES

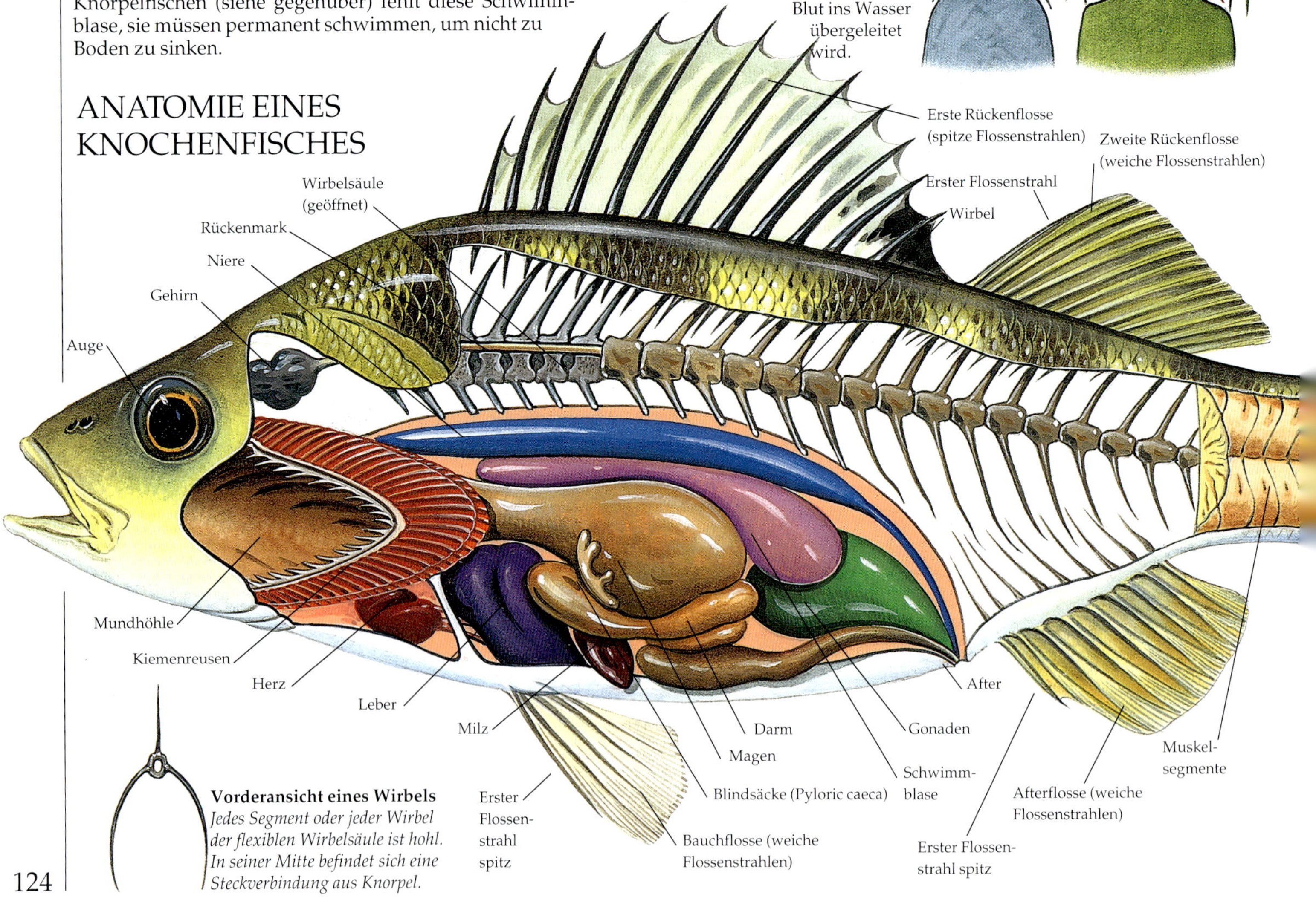

Vorderansicht eines Wirbels
Jedes Segment oder jeder Wirbel der flexiblen Wirbelsäule ist hohl. In seiner Mitte befindet sich eine Steckverbindung aus Knorpel.

ANATOMIE EINES KNORPELFISCHES

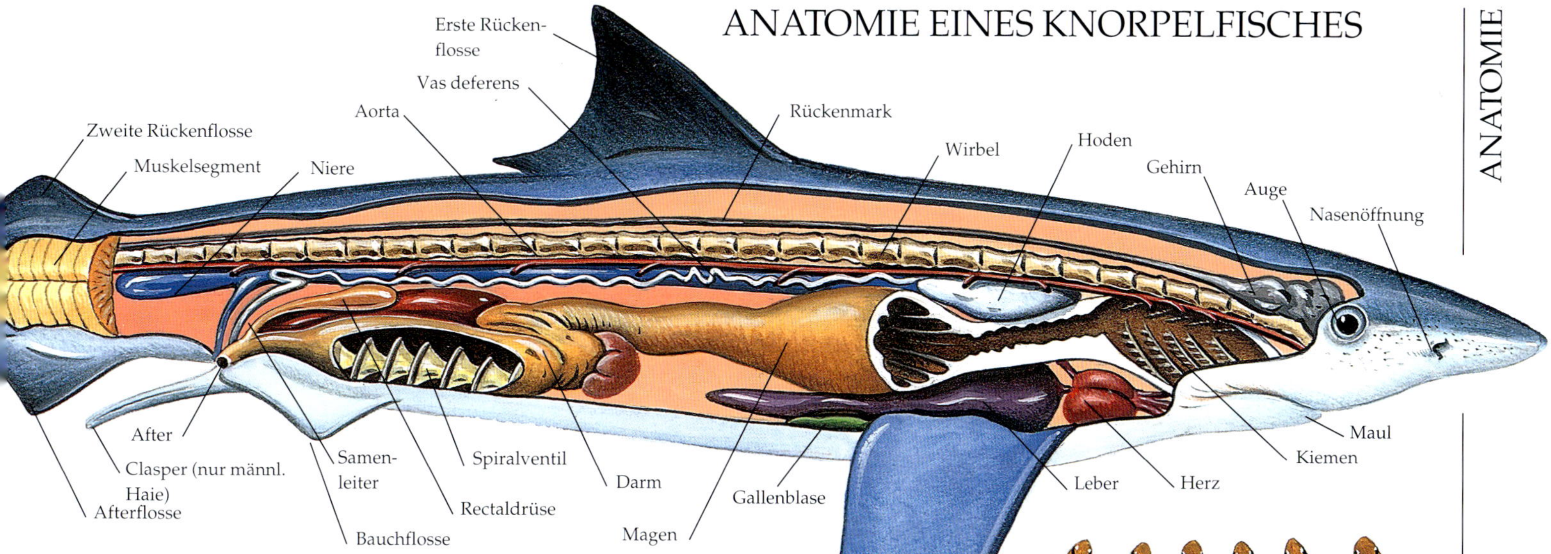

KNORPELFISCHE (CHONDRICHTHYES)

Diese Fischgruppe lebt in erster Linie im Salzwasser. Zu ihr gehören Rochen und Haie. Der Körper der meisten Rochen ist flach und länglich, mit flügelartigen Brustflossen versehen, während sich die Maul- und Kiemenöffnungen auf der Körperunterseite befinden. Die Flossen sind beim Hai etwa ähnlich wie beim Knochenfisch angeordnet, seine Kiemenöffnungen sind jedoch nur einfache Schlitze und sein Darmtrakt enthält ein Spiralventil. Durch dieses "Ventil" wird die zur Verdauung bereitstehende Oberfläche vergrößert.

DAS SCHWIMMEN
Die meisten Rochenarten bewegen sich durch eine wellenartige Bewegung oder durch ein Schlagen ihrer Brustflossen fort, während ein Hai durch seitliche Schwanzbewegungen vorwärtskommt.

DAS SEITENLINIENORGAN

Das Seitenlinienorgan verläuft entlang jeder Körperseite. Es ist auf seiner ganzen Länge mit empfindlichen Sinneszellen überzogen. Diese stellen Schwingungen, Temperatur- und Druckveränderungen fest und helfen dem Fisch dabei, das Gleichgewicht zu halten.

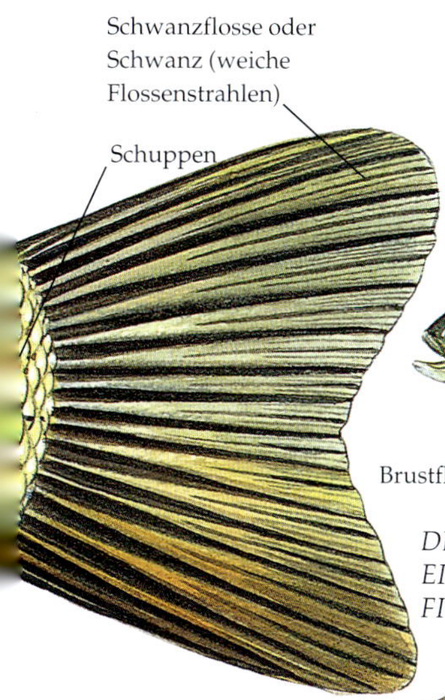

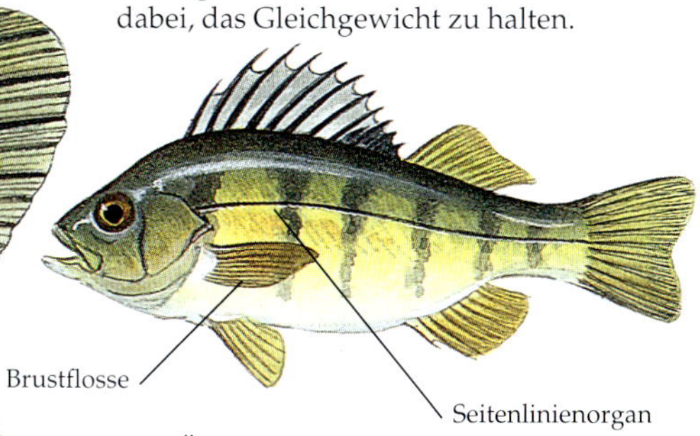

DER SCHÄDEL EINES KNOCHENFISCHES

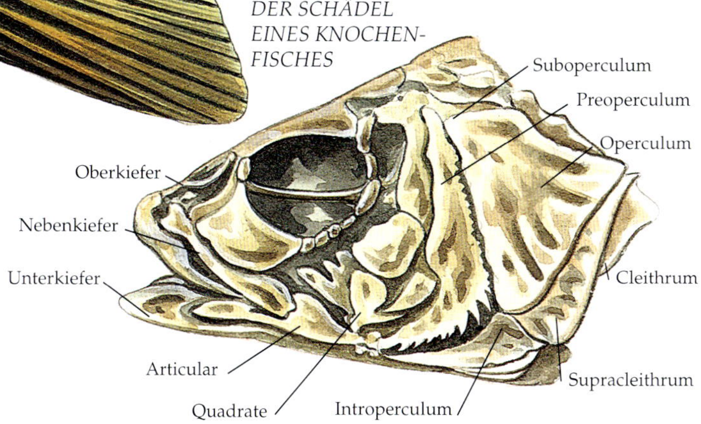

SCHUPPEN

Die Schuppen der meisten Knochenfische sind entweder Rundschuppen (Cycloidschuppen, deren Hinterrand glatt ist) oder Kammschuppen (Ctenoidschuppen, deren Hinterrand mit kleinen Stacheln besetzt ist). Gewöhnlich sind die Schuppen in Reihen angeordnet, die einander überlappen. Werden im Rahmen einer Verletzung Schuppen verloren, so wachsen diese nach. Oft bilden Sie dabei nicht dasselbe Muster wie die ursprünglichen Schuppen aus.

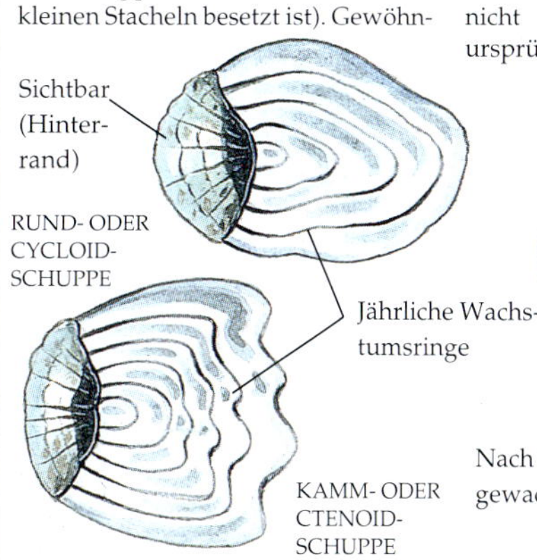

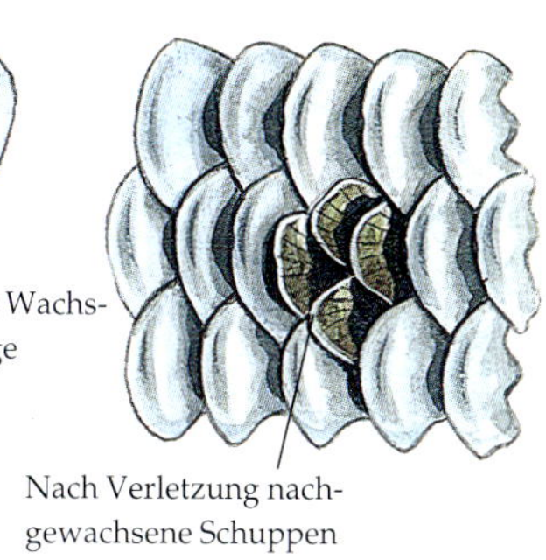

HAISCHUPPEN

Haie verfügen über winzig kleine, spitz zulaufende Schuppen, die als Zahnschuppen (Placoidschuppen) bezeichnet werden.

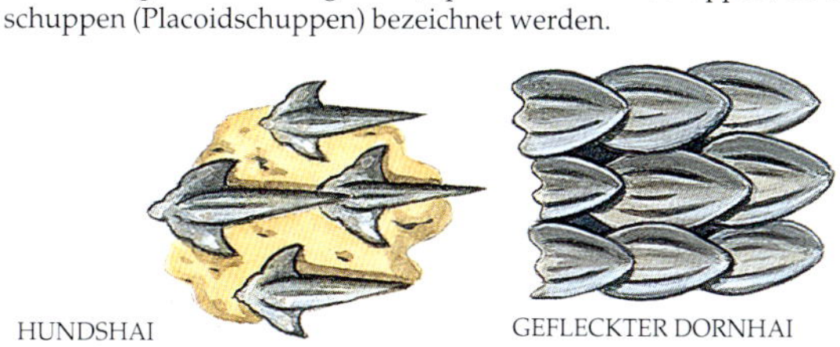

Der Black Bass oder Schwarzbarsch

Zu den unter dem Namen Schwarzbarsch bekannten Fischen gehören zwei der wichtigsten nordamerikanischen Sportfische: der kleinmäulige und der großmäulige Schwarzbarsch (Smallmouth Bass und Largemouth Bass). Die Schwarzbarsche sind die größten Mitglieder der Centrarchidenfamilie.

SUWANNEE BASS
Micropterus notius

Wangen, Brust und Bauch der Männchen sind blau.

Suwannee Bass

Dieser kleine Bass, der nur selten über 350 Gramm wiegt, lebt in den Flußsystemen des Suwannee und des Ochlockonee in Florida und Georgia. Er ist bräunlich gefärbt, sein Rücken und seine Flanken sind schwarz gezeichnet: Wangen, Brust und Bauch des erwachsenen Milchners sind blau.

Spotted Bass

Dieser Bass verdankt seinen Namen einer Reihe kleiner, dunkler Flecken entlang seiner blassen Flanken und seines Bauches. Hauptsächlich ist er in den Flußbecken des Ohio und Mississippi zuhause. Dazu gibt es zwei örtlich eingegrenzte Unterarten, den Alabama Spotted Bass und den Wichita Spotted Bass (Micropterus punctulatus henshalli und M.p.wichitae). Er erreicht etwa 2,3 kg.

Guadeloupe Bass

Der Guadalupe Bass ist dem Spotted Bass ähnlich, seine dunkle, balkenartige Zeichnung jedoch deutlicher. Er ist kleiner und erreicht nur selten 450 Gramm. Sein Verbreitungsgebiet reicht nicht über das der zentraltexanischen Flußbecken des Guadeloupe, Colorado, Brazos, San Antonio und Nueces hinaus.

GUADELOUPE BASS
Micropterus treculi

SPOTTED BASS
Micropterus punctulatus

Largemouth Bass

Der Largemouth Bass verdankt seinen Namen seinem riesigen Maul, das bis hinter die Augen gespalten ist; das des Smallmouth Bass reicht nicht so weit. Im Norden wird der großmäulige Schwarzbarsch nur selten über 4,5 Kilogramm schwer, wogegen die weiter im Süden lebende Unterart, der Florida Largemouth Bass (Micropterus salmoides floridanus), über 10 Kilo schwer wird.

Redeye Bass

Durch seine roten Augen und die weißen Schwanzspitzen läßt sich diese Bassart leicht von den anderen unterscheiden; die Rücken- und Afterflosse der Jungfische sind ziegelrot. Der Redeye Bass zählt zu den kleineren Bassarten. Zwar kann er Gewichte von über 3 Kilo erreichen, gewöhnlich wird er jedoch nicht über 450 Gramm schwer.

REDEYE BASS
Micropterus coosae

Weiße Schwanzflossenspitzen

Angeltips

Techniken
Das Spinnfischen mit Kunstködern, das Fliegenfischen und das Schleppfischen mit Lebendködern sind allesamt fängige Techniken.

Gerät
Zum Spinnfischen ist eine Rute von 1,8 bis 2,4 Meter ratsam. Als Rolle kommt eine Stationär- oder eine Multi-Rolle in Frage. Beide werden mit 0,24 bis 0,30 Millimeter starkem Monofil gefüllt. Zum Fliegenfischen sind Ruten von 2,1 bis 2,7 Meter geeignet, deren Aktion schnell sein sollte. An den Rollenhalter kommt eine Fliegenrolle, die mit einer Wurfschnur der Klassen 7 bis 9 gefüllt wurde und deren Vorfachspitze bei 0,24 mm bis 0,28 mm liegt. Zum Schleppen sollten Sie eine 2,7 bis 3 m lange, eher steife Rute verwenden, deren Testkurve bei 2 1/2 lbs. liegt. Als Rolle kommt eine Multirolle an den Griff, die mit 0,30 mm bis 0,40 mm monofilem Nylon gefüllt wurde. Das Vorfach kann aus Nylon oder Dacron sein; Hakengröße 2/0 bis 5/0.

Köder
Black Bass sind aktive Räuber, die sich mit fast jedem Natur- oder Kunstköder zum Biß verleiten lassen. Unter den Kunstködern sind Spinner, Löffel, Wobbler, Oberflächenköder und Weichplastikköder besonders fängig. Beim Fliegenfischen haben Popper, Streamer und Haar- flügelfliegen ihre Fängigkeit schon längst unter Beweis gestellt. Zum Schleppfischen sollten Sie Köder wie Würmer, Flußkrebse, Blutegel und Elritzen ausprobieren.

Smallmouth Bass

Der unglaublich kämpferische Smallmouth ist der am meisten geschätzte Black Bass. Er wird höchstens 5,4 Kilo schwer und hat eine eindeutige Vorliebe für klare Flüsse und Seen, deren Untergrund aus Fels oder Kies besteht. Der Largemouth Bass zieht pflanzenreiche Gewässer mit weichem Grund vor.

SMALLMOUTH BASS
Micropterus dolomieui

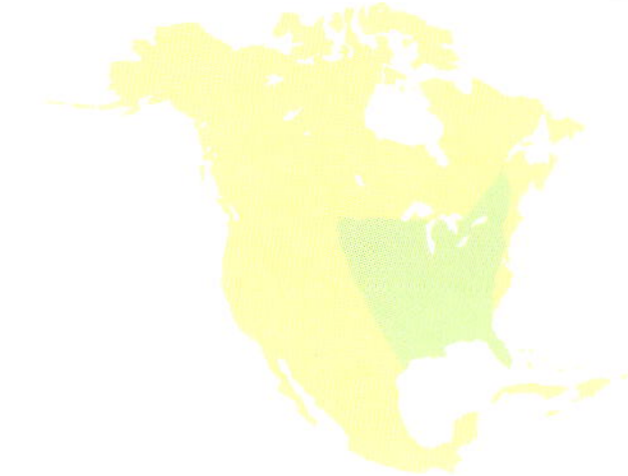

Verbreitung

Smallmouth: von Norddakota bis Québec, Oklahoma und Alabama; über Besatzmaßnahmen gelangte er auch in europäische Gewässer.
Largemouth: von Minnesota bis Québec und im Süden bis an die Küste; über Besatzmaßnahmen ist er auch in wärmeren Gewässern Europas heimisch geworden.
Spotted: das Mississippi-Becken vom südlichen Ohio bis ans Meer; über Besatzmaßnahmen auch in anderen Gewässern.
Guadeloupe: Zentraltexas.
Suwannee: Florida und Georgia.
Redeye: Alabama, Georgia, South Carolina; über Besatzmaßnahmen auch in anderen Gewässern.

LARGEMOUTH BASS
Micropterus salmoides

Die Nahrungsaufnahme
Alle Bassarten sind aktive Räuber. Als Jungfische ernähren sie sich von winzigen Krebstieren, Insekten und deren Larven sowie Würmern und Kaulquappen. Aber schon bald suchen sie sich größere Opfer, wie Fische, Flußkrebse und Frösche aus. Wirklich große fallen gelegentlich auch über kleine Wasservögel her.

LARGEMOUTH BASS

SMALLMOUTH BASS

Die Rückenflossen
Neben ihren unterschiedlich großen Mäulern unterscheiden sich Smallmouth und Largemouth Bass auch durch ihre Rückenflossen voneinander. Beim Largemouth Bass ist die stachelige erste Rückenflosse in ihrer Mitte am höchsten und von der zweiten Rückenflosse nahezu getrennt. Die erste Rückenflosse des Smallmouth Bass ist ein wenig niedriger und mit der zweiten verbunden. Der untere Rand der zweiten Rückenflosse ist mit einigen Schuppen versehen.

Größenvergleich

Largemouth bass · Smallmouth bass · Spotted bass · Redeye bass · Guadeloupe bass · Suwanee bass

Bluegill, Crappies, Pumpkinseed & andere Sonnenbarsche

Diese kleinen Verwandten der Schwarzbarsche zählen zu den beliebtesten Kleinfischen der amerikanischen Angler (Panfish=Pfannenfisch), da ihr Fang (und Verzehr) beträchtliche Freude bereiten. Ihr Verbreitungsgebiet hat sich als Folge umfangreicher Besatzmaßnahmen stark erweitert.

Pumpkinseed

Dieser attraktive Kleinfisch lebt in den Krautbänken von Seen und Weihern sowie in ruhigen Flußabschnitten. Sein Maximalgewicht liegt bei 500 Gramm, meistens ist er jedoch deutlich kleiner.

Bluegill

Der Bluegill ist der am weitesten verbreitete "Panfish" und sehr wahrscheinlich auch die Fischart, auf die in Nordamerika am meisten gefischt wird. Er zieht ruhige, verkrautete Gewässer vor und sein Durchschnittsgewicht liegt bei 100 Gramm, auch wenn er über 1,8 Kilo schwer werden kann.

BLUEGILL
Lepomis macrochirus

PUMPKINSEED
Lepomis gibbosus

Redbreast Sunfish

Der Redbreast Sunfish, der maximal 450 Gramm schwer wird, lebt hauptsächlich in den Bächen und kleinen bis mittelgroßen Flüssen entlang der nordamerikanischen Atlantikküste. Manchmal trifft man ihn auch in Teichen und im Randbereich größerer Seen an.

REDBREAST SUNFISH
Lepomis auritus

Die Kiemendeckel
Sonnenbarsche aus der Gattung Lepomis lassen sich anhand ihrer Kiemendeckelform und -zeichnung leicht identifizieren.

REDBREAST SUNFISH

PUMPKINSEED

REDEAR SUNFISCH

Green Sunfish

Der Green Sunfish hat einen länglicheren Körper als die meisten anderen Sonnenbarsche. Der Oberkiefer seines tief gespaltenen Maules reicht bis unter das Auge. Wie der Redbreast Sunfish lebt auch er bevorzugt in Fließgewässern, ist aber auch in stillstehenden Gewässern anzutreffen. Er kann annähernd ein Kilo schwer werden.

REDEAR SUNFISH
Lepomis microlophus

GREEN SUNFISH
Lepomis cyanellus

Redear Sunfish

Der plumpe Redear Sunfish wird ebenfalls als "Muschelknacker" bezeichnet, da Muscheln und Schnecken auf seinem Speiseplan stehen, die er mit seinen kraftvollen Kiefern zermalmt. Er kann über zwei Kilo schwer werden.

WHITE CRAPPIE
Pomoxis annularis

WHITE CRAPPIE

Das White Crappie ist gewöhnlich etwas größer als das nah mit ihm verwandte Black Crappie, ebenso ist es auch blasser gezeichnet. Am zuverlässigsten lassen sich beide Arten anhand der Anzahl ihrer Flossenstrahlen in der ersten Rückenflosse unterscheiden: das White Crappie hat sechs, das Black Crappie hat sieben oder acht. Gewöhnlich wiegt ein White Crappie zwischen 450 und 680 Gramm, es kann jedoch über 2,2 Kilo schwer werden.

VERBREITUNG

Pumpkinseed: in den Gewässersystemen von Dakota und Iowa bis an den Atlantik.
Bluegill: von den Great Lakes bis an die Karibik und New Mexico; über Besatzmaßnahmen auch in vielen weiteren Gegenden.
Redbreast Sunfish: in den Gewässersystemen entlang des Atlantik.
Green Sunfish: von den Great Lakes bis Texas.
Redear Subfish: von Indiana bis an die Karibik; über Besatzmaßnahmen auch in vielen weiteren Gegenden.
Crappies: östliches Nordamerika, vom südlichen Kanada bis an die Karibik; über Besatzmaßnahmen auch in vielen weiteren Gegenden.
Rock Bass: von Manitoba bis New England und dem nördlichen Alabama.

BLACK CRAPPIE
Pomoxis nigromaculatus

BLACK CRAPPIE

Das Black Crappie lebt oft mit dem White Crappie zusammen und beide Arten sind recht weit verbreitet. Sie sind in Teichen, Seen und Flüssen anzutreffen, wobei das Black Crappie jedoch eine Vorliebe für größere und klarere Gewässer hat. Sein Durchschnittsgewicht liegt zwischen 340 und 680 Gramm, es kann allerdings über 2,2 Kilo schwer werden.

ROCK BASS
Ambloplites rupestris

ANGELTIPS

Techniken
Posen- , Fliegen- und Spinnfischen, immer mit leichtem Gerät.

Gerät
Zum Posenfischen ist eine 3 bis 4,3 m lange Stipprute ratsam, an die monofile Schnur von 0,24 mm bis 0,32 mm kommt, sowie ein kleiner Jig oder ein Schwimmer mit lebendem Köderfisch. Ebenso geeignet ist eine 1,8 bis 2,1 m lange, ultraleichte Spinnrute, an der eine mit 0,16 mm monofiler Schnur gefüllte Stationärrolle hängt. Die Hakengrößen sollten beim Posenfischen zwischen 10 und 14 liegen. Beschwert wird die Montage mit Spaltblei, und zwar etwa 30 cm über dem Haken. Zum Fliegenfischen ist eine Fliegenrute der Klasse 4 - 5 ratsam, mit dazu passender Schnur und Rolle. Zum Fischen mit einem Baitcaster ist eine 1,4 m bis 1,8 m lange Rute empfehlenswert, auf die eine Baitcasterrolle mit 0,16 bis 0,20 mm Schnur kommt.

Köder
Kleine Elritzen, Würmer, Maden und Jigs zum Posenfischen; winzige Naßfliegen, Nymphen und Trockenfliegen zum Fliegenfischen; Miniaturspinner und -wobbler zum Baitcasting.

ROCK BASS

Der gesprenkelte, dunkelolivfarbene Rock Bass hat auffällig rote Augen und ein großes Maul. Der Randbereich des dunklen Fleckes auf seinem Kiemendeckel ist gewöhnlich weiß oder goldfarben. Er ist in klaren, felsigen Bächen sehr gängig, lebt aber auch im Randbereich großer Seen, deren Grund felsig und dichtbewachsen ist. Sein Maximalgewicht liegt bei 1,4 Kilo, meist ist er allerdings nur um 220 Gramm schwer.

Größenvergleich

Barbe, Schleie & Rapfen

Die Schleie ist ein sehr begehrter Sportfisch, der über Besatzmaßnahmen auch in Australien und Nordamerika heimisch wurde. Sie lebt in erster Linie in stillstehenden Gewässern, auch wenn sie in den Unterläufen von Flüssen vorkommt. Rapfen leben in großen Seen und, wie die Barbe, in der Mitte sauberer Flüsse, deren Strömung recht schnell und deren Wasser sauerstoffreich ist. In den Gegenden Europas, an denen sich die Verbreitungsgebiete von Barbe und Rapfen überschneiden, leben diese Fische oft in denselben Gewässern, die Barbe am Grund und der Rapfen im Freiwasser.

ROGNER MILCHNER

GESCHLECHTSUNTERSCHIEDE BEI DER SCHLEIE
Das Geschlecht einer Schleie läßt sich anhand ihrer Bauchflossen feststellen. Die der Männchen sind viel länger und breiter als die der Weibchen. Sie ragen bis über die Afteröffnung hinaus.

SCHLEIE
Die winzigen Schleienschuppen werden von einer schützenden Schleimschicht überzogen. Da sie sehr eng am Körper anliegen, sieht es so aus, als würden sie fast gänzlich fehlen. Die Flossen sind weich abgerundet und die Schwanzwurzel der kaum gespaltenen Schwanzflosse ist recht dick. Zwar gibt es Fangberichte von bis zu 17 Pfund schweren Rekordfischen, dennoch sind Schleien langsam abwachsende Fische, die gewöhnlich höchstens 1,8 Kilo schwer werden.

SCHLEIE
Tinca tinca

GOLDSCHLEIE
Tinca tinca

Goldschleie
Orangefarbene Schleien werden in vielen Teichen und Weihern als Zierfische gehalten. Der Körper ist orange, manchmal gelblich und vereinzelt mit dunkler Zeichnung überzogen. Die Flossenränder sind auch weniger abgerundet als die gewöhnlicher Schleien.

Männl. Laichrapfen
Zur Laichzeit bilden die männliche Rapfen Laichausschlag aus, der Kopf und Rücken überzieht. Rapfen laichen im Frühjahr über Kiesböden.

RAPFEN
Der schlanke, stromlinienförmige Körper des räuberisch lebenden Rapfen verleiht ihm die zur Nahrungsaufnahme notwendige Agilität und Geschwindigkeit. Hauptsächlich ernährt er sich von oberflächennah lebenden Kleinfischen. Dieser sehr beliebte Sportfisch kämpft unglaublich gut. Er zieht tiefes Wasser vor und ist oft in aufgestauten Flußabschnitten anzutreffen. Rapfen wiegen im Schnitt sieben Pfund, können jedoch bis 12 Kilo schwer werden.

Die Nahrung
Schleien und Barben haben einen sehr vielseitigen Speiseplan, der Pflanzen, Insekten, Mollusken und Kleinkrebse enthält. Als Jungfische fressen Rapfen Insekten und Kleinkrebse, sind sie erst einmal erwachsen, ziehen sie Kleinfische, wie etwa Lauben vor.

RAPFEN
Aspius aspius

Größenvergleich

Iberische Barbe

Die iberische Barbe ist in den schnellfließenden Hochlandflüssen und -bächen Südeuropas zuhause. Sie ist viel kleiner als Barbus barbus, ihr Durchschnittsgewicht liegt lediglich bei 250 Gramm.

IBERISCHE BARBE
Barbus meridionalis

Verbreitung

Schleie: in ganz Europa mit Ausnahme vom nördlichen Skandinavien; wurde erfolgreich in Nordamerika und Australien eingeführt.
Barbe: von Südengland und Wales bis nach Südeuropa.
Iberische Barbe: Nordspanien, Südfrankreich, Norditalien und Donaubecken.
Rapfen: von Ostholland ostwärts bis nach Zentraleuropa und an das Kaspische Meer.

Barbe

In dem von ihr bevorzugten, schnellfließenden Wasser hilft der Barbe ihr stromlinienförmiger, flachbauchiger Körper dabei, sich in unmittelbarer Grundnähe aufzuhalten, wo sie sich ernährt. Am Haken setzt die Barbe ihre unglaubliche Kraft unter Beweis, indem sie lang und zäh bis zur völligen Erschöpfung kämpft. Bei gleicher Größe ist ihre Körperkraft mit der eines Lachses vergleichbar. Gewöhnlich wird sie etwas über zwei Kilo schwer, es wurden aber bereits Exemplare von über 7 Kilo gefangen.

BARBE
Barbus barbus

Maul und Barteln
Das nach unten gerichtete Barbenmaul ist mit wulstigen Lippen versehen, die sich herrlich zum Absuchen des Grundes eignen. Die vier Barteln sind mit zahlreichen Sinneszellen überzogen, die wie eine externe Zunge arbeiten, da der Fisch mit ihrer Hilfe potentielle Nahrung erkennen kann.

Die Jungbarbe
Bis zu einem Gewicht von etwa 200 bis 350 Gramm und einer Länge von 15 bis 20 cm sind die Seiten der jungen Barben oft gesprenkelt. Ihre Färbung scheint dann auch ein wenig oliv-grüner als die ihrer Eltern zu sein.

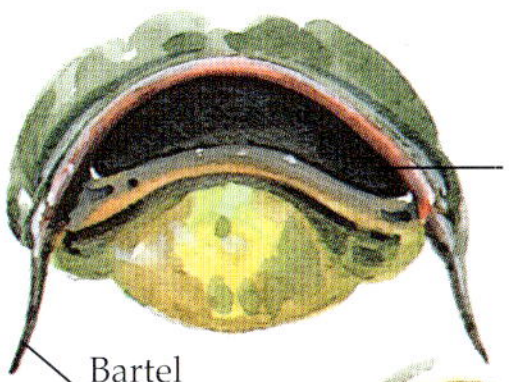

Gründling und Schleie haben zwei Barteln.

Bartel

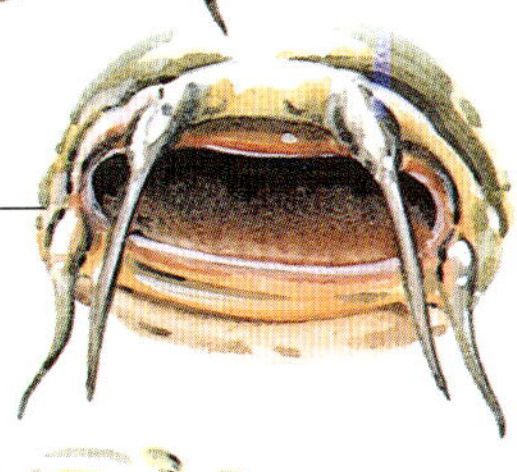

Barben und Karpfen haben vier Barteln

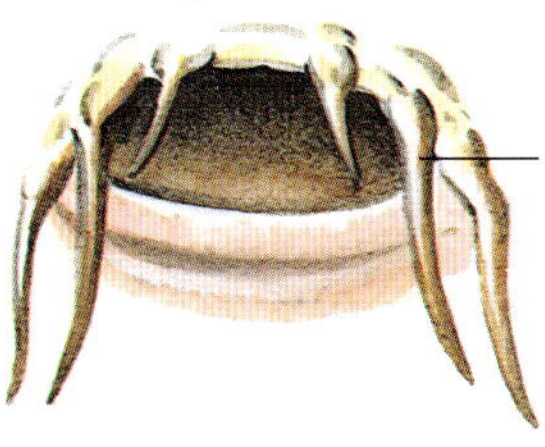

Ein Steinbeißer hat sechs Barteln.

Identifizierung
Über die Anzahl der Barteln können Sie Jungkarpfen und -barben von ähnlichen Fischen unterscheiden.

Angeltips

Techniken

Posen- und Grundfischen für die Schleien; Kunstköder und tote Köderfische für die Rapfen; Posen- und Grundfischen für die Barbe, insbesondere Grundfischen mit Futterkörbchen.

Gerät

Zum Posenfischen auf Schleien sollten Sie eine etwa 3,7 m lange Rute mit mittlerer Aktion nehmen, die mit einer mit 0,30 mm Schnur gefüllten Stationärrolle versehen ist. Die Hakengröße liegt bei 6 bis 8. Zum Grundfischen auf Schleien eignet sich eine 3,7 m lange Avon-Rute, die mit einer mit 0,26 mm gefüllten Stationärrolle versehen ist. Des weiteren sind Haken der Größe 6 bis 12 und ein Futterkörbchen notwendig. Zum Fang von Rapfen eignet sich eine 2,7 m lange Spinnrute mit mittlerer Aktion, an die eine mit 0,32 mm gefüllte Stationärrolle kommt. Als Köder dient ein kleiner Löffel. Zum Grundfischen auf Barben brauchen wir eine 3,7 m lange Rute mit Quivertip, eine mit 0,28 mm gefüllte Stationärrolle sowie Haken der Größe 8 bis 12 und ein Futterkörbchen.

Köder

Gute Schleienköder sind u.a. Brot, Maden, Mais, Würmer, Fleisch und kleine Boilies. Rapfen lassen sich auf Löffel fangen, insbesondere dann, wenn ein kleines rotes Wollstück an den Haken gebunden wurde. Des weiteren sind laubenartige Kleinfische erfolgreiche Köder. Zum Barbenfischen verwenden Sie am besten Maden, Fleisch, Hanf, Mais, Würmer, Brot und Käse.

Brachse, Nase & Zährte

Diese europäischen Mitglieder aus der Familie der karpfenartigen Fische sind alle in erster Linie Grundfische. Brachsen sind sehr weit verbreitete Fische, die in stillstehenden Gewässern, Kanälen und in tiefen, träge fließenden Flüssen zuhause sind. Die Nase zieht schnellerfließendes Wasser vor und ist daher eher in den mittleren Flußabschnitten anzutreffen. Die Zährte ist in den mittleren und unteren Abschnitten großer, träger Flüsse zuhause. Der am weitesten verbreitete Fisch unter diesen Arten ist die Brachse (Abramis brama).

JUNG-BRACHSE

JUNGBRACHSE
Als Jungfische sind Brachsen silbrig und ihre Flossen dunkel.

NASE
Chondrostona nasus

NASE
Der silbrige, schlanke Nasenkörper hat rote Flossen. Der Kopf ist klein und die Nase auffällig groß. Nasen ernähren sich von Algen und Pflanzen, die sie mit ihrer harten, hornigen Unterlippe von den Felsen und Steinen schaben. Maximal werden diese Fische etwa 1,8 Kilo schwer. Der südwesteuropäische Näsling (Chondrostoma toxostoma) sieht der Nase ähnlich, ist jedoch kleiner.

Rotaugen/Brachsenhybriden
Wo große Brachsen- und Rotaugenschwärme in demselben Gewässer ablaichen, sind Rotaugen/Brachsenhybriden häufig. Um einen solchen Hybriden zu identifizieren, braucht man lediglich die Anzahl der Flossenstrahlen der Afterflosse zu zählen: das Rotauge hat 9 bis 12, die Brachse 23 bis 29 und die Hybriden 14 bis 19.

ROTAUGEN/ BRACHSENHYBRID

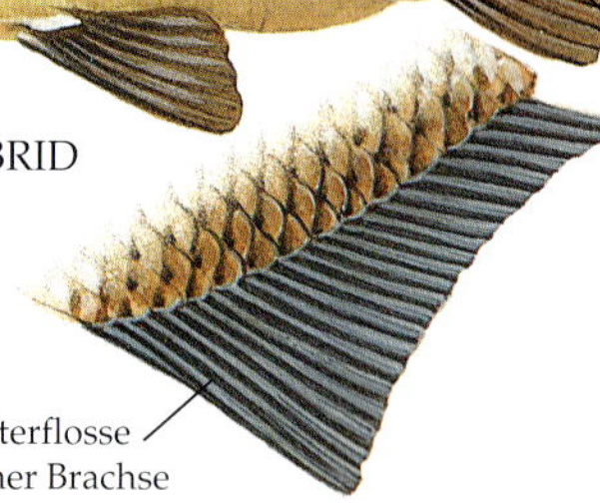

Afterflosse einer Brachse

ZÄHRTE *Vimba vimba*

ZÄHRTE
Die meiste Zeit des Jahres hat die Zährte silbrige Flanken und einen blaugrauen Rücken. Zur Laichzeit (im Frühsommer) wird das Männchen auf dem Rücken jedoch sehr dunkel, während sich sein Bauch orangerot verfärbt. In erster Linie ernährt sich die Zährte von Würmern, Mollusken und Krebsen. Ihr Gewicht liegt meist bei einem Pfund, sie kann aber auch sechs Pfund schwer werden.

DIE NAHRUNGSAUFNAHME DER BRACHSE
Zur Nahrungsaufnahme stellt sich die Brachse aufrecht, während ihr Maul nach vorne gestülpt wird, um Würmer, Mollusken, Krebse und Insektenlarven einzusaugen. Ein Schwarm Brachsen bei der Nahrungsaufnahme läßt sich oft anhand von am Grund aufgewirbelten Schlammwölkchen orten.

GÜSTER
Blicca bjoerkna

Größenvergleich

Brachse Zähre Nase Güster Zobel

BRACHSE
Abramis brama

BRACHSE

Die Brachse ist ein sehr beliebter Angelfisch. Ihr Kopf ist schuppenlos und der Körper sehr hochrückig. Die kleinen Schuppen sind von einer dicken Schleimschicht überzogen. In der Körperfarbe überwiegt das Goldbraun, während Brust- und Bauchflosse ein wenig rötlich wirken. Eine erwachsene Brachse wiegt meist zwischen 1,8 und 3,2 Kilo, nur selten werden 9 Kilo Körpergewicht erreicht.

VERBREITUNG

Brachse: von Irland ostwärts durch fast ganz Nord-, Zentral und Südeuropa bis an den Ural und einige zentralasische Gewässer.

Güster: von Ostengland bis an das Kaspische Meer, außer in Nordskandinavien, Spanien, Portugal und Italien.

Zobel: Donau- und Wolgabecken.

Nase: von Frankreich bis nach Westrußland und bis an das Kaspische Meer.

Zährte: von der Ostsee quer durch Nord-, Zentral- und Osteuropa.

IRISCHE BRACHSE

Viele bronzefarbene Brachsen aus dem irischen Shannonbecken, wo die Brachsen hervorragend abwachsen, haben ungewöhnlich gestreifte Flanken. Viele dieser Fische werden über zehn Pfund schwer.

IRISCHE BRACHSE
Abramis brama

ZOBEL
Abramis sapa

ZOBEL

Der Zobel ist ein kleiner, silbriger Fisch, der lediglich 800 Gramm schwer wird. Seine Maulspitze ist stumpf und die Afterflosse ungewöhnlich lang. Der Zobel ist im Donaubecken und in den Zuläufen des Aralsees und jenen des Schwarzen und Kaspischen Meeres zuhause.

GÜSTER

Die geringe Größe, der schlankere Körper und die leuchtend silbrigen Flanken helfen dabei, die Güster von der Brachse zu unterscheiden. Ihre Lebens- und Freßgewohnheiten unterscheiden sich kaum, dafür aber die Größe: die Güster ist viel kleiner und wird maximal ein Pfund schwer.

ANGELTIPS

Techniken

Nase und Zährte sind typische Grundfische, die sich sehr gut beim Posenfischen fangen lassen, sofern der Köder unmittelbar über dem Grund angeboten wird. Beim Brachsenfischen ist es gleich, ob mit der Grund- oder mit der Posenrute gefischt wird. Empfehlenswert ist, oft und mit großen Mengen anzufüttern. Brachsen bleiben nicht lange an einer Stelle, an der nicht unmittelbar ausreichend Nahrung erhältlich ist: füttern Sie mit großen Futterballen aus Brot, Hanf, Maden, Castern oder Würmern an.

Gerät

Für den Fang von Nase und Zährte sollten Sie mit einer 3,7 bis 4 m langen Match- oder Posenrute ihr Glück versuchen. Sie sollte eine leichte Spitzenaktion haben, die Stationärrolle ist mit 0,12 mm Schnur gefüllt mit Hakengrößen 16 bis 20. Zum Posenfischen auf Brachsen brauchen wir eine 4 bis 4,3 m lange Posenrute, an die eine Stationärrolle kommt, die mit 0,25 bis 0,28 mm Schnur gefüllt wurde. Die Hakengrößen liegen bei 10 bis 14. Zum Grundfischen auf Brachsen sollten Sie eine 3,4 bis 3,7 m lange Rute mit montierter Quivertip verwenden. Die Stationärrolle wird mit 0,16 bis 0,24 mm Schnur gefüllt und die Hakengrößen liegen bei 10 bis 14.

Köder

Brotflocken sind fängige Nasenköder, gekochte Gerste, Maden, kleine Wurmstücke und Brotflocken sind gute Köder für die Zährte. Für den Fang von Brachsen sind Brotflocken, Maden, Caster, Würmer und Maiskörner gute Köder. In Brotteig eingeknetete Maden und Kleinwürmer eignen sich zum Grundfischen.

Karpfen

Wildkarpfen wurden in Asien bereits im vierten Jahrhundert vor unserer Zeitrechnung gezüchtet. Durch Selektieren der Zuchtfische wurde in Osteuropa eine ganze Reihe von Varianten herbeigezüchtet, wie beispielsweise der Schuppen-, der Leder- und der Spiegelkarpfen. Über Besatzmaßnahmen haben sich diese Fische und die ursprüngliche Wildform über ganz Europa verteilt und auch nordamerikanische und australische Gewässer wurden bereits mit Karpfen besetzt.

Angeltips

Techniken
Posenfischen und Grundfischen für Karpfen; Posenfischen auf Karauschen.

Gerät
Zum Posenfischen auf Karpfen ist eine 3 bis 3,7 m lange Rute mit 1 1/2 lbs Testkurve notwendig, sowie 0,28 mm Schnur und Haken der Größen 8 bis 12. Zum Grundfischen ist schwereres Gerät erforderlich, beispielsweise eine 3,3 m lange Rute mit einer Testkurve von 2 lbs. Die Stationärrolle wird mit 0,32 mm Schnur gefüllt und die Hakengrößen liegen bei 6 bis 10. Zum Fang von Karauschen ist eine leichte Rute von vier Meter ratsam, deren Stationärrolle mit 0,10 bis 0,14 mm Schnur gefüllt wird. Die Hakengrößen liegen zwischen 12 und 18.

Köder
Als Karpfenköder kommen unglaublich viele in Frage und ständig werden neue entdeckt. Zu den bereits klassischen Karpfenködern gehören Brot, Würmer, Maden, Frühstücksfleisch, Maiskörner und Kartoffeln. Im Handel sind auch eigens zum Fang von Karpfen hergestellte Köder wie etwa Boilies erhältlich sowie zahlreiche Köderadditive (Geschmacks- und Geruchsverstärker).

Wildkarpfen

Der Wildkarpfen ist ein starker, nur langsam abwachsender Fisch, dessen Kopf schuppenlos ist, während ein geschlossenes Schuppenkleid seinen Körper überzieht. Er ist kleiner und länglicher als der Schuppenkarpfen und wiegt durchschnittlich ein bis zwei Kilo, nur selten wird er über 18 Pfund schwer.

WILDKARPFEN
Cyprinus carpio

Das Laichgeschäft
Wild- und Schuppenkarpfen laichen im späten Frühling oder im Frühsommer, sobald die Wassertemperatur 18°C übersteigt. Die Eiablage erfolgt in seichtem Wasser, das möglichst pflanzenreich und der Sonne gut ausgesetzt sein soll. Die Eier selbst werden an die Blätter und Stiele der Wasserpflanzen geklebt. Nach 5 bis 8 Tagen schlüpfen die Jungfische, die sich augenblicklich an den Pflanzen festsaugen. Diese Jungfische wachsen sehr schnell ab.

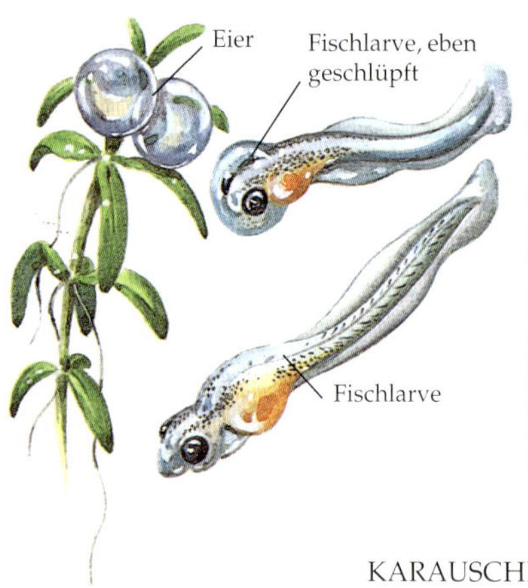

Die Nahrungsaufnahme
Karpfen gehen an der Oberfläche, im Mittelwasser und in Grundnähe auf Futtersuche, wo sie Pflanzen, Algen, Schnecken, Würmer, Insektenlarven, Krebse, Muscheln und viele weitere Organismen vertilgen. Sie stülpen ihr Maul weit vor und saugen die Nahrung wie mit einem Staubsauger ein. So pflügen sie sich manchmal regelrecht durch den Gewässergrund, wobei Sedimentwolken und verrottende Pflanzen aufgewirbelt werden.

Karausche

Dieser kleine, sehr hochrückige Fisch ist näher mit dem Goldfisch als mit dem Wildkarpfen verwandt, läßt sich aber mit beiden Arten kreuzen. Sein Durchschnittsgewicht beträgt etwa 250 Gramm, er kann jedoch über 5 Pfund schwer werden. Die Karausche ist gegenüber Temperaturschwankungen, niedrigem Sauerstoffgehalt, saurem Wasser und dichtem Wasserpflanzenwuchs sehr unempfindlich.

KARAUSCHE
Carassius carassius

Größenvergleich

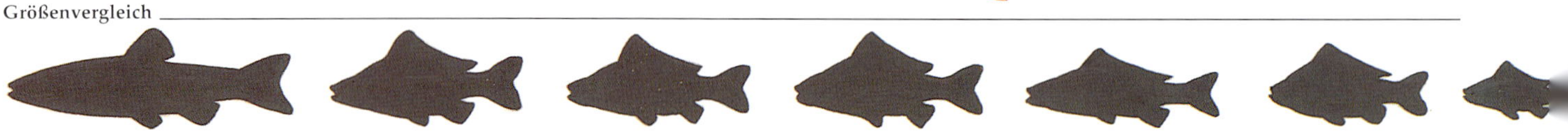

Graskarpfen
Das große Maul des Graskarpfens ist hervorragend zum Vertilgen von Pflanzen geeignet. Aufgrund seines immensen Hungers wurden viele völlig verkrautete Kanäle, Weiher und Seen in Europa und Nordamerika mit dieser Fischart besetzt. Seine Wachstumsrate ist hoch und in warmen Gewässern kann der Graskarpfen über 35 Kilo schwer werden.

GRASKARPFEN
Ctenopharyngodon idella

Verbreitung
Schuppenkarpfen: fast in ganz Eurasien; Nordamerika, Südafrika, Indien, Australien und Neuseeland.
Karausche, Graskarpfen und Goldfisch: heimisch in Europa, durch Besatzmaßnahmen heute weltweit verbreitet.

GOLDFISCH
Carassius carassius

Goldfisch
Nach einigen Generationenfolgen in freier Natur erhält der Goldfisch sein ursprüngliches Schuppenkleid wieder. Maximal erreicht er etwa drei Kilo Körpergewicht.

SCHUPPENKARPFEN
Cyprinus carpio

Schuppenkarpfen
Der schwere, hochrückige Schuppenkarpfen ist, ebenso wie Leder- und Spiegelkarpfen, das Ergebnis jahrhundertelanger selektiver Zucht. Wie beim Wildkarpfen, von dem er abstammt, ist auch der Kopf des Schuppenkarpfens schuppenlos, während sein gesamter Körper mit einem lückenlosen Schuppenkleid überzogen ist. Er wird etwa 36 Kilo schwer und kann Längen von 150 cm erreichen.

Spiegelkarpfenschuppen
Die Schuppen eines Spiegelkarpfens sind viel größer als die des Schuppenkarpfens. Eine typische Spiegelkarpfenschuppe kann ohne weiteres 5 cm lang und 3 cm breit sein, während die eines vergleichbar großen Schuppenkarpfens 3 cm lang und 2,5 cm breit ist.

SPIEGELKARPFEN
Cyprinus carpio

Lederkarpfen
Der schuppenlose oder fast gänzlich schuppenlose Lederkarpfen ist eine Abwandlung des Schuppenkarpfens. Die wenigen übriggebliebenen Schuppen sind sehr groß und befinden sich gewöhnlich in Flossennähe oder am Schwanz. Wie Schuppen- und Spiegelkarpfen wurde auch der Lederkarpfen weltweit in viele Gewässer ausgesetzt.

LEDERKARPFEN
Cyprinus carpio

Spiegelkarpfen
Spiegelkarpfen gibt es in unterschiedlichen Formen. Die fast ganz beschuppten sind mit großen, unregelmäßigen Schuppen überzogen; an anderen sitzen die Schuppen nur in den Randbereichen, während sie beim Zeilkarpfen in Streifen entlang der Seitenlinien angeordnet sind.

Döbel, Hasel, Rotauge & Rotfeder

Diese beliebten Angelfische sind in den europäischen Flüssen und Seen weit verbreitet. Döbel und Hasel ziehen gemäßigte Strömung bis schnellfließendes, klares Wasser vor, sind aber auch in trägen Unterläufen und in Seen zuhause. Rotaugen und Rotfedern gedeihen in Kanälen, trägen Flüssen und pflanzenreichen Seen gut. In Australien wurde mit Rotaugen besetzt und heute erhält sich der Bestand von Victoria und New South Wales von selbst. Im Nordosten der Vereinigten Staaten wurden Rotfedern ausgesetzt, die sich mittlerweile in Maine und im unteren Hudson-Becken in New York vermehren.

Döbelnahrung
Jungdöbel fressen in erster Linie Insektenlarven und wirbellose Wasserlebewesen. Erwachsene Döbel sind typische Allesfresser, deren Rundmäuler begierig Kleinfische, Frösche, Flußkrebse, Würmer und von überhängenden Büschen und Bäumen fallende Beeren einsaugen.

DÖBEL
Leuciscus cephalus

DÖBEL
Der Körper des Döbels ist stämmig, mit abgerundeten Flossen und einem stumpfen Maul versehen. Der dunkle Rand an seinen Schuppen sorgt an Flanken und Rücken für ein attraktives Gittermuster. Ausnahmsweise können diese Fische über 7 Kilo schwer werden.

HASEL
Leuciscus leuciscus

HASEL
Die schlanke, silbrige Hasel zählt zu den kleinsten Fischen, die für den Angler von Interesse sind: sie erreicht maximal 600 Gramm und ein Fisch von 170 bis 220 Gramm ist bereits ein guter Fang. Hasel ernähren sich von Insekten, Kleinkrebsen und Pflanzen.

LAUBE
Alburnus alburnus

Angeltips

Techniken
Posen- und Grundfischen sind die zum Fang dieser Arten gebräuchlichsten Techniken. Das Fliegenfischen ist hierzu eine recht unterhaltsame Alternative.

Gerät
Zum Grundfischen auf Döbel sollten Sie eine etwa 3,7 m lange Quivertiprute verwenden, an die eine mit 0,20 mm gefüllte Stationärrolle kommt. Als Haken kommen Hakengrößen von 8 bis 16 in Betracht. Des weiteres brauchen Sie noch ein geschlossenes Futterkörbchen. Zum Posenfischen ist eine 3,7 bis 4 m lange Rute mit Stationärrolle (0,14 mm) geeignet, die Hakengrößen sollten bei 14 bis 20 liegen. Zum Posenfischen auf Hasel wird eine 3,7 m lange Rute mit leichter Spitzenaktion benötigt, eine mit 0,12 mm Schnur gefüllte Stationärrolle und Haken der Größen 16 bis 20. Zum Posenfischen auf Rotaugen oder Rotfedern geht es mit einer 3,7 m langen Rute mit leichter Spitzenaktion, eine mit 0,14 mm gefüllte Stationärrolle und Haken der Größen 14 bis 20. Zum Grundfischen auf Rotauge und Rotfeder brauchen Sie eine 3 bis 3,7 m lange Quivertiprute, eine mit 0,14 bis 0,20 mm gefüllte Stationärrolle und Haken der Größen 10 bis 16.

Köder
Alle diese Arten lieben Maden, Caster, Brotflocken und Würmer. Große Nacktschnecken sind besonders beim Fischen auf Döbel fängig. Döbel lassen sich gut mit der Fliegenrute überlisten, entweder Nymphe oder Trockenfliege.

Döbel, Hasel oder Laube?
Jungdöbel sehen Haseln oder Lauben recht ähnlich, jede dieser Arten hat jedoch eigene Erkennungsmerkmale. Die Rücken- und Afterflosse ist beim Döbel konvex geformt, seine Bauch- und Afterflossen sind rosafarben. Im Vergleich hierzu sind die graue Rückenflosse und die blaßgelbe Afterflosse der Hasel konkav, während die graue, konkave Afterflosse der Laube viel länger als die von Hasel und Döbel ist. Die Laube verfügt auch über ein oberständiges Maul und über verhältnismäßig große Augen.

Frauennerfling

Dieser recht schlanke Rotaugenartige hat einen kleinen Kopf und große, silbrige Schuppen. Er taucht in zwei Unterarten auf: Rutilus pigus pigus im Po-Becken Norditaliens und R.p.virgo im Donaubecken.
Der Frauennerfling kann ein Kilo schwer werden, meistens bleibt er jedoch deutlich kleiner.

VERBREITUNG:

Döbel: Europa, außer Irland, dem Schneegürtel Skandinaviens und Süditalien.
Hasel: von Irland bis Sibirien, aber nicht südlich der Pyrenäen und der Alpen.
Rotauge: Europa von Irland bis zum Ural, aber nicht im skandinavischen Schneegürtel oder südlich der Pyrenäen und der Alpen; Besatz in Australien.
Rotfeder: Europa von Irland bis zum Ural und von Südschweden bis Norditalien und Griechenland; Besatz im Nordosten der USA

Rotauge

Der silbrige, hochrückige Körper vom Rotauge hat rote Augen, Bauch-, Brust- und Afterflossen, während seine Schwanz- und Rückenflosse recht dunkel ist. Europaweit ist es der beliebteste Angelfisch, da Rotaugen eine sehr weit verbreitete Fischart sind, ihr Fang aber dennoch einiges an Geschick erfordert. Gelegentlich werden Rotaugen 1,8 Kilo schwer und kreuzen sich immer wieder mit Brachsen *(siehe Seite 132)*.

Die Nahrungsaufnahme von Rotauge und Rotfeder
Das oberständige Maul der Rotfeder ist gut dazu geeignet, um Insekten, Pflanzen und Fischbrut von der Oberfläche zu nehmen. Ähnlich ernährt sich auch das Rotauge, allerdings seltener an der Oberfläche.

Das Laichgeschäft von Rotauge und Rotfeder
Rotauge und Rotfeder laichen im Spätfrühling oder Frühsommer ab. Ihre klebrigen, gelblichen Eier befestigen sie an Wasserpflanzen. Rotfedereier schlüpfen in 8 bis 15 Tagen, die von Rotaugen in 9 bis 12 Tagen; durchschnittlich brauchen beide Arten neun oder zehn Jahre, um ein Körpergewicht von 500 Gramm zu erreichen.

Rotfeder

Die hochrückige Rotfeder erreicht ein Höchstgewicht von zwei Kilo und wird somit etwas schwerer als das Rotauge. Da die Rotfeder sehr oberflächenaktiv ist, läßt sie sich leichter als das eher grundnah lebende Rotauge ausmachen, was sich auch im Fangergebnis bemerkbar macht. Die ältesten und größten Individuen halten sich oft in großer Tiefe auf und ernähren sich auch dort. Das Grundfischen kann daher eine gute Methode sein, um einige Rotfedern an den Haken zu bekommen.

Größenvergleich

Hecht, Pickerel & Muskie

Die Mitglieder der Hechtfamilie sind gefräßige Räuber, die bei einigen seltsamen Anglern verhaßt sind, ja, manchmal sogar von ihnen gefürchtet werden, während andere diese Fische wegen ihrer Größe und ihres Kampfgeistes bewundern. Sie bewohnen Flüsse, Bäche und stillstehende Gewässer, deren Wasser klar und verkrautet ist. Im Kraut versteckt lauern sie ihrer Beute auf. Der Hecht ist eine der wenigen Süßwasserarten, die gleichermaßen in Nordamerika und in Eurasien heimisch ist. Pickerel und Muskie sind rein nordamerikanische Hechtarten.

REDFIN PICKEREL
Esox americanus americanus

GRASS PICKEREL
Esox americanus vermiculatus

CHAIN PICKEREL ODER KETTENHECHT
Esox niger

Pickerel

Der Chain Pickerel oder Kettenhecht wiegt durchschnittlich nur ein Kilo, auch wenn Exemplare von über 4,2 Kilo bekannt sind. Trotz seiner geringen Größe bietet er an leichtem Spinngerät einen guten Sport, ebenso die noch kleineren Grass und Redfin Pickerels, die noch nicht einmal halb so groß werden. Neben seiner Größe unterscheidet sich der Kettenhecht vom Redfin und Grass Pickerel noch durch seine Zeichnung. Diese Zeichnung erinnert an ein dunkles Kettenmuster auf hellem Untergrund, während Grass und Redfin Pickerel mit dunklen Bändern versehen sind; die Flossen des Redfins sind, wie der Name schon besagt, rot.

Muskie

Der mächtige Muskie ist ein kraftvoller, schnell abwachsender Fisch, der in nur vier Monaten eine Länge von 30 cm erreichen und über 1,8 m lang werden kann. Sein nachgewiesenes Höchstgewicht liegt bei 31,75 Kilo, es gibt aber Berichte von über 45 Kilo schweren Fischen. Der auffälligste Unterschied zwischen dem Muskie und dem Hecht ist ihre Zeichnung: die Zeichnung des Muskies ist dunkel auf hellem Untergrund, während die des Hechtes hell auf dunklem Untergrund ist.

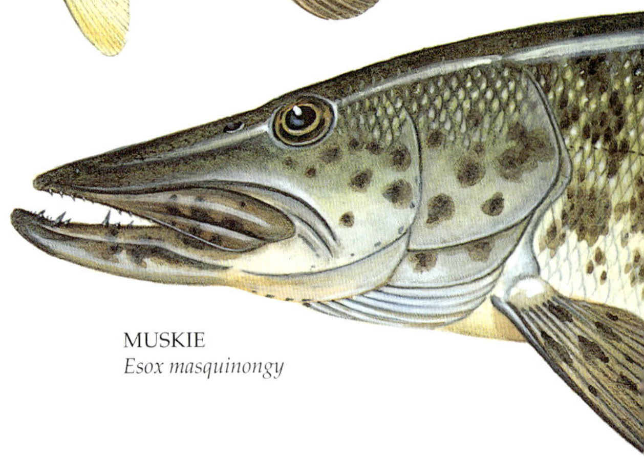

MUSKIE
Esox masquinongy

DIE NAHRUNGSAUFNAHME
Der Hauptbestandteil der Nahrung der Hechtfamilie besteht aus Fisch, u.a. auch aus Jungfischen der eigenen Art. Nichtsdestotrotz sind es große Opportunisten, die über alles "Genießbare" herfallen können. Zu ihrer regelmäßigen Beute gehören auch Frösche, Schlangen, Flußkrebse, Kleinnager und Entenküken. Ihre Körperzeichnung ermöglicht ihnen eine nahezu vollständige Tarnung in den Krautbänken, in denen sie ihrer Beute auflauern. Geschluckt wird diese mit dem Kopf voran.

ANGELTIPS

Techniken
Diese aktiven Räuber werden gewöhnlich beim Spinnfischen oder beim Schleppfischen mit Kunstködern, toten und lebenden Köderfischen überlistet. Man kann ihnen auch vom Ufer aus nachstellen. Krautbänke, die außerhalb der Wurfweite liegen, lassen sich mit dem Boot abfischen.

Gerät
Für den Fang von Pickerels ist eine 1,8 m lange Baitcasterrute mit Multirolle oder eine 1,8 bis 2,1 m lange Spinnrute mit Stationärrolle empfehlenswert. Die Schnurstärke sollte bei 0,25 bis 0,28 mm liegen und am Ende mit einem kurzen Stahlvorfach ausgestattet sein. Zum Spinnfischen vom Ufer oder Boot auf Hecht oder Muskie ist eine Spinnrute von 2,5 bis 3 m ratsam, die mit einer mit 0,30 bis 0,35 mm Schnur gefüllten Stationärrolle versehen ist. Ein Stahlvorfach von etwa 9 oder 10 Kilo Tragkraft ist unerläßlich. Zum Downriggerschleppen auf Hecht oder Muskie braucht man eine 1,8 bis 2,1 m lange Rute mit schneller Aktion, die mit einer mit 0,35 bis 0,40 mm Schnur gefüllten Multirolle versehen ist. Auch hier ist ein Stahlvorfach von 11 Kilo unerläßlich.

Köder
Kleine Spinner und Löffel sind ideale Pickerelköder. Für den Fang von Hecht und Muskie sind große Löffel, Spinner, Wobbler, Fischstücke (vor allem Hering, Makrele und Aal) und ganze Elritzen empfehlenswert.

VERBREITUNG:
Hecht: von Nordeuropa bis an die Pyrenäen, östlich bis nach Sibirien; von Labrador bis nach Alaska, im Süden bis nach Pennsylvania, Missouri und Nebraska.
Muskie: die Gegend der Great Lakes, das Mississippi-Becken, Talsperren entlang der Atlantikküste bis nach Virginia und Georgia.
Kettenhecht: Talsperren entlang der Atlantikküste von Nova Scotia bis nach Florida; im Mississippi-Becken südlich von Missouri.
Redfin Pickerel: Talsperren entlang der Atlantikküste.
Grass Pickerel: Mississippi-Becken und Great Lakes.

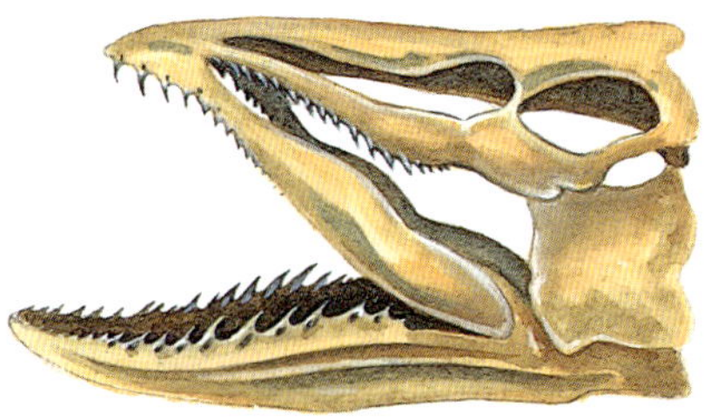

Kiefer
Die Mitglieder der Hechtfamilie verfügen über ein sehr zahnreiches Gebiß mit sehr scharfen Zähnen. Durch diese ist er in der Lage, auch recht große Fische zu fassen und zu schlucken; Hechte haben eine Vorliebe für Beutefische, die 10 bis 25 Prozent ihres Körpergewichtes erreichen.

HECHT
Esox lucius

HECHT

Wie die anderen Mitglieder der Hechtfamilie ist auch der Hecht ein aggressiver Räuber, der als Einzelgänger lebt und dessen torpedoförmiger Körper eher auf plötzliche Beschleunigung als auf lange Verfolgungsjagden ausgelegt ist. Gewöhnlich lebt der Hecht in der Deckung eines Unterstandes, in großen Seen lauert er aber auch gerne im Freiwasser auf unachtsame Lachse, Forellen und andere Fische. Die Wachstumsraten der Hechte unterscheiden sich gewaltig voneinander und hängen direkt vom vorhandenen Nahrungsangebot ab. Eine jährliche Zuwachsrate von etwa 1,4 Kilo scheint jedoch normal. Das Maximalgewicht scheint bei etwa 34 Kilo zu liegen, die große Mehrzahl der Hechte ist allerdings bedeutend kleiner und fast überall stellt ein Hecht von 5 bis 10 Kilo einen guten Fang dar.

Größenvergleich

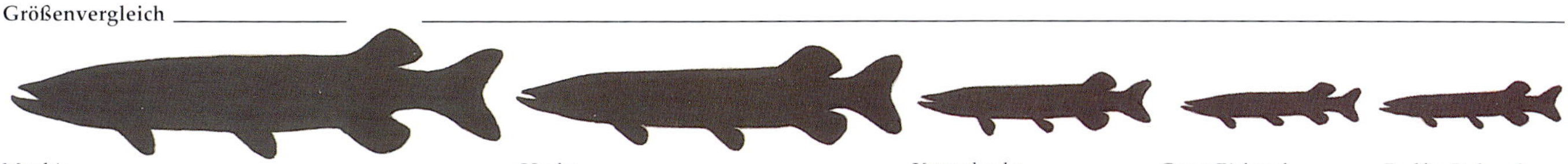

BULLHEAD

Die nordamerikanischen Bullheads und Katzenwelse (siehe Seite 142) sind Mitglieder der Familie der Ictaluriden, die mit ihren 40 Arten die größte in Nordamerika heimische Familie von Süßwasserfischen ist; mit einigen dieser Fischarten wurden Besatzmaßnahmen in Europa und sonstwo durchgeführt. Bullheads sind Allesfresser, die sich in Grundnähe ernähren und meist in ruhigen und träge fließenden Gewässern zuhause sind. Charakteristisch sind ihr schuppenloser Körper, ihre vier Bartelpaare, ihre Fettflosse und die steifen und spitzen Stacheln an ihren Brust- und Rückenflossen.

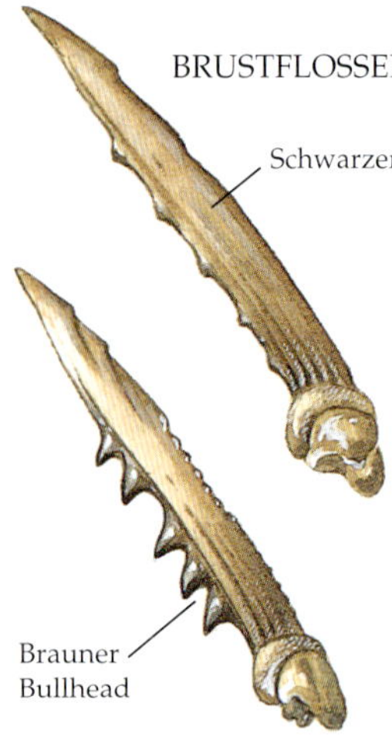

Brustflossenstacheln im Vergleich
Die Zähne an den Brustflossenstacheln des Schwarzen Bullheads sind viel kleiner als die des Braunen Bullheads.

GELBER BULLHEAD
(Yellow Bullhead, Obenansicht)

Körperform
Von oben betrachtet hat der Bullhead einen massigen, breiten Schädel. Sein Körper verjüngt sich schnell von den Brustflossen bis an die Schwanzflosse.

YELLOW BULLHEAD

Der Yellow Bullhead hat einen gelblichbraunen Körper und weiße bis gelbliche Barteln. Er lebt in Gewässern mit weichem Grund und frißt nahezu alles, was irgendwie verwertbar ist, u.a. auch Pflanzen, Schnecken, Insektenlarven, Kleinfische und Flußkrebse. Maximal wird er 1,9 Kilo schwer.

YELLOW BULLHEAD
Ameirus natalis

SNAIL BULLHEAD
Ameirus brunneus

SPOTTED BULLHEAD

Anhand seiner blassen Flecken auf dunklem Untergrund läßt sich der Spotted Bullhead leicht identifizieren. Dieser Kleinfisch wird höchstens 450 Gramm schwer.

SPOTTED BULLHEAD
Ameirus serracanthus

SNAIL BULLHEAD

Der Snail Bullhead zieht schnellfließende Strömung und harten Untergrund einem trägen und schlammigen Gewässern vor. Meist wird er zwischen 100 und 450 Gramm schwer.

Größenvergleich

BLACK BULLHEAD
Ameirus melas

BROWN BULLHEAD
Ameirus nebulosus

Black Bullhead

Der auch als Zwerg- oder Katzenwels bezeichnete Black Bullhead ist ein sehr beliebter Angelfisch, der auch mit recht schlechter Wasserqualität zurechtkommt. Er ist dem braunen Bullhead sehr ähnlich, ihm fehlen jedoch dessen gesprenkelte Zeichnung und dessen spitzen Zähne an den Brustflossenstacheln. Der Black Bullhead ist der größte in der Bullheadfamilie und obwohl er über 3,5 Kilo schwer werden kann, wiegt er nur selten über einem Kilo.

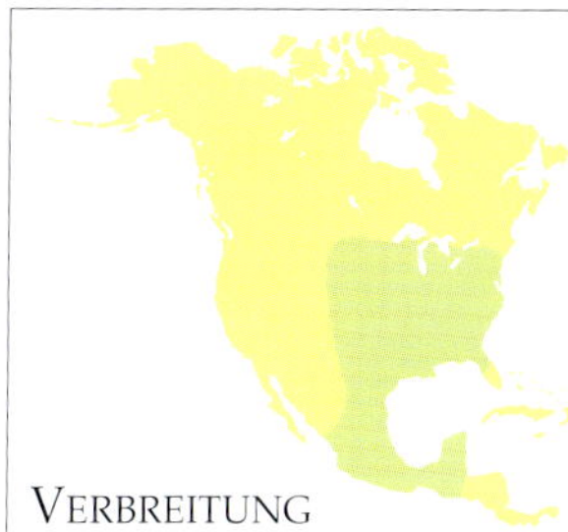

Verbreitung

Black B.: von Montana östlich bis an die Great Lakes und südlich bis an die Karibik; wurde auch nach Europa gebracht.
Brown B.: von den Great Lakes und Maine südlich bis nach Mexiko und Florida; wurde auch nach Europa und Neuseeland gebracht.
Yellow B.: Talsperren von Dakota bis an den Atlantik und die Karibik.
Spotted B.: Florida, Georgia und Alabama.
Snail B.: vom südlichen Virginia bis ins östliche Alabama und ins nördliche Florida.
Flat B.: Virginia bis nach Georgia.

Flat Bullhead

Seitlich betrachtet hat der Flat Bullhead einen abgeflachten Kopf mit einem recht spitz zulaufenden Maul. Seine Färbung reicht von gesprenkeltem Gelb bis zu dunklem Braun, wobei der Bauch jedoch immer hell bleibt. Durchschnittlich wiegt er 450 Gramm, maximal ein Kilo.

Brown Bullhead

Der Brown Bullhead trägt eine gesprenkelte Zeichnung und seine Brustflossenstacheln sind mit spitzen Zähnen besetzt. Sein Maximalgewicht liegt etwa bei 2,5 Kilo, was unter dem des Black Bullheads liegt, allerdings ist mit 1,3 Kilo sein Durchschnittsgewicht deutlich höher. Beide Arten wurden auch in europäische Gewässer ausgesetzt und heute gedeiht der Brown Bullhead in Holland und Deutschland, während es in Frankreich große Bestände von Black Bullheads gibt.

FLAT BULLHEAD
Ameirus platycephalus

Dunkler Flossenrand

Das Laichgeschäft der Bullheads
Bullheads laichen im Frühjahr oder im Spätsommer und legen dabei ihre Eier in Bodenvertiefungen, zwischen Steinen oder sonstwo in Deckung. Eines der beiden Elterntiere bewacht die Eier bis zum Schlupf.

Angeltips

Techniken

Als echte Allesfresser lassen sich Zwergwelse mit fast allen Ködern fangen. Posen-, Grund- und Spinnfischen sind erfolgreiche Methoden.

Gerät

Zum Posenfischen brauchen Sie eine 3,7 m lange Rute mit Spitzenaktion, an die eine mit 0,14 mm Schnur gefüllte Stationärrolle kommt. Die Hakengröße sollte zwischen 10 und 16 liegen. Zum Grundfischen brauchen Sie eine 3 bis 3,7 m lange Quivertiprute, an die eine mit 0,14 bis 0,18 mm Schnur gefüllte Stationärrolle kommt. Auch hier sollte die Hakengröße zwischen 10 und 16 liegen. Zum Spinnfischen braucht man eine 1,8 bis 2,1 m lange Spinn- oder Baitcasterrute mit mittlerer Aktion, die eine mit 0,14 bis 0,18 mm Schnur gefüllte Baitcaster- oder Stationärrolle erhält.

Köder

Bullheads sind typische Allesfresser, die sich mit einer Vielzahl von Ködern zum Biß verleiten lassen. Zu diesen Ködern gehören Würmer, Fleisch, Brot, Käse, Fischstücke, kleine Fische, Schalentiere, Schnecken, Garnelen und Süßwassermuscheln. Durch Hinzufügen von Geruchsstoffen werden unscheinbare Köder, wie beispielsweise Brot, attraktiver. Zum Spinnfischen verwendet man am besten sehr leichte Spinner und Löffel, Weichplastikköder, winzige Jigs und kleine Naßfliegen.

SÜSSWASSERWELSE

Weltweit gibt es über 30 Familien Süß- und Salzwasserwelse, die insgesamt etwa 2250 Arten umfassen. Zu diesen Familien gehören die nordamerikanischen Ictaluriden (siehe Seite 140), die europäischen Siluriden und die Plotosiden Australasiens. Alle diese Fische haben schuppenlose Körper, breite Schädel und Barteln um das Maul. Gewöhnlich bewohnen sie stillstehende und träge fließende Gewässer und sind eher bei Nacht als bei Tage aktiv.

ERWACHSENER JUNGFISCH

CHANNEL CATFISH
Ictalurus punctatus

CHANNEL CATFISH

Der Channel Catfish ist eine der größeren amerikanischen Katzenwelsarten. Es ist die einzige, die gleichzeitig über Tupfen und eine tief gespaltene Schwanzwurzel verfügt; an alten Fischen scheinen die Tupfen allmählich zu verblassen. Maximal werden diese Fische etwa 27 Kilo schwer.

WHITE CATFISH

Die Färbung des White Catfish reicht von Weiß bis zu silbrigem Beige oder blau, während der Bauch immer hell bleibt. Er ist ein sehr beliebter Angel- und Speisefisch, der gewöhnlich 1,4 Kilo schwer wird, gelegentlich aber auch Gewichte von über sieben Kilo erreicht.

WELS ODER WALLER

Der Wels ist ein in Zentral- und Osteuropa heimischer Fisch, mit dem auch viele westeuropäische Gewässer besetzt wurden. Der Grund hierfür liegt darin, daß der Wels einer der größten Süßwasserfische überhaupt ist und es sind zuverlässige Fangberichte von über 200 Kilo schweren und 3 m langen Welsen bekannt. Es gibt auch Fangmeldungen von angeblich über 320 Kilo schweren Fischen.

WELS ODER WALLER
Siluris glanis

WHITE CATFISH
Ameirus catus

TANDAN
Tandanus tandanus

TANDAN

Der Tandan ist ein Mitglied der Plotosidenfamilie, zu der etwa 30 Süß- und Salzwasserarten gehören, die recht weit über Australasien und über den indopazifischen Raum verbreitet sind. Er lebt in stillstehenden Gewässern und in träge fließenden Bächen und wird gewöhnlich 2 Kilo schwer. Sein Höchstgewicht scheint bei etwa 6 Kilo zu liegen.

ANGELTIPS

Techniken
Süßwasserwelse werden gewöhnlich mit Naturködern gefangen, auch wenn sich das Spinnfischen mit Kunstködern ebenfalls als fängig erweisen kann, insbesondere für den Fang vom Channel und vom Blue Catfish.

Gerät
Verwenden Sie eine schwere Spinnrute von etwa 2,7 bis 3 m Länge, an die eine mit 0,25 bis 0,32 mm Schnur gefüllte Stationärrolle kommt. Die Hakengrößen liegen zwischen 6 und 1/0. Für den Fang größerer Arten, wie beispielsweise dem Wels, brauchen Sie eine Rute von 3 bis 3,7 m mit einer sehr kraftvollen, durchgehenden Aktion. Die Stationärrolle füllen Sie mit mindestens 0,35 mm dicker Schnur, als Vorfach brauchen Sie etwa 9 Kilo tragendes Dacron und die Hakengrößen sollten zwischen 4 und 2/0 liegen.

Köder
Süßwasserwelse lassen sich nahezu auf jeden Köder fangen. Jeder Zwergwelsangler hat seinen eigenen Lieblingsköder, allgemein wird jedoch die Auffassung vertreten, daß die besten Ergebnisse mit "stinkenden" Ködern erzielt werden, beispielsweise verdorbene Muscheln und "gereifte" Geflügeldärme, Rinder-, Schweine- und Kaninchenleber, geronnenes Blut, ja, sogar parfümierte Seife.

FLATHEAD CATFISH
Pylodictis olivaris

Flathead Catfish

Der Flathead Catfish zieht tiefe, träge Pools größerer Flüsse als Lebensraum vor, lebt aber auch in kleinen Bächen und in stillstehenden Gewässern. Durchschnittlich wiegt er 1,8 kg., er kann jedoch bis zu 45 Kilo schwer werden.

Vorderansicht eines Welses, auf der gut der breite, abgeflachte Kopf zu erkennen ist.

Barteln
Die Barteln um das Maul der Waller und Zwergwelse sind überaus empfindliche Sinnesorgane, mit denen der Fisch riechen, fühlen und schmecken kann. Der Wels hat sechs Barteln, der amerikanische Zwergwels und der Tandan haben acht Barteln.

Verbreitung

Wels: von Südschweden bis an das Donaubecken und Amu Darya; er wurde in England, Frankreich, Spanien und Italien besetzt.
Channel C.: von den Great Lakes bis an die Karibik.
White C.: entlang der Atlantik- und Karibikküste.
Flathead C.: im südlichen Bereich der Great Lakes, im Mississippi-Becken, in Talsperren entlang der Südküste.
Blue C.: im Mississippi-Becken, in Talsperren entlang der Südküste.
Tandan: in Queensland, New South Wales, Victoria und Südaustralien.

BLUE CATFISH
Ictalurus furcatus

Blue Catfish

Der Blue Catfish ist der größte nordamerikanische Zwergwels. Sein Gewicht liegt durchschnittlich bei über 20 Kilo, stellenweise wiegt er über 45 Kilo. Im Gegensatz zu den meisten anderen Zwergwelsarten zieht diese Welsart schnellfließendes und relativ klares Wasser vor. Ebenso hält er sich lieber über steinigem, kiesigem und sandigem Boden als über weichem, schlammigem Grund auf.

Die Nahrungsaufnahme
Der Blue Catfish ist in erster Linie ein nachtaktiver Fisch, der zum Rauben seichtes Wasser aufsucht und sich bei seiner Jagd nach Fischen und Flußkrebsen nicht von Stromschnellen und Wasserfällen aufhalten läßt.

Größenvergleich

SEEBARSCHE & MURRAY COD

Bis vor kurzem wurden alle diese barschähnlichen Arten noch in die Familie der Percichthydien eingeordnet, heute werden jedoch die der Gatttung Morone als eine eigenständige Familie betrachtet, die Moroniden. Beide Familien sind in den gemäßigten und warmen Meeren weit verbreitet, einige sind reine Süßwasserfische, andere reine Salzwasserfische und einige ziehen zum Laichen vom Meer ins Süßwasser. Sie ernähren sich hauptsächlich von Kleinfischen, Krebsen, Würmern und Insekten.

AUSTRALIAN BASS

Dieser Fisch ist einer der wichtigsten Sportfische der küstennahen Flüsse, Mündungen und Seen des südöstlichen Australiens. Er wird über ein Kilo schwer und laicht im Winter in Mündungsbereichen. Die Eier schlüpfen innerhalb von drei Tagen und im Alter von drei Monaten sehen die Jungfische wie kleine Erwachsene aus, tragen auf ihren Flanken allerdings eine blasse Bänderung.

AUSTRALIAN BASS
Macquaria novemaculeata

WHITE PERCH
Morone americana

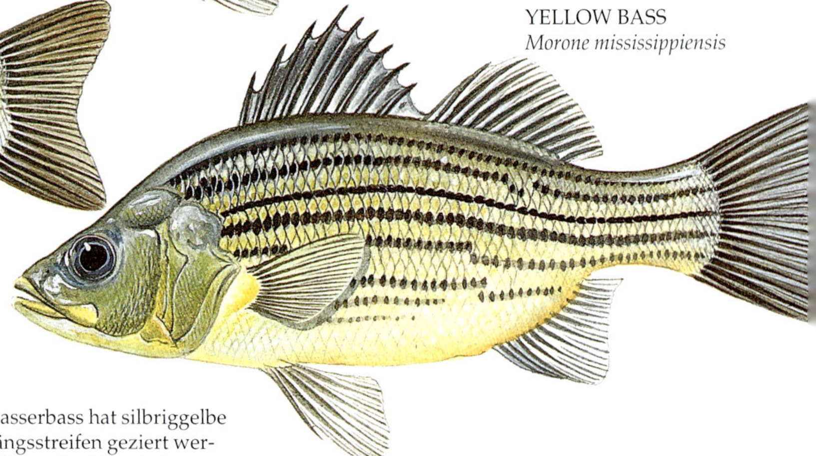

YELLOW BASS
Morone mississippiensis

WHITE PERCH

Der White Perch kann Gewichte von über 2,2 Kilo erreichen, sein Durchschnittsgewicht beträgt jedoch nur 450 Gramm. Er lebt im nordöstlichen Nordamerika und ist dort in erster Linie im brackigen Wasser von Mündungsbereichen anzutreffen. Stellenweise hält er sich auch gerne in ruhigen Pools mittelgroßer bis großer Flüsse auf oder in seichtem Wasser in unmittelbarer Küstennähe.

YELLOW BASS

Dieser kleine Süßwasserbass hat silbriggelbe Flanken, die von Längsstreifen geziert werden. Die untersten dieser Streifen sind unterbrochen und zueinander versetzt. Nur selten wird er über 1 Kilo schwer, gewöhnlich nur 100 bis 350 Gramm. Trotz seiner geringen Größe liefert er an leichtem Gerät einen guten Drill.

WHITE BASS
Morone chrysops

WHITE BASS

Der White Bass ist dem Yellow Bass sehr ähnlich, seine Färbung ist jedoch silbrigweiß und seine Längsstreifen sind nicht unterbrochen. Sein Unterkiefer hat einen deutlichen Vorbiß (oberständiges Maul). Er lebt in erster Linie in großen Gewässern mit relativ klarem Wasser und obwohl er über 3 Kilo schwer werden kann, werden meistens 200 bis 900 Gramm schwere Exemplare gefangen.

Größenvergleich

MURRAY COD
Maccullochella peeli

Murray Cod

Mit einer Maximallänge von 1,8 Meter und einem Höchstgewicht von über 110 Kilo ist der Murray Cod der größte Süßwasserfisch Australiens. Er bevorzugt die tiefen Abschnitte schlammiger, träger Flüsse und ihm wird ebenso von Berufs- wie von Sportfischern nachgestellt. Im gesamten Murray-Darling Flußsystem ist er recht verbreitet, aber es wurden auch viele Seen in New South Wales und Victoria mit ihm besetzt.

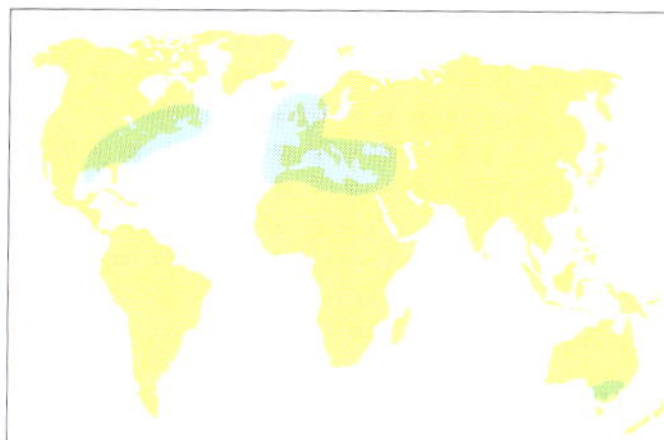

Verbreitung

Australian Bass; Murray Cod: Queensland bis Victoria.
White Perch: von Québec bis South Carolina.
Yellow Bass: von Montana und Wisconsin südwärts bis an den Golf von Mexiko.
White Bass: Manitoba und Québec bis an den Golf von Mexiko.
Gefleckter Wolfsbarsch: Westfrankreich bis Nordafrika.
Wolfsbarsch: Südnorwegen bis an das Schwarze Meer.

SPOTTED SEA BASS/
GEFLECKTER WOLFSBARSCH
Dicentrarchus punctatus

SEA BASS/WOLFSBARSCH
Dicentrarchus labrax

Spotted Sea Bass/ Gefleckter Wolfsbarsch

Der Gefleckte Wolfsbarsch ist kleiner als der Wolfsbarsch und er unterscheidet sich durch seine mit Tupfen überzogenen Flanken von ihm. Sein Verbreitungsgebiet überlappt mit dem des Wolfsbarsches, es reicht allerdings nicht so weit nördlich.

Sea Bass/Wolfsbarsch

Der Wolfsbarsch lebt in küstennahen Gewässern und im brackigen Wasser von Mündungsbereichen. Er wird über 10 Kilo schwer. Das Laichgeschäft findet im Frühling oder Frühsommer statt. Die Flanken der Jungfische sind manchmal ähnlich wie die der Gefleckten Wolfsbarsche gesprenkelt; im Laufe der Zeit verblassen diese Tupfen allerdings.

STRIPED BASS/STREIFENBARSCH
Morone saxatilis

Striped Bass/ Streifenbarsch

Dieser große Raubfisch kann über zwei Meter lang und über 50 Kilo schwer werden. Er lebt entlang der nordamerikanischen Atlantik- und Golfküste und wurde 1886 auch entlang der Pazifikküste ausgesetzt. Zum Laichen zieht er im Spätfrühling bis Frühsommer ins Süßwasser. In vielen Seen gibt es mittlerweile Binnenformen der Streifenbarsche. Diese Raubfische lassen sich problemlos mit Ködern wie Meeräschen, Sandaalen, Tintenfischen, Krebsen, Muscheln, Würmern und Kunstködern fangen. Es ist ein bei Berufs- und Sportfischern begehrter Fisch.

Angeltips

Techniken
Im Süßwasser lohnt es sich, den Streifenbarschen und Murray Cods mit der Spinnrute oder durch Schleppfischen nachzustellen. Für den Fang der kleineren Arten sind das Spinn- und Fliegenfischen geeignete Techniken. Im Salzwasser sind das Brandungsangeln, das Schleppfischen und das Uptide-Fischen fängige Methoden.

Gerät
Für Süßwasserstreifenbarsche und Murray Cod ist schweres Spinngerät mit 0,40 bis 0,60 mm Schnur geeignet. Für die kleineren Süßwasserfische reicht eine 2,1 bis 2,7 m lange Spinn- oder Fliegenrute aus. Für den Fang von Streifenbarschen im Meer sollten Sie sich zum Schleppfischen mit 30 lb.-Gerät und zum Brandungsfischen mit einer 3,7 m langen Rute ausstatten; zum Fang der kleineren Arten im Meer reicht eine leichte, 3,4 m lange Brandungsrute oder 12 lb. Uptide-Rute aus.

Köder
Alle diese Fische sind aktive Räuber, sodaß sie sich mit fast allen hierzu geeigneten Natur- und Kunstködern fangen lassen.

Australische Barsche & Grunters

Macquarie Perch, Golden Perch und Estuary Perch sind allesamt Mitglieder der Percichthydenfamilie (siehe Seite 144), während die Jungle Perch zu den Kuhliiden zählt, eine kleine Fischfamilie, die den Centrarchiden Nordamerikas ähnlich ist (siehe Seiten 126 - 129). Silver Perch und Sooty Hunter sind Mitglieder der Teraponidenfamilie, zu der etwa 45 indopazifische Salz- und Süßwasserarten zählen.

SILVER PERCH
Bidyanus bidyanus

Silver Perch

Der Silver Perch lebt in den Flüssen und Seen Südostaustraliens. Er ist silbergrau gefärbt, sein Bauch ist hell und der dunkle Rand an seinen Flossen sorgt für ein gitterähnliches Muster. Er ernährt sich hauptsächlich von Insekten, Würmern und Mollusken und wird höchstens etwa 1,5 Kilo schwer. Sein Fleisch ist schmackhaft, ihm stellen Berufs- und Sportfischer nach.

SOOTY GRUNTER
Hephaestus fuliginosus

MACQUARIE PERCH
Macquaria australasica

Sooty Grunter

Der Sooty Grunter ist recht dunkel gefärbt, manchmal ziert ein goldener Schimmer oder goldfarbene Flecken seine Flanken. Er ist in erster Linie ein Flußfisch, der etwa 4 Kilo schwer wird und dessen Speiseplan recht vielseitig ist: er frißt nicht nur Insekten, Würmer, Garnelen und Frösche, sondern auch Beeren.

Macquarie Perch

Die Färbung des Macquarie Perch reicht von Grünlichbraun bis annähernd Tiefschwarz, während der Bauch blaß, manchmal ein wenig gelblich ist. Er lebt in kühlen Flüssen und tiefen Seen und mit ihm wurden auch erfolgreiche Besatzmaßnahmen an Talsperren durchgeführt. Sein Speiseplan setzt sich in erster Linie aus Insekten, Mollusken und Krebsen zusammen und er erreicht ein Gewicht von etwa 1,5 Kilo. Seine Laichzeit ist im Frühling oder Frühsommer.

Angeltips

Techniken
Spinnfischen mit Kunstködern, Fliegenfischen und Schleppfischen mit Lebendködern macht sich bezahlt.

Gerät
Zum Spinnfischen sollten Sie Ihr Glück mit einer 2,1 m langen Spinnrute versuchen, an die eine mit 0,25 mm Schnur gefüllte Stationärrolle kommt. Zum Fliegenfischen brauchen Sie eine 2,7 m lange Rute mit schneller Aktion, eine Fliegenrolle mit #7 oder #8 Wurfschnur und ein 0,25 mm starkes Vorfach. Zum Schleppfischen paßt eine 2,7 m lange Rute mit steifer Aktion und einer Testkurve von 2 1/2 lb. Als Rolle kommt eine mit 0,30 bis 0,40 mm gefüllte Multirolle in Frage, das Vorfach kann aus Nylon oder Dacron sein und als Haken brauchen Sie Haken der Größen 2/0 bis 5/0.

Köder
Diese Fische fallen über eine Vielzahl unterschiedlicher Kunstköder und Fliegen her, ebenso wie über geschleppte Naturköder (Würmer, Elritzen und Flußkrebse).

JUNGLE PERCH
Kuhlia rupestris

Verbreitung

Silver Perch: Victoria, New South Wales, Queensland.
Sooty Grunter: Northern Territory und Queensland.
Macquarie Perch: New South Wales und Victoria.
Jungle Perch: Queensland.
Golden Perch: Südaustralien, Victoria, New South Wales, Queensland und Northern Territory.
Estuary Perch: New South Wales, Victoria und Südaustralien.

Jungle Perch

Der Jungle Perch ist silbrig gefärbt und darüber mit einem auffälligen, rötlichbraunen Muster versehen. An seiner zweiten Rückenflosse und an seiner Schwanzflosse sind dunkle Flecken. Er lebt in klaren, schnellfließenden Bächen, wo er sich von Insekten, Fischen und Flußkrebsen ernährt. Maximal wird er etwa 3 Kilo schwer. Er lebt in den Küstenbächen des östlichen Queensland und ist auch ansonsten in vielen tropischen Gegenden des indopazifischen Raumes anzutreffen.

GOLDEN PERCH
Macquaria ambigua

Der junge Golden Perch
Der junge Golden Perch hat einen schlanken Körper, der von zahlreichen Tupfen geziert wird.

JUNGER GOLDEN PERCH

ESTUARY PERCH
Macquaria colonorum

Golden Perch

Der Golden Perch ist einer der größten Fische dieser Familie. Er erreicht ein Maximalgewicht von 23 Kilo. Im Murray-Darling-Flußsystem ist er zahlreich anwesend, aber nicht ausschließlich. Er zieht trübes, träges Wasser vor. Seine Nahrung besteht aus Garnelen und Flußkrebsen und seine Färbung reicht von Olivgrün bis zu Gelb, während der Bauch immer ein wenig blaßgelblich ist.

Estuary Perch

Der silbergraue Esuary Perch lebt in Küstenflüssen und Mündungen sowie in einigen Seen Südostaustraliens. Er ernährt sich von Fischen, Krebsen, Mollusken und Würmern und kann bis zu 10 Kilo schwer werden. Das Laichgeschäft findet im Brackwasser von Mündungsbereichen statt, im Winter in New South Wales, in Victoria frühestens im Frühsommer. Die Eier schwimmen an der Wasseroberfläche - und bereits nach drei Tagen schlüpfen die Jungfische.

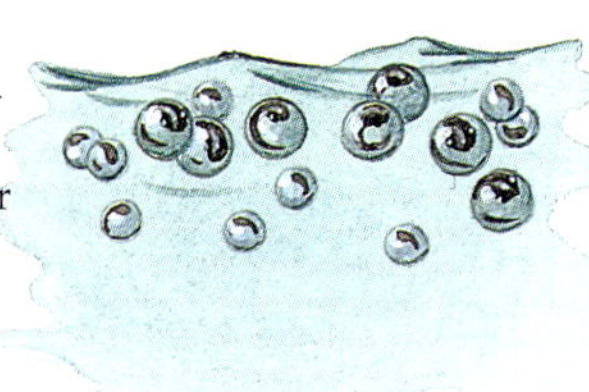

Das Laichgeschäft vom Estuary Perch
Jeder Rogner laicht viele hunderttausend Eier, die an die Oberfläche treiben und dort begierig von anderen Meeresräubern gefressen werden. Aus diesen Eiern entstehen nur ganz wenige erwachsene Fische.

Größenvergleich

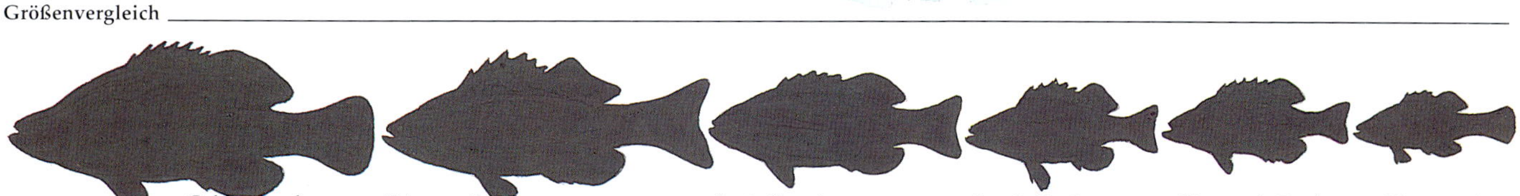

Barsch, Sauger, Walleye & Zander

Die Familie der Perciden, der Barschartigen, ist eine große, in sich sehr unterschiedliche Familie, zu welcher der Flußbarsch und die mit ihm verwandten Fische gehören. Charakteristisch für diese Fische sind ihre schlanken, länglichen Körper und ihre beiden Rückenflossen, die bei einigen Arten miteinander verbunden und bei anderen voneinander getrennt sind. Die Flossenstrahlen der ersten sind steif, die der zweiten weich. Die Mitglieder der Percidenfamilie sind in stillstehenden und in fließenden Gewässern zuhause. Die kleineren Arten und die Jungfische der größeren ernähren sich von Insektenlarven und anderen Wirbellosen; die erwachsenen Fische der größeren Arten sind Fischfresser.

Barschschuppen
Beim Anfassen fühlen sich Barsche rauh an, was an ihren Kammschuppen liegt, an deren Rand sich spitze Zähnchen befinden. Solche Schuppen werden als Ctenoidschuppen bezeichnet. Glatte, zahnlose Schuppen, wie die der Cypriniden, werden als Cycloid- oder als Rundschuppen bezeichnet.

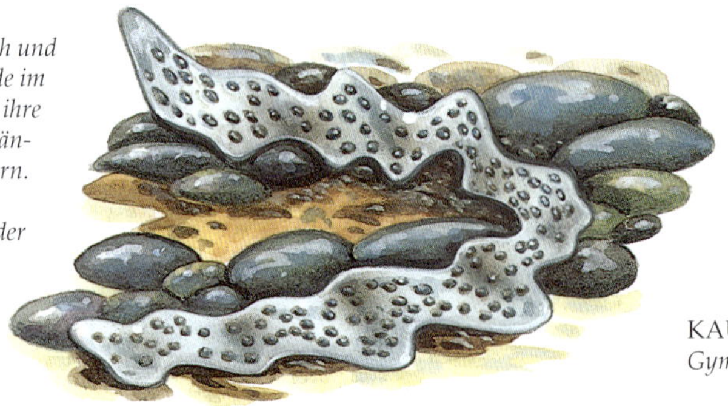

Barschrogen
Der europäische Flußbarsch und der Gelbbarsch laichen beide im Frühling und stoßen dabei ihre Eier in Form von langen Bändern aus, den Barschbändern. Diese werden in seichtem Wasser auf Steine gelegt oder um Wasserpflanzen gewickelt, wobei ruhige bis strömungsarme Gewässerabschnitte bevorzugt werden.

KAULBARSCH
Gymnocephalus cernuus

SAUGER
Stizostedion canadense

KAULBARSCH
Der kleine Kaulbarsch ist eines der kleinsten Mitglieder der Familie der Barschartigen und somit für den Angler nicht weiter von Interesse. Meistens sind die Kaulbarsche nur 170 Gramm schwer, auch wenn sie 750 Gramm erreichen können.

WALLEYE
Stizostedion vitreum

ZANDER
Der Zander ist ein sehr aktiver Räuber, der Kleinfischen wie Jungbrachsen, Kaulbarschen und Rotaugen das Leben ganz schön schwer macht. Er erreicht Gewichte von über 18 Kilo. Ursprünglich war er ausschließlich im Osten und im Donaubecken zuhause, mittlerweile hat er den Westen und sogar England erobert. Einige Besatzmaßnahmen mit dieser sehr räuberischen Fischart waren recht umstritten, meistens haben sich die Zander jedoch problemlos in die vorhandenen Arten integriert.

SAUGER
Die Gattung Stizostedion umfaßt den Sauger, den Walleye und den Zander, zwischen denen genetisch nur geringfügige Unterschiede liegen. Ihre allgemeine Erscheinung und ihre Lebensgewohnheiten sind recht ähnlich. Wie alle Zander ist auch der Sauger ein Raubfisch; maximal wird er etwa vier Kilo schwer.

WALLEYE
Der Walleye verdankt seinen Namen seinen großen, milchigtrüben Augen, die tagsüber bereits auffällig sind, bei Nacht im Lampenschein sogar zu leuchten beginnen, wie die einer Katze. Es ist der größte nordamerikanische Vertreter der Familie der Barschartigen. Durchschnittlich wird er 1,3 Kilo schwer, maximal etwa 11 Kilo. Er ist ein sehr geschätzter Speisefisch und ein bei den Anglern begehrter Sportfisch.

Größenvergleich

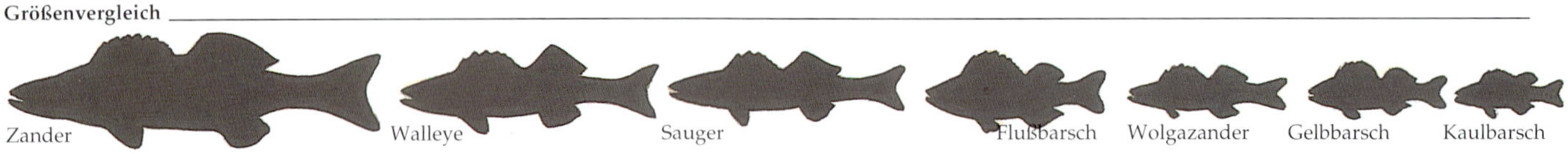

GELBBARSCH
Perca flavescens

FLUßBARSCH
Perca fluviatilis

GELBBARSCH

Der nordamerikanische Gelbbarsch ist unserem Flußbarsch von seiner Lebensweise und seinem Aussehen her sehr ähnlich. Beide Arten sind eng miteinander verwandt. Wie bei allen größeren Mitgliedern der Familie der Barschartigen handelt es sich auch beim Gelbbarsch um einen hervorragenden Speisefisch.

FLUSSBARSCH

Diese Barschart ist in ganz Europa in stillstehenden und träge fließenden Gewässern anzutreffen. Er ist ein Schwarmfisch, der sich von Insekten und Kleinfischen ernährt, u.a. auch von Barschbrut, und in einigen Gewässern des europäischen Festlandes wird er bis zu sieben Pfund schwer.

VERBREITUNG

Sauger, Walleye: von den Northwest Territories östlich bis nach Québec, südöstlich bis nach Alabama.
Zander: Nord- und Zentraleuropa; nach Besatzmaßnahmen auch Westeuropa und England.
Wolgazander: in Flußsystemen, die in das nördliche Schwarze Meer und in das Kaspische Meer münden.
Kaulbarsch: von Ostengland bis nach Asien; in Schottland und an den Great Lakes fanden Besatzmaßnahmen statt.
Flußbarsch: von Irland bis nach Sibirien; auch australische Gewässer wurden mit ihm besetzt.
Gelbbarsch: von den Northwest Territories bis an den Atlantik und südlich bis nach South Carolina.

ZANDER
Stizostedion lucioperca

Das Laichgeschäft der Zander

Zander laichen im Frühjahr oder im Frühsommer und legen hierbei Klumpen blaßgelber Eier auf Wasserpflanzen oder Geröll. Die Larven schlüpfen bereits nach wenigen Tagen und ernähren sich zunächst von ihrem Dottersack. Ist ihr Gebiß entwickelt, können sie sich von selbst ernähren. Jungzander ernähren sich von recht kleinen Beutetieren, beispielsweise von Insektenlarven und Fischbrut.

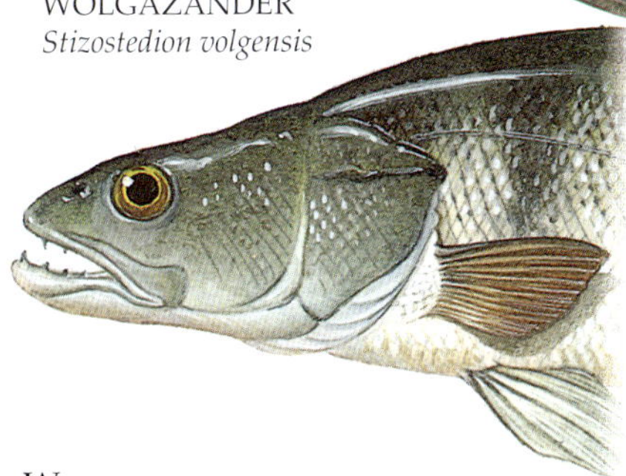

WOLGAZANDER
Stizostedion volgensis

ANGELTIPS

Techniken
Grund-, Posen- und Spinnfischen sind allesamt erfolgreiche Techniken.

Gerät
Zum Grund- und Posenfischen sollten Sie eine 3 bis 3,7 m lange Rute mit mittlerer bis langsamer Aktion verwenden, an die eine mit 0,23 mm Schnur gefüllte Stationärrolle kommt. Die Hakengröße sollte bei 4 bis 10 liegen. Zum Spinnfischen auf Barsch ist eine 2,1 bis 2,7 m lange leichte Spinnrute ratsam, an die eine mit 0,23 bis 0,25 mm Schnur gefüllte Stationärrolle kommt. In das Vorfach muß ein Wirbel eingebunden werden. Für den Fang von Walleye, Sauger und Zander brauchen Sie eine 2,4 m lange Spinnrute mit mittlerer Aktion, an die eine mit 0,25 bis 0,28 mm Schnur gefüllte Stationärrolle kommt.

Köder
Würmer und Maden für die Barsche; Kleinfische für Walleye, Sauger und Zander. Spinnfischen: Spinner, Löffel, Jigs, Wobbler.

WOLGAZANDER

Die Erscheinung des Wolgazanders ist der des Zanders sehr ähnlich, seine dunkle Rücken- und Seitenzeichnung ist allerdings viel deutlicher ausgeprägt. Er bleibt auch deutlich kleiner und es fehlen ihm die zandertypischen Hundszähne. Der Wolgazander lebt in Flüssen, die sich in das Schwarze und in das Kaspische Meer ergießen, u.a. auch in der Wolga und in der Donau bis auf die Höhe von Wien. Er zieht offenes, tiefes Wasser verkrauteten Gewässerabschnitten vor und wird etwa 2 kg. schwer.

SAIBLING

Der offensichtlichste Unterschied zwischen den Saiblingen (Salmoniden der Gattung Salvelinus) und den Forellen und Lachsen (die Gattungen Salmo und Oncorhynchus) liegt in ihrer Färbung: Saiblinge haben eine helle Zeichnung auf dunklem Untergrund, wogegen Forellen eine dunkle Zeichnung auf hellem Untergrund haben. Saiblinge ernähren sich von Wirbellosen und Kleinfischen. Alle haben ihren Ursprung in kalten Gewässern der nördlichen Erdhemisphäre. Saiblinge sind hervorragende Sportfische, sodaß Bach- und Seesaiblinge in viele neue Gewässer eingebracht wurden.

ARKTISCHER SAIBLING
Salvelinus alpinus

MILCHNER IM LAICHGEWAND

Die männlichen Laichfische
Zur Laichzeit verdunkelt sich die Färbung beider Geschlechter. Beim Milchner verfärben sich zusätzlich noch Bauch und Flossen sattorange.

SAIBLING OHNE LAICHGEWAND

ARKTISCHER SAIBLING
Nördlich des 64. Breitengrades leben alle Arktischen Saiblinge in küstennahem Wasser und ziehen zum Laichen ins Süßwasser auf. Südlich dieser Breite leben sie auch in kalten, tiefen Seen und viele dieser Seebestände haben sich zu einer eigenen Art entwickelt, deren Größe und Färbung sehr unterschiedlich sein kann. Sie werden Seesaiblinge genannt. Ins Meer abgewanderte Saiblinge sind silbrig mit rötlichen Punkten und sie werden etwa 12 kg schwer; die typische Färbung des Seesaiblinges ist grünlich mit roten und weißen Flecken, während der Bauch orange ist. Maximal werden diese Fische etwa 3,6 Kilo schwer.

JUNGSAIBLING

Die Zeichnung der Jungsaiblinge
Im Alter von wenigen Monaten bis zu zwei Jahren sind die Flanken der Jungsaiblinge mit der für Jungsalmoniden typischen Bänderung versehen.

SPLAKE (HYBRIDE)

Hybriden
Innerhalb der Salmonidenfamilie kommt es in der Natur gelegentlich vor, daß Hybriden entstehen. In Fischzuchten werden solche Hybriden gezielt gezüchtet. Zu den natürlichen Hybriden gehören Kreuzungen zwischen Atlantiklachs und Meerforelle oder zwischen Regenbogen- und Cutthroatforelle; reine Zuchthybriden sind der Splake (Bachsaibling und Seesaibling), die Tigerforelle (Bachsaibling und Bachforelle) und die Cheetah-Forelle (Bachsaibling und Regenbogenforelle).

ANGELTIPS

Techniken
Fliegen-, Spinn- und Schleppfischen sind auf Arktischen Saibling und Seesaibling erfolgreich; das Fliegen- und Spinnfischen auf Bachsaibling und Dolly Varden.

Gerät
Zum Fliegenfischen brauchen Sie eine 2,4 bis 3,4 m lange Fliegenrute mit Fliegenrolle, je nach Umständen eine Schwimm- oder Sinkschnur, und Fliegen, die auf Haken der Größen 10 bis 14 gebunden wurden. Zum Spinn- und seichten Schleppfischen ist eine 2,7 m lange, mittelschwere Spinnrute geeignet, an die für das Spinnfischen eine mit 0,20 bis 0,25 mm Schnur gefüllte Stationärrolle kommt, während zum Schleppfischen eine 0,30 bis 0,35 mm Schnur empfehlenswert ist. Zum tiefen Schleppen brauchen Sie eine 1,8 m lange Rute mit sehr schneller Aktion, deren Rolle mit geflochtener Stahlschnur gefüllt wird; die Rute sollte mit gehärteten Ringen oder mit Rollerringen ausgestattet sein.

Köder
Arktische Saiblinge beißen gut auf kleine, auffällig gefärbte Spinner oder Löffel, ebenso wie auf Naßfliegenmuster, die viel reflektierendes Bindematerial wie Gold- und Silbertinsel enthalten. Auf tief lebende Seesaiblinge sollte mit großen Löffeln und Lebendködern geschleppt werden. Stehen sie nur recht seicht, kann man sein Glück auch mit Spinnern, Wobblern, Streamern und Kunstfliegen versuchen. Dasselbe gilt für Bachsaibling und Dolly Varde.

AMERIKANISCHER SEESAIBLING
Salvelinus namaycush

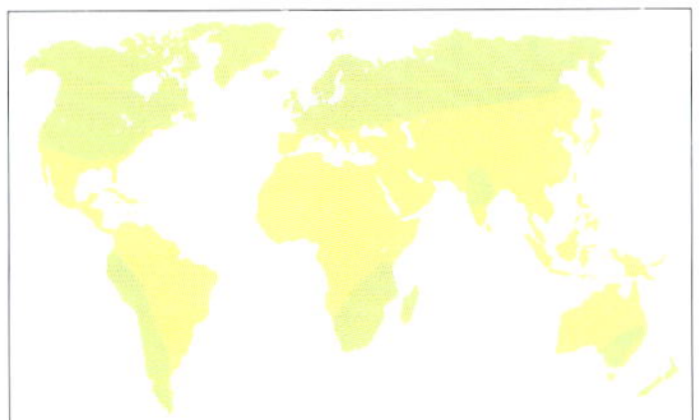

Verbreitung

Arktischer Saibling (Seesaibling): Alaska, Nordkanada und New England; Grönland, Island, das nördliche Eurasien; kalte Seen in Rußland, England, Irland, Skandinavien und in den Alpen.
Amerikanischer Seesaibling: von Alaska quer durch Kanada bis nach New England; mit ihm wurde auch in den westlichen USA, in Südamerika, in Europa und in Neuseeland besetzt.
Bachsaibling: nordöstliches Nordamerika; wurde auch in andere nordamerikanische Gewässer eingesetzt, ebenso in Südamerika, Europa, Asien, Südafrika und in Australasien.
Dolly Varden: westliches Nordamerika, Ostasien.
Bull Trout: vom südlichen Yukon bis Nordkalifornien.

Amerikanischer Seesaibling

Der schnelle Seesaibling ist ein aggressiver Räuber, der im Norden seines Verbreitungsgebietes in Seen und Füssen (sowohl tief als auch seicht) lebt, im Süden nur mehr in tiefen Seen. Sein Körper ist recht schlank und stromlinienförmig und seine Schwanzflosse eingekerbt. Gewöhnlich wird er 18 Kilo schwer, es wurden aber bereits Exemplare von über 45 Kilo gewogen.

Der männliche Bachsaibling hat im Winter eine weiße Kinnunterseite.

BACHSAIBLING
Salvelinus fontinalis

Bachsaibling

Zu den Haupterkennungsmerkmalen des Bachsaiblinges gehören seine hellen Tupfen, seine wellenartige Zeichnung auf dem Rücken, seine rosafarbenen, blauumrandeten Flecken und sein eckiger, etwas eingekerbter Schwanz. Er bewohnt kalte, sauerstoffreiche Bäche und Seen und einige nördliche Bestände wurden zu Wanderfischen. Zwar können diese Fische über 4,5 Kilo schwer werden, gewöhnlich liegt das Maximalgewicht jedoch bei 4,5 Kilo und nur wenige Fische werden über 2,2 Kilo schwer.

BULL TROUT
Salvelinus confluentus

Bull Trout

Die Bull Trout ist fast identisch mit dem Dolly Varden, lediglich ihr Kopf ist ein wenig länger und etwas flacher. Sie lebt in tiefen, kalten Flüssen und Seen und wandert nur selten ins Meer ab.

Dolly Varden

Im Süßwasser sieht der Dolly Varden einem Arktischen Saibling ähnlich. Er wird 3,6 Kilo schwer. Die Wanderform verfärbt sich im Meer silbrig und stahlgrau, wobei crème- und rosafarbene Tupfen den ganzen Körper überziehen.

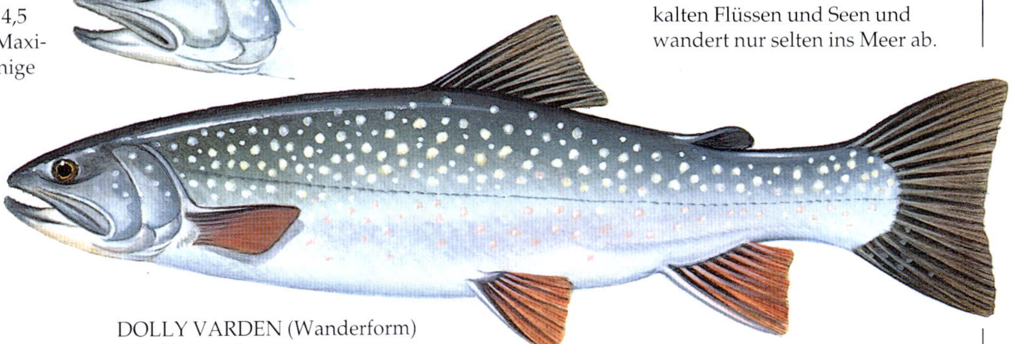

DOLLY VARDEN (Wanderform)
Salvelinus malma

Größenvergleich

Forelle

Bach- und Regenbogenforelle sind zwei der weltweit wichtigsten Sportfischarten und weil sie dem Angler einen so herausragenden Sport liefern, wurde ihr ursprüngliches Verbreitungsgebiet durch Besatzmaßnahmen beträchtlich erweitert. Die Cutthroatforelle, die etwa vergleichbar gute Qualitäten als Sportfisch aufweist, kam bislang nicht deutlich über ihr ursprüngliches Verbreitungsgebiet hinaus, weil bei ihr u.a. die Gefahr der Hybridbildung mit der Regenbogenforelle besteht. Forellen gedeihen in kalten, klaren Flüssen und Seen, wo sie sich hauptsächlich von Insekten, Insektenlarven, Krebsen und Fischen ernähren. Im Meer vertilgen die Wanderformen Fische und Krebse.

Regenbogenforelle

Aussehen und Größe können je nach Art und Unterart erstaunlich unterschiedlich sein. So gibt es beispielsweise die Kamloops-, die Shasta- und die Kern River Regenbogenforelle. Allen gemeinsam ist der metallischrosafarbene Streifen entlang des Seitenlinienorganes sowie die vielen kleinen, schwarzen Punkte an den Flanken, am Rücken, an den oberen Flossen und am Schwanz. In Nordamerika wurden schon Regenbogenforellen von über 20 Kilo gewogen, in Europa werden sie gewöhnlich nur etwa 11 Kilo schwer.

Steelheadforelle

Steelheadforellen sind Regenbogenforellen, die zum Abwachsen ins Meer oder in große Seen abwandern, bevor sie zum Ablaichen wieder in Flüsse und Bäche aufsteigen. Frischaufgestiegene Steelheadforellen sind silbrig, bald ändert sich ihre Färbung jedoch und sie sehen dann den nicht abwandernden Regenbogenforellen ähnlich.

MEERFORELLE
Wanderform der Bachforelle

BACHFORELLE
Salmo trutta

Meerforelle

Die Meerforelle ist die silbrigweiße Wanderform der Bachforelle, die etwa im Alter von zwei Jahren ins Meer abwandert, aber wieder zum Laichen in den Fluß zurückkehrt. Eine große Meerforelle sieht einem Atlantiklachs sehr ähnlich (siehe Seite 152), ihre Schwanzwurzel ist allerdings dicker und die Schwanzflosse eckiger.

Bachforelle

Das Aussehen und die Größe der Bachforellen ist sehr verschieden und hängt stark von dem Erbmaterial und von Umwelteinflüssen ab. Gewöhnlich ist der Körper bräunlich und mit roten und schwarzen Tupfen gesprenkelt. Ihr Gewicht reicht von 500 Gramm in einem kleinen Bach bis zu über 15 Kilo in großen, offenen Gewässern.

Angeltips

Techniken
Forellen werden auf Natur- und Kunstköder gefangen, wobei das Fliegenfischen jedoch die eleganteste Angeltechnik darstellt.

Gerät
Zum Fliegenfischen brauchen Sie eine 1,8 bis 3,3 m lange Fliegenrute, eine Fliegenrolle und eine passende Sink- oder Schwimmschnur. Um Forellen mit Naturködern, wie etwa Würmern zu fangen, brauchen Sie eine 2,1 bis 3 m lange Rute mit mittlerer Aktion, an die eine mit 0,18 bis 0,28 mm Schnur gefüllte Stationärrolle kommt. Die Hakengröße liegt zwischen 6 und 14. Zum Spinnfischen mit Kunstködern eignet sich eine 2,1 bis 2,7 m lange Spinnrute mit einer mit 0,18 bis 0,28 mm Schnur gefüllten Stationärrolle.

Köder
Beim Fliegenfischen müssen Sie das zum Wasser und zu den äußeren Umständen passende Muster auswählen. Zum Spinnfischen eignen sich kleine Spinner, Löffel und Wobbler. Gute Naturköder sind u.a. Larven und Würmer.

Raubforelle
Alle Bachforellen sind Raubfische und größeren kann es schon passieren, daß sie einen Jungfisch der eigenen Art verspeisen. Diese Raubforellen verfügen über ein sehr ausgeprägtes Gebiß, sie lauern ihrer Beute in tiefem Wasser auf und stoßen blitzschnell zu.

REGENBOGENFORELLE
Oncorhynchus mykiss

STEELHEADFORELLE
Wanderform der Regenbogenforelle

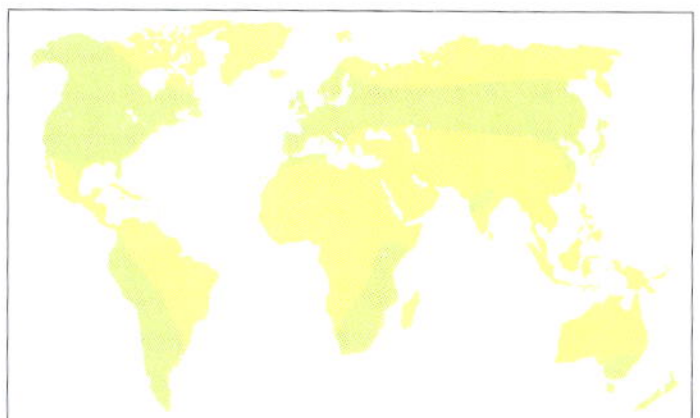

VERBREITUNG

Bachforelle: von Norwegen bis Nordafrika und von Irland bis Rußland; über Besatzmaßnahmen gelangte sie nach Nord- und Südamerika, nach Australien, nach Neuseeland, nach Afrika und nach Indien.

Regenbogenforelle: von Alaska bis nach Kalifornien und Nordostasien; über Besatzmaßnahmen gelangte sie auch in andere Gegenden Nordamerikas sowie nach Europa, Südamerika, Australien, Neuseeland, Afrika und Indien.

Cutthroatforelle: von Alaska bis nach New Mexico; anderswo durch Besatzmaßnahmen.

Goldforelle: Kalifornien; wurde des weiteren in 300 Bergseen Nordamerikas ausgesetzt.

CUTTHROATFORELLE
Oncorhynchus clarki

CUTTHROATFORELLE

Die schlanke Cutthroatforelle ist mit schwarzen Tupfen gesprenkelt und obwohl ihre Färbung sehr unterschiedlich ausfallen kann, tragen alle Forellen dieser Art einen roten Fleck unter dem Unterkiefer und manchmal ist entlang des Seitenlinienorganes ein blasser kupferfarbener Streifen zu sehen. Die Wanderform der Cutthroatforelle hat einen grünen Rücken und silbrig oder olivfarbene Seiten. Obwohl es schon Cutthroatforellen von über 18 Kilo gegeben hat, werden diese Fische meistens nur 2,2 Kilo schwer.

GOLDFORELLE
Oncorhynchus aguabonita

YELLOWSTONE CUTTHROATFORELLE
Oncorhynchus clarki lewisi

YELLOWSTONE CUTTHROAT-FORELLE

Viele Lokalformen der verschiedenen Forellenarten, wie beispielsweise diese Yellowstoneart der Cutthroatforelle, sind eigen genug, um als eine eigene Unterart klassifiziert zu werden. Die Yellowstone ist nicht so stark gesprenkelt, ihre Kiemendeckel sind rötlich gefärbt.

GOLDFORELLE

Die herrliche Goldforelle hat in den hochgelegenen Quellwassern des Kern River in den kalifornischen Sierra Nevada Mountains ihren Ursprung. Sie behält ihre Parr-Zeichnung bei (siehe Seite 150) und wird maximal zwischen 500 Gramm und 5 Kilo schwer.

Größenvergleich

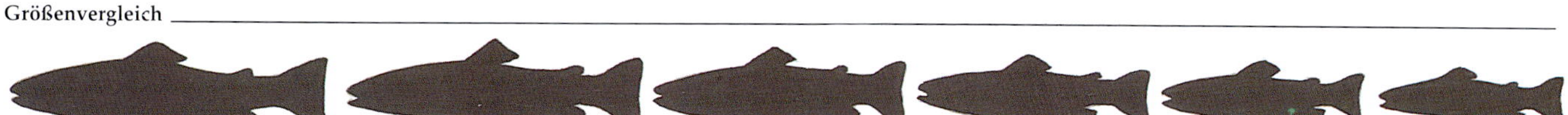

Renke & Äsche

Renken und Äschen sind in den kalten Flüssen und Seen der nördlichen Erdhemisphäre weit verbreitete Fische. Äschen sind beliebte Sportfische, ebenso einige Renken, viele Renkenarten stehen jedoch kurz vor dem Aussterben (siehe Seite 279). In vielen Ländern und an vielen Gewässern steht ihr Fang unter Strafe. Äschen ernähren sich in erster Linie von grundnah lebenden Kleinlebewesen, wie beispielsweise Insektenlarven, Kleinkrebsen und Würmern, sie steigen allerdings auch nach an der Oberfläche treibenden Insekten. Der Speiseplan der verschiedenen Renkenarten reicht von Plankton bis zu Kleinfischen.

Sheefish

Der große, kraftvolle Sheefish ist die einzige räuberisch lebende Renkenart Nordamerikas. Sein Durchschnittsgewicht liegt bei 2,2 Kilo, er kann jedoch über 20 Jahre alt werden und Gewichte bis zu 25 Kilo erreichen. Die meisten Sheefische leben in den Mündungsbereichen und in den Unterläufen größerer Flüsse, von wo aus sie zum Laichen stromauf wandern. Es gibt auch Sheefische, die in Seen leben und keine Laichwanderung unternehmen. Die Jungfische ernähren sich zunächst von Plankton, dann von kleinen, grundnah lebenden Kreaturen, bevor sie in ihrem zweiten Lebensjahr zu echten Raubfischen werden.

SHEEFISH
Stenodus leucichthys

RENKE
Coregonus sp.

Renke

Die vielen verschiedenen Arten und Unterarten der Renken müssen noch immer definitiv klassifiziert werden. Die meisten dieser Arten sind für die Angler von untergeordnetem Interesse, vielen von ihnen wird jedoch von Berufsfischern aufgrund ihres schmackhaften Fleisches nachgestellt. Je nach Gegend werden die Renken auch als Felchen, Maränen oder Reinanken bezeichnet; es sind schlanke, silbrige Fische, deren Gewicht von etwa 500 Gramm (Coregonus albula) bis um die 5 Kilo (Coregonus pallasi) reicht.

Cisco

Aufgrund seines heringartigen Aussehens wird der Cisco in den Vereinigten Staaten auch als Lake Herring (Seehering) bezeichnet. Obwohl er ein recht kleiner Fisch ist, der nur selten über ein Kilo schwer wird, ist er bei den Anglern beliebt, weil er sich mit einer Vielzahl von Ködern, u.a. mit Fliegen recht problemlos fangen läßt.

CISCO
Coregonus artedi

Größenvergleich

Sheefish — Seerenke — Äsche — Cisco — Renke

SEERENKE
Coregonus clupeaformis

SEERENKE

Obwohl es sich in erster Linie um eine in Seen lebende Fischart handelt, zieht die Seerenke gelegentlich auch in Flüsse. Sie ernährt sich hauptsächlich von Insekten und Kleinkrebsen und wiegt durchschnittlich etwa 1,4 Kilo; größere Exemplare von über 9 Kilo sind heute selten. Die Seerenke ist, zusammen mit dem Cisco, dem Round Whitefish (Prosopium cylindraceum) und dem Mountain Whitefish (P.williamsoni) bei den Berufsfischern ebenso wie bei den Anglern beliebt.

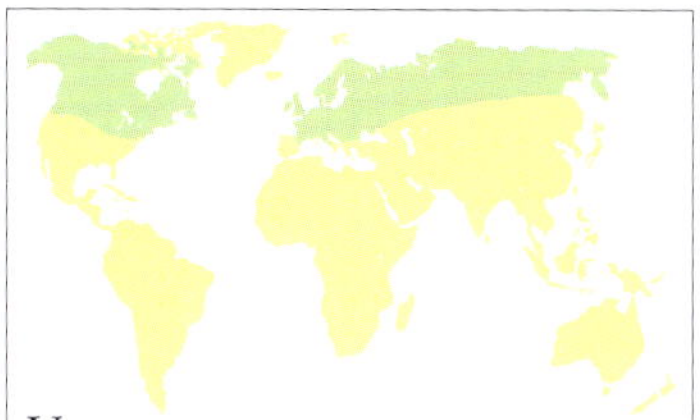

VERBREITUNG

Seerenke: in ganz Alaska, Kanada und im Norden der Vereinigten Staaten.
Sheefish: Alaska, Nordwestkanada, Nordostasien.
Cisco: von Nordkanada bis an die Great Lakes und dem oberen Mississippibecken.
Renke: einige Seen in England und Irland; kalte Seen, Flüsse und Küstengewässer des europäischen Festlandes und Nordasiens.
Europäische Äsche: Von England und Wales bis an das Schwarze Meer.
Amerikanische Äsche: von Alaska bis an die Hudson Bay; Montana; Nordostasien.

ÄSCHE
Thymallus thymallus (europäische Äsche)
Thymallus arcticus (amerikanische Äsche)

Die Äschenfahne
Die riesige, farbenprächtige, segelartige Rückenflosse der Äsche verfärbt sich zur Laichzeit noch auffälliger. Während des Laichaktes legt der Milchner seine Fahne über den Rücken des Rogners.

Kümmeräsche
In überbesetzten Äschengewässern kommt es aufgrund der unzureichenden Nahrung zur Bildung dieser Kümmerform, die sehr kurz, aber auch sehr hochrückig ist.

ÄSCHE

Die europäische Äsche und die amerikanische oder arktische Äsche sind sich sehr ähnlich und werden heute nicht mehr zu den Salmoniden gezählt, sondern zu einer eigenen Familie, den Thymalliden. Wie die Bachforelle lebt die Äsche in kalten, sauberen und sauerstoffreichen Fließgewässern, gelegentlich auch, vor allem in Nordamerika, in Seen. Äschen sind verhältnismäßig kleine Fische, die maximal etwa 2,7 Kilo schwer werden.

ANGELTIPS

Techniken

Renken und Äschen lassen sich mit der Fliegenrute überlisten, aber auch beim Spinn-, Posen- und Grundfischen.

Gerät

Zum Fliegenfischen brauchen Sie eine 2,4 bis 2,7 m lange Fliegenrute mit mittlerer Aktion. Auf die Fliegenrolle kommt je nach Gewässer eine Wurfschnur der Klassen 4 bis 7. Zum Posen- und Grundfischen braucht man eine 3,4 bis 4 m lange Rute, an die eine mit 0,14 bis 0,18 mm Schnur gefüllte Stationärrolle kommt. Die Hakengröße liegt zwischen 10 und 16. Zum Spinnfischen ist eine ultraleichte Spinnrute für den Fang von Äsche und Cisco angebracht, während für den Fang von Sheefish und Seerenke eine mittelschwere Spinnrute ratsam ist.

Köder

Trockenfliegen, Naßfliegen und Nymphen für Äschen, Streamer für Sheefische und Trockenfliegen für Cisco und Seerenke. Zum Spinnfischen eignen sich kleine, auffällig gefärbte Spinner und Löffel. Maden und Kleinwürmer sind gute Naturköder für den Äschenfang; Seerenken lassen sich auch auf Fischstücke fangen.

Das Laichgeschäft der Äschen
Äschen laichen im Frühjahr oder im Frühsommer auf seichten Kiesbänken. In Seen lebende Äschen verlassen diese und suchen zum Laichen Fließgewässer auf. Bis der Dottersack restlos aufgebraucht ist, lungern die Schlüpflinge im Kiesgrund.

Bonefish, Bluefish & Tarpon

Diese Fische sind in den seichten Küstengewässern der tropischen und gemäßigten Gegenden unseres Planeten zuhause. Sie zählen zu den aufregendsten und beliebtesten Meeressportfischen. Die Nahrung der Bonefische (Albuliden) und der Tarpone (Elopiden) besteht in erster Linie aus Krebsen und Kleinfischen, während der Bluefish (ein Mitglied der Familie der Pomatomiden) ein wilder Räuber ist, der sprichwörtlich alles Freßbare vertilgt, das seinen Weg kreuzt.

BONEFISH
Albula vulpes

Bonefish

Der Bonefish ist ein Grundfisch, der den Lehm oder Sand nach Krabben und Krebsen durchsucht. In besonders seichtem Wasser durchbricht oft der Schwanz der wühlenden Bonefische die Oberfläche, wodurch sie sich dem im seichten Wasser pirschenden Angler verraten. Ausgewachsene Bonefische können 5 Kilo schwer werden, gelegentlich sogar über 8,5 Kilo.

BLUEFISH
Pomatomus saltatrix

TARPON
Megalops atlanticus

Bluefish

Dieser sehr weit umherwandernde Fisch kann über 23 Kilo schwer werden. Er lebt in großen Schwärmen, die regelmäßig in einen wahren Freßrausch verfallen, wenn sie auf einen Sardinen- oder Heringsschwarm stoßen. Es gibt zahlreiche Berichte von in unmittelbarer Küstennähe angegriffenen Badenden, denen die scharfen, dreieckigen Zähne schmerzhafte Wunden zufügten. Nach der Landung sollte man mit diesen Fischen sehr vorsichtig umgehen, insbesondere beim Hakenlösen.

Tarpon

Der große, silbrige Tarpon wird gewöhnlich in von der Gezeitenströmung verursachten Bächen, in Mündungen, in Mangrovensümpfen und in Lagunen gefangen, manchmal auch auf hoher See. Seine Schuppen sind groß und dick und ihr metallischer Schimmer kann fast schon blenden. Der letzte Flossenstrahl der Rückenflosse ist überlang. Die meisten von Anglern gefangenen Tarpone wiegen zwischen 10 und 40 Kilo, das Maximalgewicht liegt allerdings weitaus höher und es wurde bereits von über 130 Kilo schweren Fischen berichtet.

Angeltips

Techniken

Gewöhnlich wird auf Bluefish geschleppt, während den Tarponen und Bonefischen mit der Fliegen- und Spinnrute nachgestellt wird.

Gerät

Zum Fang von Bluefischen brauchen Sie eine Bootsrute der 20 lbs-Klasse, an die eine mit 0,40 mm Schnur gefüllte Multirolle der Größe 4/0 kommt, des weiteren ein Schleppgewicht, ein Stahlvorfach und Haken der Größen 4/0 bis 6/0. Zum Spinnfischen auf Tarpon und Bonefish brauchen Sie eine schwere, etwa 2 Meter lange Spinnrute mit mittlerer Aktion und eine Stationärrolle. Für Bonefish sollten Sie eine 0,28 mm Schnur, für Tarpon eine 0,35 mm Schnur verwenden. Zum Tarponfischen ist auch ein kurzes Stahlvorfach erforderlich. Geeignetes Fliegengerät für den Fang von Tarpon und Bonefish sind eine 2,7 bis 3 m lange Salzwasserfliegenrute mit einer Rolle mit 10 cm Durchmesser. Zum Fang von Bonefischen sollte das Backing 8 lbs tragen, zum Fang von Tarponen 27 lbs; für Bonefish sind Hakengrößen von 6 bis 1/0 geeignet, für Tarpon Hakengrößen 2 bis 5/0.

Köder

Bluefische werden gewöhnlich auf Wobbler und Köderfische gefangen. Zum Spinnfischen auf Bonefische eignen sich kleine Bleijigs und zum Fliegenfischen Krebsimitationen jeglicher Art. Zum Spinnfischen auf Tarpon sind mittelgroße Wobbler geeignet, zum Fliegenfischen gelbe oder orange Flügelstreamer.

Harter Kämpfer

Der überaus kämpferische Tarpon wird zu recht als einer der wichtigsten Sportfische überhaupt betrachtet. Sobald er das Eindringen der Hakenspitze spürt, steigt er in die Lüfte und beginnt eine Reihe spektakulärer Sprünge, bei denen er sich vom Haken freizuschütteln versucht, was ihm auch oft genug gelingt.

LADYFISH
Elops saurus

Ladyfish

Dieser schlanke Fisch mit kleinen Schuppen lebt gewöhnlich in seichten, gemäßigt bis tropisch warmen Gewässern mit Lehm- oder Sandböden. Gewöhnlich wird diese Fischart mit leichtem Gerät befischt, da sie nur selten über 2,2 Kilo schwer wird und ausnahmsweise 6,8 Kilo wiegen kann.

Verbreitung

Bonefish: weltweit in tropischen Küstengewässern.
Shafted Bonefish: in tropischen Küstengewässern von Zentral- und Südamerika.
Bluefish: gemäßigte bis tropische Küstengewässer des atlantischen und indischen Ozeanes; in Europa gelegentlich im Mittelmeer, u.a. vor der spanischen Ebromündung.
Tarpon: Westatlantik, Golf von Mexiko, in der Karibik, entlang der Westküste Zentralamerikas und entlang der Nordwestküste Afrikas.
Ladyfish: hauptsächlich Florida und die Karibik.
Oxeye Tarpon: indopazifischer Raum.

Bonefishlarve
Die Bonefishlarve ist einer Aallarve ähnlich, ihr Kopf ist klein und ihr Körper durchsichtig. Zunächst schrumpft ihr Körper und nach und nach sieht sie wie ein Miniaturbonefish aus, bevor sie schließlich an Körpermasse zulegt.

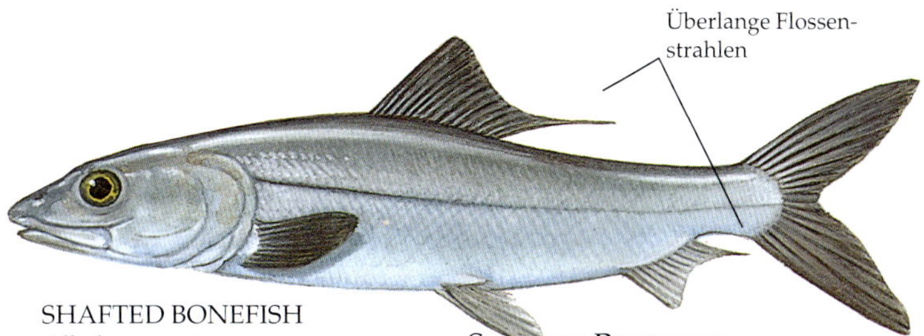

SHAFTED BONEFISH
Albula nemoptera

Shafted Bonefish

Dieser langflossige Bonefish ist dem Bonefish, mit dem er sehr eng verwandt ist, sehr ähnlich, wird jedoch nur etwa halb so groß. Auffällig sind seine überlangen Flossenstrahlen an Rücken- und Afterflosse. Seine Lebensgewohnheiten stimmen weitgehend mit denen des Bonefish überein.

BONEFISHLARVE

OXEYE TARPON
Megalops cyprinoides

Oxeye Tarpon

Dieser Fisch des indopazifischen Raumes ähnelt seinem Atlantikcousin, dem Tarpon, sehr, ist allerdings kleiner und nur selten über 18 Kilo schwer. Wie der Tarpon lebt auch dieser Fisch in Küstenrinnsalen und Mündungen, wo er an der Rute einen zähen Drill liefert.

Größenvergleich

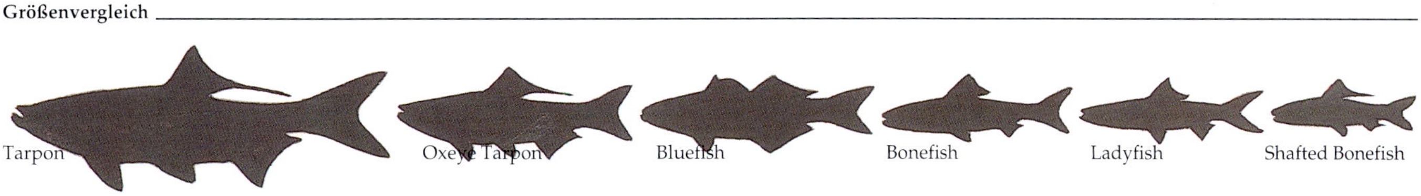

Aale

Es gibt über zwanzig verschiedene Aalfamilien, zu denen die Mureniden (Muränen) und Congriden (Conger) gehören, aber all diese Familien enthalten ausschließlich Salzwasserfische. Die einzige Ausnahme ist die Familie der Anguilliden, zu denen der amerikanische und der europäische Aal sowie die Langflossenaale gehören. All diese Arten wachsen im Süßwasser heran und laichen im Meer. Der europäische und der amerikanische Aal wandern hierzu ins Saragasso-Meer, einem zwischen Karibik und Bahamas gelegenen Abschnitt des Atlantik. Die Langflossenaale und weitere australasische Anguillidenarten ziehen zum Laichen in den Indischen Ozean.

CONGER
Conger conger

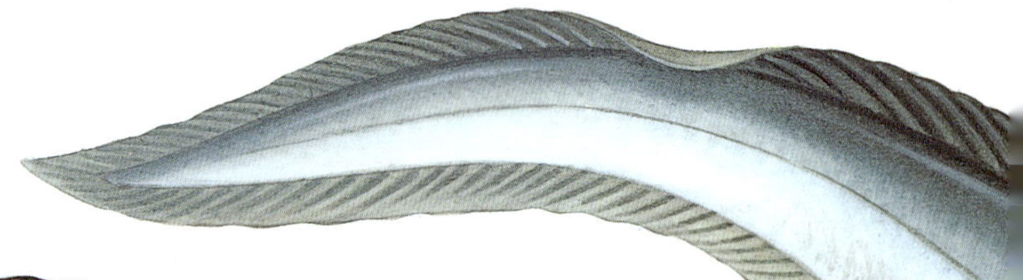

Muräne

Die europäische Muräne Muraena helena lebt im Westatlantik und im Mittelmeer und ist eine von über 80 Muränenarten. Alle diese Arten sind recht ungeduldig und gehen bei drohender Gefahr schnell zum Angriff über. Nur selten werden diese Fische gezielt befischt, sie geraten aber oft als Beifang an den Haken. Muraena helena kann 1,3 m lang werden, bleibt gewöhnlich aber deutlich kleiner.

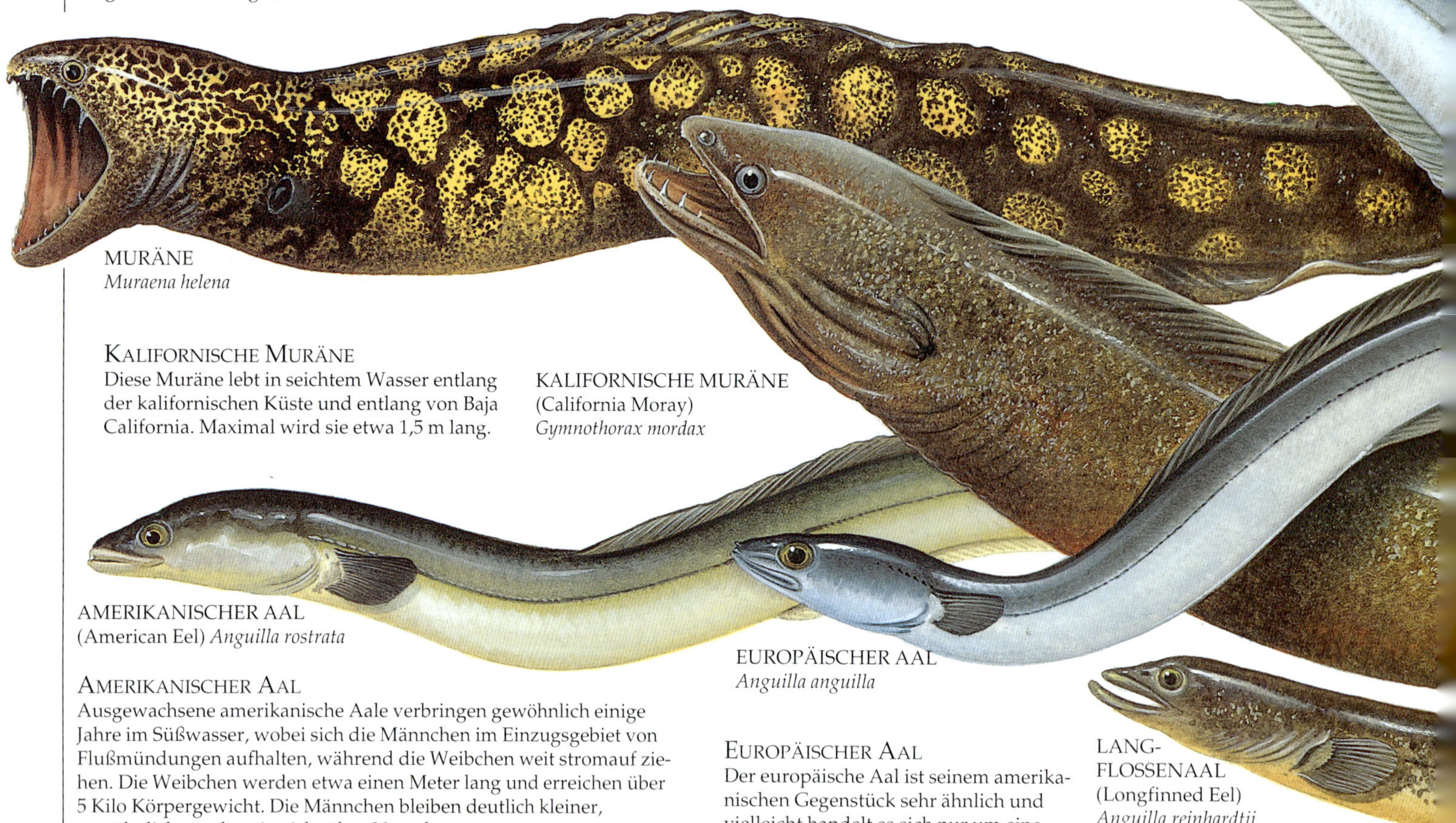

MURÄNE
Muraena helena

Kalifornische Muräne

Diese Muräne lebt in seichtem Wasser entlang der kalifornischen Küste und entlang von Baja California. Maximal wird sie etwa 1,5 m lang.

KALIFORNISCHE MURÄNE
(California Moray)
Gymnothorax mordax

AMERIKANISCHER AAL
(American Eel) *Anguilla rostrata*

EUROPÄISCHER AAL
Anguilla anguilla

LANG-
FLOSSENAAL
(Longfinned Eel)
Anguilla reinhardtii

Amerikanischer Aal

Ausgewachsene amerikanische Aale verbringen gewöhnlich einige Jahre im Süßwasser, wobei sich die Männchen im Einzugsgebiet von Flußmündungen aufhalten, während die Weibchen weit stromauf ziehen. Die Weibchen werden etwa einen Meter lang und erreichen über 5 Kilo Körpergewicht. Die Männchen bleiben deutlich kleiner, gewöhnlich werden sie nicht über 30 cm lang.

Europäischer Aal

Der europäische Aal ist seinem amerikanischen Gegenstück sehr ähnlich und vielleicht handelt es sich nur um eine Fischart. Nach dem Ablaichen sterben die Elterntiere; die Wanderung bis an das Süßwasser dauert bei den amerikanischen Aalen etwa ein Jahr, bei den europäischen Aalen drei bis vier Jahre.

Langflossenaal

Dieser Aal ist im Süßwasser des australasischen Raumes zuhause. Wie auch der europäische und der amerikanische Aal wandern diese Fische zum Laichen ins Meer, wahrscheinlich in das Coral-Meer. Er wird über 14 Kilo schwer.

Aallarve
In ihrem frühen Entwicklungsstadium sind Aallarven durchsichtige und blattähnlich aussehende Kreaturen, die Leptocephali oder Glasaale genannt werden. Später verdunkelt sich ihre Farbe und schon bald sehen sie wie Miniaturausgaben ihrer Elterntiere aus. Jetzt beginnen sie den Aufstieg ins Süßwasser.

FRÜHES ENTWICKLUNGSSTADIUM

SPÄTERES ENTWICKLUNGSSTADIUM

Größenvergleich

Conger Kalifornische Muräne Muräne Langflossenaal Amerikanischer Aal Europäischer Aal

Conger

Die verschiedenen Congerarten unterscheiden sich von den Muränen durch ihre Brustflossen (die Muränen haben keine) und von den Süßwasseraalen durch ihre schuppenlose Haut (Süßwasseraale haben winzig kleine, tief in die Haut gebettete Schuppen). Die Färbung der Conger reicht von hell- bis sehr dunkelgrau. Conger conger, der im Atlantik und im Mittelmeer zuhause ist, wird über 2,7 m lang und über 60 Kilo schwer.

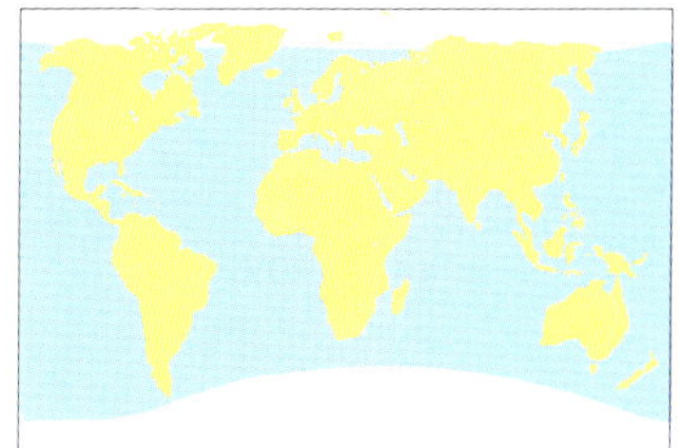

Verbreitung

Muränen: weltweit in subtropischen und in tropischen Gewässern; einige Arten leben auch in gemäßigten Breiten.

Kalifornische Muräne: Südkalifornien und Baja California.

Amerikanischer Aal: östliches Nordamerika, Karibik, nordöstliches Südamerika.

Europäischer Aal: von Island und Norwegen bis in das Mittelmeer.

Langflossenaal: Tasmanien und Ostaustralien.

Conger: in den meisten gemäßigten und tropischen Gewässern.

Unterstände

Muränen und Conger verstecken sich gerne in den Spalten von Fels- und Korallenbänken, in Wracks und in Hafenbefestigungen, wo sie geduldig auf vorbeischwimmende Beute warten (Fische, Tintenfische und Kraken). Bei Nacht sind sie gewöhnlich aktiver als bei Tag.

Angeltips

Techniken

Den Aalen wird gewöhnlich im Süßwasser nachgestellt, meist mit der Grundrute. Conger und Muränen werden beim Grundfischen mit Naturködern entlang felsiger Küstenstreifen, Molen und Befestigungsanlagen gefangen und beim Bootsfischen in Wracks und auf felsigem Untergrund.

Gerät

Für den Fang von Aalen eignet sich eine 3 bis 3,7 m lange Rute mit einer Testkurve von 2 lbs, beispielsweise eine Hecht- oder Karpfenrute, an die eine mit 0,23 mm Schnur gefüllte Stationärrolle kommt. Als Endmontage ist eine Montage mit Laufblei geeignet. An das Vorfach wird ein Haken der Größe 4 bis 8 gebunden. Beim Küstenfischen auf Conger und Muränen sollten Sie eine Brandungsrute der 20 bis 50 lbs-Klasse verwenden, an die eine mit 30 bis 35 lbs tragender Schnur gefüllte Multirolle kommt, ebenso wie eine Laufbleimontage mit Stahlvorfach, ein birnen- oder pyramidenförmiges Blei sowie ein 6/0 Einfachhaken. Zum Bootsfischen auf Conger und Muränen braucht man eine Bootsrute der 50 lbs-Klasse, eine 8/0 Multirolle und 50 bis 60 lbs tragende Schnur. Verwenden Sie auf jeden Fall ein Stahlvorfach. Des weiteren brauchen sie noch 8/0 Einfachhaken und birnen- oder pyramidenförmige Gewichte.

Köder

Würmer sind gute Aalköder, ebenso wie tote Kleinfische. Fische sind ein sehr fängiger Großaalköder, sie sollten etwa 13 Zentimeter lang sein und ganz angeboten werden. Geruchsintensive Köder, wie beispielsweise Fischleber oder Räucherfisch sind ebenfalls geeignet. In jedem Fall macht sich ein öliges, geruchsintensives, sinkendes Grundfutter bezahlt, mit dem sich die Aale an die Angelstelle locken lassen. Conger und Muränen werden auf große Naturköder gefangen, beispielsweise auf ganze Fische oder auf Fischstücke, bzw. auf Tinten- und Kuttelfisch. In jedem Fall sollten diese Köder in unmittelbarer Grundnähe angeboten werden.

SALZWASSERWELSE UND BARRAKUDAS

Die Salzwasserwelsfamilie der Ariiden besteht aus etwa 80 Arten, die weltweit in warmen Küstengewässern und Mündungen leben, in den Tropen auch im Süßwasser. Salzwasserwelse müssen vorsichtig angefaßt werden, da die Brustflossen und die Rückenflosse mit einem spitzen Stachel bewaffnet sind, der schmerzhafte Wunden verursachen kann. Die Barrakudas gehören zur Familie der Sphyraeniden, die etwa 20 Arten zählt. Alle sind echte Raubfische, die gefräßig über kleine Schwarmfische herfallen. Da sie eher auf Sicht als nach Geruch auf Raubzug gehen, konzentrieren sie sich auf auffällig silbrig gefärbte Beutefische.

Maulbrüter
Bei den meisten Salzwasserwelsen führt das Männchen die murmelgroßen, befruchteten Eier in seinem Maul bis zum Schlupf der Jungfische mit sich, was bis zu einem Monat dauern kann.

HARDHEAD CATFISH

Der Hardhead Catfish kommt im Küsten- und Brackwasser von Massachusetts bis nach Mexiko recht häufig vor. Am Kinn hat er vier Barteln, am Oberkiefer zwei. Er kann zwar über 5 Kilo schwer werden; gewöhnlich erreicht er aber nur ein knappes Kilo. Er hat noch einige Verwandte, die in küstennahem Wasser, in Flüssen und in Seen Nordaustraliens leben, u.a. der Blue oder Salmon Catfish (Arius graeffei).

HARDHEAD CATFISH
Arius felis

GUAGUANCHE

Wie die anderen Barrakudas hat auch der Guaguanche einen schlanken, zigarrenförmigen Körper mit zwei weit auseinanderstehenden Rückenflossen und einem vorragenden Unterkiefer; erkennen läßt er sich durch seinen gelben Streifen entlang des Seitenlinienorganes. Er lebt auf beiden Seiten des Atlantiks und wird etwa 60 cm lang.

GUAGUANCHE
Sphyraena guachancho

GROSSER BARRAKUDA
Sphyraena barracuda

NORTHERN SENNET
Sphyraena borealis

SENNETS

Der Northern und der Southern Sennet sind äußerlich fast identisch und vielleicht handelt es sich auch um ein und dieselbe Art. Diese kleinen Barrakudas werden etwa 45 cm lang, dem Southern Sennet fehlen jedoch einige Schuppen entlang der Seitenlinie (107 bis 116 im Gegensatz zu 118 bis 135) und seine Augen sind größer. Den Northern Sennet trifft man von New England bis nach Florida und dem Golf von Mexiko an; den Southern Sennet von Florida bis nach Uruguay. Im Ostatlantik und im Mittelmeer wird die Familie der Barrakudas vom europäischen Barrakuda (Sphyraena shpyraena) vertreten.

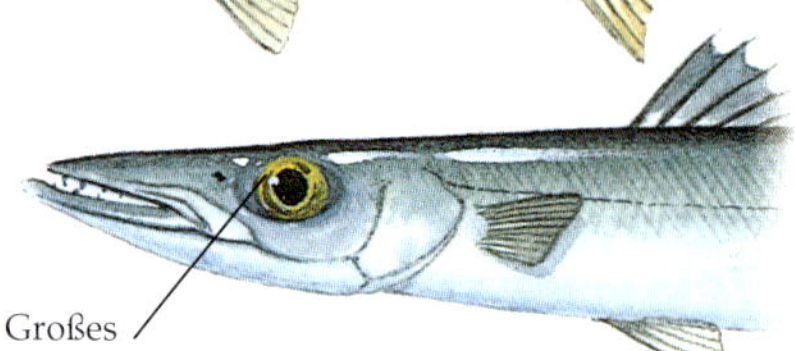

Großes Auge

SOUTHERN SENNET
Sphyraena picudilla

PAZIFIKBARRAKUDA
Sphyraena argentea

ANGELTIPS

Techniken
Die Welse werden beim Grundfischen von der Küste oder von Hafenmolen aus gefangen. Barrakudas lassen sich beim Schlepp- und Spinnfischen fangen, wobei das Spinnfischen auch vom Ufer aus erfolgreich sein kann.

Gerät
Zum Fang der Welse braucht man eine 3,4 bis 3,7 m lange Rute mit mittlerer Aktion, an die eine mit 0,26 bis 0,35 mm Schnur gefüllte Stationärrolle kommt. Des weiteren sind Haken in den Größen 4 bis 6/0 und ein Grundblei von etwa 30 g notwendig. Zum Schleppfischen auf Barrakuda sollten Sie eine Bootsrute der Schnurklassen 12 bis 30 lb. verwenden, an die eine mit 0,33 bis 0,50 mm Schnur gefüllte Multirolle kommt, ein Stahlvorfach, Haken der Größen 4/0 bis 8/0 und ein bananenförmiges Schleppgewicht. Zum Spinnfischen ist eine mittelschwere Spinnrute erforderlich, eine mit 0,33 bis 0,50 mm Schnur gefüllte Stationärrolle sowie ein Stahlvorfach und Haken der Größen 4/0 bis 8/0.

Köder
Fischstücke und Lebendköder, wie beispielsweise Sandwürmer, sind ideale Welsköder, wobei sich diese Welse auch mit Jigs und Wobblern fangen lassen. Für den Fang von Barrakudas brauchen Sie auffällig gefärbte, stark reflektierende Spinner, Holzwobbler, Fischfetzen und ganze Köderfische.

Barrakudas in seichtem Wasser
Barrakudas halten sich gerne in seichtem Wasser auf, wo sie durch ihre natürliche Neugier von Badenden angelockt werden, die sie gelegentlich auch anfallen.

GAFFTOPSAIL CATFISH
Bagre marinus

Gafftopsail Catfish

Dieser Wels läßt sich anhand seiner überlangen Rückenflosse, seinen zwei Kinnbarteln und seinen beiden überlangen Barteln an den Maulwinkeln recht leicht identifizieren. Sein Verbreitungsgebiet überlappt mit dem des Hardhead Catfish, er ist allerdings seltener und wird maximal 2,5 Kilo schwer. Gafftopsail und Hardhead sind Grundfische, die sich u.a. von Krebsen ernähren und oft von Molen und Pieren aus gefangen werden.

Verbreitung

Hardhead Catfish: Westatlantik und Golf von Mexiko.
Gafftopsail Catfish: von Massachusetts bis nach Venezuela.
Guaguanche: gemäßigte bis tropisch warme Atlantikabschnitte.
Northern Sennet: von New England bis nach Florida und den Golf von Mexiko.
Southern Sennet: von Florida bis nach Uruguay; Bermudas und Bahamas.
Große Barrakuda: gemäßigte bis tropisch warme Atlantikabschnitte, Mittelmeer und Schwarzes Meer.
Pazifikbarrakuda: entlang der nordamerikanischen Pazifikküste.

Grosser Barrakuda

Dieser Barrakuda zählt zu den größten, er wird über 2 m lang und kann über 50 Kilo wiegen. Er ist ein wichtiger Sportfisch der hart kämpft und dabei äußerst schnelle Fluchten hinlegt, die von Sprüngen unterbrochen werden. Leider ist es um seine Ausdauer nicht so gut bestellt, im Drill ermüdet er schnell. Kleine Barrakudas halten sich gerne in unmittelbarer Küstennähe auf, wo sie sich mit leichtem Gerät vom Ufer oder Boot aus fangen lassen, die größeren Exemplare bleiben jedoch in tieferem Wasser, wo ihnen beim Schleppfischen mit mittelschwerem Gerät nachgestellt wird.

Pazifikbarrakuda

Dieser Barrakuda lebt vom Golf von Alaska bis Baja California, ist jedoch nördlich von Point Conception, Kalifornien, selten. Dieser auch als kalifornischer Barrakuda bezeichnete Fisch hat einen auffälligen dunklen Streifen entlang seiner Seitenlinie, er wird maximal etwa 8 Kilo schwer. Der mexikanische Barrakuda (Sphyraena ensis) sieht ähnlich aus, ist allerdings entlang seiner Seiten gebändert. Zu weiteren Barrakudaarten der indopazifischen Region gehören der Kurzflossenbarrakuda (S.noveahollandiae), der Goldbarrakuda (S.flavicauda) und der Streifenbarrakuda (S.obtustata).

Barrakudakiefer
Die kraftvollen Kiefer eines Barrakudas verfügen über große Fangzähne, mit denen die Beute gefaßt und gehalten werden kann.

Größenvergleich

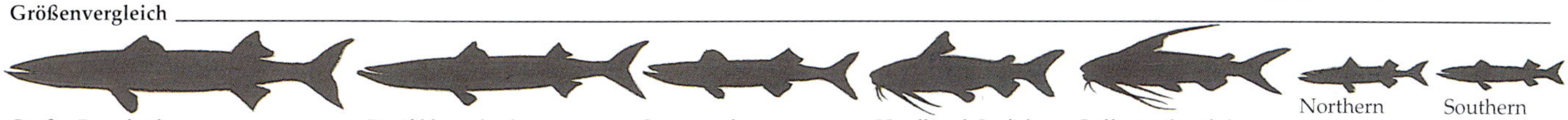

Amberjack & Jack

Die Carangiden sind eine große Familie von Meeresraubfischen, die über 200 Mitglieder zählt und Arten wie den Amberjack, Jack und Pompano (siehe Seite 166) umfaßt. Ihre Körper sind stromlinienförmig und mit tief eingekerbten Schwanzflossen versehen. Der stachelige und der weiche Abschnitt ihrer Rückenflosse sind voneinander getrennt. Alle Arten ernähren sich von Fisch und Wirbellosen, wie beispielsweise Tintenfisch. Ihr Fleisch ist schmackhaft. Dennoch sollte man sich jeweils vor Ort erkundigen, inwiefern Verdacht auf Ciguatera besteht, eine Fischvergiftung, die für den Menschen tödliche Folgen haben kann.

Almaco Jack

Der Almaca Jack lebt weltweit in den warmen Meeren und wird über 55 Kilo schwer. Er ist dem Großen Amberjack und dem Yellowtail ähnlich. Der dunkle Streifen entlang seiner Augen ist allerdings deutlicher und die ersten Strahlen seiner weichen Rückenflosse sind länger und sichelförmig. Der Almaco Jack des Ostpazifiks wird manchmal als eine eigene Art geführt, und zwar als Pazifikamberjack (Seriola colburni).

ALMACO JACK
Seriola rivoliana

Schwarmfische
Jungfische aus der Carangidenfamilie bilden unter Treibgut gerne kleine Schwärme. Manchmal halten sich diese Schwärme auch unter größeren Quallenansammlungen auf. Ältere Carangiden ziehen in großen, schnellschwimmenden Schwärmen durchs Meer, die ganz großen Altfische scheinen aber eher als Einzelgänger zu leben. Die Carangiden sind in den gemäßigten und tropischen Breiten unserer Weltmeere weit verbreitet.

BLUE RUNNER
Caranx crysos

Blue Runner

Der Blue Runner ist ein kleiner Atlantikjack, der sehr nah mit dem Pacific Green Jack (Caranx caballus) verwandt ist. Er wird über 3,5 Kilo schwer, wiegt durchschnittlich jedoch nur ein Pfund; wie das der meisten Carangiden ist auch sein Fleisch schmackhaft, wodurch er zu einer begehrten Beute der Berufsfischer wird. Er ist auch ein beliebter Sportfisch, der sich besonders gut als Köder beim Big-Game Fischen eignet.

Größenvergleich

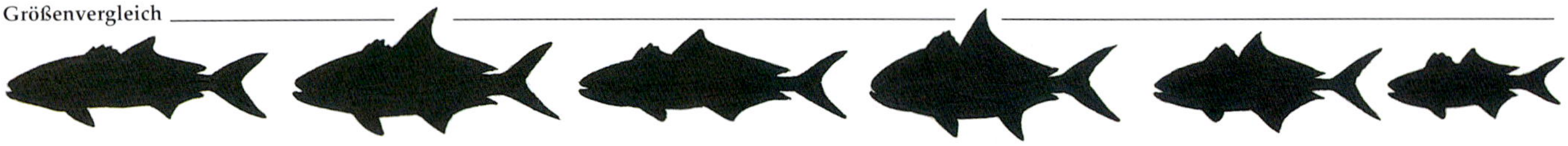

GROSSER AMBERJACK
Seriola dumerili

Grosser Amberjack

Dieser Fisch ist in den warmen Abschnitten der Weltmeere stark verbreitet und er ist gleichzeitig der größte Amberjack im Atlantik. Sein Durchschnittsgewicht liegt bei 7 Kilo, er kann jedoch über 80 Kilo schwer werden. Sein Schuppenkleid ist silbrig und oft läuft ein breiter, gelber oder kupferfarbener Streifen entlang seiner Seiten. Die dunklen Streifen, die vom Unterkiefer aus durch die Augen laufen, treffen am Ansatz der Rückenflosse aufeinander, wo sie ein umgekehrt liegendes "V" bilden.

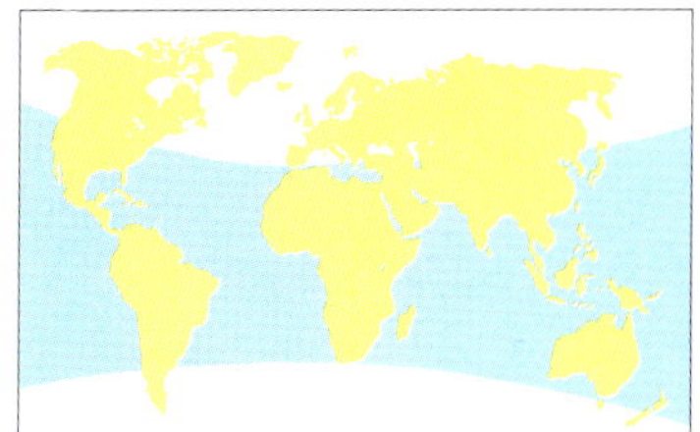

Verbreitung

Almaco Jack: in den meisten tropischen und gemäßigt-warmen Meeren.
Blue Runner: tropische und gemäßigt-warme Meere.
Großer Amberjack: in den meisten tropischen und gemäßigt-warmen Meeren.
Kleiner Amberjack: im Westatlantik von Massachusetts bis nach Brasilien.
Crevalle Jack: in den meisten tropischen und gemäßigt-warmen Meeren.
California Yellowtail: im Ostpazifik von British Columbia südwärts bis nach Chile.

KLEINER AMBERJACK
Seriola fasciata

JUNGFISCH

Kleiner Amberjack

Der ausgewachsene Kleine Amberjack ist dem Großen Amberjack recht ähnlich. Allerdings treffen die dunklen Kopfstreifen deutlich vor der Rückenflosse zusammen. Der Kleine Amberjack ist ein verhältnismäßig kleiner Fisch, der maximal etwa 4,5 Kilo schwer wird. Er lebt in warmen Abschnitten des Westatlantik.

Junger Kleiner Amberjack
Die Jungfische des Kleinen Amberjacks sind mit einer breiten, dunklen Bänderung deutlich gezeichnet. Mit zunehmendem Alter verblaßt diese Bänderung.

Crevalle Jack

Der besonders zäh kämpfende Crevalle Jack ist in den warmen Meeren ein weit verbreiteter Fisch, der sowohl in unmittelbarer Küstennähe, als auch auf hoher See lebt. Durchschnittlich wiegt er unter einem Kilo, kann jedoch auch 50 Pfund erreichen. Der Crevalle Jack des Pazifik wird oft als eine eigene Art betrachtet, Caranx caninus; weitere pazifische und indopazifische Mitglieder der Gattung Caranx sind u.a. der Trevally (Caranx georgianus), der Ulua (C.stellatus) und der Pauu'u (C.ignobilis).

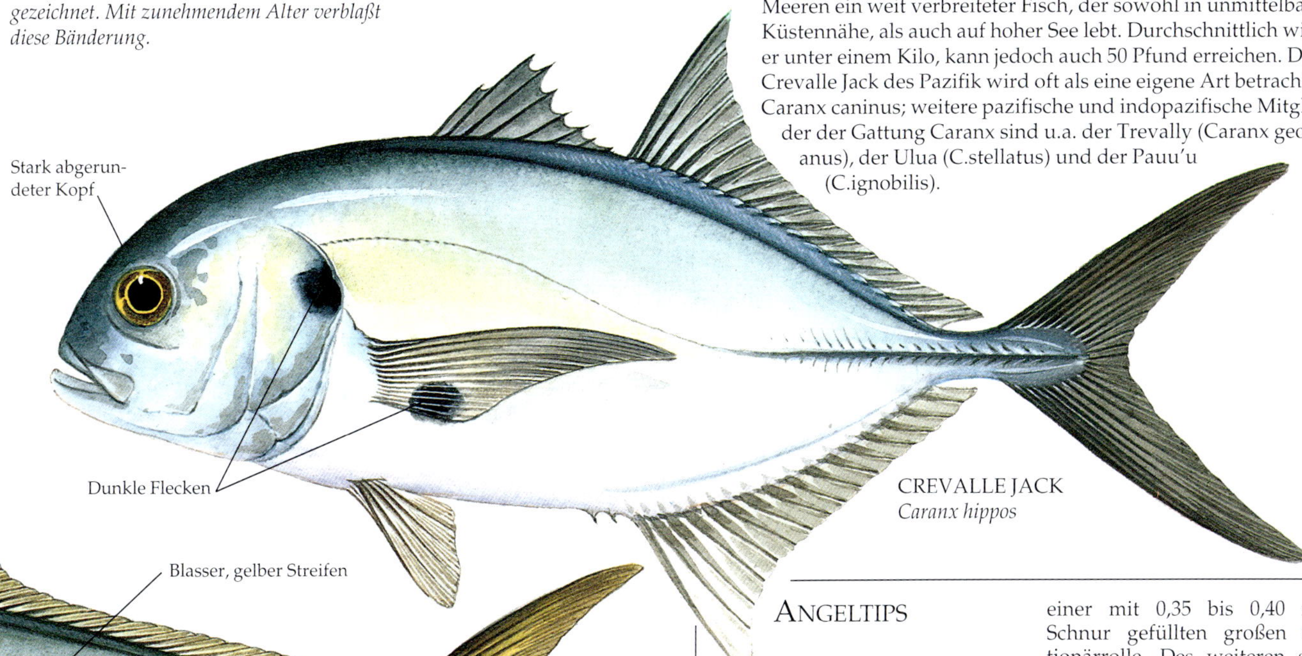

CREVALLE JACK
Caranx hippos

CALIFORNIA YELLOWTAIL
Seriola lalandi dorsalis

California Yellowtail

Diese Unterart des Yellowtail (Seriola lalandi) erreicht ein Maximalgewicht von etwa 36 Kilo und ist einer der begehrtesten Sportfische entlang der nordamerikanischen Pazifikküste. Der nah mit ihr verwandte Southern Yellowtail (S.grandis), der um Australien und Neuseeland zuhause ist, kann über 50 Kilo schwer werden.

Angeltips

Techniken
Schlepp-, Drift- und Spinnfischen sind die für den Fang von Amberjack und Jack gebräuchlisten Techniken.

Gerät
Zum Schlepp- und Driftfischen brauchen Sie eine 30-lb.Bootsrute, an die eine mit 0,55 mm Schnur gefüllte Multirolle der Größe 4/0 kommt. Des weiteren sind ein Vorfach aus dickem Nylon oder aus Stahl notwendig sowie Einfachhaken der Größen 6/0 bis 8/0. Zum Spinnfischen eignet sich eine schwere Spinnrute, mit einer mit 0,35 bis 0,40 mm Schnur gefüllten großen Stationärrolle. Des weiteren sind ein Stahlvorfach und Haken der Größen 4/0 bis 6/0 erforderlich.

Köder
Durch Anfüttern lassen sich Schwärme bis an das Boot locken und dort halten. Zum Schlepp- und Driftfischen eignen sich Kunstköder, wie etwa Spinner und Wobbler, oder Naturköder, wie etwa Tintenfisch, Fischstücke und ganze Fische. Gute Köderfischarten sind Meeräschen, Sardinen und Anchovis. Zum Spinnfischen nehmen Sie Wobbler, Spinner und Löffel.

Pompano, Jackmackerel & Roosterfish

Der Jackmackerel und die vier hier abgebildeten Pompanoarten (u.a. auch der Permit) sind alle Mitglieder der Familie der Carangiden, zu der ebenfalls Amberjack und Jack zählen (siehe Seite 164). Der Roosterfish wird gelegentlich als Mitglied der Carangidenfamilie geführt. Gewöhnlich wird er jedoch in eine eigene Familie, die Nematistiiden, eingeordnet. Pompanos sind sehr hochrückig, wogegen Jackmackerel und Roosterfish länglicher und stromlinienförmiger sind. Bis auf den African Pompano trauen sich all diese Arten bis in unmittelbare Küstennähe, wo sie im seichten Wasser problemlos in Reichweite der Küstenangler kommen, denen sie an leichtem Gerät einen guten Drill liefern.

LARGESPOT POMPANO
Trachinotus botla

Permit
Der Permit lebt zahlreich um die Bahamas und entlang der Küste von Südflorida. Er gilt als einer der Sportfische schlechthin. Wie auch der Bonefish (siehe Seite 158) ernährt er sich im seichten Wasser der Korallenflats. Auf seinem Speiseplan stehen Krebse, Mollusken, Garnelen und Seeigel. Er kann über 23 Kilo schwer werden.

JUNGER PERMIT

Largespot Pompano
Der Largespot Pompano ist in den Küstengewässern des Indischen Ozeanes von Afrika bis nach Australien weit verbreitet. Er lebt in dem der Brandung ausgesetzten Abschnitt von Sandstränden. Beim Rauben in sehr seichtem Wasser schrecken diese Fische nicht davor zurück, sich auf ihre Seiten zu legen. Der Largespot Pompano wird über zwei Kilo schwer.

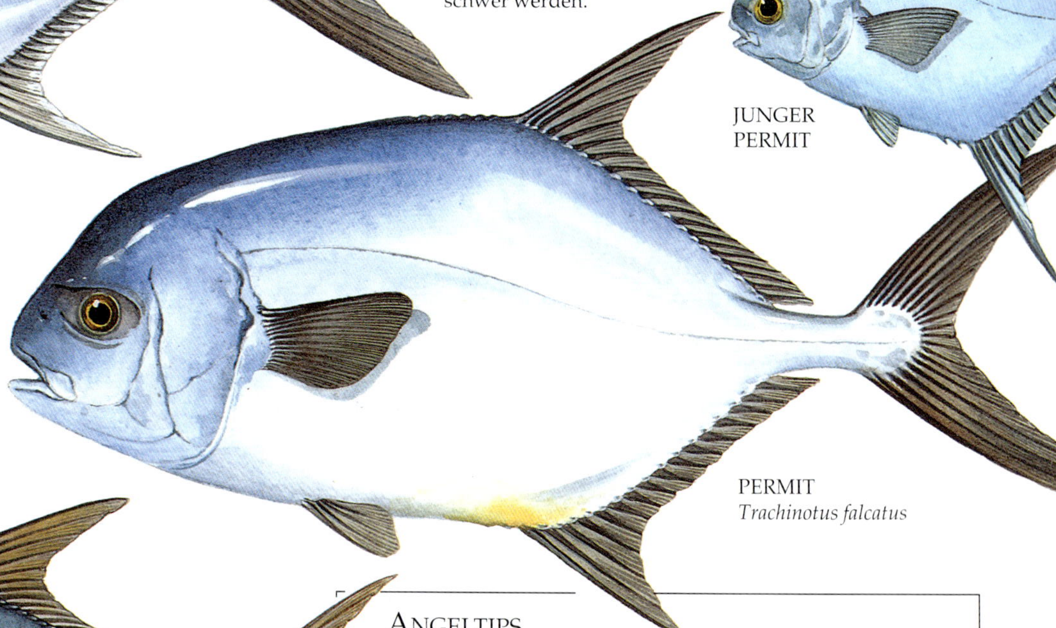

PERMIT
Trachinotus falcatus

FLORIDA POMPANO
Trachinotus carolinus

Florida Pompano
Dieser Pompano liefert an leichtem Gerät einen guten Drill. Wegen seines schmackhaften Fleisches wird er ebenfalls sehr geschätzt. Wie auch der Permit zieht er zur Nahrungsaufnahme in sehr seichtes Wasser. Durchschnittlich wiegt er ein knappes Kilo, maximal 3,6 Kilo.

Angeltips

Techniken
Da die meisten dieser Arten bis in unmittelbare Ufernähe kommen, lassen sie sich vom Ufer und vom Boot aus mit Kunst- und Naturködern überlisten. Der African Pompano zieht tieferes Wasser vor und wird beim Schleppfischen gefangen.

Gerät
Zum Brandungsfischen brauchen Sie eine 3,7 m lange Rute, die Wurfgewichte von 80 bis 150 gr. verträgt. Zum Spinn- und Schleppfischen kommt eine 2 bis 2,4 m lange mittelschwere Spinnrute zum Einsatz, wobei der Schnurdurchmesser etwa 0,25 bis 0,33 mm betragen sollte. Außerdem benötigen Sie noch ein kurzes, etwa 10 Kilo tragendes Vorfach und Haken der Größen 2 bis 2/0.

Köder
Üblicherweise wird mit Krebsen, Muscheln, Sandflöhen, kleinen Bucktails und mit Jigs gefischt; Anchovis sind ausgezeichnete Köder für den Fang von Jackmackerels.

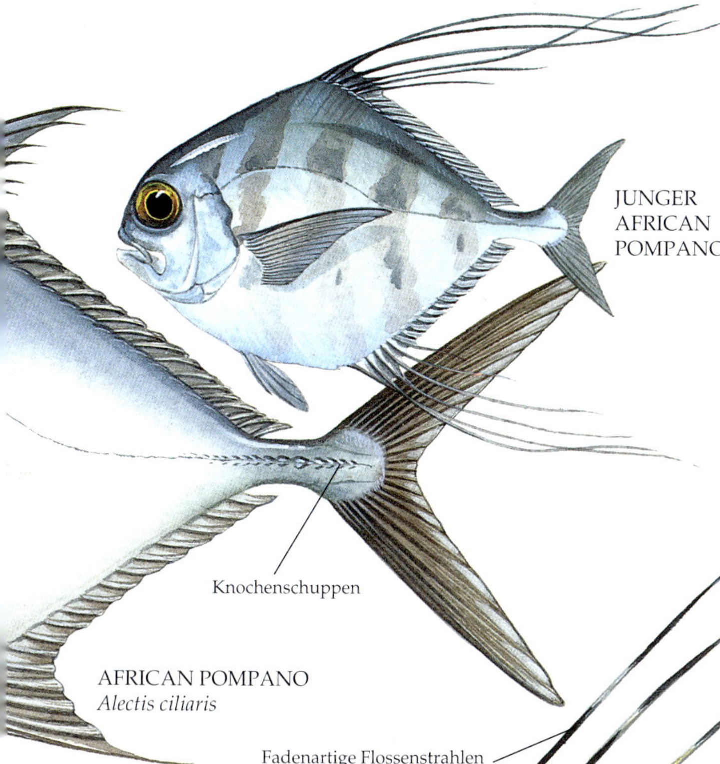

AFRICAN POMPANO
Alectis ciliaris

African Pompano

Der African Pompano lebt in vielen gemäßigt warmen Meeren und ist weltweit über alle tropisch warmen Meere verbreitet. Er hält sich bevorzugt in der Umgebung großer Felsriffe in tiefem Wasser auf, wo er ein Gewicht von etwa 18 Kilo erreichen kann. Jungfische dieser Art haben einen sehr hochrückigen Körper und lange, fadenartige Flossenstrahlen an Rücken- und Afterflosse.

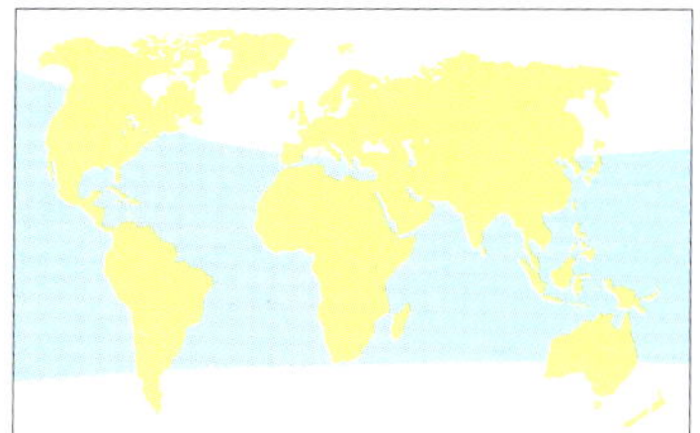

Verbreitung

Permit, Florida Pompano: gemäßigt warme und tropische Abschnitte des Atlantik.
African Pompano: weltweit in allen tropischen Meeren; in gemäßigt warmen Abschnitten des Atlantik.
Largespot: Indischer Ozean.
Roosterfish: im Pazifik von Südkalifornien bis nach Peru.
Jackmackerel: im Pazifik von Alaska bis nach Mexiko.

Roosterfish

Roosterfish bedeutet soviel wie "Hahnenfisch". Seinen Namen verdankt dieser Fisch den sieben langen Flossenstrahlen seiner ersten Rückenflosse, die dem Kamm eines Hahnes ähnlich sehen. Diese stacheligen Flossenstrahlen liegen gewöhnlich in einer Hautfalte versteckt, ist der Fisch erregt, klappt er sie hervor. Zur Nahrungsaufnahme zieht der Roosterfish seichtes Wasser mit sandigem Grund auf. Er wird bis zu 45 Kilo schwer. Dem interessanten Sportfisch stellen auch die Berufsfischer entlang der Pazifikküste Zentralamerikas nach.

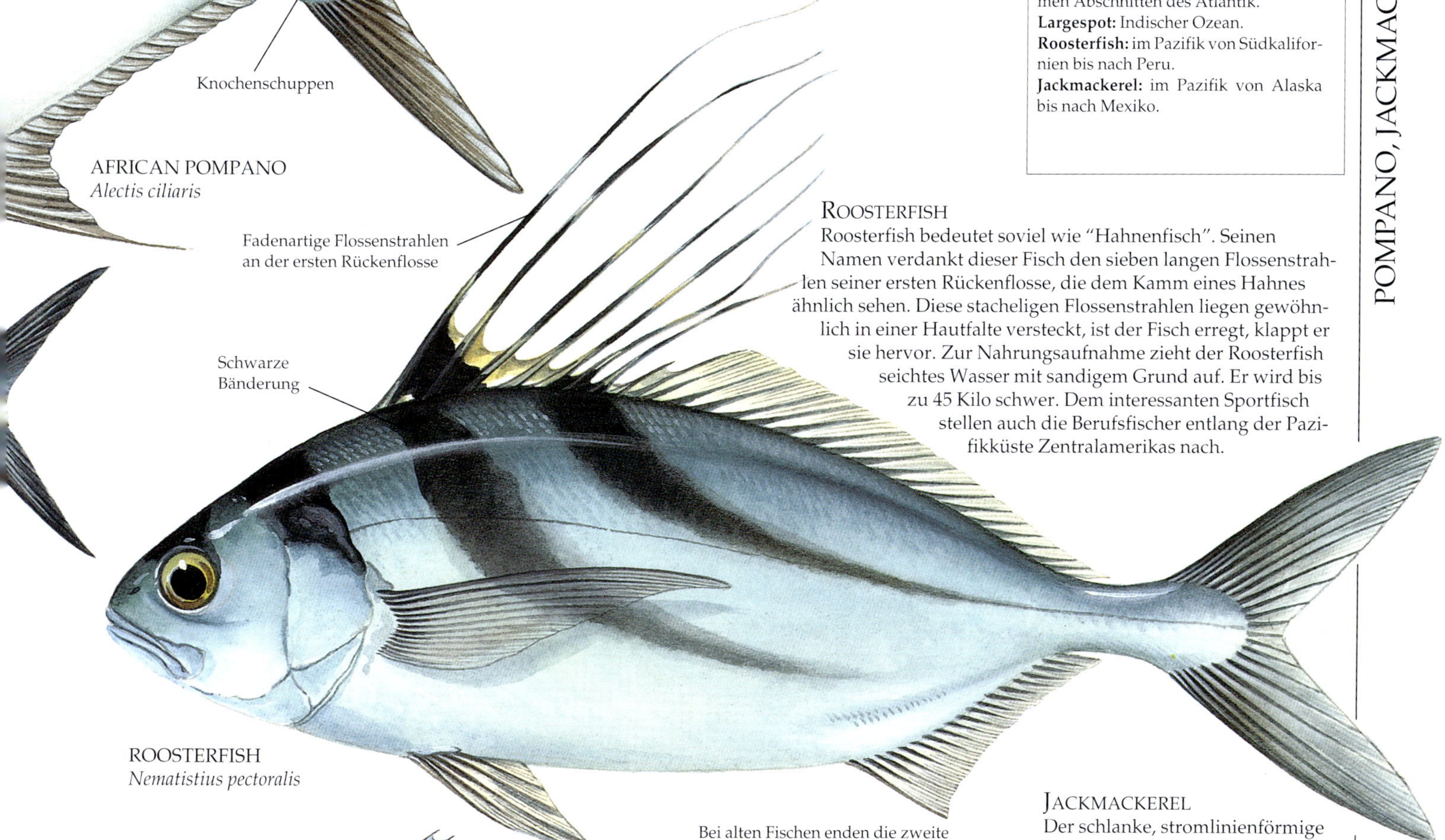

ROOSTERFISH
Nematistius pectoralis

JACKMACKEREL
Trachurus symmetricus

Jackmackerel

Der schlanke, stromlinienförmige Jackmackerel lebt im östlichen Pazifik und taucht regelmäßig in großen Mengen vor der kalifornischen Küste auf, wo er ein sehr begehrter und wichtiger Sportfisch an leichtem Gerät ist. Am Hinterrand seines Kiemendeckels hat er oft einen dunklen Fleck und entlang der Seitenlinie verläuft ein Streifen aus Knochenschuppen. Er lebt sowohl in Küstennähe als auch auf hoher See. Maximal wird er etwa 2,2 Kilo schwer.

Größenvergleich

Cobia, Snook und Barramundi

Der Cobia ist das einzige Mitglied der Familie der Rachycentriden und gleichzeitig ein sehr geschätzter Sportfisch. Bei den Berufsfischern ist er wegen seines schmackhaften Fleisches, das oft geräuchert wird, ebenfalls sehr begehrt. Snook und Barramundi gehören zur Familie der Centropomiden, die etwa 30 Mitglieder zählt. Einige Centropomiden sind reine Meeresfische, andere ziehen gelegentlich in Brackwasser oder steigen sogar in Flüsse auf; einige leben in Flüssen und laichen in den brackigen Mündungsbereichen, während andere wiederum reine Süßwasserfische sind.

TARPON SNOOK
Centropomus pectinatus

FAT SNOOK
Centropomus parallelus

Cobia

Dieser lange, schlanke Fisch lebt in fast allen warmen Meeren, wo er im Küstenbereich und auf hoher See anzutreffen ist. Lediglich entlang der Pazifikküste Nordamerikas fehlt er. Er hat einen abgeflachten Kopf, ein großes Maul mit einem leichten Vorbiß und eine erste Rückenflosse, die lediglich aus acht voneinander getrennten Stacheln besteht. In erster Linie ernährt sich der Cobia von Fischen und Krebsen. Er kann bis zu 70 Kilo schwer werden. Gewöhnlich ist er ein Einzelgänger, der stellenweise auch in kleinen Trupps anzutreffen ist.

Fat Snook

Der Fat Snook ist ein kleiner, eher hochrückiger Fisch, der selten über 1,4 Kilo schwer wird. Am zuverlässigsten läßt er sich von anderen kleinen Snooks durch Zählen seiner Schuppen entlang des Seitenlinienorganes unterscheiden: der Fat Snook hat dort 80 bis 90 Schuppen, der Tarpon Snook 65 bis 70 und der Black Snook etwa 60.

COBIA
Rachycentron canadum

Angeltips

Techniken
Cobias werden gewöhnlich beim Spinnfischen oder beim Grundangeln mit Naturködern gefangen. Das Fischen mit Kunstködern ist eine auf Barramundi und Snook sehr fängige Technik. Letztere lassen sich auch mit der Fliegenrute fangen.

Gerät
Zum Fang von Cobias brauchen Sie eine schwere Spinnrute, 0,35 bis 0,40 mm monofile Schnur, ein 90 cm langes Stahlvorfach (oder 60 bis 80 lb. monofile Schnur) und Haken der Größen 2/0 bis 4/0. Zum Spinnfischen auf Snook ist eine 1,8 m lange Spinnrute mit 0,30 bis 0,33 mm Schnur notwendig, zum Fliegenfischen eine schnelle, 2,7 m lange Fliegenrute mit Spitzenaktion. Für den Fang von Barramundis sollten Sie eine 2,7 bis 3 m lange Spinnrute verwenden, an die 0,40 bis 0,50 mm monofile Schnur kommt.

Köder
Gute Naturköder für den Fang von Cobias sind Fische, Krebse und Garnelen. Als Kunstköder eignen sich große sattblaue oder silbrige Wobbler sowie 40 bis 85 Gramm schwere Jigs mit gelben oder weißen Schürzen. Wobbler, Löffel, Jigs, Garnelen, Streamer und Fisch (vor allem Meeräschen) sind gute Snookköder und zweigeteilte, 15 cm lange, nur wenig abtauchende Wobbler sind gute Barramundiköder.

Cobia Unterstände
Cobias lungern gerne im Schutz von Brückenpfeilern und von Wracks sowie unter Bojen und anderem Treibgut. Oft findet man sie auch in der Nähe umherziehender Haie.

BLACK SNOOK
Centropomus nigrescens

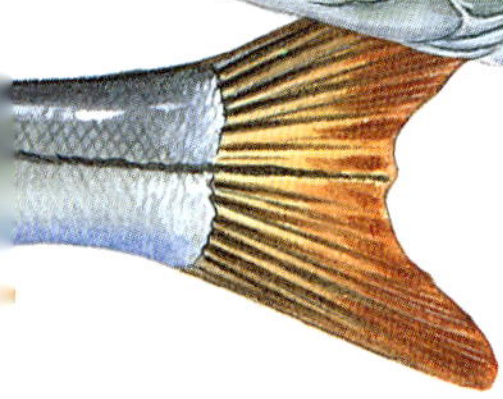

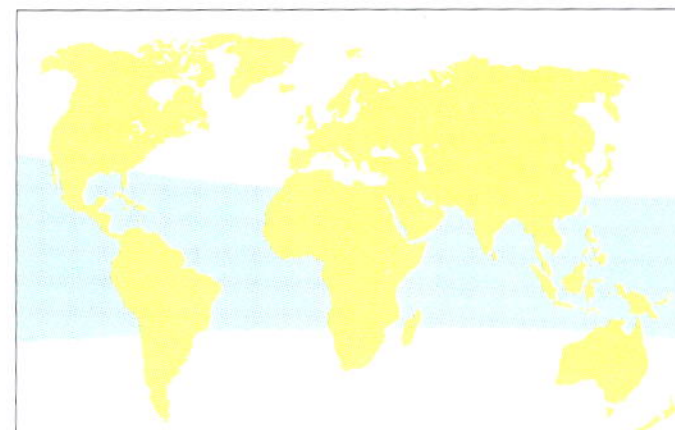

Verbreitung

Cobia: in den meisten warmen Meeren, fehlt allerdings entlang der nordamerikanischen Pazifikküste.
Fat Snook, Tarpon Snook: Südflorida und von den Westindischen Inseln bis nach Brasilien.
Black Snook: im Ostpazifik von Baja California bis nach Peru.
Snook: im Westatlantik von South Carolina bis nach Brasilien.
Barramundi: in asiatischen Küstenregionen und auf Inseln im Persischen Golf bis nach China und um die Nordhälfte des australischen Kontinentes.

Tarpon Snook

Das Maul dieses kleinen Fisches ist deutlich nach oben gerichtet, ein wenig wie das des Tarpons (siehe Seite 158). Seine Bauchflossen sind orange oder gelborange und haben dunkle Enden. Er hält sich vorzugsweise in brackigen Seen und Lagunen mit zahlreichen Unterschlüpfen auf. Gewöhnlich wiegt dieser Fisch weniger als ein Kilo.

Black Snook

Der Black Snook, der entlang der Pazifikküste des tropischen Amerikas lebt, wird über 1,4 Kilo schwer. In seichten Küstengewässern kommt er, ebenso wie in brackigen Mündungen und Flußunterläufen oder in küstennahen Kanälen, häufig vor.

SNOOK
Centropomus undecimalis

Snook

Dieser große, hechtartige Fisch hat ein oberständiges Maul und entlang seiner Seitenlinien einen auffälligen, schwarzen Streifen, der bis an den Schwanz reicht. Er ist ein sehr aktiver Raubfisch, der sich von Fischen, Krebsen und Garnelen ernährt, durchschnittlich 2,2 bis 3,6 Kilo wiegt und maximal 24 Kilo schwer wird. Obwohl er gewöhnlich in seichtem Küstenwasser anzutreffen ist, zieht er auch gerne in Mündungen, in Mangrovensümpfe, in Bäche und wandert manchmal in Kanälen und Flüssen weit ins Landesinnere. Nach der Landung sollte man ihn mit Vorsicht anfassen, da die Ränder seiner Kiemendeckel sehr scharf sind.

BARRAMUNDI
Lates calcarifer

Barramundi

Der Barramundi lebt in Flüssen, Bächen und Mangrovensümpfen und er laicht in Flußmündungen bzw. im Küstenwasser. Er ernährt sich von Fischen, Flußkrebsen, Krebsen, Garnelen und Insekten und wird über 60 Kilo schwer; der nah mit ihm verwandte Nilbarsch (Lates niloticus), ein afrikanischer Süßwasserfisch, kann über 90 Kilo schwer werden.

Größenvergleich

Surfperch

Die Familie der Embiotociden besteht aus 21 Arten, von denen zwei in Japan und Korea auftauchen; der Rest lebt entlang der nordamerikanischen Pazifikküste und bis auf eine Ausnahme sind es reine Meeresfische. Diese Ausnahme ist der Tule Perch (Hysterocarpus traski), dessen Verbreitungsgebiet auf Zentrakalifornien begrenzt ist. Die Surfperchmännchen benutzen ihre Afterflossen, um ihr Sperma zu den Weibchen zu befördern, die lebende Jungfische gebären. Auf ihrem Speiseplan stehen Algen, Wirbellose und Fische. Sie werden 10 bis 45 cm lang.

RUBBERLIP SEAPERCH
Rhacochilus toxotes

Rubberlip Seaperch

Als "Surfperch" werden gewöhnlich nur jene Mitglieder der Embiotociden bezeichnet, die in der Brandung leben. Die, die dort nicht in erster Linie zuhause sind, u.a. auch der Rubberlip, werden "Seaperch" genannt, während die Embiotociden ohne speziellen Lebensraum als "Perch" bezeichnet werden. Der Rubberlip, der sich gerne über Felsen und an Befestigungspfeilern aufhält, ist das größte Mitglied dieser Familie: er wird 45 cm lang.

WALLEYE SURFPERCH
Hyperprosopon argenteum

Walleye Surfperch

Der Walleye Surfperch läßt sich problemlos anhand seiner übergroßen Augen, seiner dunklen Bauchflossenenden und den oft dunklen Rändern an After- und Schwanzflosse identifizieren. Maximal wird er 30 cm lang, er lebt gerne in der Brandung von Sandstränden und an Molenanlagen. Er ist ein beliebter Sportfisch, der auch für die Berufsfischerei von Bedeutung ist.

Angeltips

Techniken

Surfperchs werden gewöhnlich beim leichten Brandungs- oder beim Grundfischen gefangen.

Gerät

Zum Brandungsfischen brauchen Sie eine leichte Brandungsrute, an die eine mit 0,30 bis 0,35 mm Schnur gefüllte Multirolle kommt. Je nach gesuchter Art sind Haken um Größe 1/0 ratsam. Als Blei kommt ein Krallenblei oder ein tropfenförmiges Blei in Frage. Zum Grundfischen nehmen Sie eine Spinnrute oder eine Bootsrute der 12 lb.-Klasse, an die eine mit 0,30 bis 0,35 mm Schnur gefüllte Stationär- oder Multirolle kommt, ein Haken der Größe 1/0 (oder kleiner) sowie ein tropfenförmiges Blei.

Köder

Gute Surfperchköder sind Fischstücke und Krebse, Garnelen und Muscheln.

Shiner Perch

Dieser kleine Surfperch, der nur etwa 18 cm lang wird, tritt recht zahlreich auf und läßt sich von Molenanlagen aus recht problemlos fangen, weshalb er gerade bei jungen Anglern sehr beliebt ist. Er sucht gerne seichtes Wasser auf, wo er in der Nähe von Krautbänken, Pfeilern und Molen anzutreffen ist. Gelegentlich steht er aber auch in über 150 Meter Tiefe. Ebenso zieht er manchmal in Brackwasser und ausnahmsweise auch ins Süßwasser. Oft hat er über seiner Oberlippe einen schwarzen Fleck.

REDTAIL SURFPERCH
Amphistichus rhodoterus

Redtail Surfperch

Dieser Fisch ist eine der häufigsten Surfpercharten. Er wird etwa 40 cm lang und ist aufgrund seiner roten Flossen und seiner braunen Bänderung an den Flanken leicht zu erkennen. Der Calico Surfperch (Amphistichus koelzi) ist ähnlich gefärbt, allerdings kleiner und die festen Flossenstrahlen seiner Rückenflosse sind kürzer als die weichen.

Striped Seaperch

Dieser hübsche Fisch wird bis zu 38 cm lang und lebt über felsigem Grund an Scharkanten von flachem Wasser bis in Tiefen von etwa 21 Metern. Er kommt im Süden bis zur Baja California vor, ist aber in kälterem Wasser nördlich von Point Conception am häufigsten anzutreffen.

Verbreitung

Rubberlip Seaperch: von Nordkalifornien bis etwa in die Mitte von Baja California.
Walleye Surfperch: von Vancouver Island bis nach Baja California.
Shiner Perch: von Südostalaska bis nach Baja California.
Redtail Surfperch: von Vancouver Island bis nach Monterey Bay.
Striped Seaperch: von Südostalaska bis nach Baja California.
Barred Seaperch: von Nordkalifornien bis nach Baja California.

STRIPED SEAPERCH
Embiotoca Lateralis

Barred Surfperch

Der Barred Surfperch ist gewöhnlich silbrig oder messingfarben. Er hat acht bis zehn braune Bänder an jeder Seite, einigen Individuen fehlen diese Bänder jedoch. Er lebt in der Brandung von Sandstränden, aber auch in Tiefen von über 70 Meter. Er ist ein wichtiger Sportfisch, der 43 cm lang und 2 Kilo schwer werden kann, obwohl er durchschnittlich unter 30 cm lang ist und dabei knapp 500 Gramm wiegt.

BARRED SURFPERCH
Amphistichus argenteus

Alle Arten gebären lebende Jungfische

Bei den Männchen verblassen die gelben Streifen im Sommer

SHINER PERCH
Cymatogaster aggregata

Größenvergleich

Rubberlip Seaperch | Barred Surfperch | Redtail Surfperch | Striped Seaperch | Walleye Surfperch | Shiner Perch

DORSCH, SEEHECHT, LENG & RUTTE

Die Mitglieder der Gadiden, der Dorschartigen, sind weltweit verbreitet, insbesondere in den kühlen Gewässern der nördlichen Erdhemisphäre. Die meisten von ihnen sind Grundfische, die sich von Fischen und von Wirbellosen ernähren. Viele sind für die Berufsfischerei ebenso bedeutend, wie für die Sportangler. Unglücklicherweise hat der Wert vieler dieser Arten in einigen Gegenden zu einem Überfischen der Bestände geführt, vor allem im Nordatlantik. Das Ergebnis ist, daß Fangmenge und Größe dieser Arten beträchtlich geschrumpft sind.

POLLACK

Wie viele andere Arten aus der Familie der Dorschartigen hat der Pollack drei Rückenund zwei Afterflossen. Am leichtesten läßt sich dieser Fisch an seinem oberständigen Maul und an seiner eigenartig gekrümmten Seitenlinie erkennen. Kleine Pollacks leben über sandigem Untergrund, die größeren, die bis zu 13 Kilo schwer werden können, ziehen felsigen Untergrund vor.

KÖHLER

Der Köhler ist dem Pollack ähnlich, allerdings sind sein Ober- und Unterkiefer etwa gleich lang und seine Seitenlinie ist nur geringfügig gekrümmt. Maximal wird er etwa 32 Kilo schwer. Derart kapitale Fische werden fast immer in der Nähe von Riffen gefangen.

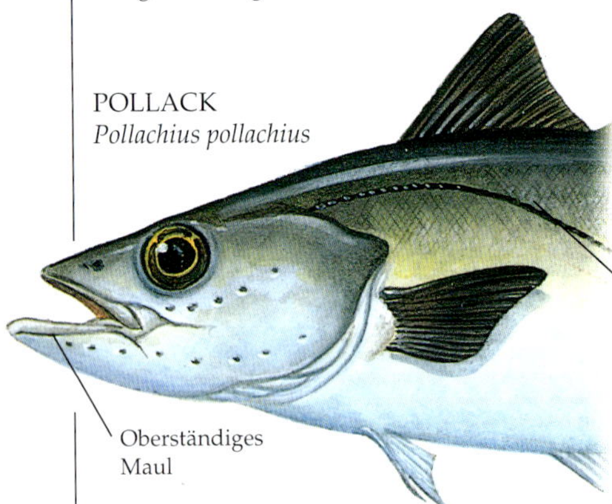

POLLACK
Pollachius pollachius

KÖHLER
Pollachius virens

RUTTE (Aalrutte, Trüsche)
Lota lota

RUTTE (Aalrutte, Trüsche)

Dieser Fisch ist das einzige Mitglied der Familie der Dorschartigen, das ausschließlich im Süßwasser lebt. In den kalten Gewässern der nördlichen Erdhemisphäre ist die Rutte weit verbreitet. Obwohl sie über 30 Kilo schwer werden kann, liegt der Durchschnitt unter vier Pfund. Auf den britischen Inseln ist diese Fischart heute wahrscheinlich ausgestorben.

ANGELTIPS

Techniken

Die im Meer lebenden Dorschartigen lassen sich von der Küste beim Brandungsangeln oder beim Fischen von Felsen, Pieren und Molen aus fangen. Beim Bootsfischen sind Naturköder erfolgreich, aber auch Kunstköder, wie etwa Federpaternoster und Pilker. Ein vor den Naturköder geschalteter Reizlöffel kann eine sehr lohnenswerte Montage sein. Die Rutte, der einzige Vertreter der Dorschartigen im Süßwasser, ist ein recht träger Fisch, der in erster Linie nachtaktiv ist und sich beim statischen Grundfischen in seichtem Wasser fangen läßt.

Gerät

Von der Küste aus eignet sich eine 3,7 m lange Brandungsrute, an die eine mit 0,50 mm Schnur gefüllte Multirolle kommt. Die Hakengröße sollte zwischen 2/0 und 8/0 liegen. Krallen- oder tropfenförmiges Blei ist geeignet. Vom Boot aus sollte eine 30 lb.-Bootsrute verwendet werden, an die eine mit 30 lb. tragender Nylon- oder Stahlschnur gefüllte Multirolle der Größen 4/0 bis 6/0 kommt; Hakengröße 2/0 bis 8/0. Zum Fischen mit Naturködern oder mit Federpaternostern nimmt man tropfenförmiges Blei. Rutten lassen sich mit einer 3 bis 3,7 m langen Grundrute und einer Stationärrolle mit 25er Schnur sowie den Hakengrößen 10–14 fangen.

Köder

Zu den vielen fängigen Naturködern gehören zahlreiche Wirbellose, Seeringel- und Wattwürmer, Muscheln und Tintenfische. Fisch, in Stücken oder ganz, ist ebenfalls einen Versuch wert, insbesondere mit öligen Köderfischen, wie beispielsweise Hering, Makrele, Sprotte und Sardine. Unter den Kunstködern sind die Bleikopfjigs, die Metallpilker und die Plastiksandaale am erfolgreichsten. Ausgezeichnete Federpaternoster lassen sich problemlos durch Befestigen von orangen oder gelben Federbüscheln an Haken der Größe 5/0 herstellen. Rutten gehen gerne auf große Wurmbündel oder kleine Köderfische.

SCHELLFISCH
Melanogrammus aeglefinus

SCHELLFISCH

Der Schellfisch unterscheidet sich von anderen Dorschartigen dadurch, daß seine erste Rückenflosse besonders lang ist und spitz zuläuft. Seine Seitenlinie ist schwarz und über den Bauchflossen hat er dunkle "Daumenabdrücke". Darüber hinaus ist sein Unterkiefer, an dem eine kleine Bartel hängt, kürzer als sein Oberkiefer. Er lebt in großen Schwärmen, gewöhnlich in Grundnähe und das bevorzugterweise bei über 40 Meter Wassertiefe. Durchschnittlich wiegt er unter 2,2 Kilo, maximal etwa 12 Pfund.

PAZIFIKSEEHECHT
Merluccius productus

PAZIFIKSEEHECHT

Bei allen Seehechtarten sind die zweite und dritte Rückenflosse ebenso wie die Afterflossen miteinander verbunden. Der Pazifik- und der Atlantikseehecht werden über 11 Kilo schwer.

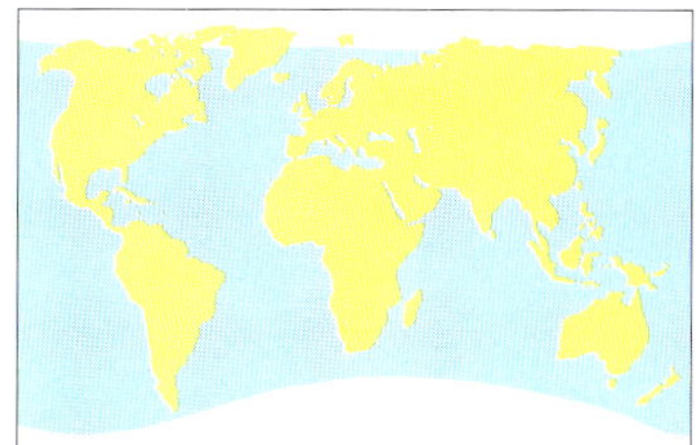

VERBREITUNG

Pollack: im nordöstlichen Atlantik und im nordwestlichen Mittelmeer.
Köhler: im Nordatlantik.
Rutte: im nördlichen Eurasien, in Alaska, in Kanada, in den nördlichen Vereinigten Staaten.
Schellfisch: im Nordatlantik.
Pazifikseehecht: im Nordpazifik; im Pazifik und im Atlantik gibt es auch noch andere Seehechtarten.
Leng: im nordöstlichen Atlantik.
Dorsch: im Nordatlantik; im Pazifik. Im Atlantik leben auch noch andere Dorscharten.

LENG
Molva molva

LENG

Der Leng ist eines der größten Mitglieder der Familie der Dorschartigen, er wird über 27 Kilo schwer. Besonders gerne scheint er sich in Wracks aufzuhalten. Die Jungfische verbringen ihre ersten Lebensjahre in seichtem Wasser, von wo aus sie schließlich in tiefes abwandern, wo sie als Erwachsene in 50 bis 400 Meter Tiefe leben. Demzufolge sind die beim Brandungfischen gefangenen Lengfische oft deutlich kleiner als die, die auf hoher See überlistet werden.

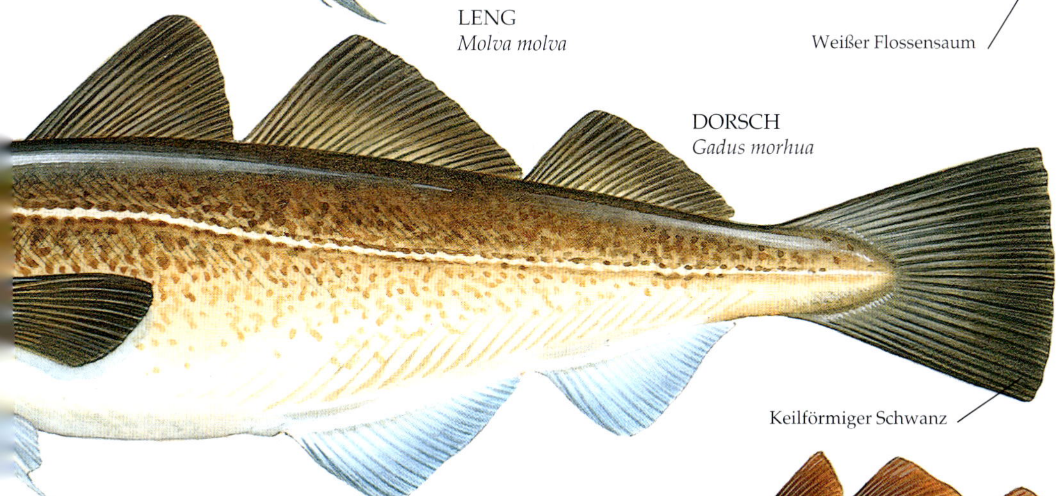

DORSCH
Gadus morhua

DORSCH

Der Dorsch ist bereits seit Jahrhunderten von immenser kommerzieller Bedeutung. Europäische Fischer suchten die Grand Banks vor Neufundland bereits lange bevor Columbus Amerika entdeckt hat auf. Durchschnittlich wiegen Dorsche etwa 5 Kilo, sie können aber auch über 45 Kilo schwer werden und es sind Rekordexemplare bis fast 98 Kilo bekannt.

ROTDORSCH

ROTDORSCH

Die Färbung des Dorsches kann je nach Aufenthaltsgebiet sehr stark schwanken. Recht häufig sind rot verfärbte Dorsche, die sogenannten Rot- oder Tangdorsche. Ihre Seiten sind goldrot, der Bauch ein wenig blasser. Diese Dorsche werden meist über felsigem Untergrund gefangen, der stark bewachsen ist.

Größenvergleich

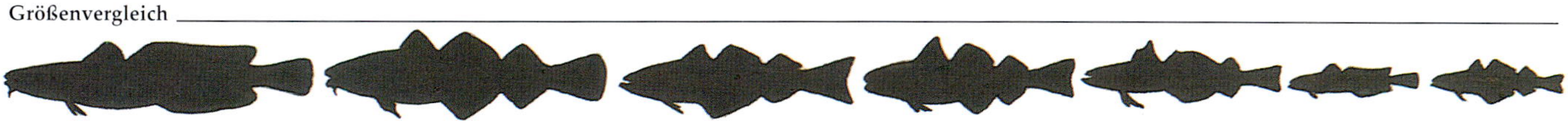

MARLINE UND ANDERE SCHWERTTRAGENDE FISCHE

Diese von den Big-Game Anglern so hochgeschätzten und so spektakulär kämpfenden Fische sind weltweit in den tropischen und gemäßigt warmen Meeren zuhause, von wo sie im Sommer gelegentlich in nördlichere und südlichere Breiten abwandern. An all diesen riesigen und schnellschwimmenden Fischen - Marlin, Speerfisch, Sailfish und Schwertfisch - hat sich der Oberkiefer in einen Spieß oder in eine speerartige Verlängerung umgewandelt.

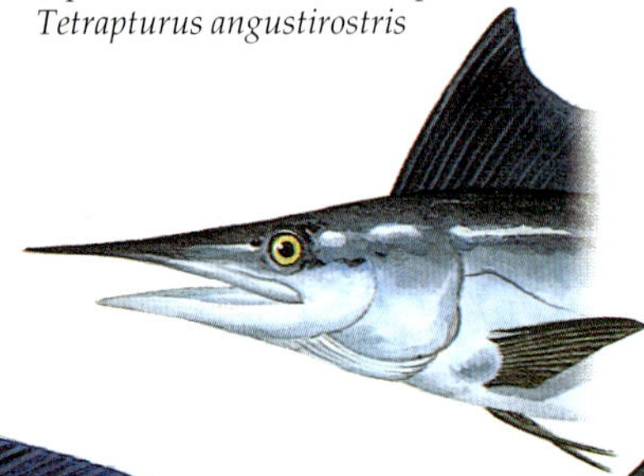

SHORTBILL SPEARFISH
(Speerfisch mit kurzem Speer)
Tetrapturus angustirostris

LONGBILL SPEARFISH
(Speerfisch mit langem Speer)
Tetrapturus pfluegeri

SPEERFISCHE

Die Speerfische sind die kleinsten dieser Gruppe, sie werden 2,1 bis 2,4 m lang und erreichen dabei Gewichte von 40 bis 52 Kilo. Der Oberkiefer des Shortbill Spearfish (er lebt im Pazifik) ist etwa 50 Prozent länger als sein Unterkiefer. Der Unterkiefer des Longbill Spearfish (er lebt im Atlantik) ist demgegenüber mindestens doppelt so lang wie sein Unterkiefer. Eine dritte Speerfischart, Tetrapturus belone, lebt im Mittelmeer. Speerfische tauchen nur gelegentlich in küstennahen Gewässern auf, es sei denn, unter Wasser gibt es steile und jähe Abbrüche.

SAILFISH
Istiophorus platypterus

GESTREIFTER MARLIN
Tetrapturus audax

SAILFISH

Der Atlantik- und Pazifiksailfish werden als ein und dieselbe Art betrachtet, obwohl die im Pazifik lebenden Fische viel schwerer werden und etwa 110 Kilo Gewicht und 3,3 m Länge erreichen. Im Gegensatz hierzu werden die Sailfische des Atlantik nur 58 Kilo schwer und nur 2,4 m lang. Sailfische lassen sich aufgrund ihrer riesigen, segelartigen Rückenflosse und durch das lange Schwert problemlos erkennen; die Länge seines längsten Flossenstrahles beträgt etwa 150 Prozent oder mehr der maximalen Körperhöhe.

SCHWERTFISCH
Xiphias gladius

SCHWERTFISCH

Der Schwertfisch ist das einzige Mitglied aus der Xiphiidenfamilie. Auch sein Oberkiefer ist außergewöhnlich lang, allerdings ist er im Querschnitt eher flach und nicht, wie bei den anderen Schwertträgern, rund. Des weiteren unterscheidet sich der Schwertfisch auch durch seinen Körperbau und durch seine Schuppen. Bei anderen Schwertträgern ist der Körper seitlich ein wenig zusammengepreßt, die Schuppen sind schmal und laufen spitz zu; der Körper des Schwertfisches ist im Querschnitt annähernd rund und den ausgewachsenen Fischen fehlen die Schuppen komplett. Von seiner Größe her ist der Schwertfisch durchaus mit anderen Schwertträgern vergleichbar: er kann 4,6 Meter lang werden und dabei 590 Kilo wiegen.

Die Nahrung
Die schwerttragenden Fische ernähren sich von Fisch (vor allem von Thunen und Heringen), Krebsen und Tintenfisch. Wird das Opfer erst einmal verfolgt, hat es kaum mehr Aussichten auf Flucht vor diesen kraftvollen, schnellschwimmenden Raubfischen.

ANGELTIPS

Techniken
Gewöhnlich wird auf diese Arten knapp unter oder an der Oberfläche geschleppt. Schwertfisch und Blauer Marlin lassen sich allerdings beim Driftfischen in großen Tiefen mit lebenden und toten Köderfischen fangen. Einen besonders aufregenden Sport liefert der Sailfish dem Salzwasserfliegenfischer. Alle schwerttragenden Fische müssen bei der Landung vorsichtig behandelt werden, da die Schwerter häßliche Wunden verursachen können.

Gerät
Für die kleineren Arten reicht eine Bootsausrüstung der 20 bis 50 lbs-Klasse, die Rolle ist entweder eine Hebelbremsrolle oder eine Sternbremsrolle der Klassen 6/0 oder 7/0. Für größere Fische ist eine Ausrüstung der 80 bis 130 lb.-Klasse notwendig, entweder mit Hebelbremsrolle oder mit einer Sternbremsrolle der Klassen 12/0 oder 14/0. Die Schnur sollte je nach gesuchter Art zwischen 20 und 130 lb. tragen. Als Schnurmaterial kommen Dacron oder Nylon in Frage, in jedem Fall ist ein kräftiges Stahlvorfach unerläßlich. Die Haken sollten flach geschmiedet sein, als Größen sind 8/0 bis 14/0 ratsam. Zum Fliegenfischen auf Sailfish brauchen Sie eine schwere Fliegenrute mit einer Anti-Reverse Rolle, die Salzwasser verträgt. Die AFTMA-Klasse der Keulenschnur liegt zwischen Klasse 10 und 13, an die ein 20 lb. Vorfach mit einem auf einen Haken der Größe Nr. 2/0 bis 5/0 gebundenen Streamer kommt.

Köder
Lebende oder tote Köderfische, beispielsweise Meeräsche, oder Tintenfisch, sowie Kunstköder, wie etwa Kona Heads.

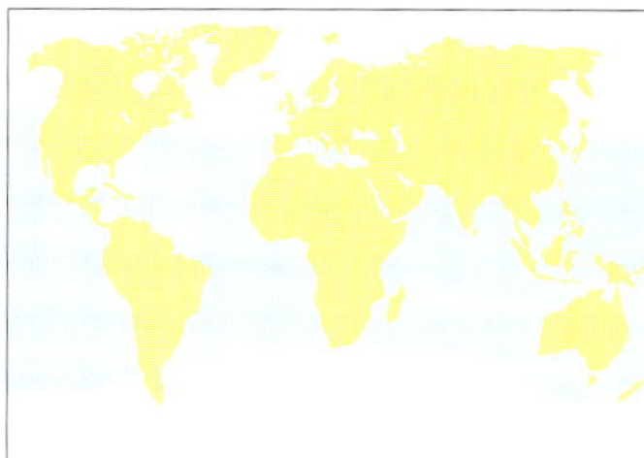

VERBREITUNG
Blauer Marlin, Sailfish und Schwertfisch: weltweit.
Schwarzer und Gestreifter Marlin: Pazifik und Indischer Ozean.
Shortbill Spearfish: Pazifik.
Weißer Marlin, Longbill Spearfish: Atlantik.

BLAUER MARLIN
Makaira nigricans

BLAUER MARLIN

Der Blaue Marlin ist der größte unter den schwerttragenden Fischen. Er kann über 4,5 m lang und über 900 Kilo schwer werden. Fast ebenso groß wird auch der Schwarze Marlin (Makaira indicus) und es wurden bereits Fische von beiden Arten mit Rute und Rolle gefangen, die deutlich über 450 Kilo schwer waren. Am Haken liefert jeder Marlin einen gewaltigen Drill.

GESTREIFTER MARLIN

Der Gestreifte Marlin ist im Pazifischen und im Indischen Ozean ein bedeutender Sportfisch. Er wird über 4 m lang und über 300 Kilo schwer, aber in den für Angler zugänglichen Gewässern werden meist nur Fische von 90 bis 120 Kilo gefangen. Einige der besten Fanggründe für Gestreifte Marline liegen vor Chile und vor Neuseeland, wo bereits Fische von 180 bis 230 Kilo gefangen wurden.

Marlinsauger oder Pilotfische
Marline werden oft von Fischen begleitet, die sich mit ihrer Saugfläche auf dem Kopf an ihm festsaugen und die sich von seinen Nahrungsresten ernähren.

Größe
Die Länge der Schwertfische und der anderen schwerttragenden Fische reicht von dem 2,1 m langen Shortbill Spearfish bis zu dem 4,6 m langen Blauen Marlin.

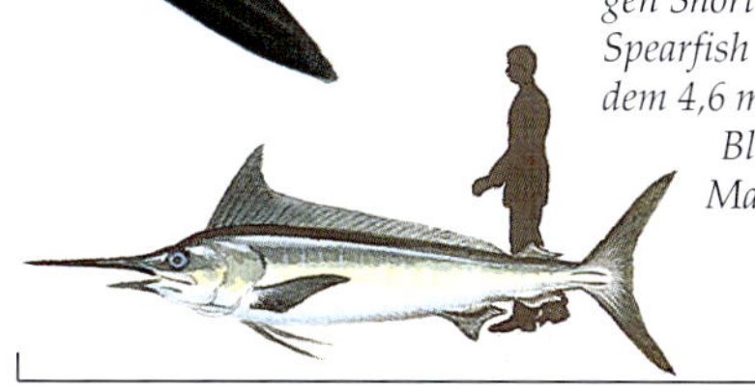

Größenvergleich

Blauer Marlin | Schwertfisch | Gestreifter Marlin | Sailfish | Longbill Spearfish | Shortbill Spearfish

LIPPFISCHE & DOLPHIN

Die Lippfische gehören zur Familie der Labriden, die über 400 Mitglieder zählt. Diese Fische leben weltweit verteilt in den tropischen und gemäßigt warmen Küstengewässern. Ein typischer Lippfisch hat dicke Lippen und starke Zähne, mit denen er Muscheln zermalmt. Zum Schwimmen benutzt er eher seine fächerartigen Brustflossen als seine Schwanzflosse. Die Größe der Lippfische ist sehr unterschiedlich, sie reicht von 10 cm bis zu den gewaltigen 2,3 m der Maori Wrasse (Cheilinus undulatus), die im indopazifischen Raum lebt. Der Dolphin ist einer der beiden Mitglieder der Familie der Coryphaeniden.

CALIFORNIA SHEEPHEAD

Die Färbung des California Sheephead hängt von seinem Alter und seinem Geschlecht ab. Erwachsene Milchner sind auffällig rot und schwarz, während die Rogner rosa gefärbt sind; beide Geschlechter haben am Kinn einen hellen Fleck. Die Jungfische sind rot und haben auf jeder Flosse einen dunklen Fleck. Dieser Lippfisch lebt entlang der südkalifornischen Küste in Tiefen von 3 bis 55 m, gewöhnlich über felsigem Untergrund oder über Riementangfeldern. Er wird maximal 90 cm lang und über 16 Kilo schwer.

SENORITA
Oxyjulis californica

SENORITA

Dieser kleine, zigarrenförmige Fisch lebt in Riementangwäldern und über felsigem Untergrund vor der südkalifornischen Küste. Den Anglern ist er als erfahrener Köderdieb bekannt. Er ernährt sich von kleinen Wirbellosen und größere Fische lassen sich von ihm oft von Parasiten befreien. Maximal wird er etwa 25 cm lang und wie viele andere kleine Lippfischarten gräbt er sich die Nacht über in Sand ein.

CALIFORNIA SHEEPHEAD
Semicossyphus pulcher

DOLPHIN
Coryphaena hippurus

DOLPHIN

Der Dolphin, der in vielen spanischsprechenden Gegenden auch als Dorado bezeichnet wird, erreicht etwa 40 Kilo. Auf seinem Speiseplan stehen in erster Linie Fische (insbesondere Fliegende Fische) sowie Krebse und Tintenfisch. Am Haken liefert der Dolphin einen gewaltigen Drill, in dem sich schnelle Fluchten mit spektakulären Sprüngen abwechseln. Das Fleisch des Dolphin schmeckt hervorragend und ist im Handel oft unter seinem hawaiianischen Namen Mahi Mahi erhältlich. Der viel kleinere Pompano Dolphin (Coryphaena equisetis), der dem weiblichen Dolphin ähnlich sieht, erreicht Gewichte von etwa 2,2 Kilo.

ANGELTIPS

Techniken
Die meisten Lippfische werden beim Grundfischen an Felsen und Klippen überlistet. Dolphine werden gewöhnlich beim Drift-, Schlepp- und Spinnfischen gefangen.

Gerät
Zum Fang von Lippfischen brauchen Sie eine 3 bis 3,7 m lange leichte Brandungsrute oder eine schwere Spinnrute, an die eine mit 0,33 bis 0,35 mm Schnur gefüllte Rolle kommt. Die Endmontage besteht aus einem Einfachhaken der Größe 1/0 oder 2/0, der an ein Paternoster oder an eine Laufbleimontage gebunden wird. Das Blei wird bewußt mit einer schwächeren Schnur an der Montage befestigt (Sollbruchstelle). Für Dolphine brauchen Sie eine schwere Spinnrute oder Bootsrute der 20 lbs-Klasse, an die 20 lbs tragende monofile Schnur und ein Haken der Größe 4/0 kommen.

Köder
Lippfische lassen sich mit einer Vielzahl von Naturködern fangen, u.a. mit Würmern und Krebsen. Dolphine nehmen Fische, Wobbler und Löffel.

Kopfform
Der Kopf der weiblichen Dolphine und der der Jungfische beider Geschlechter ist abgerundeter als der der Milchner.

TAUTOG
Tautoga onitis

Tautog

Der Tautog ist ein großer Lippfisch aus dem Westatlantik, der über felsigem Untergrund und in der Nähe von Befestigungspfeilern und Wracks lebt. Die Rogner und die Jungfische sind blaßoliv oder bräunlichgrau und mit dunklen Flecken überzogen. Die erwachsenen Milchner sind jedoch dunkler und mit viel weniger Flecken versehen. Der Tautog ernährt sich im wesentlichen von Muscheln, durchschnittlich wiegt er etwa 1,3 Kilo, maximal etwa 10 Kilo.

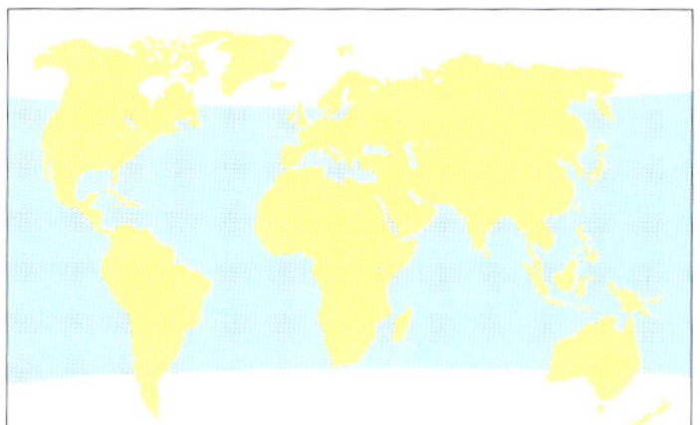

Verbreitung

California Sheephead: im Ostpazifik von Monterey Bay bis an den Golf von Kalifornien.
Senorita: im Ostpazifik von Nordkalifornien bis etwa in die Mitte von Baja California.
Dolphin: in allen tropischen und gemäßigt warmen Gewässern auf hoher See.
Tautog: im Westatlantik von Nova Scotia bis nach South Carolina.
Cunner: im Westatlantik von Neufundland und dem Golf von St. Lawrence bis in die Chesapeake Bay.
Gefleckter Lippfisch: im Nordostatlantik von Schottland und Südnorwegen bis nach Marokko.

GEFLECKTER LIPPFISCH
Labrus bergylta

Gefleckter Lippfisch

Die Färbung der Gefleckten Lippfische schwankt stark von Rötlichbraun bis zu Dunkelgrün. In jedem Fall sind die Fische mit zahlreichen kleinen und blassen Tupfen überzogen. Sie bewohnen Riementangfelder, Felsanhäufungen und Wracks bis in eine Tiefe von über 20 Meter. Maximal werden diese Fische etwa 4,2 Kilo schwer.

CUNNER
Tautogolabrus adspersus

Lippfischmaul
Bei der Nahrungsaufnahme schieben sich die dicken Lippen zurück und machen so den großen und starken Zähnen Platz.

Cunner

Wie der Tautog ist auch der Cunner ein Fisch, der im Westatlantik zuhause ist. Wo sich ihre Verbreitungsgebiete überlappen (von Maine bis New Jersey), kann man beide gleichzeitig antreffen. Von ihrer Gesamterscheinung und ihren Lebensgewohnheiten her sind sie einander ähnlich, der Cunner ist jedoch kleiner und schlanker als der Tautog. Sein Durchschnittsgewicht liegt lediglich bei 100 Gramm, maximal wird er ein knappes Kilo schwer. Sein Kopf läuft spitz zu.

Größenvergleich

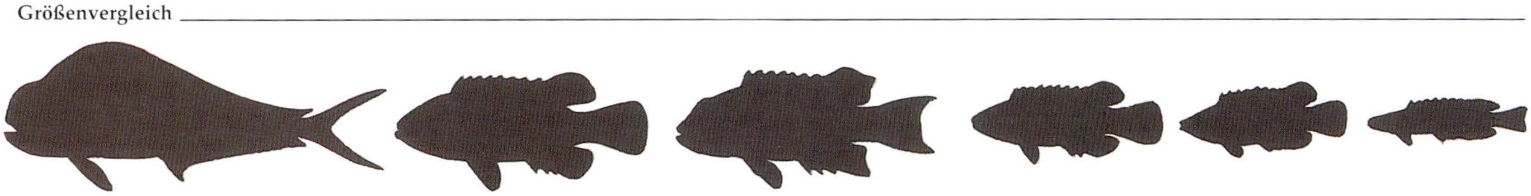

Snapper

Die meisten der etwa 230 Snapperarten, aus denen die Familie der Lutjaniden besteht, leben in tropischen Meeren, einige allerdings auch in gemäßigt warmen Meeren. Alle diese Fische sind Raubfische, deren Gebiß voller scharfer, konisch zulaufender Zähne ist. Die Kieferenden bilden jeweils zwei große Fangzähne. Durch diese Fang- oder Hundszähne lassen sich die Snapper von den Groupern (siehe Seite 200) unterscheiden, welchen sie von ihrer Gesamterscheinung her recht ähnlich sind. Jedes Jahr werden in vielen seichten Küstengewässern und über Riffen zahlreiche Snappers von Anglern gefangen und von Unterwasserjägern geschossen. Einige Arten sind auch für die Berufsfischerei von Interesse.

Mutton Snapper

Dieser Fisch ist einer der gängigsten Snapper in der Karibik und vor Südflorida. Er lebt in der Nähe von Korallenbänken, in seichten Gräben und in Gezeitenbächen, auf Korallenflats und in "blauen Löchern" - tiefe, kreisförmige Löcher im Meeresboden. Seine Färbung ist recht unterschiedlich, unter jedem Auge hat er allerdings immer einen blauen Streifen und auf den Flanken immer einen dunklen Fleck. Ausgewachsene Mutton Snapper wiegen gewöhnlich 2,2 bis 4,6 Kilo, maximal werden diese Fische etwa elf Kilo schwer.

MUTTON SNAPPER
Lutjanus analis

Gray Snapper

Der Gray Snapper lebt in denselben Gewässern wie der Mutton Snapper, ist aber darüberhinaus noch entlang der tropischen Westküste Afrikas anzutreffen. Am häufigsten kommt er an Mangrovenküsten vor, ist aber auch über Riffen anzutreffen. Er wird etwa 4,5 Kilo schwer. Insgesamt ist er eher grau gefärbt, manchmal kommt noch ein wenig Rot oder Kupfer dazu und oft läuft vom Maul aus ein dunkler Streifen über das Auge.

GRAY SNAPPER
Lutjanus griseus

Lane Snapper

Dieser kleine Snapper läßt sich aufgrund seiner rosafarbenen und gelben Streifen, seinem schwarzen Schwanzflossenrand und dem zwischen Rückenflosse und Seitenlinie befindlichen schwarzen Fleck problemlos identifizieren. Er lebt in den seichten Gewässern im gesamten tropischen Westatlantik. Obwohl er durchschnittlich noch nicht einmal 500 Gramm wiegt, ist er ein beliebter Sportfisch, der sich leicht vom Ufer aus fangen läßt und der noch dazu gut schmeckt.

LANE SNAPPER
Lutjanus synagris

Angeltips

Techniken
Cubera, Mutton und Red Snapper werden beim langsamen, grundnahen Schleppen gefangen. Cubera und Mutton Snapper lassen sich durch entsprechendes Anfüttern auch an die Oberfläche locken, wo sie dann kleinen Kunstködern zum Opfer fallen. Spinnfischen, mit Natur- oder Kunstködern ist auf Gray Snapper, Lane Snapper und Mangrove Jack erfolgreich.

Gerät
Zum Schleppfischen brauchen Sie eine mittelschwere Spinnrute, an die eine mit 0,35 bis 0,40 mm Schnur gefüllte Stationärrolle kommt sowie ein 30 cm langes Vorfach aus dickem Monofilament oder aus Stahl und ein 2/0 Haken. Zum Spinnfischen reicht eine leichte bis mittelschwere Spinnrute sowie eine mit 0,35 bis 0,40 mm Schnur gefüllte Multirolle. Ein 30 cm-Vorfach aus dickem Monofilament oder aus Stahl (beim Fischen auf Gray Snapper ist ein durchsichtiges Vorfach nötig) und einen 2/0 Drilling komplettieren das Gerät.

Köder
Gute Köder für Cubera, Mutton, Red und Lane Snapper sind u.a. Garnelen und Fischstücke (vor allem von Meeräschen). Kunstköder werden für den Fang von Cubera Snapper, Mutton Snapper und Mangrove Jack verwendet. Hierbei kommen Bucktails, Streamer, Jigs und silbrige Wobbler zum Einsatz. Die besten Ergebnisse erzielt man, indem man diese Kunstköder ruckartig führt. Der beste Köder für Gray Snapper sind lebende Garnelen.

CUBERA SNAPPER
Lutjanus cyanopterus

CUBERA SNAPPER

Der Cubera Snapper lebt im tropischen Westatlantik, wo er sich gewöhnlich entlang von steilen Abbrüchen bis in eine Tiefe von etwa 55 m aufhält. Junge Cubera Snapper ziehen gelegentlich auch in brackige Mündungsbereiche und Unterläufe. Die Färbung der Cubera Snapper reicht von Grau bis Violettbraun, sie können über 1,5 m lang werden und dabei ein Gewicht von über 55 Kilo erreichen. Mit Abstand sind sie die größten Snapper im Atlantik. Junge Cubera Snapper sind gute Speisefische, können jedoch eine Ciguatera-Vergiftung verursachen (siehe Seite 164).

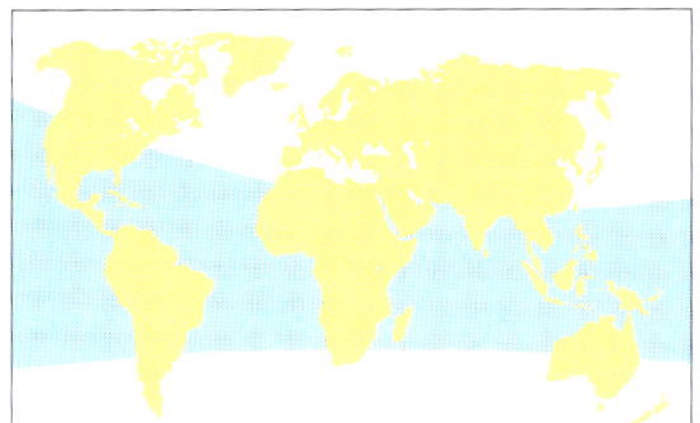

VERBREITUNG

Mutton Snapper: von Massachusetts bis nach Brasilien.
Gray Snapper: von Massachusetts bis nach Brasilien; Westafrika.
Lane Snapper: von North Carolina bis nach Brasilien.
Cubera Snapper: von Südflorida bis nach Brasilien.
Red Snapper: von North Carolina bis nach Yucatan (Mexiko).
Mangrove Jack: im indopazifischen Raum, auch im tropischen Australien.

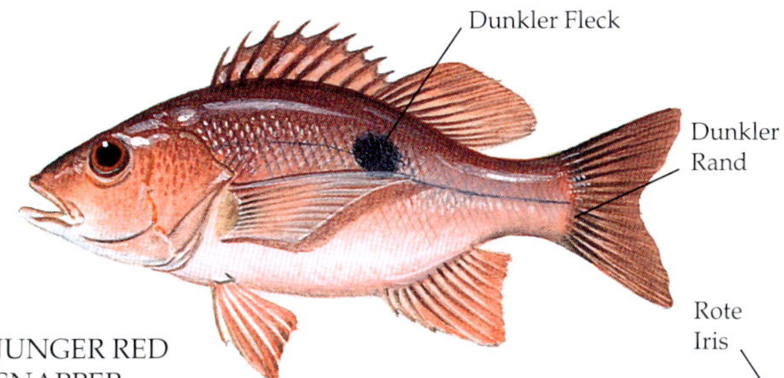

JUNGER RED
SNAPPER

Junger Red Snapper
Bis zu einer Länge von etwa 25 cm haben die jungen Red Snapper auf ihren Flanken einen dunklen Fleck. Er kann auf oder unmittelbar über der Seitenlinie sitzen. Darüberhinaus hat die Schwanzflosse oft noch einen dunklen Rand. Mit zunehmendem Alter verblassen diese Merkmale fast völlig, stellenweise sogar ganz.

RED SNAPPER
Lutjanus campechanus

RED SNAPPER

Dieser Snapper lebt in Tiefen von 35 bis 180 m und wird maximal etwa 16 Kilo schwer. Er lebt von North Carolina bis nach Mexiko und im Süden überlappt sein Verbreitungsgebiet mit dem des recht ähnlichen Carribean Red Snapper (Lutjanus purpureus).

MANGROVE JACK
Lutjanus argentimaculatus

MANGROVE JACK

Der Mangrove Jack ist eine indopazifische Fischart. Als erwachsener Fisch bewohnt er gerne Korallenriffe, das Laichgeschäft findet allerdings in mit Mangroven bewachsenen Mündungen statt, wo sich die Jungfische aufhalten bis sie etwa 4 Kilo Körpergewicht erreicht haben. Wie bei den meisten anderen Snapperarten hängt auch bei ihm die Färbung vom Alter, von der Größe und vom jeweiligen Lebensraum ab.

Red Snapper Schwarm
Die Red Snapper bilden große Schwärme, die sich gerne in unmittelbarer Grundnähe über felsigem Untergrund aufhalten. Mit dem Echolot lassen sich diese Schwärme leicht orten.

Größenvergleich

Cubera Snapper | Red Snapper | Mangrove Jack | Mutton Snapper | Gray Snapper | Lane Snapper

MEERÄSCHEN

Die Familie der Mugiliden umfaßt etwa 70 Arten, die weltweit verbreitet in den tropischen und gemäßigt warmen Meeren leben. Die meisten halten sich recht nah an der Küste auf und wandern oft in Mündungen und Flüsse. Einige, wie beispielsweise die australische Meeräsche, leben auch im Süßwasser. Es sind in erster Linie Grundfische, die sich von Algen, organischem Unrat und von kleinen, im Schlamm lebenden Organismen ernähren. Den Meeräschen stellen nicht nur Angler, sondern auch Berufsfischer nach. Die Streifenbarbe gehört zur Familie der Mulliden, die etwa 50 Arten umfaßt und in den warmen Meeren weit verbreitet ist.

GESTREIFTE MEERÄSCHE
Dieser Fisch ist einer der größten und einer der am weitesten verbreiteten aus der Meeräschenfamilie. Er wird bis zu 6,8 Kilo schwer und lebt in den meisten warmen Meeren. Es ist die einzige Meeräschenart, die entlang der nordamerikanischen Pazifikküste lebt. Der Eindruck von Streifen entsteht durch waagerecht entlang seiner Seiten verlaufende Reihen kleiner, dunkler Punkte. Am Ansatz jeder Brustflosse befindet sich ein dunkler Fleck. Der Ansatz der zweiten Rückenflosse liegt auf derselben Höhe, wie der der Afterflosse.

GESTREIFTE MEERÄSCHE
Mugil cephalus

SÜSSWASSERMEERÄSCHE
Die Süßwassermeeräsche lebt in den küstennah verlaufenden Flüssen Südostaustraliens, deren Mündungen sie zum Laichen aufsucht. Gewöhnlich wird sie etwa 40 cm lang, kann jedoch auch doppelt so lang werden und dabei ein Gewicht von 7,5 Kilo erreichen. Sie ernährt sich wie ihre Verwandten aus dem Meer von Algen und Unrat.

SÜSSWASSERMEERÄSCHE
Myxus petardi

STREIFENBARBE
Mullus surmuletus

FÄRBUNG BEI TAG

WEISSE MEERÄSCHE
Mugil curema

FÄRBUNG BEI NACHT

STREIFENBARBE
Die Streifenbarbe ist ein überaus geschätzter Speisefisch und eine der Zutaten der "Bouillabaisse", der klassischen französischen Fischsuppe. Mit ihren langen Barteln sucht die Streifenbarbe den Grund nach Nahrung ab, die in erster Linie aus Würmern, Mollusken und Krebsen besteht. Bei Nacht ändert sich ihre Färbung, sie ist nicht mehr gestreift, sondern gesprenkelt. Maximal wird sie etwa 1,7 Kilo schwer.

DICKLIPPIGE MEERÄSCHE
Chelon labrosus

DÜNNLIPPIGE MEERÄSCHE
Liza ramada

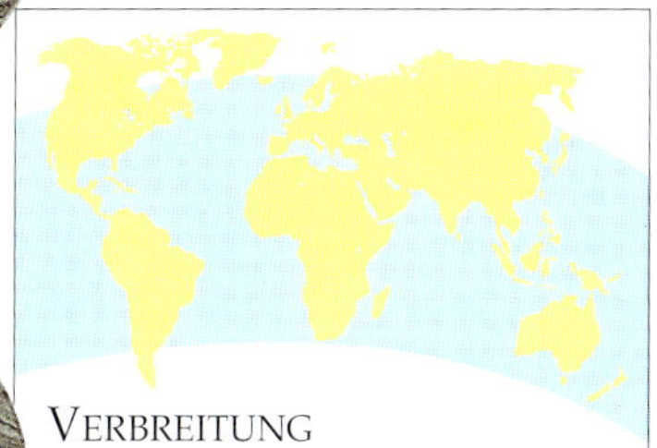

Verbreitung

Gestreifte Meeräsche: fast weltweit in allen warmen Meeren.
Süßwassermeeräsche: vom Burnett River in Queensland bis in den George River, New South Wales.
Streifenbarbe: im Mittelmeer; im Ostatlantik von Südnorwegen bis an die kanarischen Inseln.
Dicklippige, Dünnlippige und Goldmeeräsche: im Mittelmeer; im Ostatlantik von Südnorwegen bis an die kanarischen Inseln.
Weiße Meeräsche: in den gemäßigt warmen und tropischen Abschnitten des Atlantik; im Ostpazifik von Mexiko bis nach Chile.

Dicklippige Meeräsche

Die großen Lippen dieser europäischen Meeräschenart erleichtern es, sie von der recht ähnlich aussehenden Dünnlippigen Meeräsche, deren Verbreitungsgebiet oft mit dem ihren überlappt, zu unterscheiden. Die Dicklippige Meeräsche bildet kleine Schwärme, die in der Nähe der Oberfläche kreuzen und gerne in Häfen und Mündungen ziehen. Maximal werden diese Fische etwa 6,4 Kilo schwer.

Dünnlippige Meeräsche

Die Lippen dieser Art sind schmaler als die der Dicklippigen Meeräschen und darüber hinaus haben diese Fische an ihren Brustflossenansätzen jeweils noch einen dunklen Fleck. Der Ansatz ihrer ersten Rückenflosse steht auch deutlich weiter hinten. Die Lebensgewohnheiten dieser Fische sind denen der Dicklippigen Meeräschen sehr ähnlich, sie steigen jedoch noch lieber ins Süßwasser auf und sind die zahlenstärkste Meeräschenart in europäischen Mündungsbereichen. Maximal werden diese Fische 3,2 Kilo schwer.

Goldmeeräsche

Die Goldmeeräsche sieht der Dünnlippigen Meeräsche ähnlich, ist jedoch insgesamt bronzefarben gefärbt und an den Wangen jeweils mit einem goldenen Fleck versehen. Es ist eine der kleineren Meeräschenarten, die lediglich 1,3 Kilo schwer wird.

GOLDMEERÄSCHE
Liza aurata

Weisse Meeräsche

Diese Meeräsche ist in den warmen Abschnitten des Atlantik zuhause, ebenso, wie im tropischen Ostpazifik. Am Ansatz der Brustflossen hat sie einen dunklen Fleck und am Kopf oft auf jeder Seite ein oder zwei goldene Flecken. Maximal werden diese Fische etwa 1,3 Kilo schwer.

Angeltips

Techniken

Posen-, Spinn- und Spürfischen. Die Mäuler dieser Fische sind recht weich und relativ klein. Des weiteren sind es auch sehr scheue Fische, die leicht vergrämt sind und für deren Fang leichtes Gerät, sorgfältige Köderpräsentation und ein vorsichtiges Anpirschen an die Fische unerläßlich sind.

Gerät

Verwenden Sie eine 3 bis 3,7 m lange Rute zum Posen- und Spürfischen, an die eine mit 0,22 mm Schnur gefüllte Stationärrolle kommt, sowie einen Haken der Größen 6 bis 16. Zum Posenfischen brauchen Sie eine Pfauenfederkielpose, eine Avonpose oder eine Gleitpose und Spaltbleie. Zum Spinnfischen benötigen Sie eine 2,1 bis 3 m lange, leichte Spinnrute, an die eine mit 0,22 mm Schnur gefüllte Stationärrolle kommt, sowie ein Drilling der Größe 10.

Köder

Meeräschen lassen sich mit einer Vielzahl von Ködern überlisten: Kleinwürmer und Wurmstücke, Maden, Banane, Mais, Fischstücke, Brot, Käse, Erbsen, Hackfleisch und Teig. Zum Spinnfischen eignen sich winzig kleine Löffel und Spinner, an die kleine Seeringelwürmer oder Seeringelwurmstücke befestigt werden.

Größenvergleich

Plattfische

In den ersten Tagen nach dem Schlüpfen sehen die Plattfischlarven wie die Larven gewöhnlicher Fische aus, aber schon bald beginnen sie damit, ihre typische flachgepreßte, asymmetrische Form anzunehmen, wodurch die Plattfische hervorragend für ein Leben als Grundfische gerüstet sind. Es gibt über 500 Arten, von denen die wichtigsten die Pleuronectiden (ihre Augen stehen auf der rechten Körperhälfte), die Bothiden (ihre Augen stehen auf der linken Körperhälfte) und die Soleiden (die Familie der Seezunge, hauptsächlich Arten mit rechts sitzenden Augen) sind.

Pazifikheilbutt

Dieser gewaltige Plattfisch, dessen Augen rechts sitzen, und sein Gegenstück aus dem Atlantik (Hippoglossus Hippoglossus) gehören zu den gößten Meeresfischen, da sie sehr wahrscheinlich über 360 Kilo schwer werden können. Die meistens von den Anglern gefangenen Heilbutte sind Jungfische von weniger als 4,5 Kilo. Die größten leben in sehr tiefem Wasser.

SOMMERFLUNDER
(Summer Flounder)
Paralichthys dentatus

Fünf auffällige Flecken in Schwanzwurzelnähe.

Sommerflunder

Dieser Plattfisch mit linksständigen Augen kann 12 Kilo schwer werden. Seinen Rücken zieren eine Reihe von Tupfen, von denen fünf in Schwanzwurzelnähe umrandet und besonders auffällig gezeichnet sind. Er lebt entlang der Atlantikküste der Vereinigten Staaten und südlich von Carolina überlappt sein Verbreitungsgebiet mit dem der Southern Flounder (Paralichthys lethostigma), deren Rücken auch mit Tupfen überzogen ist, denen allerdings die Umrandung fehlt.

Schwarze und gelbe Bänder an den Flossen

STARRY FLOUNDER
Platichthys stellatus

Seezunge

Die Seezunge, ein im Ostatlantik und Mittelmeer recht gängiger Plattfisch, hat eine braune Ober- und eine crèmeweiße Unterseite. Tagsüber liegt sie im Sand vergraben, auf Futtersuche geht sie bei Nacht, wo sie sich bis ins Mittelwasser emportraut. Maximal wird eine Seezunge 3 Kilo schwer.

SCHOLLE
Pleuronectes platessa

Starry Flounder

Dieser Plattfisch, dessen Augen links- oder rechtsständig sein können, ist entlang der nordamerikanischen Pazifikküste recht häufig. Seine Flossen sind schwarz und gelb gezeichnet. Auf seiner Oberseite befinden sich Flecken aus schillernden, sternförmigen Schuppen. Er wird bis zu 9 Kilo schwer. Mit der Englichen Seezunge (Parophrys vetulus) kann es zur Hybridbildung kommen.

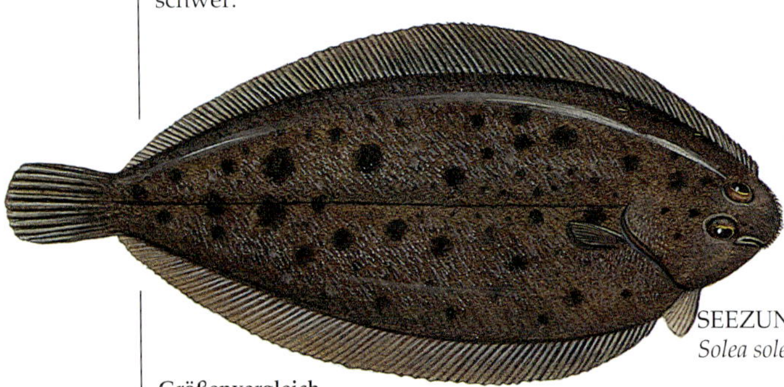

SEEZUNGE
Solea solea

Scholle

Die Augen der Schollen sind rechtsständig. Diese Fische leben im Ostatlantik in unmittelbarer Ufernähe und in Tiefen von über 200 m. Auf ihrer Oberseite ist sie mit sattroten oder orangen Tupfen gezeichnet und sie wird über 4,5 Kilo schwer. Die Amerikanische Scholle (Hippoglossoides platessoides) ist ihr ähnlich, allerdings fehlen die roten Tupfen, dafür erreicht sie ein Körpergewicht von 6,4 Kilo.

Eier und Larven
Weibliche Plattfische legen bis zu 500 000 Eier. Diese Eier treiben freischwebend im Wasser, ebenso, wie die frischgeschlüpften, noch symmetrisch geformten Jungfische.

Größenvergleich

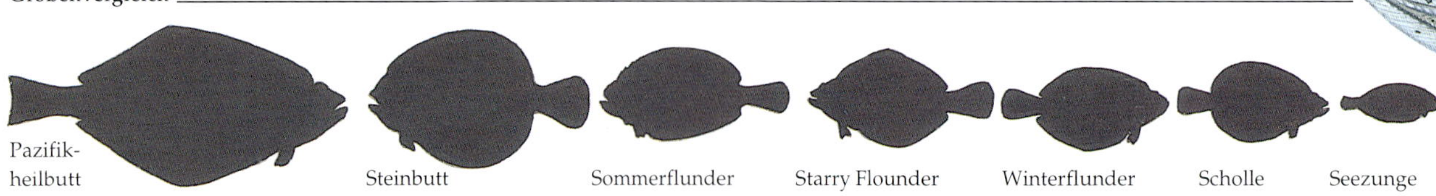

PAZIFIKHEILBUTT
Hippoglossus stenolepis

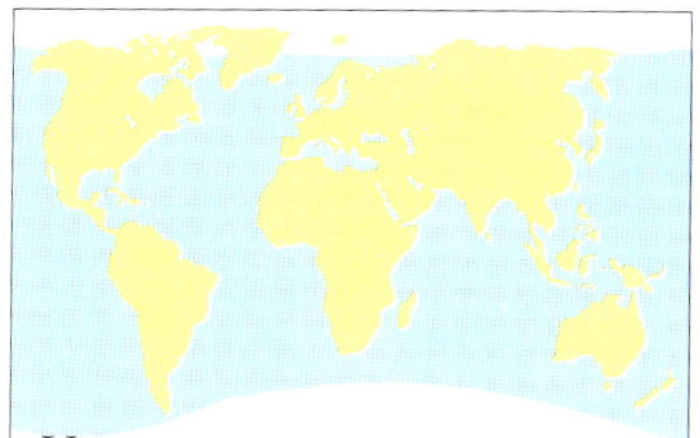

VERBREITUNG

Pazifikheilbutt: Nordpazifik.
Starry Flounder: Nordpazifik.
Sommerflunder: im Westatlantik von Maine bis nach Nordflorida.
Scholle: im Nordatlantik und im westlichen Mittelmeer.
Seezunge: von Norwegen bis nach Marokko und im Mittelmeer.
Steinbutt: von Norwegen bis ins Schwarze Meer.
Winterflunder: im Westatlantik von Labrador bis nach Georgia.

WINTER-FLUNDER
(Winter Flounder)
Pseudopleuronectes americanus

STEINBUTT
Scophthalmus maximus

WINTERFLUNDER

Die Winterflunder ist im Westatlantik einer der häufigsten Plattfische. Sie ist ein wichtiger Industrie- und Sportfisch, der etwa 3,6 Kilo schwer werden kann und der in seichten Gezeitengräben ebenso, wie in über 120 Meter Tiefe lebt. Ihre Färbung und Zeichnung fallen sehr unterschiedlich aus.

STEINBUTT

Dieser große Plattfisch mit linksständigen Augen ist in europäischen Gewässern weit verbreitet, wo er in unmittelbarer Küstennähe, aber auch in über 80 m Tiefe anzutreffen ist. Die typische Färbung der Oberseite ist hellbraun mit dunklen Tupfen und Flecken, sodaß dieser Fisch sein Aussehen recht gut dem Untergrund anpassen kann. Maximal werden diese Fische 15 Kilo schwer.

Entwicklung
Die Augen des heranwachsenden Fisches wandern auf eine Körperseite.

ANGELTIPS

Techniken
Die meisten Plattfische werden beim Grund-, Brandungs- und Spinnfischen gefangen. Große Heilbutte überlistet man beim Schlepp-, Drift- und Grundfischen.

Gerät
Zum Grund- und Brandungsfischen auf die meisten Arten brauchen Sie eine Bootsrute der 12 bis 30 lb.-Klasse, an die eine mit 0,33 bis 0,50 mm Schnur gefüllte Multirolle kommt sowie ein Haken der Größe 1 bis 5/0; zum Spinnfischen auf Scholle und Flunder eignet sich eine 2,1 bis 2,4 m lange, mittelschwere Spinnrute. Daran wird eine mit 0,30 bis 0,40 mm Schnur gefüllte Stationärrolle sowie ein Haken der Größe 2 bis 6 montiert. Der Heilbutt-Fang verlangt eine 30 bis 80 lb.-Bootsrute mit einer Multirolle der Größe 4/0 bis 8/0 sowie 0,50 bis 1 mm dicke Nylonschnur. Ein Stahlvorfach und Haken der Größe 4/0 bis 8/0 sind richtig.

Köder
Fisch, Tintenfisch, Krebse, Würmer und Metallkunstköder.

Rochen 1

Die Gruppe der Rochenartigen umfaßt acht Familien von Knorpelfischen, zu denen die Rochen, Mantas und Sägefische gehören. Charakteristisch für diese Fische sind ihr abgeflachter Körper und ihre großen, oft flügelartigen Brustflossen; ihre Maul- und Kiemenöffnungen liegen auf der Körperunterseite, die Augen auf der Oberseite. Bei den meisten Familien werden die Eier im Körper der Weibchen befruchtet, wo auch die Jungfische schlüpfen; die einzige Ausnahme hierzu sind die Rochen, die die im Körperinnern befruchteten Eier noch vor dem Schlüpfen der Jungfische ausstoßen.

Manta

Die Mantas oder Teufelsrochen gehören zur Familie der Mobuliden, die etwa 12 Arten zählt. Die Größe dieser Fische reicht von dem 60 cm langen Australischen Mobula bis zu dem riesigen Manta, dessen Spannweite 6,7 m betragen kann und der bei dieser Größe über 1800 Kilo wiegt. Trotz dieser gewaltigen Größe sind die Mantas eher harmlose Fische, die sich von Kleinfischen und Krebsen ernähren, die sie mit ihren hörnerartigen Flossen am Kopf in ihr Maul fächeln. Mantas kreuzen zwischen Mittelwasser und Oberfläche. Oft springen sie auch hoch aus dem Wasser, vielleicht um sich von Parasiten zu befreien oder weil es einfach Spaß macht.

MANTA
Manta binostris

Nagelrochen

Der Nagelrochen ist der häufigste europäische Rochen. Dieses Mitglied der Familie der Rajiden lebt auf dem Grund in Tiefen, die von 10 bis 60 m reichen. Seinen Namen verdankt er den zahlreichen Stacheln, die auf seinem Schwanz, Rücken und auf seinen Brustflossen sitzen. Junge Nagelrochen leben in seichtem Wasser, wo sie sich von Kleinkrebsen ernähren. Mit zunehmendem Alter ziehen sie in tieferes Wasser, wo sie über größere Beute, u.a. Krebse und Fische, herfallen. Nagelrochen werden etwa 18 Kilo schwer.

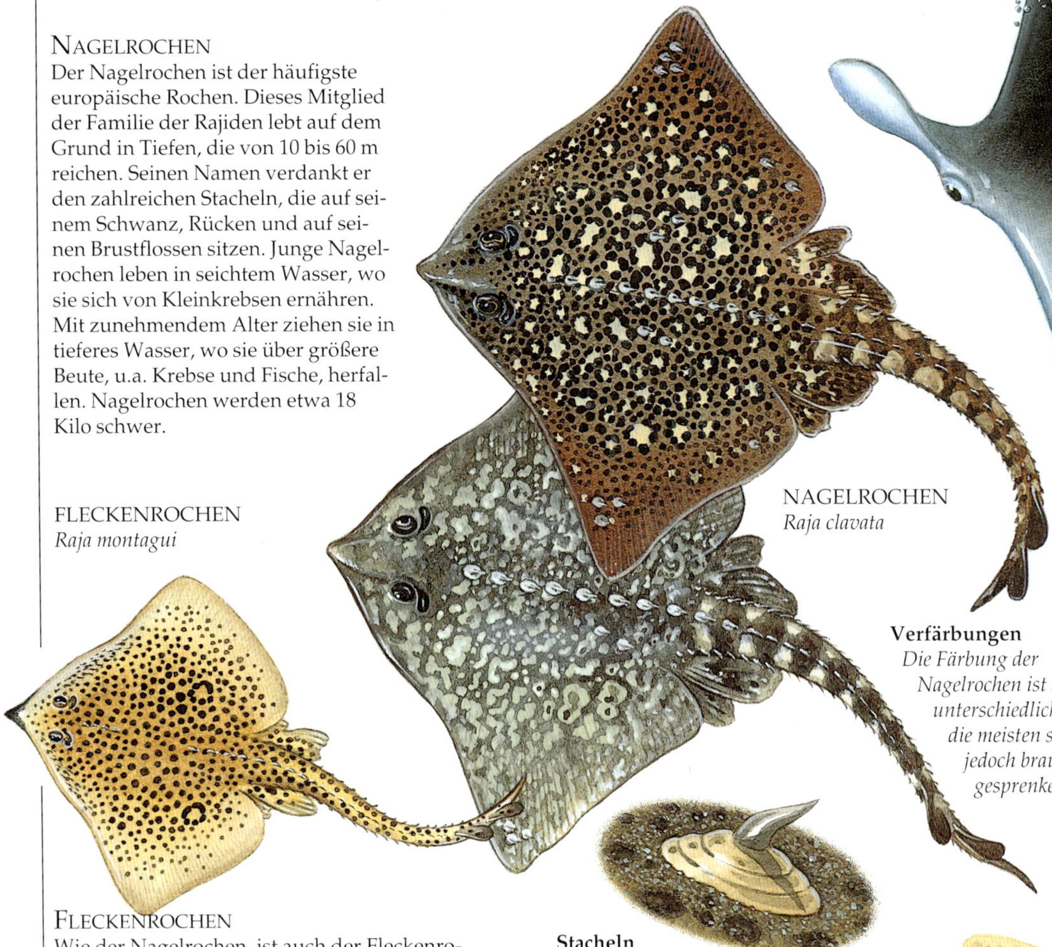

FLECKENROCHEN
Raja montagui

NAGELROCHEN
Raja clavata

Verfärbungen
Die Färbung der Nagelrochen ist sehr unterschiedlich, die meisten sind jedoch braun gesprenkelt.

Fleckenrochen

Wie der Nagelrochen, ist auch der Fleckenrochen ein europäisches Mitglied der Familie der Rajiden. Er lebt in tieferem Wasser als der Nagelrochen, meist in 60 bis 120 m Tiefe, er ist kleiner und wird maximal 3,8 Kilo schwer. Sein Speiseplan besteht hauptsächlich aus Krebsen; er frißt aber auch Kleinfische.

Stacheln
Die festen Stacheln der Nagelrochen und vieler anderer Arten haben eine robuste, knopfartige Basis.

Ei mit Schutzhülle
Die von den Rajiden abgelegten Eier sind alle in eine robuste Schutzhülle verpackt.

Größenvergleich

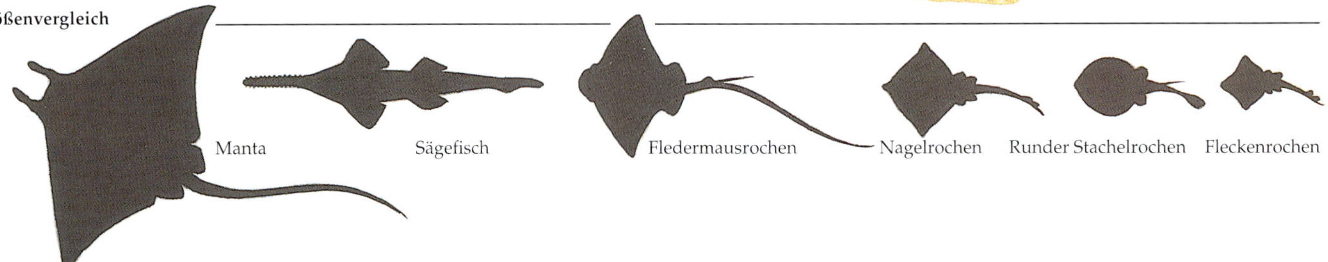

Runder Stachelrochen

Die Stachelrochen sind Mitglieder der Familie der Dasyatiden und auf ihrem peitschenartigen Schwanz haben diese Fische einen oder mehrere Giftstachel. Alle von diesen Stacheln verursachten Wunden müssen so schnell wie möglich von einem Arzt behandelt werden, da sie tödliche Folgen mit sich ziehen können. Der Runde Stachelrochen, der eine Spannweite von etwa 56 cm erreicht, zählt zu den kleineren Arten; der Atlantic Roughtail Stingray (Dasyatis centroura) kann eine Spannweite von über 2 Meter erreichen.

RUNDER STACHELROCHEN
(Round Stingray)
Urolophus halleri

Verbreitung

Manta: weltweit in den gemäßigt warmen und tropischen Meeren.
Nagelrochen: von Island bis in das Schwarze Meer.
Fleckenrochen: von Schottland bis ins westliche Mittelmeer.
Round Stingray: von Nordkalifornien bis nach Panama.
Sägefisch: im Mittelmeer und in gemäßigt warmen und tropischen Abschnitten des Atlantik.
Fledermausrochen: von Oregon bis in den Golf von Kalifornien.

Sägefisch

Die Sägefische sind haiartige Rochen, die eine abgeflachte und langgezogene Schnauze haben, deren Ränder auf jeder Seite mit einer Reihe scharfer Zähne versehen sind. Der Sägefisch mit langen Zähnen (Pristis pristis) und der Sägefisch mit kurzen Zähnen (Pristis pectinata) sind Fischarten des Atlantik, die über 360 Kilo schwer werden können. Sägefische können auch im Süßwasser leben und immer wieder werden stromauf im Amazonas Sägefische mit langen Zähnen in bis zu 750 km Entfernung zum Meer gefangen.

SÄGEFISCH
Pristis pectinata

Fledermausrochen

Der Fledermausrochen ist ein Mitglied der Familie der Myliobatiden. Diese Familie besteht aus etwa 30 Arten. Es sind große, gerne im Freiwasser umherschwimmende Rochen, deren Köpfe auffällig und deren Schwänze überaus lang sind. Sie ernähren sich am Grund von Muscheln und Krebsen. Die Fledermausrochen erreichen eine Spannweite von 1,8 Meter.

FLEDERMAUS-
ROCHEN (Bat Ray)
Myliobatis californica

Angeltips

Techniken

Die meisten Rochen leben bzw. ernähren sich in unmittelbarer Grundnähe, sodaß das Grundfischen die fängigste Technik ist. Mantas fressen gewöhnlich im Mittelwasser oder dicht unter der Oberfläche, wo sie gelegentlich beim Schleppen an den Haken gehen; im Drill können diese Fische sehr gefährlich werden.

Gerät

Für Nagel- und Fleckenrochen sowie für den Runden Stachelrochen sollten Sie sich mit einer Bootsrute der 20 lb.-Klasse, mit einer Multirolle 4/0 bis 6/0, 0,50 mm Monofilament als Hauptschnur, 0,55 mm Monofilament als Vorfach, Haken der Größen 2/0 bis 4/0 und einem tropfenförmigen Gewicht ausrüsten. Für Sägefische und Mantas brauchen Sie eine Bootsrute der 80 bis 130 lb.-Klasse, an die ebenso starke Schnur und ein dickes Nylon- oder Stahlvorfach kommt. Die Hakengröße liegt zwischen 8/0 und 14/0.

Köder

Butterkrebse, Seeringelwürmer und Fischfetzen, beispielsweise von einer Makrele.

Rochen 2

Innerhalb der Ordnung der Rochenartigen stellt die Familie der Rajiden mit über hundert Arten die größte dar. Die meisten hiervon sind auf der Oberseite braun gesprenkelt und auf ihrer Unterseite weißlich gefärbt. Ihre Schwänze sind verhältnismäßig dick und nicht peitschenartig. Tagsüber ruhen diese Fische gewöhnlich auf dem Gewässergrund, in den sie auch teilweise vergraben sein können. Es sind nachtaktive Fische, die mit Einbruch der Dunkelheit auf Futtersuche ausschwärmen und dabei Muscheln, Krebsen und gelegentlich Kleinfischen nachstellen. Sie bewegen sich durch ruhige, wellenartige Bewegungen ihrer Brustflossen fort.

BIG SKATE
Raja binoculata

BARNDOOR SKATE
Raja laevis

Barndoor Skate

Dieser große, aggressive Rochen des nordwestlichen Atlantik erreicht eine Länge von etwa 1,5 m und ein Gewicht von 18 Kilo. Er lebt ebenso in seichtem Gezeitenwasser, wie in über 400 m Tiefe und zieht gelegentlich auch in Brackwasserzonen. Sein Kopf läuft auffällig spitz zu, an seiner Unterseite sitzen große, schwarze Poren auf einer weichen Haut. Seine Flügel (Brustflossen) sind am Vorderrand ein wenig konkav und an ihrem äußeren Ende jäh abgewinkelt. Er ernährt sich hauptsächlich von Großkrebsen, Mollusken und Fischen, wie beispielsweise Hering. Er scheut nicht vor Hakenködern.

Big Skate

Der Big Skate ist, wie der Name schon besagt, ein großer Fisch, der 2,4 m lang und über 90 Kilo schwer werden kann. Sein Kopf läuft dreieckig zu und auf seiner Oberseite ziert ein Augenfleck jeden Flügel. Diese Riesenrochen leben von 3 bis 110 m Tiefe entlang der nordamerikanischen Pazifikküste und der südliche Rand ihres Verbreitungsgebietes überschneidet sich mit dem des California Skate (Raja inornata). Diese Rochenart ist viel kleiner, sie wird nur 75 cm lang, ihr Kopf läuft sehr spitz zu und auf den Flügeln fehlen die beiden Augenflecke.

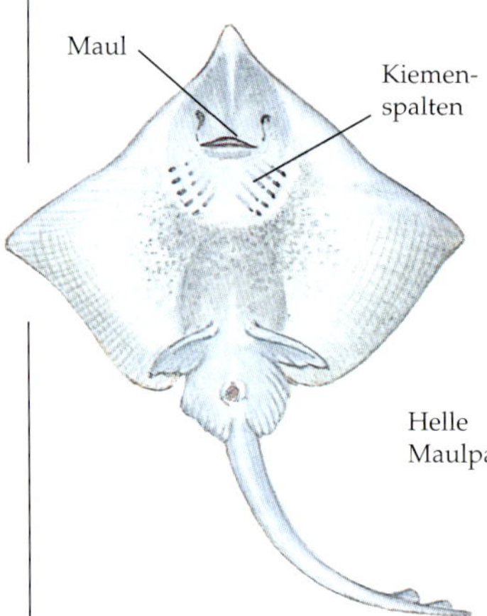

Rochenunterseite
Die Rochenunterseiten sind gewöhnlich weißlich. Das Maul liegt hinter dem vorderen Kopfende und unmittelbar vor den Kiemenspalten.

CLEARNOSE SKATE
Raja eglanteria

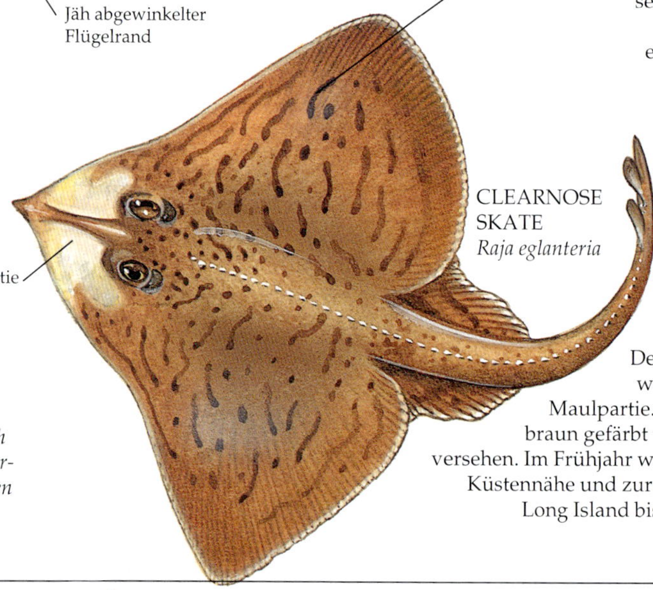

Clearnose Skate

Der Clearnose Skate, der etwa 90 cm lang wird, verdankt seinen Namen der hellen Maulpartie. Die Oberseite ist hellbraun bis rötlichbraun gefärbt und mit Bändern, Streifen und Flecken versehen. Im Frühjahr wandert er zum Laichen in unmittelbare Küstennähe und zur Sommerzeit ist er im Westatlantik von Long Island bis South Carolina der häufigste Rochen.

Größenvergleich

GLATTROCHEN
Raja baetis

Glattrochen

Der gewaltige Glattrochen, der im Westatlantik und im westlichen Mittelmeer zuhause ist, ist ein aktiver Räuber, der sich in erster Linie von Fisch, wie beispielsweise Dorsch und Köhler, und von Krebsen ernährt. Die Weibchen, die größer als die Männchen werden, können 2,8 m lang werden und über 100 Kilo wiegen. Die Oberseite der Glattrochen ist dunkeloliv und mit hellen Tupfen überzogen. Die Unterseite zeigt gewöhnlich ein blasses Blaugrau. Andere Rochen aus europäischen Gewässern sind der Spitzrochen (Raja oxyrinchus) und der Weißrochen (Raja alba). Die Färbung des Spitzrochens ist der des Glattrochens ähnlich, das Kopfende ist jedoch länger und spitzer und der Vorderrand der Flügel konkaver.

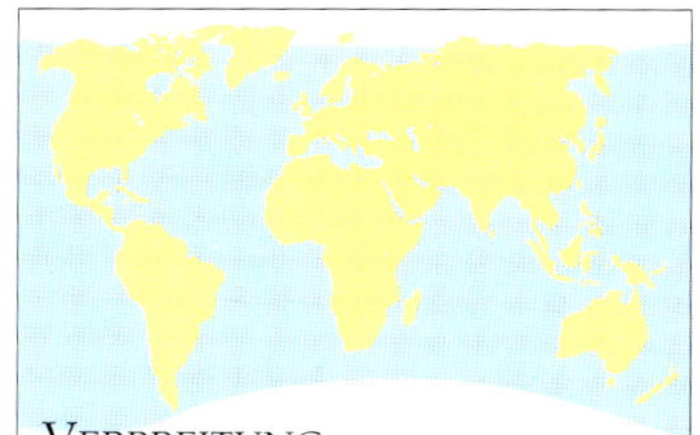

Verbreitung

Barndoor Skate, Winter Skate: von Neufundland bis nach North Carolina.
Big Skate: von der Bering-See bis nach Baja California.
Clearnose Skate: von New England bis in den Golf von Mexiko.
Glattrochen: von Island bis nach Madeira; im Mittelmeer.

WINTER SKATE
Raja ocellata

Winter Skate

Auf der Oberseite der Winter Skates sitzen gewöhnlich ein bis vier Augenflecken, manchmal fehlen sie auch gänzlich. Ohne diese Augenflecken sieht ein Winter Skate einem Little Skate (Raja erinacea) sehr ähnlich. Die einzige Unterscheidungsmöglichkeit besteht dann im Abzählen der Zahnreihen des Oberkiefers: der Winter Skate hat mindestens 72, der Little Skate weniger als 66 Zahnreihen. Seinen Namen verdankt der Winter Skate der Tatsache, daß er im Winter zwischen New England und New Jersey in unmittelbare Küstennähe zieht. Dieser Fisch wird etwa einen Meter lang.

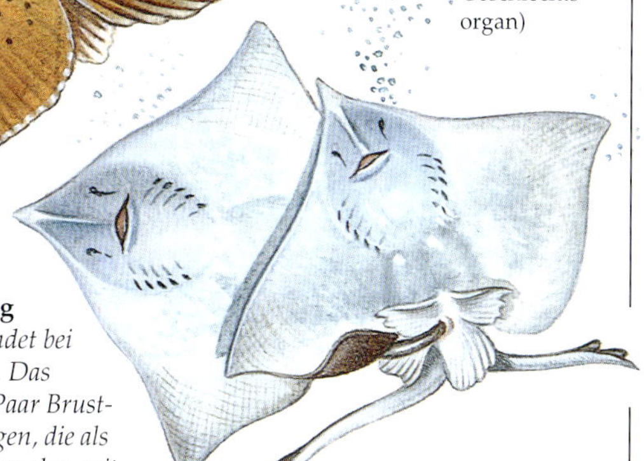

Die Fortpflanzung
Die Befruchtung findet bei Rochen intern statt. Das Männchen hat ein Paar Brustflossenverlängerungen, die als Clasper bezeichnet werden, mit Hilfe derer er sein Sperma in die Bauchhöhle der Weibchen führt.

Angeltips

Techniken

Grundfischen von einem Boot aus ist die gewöhnliche Art der Rochenfischerei.

Gerät

Verwenden Sie eine 2 bis 2,1 m lange Bootsrute der 50 lb.-Klasse, an die eine mit 0,75 mm Schnur gefüllte Multirolle der Größe 4/0 bis 6/0 kommt, sowie ein 100 lb. tragendes Stahlvorfach und ein Haken der Größe 6/0 bis 8/0. Das Gewicht sollte tropfen- oder pyramidenförmig sein. Versuchen Sie, mit einem Kampfgurt oder mit einem Harnisch zu fischen, um im Drill die maximale Hebelkraft der Rute auszunutzen, ohne dabei selbst allzu schnell zu ermüden: es kann gewaltige Kräfte kosten, bis man einen großen Rochen vom Grund freibekommt.

Köder

Die meisten Rochen werden auf frischen Fisch gefangen. Makrelen sind sehr fängig, aber als Rochenköder ist nahezu jede gängige Fischart geeignet. Große Streifen von Tinten- und Kuttelfisch sind ebenfalls hervorragende Rochenköder. Kleinfische werden ganz verwendet, da Großrochen große Mäuler haben und vor großen Bissen keineswegs zurückschrecken.

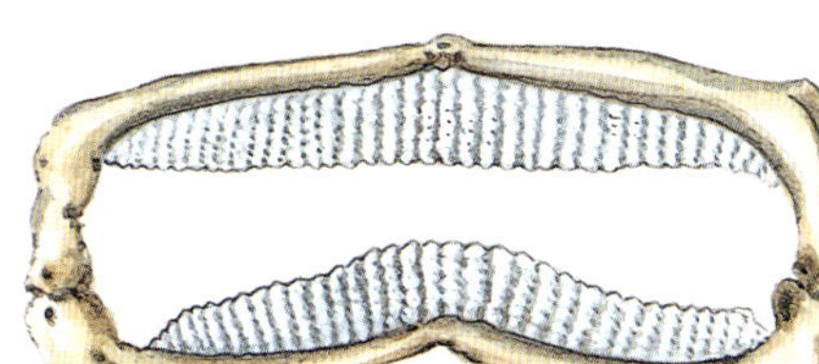

Rochenkiefer
Die Rochenzähne sitzen in Reihen zwischen kraftvollen Kiefern und sind hervorragend zum Zermalmen von Fischen, Hummern, Krebsen und Muscheln geeignet.

Drum & Kahawai

Die weit verbreitete Familie der Sciaeniden (Drum) besteht aus über 200 Fischarten, die in den tropischen und gemäßigt warmen Meeren zuhause sind - u.a. Drum, Croaker, Seatrout, Seabass und Weakfish sowie der in Nordamerika im Süßwasser lebende Freshwater Drum (Aplodinotus grunniens). Viele dieser Arten sind durch Zusammenpressen der Muskel um ihre Schwimmblase dazu in der Lage, Knurrgeräusche zu erzeugen. Der Kahawai, einer der beiden Mitglieder der Familie der Arripiden, wird auch als Australischer Lachs bezeichnet, da die Jungfische dieser Art dem Atlantiklachs ein wenig ähnlich sehen.

Black Drum

Der Black Drum wird über 50 Kilo schwer und seinen hochrückigen Körper zieren auf jeder Seite vier oder fünf dunkle Streifen. Es ist ein Grundfisch, dem seine Kinnbarteln beim Orten von Krebsen und Muscheln, dem Hauptbestandteil seiner Nahrung, helfen. Er ist ein wichtiger Sportfisch, der oft von der Küste und von Pieren aus gefangen wird.

Red Drum

Dieser große Drum ist insgesamt rötlich gefärbt und an seiner Schwanzwurzel hat er einen oder mehrere dunkle Flecken. Sein Körper ist nicht so hochrückig wie der des Black Drum, des weiteren fehlen ihm die Kinnbarteln. Er ist ein Grundfisch, der sich von Krebsen und Schalentieren ernährt, gelegentlich aber auch über Kleinfische herfällt, insbesondere über Meeräschen. Meist wiegen die erwachsenen Fische unter 18 Kilo; sie können allerdings über 40 Kilo schwer werden.

RED DRUM
Sciaenops ocellatus

WHITE SEABASS
Atractoscion nobilis

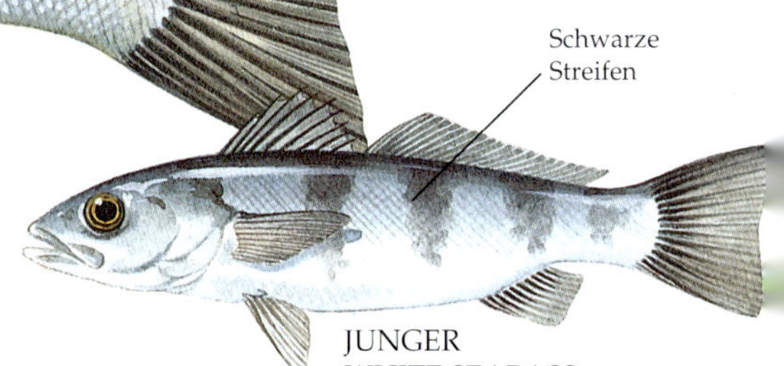

JUNGER WHITE SEABASS

White Seabass

Der White Seabass ist einer von einer ganzen Reihe wichtiger Sportfische, die es in der Familie der Drums entlang der nordamerikanischen Pazifikküste gibt. Zu den anderen gehören der White Croaker (siehe nächste Seite), die California Corbina (Menticirrhus undulatus), der Spotfin Croaker (Roncador stearnsii) und der Yellowfin Croaker (Umbrina roncador). Der White Seabass lebt über Felsen, in der Nähe von Krautbänken und im Brandungsbereich, wo er sich von Fischen und Tintenfischen ernährt. Er wird über 40 Kilo schwer.

KAHAWAI
Arripis trutta

Kahawai

Die beiden Mitglieder der Familie der Arripiden, Kahawai und Ruff (Arripis georgianus) sind mit den Sciaeniden verwandt und ihnen auch von ihrer allgemeinen Erscheinung her ähnlich. Im Sommer bilden die Kahawai riesige Schwärme, die in unmittelbarer Küstennähe an der Oberfläche kreuzen und sich dabei von Fisch und Krill ernähren. Durchschnittlich wiegt er 1,3 bis 4,5 Kilo, maximal wird dieser Fisch 7,3 Kilo schwer.

Größenvergleich

BLACK DRUM
Pogonias cromis

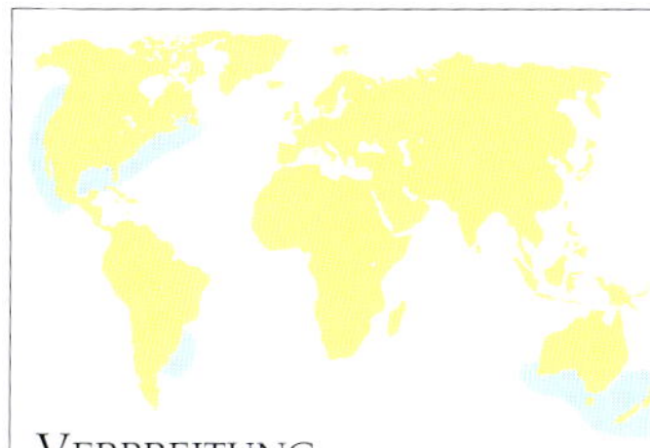

Verbreitung

Black Drum: von Nova Scotia bis nach Mexiko; vor Brasilien und Argentinien.
Red Drum: von Massachusetts bis nach Nordmexiko.
White Seabass: von Alaska bis in den Golf von Kalifornien.
Kahawai: Südaustralien (von Perth bis nach Sydney); Neuseeland.
Spotted Seatrout: von New York bis in den Golf von Mexiko.
Weakfish: von Nova Scotia bis nach Nordflorida.
White Croaker: von British Columbia bis nach Baja California.

SPOTTED SEATROUT
Cynoscion nebulosus

Spotted Seatrout

Die Spotted Seatrout, die etwa 7,3 Kilo schwer wird, ist im Westatlantik ein sehr beliebter Sportfisch und aufgrund ihres schmackhaften Fleisches auch bei den Berufsfischern sehr begehrt. Sie ist hübsch gezeichnet und mit zahlreichen Tupfen überzogen, wodurch sie sich leicht von der kleineren, ungefleckten Sand Seatrout (Cynoscion arenarius) und Silver Seatrout (Cynoscion nothus) unterscheiden läßt.

WEAKFISH
Cynoscion regalis

Weakfish

Seinen Namen verdankt der Weakfish der Tatsache, daß sein Maul recht weich ist und der Haken im Drill leicht ausschlitzt (weak = schwach/weich). Er lebt in kleinen Schwärmen in seichtem Wasser über sandigem Untergrund, wo er sich von Würmern, Krebsen und Schalentieren ernährt. Im Mittelwasser und an der Oberfläche macht er gelegentlich auf Kleinfische Jagd. Weakfish von über 8 Kilo wurden zwar bereits gefangen, ihre Durchschnittsgröße nimmt jedoch ab, weshalb heute Fische von über 2,7 Kilo selten sind.

WHITE CROAKER
Genyonemus lineatus

Angeltips

Techniken
Diese Fische lassen sich mit einer ganzen Reihe von Techniken fangen, am gängigsten sind das Grund-, das Brandungs- und das Spinnfischen.

Gerät
Zum Grundfischen brauchen Sie eine Bootsrute der 30 lb.-Klasse, an die eine mit 0,50 mm Schnur gefüllte Multirolle der Größe 4/0 kommt, ein Haken der Größe 4/0 sowie ein tropfenförmiges Gewicht. Zum Brandungsfischen brauchen Sie eine 3,7 m lange Brandungsrute, an die eine mit 0,40 mm Schnur gefüllte Stationär- oder Multirolle kommt, ein Haken der Größe 4/0 sowie ein Krallenblei. Zum Spinnfischen reicht eine 2,4 bis 2,7 m lange Spinnrute, an die eine mit 0,35 bis 0,40 mm Schnur gefüllte Stationärrolle kommt, sowie Haken der Größen 1/0 bis 4/0.

Köder
Als Köder kommen Garnelen, Fische, Krebse, Muscheln, Würmer und die meisten Kunstködertypen in Frage.

White Croaker

Das zuverlässigste Unterscheidungsmerkmal zwischen dem White Croaker und den anderen Drumarten ist die Anzahl seiner Flossenstrahlen in der ersten Rückenflosse: der White Croaker hat 12 bis 18, die anderen 11 oder weniger. Er lebt in unmittelbarer Küstennähe, aber auch in über 180 m Tiefe. Sein Höchstgewicht liegt noch unter einem Pfund.

MAKRELEN

Die Familie der Scombriden besteht etwa aus 45 Arten, zu denen neben den vielen Makrelenarten auch die Thunfische, Bonitos und Wahoos gehören. Der typische Scombride ist ein schnellschwimmender Raubfisch, dessen spindelförmiger Körper herrlich stromlinienförmig und dessen Schwanzflosse tief gespalten ist. Viele Scombriden können einige ihrer Flossen bei Nichtbedarf zusammengelegt in Hautspalten stecken, wodurch sie noch stromlinienförmiger werden und noch schneller schwimmen können. Der Blauflossenthun (siehe Seite 193) versteckt so beispielsweise seine Brust- und Bauchflossen, sowie seine erste Rückenflosse, wenn er sich schnellschwimmend fortbewegt.

MITTELMEERMAKRELE
Die Mittelmeermakrele kann annähernd drei Kilo schwer werden, wiegt aber nur selten über ein Kilo. Sie lebt in gemäßigten und subtropischen Meeren und obwohl sie weltweit vorkommt, sind ihre Bestände unregelmäßig verteilt. Des weiteren gibt es zwischen den im Atlantik und den im Pazifik lebenden Fischen geringfügige Unterschiede. In jedem Fall stehen die beiden Rückenflossen recht weit auseinander, während etwa 30 wellenartige, dunkle Streifen den Rücken zieren. Diese Fischart ist vor allem für die Berufsfischerei im Pazifik von großer Bedeutung. Sie hält sich oft in großen Schwärmen in Küstennähe auf.

MAKRELE
Scomber scombrus

MAKRELE
Die Makrele ist der Mittelmeermakrele sehr ähnlich, ihren Rücken zieren allerdings weniger Streifen (20 bis 23) und auf ihren Flanken fehlen die Tupfen, die die Atlantikform der Mittelmeermakrele aufweist. Einige Fische haben auf ihrem Rücken eine dunkle, wurmartige Zeichnung statt Streifen. Die Makrelen bilden große Schwärme, die manchmal in unmittelbare Küstennähe ziehen, wo sie sich an Kleinfischen mästen. Obwohl Makrelen 3,4 Kilo schwer werden können, liegt das Gewicht der erwachsenen Fische durchschnittlich bei etwa 680 Gramm.

Pferdemakrele oder Stöcker
Die Pferdemakrele oder der Stöcker (Trachurus trachurus) ist keine Makrele, sondern ein Mitglied der Familie der Carangiden (siehe Seite 164). Entlang ihrer Seitenlinie haben diese Fische eine auffällige Reihe von Knochenschuppen.

PFERDEMAKRELE

CERO
Aufgrund seiner orangen und gelben Streifen läßt sich der Cero von den sehr ähnlichen King und Spanish Mackerels unterscheiden. Der Cero lebt in den wärmeren Abschnitten des Westatlantik und der Karibik und obwohl die meisten dieser Fisch zwischen 2,2 und 4,5 Kilo wiegen, können sie 16 Kilo schwer werden.

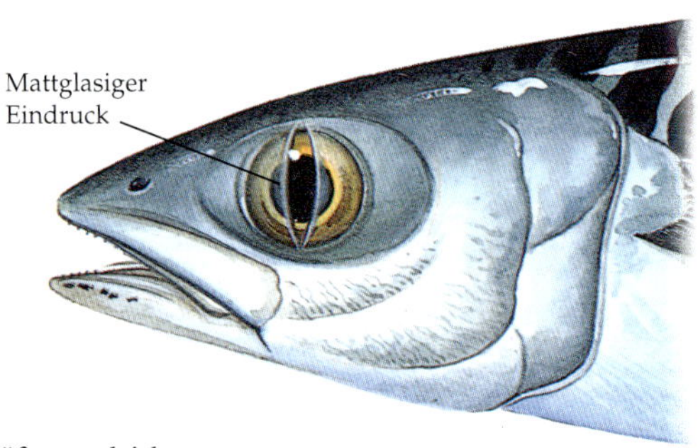

Augenlider
Die Fische der Gattung Scomber, auch Makrele und Mittelmeermakrele, lassen sich aufgrund ihrer ungewöhnlichen Augenlider problemlos identifizieren. Hierbei handelt es sich um durchsichtige Membranen, die den Vorder- und Hinterrand von jedem Auge bedecken und ihnen diesen matten Eindruck verleihen.

ATLANTIC SPANISH MACKEREL
Scomberomorus maculatus

Größenvergleich

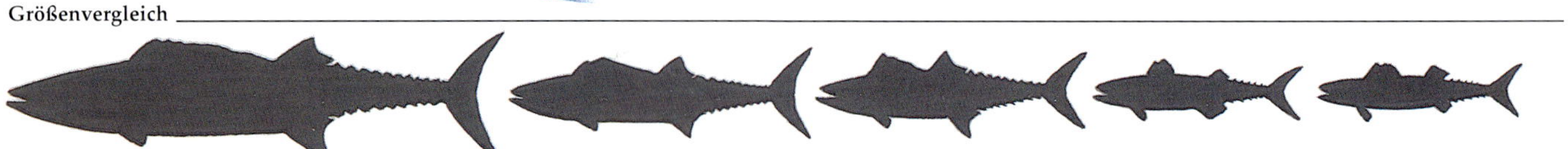

MITTELMEERMAKRELE
Scomber japonicus

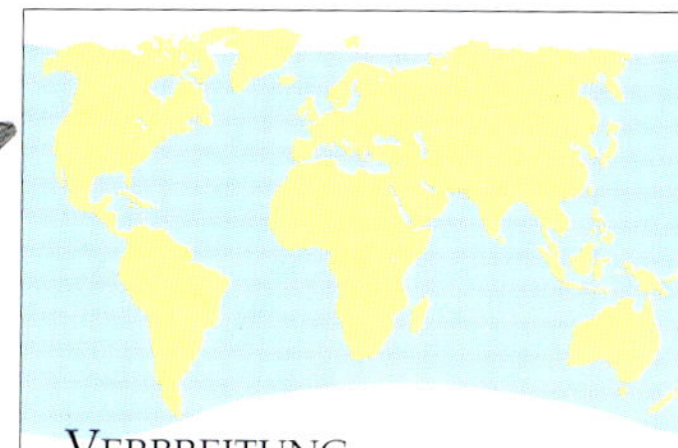

Verbreitung

Mittelmeermakrele: weltweit in allen tropischen und gemäßigten Meeren.
Makrele: Atlantik, Mittelmeer und Schwarzes Meer.
Pferdemakrele: Atlantik, Mittelmeer.
Cero und King Mackerel: im Westatlantik von Massachusetts bis nach Brasilien.
Atlantic Spanish Mackerel: in gemäßigt bis tropisch warmen Abschnitten des Atlantik; verwandte Arten leben im Atlantik, Pazifik und im Indischen Ozean.

King Mackerel

Diese Makrele ist eine der größten und vielleicht die bei den Anglern beliebteste, da sie sehr groß (über 40 Kilo) werden kann, am Haken ungemein gut kämpft und ihr Fleisch sehr schmackhaft ist. In der Karibik sammeln sich im Frühjahr gigantisch große Schwärme von King Mackerels, die dann nördlich in Richtung Golf von Mexiko ziehen. Die Fische in diesen Schwärmen wiegen meist zwischen 3 und 11 Kilo; größere Fische scheinen sich zu Einzelgängern zu entwickeln.

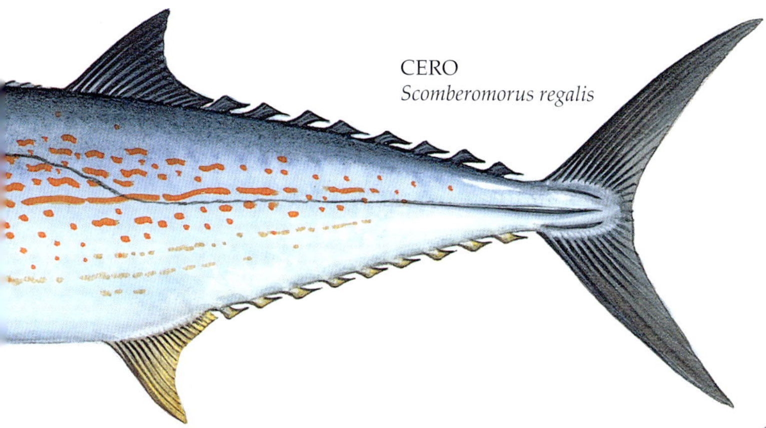

CERO
Scomberomorus regalis

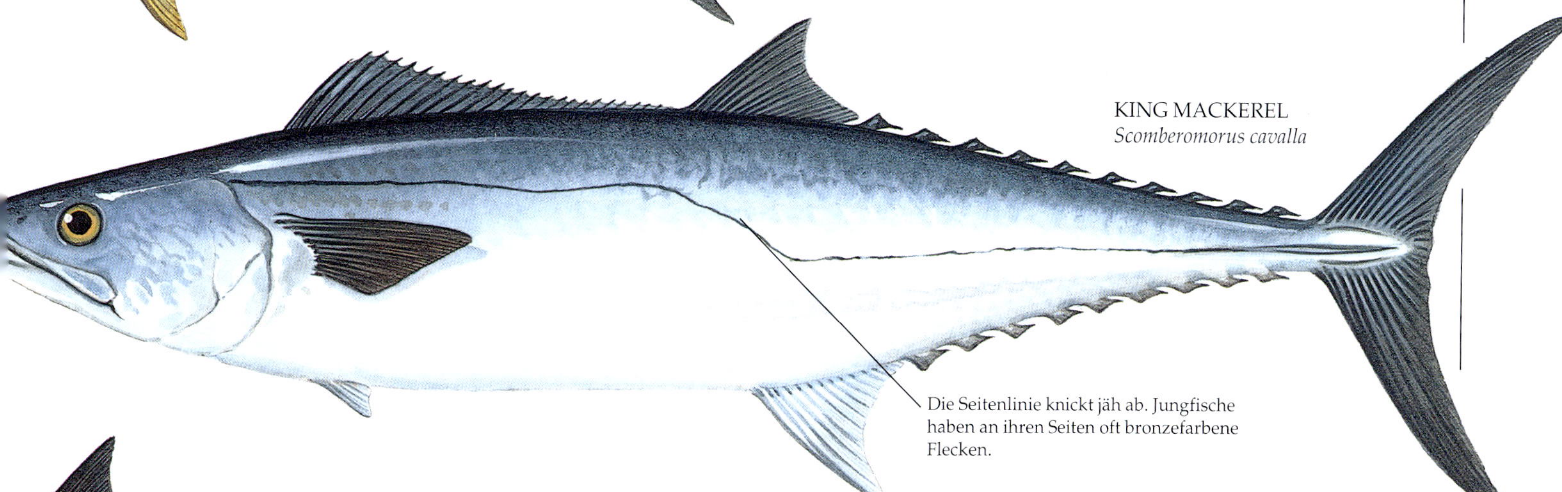

KING MACKEREL
Scomberomorus cavalla

Atlantic Spanish Mackerel

Diese Makrele lebt in den wärmeren Abschnitten des östlichen und westlichen Atlantik und wird etwa 5 Kilo schwer. Wie der Cero und die King Mackerel ist auch sie ein Mitglied der Gattung Scomberomourus, zu der auch der Atlantic Sierra (S.brasiliensis), der Pacific Sierra (S.Sierra) und der Gulf Sierra (S.concolor) gehören - letztere beiden Arten sind im Pazifik zuhause - sowie die indopazifischen Makrelenarten S.commerson und S.guttatus, die vor Australien überaus häufig sind.

Angeltips

Techniken
Auf die kleineren Arten kann man vom Ufer oder vom Boot aus fischen, wobei Federpaternoster zum Einsatz kommen. Die größeren Arten werden hauptsächlich vom Boot aus auf Kunst- und Naturköder gefangen.

Gerät
Für die kleineren Makrelenarten brauchen Sie eine 3,4 m lange Spinnrute, an die eine mit 0,30 mm Schnur gefüllte Stationärrolle kommt sowie ein Federpaternoster aus vier Fliegen, die auf Haken der Größe 1/0 gebunden wurden. Darunter kommt ein Gewicht von etwa 60 gr. Für die größeren Makrelenarten verwendet man eine schwerere Spinnrute mit Stationärrolle oder eine Bootsrute der 12 lb.-Klasse, an die eine Multirolle der Größe 4/0 kommt. Der Schnurdurchmesser sollte bei etwa 0,33 mm liegen, als Haken ist die Größe 2/0 geeignet und ein Stahlvorfach ist unerläßlich.

Köder
Für kleine Fische sind Makrelenpaternoster geeignet. Die größeren Arten werden auf Jigs, Spinner und Wobbler gefangen (alleine oder in Verbindung mit einem Fischfetzen), sowie auf Fischstücke und Köderfische.

Thune und Wahoo

Diese Mitglieder der Scombridenfamilie leben in den gemäßigt warmen und tropischen Meeren. Sie sind von beträchtlichem kommerziellen Wert und ebenso bedeutende Sportfische. Der hohe Preis ihres Fleisches hat dazu geführt, daß diesen Fischen vor allem im Pazifik mit gigantischen Treibnetzen nachgestellt wird. Mittlerweile wurde der Einsatz solcher Netze in internationalen Abkommen eingeschränkt, da in ihnen nicht nur Unmengen an Thunen, sondern auch Unmengen von anderen Arten wie Delphine und schwerttragende Fische verenden.

Albacore

Wegen seiner überlangen Brustflossen, die bis hinter den Afterflossenansatz reichen, wird der Albacore auch oft als Langflossenthun bezeichnet. Diese Flossen erlauben ein rasches Unterscheiden zwischen ihm und anderen Thunfischarten. Früher wurden der Atlantikalbacore und der Pazifikalbacore als zwei verschiedene Arten betrachtet, heute steht jedoch fest, daß es sich um ein und dieselbe Art handelt. Sie wird über 40 Kilo schwer.

Blackfin Tuna

Der Blackfin Tuna aus dem Westatlantik ist ein kleinerer Thun, der durchschnittlich weniger als 4,5 Kilo wiegt und maximal 19 Kilo erreicht. Er wird eher wegen seines Fleisches als wegen seiner kämpferischen Qualitäten geschätzt. Jährlich werden zahlreiche Fische dieser Art das Opfer von Blauen Marlinen und Berufsfischern.

BLACKFIN TUNA
Thunnus atlanticus

Groß und schnell
Der Blauflossenthun kann 4,3 m lang und 680 Kilo schwer werden. Er erreicht Spitzengeschwindigkeiten von 104 km/h.

Little Tunny

Der Little Tunny, der im Atlantik und im Mittelmeer zuhause ist, ist ein beliebter Sportfisch, der oft in großen Schwärmen in Küstennähe auftaucht. Er sieht dem Skipjack und anderen Euthynnus- Arten des Pazifik sehr ähnlich und wird maximal 12 Kilo schwer, auch wenn die meisten gefangenen Fische viel weniger wiegen.

LITTLE TUNNY
Euthynnus alletteratus

Skipjack Tuna

Der Skipjack Tuna lebt in den meisten gemäßigt warmen und tropischen Ozeanen, wo er 35 Kilo schwer werden kann. Im Pazifik leben zwei einander sehr ähnliche Arten: der Wavyback Skipjack (Euthynnus affinis) und der Black Skipjack (E.lineatus).

SKIPJACK TUNA
Euthynnus pelamis

Größenvergleich

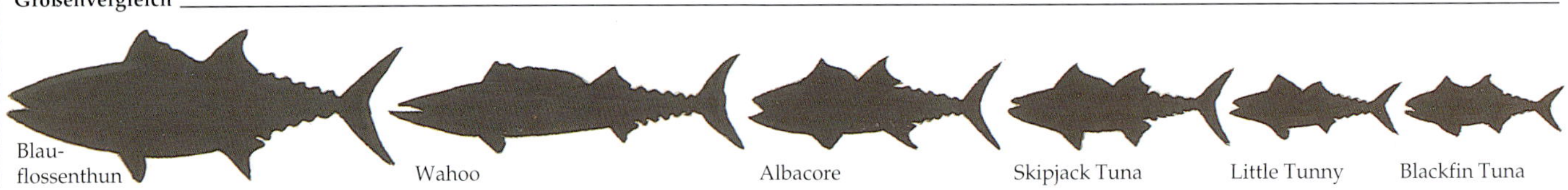

ALBACORE
Thunnus alalunga

BLAUFLOSSENTHUN
Thunnus thynnus

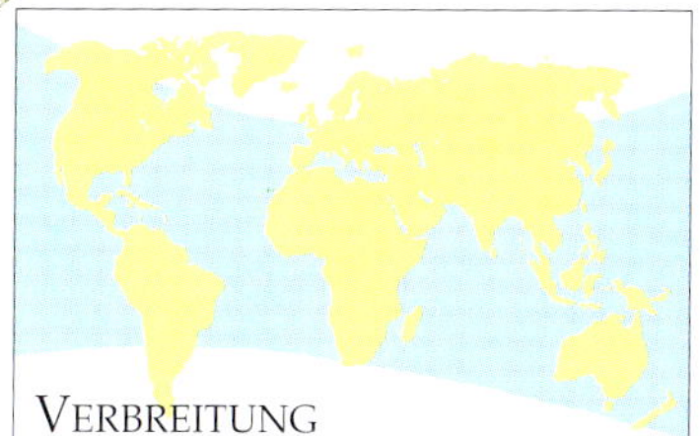

Verbreitung

Albacore: in den meisten gemäßigt warmen und tropischen Meeren; größere Bestände im Pazifik als im Atlantik.

Blackfin Tuna: im Atlantik von Massachusetts bis nach Brasilien.

Little Tunny: in den gemäßigt warmen und tropischen Abschnitten des Atlantik und im Mittelmeer.

Skipjack Tuna, Bluefin Tuna: weltweit in gemäßigt warmen und tropischen Gewässern.

Wahoo: in den meisten warmen und tropischen Meeren.

Blauflossenthun

Der Blauflossenthun ist ein echter Zugfisch, der sich den Winter über in subtropischen Meeren aufhält und im Sommer in kühlere Gewässer vorstößt. Bis zu einem Körpergewicht von etwa 45 Kilo wandern die Blauflossenthune in gewaltigen Schwärmen, größere Fische reisen in kleineren Gruppen und die ganz großen scheinen oft Einzelgänger zu sein. Der Blauflossenthun des Nordatlantik und jene, die im Pazifik und im Indischen Ozean leben, werden manchmal in verschiedene Arten oder Unterarten eingeteilt, obwohl die Unterschiede zwischen ihnen minimal sind.

Flossenstummel
Eines der Hauptmerkmale der Scombriden und des Wahoos sind die kleinen Flossenstummel zwischen Schwanz-, Rücken- und Afterflosse.

WAHOO
Acanthocybium solanderi

Wahoo

Der lange, schlanke Wahoo macht am Haken gewaltige Fluchten mit plötzlichen Richtungswechseln, manchmal katapultiert er sich dabei noch aus dem Wasser, kurzum, es ist einer der für den Angler aufregendsten Fische. Seine langen, stark bezahnten Kiefer bilden ein schnabelartiges Maul, seine erste Rückenflosse ist lang und hat feste, spitz zulaufende Flossenstrahlen. Sein Durchschnittsgewicht liegt bei 7 bis 9 Kilo, er kann jedoch über 80 Kilo schwer und über 2,1 m lang werden.

Angeltips

Techniken
Auf Thune wird meistens mit Kunstködern geschleppt oder mit Naturködern vom treibenden Boot aus gefischt. Zum Fang von Wahoos sollten Sie dieselben Köder näher am Boot, beim Schleppen auch unmittelbar im Kielwasser anbieten. Unmittelbar am Boot werden mehr Wahoos als an Outriggern gefangen.

Gerät
Für den Fang von Thunfischen brauchen Sie eine Rute der 80 bis 130 lbs-Klasse mit Rollerringen, eine Hebelbremsmultirolle und Nylonschnur, die 80 bis 130 lbs trägt. Das Vorfach sollte aus 400 bis 600 lbs Nylonschnur angefertigt werden. Verwenden Sie Haken der Größen 10/0 bis 12/0, geschränkte zum Driftfischen und gerade zum Schleppen. Für den Fang von Wahoos genügt eine Bootsrute der 30 - 50 lbs-Klasse, an die eine mit 0,50 bis 0,75 mm Schnur gefüllte Multirolle, ein schweres Stahlvorfach sowie ein gerader Haken der Größen 5/0 bis 10/0 montiert wird.

Köder
Verwenden Sie einen Kona Head zum Schleppfischen auf Thune und lebende Makrelen oder tote Heringe beim Driftfischen. Zum Schleppfischen auf Wahoo brauchen Sie große Kunstköder, aber auch geschleppte Naturköder, wie ganze Meeräschen oder Ballyhoos sind erfolgreich. Beim Driftfischen sollten die Lebendköder an Haken der Größe 5/0 bis 8/0 angeboten werden.

WAHOOKOPF

Wahookiefer
Der Wahoo ist, wie auch die Thunfische, ein Raubfisch und seine mit rasiermesserscharfen Zähnen bewaffneten Kiefer erleichtern ihm die Jagd auf Futter- und Tintenfische. Ungewöhnlich an diesem Fisch ist allerdings die Eigenart, daß seine Kiefer unabhängig voneinander bewegt werden können.

Bonitos & Maifische

Bonitos sind, wie auch Makrele und Thun (siehe Seiten 192 - 193), Mitglieder der Scombridenfamilie. Es sind sehr schnellschwimmende Raubfische, die sich von Tintenfisch und kleinen Schwarmfischen, u.a. auch Makrelen, unmittelbar unter der Oberfläche ernähren. Maifische, die zur Gattung Alosa gehören, sind Mitglieder der Heringsfamilie, der Clupeiden. Es sind Meeresfische, die im Süßwasser ablaichen (einige Arten haben auch Binnenformen) und die sich dadurch von den meisten anderen Heringsarten unterscheiden, daß sie einen "Kiel" haben, d.h., eine Reihe messerscharfer Schuppen entlang des Bauches.

Pazific Bonito

Der Pacific Bonito ist ein mittelgroßer Fisch, der durchschnittlich weniger als 5,5 Kilo wiegt, gelegentlich aber auch 11 Kilo schwer werden kann. Die Bestände im Norden und die im Süden des Ostpazifik werden als zwei verschiedene Unterarten betrachtet. Bei der nördlich von Baja California lebenden Unterart handelt es sich um Sarda chiliensis lineolata, bei der vor Peru und Chile lebenden handelt es sich um S.c.chiliensis. Der Striped Bonito, Scarda orientalis, lebt von Baja California bis vor Peru und im Westpazifik.

FINTE
Alosa fallax

Finte

Dieser Maifisch unterscheidet sich vom Atlantikhering (Clupea harengus) dadurch, daß er im Oberkiefer eine Spalte hat, in der der Unterkiefer Platz findet. Des weiteren hat er entlang des Bauches eine Reihe messerscharfer Schuppen und auf seinen Seiten befinden sich oft eine Reihe dunkler Flecken. Maximal werden diese Fische etwa 1,4 Kilo schwer.

ALSE
Alosa alosa

Alse

Die Alse oder der Maifisch ist der Finte ähnlich, der Kiel jedoch weniger ausgeprägt und auf den Flanken sitzt nur ein dunkler Fleck, und zwar unmittelbar hinter dem Kiemendeckel. Der Maifisch wird auch größer, manchmal annähernd drei Kilo schwer. Die Bestände beider Arten wurden durch Umweltverschmutzung und Versperrung der Zugänge zu den Laichgründen stark in Mitleidenschaft gezogen.

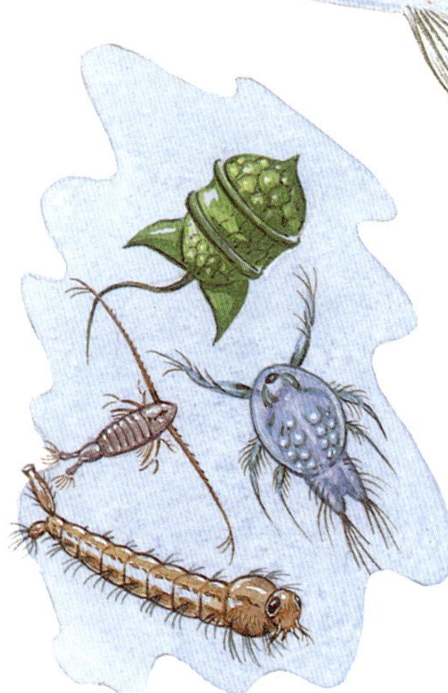

Maifischnahrung
Maifische ernähren sich hauptsächlich von Plankton, und zwar sowohl tierisches als auch pflanzlichem Plankton, sowie von Insektenlarven und von Kleinkrebsen. Skipjack Hering, Finte, Alse und Hickory Shad fressen auch Fische.

American Shad

Der American Shad, der Gewichte von über 5,5 Kilo erreichen kann, hat hinter jedem Kiemendeckel einen großen, dunklen Punkt und dahinter gewöhnlich noch zwei Reihen kleinerer Flecken.
Er ernährt sich fast ausschließlich von Plankton und seine Kiefer sind zahnlos.

AMERICAN SHAD
Alosa sapidissima

SKIPJACK HERING
Alosa chrysochloris

Skipjack Hering

Der Skipjack Hering zieht bei seinem Süßwasseraufenthalt das Freiwasser mittlerer bis großer Flüsse und Seen vor. Er ist dem Hickory Shad sehr ähnlich, seine Flanken jedoch leicht kupferfarben und ohne dunkle Flecken. Maximal werden diese Fische etwa 1,6 Kilo schwer.

Angeltips

Techniken
Schlepp- und Spinnfischen auf Bonito, Spinn- und Fliegenfischen auf die Maifische.

Gerät
Zum Schleppfischen auf Bonito brauchen Sie eine Bootsrute der 12 lbs-Klasse, an die eine mit 0,33 mm Schnur gefüllte Multirolle der Größe 2/0 und ein 2/0 Haken kommen. Eine leichte Spinnrute paßt zum Spinnfischen auf Bonito. Auf diese montieren Sie eine mit 0,33 mm Schnur gefüllte Stationärrolle und nehmen 2/0 Haken. Zum Spinnfischen auf Maifische benötigen Sie eine leichte Spinnrute, an die eine mit 0,26 mm Schnur gefüllte Stationärrolle sowie ein kleiner Spinner mit Drillingshaken kommt. Zum Fliegenfischen kommt eine Forellenrute der Klasse 5 bis 7 mit einer schwimmenden Keulenschnur in Frage. Die Haken der Fliegen sollten die Größe 6 bis 8 besitzen.

Köder
Gute Bonitoköder sind Wobbler, Plastiktintenfische, Löffel und ganze oder zerschnittene Fische und Tintenfische. Für den Fang von Maifischen eignen sich kleine Spinner und Löffel sowie kleine, weißliche Fliegen.

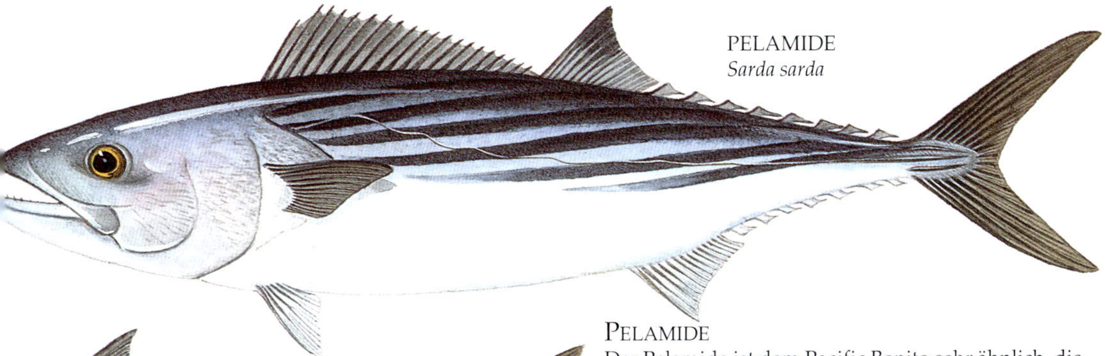

PELAMIDE
Sarda sarda

PAZIFIC BONITO
Sarda chiliensis

Pelamide

Der Pelamide ist dem Pacific Bonito sehr ähnlich, die Streifen auf seinen Flanken verlaufen jedoch ein wenig schräger und in seiner ersten Rückenflosse hat er 20 bis 23 Flossenstrahlen, wogegen sein Gegenstück aus dem Pazifik dort nur 17 bis 19 Flossenstrahlen besitzt. Ist der Pelamide auf Raubzug, bildet sich auf jeder Seite seines Rükkens ein gelber Längsstreifen sowie dunkle, vertikal verlaufende Streifen auf den Flanken. Hört der Fisch mit der Nahrungsaufnahme auf, verblassen sie wieder. Der Pelamide lebt in Schwärmen, die zwischen 50 m Tiefe und der Oberfläche schwimmen. Sein Durchschnittsgewicht beträgt etwa 1,3 Kilo, maximal erreicht er 8,6 Kilo.

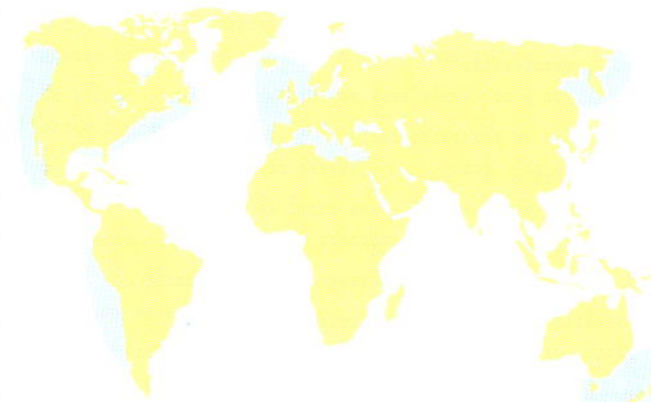

Verbreitung

Pacific Bonito: Pazifik.
Alse und Finte: in westeuropäischen Gewässern.
American Shad: von Neufundland bis nach Nordflorida; von Sibirien bis nach Mexiko.
Skipjack Herring: im Mississippi-Becken und im Golf von Mexiko.
Pelamide: im Atlantik und im Mittelmeer.
Australian Bonito: im Südwestpazifik und in der tasmanischen See.
Hickory Shad: von Maine bis nach Florida.
Alewife: Great Lakes; von Labrador bis nach South Carolina.

Australian Bonito

Dieser Bonito lebt im Südwestpazifik, in den Gewässern vor Norfolk Island, vor Südostaustralien und vor Neuseeland. Die Streifen auf seinen Seiten verlaufen fast horizontal und nicht so schräg, wie die von Pelamide und Pacific Bonito. Beim Australischen Bonito ist darüber hinaus auch der Bauch mit Streifen versehen. Maximal wird dieser Fisch 10 Kilo schwer.

AUSTRALIAN BONITO
Sarda australis

HICKORY SHAD
Alosa mediocris

Hickory Shad

Dieser große Maifisch hat ein oberständiges Maul, einen dunklen Fleck hinter jedem Kiemendeckel und eine Reihe kleinerer Flecken auf jeder Seite. Gewöhnlich wird dieser Fisch nicht über 1,1 Kilo schwer, obwohl er gelegentlich über 2,2 Kilo erreicht. Kleinfische machen einen hohen Prozentsatz der Nahrung von Skipjack Herring und Hickory Shad aus, sodaß sich diese Fische mit Kunstködern viel leichter überlisten lassen, als alle anderen nordamerikanischen Maifische.

ALEWIFE
Alosa pseudoharengus

Alewife

Die Alewife kann im Salzwasser bis zu 220 Gramm schwer werden. Die Binnenform bleibt allerdings deutlich kleiner. Sie hat große Augen (deren Durchmesser ist größer als das Maul lang ist), einen auffälligen Kiel und einen kleinen dunklen Fleck hinter jedem Kiemendeckel. Der Blueback Herring (*Alosa aestivalis*) ist von seiner Größe und seinem Aussehen her vergleichbar, sein Rücken ist jedoch bläulich und seine Augen sind kleiner.

Größenvergleich

HAIE 1

Haie sind eine sehr alte Gruppe von Fischen, für die ihr Knorpelskelett, die mit rauhen Schuppen (Placoidschuppen) überzogene Haut, die fünf bis sieben Kiemenspalten und die mit stabilen und scharfen Zähnen versehenen kraftvollen Kiefer charakteristisch sind. Weltweit verteilt leben etwa 300 Arten, von denen sich die meisten in tropisch warmen Meeren tummeln. Obwohl die meisten dieser Fische reine Salzwasserfische sind, ziehen einige von ihnen in brackige Flußmündungen, manche sogar in den Fluß selbst. Ihre Größe reicht von 60 cm bis zu 18 m; die hier abgebildeten zählen zu den kleineren Arten und sie werden bis zu 3,5 m lang.

HERINGSHAI
Lamna nasus

LEOPARDENHAI
Dieser auffällig gezeichnete Hai lebt in unmittelbarer Küstennähe entlang der Pazifikküste der Vereinigten Staaten. Besonders häufig ist er in den seichten Buchten Kaliforniens. Gewöhnlich hält er sich über sandigem Untergrund in flachem, weniger als 4 m tiefem Wasser auf. Die Männchen werden 1,5 m lang, die Weibchen können 2,1 m lang und über 30 Kilo schwer werden.

LEOPARDENHAI (Leopard Shark)
Triakis semifasciata

HUNDSHAI
Der Hundshai ist Mitglied der größten Haifamilie, der Carcharhiniden oder Requiemhaien. Sein schlanker Körper hat eine weit vorragende Nase, lange Brustflossen und einen kraftvollen Schwanz. Er lebt küstennah in einer Tiefe von etwa 3 m, er kann über 1,6 m lang und 34 Kilo schwer werden. In erster Linie ernährt er sich von Fischen, beispielsweise Dorsch, nimmt aber auch Tintenfisch.

GLATTHAI
Mustelus canis

Hundshaiaugen
Die Augen des Hundshaies und die der meisten weiteren Requiemhaie sind mit durchsichtigen Membranen versehen, die zum Schutz über das Auge gezogen werden können.

GLATTHAI
Diese sehr verbreitete, grundnah lebende Haiart des Westatlantik lebt gewöhnlich in Tiefen von 9 bis 350 Meter und zieht gelegentlich auch in Süßwasser auf. Ihre Brustflossen sind lang und ihre zweite Rückenflosse ist fast so groß wie die erste. Hinter den Augen hat er ein kleines Atemloch, ein Überbleibsel seiner ersten Kiemenspalte. Der Glatthai wird etwa 1,5 m lang.

HUNDSHAI
Galeorhinus galeus

DORNHAI
Aqualus acanthias

DORNHAI
Dieser schlanke Hai, der etwa 1,2 m lang und 9,5 Kilo schwer wird, fällt durch seine ungewöhnlichen Stacheln an den beiden Rückenflossen auf. Wie auch der Hundshai hat der Dornhai einen großen, kräftigen Schwanz, ihm fehlt jedoch die Afterflosse. Er lebt in unmittelbarer Grundnähe in Tiefen von 10 bis 200 m und er hat einen sehr vielseitigen Speiseplan, auf dem Schwarmfische, beispielsweise Heringe, stehen, aber auch Wirbellose, wie etwa Tintenfisch, Quallen und Würmer.

Größenvergleich

Bull Shark | Sand Tiger | Heringshai | Spinner Shark | Blacktip Shark | Leopardenhai | Glatthai | Hundshai | Dornhai

Heringshaizahn
Die Zähne vom Heringshai haben an ihrem Ansatz noch zwei weitere kleine Spitzen.

Heringshai

Der Heringshai ist ein schwerer, stämmiger Hai mit abgerundeter Schnauze, einer großen Schwanzflosse und fünf sehr auffälligen Kiemenspalten unmittelbar vor jeder Rückenflosse. Er lebt im Atlantik und im Mittelmeer und gehört zur Familie der Lamniden oder Makrelenhaie, zu der auch der im Pazifik lebende Salmon Shark (Lamna ditropis), der Kurzflossenmako und der Weiße Hai gehören (siehe Seite 198). Der Heringshai lebt nahe der Oberfläche und er zieht gewöhnlich tiefes, offenes Wasser vor, wandert aber gelegentlich auch in sehr seichtes Wasser und von Brandungsanglern wurden bereits Heringshaie von über 45 Kilo gefangen. Maximal werden diese Haie etwa 3 Meter lang, wobei sie ein Gewicht von über 220 Kilo erreichen.

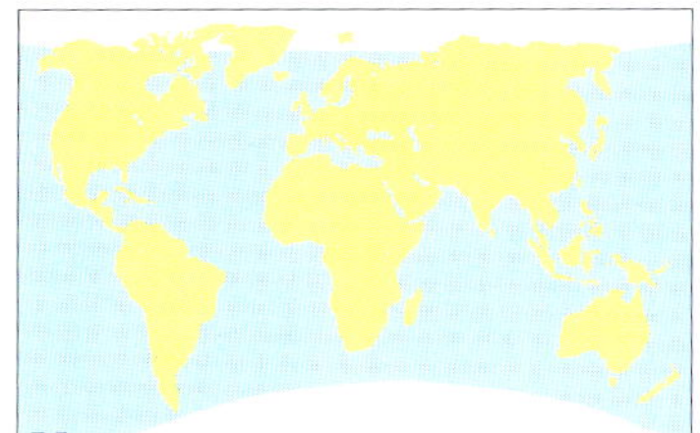

Verbreitung

Leopardenhai: von Oregon bis in den Golf von Kalifornien.
Glatthai: von der Bay of Fundy bis nach Uruguay.
Hundshai: von Island bis nach Marokko und im Mittelmeer.
Dornhai: weltweit in kalten und gemäßigt warmen Gewässern.
Heringshai: im Nordatlantik und im Mittelmeer.
Sand Tiger: in den meisten warmen Abschnitten des Atlantik.
Bull Shark: weltweit in gemäßigt warmen und tropischen Gewässern.
Spinnershark: in subtropischen und in tropischen Abschnitten des Atlantik.

SAND TIGER
Odontaspis taurus

Sand Tiger

Der Sand Tiger lebt in den gemäßigt warmen Küstengewässern auf beiden Seiten des Atlantik, wo er 3,2 m lang und 135 Kilo schwer wird. Der größere, nah mit ihm verwandte Grey Nurse Shark (Odontaspis arenarius) tritt entlang der südafrikanischen und australischen Küsten recht häufig auf. Er wird etwa 4,6 m lang und greift immer wieder Schwimmer und Taucher an.

BULL SHARK
Carcharhinus leucas

Bull Shark

Der große und gefährliche Bull Shark lebt weltweit in gemäßigt warmen bis tropisch warmen Küstengewässern. Er entfernt sich nur selten von der Küste und steigt sogar oft in Flüsse auf; es gibt sogar Binnenformen, am bekanntesten ist die des Lake Nicaragua. Der Bull Shark wird 3,5 m lang und 180 Kilo schwer. Unfälle mit Schwimmern sind bekannt.

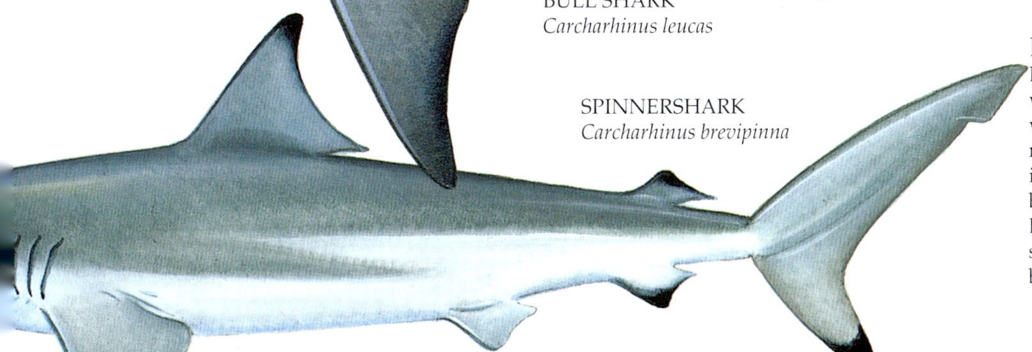

SPINNERSHARK
Carcharhinus brevipinna

Blacktip/Spinner
Beide Arten sind nahezu identisch, der einzige Unterschied besteht darin, daß der Rückenflossenansatz beim Blacktip Shark weiter vorne sitzt.

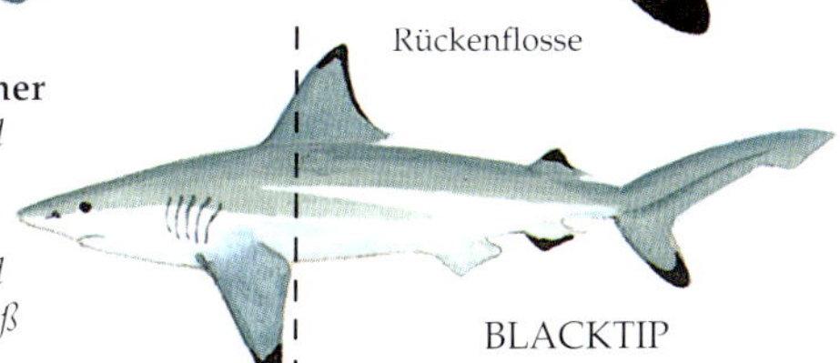

BLACKTIP

SPINNER

Spinnershark

Der Spinnershark verdankt seinen Namen den spektakulären Sprüngen die er vollführt und bei denen er sich manchmal mehrfach um die eigene Achse dreht. Er wird 3 m lang, wodurch er etwas größer als der nah mit ihm verwandte Blacktip Shark (Carcharhinus limbatus) wird. Von oben betrachtet sind Spinner und Blacktip Shark bläulichgrau, ihr Bauch ist hell, entlang der Seiten läuft ein weißlicher Streifen und an der Innenseite von jeder Brustflosse sitzt ein auffälliger schwarzer Fleck.

Haie 2

Die hier vorgestellten Haie gehören zu den größeren Arten, deren Längen über vier, neun und mehr Meter liegen. Nicht abgebildet wurden der Riesenhai (Cetorhinus maximus) und der Walhai (Rhincodon typus), da beide Arten als friedliche Planktonfresser für den Angler uninteressant sind. Der Riesenhai ist in den kälteren Meeren mit 14 m Körperlänge und 20 Tonnen Gewicht die größte Haiart; der Walhai, der in tropischen Meeren zuhause ist, ist der größte Fisch der Welt: er kann über 15 m lang und über 35 Tonnen schwer werden. Die größten Fische dieser Arten, die je wissenschaftlich vermessen wurden, waren ein Riesenhai von 12,27 und ein Walhai von 12,65 m Länge.

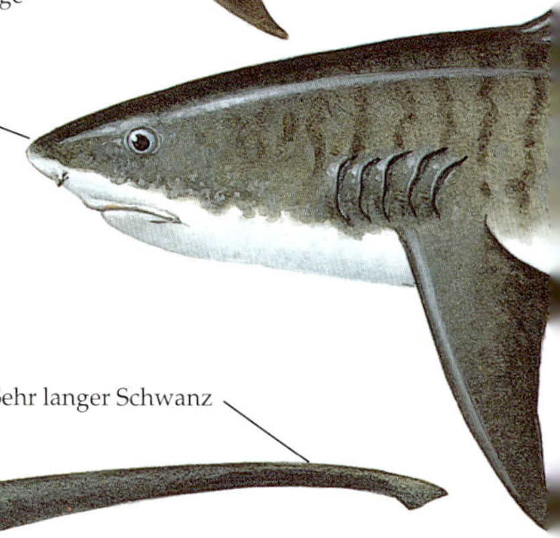

Fuchshai

Dieser Warmwasserhai läßt sich problemlos an seiner überlangen, oberen Schwanzhälfte identifizieren, die länger als der gesamte Körper sein kann. Fuchshaie sind auf offener See zuhause, wo sie zwischen der Oberfläche und 100 m Tiefe leben. Sie werden 6,1 m lang und 450 Kilo schwer. Oft rauben sie in Rudeln und verwenden in Futterfischschwärmen ihre langen Schwänze wie Peitschen.

FUCHSHAI
Alopias vulpinus

KURZFLOSSENMAKO
(Shortfin Mako)
Isurus oxyrinchus

Kurzflossenmako

Der Kurzflossenmako, der besser unter dem Namen Mako bekannt ist, ist der wahrscheinlich schnellste Hai, da er zu Spitzengeschwindigkeiten von 74 km/h in der Lage ist. Maximal werden diese Fische 3,8 m lang und 506 Kilo schwer. Im Drill vollführen sie spektakuläre Sprünge.

Der Biß eines Weißen Haies
Beißt ein Weißer Hai zu, dann öffnet er die mächtigen Kiefer weit, wodurch seine rasiermesserscharfen, reihenförmig angeordneten Zähne zum Vorschein kommen.

Sixgill Shark

Dieser große, stämmige Hai läßt sich aufgrund seiner einzelnen, sehr weit hinten sitzenden Rückenflosse problemlos identifizieren. Ebenso charakteristisch sind seine sechs Kiemenspalten vor jeder Brustflosse. Der Sixgill Shark lebt in gemäßigt warmen Meeren in Grundnähe, die jüngeren in seichtem Wasser, während die erwachsenen Fische Tiefen von über 75 m vorziehen. Diese Haie werden mindestens 4,9 Meter lang und 590 Kilo schwer.

Angeltips

Techniken
Das Schlepp- und Driftfischen sind die gewöhnlichen Haitechniken, allerdings werden kleine Haie, die sich in seichtes Küstenwasser vorwagen, auch von Brandungsanglern und gelegentlich sogar von Fliegenfischern gefangen. Achten Sie stets darauf, sich beim Umgang mit Haien keine Verletzungen zuzuziehen.

Gerät
Zum Brandungsfischen auf Hai brauchen Sie eine 3,4 bis 3,7 m lange Rute mit einer Multirolle, die mit 0,40 mm Schnur gefüllt wird. An das Ende der Hauptschnur kommen ein Stahlvorfach, ein Blei von 110 bis 170 Gramm und ein Haken der Größe 4/0 bis 6/0. Zum Fliegenfischen ist eine mittelschwere bis schwere Salzwasserausrüstung erforderlich, an deren Vorfachende ein 30 cm langes Stahlvorfach kommt, sowie Fliegen, die auf Haken der Größen 5/0 bis 6/0 gebunden wurden. Beim Schlepp- und Driftfischen hängt das Gerät von der Größe der Haie ab. So reicht beispielsweise eine Ausrüstung der 20 lbs-Klasse für den Fang von Dornhaien und anderen kleinen Haiarten aus, für größere Arten, wie etwa Blauhai, Heringshai und Mako, ist eine Ausrüstung der 50 bis 80 lbs-Klasse unerläßlich.

Köder
Fischfetzen für die kleineren Arten, ganze Fische für die größeren. Zum Fliegenfischen eignen sich weiße Streamer.

HAMMERHAI
(Smooth Hammerhead)
Sphyrna zygaena

Hammerhai

Der eigenartige Kopf des Hammerhaies ist abgeflacht und steht hammerartig seitlich vom Körper ab. Am Ende dieser hammerartigen Verlängerungen sitzen die Augen. Es gibt etwa acht Hammerhaiarten, von denen die meisten in tropischen und subtropischen Meeren zuhause sind; der Smooth Hammerhead ist allerdings ein Fisch kühlerer und subtropischer Küstengewässer. Es ist ein großer Fisch, der über 4 m lang und über 400 Kilo schwer werden kann.

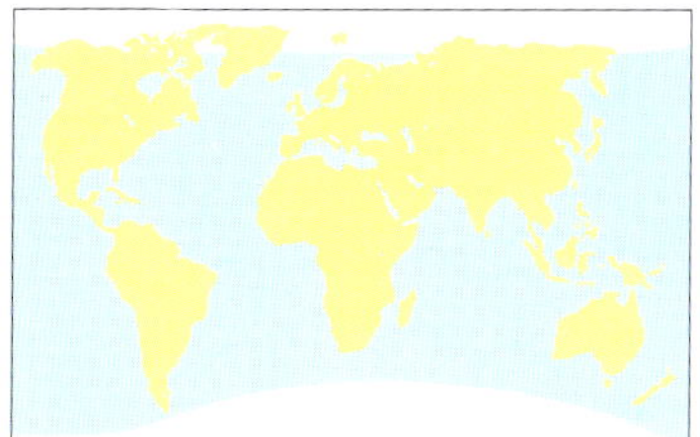

Verbreitung

Fuchshai, Mako: weltweit in den gemäßigt warmen und tropischen Meeren.
Sixgill Shark: weltweit in gemäßigt warmen obere Meeren.
Hammerhai: fast weltweit in subtropischen und gemäßigt warmen Gewässern.
Tigerhai: fast weltweit in den gemäßigt warmen und tropischen Meeren.
Weißer Hai, Blauhai: weltweit in gemäßigt warmen und tropischen Meeren.

TIGERHAI
Galeocerdo cuvieri

Schwanzflosse
Bei den Requiemhaien, wie beispielsweise dem Tigerhai, ist die obere Schwanzhälfte etwa zwei- oder dreimal so lang, wie die untere.

Tigerhai

Dieser Hai ist groß und gefährlich. Er kann über sieben Meter lang und über 3000 Kilo schwer werden. Alles, was sich bewegt, wird von ihm angegriffen. In warmen Meeren ist er sehr zahlreich und er lebt genauso gerne in Ufer- und Küstennähe, wie auf hoher See. In seichten Mündungen und Buchten ernährt er sich gerne bei Nacht. Seine Oberseite ist dunkelgrau, die Unterseite weißlich hell. Jüngere Fische haben entlang ihrer Seiten eine auffällige, tigerähnliche Zeichnung, die mit zunehmendem Alter nach und nach verblaßt, und an manchen Alttieren vollständig verschwinden kann.

WEISSER HAI
Carcharodon carcharias

Weisser Hai

Dieser gewaltige Hai, der auch als Menschenhai bezeichnet wird, ist für seine Angriffe auf Schwimmer, Taucher und sogar Boote bekannt, wurde jedoch selbst so erbarmungslos verfolgt, daß er heute vom Aussterben bedroht ist. Gewöhnlich lebt dieser Fisch im tiefen Ozean, gelegentlich zieht er jedoch auf der Suche nach Seehunden in sehr seichtes Wasser. Er vertilgt auch Fisch, Muscheln, Schildkröten und Wasservögel. Durchschnittlich wird er 4,3 m lang - es gibt aber auch elf Meter lange Exemplare. Der größte Fisch, der je von einem Angler gefangen wurde, war ein 1208 Kilo schwerer Weißer Hai, den Alf Dean 1959 in der südaustralischen Denial Bay fing.

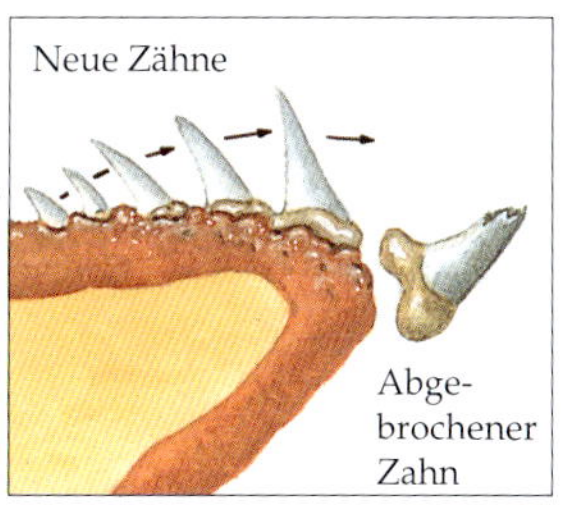

Haizähne
Die Zähne brechen den Haien in regelmäßigen Abständen ab oder sie fallen ihnen aus. Sie werden von unter dem Zahnfleisch nachwachsenden Zahnreihen ersetzt.

Blauhaizahn
Die Zähne der Blauhaie sind spitz und haben sägeartige Ränder.

Clasper
Männliche Haie lassen sich aufgrund ihrer Clasper erkennen, Verlängerungen der Bauchflossen, die die Aufgabe eines Geschlechtsorganes übernehmen.

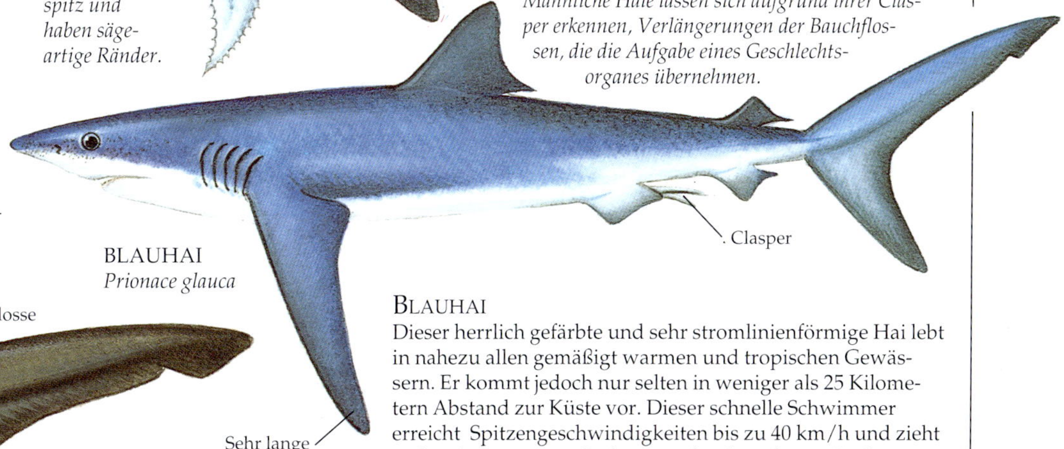

BLAUHAI
Prionace glauca

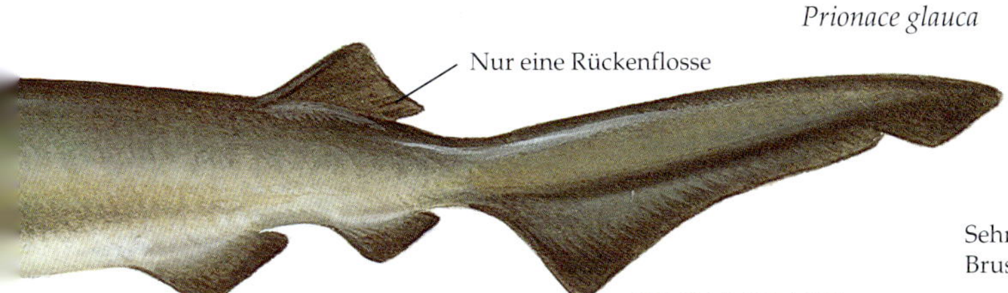

SIXGILL SHARK
Hexanchus griseus

Blauhai

Dieser herrlich gefärbte und sehr stromlinienförmige Hai lebt in nahezu allen gemäßigt warmen und tropischen Gewässern. Er kommt jedoch nur selten in weniger als 25 Kilometern Abstand zur Küste vor. Dieser schnelle Schwimmer erreicht Spitzengeschwindigkeiten bis zu 40 km/h und zieht viel umher: zwei vor Südwestengland markierte Fische wurden später von Anglern vor Long Island, New York – etwa 5600 km Entfernung – wieder gefangen. Blauhaie werden etwa 3,8 m lang und 150 Kilo schwer.

Größenvergleich

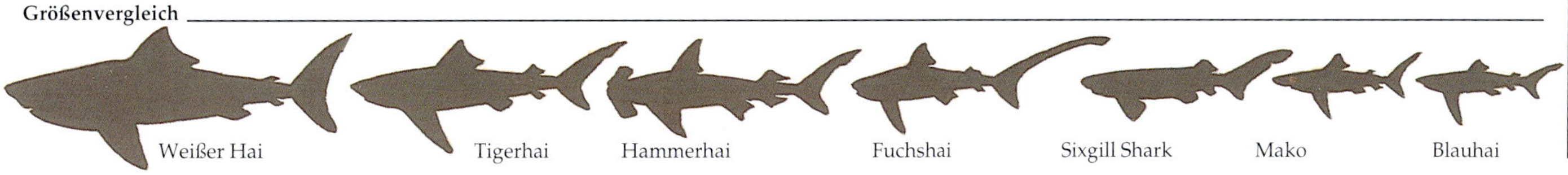

ZACKENBARSCHE (GROUPER)

Die Serraniden sind eine große und bedeutende Fischfamilie, die aus über 375 Arten besteht. Die meisten hiervon leben in gemäßigt warmen und in tropischen Meeren und ihre Größe reicht von weniger als 30 cm bis zu über 3,7 m Länge. Am liebsten halten sich diese Fische in Küstennähe in der Umgebung von Felsen, Riffen, Wracks und Pieren auf. Die größeren Familienmitglieder sind zählebige, barschartige Fische mit scharfen Zähnen, die in Grundnähe leben und sich hauptsächlich von Fischen, Krebsen und Muscheln ernähren. Insgesamt betrachtet sind sie eher Einzelgänger als Schwarmfische, lediglich zur Laichzeit sieht die Sache ein wenig anders aus. Bei vielen Arten ändert sich mit zunehmendem Alter das Geschlecht: sie wachsen als Rogner heran und laichen auch als solche, mit zunehmendem Alter werden sie jedoch zu Milchnern.

NASSAU GROUPER
Epinephelus striatus

NASSAU GROUPER

Der Nassau Grouper lebt entlang von Felsen, Korallenriffen und in Krautbänken bis in Tiefen von etwa 30 Meter. Maximal wird er etwa 25 Kilo schwer und ist einer der attraktivsten Grouper, dessen helle Färbung von dunklen Streifen und Flecken überzogen ist. Wie auch Red Grouper, Black Grouper und Black Seabass ist es eine für die Berufsfischerei sehr wichtige Art, die am Haken sehr gut kämpft.

YELLOWFIN GROUPER

Dieser Grouper hat auffällig gelbe Brustflossenspitzen, dunkle, ovale Flecken an Kopf und Körper und ist ansonsten mit kleinen schwarzen Tupfen gesprenkelt. Seine Färbung ist höchst unterschiedlich, die, die in seichtem Wasser leben scheinen eher gelblich bis grün zu sein (gelbe Phase), während die, die in tiefem Wasser zuhause sind, oft rot sind (rote Phase). Maximal werden diese Fische etwa 9 Kilo schwer.

ROTE PHASE

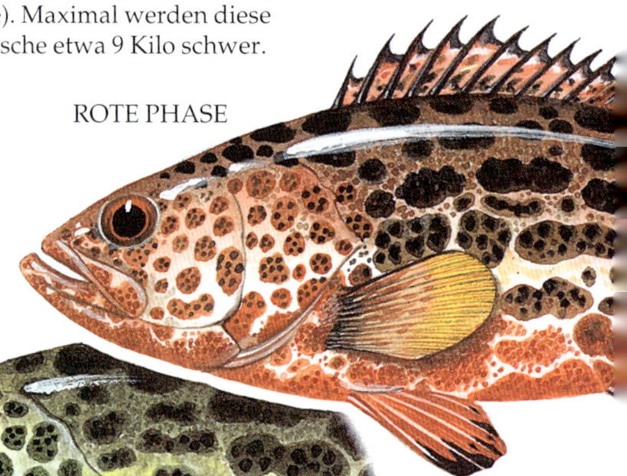

YELLOWFIN GROUPER
Mycteroperca venenosa

GELBE PHASE

ROGNER

MILCHNER

BLACK SEABASS
Centropristis striata

BLACK SEABASS

Das Durchschnittsgewicht vom Black Seabass liegt bei etwa 700 Gramm, maximal werden diese Fische 3,6 Kilo schwer. Trotz dieser vergleichsweise geringen Größe ist er entlang der nordamerikanischen Pazifikküste einer der beliebtesten Sportfische. Er überwintert fernab der Küste, die er allerdings im Frühling und Sommer aufsucht. In Buchten mit hartem Untergrund sucht er nach Muscheln. Gefangen werden diese Fische beim Grundfischen von verankerten Booten und von Pieren und Molen aus.

Größenvergleich

RED GROUPER
Epinephelus morio

Red Grouper

Der Red Grouper lebt in Tiefen von 25 bis 120 m entlang von und in Felsriffen, Jungfische können gelegentlich auch in seichtem Küstenwasser auftauchen. Typisch für diesen Grouper sind seine gefleckte, rötliche Färbung, seine kantige Schwanzflosse und der gleichmäßige Oberrand seiner ersten Rückenflosse; das Maulinnere ist orange bis dunkelrot. Er kann über 23 Kilo schwer werden und liefert an leichtem Gerät einen guten Drill.

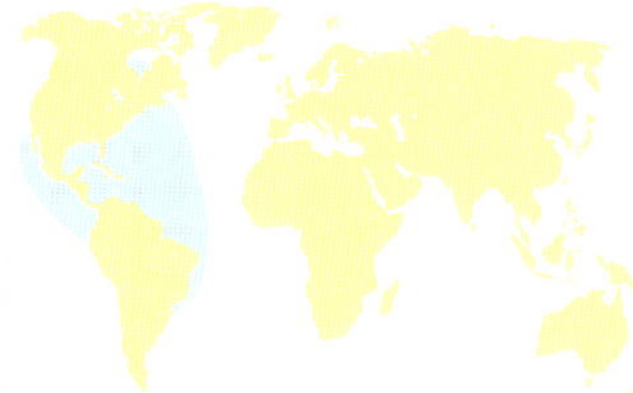

Verbreitung

Yellowfin Grouper: von den Bermuda-Inseln und Florida bis Brasilien.
Nassau Grouper: von den Bermuda-Inseln und North Carolina bis nach Brasilien.
Black Seabass: von Maine bis nach Nordostflorida; im östlichen Golf von Mexiko.
Red Grouper: von den Bermuda-Inseln und Massachusetts bis nach Brasilien.
Black Grouper: von den Bermuda-Inseln und Massachusetts bis nach Brasilien.
Judenfisch: Bermuda-Inseln; von Florida bis nach Brasilien; im Pazifik vom Golf von Kalifornien bis nach Panama.

BLACK GROUPER
Mycteroperca bonaci

Black Grouper

Der Black Grouper, der über 80 Kilo schwer werden kann, hat eine recht unterschiedliche Färbung, die immer mit sehr unregelmäßigen, eckigen Flecken durchsetzt ist. Der Name "Black Grouper" wird auch oft für den Warsaw Grouper (Epinephelus nigritus) verwendet, der einheitlich dunkelbraun gefärbt ist und über 260 Kilo schwer wird.

JUDENFISCH
(Jewfish)
Epinephelus itajara

Judenfisch

Dieser gewaltige Zackenbarsch (Grouper) wird über 2,4 m lang und über 300 Kilo schwer und wahrscheinlich lebt auch das ein oder andere über 500 Kilo schwere Prachtexemplar. Trotz ihrer Größe leben diese Fische in seichtem Wasser - nur selten sind sie in über 30 m Tiefe anzutreffen - und sie halten sich gerne in der Nähe von Abbrüchen, Wracks und Befestigungspfeilern auf. Es sind keine besonders guten Kämpfer, aber aufgrund ihrer Größe und ihrer Eigenart, sich in einem Felsloch festzusetzen, sind sie doch nicht so leicht zu drillen. Der Queensland Grouper (Promicrops lanceolatus), eine indopazifische Art, wird sogar noch größer: bei 3,7 m Länge wiegen diese Fische über 500 Kilo.

Angeltips

Techniken
Diese Arten lassen sich beim Grund- und Schleppfischen an den Haken bekommen. Der Black Seabass läßt sich von Pieren, Molen, Strömungsbrechern und Hafenbefestigungsanlagen aus mit Spinngerät und anderem leichtem Vielzweckgerät fangen.

Gerät
Zum Grundfischen brauchen Sie eine Bootsrute der 30 bis 50 lbs-Klasse, an die eine mit 0,50 bis 0,75 mm Schnur gefüllte Multirolle der Größe 4/0 bis 6/0 kommt; als Endmontage ist eine Laufbleimontage mit einem 85 bis 220 Gramm schweren, pyramiden- oder tropfenförmigen Blei und einem Haken der Größe 2/0 bis 6/0 geeignet. Zum Schleppfischen eignet sich eine Rute der 80 lbs-Klasse, eine 9/0 Multirolle, 0,80 mm monofile Schnur, ein schweres Stahlvorfach und ein Haken der Größe 10/0.

Köder
Fisch, Tintenfisch, Würmer, Garnelen, Muscheln und Krebse sind gut zum Grundfischen geeignet. Diese Naturköder können auch zum Schleppfischen verwendet werden, ebenso wie Wobbler, Spinner, Löffel und Federpaternoster.

Porgy & Meerbrassen

Porgy und Meerbrassen gehören zu den 120 Arten, aus denen sich die Familie der Spariden zusammensetzt. Die Spariden leben weltweit verbreitet in den gemäßigten und tropischen Meeren, sind jedoch in warmem Küstenwasser am häufigsten. Die meisten von ihnen sind kleine bis mittelgroße Fische, allerdings werden einige auch recht groß; in afrikanischen Gewässern leben einige Muschelknacker, wie etwa Pagrus nasutus und Petrus repuestris, die deutlich über 50 Kilo schwer werden können.

Graubarsch

Der Graubarsch hat rote Flossen und sein silbriger Körper ist mit einem rötlichen Schleier überzogen. Hinter jedem Kiemendeckel hat er auf den Flanken jeweils einen dunklen Fleck. Er lebt in Tiefen von 50 bis 300 m, insbesondere in der Nähe von Riffen und Wracks, wo er sich von Garnelen, Krebsen und Tintenfischen ernährt. Maximal wird der Graubarsch etwa 4,5 Kilo schwer.

Streifenbrassen

Diese Meerbrasse ist insgesamt grau gefärbt, ihr Rücken ist dunkel und entlang ihrer Seiten verlaufen gewöhnlich sechs oder sieben Längsstreifen. Maximal werden diese Fische 3,2 Kilo schwer. Die Goldbrasse (Sparus aurata) sieht recht ähnlich aus, hat jedoch über den Augen einen goldenen Streifen.

GRAUBARSCH
Pagellus bogaraveo

STREIFENBRASSEN
Spondyliosoma cantharus

Die natürliche Nahrung
Der Graubarsch frißt in erster Linie andere Fische, während der Streifen- und Goldbrassen sowie die restlichen Porgyarten sich in erster Linie von Muscheln und Krebsen ernähren.

Scup

Dieser kleine Porgy, der etwa 1,8 Kilo schwer wird, ist silbriggrau gefärbt und seine Seiten zieren blasse, senkrechte Streifen und manchmal auch ein blauer Streifen, der am Ansatz der Rückenflosse beginnt. Die Zähne dieser Fische sind sehr scharf. Der nah verwandte Longspine Porgy (Stenotomus caprinus) lebt von North Carolina bis nach Florida sowie im Golf von Mexiko.

SCUP
Stenotomus chrysops

Größenvergleich

Sheepshead | Jolthead Porgy | Graubarsch | Streifenbrassen | Whitebon Porgy | Scup

WHITEBONE PORGY
Calamus leucosteus

VERBREITUNG

Graubarsch: von Norwegen bis ins Mittelmeer und bis an die Kanarischen Inseln.
Streifenbrassen: von Norwegen bis ins Mittelmeer und bis nach Angola.
Scup: von Nova Scotia bis nach Florida.
Whitebone Porgy: von North Carolina bis nach Südflorida; Golf von Mexiko.
Sheepshead: in Küstengewässern vom Festland von Nova Scotia bis in den Golf von Mexiko und bis nach Brasilien.
Jolthead Porgy: von New England und den Bermuda-Inseln bis nach Brasilien.

JOLTHEAD PORGY
Calamus bajonado

WHITEBONE PORGY

Insgesamt ist der Whitebone Porgy recht fleckig und silbrigblau gefärbt. Über und unter jedem Auge hat er kleine blaue Streifen. Maximal werden diese Fische 1,8 Kilo schwer. Wie der Jolthead Porgy ist auch der Whitebone Porgy einer von mehreren Fischen der Gattung Calamus, die im Westatlantik und in der Karibik leben. Zu dieser Gattung gehören des weiteren der Sheepshead Porgy (C.penna), der Grass Porgy (C.arctifrons) und der Saucereye Porgy (C.calamus). Der Pacific Porgy (C.brachysomus) lebt von Baja California bis nach Peru und taucht gelegentlich auch vor der Südkalifornischen Küste auf.

SHEEPSHEAD

Diese große Porgyart ist silbrig bis gelblichweiß gefärbt, ihr Rücken ist olivbraun und von ihm gehen fünf oder sechs dunkle leicht diagonal verlaufende Streifen aus. Sie lebt oft in unmittelbarer Küstennähe und zieht gerne in die brackigen Unterläufe von Flüssen. Ihr mächtiges Gebiß verwenden diese Fische, um Krebse und Muscheln von Felsen und Befestigungspfeilern zu schaben. Maximal werden sie 9 Kilo schwer. Der Red Porgy (Pagrus pagrus) wird etwa vergleichbar groß, lebt allerdings in deutlich tieferem Wasser von New York bis nach Argentinien.

JOLTHEAD PORGY

Der Jolthead Porgy stößt mit seinem wuchtigen Kopf Muscheln von den Felsen, die er dann zwischen seinen starken Kiefern zermalmt. Sein Körper ist metallisch-silbriggelb und mit einem bläulichen Schleier überzogen; unter jedem Auge hat er einen blauen Streifen sowie einen kleinen orangen Fleck an jedem Maulwinkel. Maximal wird der Jolthead Porgy 3,6 Kilo schwer, sein Fleisch ist sehr schmackhaft, allerdings kann es auch eine Ciguatera-Vergiftung hervorrufen (siehe Seite 164).

SHEEPSHEAD
Archosargus probatocephalus

ANGELTIPS

Techniken
Alle diese Arten werden beim Grund- und Wrackfischen gefangen.

Gerät
Sie brauchen eine Bootsrute der 12 bis 20 lbs-Klasse, an die eine mit 0,33 bis 0,40 mm Schnur gefüllte Multirolle kommt, sowie ein 2,4 m langes Vorfach mit Einfachhaken oder ein Paternoster mit zwei Haken. Die Hakengrößen sollten zwischen 6 und 2/0 liegen.

Köder
Gewöhnlich nehmen die Porgys nur sehr ungern Kunstköder. Zwar lassen sich Graubarsch und Streifenbrassen gelegentlich auch mit grundnah gezupften Federpaternostern fangen, aber auch diesen Fischen stellt man am besten mit Naturködern nach. Hierzu gehören beispielsweise Krebse, Garnelen, Muscheln, Würmer, Sandaale und Fetzen von Makrele, Kraken, Kuttel- und Tintenfisch.

Die Techniken

Die Grundtechniken des Angelns lassen sich leicht erlernen; um alle Subtilitäten eine bestimmten Art der Fischerei zu beherrschen, reicht allerdings oft ein Menschenleben nicht aus. Das Ergebnis ist, daß sich viele erfahrene Angler auf eine bestimmte Art der Fischerei, beispielsweise auf das Fliegenfischen oder auf bestimmte Arten, wie etwa Karpfen oder Schwarzbarsche, konzentrieren. Zweifellos ziehen sie aus ihrer Spezialisierung große Freuden, allerdings entgehen diesen Anglern die vielen schönen Momente, die das Ausüben anderer Techniken mit sich bringt. Die in einer bestimmten Gegend überwiegend zum Einsatz kommenden Techniken hängen in hohem Maße von den gesuchten Fischarten, aber auch von der vorherrschenden Tradition ab. Sind die meisten Sportfische etwa Raubfische, wie es in weiten Teilen Nordamerikas der Fall ist, wird überwiegend mit Kunstködern gefischt. Wo allerdings die Friedfische die Mehrzahl der Sportfische stellen, etwa in Europa, wird viel mehr mit Naturködern gefischt. In diesem Kapitel werden die Grundtechniken der Süß- und Salzwasserfischerei abgehandelt, vom Stipp- und Grundfischen zum Spinn- und Fliegenfischen, vom Brandungs- und küstennahen Fischen bis zum Hochseefischen. Es werden ebenfalls Ratschläge zum Montieren des Gerätes gegeben und es wird Ihnen gezeigt, wie Sie Schnüre am Spulenkern befestigen, Haken und Wirbel anbinden und Vorfächer mit Flugschnüren verbinden.

ÜBUNG MACHT DEN MEISTER
Um vom unerfahrenen Anfänger zum geschickten, zuversichtlichen und erfolgreichen Angler zu werden, ist viel Übung und Willen erforderlich.

Das Füllen der Rollen

Damit eine Rolle optimal arbeitet, muß die Spule richtig gefüllt werden. Sie darf weder zu viel, noch zu wenig gefüllt werden. Bevor Sie Ihre Rolle mit Schnur füllen, sollten Sie sich auch einige Gedanken darüber machen, wie und wo Sie die Rolle letztlich verwenden werden. So sind beispielsweise viele Stationärrollenspulen sehr tief und haben ein hohes Schnurfassungsvermögen. Bei der von Ihnen praktizierten Technik brauchen Sie vielleicht nur wenige Meter Schnur auf der Rolle. Statt Ihre Rolle mit vielen hundert Metern teurer Schnur zu füllen, wovon womöglich noch nicht einmal ein Drittel verwendet wird, können Sie die Spule zur Hälfte mit Billignylon oder gar Wolle füllen und erst danach die eigentliche "Gebrauchsschnur" aufwickeln.

Stationär- und Multirollen

Beim Füllen müssen Sie darauf achten, daß die Schnur bis auf die richtige Höhe aufgewickelt und die Spule mit dem richtigen Schnurprofil (die Form der aufgewickelten Schnur auf der Spule) versehen wird. Durch unsauberes Aufwickeln verdrallt die Schnur und verringert damit die Wurfweite. Eine Stationärrolle füllt man am besten, indem man sie in einem Angelfachgeschäft maschinell mit der richtigen Menge der gewünschten Leine bespulen läßt. Dabei sollten die Quelle der neuen Schnur und die Rollenspule direkt gegenüber liegen, damit die Schnur direkt von einer Spule auf die andere gelangt. Die Schnurklänge müssen die Schnurspule in der entgegengesetzten Richtung verlassen, wie sich der Schnurfangbügel dreht. Auch bei der Multirolle muß auf die korrekte Spulrichtung geachtet werden.

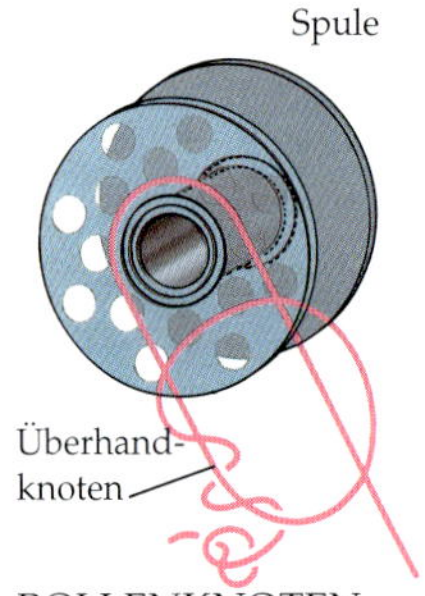

ROLLENKNOTEN
Befeuchten Sie beide Knoten vor dem Straffen, um Überhitzen und damit einem Tragkraftverlust vorzubeugen.

STATIONÄRROLLE
Bringen Sie Rolle und Schnurspule wie abgebildet in Position, sodaß die Schnurklänge in derselben Richtung auf die Rollenspule gelangen, wie sie von der Schnurspule gezogen werden, d.h., ohne zu verdrallen.

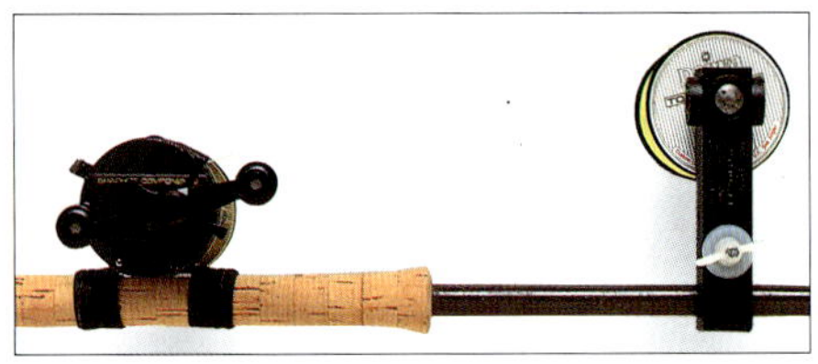

MULTIROLLE
Bringen Sie die Schnurspule gerade stehend vor der Rolle in Position, damit die Schnur direkt von der Spule auf die Rolle gelangt.

Das Füllen einer Multirolle
Generell sollte eine Multirollenspule bis etwa 2 mm an den Flansch gefüllt werden. Einige Multirollen laufen jedoch besser, wenn sie etwas weniger gefüllt werden. Die optimale Schnurfüllung einer bestimmten Rolle läßt sich leider nur durch Versuche herausfinden. Eine gleichmäßig über den Spulenkern verteilte Schnur ist zum Erreichen guter Wurfweiten unerläßlich, da hierdurch eine Unwucht im Wurf weitgehend ausgeschlossen wird. Zwar gibt es Schnurführungsmechanismen, die die Schnur gleichmäßig über den Spulenkern verteilen, allerdings wird die Schnur dabei eher über Kreuz gelegt als in enge Wicklungen. Beim Fischen auf große Distanz kann das von Nachteil sein, da das Fassungsvermögen der Spule abnimmt.

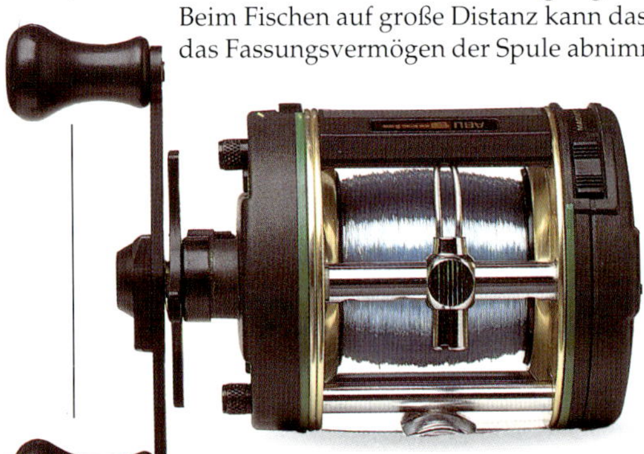

GLEICHMÄSSIGE WICKLUNGEN
Eine gleichmäßig auf dem Spulenkern verteilte Schnur gewährleistet den ruhigen Lauf der Spule. Ist das Schnurprofil konvex, konkav oder unregelmäßig, kann beim Wurf eine Unwucht entstehen.

DIE RICHTIGE FÜLLHÖHE
Haben Sie die zu Ihrer Rolle passende Füllhöhe herausgefunden, markieren Sie sie mit einem Tupfen weißer Emailfarbe. Diese Markierung hilft Ihnen beim nächsten Füllen.

Das Füllen einer Stationärrolle
Das Schnurprofil einer korrekt gefüllten Stationärrolle läuft nach oben hin leicht keilförmig zu. Gefüllt ist die Spule, wenn ihr oberer Rand etwa 2 mm über die Schnur ragt. Hierdurch wird gewährleistet, daß die Schnur beim Wurf frei von der Spule gleiten kann und nicht in Klängen von ihr herunterfällt.

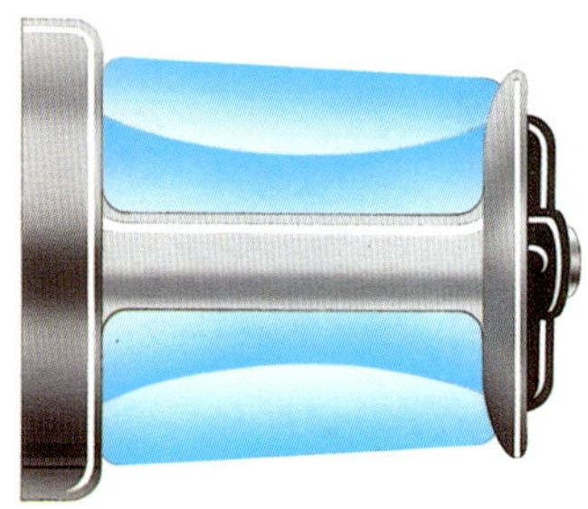

RICHTIGES PROFIL

Schlechtes Schnurprofil
Durch Überfüllen der Spule erhält man ein konvexes Schnurprofil, das beim Wurf große Probleme verursacht, weil die Schnurklänge von selbst von der Spule fallen und zu schwerwiegenden Verwicklungen führen können. Durch zu wenig Schnur auf der Spule wird die Wurfweite in Mitleidenschaft gezogen, da sich die Reibung am Spulenrand erhöht.

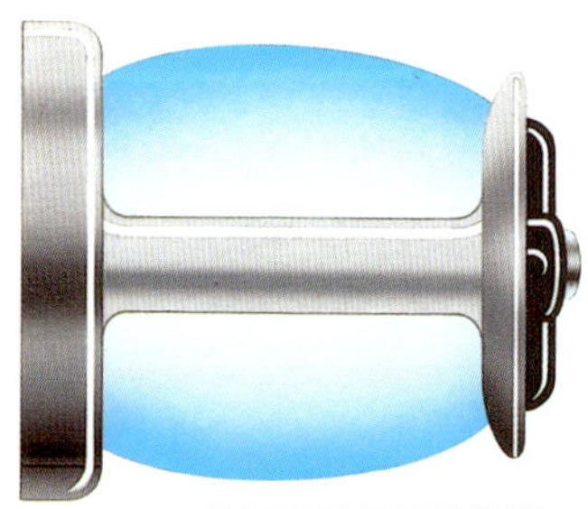

KONVEXES PROFIL

Profilkorrektur
Ein schlechtes Schnurprofil, wie etwa ein konkaves, kann nachkorrigiert werden, indem man die Unregelmäßigkeiten durch mit der Hand ausgeführte Schnurwicklungen ausgleicht. Wurde die Spule zu einem Drittel auf diese Art und Weise gefüllt, kann der Rest der Schnur durch einfache Kurbelumdrehungen aufgewickelt werden.

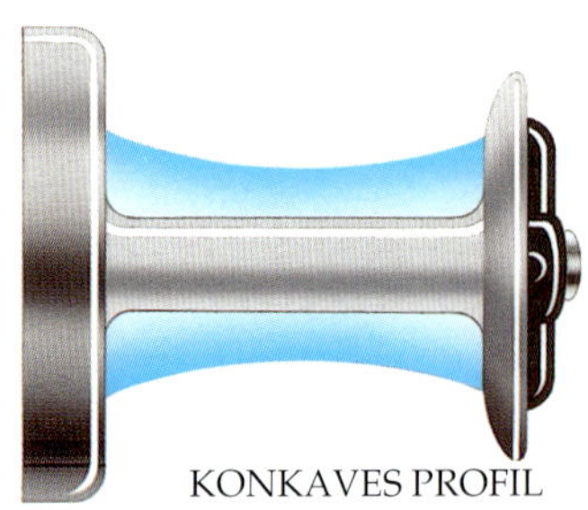

KONKAVES PROFIL

Das Füllen einer Fliegenrolle

Am einfachsten läßt sich eine Fliegenrolle mit Hilfe eines Schnuraufwicklers füllen. Haben Sie keinen, können Sie auch eine zweite, vergleichbar große Fliegenrolle verwenden. Wickeln Sie die Flugschnur auf die zweite Rolle, befestigen Sie das Backing an ihr, wickeln Sie das Backing auf, bis die Spule voll ist und schneiden Sie es durch. Nehmen Sie nun die erste Rolle, befestigen Sie das lose Backing-Ende an ihrem Spulenkern und wickeln Sie das Backing und die Flugschnur auf.

1

1 Wenn Sie einen Schnuraufwickler verwenden, müssen Sie zunächst die Flugschnur auf die leere Rolle wickeln.

2 Als nächstes wickeln Sie so viel Backing auf, bis die Spule voll ist. Schneiden Sie das Backing durch und wickeln Sie es nun auf eine Seite des Schnuraufwicklers und die Flugschnur auf die andere.

2

3

4

3 Befestigen Sie das Ende vom Backing am Spulenkern, wickeln Sie es auf und verknüpfen Sie es mit der Flugschnur. Wickeln Sie nun die Flugschnur über das Backing.

4 Füllen Sie die Rolle nicht allzu sehr: beim Fischen wird die Schnur nicht so sauber aufgewickelt, wie das zuhause oder im Laden beim Schnurfüllen geschieht.

Die Verbindung zwischen Backing und Flugschnur

Backing besteht meistens aus geflochtenem Dacron, geflochtenem monofilem Nylon oder aus monofilem Nylon (mit rundem und flachem Querschnitt). Backing aus geflochtenem Nylon mit der Flugschnur zu verbinden ist recht einfach, da es hohl ist und die Flugschnur hineingeschoben werden kann, wo es von einem Arretierungsröhrchen in Position gehalten wird. Backing aus monofilem Nylon sollte über einen Knoten mit der Flugschnur verbunden werden, beispielsweise mit dem hier abgebildeten Nadelknoten. Nylonschnur mit abgeflachtem Durchmesser muß zuvor ein wenig zugespitzt werden, damit sie durch das Nadelöhr paßt.

Geflochtene, monofile Nylonschnur/Flugschnur

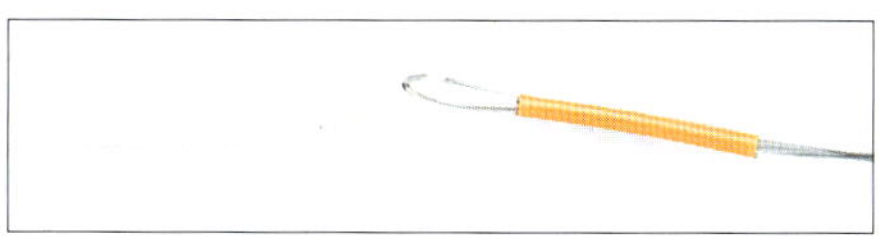

1 Mit einer Schlaufe aus monofilem Nylon wird die geflochtene Schnur durch ein etwa 12 mm langes Arretierungsröhrchen gezogen.

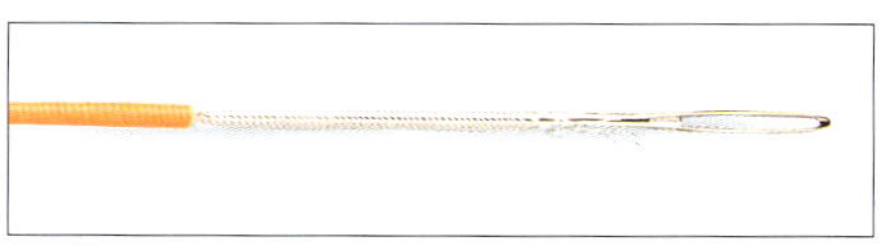

2 Öffnen Sie die hohle Mitte der geflochtenen Schnur mit Hilfe einer Nadel. Ausfransen verhindert man durch Ansengen der Schnur.

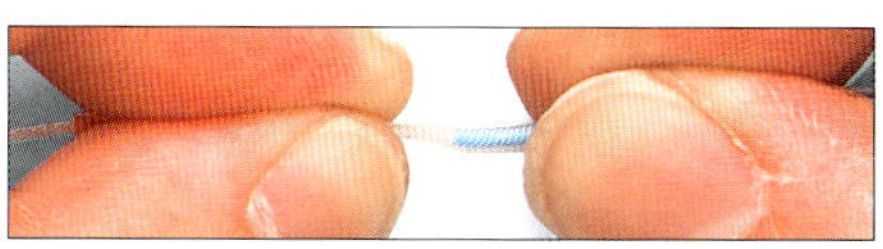

3 Schieben Sie das Ende der Flugschnur in die hohle Flechtschnur, wobei die Flugschnur Stück für Stück geschoben wird.

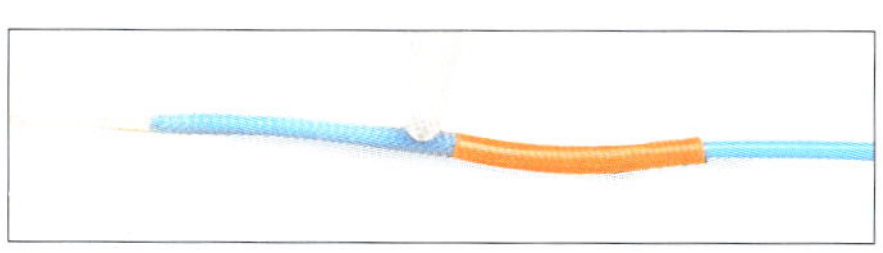

4 Sind etwa 5 cm Flugschnur in der Flechtschnur, wird das Röhrchen über die Flugschnur geschoben und verklebt.

Monofiles Nylon/Flugschnur

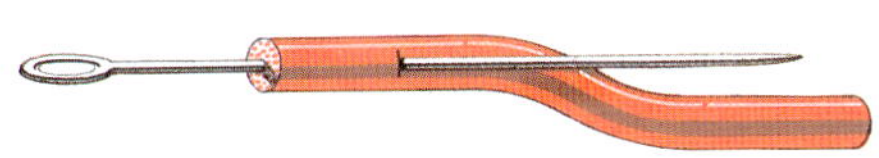

1 Stecken Sie eine Nadel in das Ende der Flugschnur und lassen Sie sie etwa 6 mm weiter vorne hervortreten. Erhitzen Sie die Nadel, bis sich die Flugschnur ein wenig krümmt.

2 Entfernen Sie die Nadel. Fädeln Sie die Nylonschnur durch das Loch und umwickeln Sie die Flugschnur fünf- oder sechsmal. Halten Sie das Ende an der Flugschnur.

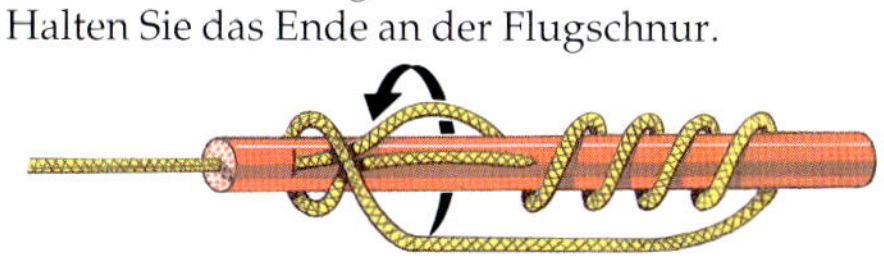

3 Lösen Sie die Wicklungen, indem Sie lange Schlaufen in die abgebildete Richtung legen, wodurch neue, straffe Wicklungen entstehen, die das lose Ende arretieren.

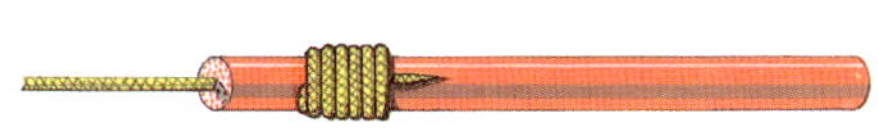

4 Halten Sie den Knoten unter Spannung. Straffen Sie ihn gefühlvoll, indem Sie abwechselnd an A und B ziehen.

Die Verbindung zwischen Vorfach und Flugschnur

An einigen Flugschnüren befinden sich geflochtene Schlaufen an den Enden, in welche die Vorfächer über eine einfache Schlaufenverbindung schnell und problemlos eingehängt werden. Im Handel sind auch gebrauchsfertige Schlaufen erhältlich.

Das Herstellen einer Flechtschnurschlaufe

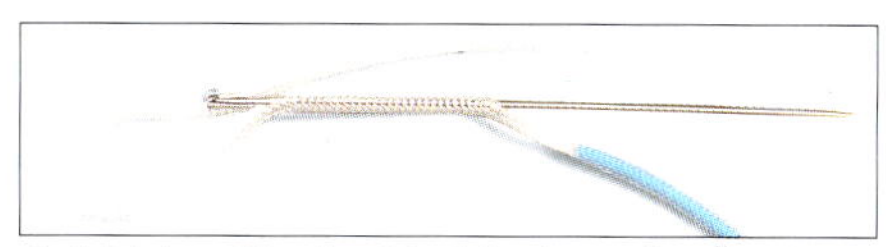

1 Schieben Sie eine Nadel mit großer Öse in die Flechtschnur. Fädeln sie sie durch die Öse.

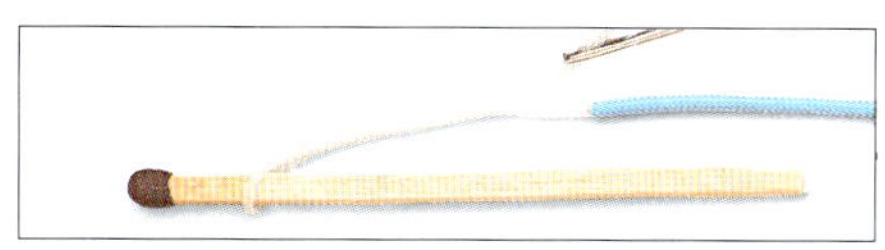

2 Ziehen Sie die Nadel durch das Flechtwerk, bis das lose Ende sichtbar wird. Ein Streichholz verhindert ein Zuziehen der Schlaufe.

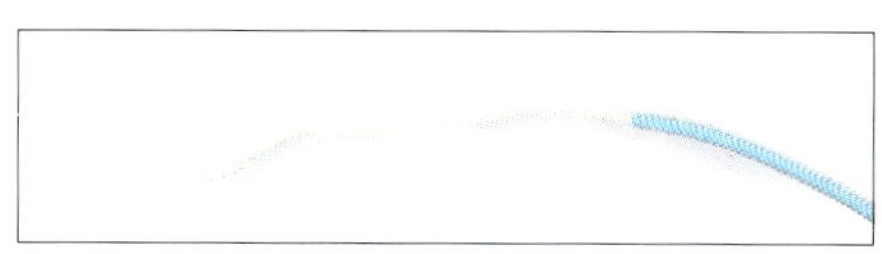

3 Bestimmen Sie die Größe der Schlaufe und stutzen das überstehende Ende. Ziehen Sie es anschließend in die Flechtschnur.

4 Sichern Sie die Schlaufe mit einigen Tropfen Sekundenkleber, beispielsweise mit Permabond 102 oder Loctite.

Universalknoten

Alle Angler sollten das Binden von zuverlässigen Knoten lernen. Wichtig ist das, weil beim Angeln immer mindestens zwei Knoten zum Einsatz kommen (der eine verbindet die Schnur mit der Rolle oder mit der Stipprute, der andere die Schnur mit dem Haken oder dem Kunstköder) und weil jeder Knoten eine potentielle Schwachstelle ist. Bevor ein Knoten straffgezogen wird, sollte er, um die Reibung zu reduzieren, befeuchtet werden. Beim Anbinden von Haken, Kunstködern und Fliegen muß man stets darauf achten, sich nicht in die Finger zu stechen. Stutzen Sie alle Knoten-Enden gut zurück, damit sie sich nicht unnötig in Hindernissen, wie etwa in den Rutenringen, verfangen.

Knoten, um Schnur mit Gerät zu verbinden

Bloodknoten

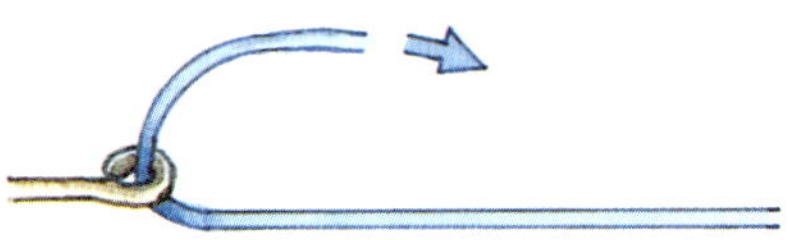

1 Fädeln Sie das lose Schnurende durch die Hakenöse.

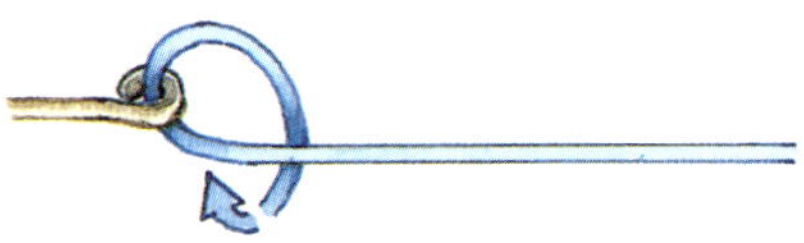

2 Führen Sie das lose Ende unter der Schnur durch.

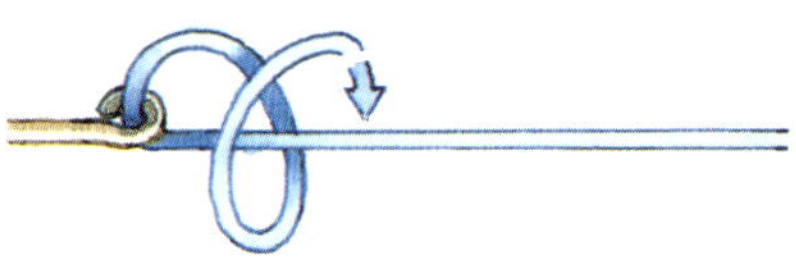

3 Führen Sie das lose Ende über die Schnur, damit eine Schlaufe entsteht.

4 Fahren Sie damit fort, bis vier Wicklungen entstanden sind.

5 Führen Sie das lose Ende wieder nach hinten und führen Sie es zwischen Öse und erster Schlaufe durch die Wicklung.

6 Straffen und stutzen.

Plättchenhakenknoten

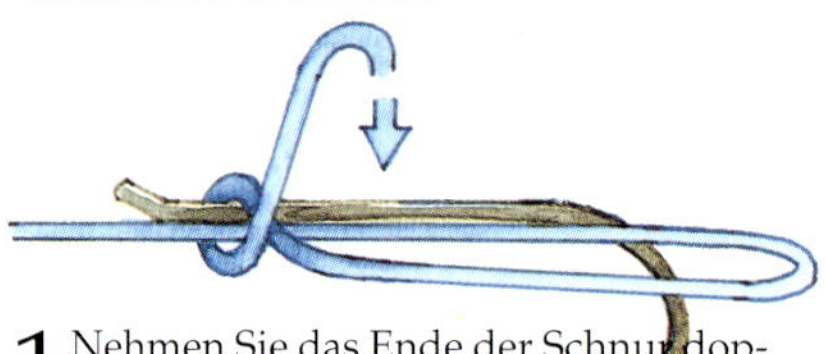

1 Nehmen Sie das Ende der Schnur doppelt und legen Sie es entlang vom Hakenschenkel. Wickeln Sie das lose Ende um Schnur und Haken.

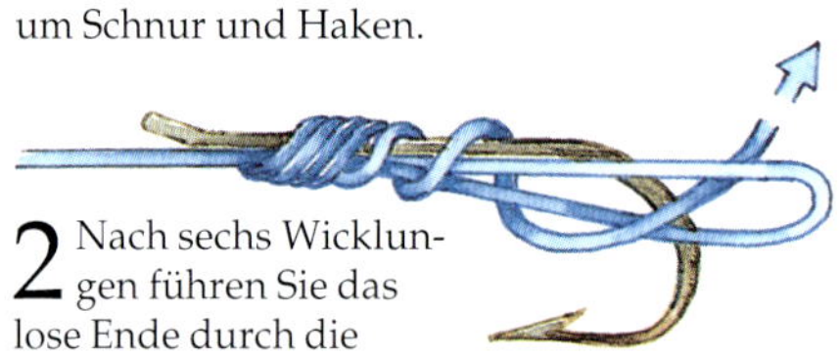

2 Nach sechs Wicklungen führen Sie das lose Ende durch die Doppelschnurschlaufe.

3 Straffen Sie den Knoten vorsichtig und stutzen Sie das Ende.

Uniknoten

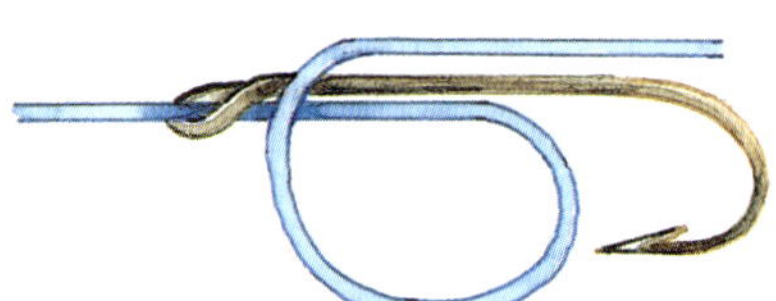

1 Führen Sie die Schnur durch die Hakenöse und bilden Sie entlang vom Hakenschenkel eine große Schlaufe.

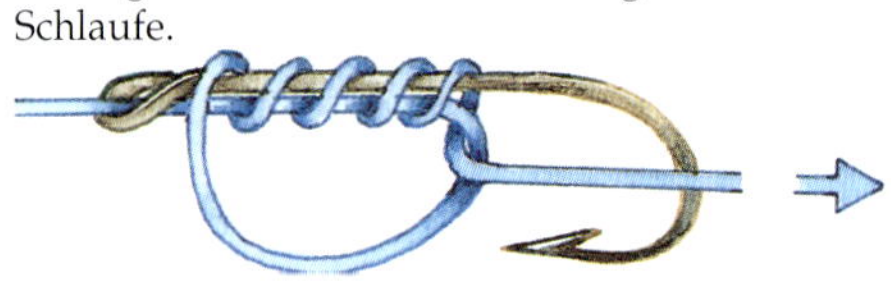

2 Wickeln Sie das lose Schnurende mehrmals um den Hakenschenkel und führen Sie es dabei durch die Schlaufe. Legen Sie dann das Ende durch die Schlaufe und straffen Sie. Stutzen.

Spulenkernknoten

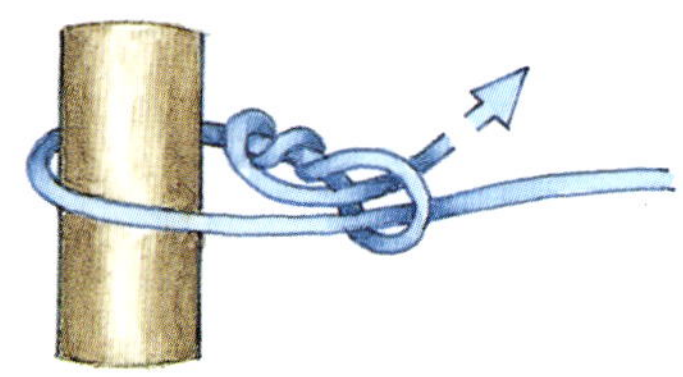

Dieser einfache Knoten ist die effektivste Art und Weise, die Schnur mit dem Spulenkern zu verbinden.

Palomarknoten

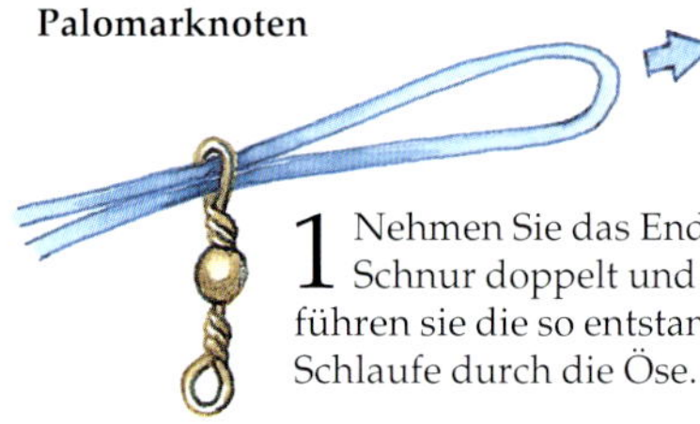

1 Nehmen Sie das Ende der Schnur doppelt und führen sie die so entstandene Schlaufe durch die Öse.

2 Binden Sie in die gedoppelte Schnur einen einfachen Überhandknoten.

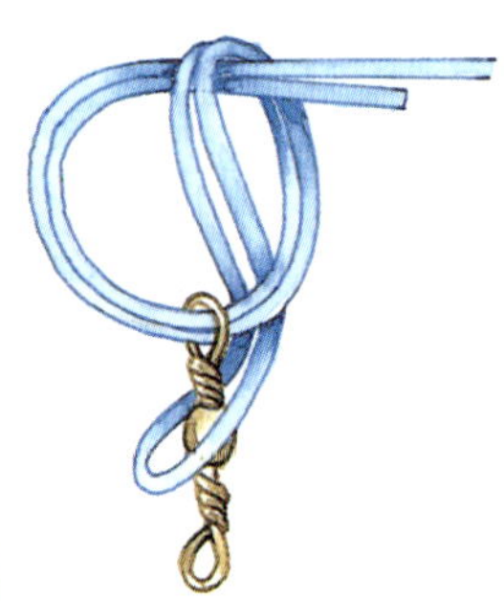

3 Legen Sie die freistehende Schlaufe um den Haken oder den Wirbel.

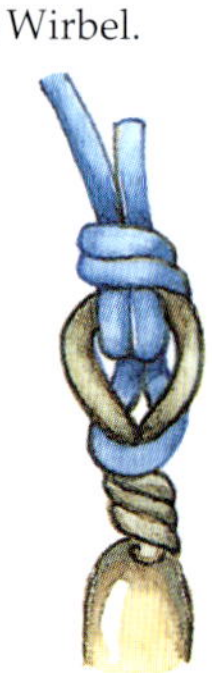

4 Straffen Sie den Knoten und stutzen Sie das überstehende Ende.

KNOTEN ZUR SCHLAUFENBILDUNG

Doppelter Überhandknoten

1 Nehmen Sie das Ende der Schnur doppelt.

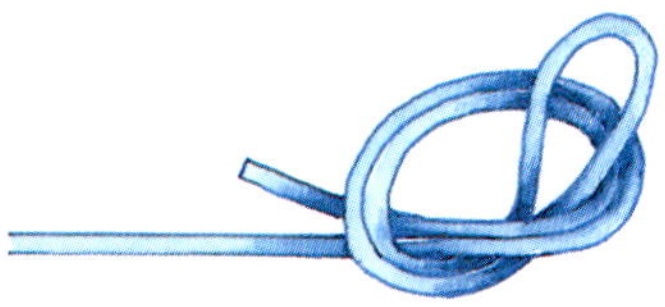

2 Binden Sie mit der gedoppelten Schnur einen Überhandknoten.

3 Führen Sie die gedoppelte Schnur nochmals durch die Schlaufe.

4 Straffen Sie den Knoten und stutzen Sie das überstehende Ende.

Buchtknoten

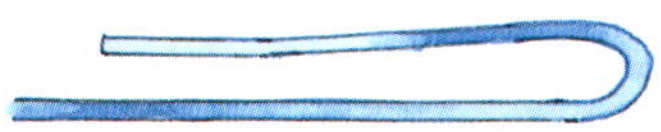

1 Nehmen Sie das Ende der Schnur doppelt.

2 Legen Sie das gedoppelte Ende einmal um die Schnur.

3 Führen Sie das Schlaufenende durch die Wicklung.

4 Straffen Sie den Knoten und stutzen Sie das überstehende Ende.

KNOTEN, UM SCHNÜRE MITEINANDER ZU VERBINDEN

Wasserknoten

1 Legen Sie die Enden der Schnüre nebeneinander, wobei sie etwa 15 cm überlappen sollten.

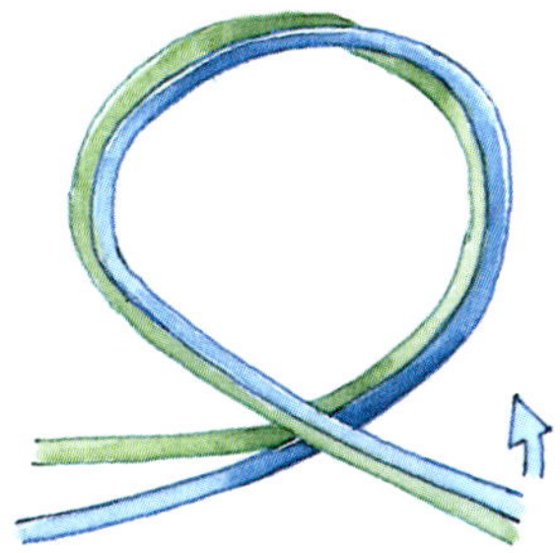

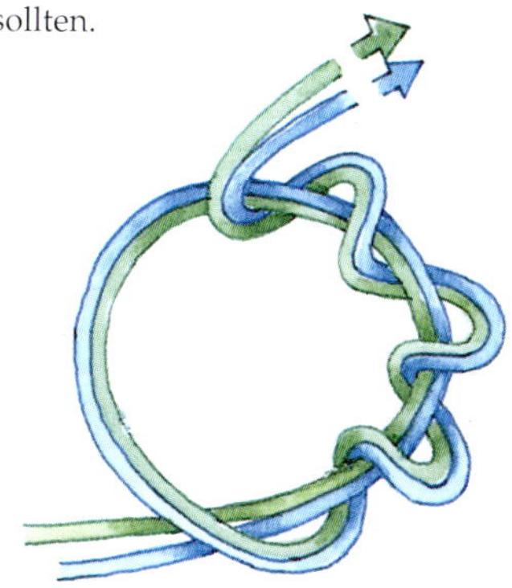

2 Halten Sie beide Schnüre aneinander und formen Sie eine weite Schlaufe.

3 Halten Sie die beiden Schnüre aneinander und führen Sie die Enden viermal durch die weite Schlaufe.

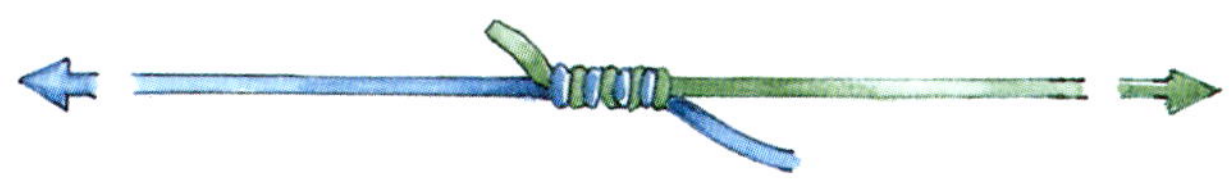

4 Straffen Sie die Schlaufe zu einem Knoten und stutzen Sie die Enden.

Doppelter Bloodknoten

1 Lassen Sie die beiden Schnurenden überlappen. Nehmen Sie eines und legen Sie es viermal um die andere Schnur. Legen Sie es dann wieder nach hinten und führen Sie es nun zwischen den beiden Schnüren hindurch.

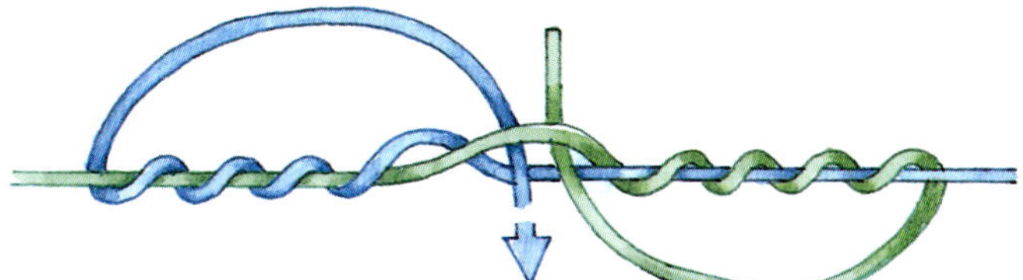

2 Wiederholen Sie dasselbe mit dem anderen Schnurende und achten Sie darauf, daß die zuvor durchgeführten Wicklungen nicht durcheinandergeraten.

3 Befeuchten Sie den Knoten, straffen Sie ihn und stutzen Sie die überstehenden Enden.

Drill und Landung

Einen gehakten Fisch erfolgreich zu drillen erfordert Gerätekenntnis und eine gute Feinabstimmung. Bevor Sie zu Fischen beginnen, müssen Sie ihre Rollenbremse so einstellen, daß sie, sobald die Rute "Drillstellung" einnimmt, unter Widerstand Schnur freigibt. Im Laufe des Tages sollte diese Einstellung mehrmals nachgeprüft werden, da sie sich beim Fischen und durch Temperaturschwankungen von selbst verstellen kann. Die hier vorgestellten Techniken gelten ohne Einschränkung auch für das Boot- und für das Küstenfischen, zum Fliegenfischen ist allerdings eine andere Art der Schnurführung erforderlich. Wird an der Fliegenrute gedrillt, wird die Schnur entweder mit der Hand freigegeben und eingeholt, wobei sie in losen Klängen auf den Boden fällt, oder es wird direkt von der Rolle mit Hilfe der Rollenbremse oder mit Daumendruck auf den Spulenrand gedrillt.

Bremshilfen

Bei einer Stationärrolle kann man die Spule bei eingeschalteter Rücklaufsperre zusätzlich mit dem Finger bremsen; an einigen Rollen kann man durch Fingerdruck bremsen und so ohne Rücklaufsperre rückwärtskurbelnd Schnur freigeben. An einer Multirolle wird die Spule durch Daumendruck unter Kontrolle gehalten.

Rückwärtskurbeln

Fingerbremse mit eingeschalteter Rücklaufsperre

Daumendruck

Der Drill

Flüchtet ein Fisch, müssen Sie auf ihn hohen Gegendruck ausüben, indem Sie die Rute möglichst im 90-Grad-Winkel zur Schnur halten und die Bremskraft der Rolle nutzen. Weist die Rute nach oben, kann sie alle Schläge des Fisches abfangen. Halten Sie im Drill die Rute nie in Richtung Schnur, ein Schnurbruch wäre die fast sichere Folge. Lassen Sie den Fisch im Drill wenn möglich flüchten, schließlich wird er hierdurch müde.

DEN FISCH ERMÜDEN
Wenn Sie den Fisch bis zur völligen Erschöpfung drillen, sinkt die Gefahr, ihn bei der Landung zu verlieren.

Seitlichen Zug ausüben
Um einen Fisch von Hindernissen fernzuhalten, kann es notwendig sein, die Rute niedrig zu halten (aber nicht in Richtung Fisch!), um auf den Fisch seitlichen Zug auszuüben. Hierzu wird die Rute unter Spannung zur Seite geführt. Der Fisch verliert das Gleichgewicht und muß sich in Zugrichtung drehen. Wiederholen Sie diesen Vorgang, bis Sie ihn unter Kontrolle haben.

WIEDERHOLT SEITLICH ZIEHEN *(links)*
Seitlicher Druck muß mehrmals ausgeübt werden, weil ein größerer Fisch mehrere Fluchten macht.

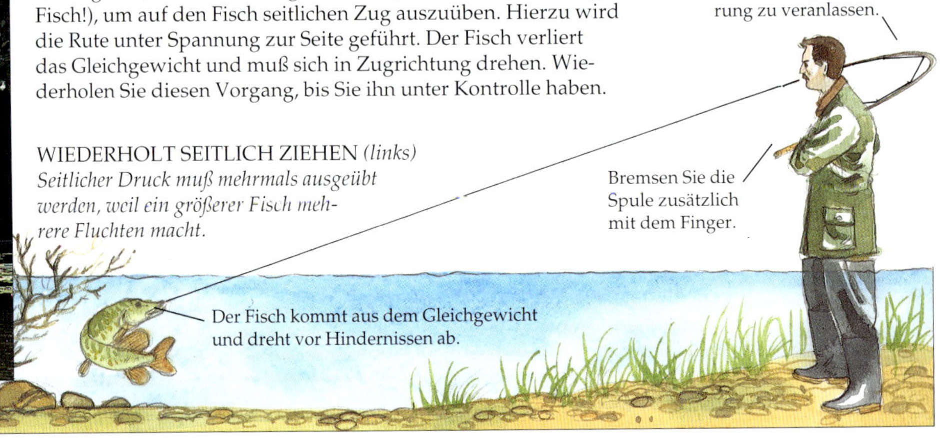

SCHNUR GEWINNEN
Nach jedem Pumpen kann man ein wenig Schnur einholen, sodaß der Fisch dem Kescher näherkommt.

Pumpen
Wenn der Fisch das Ende einer Flucht erreicht und ermüdet, senken Sie die Rute und halten Sie die Schnur auf Spannung. Ist die Rute auf 30° herabgesenkt, blockieren Sie die Spule und heben sie langsam auf etwa 70° an. Dieser Vorgang wird als "Pumpen" bezeichnet. Halten Sie die Rute in dieser Stellung und warten Sie, ob der Fisch eine weitere Flucht unternimmt. Ist das nicht der Fall, Pumpvorgang wiederholen.

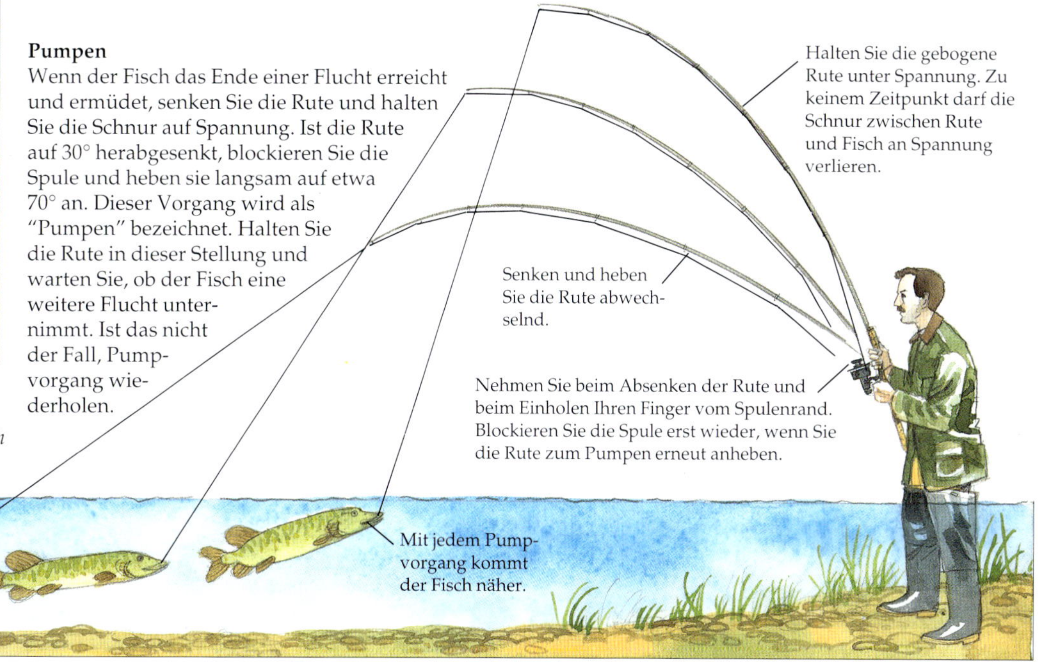

Das Landen

Stranden, Keschern, Gaffen und Schwanzwurzelgriff sind verschiedene Methoden, um einen Fisch zu landen, allerdings sind sie nicht alle gleichermaßen geeignet. Mit dem Schwanzwurzelgriff lassen sich Atlantiklachse hervorragend landen, bei Meerforellen endet dieser Griff in einer Katastrophe. Beim Stranden wird der Schleim von den Schuppen gerieben, sodaß beim Fisch die Infektionsgefahr steigt und sich diese Landemethode nicht für Fische eignet, die zurückgesetzt werden sollen. Das Gaffen ist vielerorts verboten, weil ein fehlgeschlagener Gaffversuch zum Verlust des Fisches führen kann, der dann schwer verletzt verludert.

DER LIPPENGRIFF
Fassen Sie den Unterkiefer gefühlvoll zwischen Daumen und Zeigefinger.

Der Lippengriff
Ein ausgedrillter Fisch kann zum Hakenlösen aus dem Wasser gehoben werden oder beim Hakenlösen an seinem Unterkiefer, zwischen Daumen und Zeigefinger, im Wasser gehalten werden. Ungeeignet ist dieser Griff für Fische mit scharfen Zähnen, wie beispielsweise den Hecht. Diese Fische lassen sich, am besten mit einem Handschuh geschützt, an den Kiemendeckeln greifen und so aus dem Wasser heben.

DAS KESCHERN VOM UFER AUS
Halten Sie das Netz tief im Wasser, sodaß der Fisch nicht gegen seinen Rahmen gezogen wird. Ist der Fisch schwer, sollte der Kescherstiel beim Herausheben senkrecht gestellt werden; wird er am Griff angehoben, kann sich der Rahmen oder der Stiel verbiegen.

KESCHERN
Vermeiden Sie möglichst, einen noch munteren Fisch zu keschern. Erst wenn er ausgedrillt ist, sollte er gefühlvoll mit der Rute über den Rahmen des unter Wasser befindlichen Keschers gezogen werden.

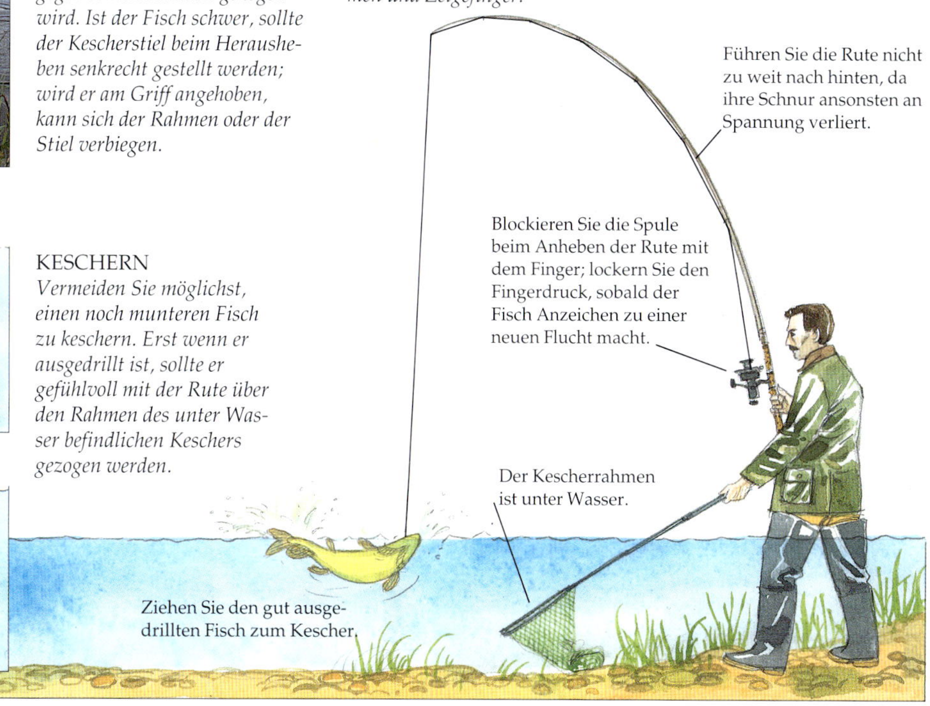

Grundzüge des Werfens

Im Laufe der Jahre hat der technische Fortschritt uns Anglern immer ausgereiftere Stationär- und Multirollen zur Verfügung gestellt, die jedem das Werfen erleichtert haben. Nichtsdestotrotz erzielen Sie erst dann Bestleistungen mit Ihrer Rolle, wenn Sie sich eine richtige Wurftechnik angewöhnt haben, wozu einiges an Übung erforderlich ist. Geschick ist dabei wichtiger als Kraft und wenn Sie erst einmal über das notwendige Geschick verfügen, befördern Sie Ihre Köder mit gleichbleibender Präzision ins Ziel. Hier wurde das Werfen eines Kunstköders mit Hilfe einer Stationärrolle abgebildet; dieselbe Wurftechnik trifft aber auch für das Werfen von Posen- und Grundmontagen zu. Auch mit Multi- und Kapselrollen findet der Wurf auf diese Art und Weise statt, lediglich im Umgang mit der Rolle selbst gibt es einige Unterschiede. Beim Fliegen- und beim Brandungsfischen sehen die Wurftechniken anders aus, auf den Seiten 232-235 und 250-251 befinden sich hierzu nähere Einzelheiten.

Die Rolle beim Wurf

STATIONÄRROLLE

Öffnen Sie zunächst den Schnurfangbügel. Hängen Sie dann die Schnur auf die Mitte der Kuppe des Zeigefingers Ihrer Rutenhand, damit das Gewicht der Endmontage sie nicht von der Spule zieht. Zusätzlichen Halt gewinnt man, wenn man die Schnur mit dem Finger an die Rute klemmt.

MULTIROLLE/BAITCASTER

Beim Wurf wird der Daumen fest gegen die Schnurspule gedrückt und dann die Rolle auf Freilauf geschaltet. Bei den meisten Baitcasterrollen wird die Rolle durch den Daumendruck auf die Spule automatisch auf Freilauf geschaltet.

KAPSELROLLE

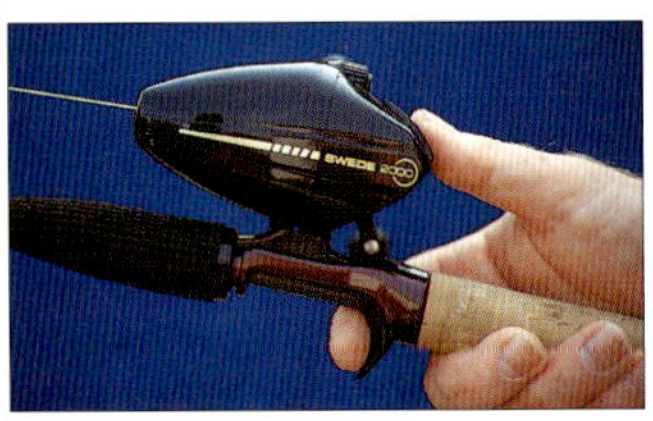

Bei diesen Rollen läuft die Schnur durch eine Öffnung am Vorderrand der Kapsel. Die Aufgabe des Schnurfangbügels übernimmt ein Stahlstift, der sich durch Druck auf den Knopf zurückzieht.

Der Überkopfwurf

A) Öffnen Sie den Schnurfangbügel und legen Sie die Schnur so über den Zeigefinger, daß der Kunstköder etwa 30 bis 45 cm unter der Rutenspitze baumelt. Halten Sie die Rute auf 2.00 Uhr und gerade zur anvisierten Stelle **(A)**.

B) Heben Sie die Rute zügig in Richtung 12.00 Uhr, indem Sie Ihren Vorderarm anheben und das Handgelenk nach hinten legen **(B)**. Beim Anheben biegt sich die Rutenspitze aufgrund ihrer eigenen Trägheit und der des Köders ein wenig nach unten.

C) Stoppen Sie die Rute in der 12.00 Uhr Stellung **(C)**. Die Rutenspitze ist kurzfristig gestreckt, biegt sich aber schon bald wieder nach hinten, weil sie von dem schwingenden Köder nach hinten gezogen wird. In der Rutenspitze fühlen Sie deutlich, wann der Kunstköder seine Fahrt nach hinten beendet.

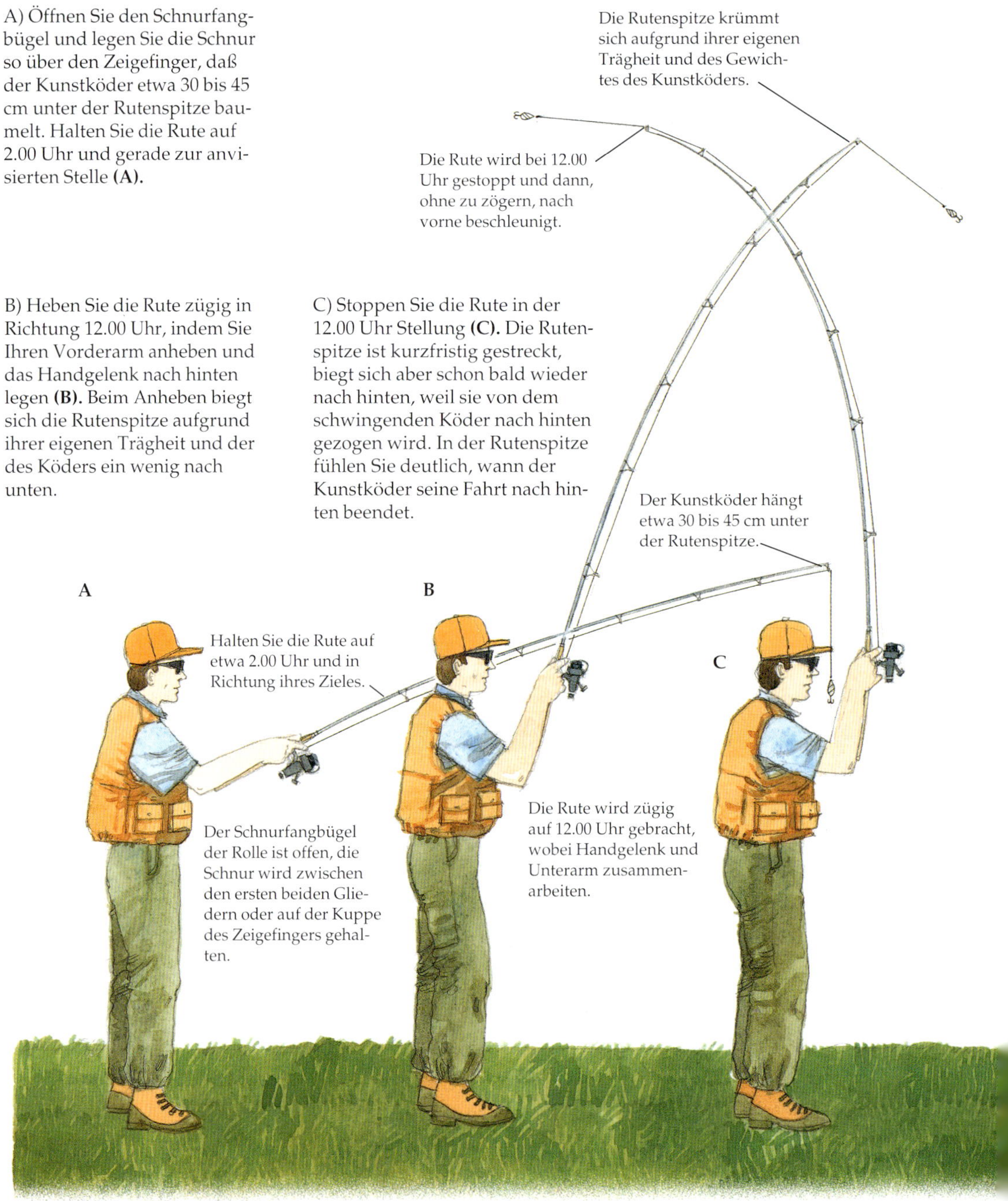

DIE FLUGBAHN DES KUNSTKÖDERS

Suchen Sie sich beim Spinnfischen immer einen Zielpunkt, den Ihr Köder erreichen soll. Nachdem Sie die Schnur freigegeben haben, müssen Sie die Flugbahn des Kunstköders mit der Rutenspitze begleiten, damit die Schnur möglichst reibungslos durch die Ringe läuft. Die Flugbahn des Kunstköders sollte wie ein großzügiger Bogen aussehen.

HÄUFIGE WURFFEHLER

Der Köder fliegt zu weit:
- der Wurf war zu kraftvoll
- die Schnur wurde nicht zusätzlich mit dem Finger am Spulenrand gebremst.

Der Köder fliegt nicht weit genug:
- der Köder ist zu leicht.
- die Schnur wurde beim Wurf zu früh freigegeben.
- nach dem Freigeben der Schnur wurde die Rute zu hoch gehalten.

Der Köder prallt zu hart auf:
- beim Wurf wurde die Schnur zu spät freigegeben, die Rute war bereits zu niedrig und der Köder konnte nicht bogenförmig durch die Luft fliegen.

Der Wurf ist ungenau:
- der Köder hat die geplante Wurfrichtung nicht eingehalten, weil die Rute beim Vorwärtsbeschleunigen seitlich bewegt wurde.

DAS ZIFFERBLATT EINER UHR

Das Zifferblatt einer Uhr hilft dabei, die Rutenbewegungen beim Wurf zu beschreiben. Gleichzeitig prägen sich so die verschiedenen Rutenstellungen der einzelnen Wurfphasen gut ein.

Die Rute befindet sich unter maximaler Spannung.

D) Wenn Sie diesen Zug in der Rutenspitze wahrnehmen, ist letztere unter maximaler Spannung **(D).** Beschleunigen Sie die Rute augenblicklich nach vorne. Diese Beschleunigung, in Verbindung mit der vom Rutenblank freiwerdenden Energie, schleudert den Kunstköder kraftvoll nach vorne.

E) Stoppen Sie die Vorwärtsbewegung der Rute bei etwa 2.00 Uhr und lassen Sie gleichzeitig die Schnur vom Zeigefinger rutschen **(E).** Der beschleunigte Kunstköder fliegt bogenförmig nach vorne und zieht dabei Schnur von der offenen Rolle.

F) Verliert der Kunstköder an Flughöhe, dann begleiten Sie sein Sinken mit der Rutenspitze **(F).** Beim Aufprall stoppen Sie am Spulenrand mit Hilfe Ihres Zeigefingers die Schnur und schließen den Schnurfangbügel mit einer Kurbelumdrehung, um die Schnur zwischen Kunstköder und Rute zu straffen.

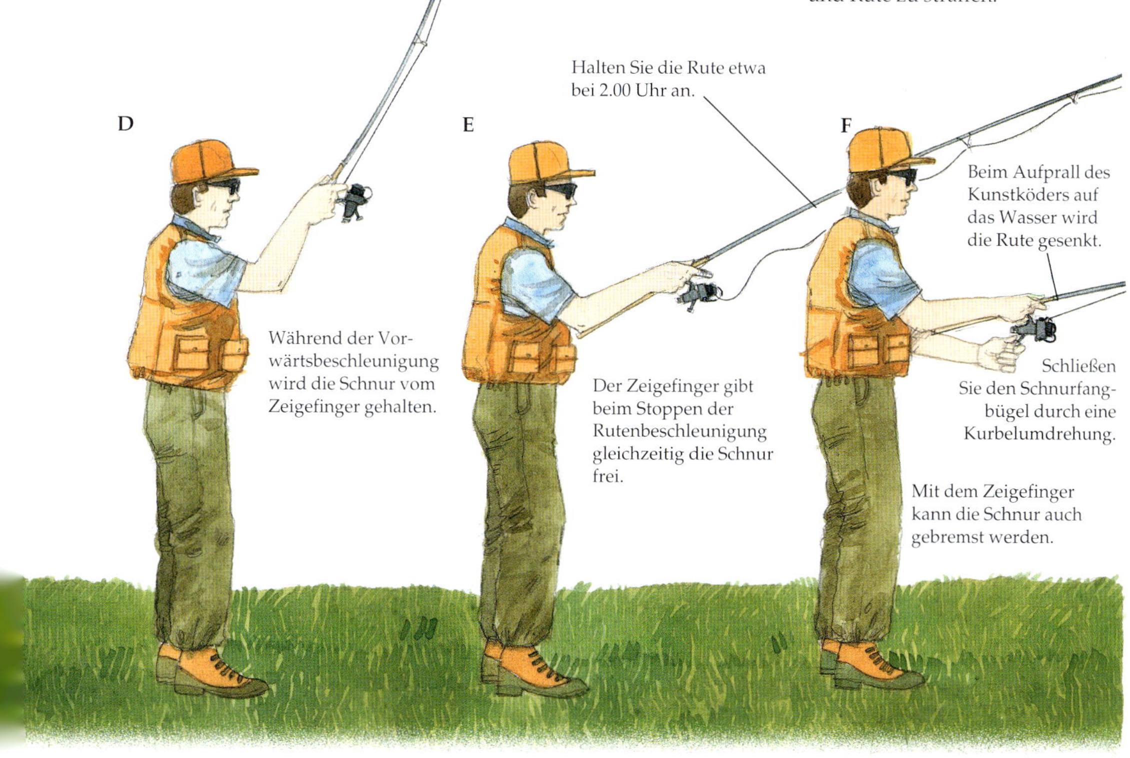

Schnurkontrolle

STATIONÄRROLLE

Damit der Köder nicht über das Ziel hinausschießt und sanft landet, kann man die Schnur am Spulenrand mit dem Zeigefinger gefühlvoll abbremsen.

MULTIROLLE/BAITCASTER

Bei Baitcaster und Multirolle bremst der Daumen die rotierende Spule durch Druck (achten Sie auf die Verbrennungsgefahr durch die Reibung). Heute ist ein Überdrehen der Rollen selten geworden, weil moderne Rollen fast immer mit Magnetbremsen ausgestattet sind.

KAPSELROLLEN

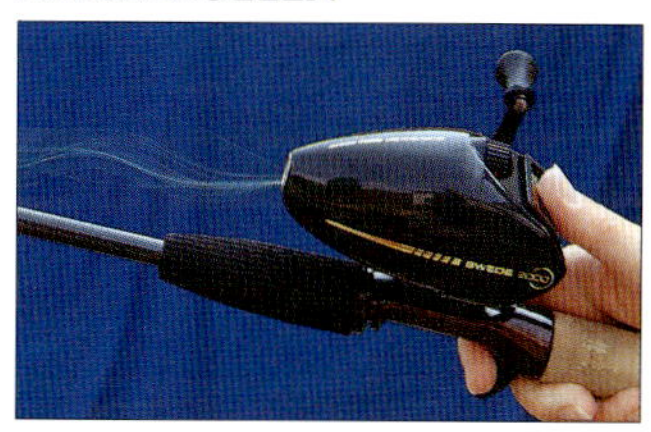

Die Schnurkontrolle ist bei diesen Rollen ein wenig kniffelig, da die Spule geschützt ist und auf den Spulenrand deshalb kein Druck ausgeübt werden kann. Bremsen können Sie die Schnur zwischen Zeigefinger und Daumen.

Spinnfischen - Spinner

Der recht unkomplizierte Umgang mit Spinngerät hat dazu beigetragen, daß aus dem Spinnfischen eine der weltweit beliebtesten Angeltechniken geworden ist. Ist Ihre Spule ordentlich gefüllt worden, lassen sich problemlos weite Würfe ausführen und oft läßt sich der Kunstköder schon durch einfaches Drehen der Rollenkurbel attraktiv führen. Natürlich wird auch hier der erfahrene Angler dem Neuling gegenüber viele Vorteile haben, aber auch für die Anfänger ist das Spinnfischen eine dankbare Angelegenheit. Unter einem Spinner sind Kunstköder zu verstehen, wo ein Teil beim Einholen zu rotieren beginnt. Gewöhnlich handelt es sich hierbei um ein Spinnerblatt, das vom Spinnerkörper losgelöst ist (Spinner, Spinnerbaits und Buzzbaits). Manchmal rotiert allerdings auch der ganze Spinner, wie es beispielsweise bei den Devonspinnern und ähnlichen Kunstködern der Fall ist. Spinner reizen die Fische durch ihre Optik und durch die von ihnen ausgehenden Schwingungen, die über das Seitenlinienorgan der Fische geortet werden; korrekt gefischt können sie jeden Raubfisch zum Biß verleiten.

Schnurdrall

Ein kleines Plastikplättchen oder ein Gewicht zwischen Hauptschnur und Vorfach hilft, den Schnurdrall zu verringern. Die Anti-Drall Bleie sollten unmittelbar oberhalb vom Wirbel montiert werden, allerdings nur dann, wenn sie in keiner Weise die Aktion des Kunstköders beeinträchtigen.

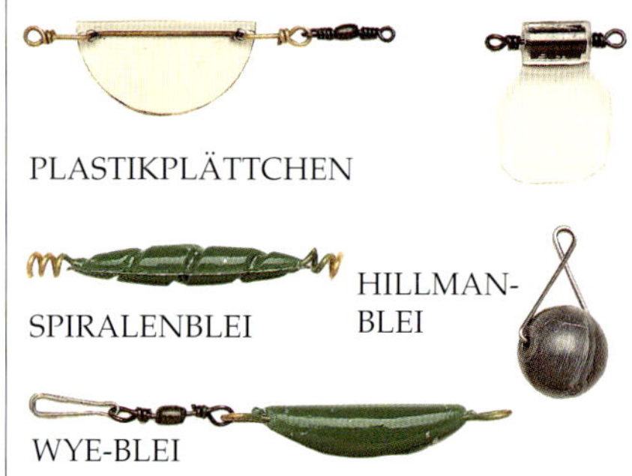

Standardspinner

Am gängigsten sind die Spinner, deren Spinnerblatt über ein Zwischenstück mit dem restlichen Spinner verbunden ist (Clevis-Spinner). Bei anderen Modellen läuft die Längsachse durch das Spinnerblatt (Sonic-Spinner). In stillstehenden Gewässern müssen die Spinner eingeholt werden, damit sie zu arbeiten beginnen, im Fließwasser übernimmt die Strömung diese Aufgabe. In schnellem Wasser sollten Sie eher stromauf oder querüber fischen, weil Ihr Spinner ansonsten viel zu seicht läuft. In trägem Wasser wird dagegen viel stromab gefischt, weil der Spinner ansonsten zu schnell sinkt.

Blattformen und Aktionen
Form und Dicke eines Spinnerblattes beeinflussen die Aktion des Kunstköders. Der große Wasserwiderstand eines breiten Blattes macht dieses zu einer Ideallösung an trägen und stillstehenden Gewässern, in schnellem Wasser steigt es jedoch zu schnell an die Oberfläche. Ein dünnes Blatt hat weniger Wasserwiderstand und kann auch in schnellem Wasser noch gefischt werden, ohne daß es dabei über die Oberfläche schlittert.

Die verschiedenen Blattformen
1 Indiana; **2** französisches Blatt; **3** Colorado; **4** geriffeltes Blatt; **5** durchbohrtes Blatt; **6** Weidenblatt; **7** gewelltes Blatt; **8** June Bug

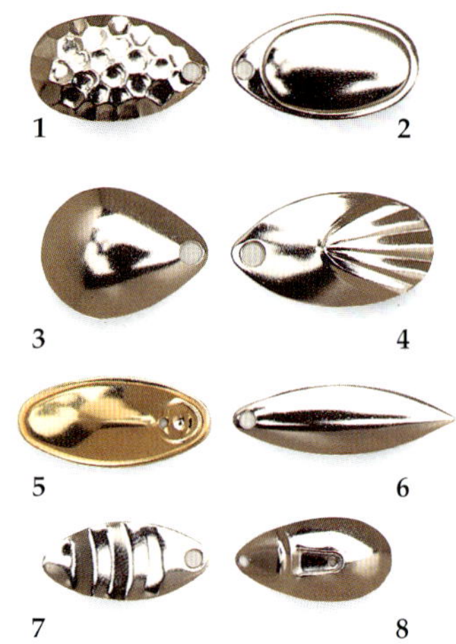

Spinnfischen stromauf

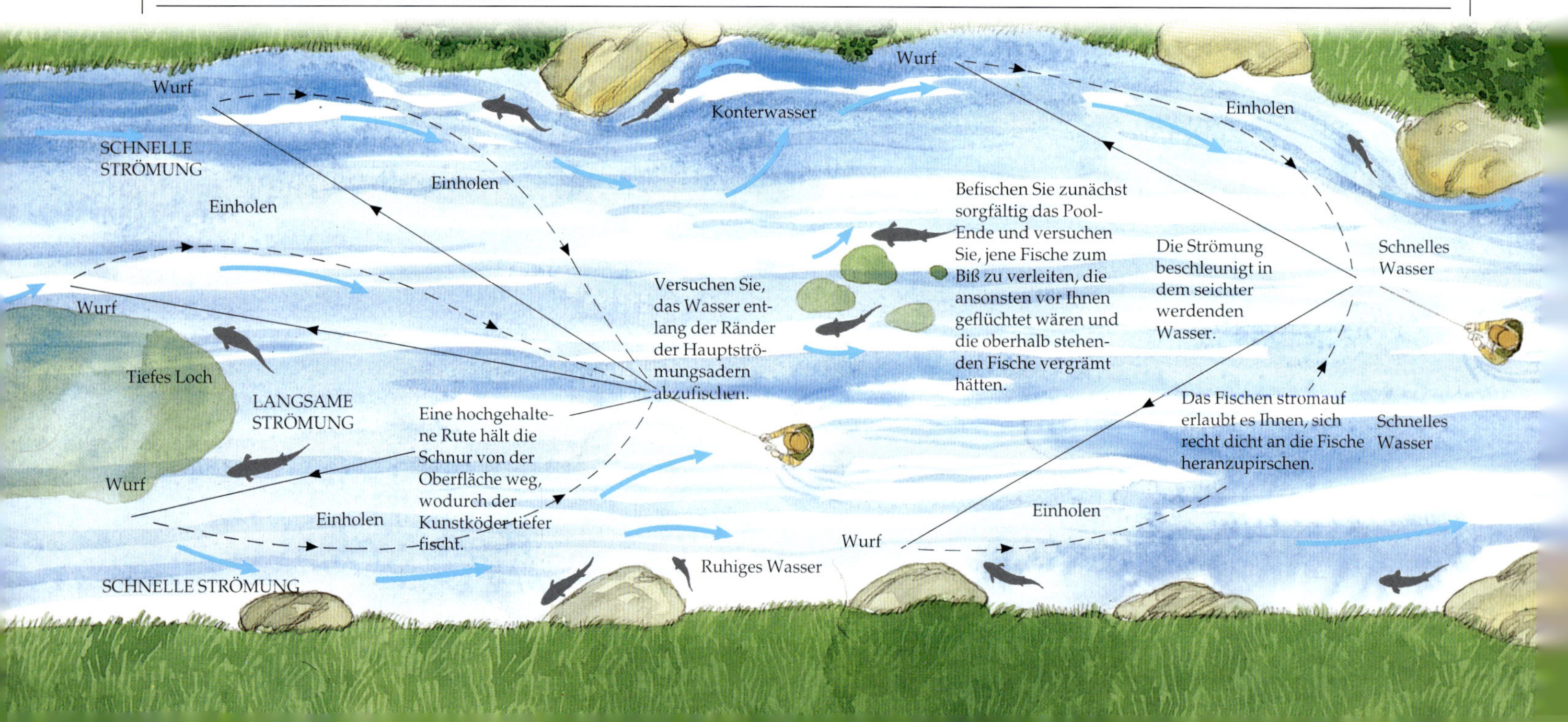

Schwimmfähige Spinner

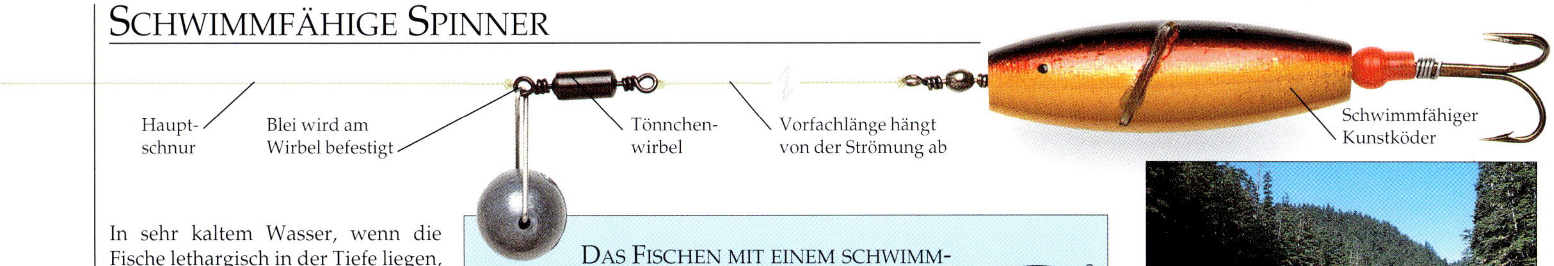

In sehr kaltem Wasser, wenn die Fische lethargisch in der Tiefe liegen, sollten Sie Ihren Kunstköder langsam und unmittelbar über dem Grund führen. Einen sinkenden Kunstköder kann man kaum langsam führen, ohne daß er sich am Grund verfängt. Die Lösung besteht darin, einen schwimmfähigen Kunstköder zu verwenden, der durch ein entsprechendes Blei auf Tiefe gebracht wird. Paßt man jetzt noch die Vorfachlänge der vorherrschenden Strömung an, kann man den Kunstköder in Augenhöhe der Fische führen.

DAS SPINNFISCHEN IN KALTEM WASSER
In kaltem Wasser ist es wichtig, den Kunstköder langsam zu führen. Ein schwimmender Kunstköder fischt fast ohne Hänger.

Spinnerbaits & Buzzbaits

Der offensichtlichste Unterschied zwischen einem Spinnerbait und einem Buzzbait liegt im Spinnerblatt. Spinnerbaits sind mit einem lose flatternden Blatt versehen - beispielsweise mit einem breiten, tropfenförmigen Colorado- oder Indianablatt oder einem schmalen, langgezogenen Weidenblatt - wogegen ein Buzzbait ein oder zwei propellerartige Spinnblätter auf seiner Achse hat. Der Buzzbait wurde ausschließlich zum Oberflächenfischen entworfen, durch die er sich mit seinem rotierenden Blatt recht lautstark arbeitet. Hierdurch wird er in stark verkrauteten und in trüben Gewässern zu einem ausgezeichneten Köder; variieren Sie die Einholgeschwindigkeiten, bis sich der Erfolg einstellt. Ein Buzzbait mit zwei Spinnblättern verursacht sogar noch mehr Turbulenzen an der Oberfläche und ist besonders zum langsamen Einholen geeignet. Spinnerbaits sind vielseitiger, sie lassen sich mit verschiedenen Geschwindigkeiten einholen, tief und seicht fischen und sogar wie ein Jig senkrecht zupfen. Den Haken eines Indiana- oder Weidenblattspinners zusätzlich mit Würmern, Elritzen oder Schweineschwarte zu versehen, kann deren Fängigkeit noch steigern.

SOMMERLICHES SPINNFISCHEN
In heißem, sonnigem Sommerwetter suchen die Fische die Deckung von Krautbänken auf. Buzzbaits sind hervorragend dazu geeignet, sie aus dieser Art der Deckung zu locken.

Spinnfischen stromab

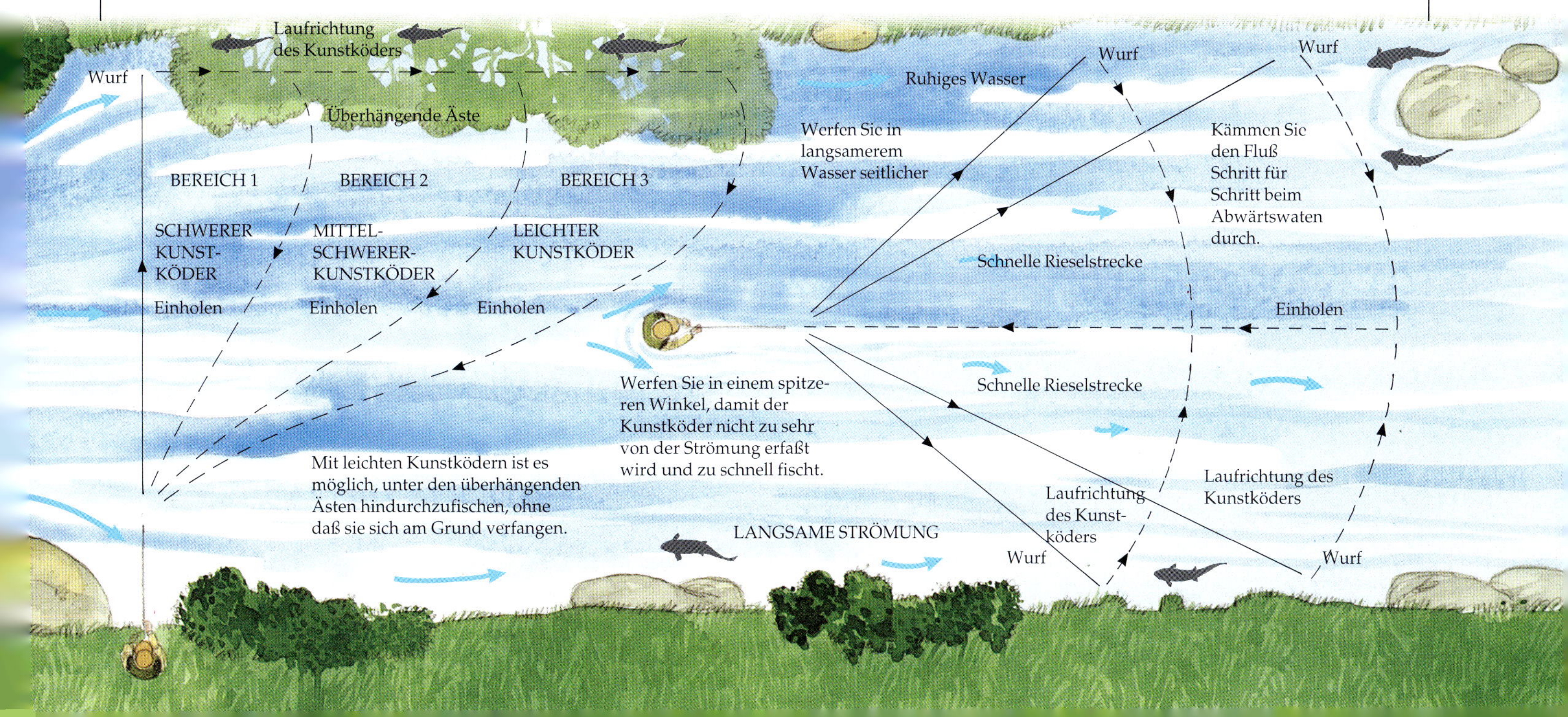

Spinnfischen - Blinker (Löffel)

Blinker lassen sich grob in Schlepp- und Spinnlöffel einteilen. Die Schlepplöffel sind gewöhnlich zu dünn, um weit geworfen zu werden, ihr Hauptanwendungsbereich ist in der Schleppfischerei. Spinnlöffel sind mit oder ohne Krautschutz erhältlich. Die Haken der ersteren sind mit einer kleinen Metall- oder Plastikvorrichtung versehen, die verhindert, daß sich beim Einholen die Hakenspitzen in Kraut, Holz oder anderen Hindernissen verfangen. Die Aktion eines Blinkers hängt von seiner Form, seinem Gewicht und von der Einholgeschwindigkeit ab. Sehr konkave Löffel wobbeln mehr als flache, während leichte Löffel heftiger wobbeln als schwere derselben Größe. Verwenden Sie zum Befischen von seichtem Wasser und zum Befischen der Oberflächenschichten eines Sees leichte, dünnwandige Löffel und in tieferem Wasser schwere, dickwandige Modelle. Für jeden Blinker gibt es eine optimale Einholgeschwindigkeit, die sich durch einige Versuche problemlos herausfinden läßt.

Das Gerät zum Blinkern

Ideal zum Fischen mit Löffeln ist eine leichte Spinnrute mit Stationärrolle oder eine mittelschwere Baitcasterrute mit Multirolle sowie monofile Nylonschnur und gegebenenfalls ein Stahlvorfach. Man braucht noch nicht einmal eine besonders sensible Rute, weil das Wahrnehmen der Bisse beim Spinnfischen ohnehin nie ein Problem ist. Befestigen Sie den Löffel am Nylon- oder Stahlvorfach immer über einen guten Wirbel, da ein direktes Anbinden seine Aktion oft hemmt, was auch bei einer zusätzlichen Beschwerung der Fall sein kann. Darüber hinaus können einige Löffeltypen ganz böse die Schnur verdrallen. Montieren Sie an der Befestigungsöse einen Wirbel mit großem Karabinerhaken und befestigen Sie daran Ihre Schnur.

ABU TOBY BUNKER

Zusätzlicher Splitring, um die Hebelwirkung zu verringern

Der Haken wird von Kupferdraht in Stellung gehalten, nach dem Anhieb hängt er frei.

Der Haken ist über ein Stück Stahldraht oder monofiles Nylon mit dem vorderen Splitring verbunden.

HÖHERE BISSAUSBEUTE
ABU Toby Blinker sind hervorragende Köder, allerdings haken sie die Fische nicht immer gut. Wahrscheinlich liegt das an der Hebelwirkung, die von diesen langen Löffeln ausgeht. Hier abgebildet sind zwei mögliche Lösungen zu diesem Problem.

TANDEMWIRBEL

Gelagerte Wirbel

Splitring-verbindung

Die Wirbel befinden sich etwa 45 cm vor dem Kunstköder

TANDEMWIRBEL
Zwei gelagerte Wirbel, die über einen Splitring miteinander verbunden und etwa 45 cm vor dem Kunstköder montiert werden, reduzieren den Schnurdrall nahezu auf Null.

Wurfschemata

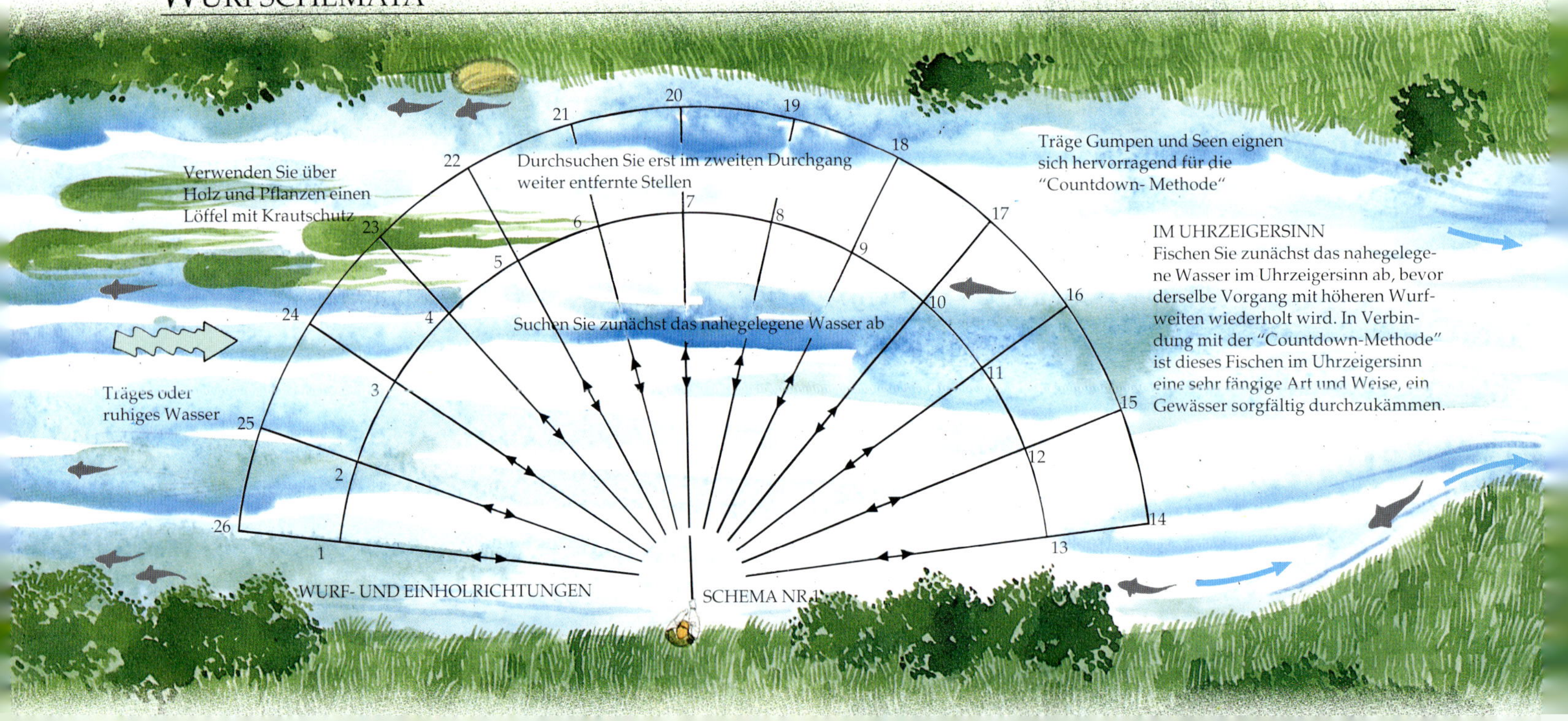

IM UHRZEIGERSINN
Fischen Sie zunächst das nahegelegene Wasser im Uhrzeigersinn ab, bevor derselbe Vorgang mit höheren Wurfweiten wiederholt wird. In Verbindung mit der "Countdown-Methode" ist dieses Fischen im Uhrzeigersinn eine sehr fängige Art und Weise, ein Gewässer sorgfältig durchzukämmen.

In Seen lassen sich über die "Countdown-Methode" die verschiedenen Wasserschichten sehr genau absuchen. In Flüssen wird die Lauftiefe der Löffel auch von der Strömung beeinflußt. Holen Sie einen stromauf geworfenen Löffel schneller ein, als einen, der stromab gefischt wird, weil er von der Strömung tiefer gedrückt wird. Verwenden Sie zum Spinnfischen stromauf und zum Befischen von seichtem Wasser oder zum sehr langsamen Einholen leichte Löffel. Schwere Löffel sind in schnellem Wasser gut zum Stromabfischen und in trägem Wasser gut zum Stromauffischen geeignet.

Die "Countdown-Methode"
Diese Methode erlaubt es Ihnen, die richtige Tiefe herauszufinden und sie zu befischen. Werfen Sie den Löffel aus, lassen Sie ihn sinken und zählen Sie die Sekunden, bis er den Grund erreicht hat. Holen Sie dann gleichmäßig ein. Hat er beispielsweise bei 10 den Grund erreicht und ist beim Einholen kein Biß erfolgt, dann wird beim nächsten Wurf schon bei 8 eingeholt. Kürzen Sie die Sinkzeit bei den folgenden Würfen jeweils um zwei Sekunden. Haben Sie in einer bestimmten Tiefe einen Biß bekommen, dann zählen Sie beim nächsten Wurf wieder bis zu derselben Sekundenzahl.

DIE "COUNTDOWN-METHODE"

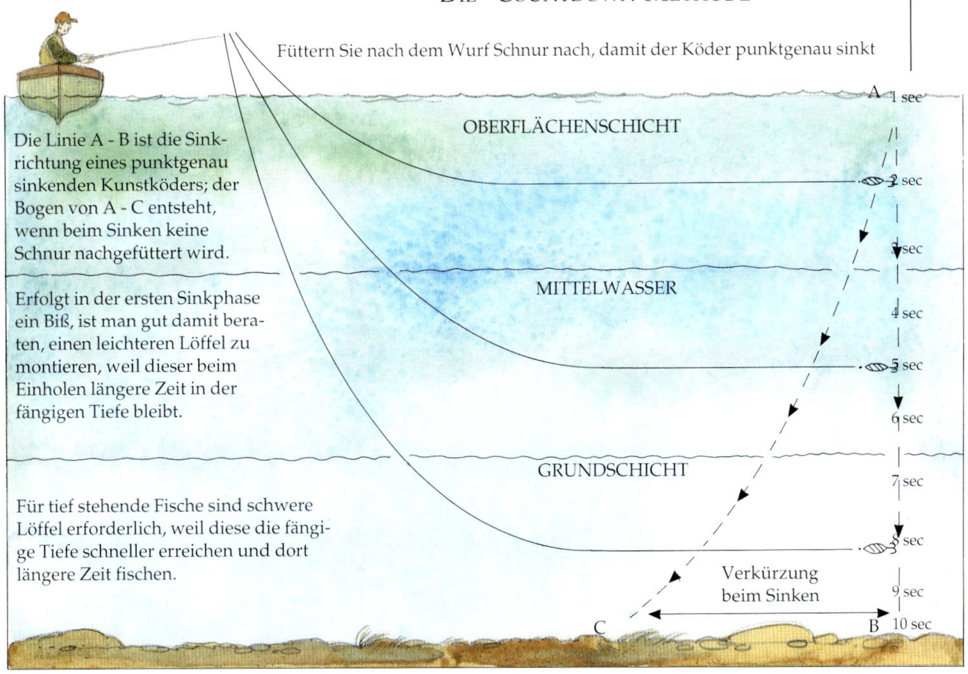

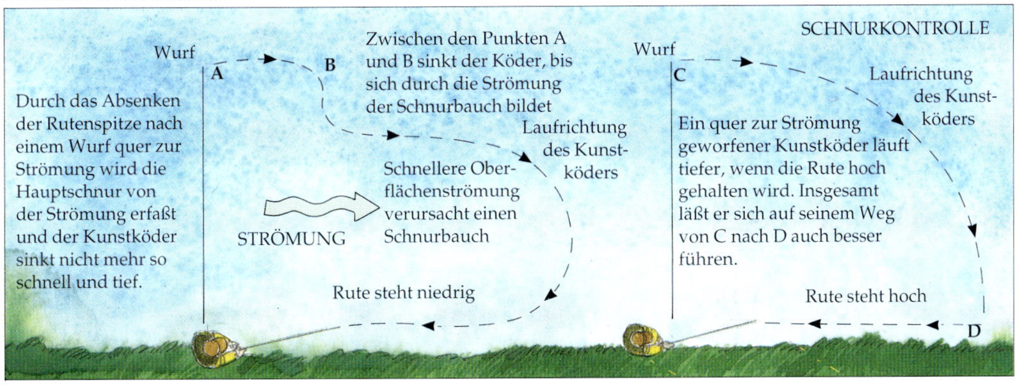

Schnurkontrolle
Wird stromauf gefischt, dann hält eine hochgehaltene Rutenspitze den Löffel im Wasser hoch, während eine niedrige Spitze ihn tiefer sinken läßt. Besonders offensichtlich ist das bei geringen Wurfweiten. Wird allerdings quer zur Strömung geworfen, dann hält der Zug der Strömung den Löffel hoch, wogegen eine hochgehaltene Rute ihm beim Sinken hilft. Je mehr Sie stromab werfen, desto mehr läßt dieser Effekt nach, bis es sich schließlich wieder wie beim Fischen stromauf verhält.

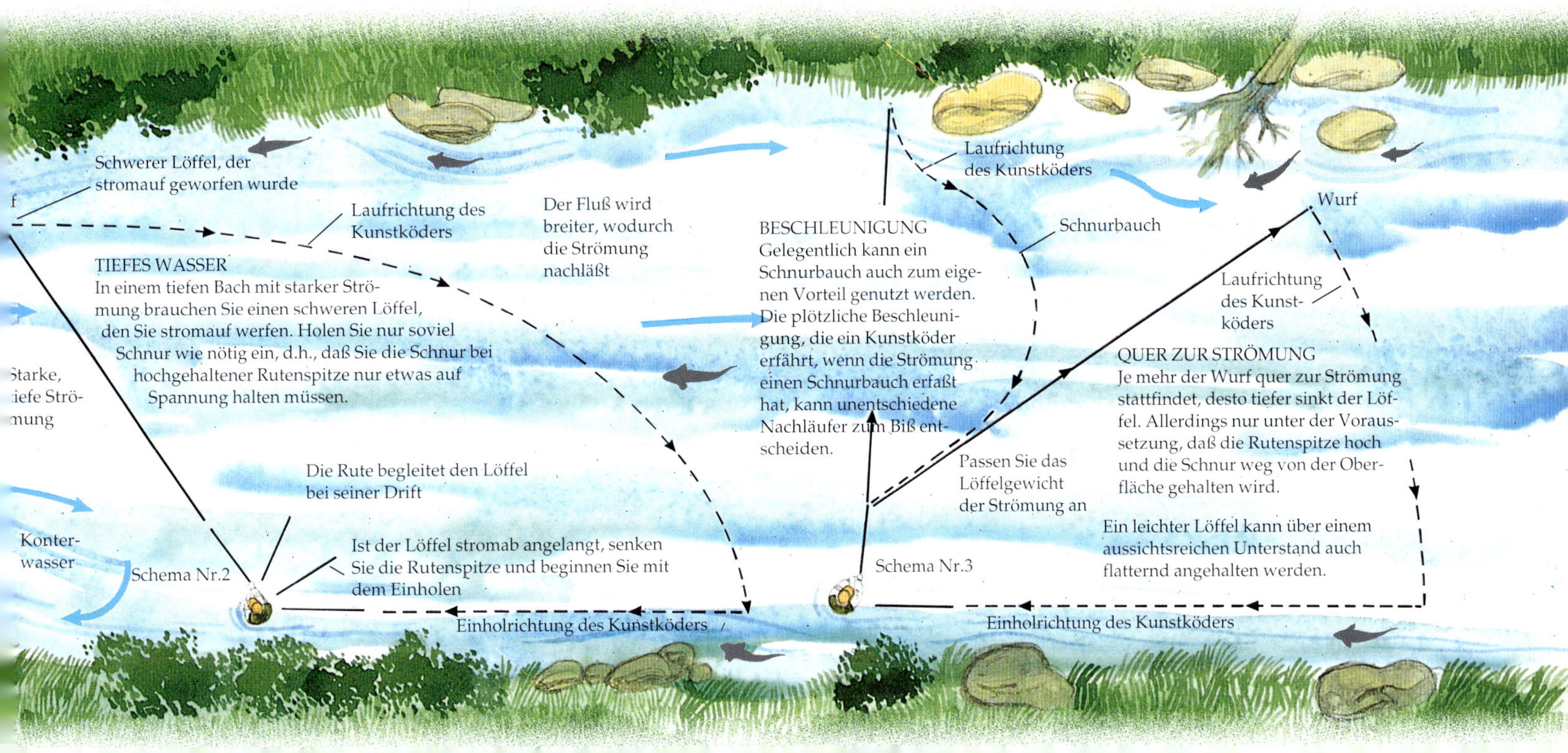

Spinnfischen - Wobbler

In der von uns als "Wobbler" bezeichneten Kunstködergruppe gibt es Modelle, mit denen alle Tiefen befischt werden können und das mit allen erdenklichen Einholgeschwindigkeiten. Wie in der ganzen Spinnfischerei, sollte auch hier der Kunstköder den gesuchten Fischen und den vorherrschenden Bedingungen angepaßt werden. Je kleiner die gesuchten Fische sind, desto kleiner sollte der Kunstköder sein: ein 30 cm langer Wobbler mag für einen Hecht durchaus mundgerecht sein, zum Forellenfischen ist er allerdings völlig ungeeignet. In kaltem und trübem Wasser muß der Kunstköder in Augenhöhe der tief stehenden Fische geführt werden und hierzu sind tieftauchende oder stark vibrierende Wobbler gut geeignet. In warmem Wasser sind die Fische viel wendiger und aufmerksamer, sodaß ein schnell geführter, wenig abtauchender Wobbler oder Oberflächenkunstköder erforderlich ist.

Der Schlaufenknoten

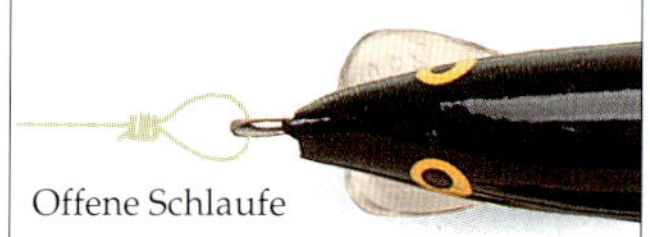

Ein Splitring, ein Wirbel oder ein zu straffer Knoten kann die Aktion eines Kunstköders negativ beeinflussen. Kein Knoten läßt dem Wobbler soviel Freiheit wie der Schlaufenknoten.

Oberflächenkunstköder

Oberflächenkunstköder sind nirgendwo so fängig wie in seichtem Wasser, wo die Fische zwar unmittelbar über Grund lauern, aber doch nicht zu weit von der Oberfläche entfernt sind. Die Oberfläche sollte dabei ruhig sein, da unruhiges Wasser sich auf das Führen dieser Köder negativ auswirken kann. Mit Propeller versehene Oberflächenwobbler können in kleine Löcher und Öffnungen von Krautbänken geworfen und dann regelmäßig oder unregelmäßig eingeholt werden. Besonders beim regelmäßigen Einholen verursachen diese Wobbler an der Oberfläche ein lauteres Plätschern wie kaum ein anderer Oberflächenwobbler. Damit der Kopf nicht gelegentlich ein wenig abtaucht und dadurch die Aktion unterbrochen wird, sollten Sie ihn direkt, d.h., ohne Wirbel anknüpfen. Kunstköder vom Typ der Crawler sollten auch über seichtem Wasser gefischt werden. Variieren Sie die Einholgeschwindigkeit, bis Sie die optimale Aktion herausgefunden haben. Popper sind ebenfalls Oberflächenkunstköder. Ihr Kopfende ist konkav gewölbt, wodurch bei kurzem, ruckartigem Einholen ploppende Geräusche entstehen. Oft werden diese Köder in den Pausen zwischen den kurzen, trockenen Rucken angegriffen. Die "Stickbaits" genannten Wobbler sind die besten Oberflächenköder wenn es darum geht, die Fische aus größerer Tiefe hervorzulocken. Meist läßt man diese Köder an der Oberfläche im Zick-Zack laufen, was von den Amerikanern als "Walking the Dog" (den Hund ausführen) bezeichnet wird.

Stickbaits
Werfen Sie einen Stickbait aus, lassen die Rute nach dem Aufprall rucken und schon schießt der Kunstköder auf eine Seite. Wiederholen Sie den Ruck und er schießt zur anderen Seite. Von den Amerikanern wird diese Art der Köderführung als "Walking the Dog" (den Hund ausführen) bezeichnet. Jähe Rucke ohne Pausen lassen den Köder nur in eine Richtung gehen. Eine schnelle Rute mit Spitzenaktion ist hierzu am besten geeignet. Da die Stickbaits schwimmen fischen sie gut über versunkenem Gehölz und Wasserpflanzen.

STICKBAITS
Fast alle Raubfischarten lassen sich von diesen Ködern zum Biß verleiten.

Kleinwobbler
Wenn Sie einen schwimmfähigen Kleinwobbler mit der Strömung abwärts treiben lassen, erreichen Sie viel größere Entfernung als durch das Werfen. Ufernahe Unterstände befischen Sie, indem Sie den Wobbler weiter stromab vom Fisch treiben lassen. Wenn Sie die Drift stoppen, taucht er etwa auf 30 cm ab, je nach dem, wie schnell die Strömung in unmittelbarer Ufernähe ist. Sie können ihn nun durch den Unterstand stromauf fischen. Von der Flußmitte aus können Sie diesen Unterstand dann befischen, wenn Sie die Rute beim Einholen seitlich halten.

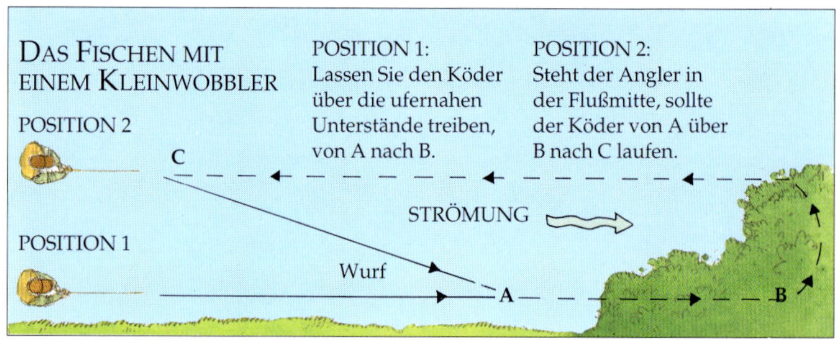

Wobblertechniken

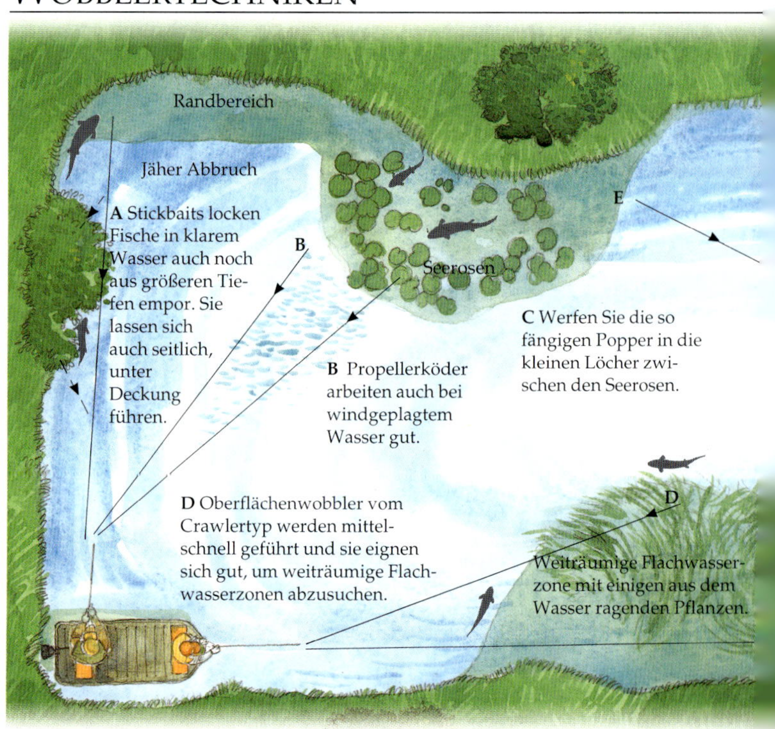

Wobblertechniken

Wobbler mit Tauchschaufeln (Crankbaits) tauchen unter Zug auf unterschiedliche Tiefen ab und sind eine sehr praktische Kunstködergruppe. Einige sinken und ihre Körper werden hierzu in unterschiedlichen spezifischen Dichten hergestellt, damit mit ihnen die verschiedenen Tiefen abgefischt werden können. Andere wiederum sind schwimmfähig und tauchen erst unter Zug ab. Testen Sie Ihre Wobbler zuerst in tiefem, klarem Wasser um in etwa ihre maximalen Lauftiefen herauszufinden, die Sie dann mit einem nicht wasserlöslichen Filzschreiber auf dem Wobbler festhalten. Beim Fischen müssen Sie stets darauf achten, daß der Kunstköder zum jeweiligen Gewässer paßt. In seichten Gewässern kommen flach laufende Wobbler zum Einsatz, zum Befischen von tiefen Gräben greift man allerdings auf tief abtauchende Wobbler zurück. Die Maximaltiefe erreicht man, indem man sehr weit wirft und beim Einholen die Rutenspitze niedrig hält. Hebt man die Rutenspitze an, steigt gleichzeitig der Wobbler. Zu dicke Schnur führt zu demselben Ergebnis. Gewöhnlich sind Raubfische in über 16°C warmem Wasser aktiver und aggressiver, während sie in kaltem und trübem Wasser träger und lethargischer sind und sich eher von einem langsam geführten Wobbler verleiten lassen. In kaltem Wasser macht es sich gelegentlich auch bezahlt, den Wobbler "auf dem Grund" zu führen. Ein Wobbler mit Tauchschaufel läuft ohnehin mit dem Kopf leicht nach vorne gekippt, sodaß fast immer die Tauchschaufel den Grund zuerst berührt und dadurch die Haken über das Hindernis hinwegkippen, wodurch viele Hänger vermieden werden.

TAUCHSCHAUFELN
Eine kurze, jäh nach unten weisende Tauchschaufel bedeutet, daß dieser Wobbler recht flach läuft. Ein tieftauchender Wobbler hat dagegen eine verhältnismäßig lange, fast gerade aus dem Kopf stehende Tauchschaufel.

Die schwimmfähigen Tauchwobbler
Ideal sind hierunter all jene Modelle, die bei hoher Einholgeschwindigkeit auf 3,5 m Tiefe abtauchen. Diese Wobbler kann man recht genau entlang der Bodenkonturen führen, indem man die Einholgeschwindigkeit und damit die Tauchtiefe variiert. Um effektiv an der Oberfläche zu fischen oder um einen tiefen Graben sorgfältig abzusuchen, sollten Sie speziell hierzu entworfene Kunstköder verwenden. Der fängigste Abschnitt eines Unterstandes ist immer seine schattige Seite und genau dort sollten Sie ihren Kunstköder führen, nach Möglichkeit parallel zum Unterstand.

Der vielseitige, schwimmfähige Tauchwobbler

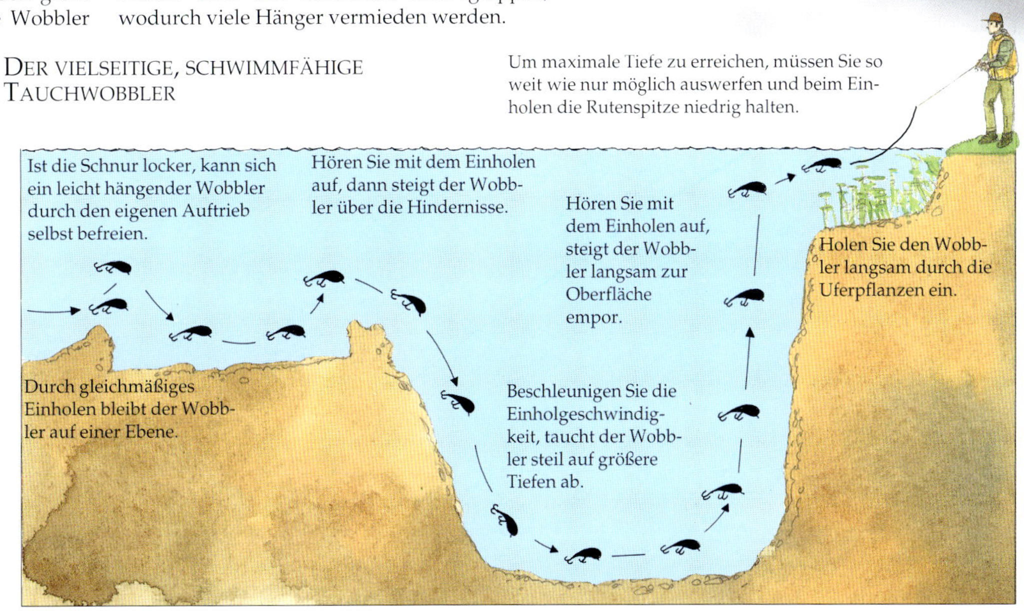

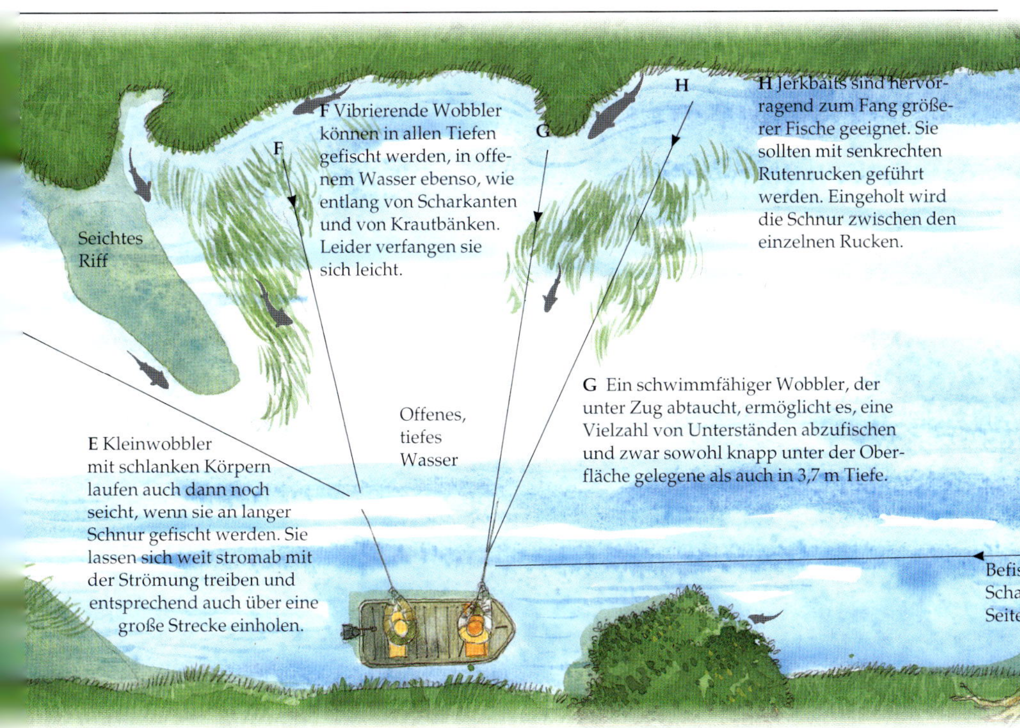

TIEFTAUCHENDE WOBBLER
Dieser Hecht hat einen tieftauchenden Wobbler genommen. Diese Wobbler, deren Wasserwiderstand hoch ist, sollten mit einer Multirolle gefischt werden.

GRUNDFISCHEN

Das Grundfischen ist eine vielseitige Angeltechnik, die weite Würfe erlaubt und mit welcher der Köder auf dem Grund oder in Grundnähe angeboten wird. Obwohl ihr die Feinheiten vom Posenfischen fehlen, lassen sich mit ihr Köder auch dann noch auf fängige Art und Weise anbieten, wenn die Grenzen der Posenfischerei schon erreicht sind. Das trifft beispielsweise für das Fischen auf große Distanz zu, aber auch in schnellströmenden Flüssen, unter Treibgut und in tiefem Wasser oder bei starkem Wind in Bagger- und Kiesseen. Außer beim Fischen mit einer Selbsthakmontage ist man beim Grundfischen stets darauf bedacht, nur so wenig Blei wie nötig zu verwenden. Der schluckende Fisch soll nur mit dem geringstmöglichen Widerstand konfrontiert werden. Den überhaupt geringsten Widerstand erhält man, wenn man ganz auf das Blei verzichtet und lediglich mit Hilfe des Eigengewichtes vom Köder die Schnur auf Spannung hält.

RUTENHALTER
Beim Grundfischen kann man die Ruten durchaus auf Rutenhalter legen. Bißanzeiger helfen dabei, zum richtigen Zeitpunkt anzuschlagen.

BISSANZEIGER

An einer Grundmontage fehlt der Schwimmer, die Bisse fühlt man entweder im Finger oder man erkennt sie an einem Bißanzeiger. Der einfachste Bißanzeiger überhaupt ist die Rutenspitze, ihr fehlt allerdings meistens die notwendige Sensibilität. Quiver-, Spring- und Swingtips, die im Spitzenring befestigt werden, zeigen noch Zupfer an, die man an der Rutenspitze übersehen hätte, während ein zwischen Rolle und erstem Ring eingehängter Einhängebißanzeiger (Bobbin) noch ein wenig Schnur freigibt, bevor man den Anhieb setzt. Affenkletterer (Monkey-Climbers) werden entweder alleine oder in Verbindung mit elektronischen Bißanzeigern verwendet. Letztere geben bei Zug auf der Schnur akustische und optische Signale von sich.

SWINGTIP (Schwingspitze)
Eine Swingtip ist sehr sensibel, reduziert aber die Wurfweite. Bei Unterströmung oder Wind können Sie sie mit Bleidraht beschweren.

QUIVERTIP (Bibberspitze)
Eine Quivertip federt starke Zupfer ab, ist aber trotzdem sensibel genug, um den Verlauf eines Bisses darzustellen.

AFFENKLETTERER (Monkey-Climbers)
Dieser Bißanzeiger wird in die Schnur eingehängt und zeigt auch den leichtesten Zupfer an.

SPÜRFISCHEN
Rutenspitze in Richtung Köder. Krümmen Sie einen Finger um die Schnur oder halten Sie sie zwischen Daumen und Zeigefinger.

DIE LAUF- ODER GLEITBLEIMONTAGE

Diese einfache Montage ist, sofern in geringer Entfernung gefischt wird, äußerst effektiv. Werden Spaltbleie zur Beschwerung verwendet und hierzu auf eine Nylonschlaufe geklemmt, dann verfängt sich die Montage viel weniger und wenn, dann rutschen unter Zug die Spaltbleie von der Nylonschlaufe. Werden die Bleie aneinandergeschoben, kann man die Montage auf dem Grund rollen und so den Köder eine große Fläche absuchen lassen. Besonders anfällig auf derart geführte Köder sind Barben und Döbel. Bringt man die Spaltbleie auf einer langen Nylonschlaufe verteilt an, bleibt die Montage auch in schnellem Wasser zuverlässig auf Grund liegen. Der Seitenarm mit dem Blei sollte etwa 30 cm oberhalb vom Haken durch ein Spaltblei oder einen Stopper mit Perle arretiert werden. Achten Sie darauf, daß die Nylonschlaufe aus dickem Nylon ist, damit sie auch sicher an der Hauptschnur hängenbleibt.

EINE LAUFBLEIMONTAGE IN AKTION

Das feststehende Paternoster

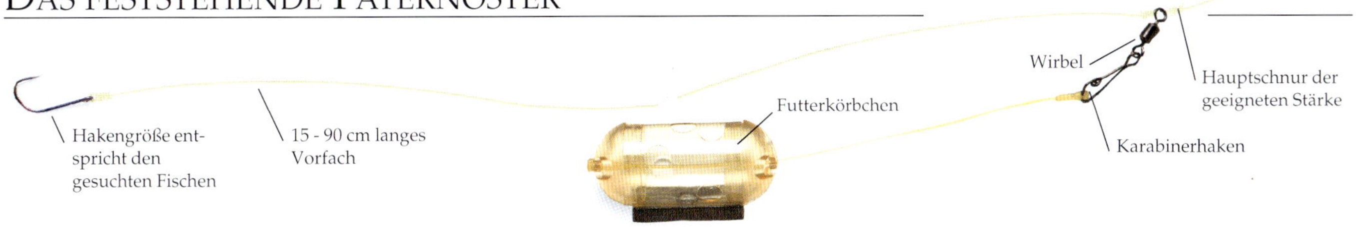

Diese Montage eignet sich hervorragend für schnellfließende Gewässer. Für stillstehende eignet sie sich dann, wenn es darum geht, den Köder über einem dichten Pflanzenteppich anzubieten, in dem sich jede Laufbleimontage verfangen würde. Knüpfen Sie die Hauptschnur und das Vorfach an eine Öse des Wirbels. An die andere Öse binden Sie den Seitenarm mit dem Futterkörbchen. Eine Vorfachlänge von 45 cm reicht gewöhnlich aus. Fischen Sie unter der Rutenspitze, können Sie sie auf 60 - 90 cm verlängern, rechnen Sie mit zögernden Bissen, sollten Sie sie auf 15 cm verkürzen. Die Tragkraft des Seitenarmes mit dem Futterkörbchen sollte unter der der Hauptschnur liegen, damit im Falle eines Hängers nur das Futterkörbchen verlorengeht.

Die Laufbleimontage mit Seitenarm

Manchmal ist es wünschenswert, dem beißenden Fisch ein wenig Schnur zu geben. Raubfische spielen beispielsweise oft längere Zeit mit dem Köder herum, bevor sie ihn schlucken. Unter solchen Umständen ist eine Laufbleimontage mit Seitenarm einem feststehenden Paternoster vorzuziehen, da sie dem Fisch beim Biß weniger Widerstand entgegensetzt. Fädeln Sie zunächst einen Wirbel und dann eine Plastikperle auf die Hauptschnur und knoten Sie an ihr Ende einen weiteren Wirbel. Binden Sie das Vorfach an die andere Öse von diesem Wirbel und einen Seitenarm mit Blei an den frei auf der Schnur laufenden Wirbel. Verwenden Sie zur Herstellung des Seitenarmes dünnere Schnur als die Hauptschnur, damit er abreißt, wenn sich das Blei in einem Hindernis verfangen hat. Die Perle hindert die beiden Wirbel daran, sich miteinander zu verwickeln.

Die Selbsthakmontage

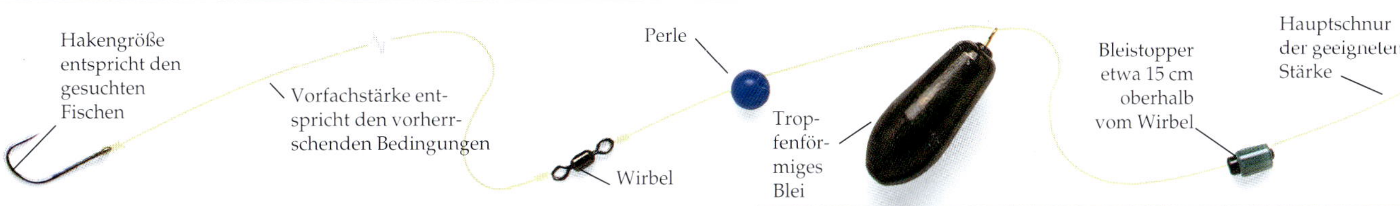

An dieser Montage kommen verhältnismäßig schwere Gewichte zum Einsatz, die auf der Hauptschnur frei zwischen Wirbel und Bleistopper gleiten können. Entwickelt wurde diese Montage von Karpfenfischern, die an überfischten Gewässern immer wieder feststellen mußten, daß die Fische an herkömmlichen Montagen bei zunehmendem Widerstand den Köder fallen lassen. Eine Montage ganz ohne Blei wäre eine logische Antwort auf das Problem, mit den Selbsthakmontagen lassen sich jedoch bessere Ergebnisse erzielen. Beim ersten Kontakt zwischen einem Karpfen und einer Selbsthakmontage spürt dieser das schwere Blei wegen dem kurzen Stück lockerer Schnur nicht. Sobald er aber mit dem Köder davonschwimmt, wird die Schnur vom Bleistopper blockiert und schon ruckt der Fisch an dem schweren Blei. Dieser Ruck reicht aus, um die Hakenspitze ausreichend tief in das Karpfenmaul einzutreiben.

Posenfischen - in Fliessgewässern

Posen, die lediglich an ihrem unteren Ende befestigt sind, wie beispielsweise die Waggler, sind in trägen Flüssen und bei starkem Wind in ihrem Element. Weil sie nur an ihrem unteren Ende befestigt sind, befindet sich die Schnur zwischen ihnen und der Rute unter Wasser, wodurch sie vor Turbulenzen an der Oberfläche geschützt ist. In schnellfließenden Gewässern sind an beiden Enden befestigte Schwimmer angesagt. Loafers, Sticks und Avons gehören alle zu dieser Schwimmerkategorie.

EINEN WAGGLER AUSWERFEN
Um große Distanzen zu erreichen, müssen Sie den Schwimmer gefühlvoll hinter sich schwingen lassen, um ihn dann mit der Rute kraftvoll nach vorne zu schleudern. Mit einem weniger weit ausholenden Wurf erreicht man zwar nur eine geringere Entfernung, dafür sinkt auch das Risiko, mit dem Haken in der Uferböschung hängenzubleiben.

Spaltblei

Spaltbleie übernehmen mehr Aufgaben, als nur die Schnur zu beschweren. Je nachdem, wie sie auf der Schnur verteilt werden, läßt sich ein Köder durch Spaltbleie auf unterschiedliche Art und Weise anbieten. Hierdurch kann auch die Sensibilität des Schwimmers erhöht und die Verwicklungsgefahr beim Wurf reduziert werden. Spaltbleie sind in verschiedenen Größen erhältlich, wovon die größten SSG genannt oder als Schwanenblei bezeichnet werden. Die kleinsten Spaltbleie werden auf das Vorfach geklemmt, damit der Köder möglichst langsam absinkt.

Bleigröße	Gewicht (in Gramm)
SSG	1.89
AAA	0.81
BB	0.4
Nr. 1	0.28
Nr. 4	0.17
Nr. 6	0.105
Nr. 8	0.063
Nr. 10	0.034
Nr. 12	0.02
Nr. 13	0.012

Wagglermontagen

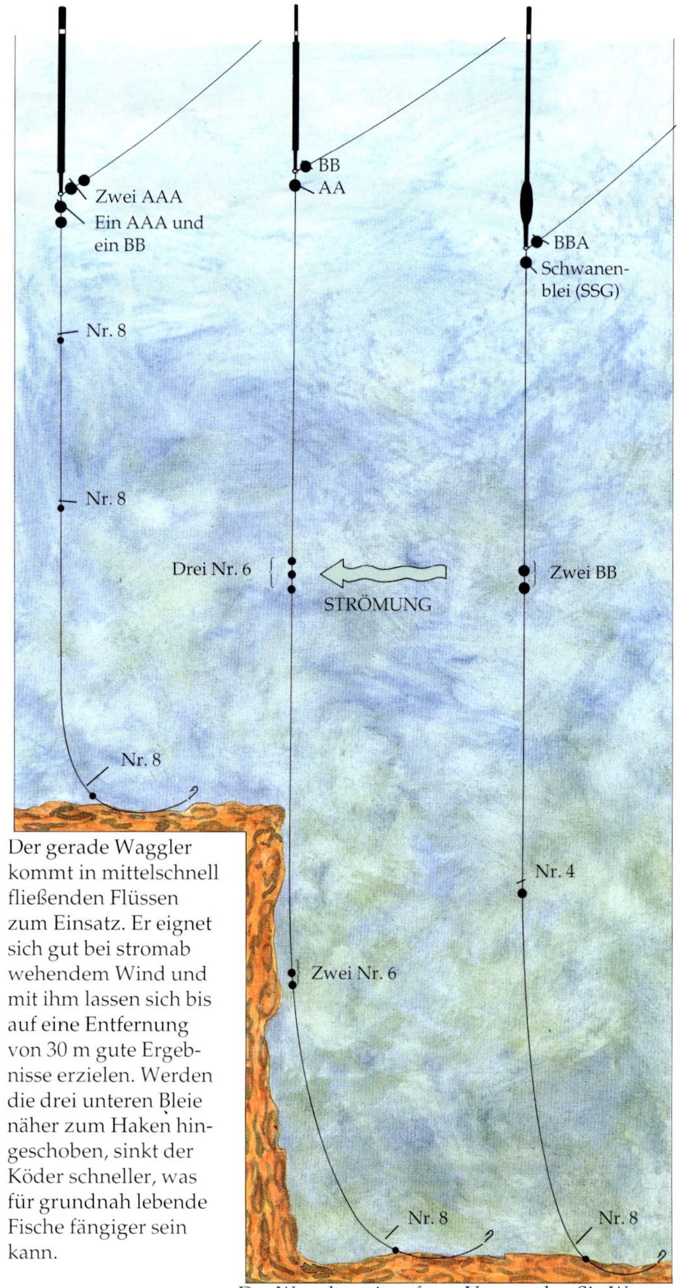

Der gerade Waggler kommt in mittelschnell fließenden Flüssen zum Einsatz. Er eignet sich gut bei stromab wehendem Wind und mit ihm lassen sich bis auf eine Entfernung von 30 m gute Ergebnisse erzielen. Werden die drei unteren Bleie näher zum Haken hingeschoben, sinkt der Köder schneller, was für grundnah lebende Fische fängiger sein kann.

Der Waggler mit aufgesteckter Spitze (Insert-Waggler) eignet sich ideal zum Befischen von träge fließenden Flüssen, wenn die Fische den Köder beim Absinken nehmen. Mit diesem Waggler lassen sich auch tiefe Stellen befischen, allerdings kann mit ihnen aufgrund ihrer Sensibilität nicht verzögert gefischt werden, man muß sie treiben lassen.

Verwenden Sie Waggler mit Schwimmkörpern (Bodied Waggler), wenn Sie in trägen Flüssen in großer Entfernung fischen. Wegen des hohen Auftriebes muß die Montage stark bebleit werden, sodaß sich hohe Wurfweiten erzielen lassen. Die Verteilung der Spaltbleie auf der Schnur kann den Köder schnell oder langsam sinken lassen.

Das Ausloten der Tiefe

Beim Posenfischen ist es wichtig, die genaue Tiefe der Angelstelle zu kennen. Mit Hilfe einer Sonde oder eines Lotbleies können Sie sie problemlos herausfinden. Hängen Sie die Sonde an den Haken und lassen Sie sie auf den Grund sinken. Verschieben Sie nun Ihren Schwimmer oder Ihren Stopknoten so, daß die Posenspitze knapp aus dem Wasser ragt. Die Entfernung zwischen Haken und Pose entspricht nun in etwa der Wassertiefe. Loten Sie Ihre Angelstelle möglichst weitflächig aus, bis Sie sich eine Vorstellung von der Bodenbeschaffenheit machen können.

DIE SONDE
Die Sonde, ein kleines Blei, wird an den Haken gehängt oder geklemmt.

STOPBLEI
Hiermit lassen sich an ihrem unteren Ende befestigte Schwimmer arretieren.

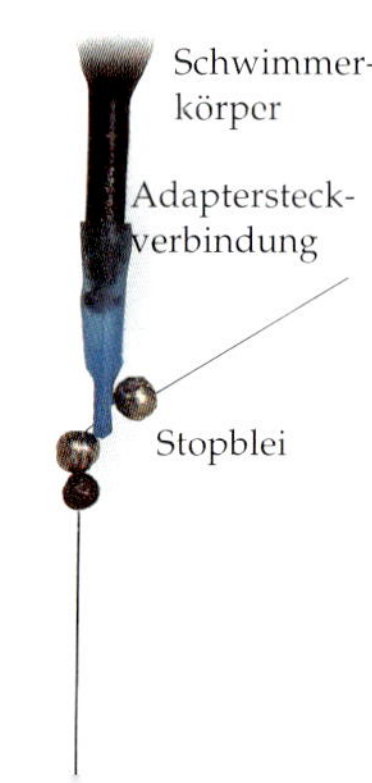

Stickmontagen

Sommermontage für Flachwasser | Montage für mitteltiefes Wasser | Montage für tiefes Wasser

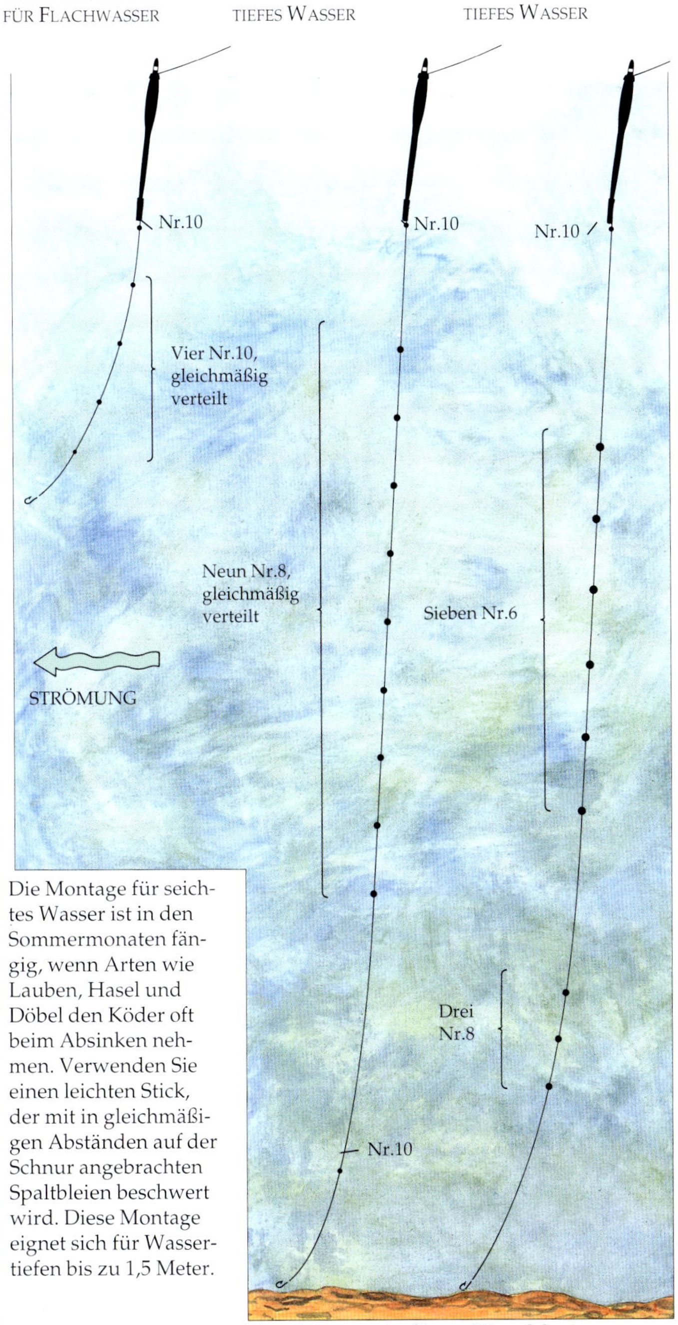

Die Montage für seichtes Wasser ist in den Sommermonaten fängig, wenn Arten wie Lauben, Hasel und Döbel den Köder oft beim Absinken nehmen. Verwenden Sie einen leichten Stick, der mit in gleichmäßigen Abständen auf der Schnur angebrachten Spaltbleien beschwert wird. Diese Montage eignet sich für Wassertiefen bis zu 1,5 Meter.

Diese Montage ist für mittlere Tiefen und gemäßigte Strömung geeignet. Verwenden Sie in Tiefen von 1 bis 1,5 m einen an seinem unteren Ende beschwerten Stick und in seichterem Wasser einen unbeschwerten, leichteren Stick. In schnellem Wasser befestigen Sie direkt über dem Vorfach einige Nr.8 Spaltbleie unmittelbar aneinander.

Diese Montage erzielt bis in drei Meter Wassertiefe gute Ergebnisse. Verwenden Sie einen Schwimmer, dessen unteres Ende beschwert ist, damit der Köder schnell auf Höhe der Fische gelangt. Diese Montage ist gut zum Fang von Fischen geeignet, die sich am oder über dem Grund ernähren.

MINDESTTIEFE
Mit Hilfe eines auf die Schnur geklemmten Spaltbleies können Sie die Mindesttiefe markieren, die Sie befischen wollen.

Das Führen eines Sticks

Mit einem Stick als Schwimmer läßt man den Köder mit der Strömung stromab treiben, wobei man die Montage gelegentlich abbremst, sodaß der Köder von der Strömung etwas emporgedrückt wird, wodurch sich viele Fische zum Biß verleiten lassen. Stellen Sie die Tiefe ein wenig zu tief ein, d.h., daß die Entfernung zwischen Ihrem Schwimmer und dem Haken etwas länger als die eigentliche Wassertiefe ist. Werfen Sie nun ein wenig stromab von sich und lassen Sie den Schwimmer bei geöffnetem Schnurfangbügel mit der Strömung treiben. Bremsen Sie mit dem Finger am Spulenrand die Schnur minimal und halten Sie so die vom Schwimmer und der Strömung abgezogene Schnur unter Spannung. Diese Spannung reicht aus, um den Köder unmittelbar über dem Grund treiben zu lassen; wird mehr blockiert, steigt er mehr zur Oberfläche.

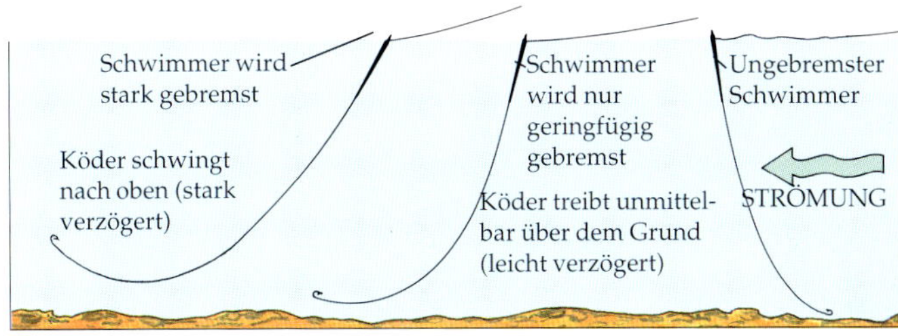

SCHNURFÜHRUNG
Wird verzögert gefischt, dann behält man stehend oft eine bessere Kontrolle über die Endmontage als sitzend.

Wind

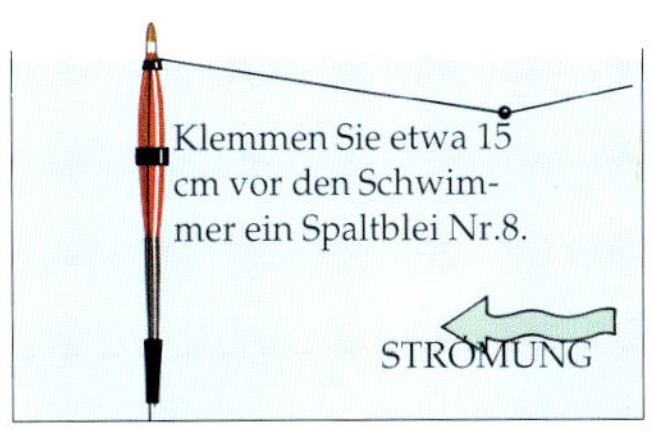

Um den Windeinfluß auf die Sticks zu reduzieren, kann man die Schnur vor dem Schwimmer ein wenig zusätzlich beschweren und dadurch versenken. Meist reicht schon ein Nr.8 Spaltblei aus, das etwa 15 cm oberhalb von dem Schwimmer auf die Hauptschnur geklemmt wird.

ANFÜTTERN
Um Fische anzulocken und zum Fressen zu verleiten, kann man an seiner Angelstelle mit Hilfe einer Futterschleuder anfüttern. Lose Hakenköder werden unmittelbar vor dem Wurf an die Angelstelle geschossen. Diese losen Köder sinken langsam herab und haben sich erst einmal die Fische an sie gewöhnt, schrecken sie auch vor dem am Haken sitzenden Köder nicht so sehr zurück.

Posenfischen - in stillstehenden Gewässern

Zum Fischen in stillstehenden Gewässern werden die Schwimmer gewöhnlich nur an ihrem unteren Ende befestigt. Die Schnur läuft durch eine Öse am unteren Schwimmerende und der Schwimmer wird von zwei Stopbleien in Stellung gehalten. In den Sommermonaten stehen in stillstehenden Gewässern die Fische oft in den oberen Wasserschichten. Sie lassen sich dann gut beim Absinken des Köders fangen. Hierzu wird der Großteil der Beschwerung unmittelbar am Schwimmer angebracht, während darunter nur noch wenige, winzig kleine Spaltbleie kommen. Rechnet man beim Absinken nicht mit Bissen, wird der Hauptteil der Beschwerung etwa auf halber Höhe angebracht, damit der Köder schnell durch die oberen Schichten sinkt. Bleiben die Bisse aus, dann kann es sich lohnen, das unterste Spaltblei etwa 10 bis 45 cm über dem Haken anzubringen.

Das Werfen

Um an großen Gewässern hohe Wurfweiten zu erzielen, ist man mit dem Überkopfwurf am besten bedient. Holen Sie den Schwimmer bis etwa einen Meter unter die Rutenspitze ein. Öffnen Sie nun den Schnurfangbügel (oder drücken Sie den Freigabeknopf Ihrer Kapselrolle) und klemmen Sie dabei die Schnur zwischen Zeigefinger und Spulenrand ein. Mit der so eingeklemmten Schnur führen Sie die Rute gefühlvoll über die Schulter Ihres Rutenarmes nach hinten. Beschleunigen Sie die Rute über Ihren Kopf nach vorne und geben Sie gegen Ende dieser Beschleunigung die eingeklemmte Schnur frei. Begleiten Sie den Bogen in der Flugbahn Ihres Schwimmers mit der Rutenspitze, bis die Rute horizontal nach vorne weist. Hat der Schwimmer das Wasser fast erreicht, bremsen Sie seinen Flug mit dem Zeigefinger am Spulenrand gefühlvoll ab und lassen Sie dadurch die Montage möglichst sanft eintauchen.

Das Abbremsen
Das Abbremsen der Schnur, damit die Montage sanft auf dem Wasser aufsetzt, sollte jeder Angler beherrschen. Hierdurch wird auch die Verwicklungsgefahr der Endmontage deutlich reduziert. Das liegt daran, daß durch das Bremsen der Schnur die ganze Endmontage gestreckt wird und in gestrecktem Zustand auf das Wasser fällt.

KONTROLLIERTE LANDUNGEN
Wird der Wurf gekonnt abgebremst, landet die Montage sanfter auf dem Wasser. Schließen Sie nach dem Auftreffen den Schnurfangbügel.

Grundtechniken

Die zwei Grundtechniken an stillstehenden Gewässern sind das Anbieten des Köders auf dem Grund, wobei im Falle eines Bisses der Schwimmer angehoben wird (Liftmethode), und das Fischen mit einem langsam absinkenden Köder. Mit der Liftmethode ist man dann erfolgreich, wenn man die Tiefe so einstellt, daß das erste Blei aufliegt und nur die Posenspitze aus dem Wasser ragt.
Beim Fischen mit langsam absinkendem Köder muß man die Sekunden abzählen, die nach dem Wurf notwendig sind, um den Schwimmer aufzurichten. Richtet sich der Schwimmer nicht in derselben Zeit auf, hat ein Fisch den Köder genommen.

Die Liftmethode

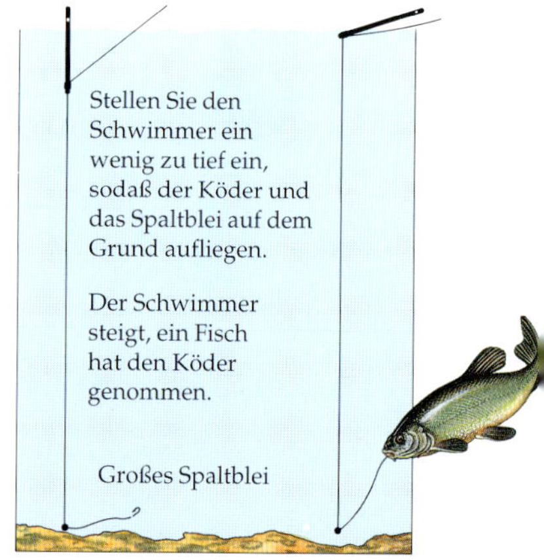

Montagen für stillstehende Gewässer

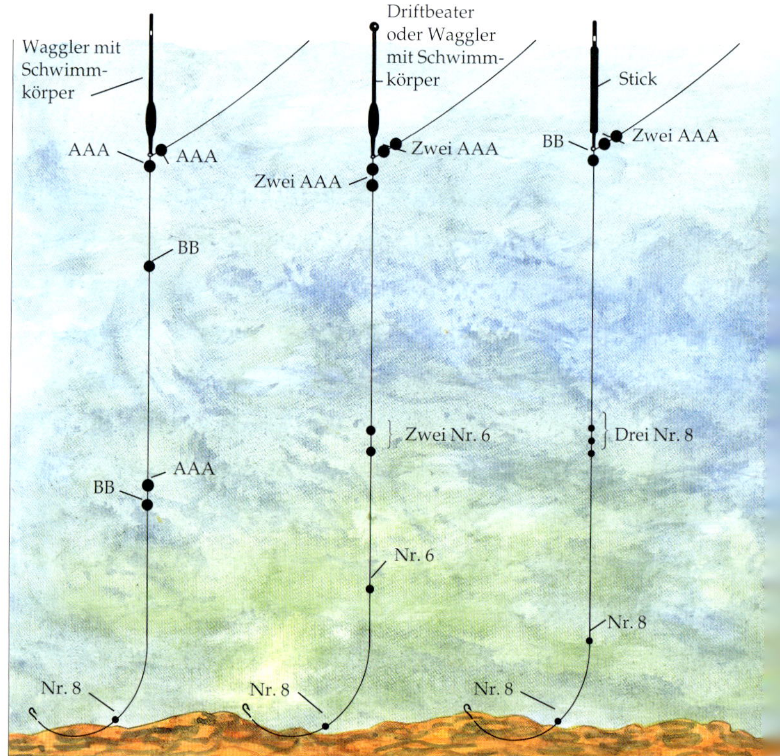

Die Idealmontage für den Brachsenfang. Der hohe Auftrieb des Schwimmkörpers ermöglicht es, die Montage stark zu beschweren, wodurch Verwicklungen beim Wurf vermieden und große Reichweiten ermöglicht werden. Die über dem Haken gebündelten Bleie bringen den Köder schnell auf Tiefe.

Mit Driftbeatern kann man bei starkem Wind noch fischen. Die besten Ergebnisse erzielt man, wenn die Tiefe etwas zu tief eingestellt wird. Stabilen Stand erhält er durch das hohe Gewicht an seinem unteren Ende, während darunter die Bleie progressiv leichter werden und den Köder nur langsam herunterziehen.

Diese Montage ist für Entfernungen bis zu 14 m ideal, kann allerdings auch bis in etwa 23 m Entfernung gefischt werden. Optimal arbeitet sie bei leichtem Wind und etwas Oberflächenströmung. Bremsen Sie die Schnur immer unmittelbar vor dem Aufprall ab, da so viele Verwicklungen vermieden werden.

POSENFISCHEN MIT LANGSAM ABSINKENDEM KÖDER

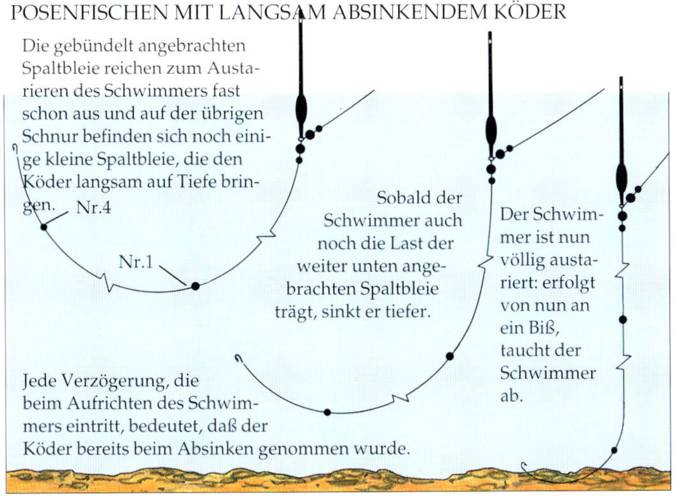

SEICHTWASSERMONTAGE / WEITWURFMONTAGE / KANALMONTAGE

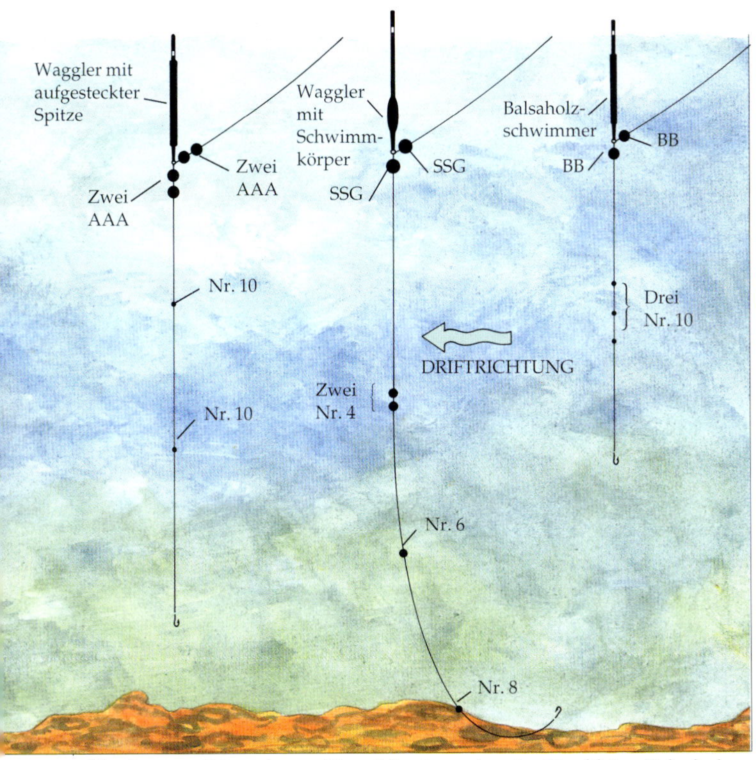

Montagen mit Insert Wagglern wie die hier abgebildete sind am erfolgreichsten, wenn zwischen Schwimmer und Haken einige kleine Bleie geklemmt werden. Diese Schwimmer sind nicht dazu gedacht, mit stark gebündelten Bleien gefischt zu werden. An seichten Stellen brauchen sie nicht größer als Nr.10 zu sein.

Diese Montage eignet sich für große Seen und Kiesgruben. Die hier abgebildete Bebleiung kann auch dahingehend geändert werden, daß der Köder nur mehr langsam in Richtung Grund sinkt. Hierzu reicht es aus, einige Spaltbleie Nr.8 in großen Abständen zueinander auf die Schnur zu klemmen.

Der kleine Balsaholzschwimmer gewährleistet eine sanfte Landung auf dem Wasser und das meiste zum Austarieren nötige Gewicht befindet sich am unteren Schwimmerende. Ansonsten klemmen nur einige kleine Spaltbleie auf der Schnur, die den Köder langsam und recht natürlich in die Tiefe ziehen.

DAS FISCHEN MIT GLEITPOSEN

Gleitposen sind dann in ihrem Element, wenn die Angelstelle tiefer ist als die Rute lang. Waggler mit Schwimmkörper, vorzugsweise mit Eigenbeschwerung, sind hierzu am besten geeignet. Diese Beschwerung verhindert, daß der Schwimmer im Wurf auf der Schnur nach oben rutscht, während der hohe Auftrieb des Schwimmkörpers zahlreiche Spaltbleie erlaubt, die den Köder schnell auf Tiefe bringen. Oberhalb vom Schwimmer wird auf die Hauptschnur ein Stopperknoten gebunden, der solange hin- und hergeschoben wird, bis die gewünschte Tiefe (die Tiefe der Angelstelle) herausgefunden wurde. Die Pose gleitet frei auf der Schnur, bis sie den Stopperknoten erreicht, der wegen der Perle nicht durch ihre Befestigungsöse paßt.

GLEITPOSENMONTAGE

DER STOPPERKNOTEN

Mit dünner monofiler Schnur läßt sich problemlos ein Stopperknoten binden. Damit er beim Wurf nicht in den Rutenringen hängenbleibt, müssen die Schnurenden entweder 10 mm lang bleiben oder ganz zurückgestutzt werden.

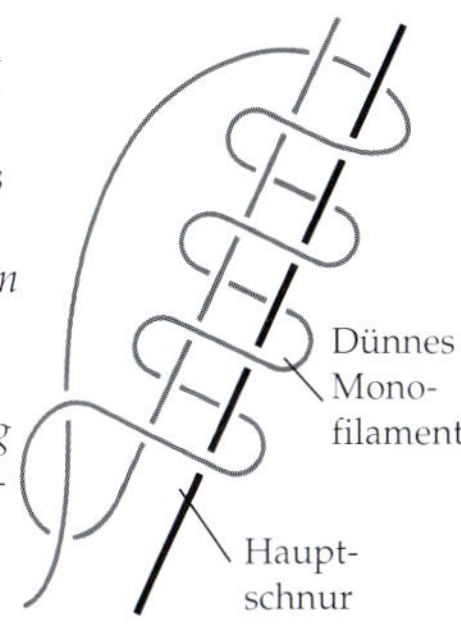

UFERPFLANZEN

Unter einem Gleitschwimmer hängt beim Wurf nur eine kurze Schnurlänge. Besonders praktisch ist das, wenn durch dichten Pflanzenwuchs der zum Wurf erforderliche Freiraum stark eingegrenzt wird.

OBERFLÄCHENMONTAGE MIT GLEITPOSE

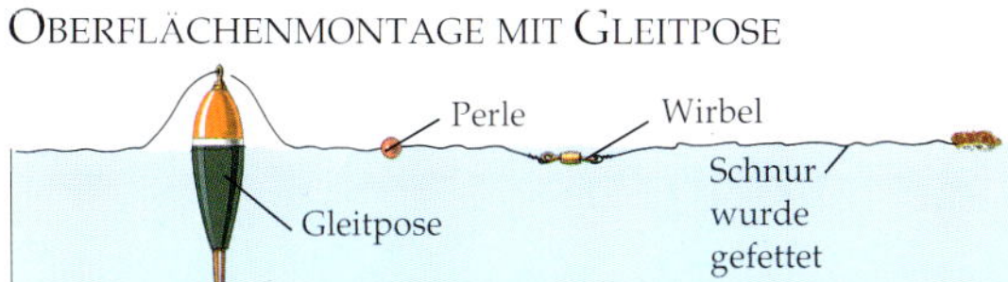

Bestimmte Gleitposen (Controller Floats) sind hervorragend dazu geeignet, um Oberflächenköder, wie Brot oder mit Luft gefüllte Tauwürmer für Karpfen und Döbel oder schwimmfähige Caster für Rotaugen und Rotfedern anzubieten. Der Schwimmer übernimmt hauptsächlich die Aufgabe des Wurfgewichtes, beim Biß wird er nicht unter Wasser gezogen. Stattdessen läuft die Schnur frei durch eine Öse am oberen Schwimmerende. Die Schnur zwischen Wirbel und Haken sollte gut gefettet werden, damit dem abziehenden Fisch so wenig Widerstand wie nur möglich entgegengesetzt wird. Diese Gleitposen können auch als Bißanzeiger dienen: setzen Sie Ihren Anhieb, sobald er quer über die Oberfläche gezogen wird.

Stippfischen - stehende Gewässer/Kanäle

Beim Befischen von stillstehenden Gewässern gilt der erste Handgriff des Anglers der Sonde (siehe Seite 222), mit deren Hilfe er die Scharkante oder den Abbruch ausfindig macht und ortet, an der die Fische sehr wahrscheinlich stehen. Beim Kanalfischen sollten Sie vor Ihren Füßen mit dem Fischen beginnen und erst, wenn die Bisse ausbleiben, weiter draußen fischen: ist der Kanal schmal, zunächst in der Kanalmitte und dann entlang vom gegenüberliegenden Ufer. An den meisten Kanälen reicht eine zehn Meter lange Stipprute aus.

Stipprutenspitzen

An Gewässern, an denen mit großen Fischen gerechnet werden muß, ist es unerläßlich, mit einer Stipprute mit Gummizug zu fischen. Der Gummizug (siehe Seite 228) verhält sich bei Anhieb und Drill wie ein Schockdämpfer und er hilft dabei, ein Ausschlitzen des Hakens zu vermeiden. Normale Stipprutenspitzen können Sie mit Hilfe eines der vielen Umbausätze, die in den Angelgerätegeschäften erhältlich sind, umrüsten. Im Handel sind auch die einzelnen Bestandteile dieser Umbausätze erhältlich.

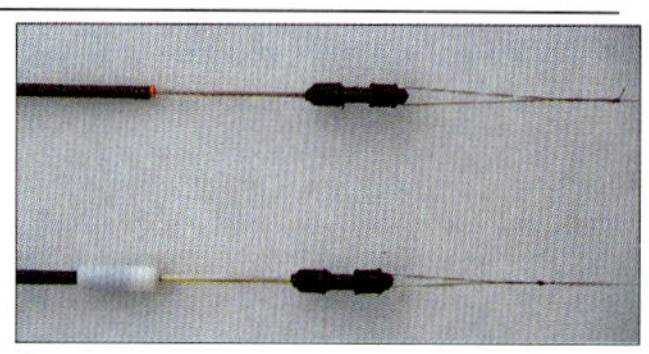

SPITZEN MIT GUMMIZUG

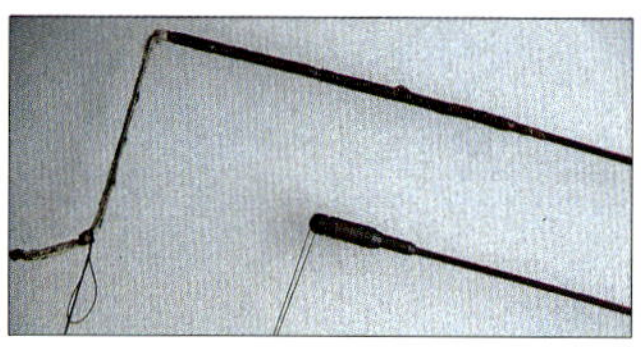

NORMALE SPITZEN

Das Auswerfen

Stecken Sie die obersten drei Rutenelemente zusammen, befestigen Sie die fertige Montage an ihrem Ende und werfen Sie sie mit einem Über- oder Unterhandwurf aus. Fügen Sie nun weitere Rutenelemente hinzu (oder ziehen Sie die Rute weiter auseinander, sofern es sich um eine Teleskoprute handelt), bis die gewünschte Länge erreicht ist. Halten Sie sich beim Fischen mit der Stipprute stets von Hochspannungsleitungen fern, vor allem dann, wenn Ihre Stipprute aus Kohlefaser ist. Stellen Sie während eines Gewitters das Fischen ein.

UNTERHANDWURF
Halten Sie die Stippe in einer Hand, die Endmontage in der anderen. Schwingen Sie die Stippe nach vorne und lassen Sie die Montage los.

ÜBERHANDWURF
Dieser Wurf ist dem Unterhandwurf ähnlich, die Stippe wird jedoch senkrecht gehalten und geworfen, und nicht annähernd horizontal gehalten.

Montagen für stehende Gewässer

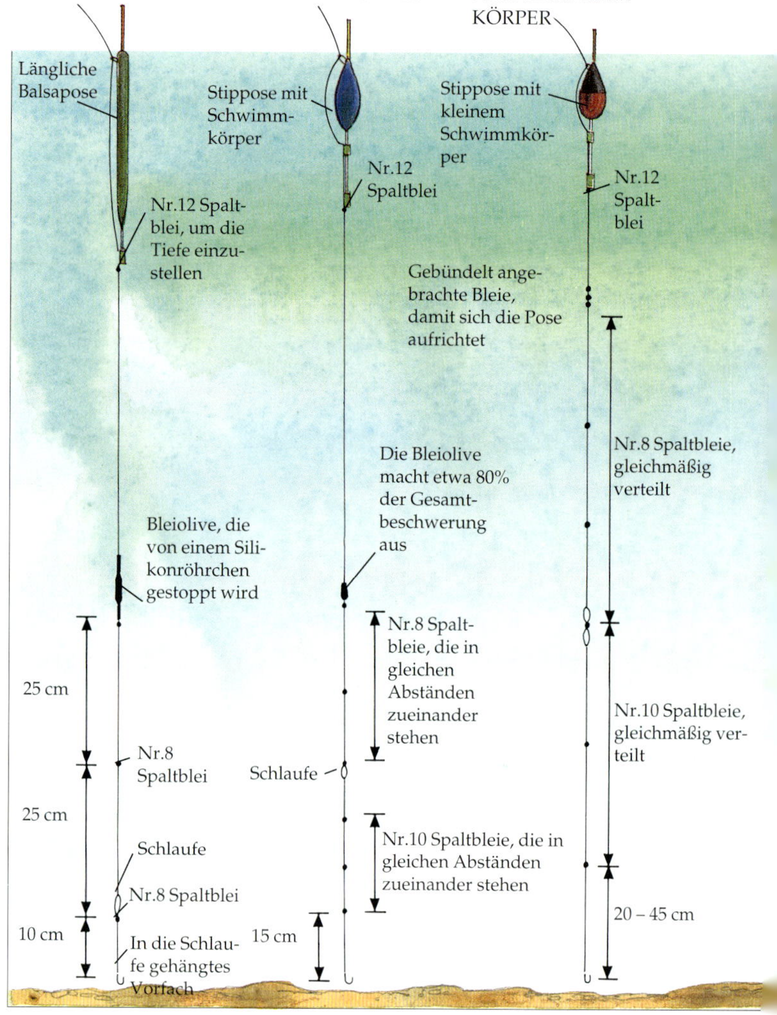

Diese Pose ist dazu gedacht, den Köder bei fehlendem oder geringem Wind unmittelbar über Grund oder auf dem Grund anzubieten. An diesem Schwimmer lassen sich die Bisse von Rotaugen und Kleinbrassen gut ablesen und richtig abgebleit sollte nur mehr die dünne Antenne aus dem Wasser ragen. Die Bleiverteilung bringt die gesamte Montage schnell ins Mittelwasser, von wo aus der Köder nur mehr langsam sinkt. Die Chancen auf einen Biß sind in dieser langsamen Sinkphase ebenso groß, wie auf dem Grund.

Diese Pose kommt zum Einsatz, wenn es beim Absinken des Köders zu Bissen kommt. Sie kann bei ruhigem Wetter, aber auch bei stärkerem Wind noch gefischt werden. Zur Bißanzeige sollte lediglich die dünne Antenne aus dem Wasser ragen. Die Bebleiung dieser Montage wurde gleichmäßig verteilt, damit der Köder ebenso gleichmäßig sinkt. Wollen Sie den Köder schneller in Grundnähe haben, dann brauchen Sie die Bebleiung lediglich ein wenig weiter unten zu bündeln. Oberflächennahes Angeln ist auch möglich, hierzu braucht die Bebleiung nur unmittelbar unter dem Schwimmer angebracht zu werden.

Diese Montage ist gut für tiefes Wasser geeignet und wird gewöhnlich 15 bis 30 cm zu tief gefischt. Sie ist besonders für grundnah lebende Fischarten, wie etwa Brachsen geeignet, weil sie den Köder schnell auf die Höhe dieser Fische bringt. Die Tiefe wird mit einem Nr.12 Spaltblei festgesetzt und die Pose von drei dicht aneinander angebrachten Nr.8 Spaltbleien aufgerichtet. Darunter befinden sich drei gleichmäßig zueinander entfernte Nr.8 und Nr.10 Spaltbleie. Das unterste Spaltblei sitzt etwa 20 bis 45 cm über dem Haken.

Stippmontagen für Kanäle

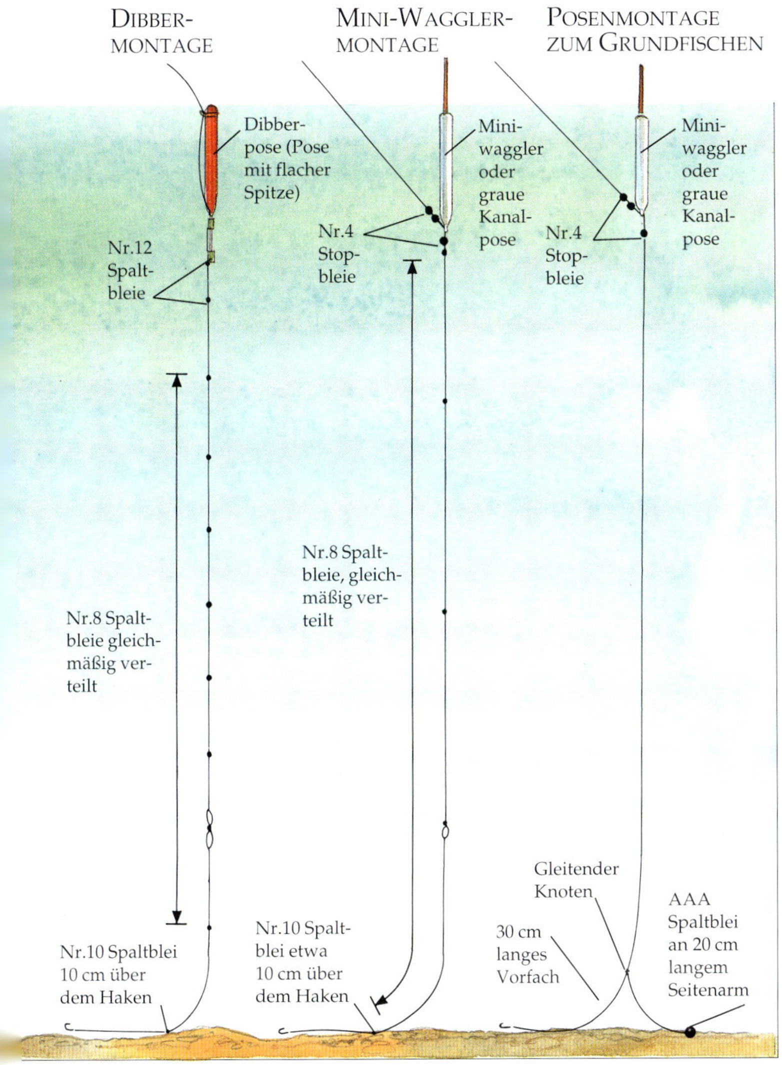

Die Dibbermontage eignet sich dazu, um in Kanälen einen weit entfernten Abbruch der Fahrrinne bei starkem Wind zu befischen. An Seen kann diese Montage bei Unterströmung recht hilfreich sein. Sie ist dazu gedacht, beim Absinken Bisse zu provozieren und eignet sich gut für den Fang von Brachsen. Die Bebleiung besteht aus einem Nr.12 Spaltblei, unter das acht gleichmäßig zueinander entfernte Nr.8 Spaltbleie kommen. Etwa zehn Zentimeter über den Haken kommt ein Nr.10 Spaltblei. Die Posenspitze sollte nur ganz minimal aus dem wasser hervorragen.

Diese Montage kommt in Seen und Kanälen zum Einsatz und ist für den Fang von Brachsen und Rotaugen geeignet. Die Pose wird an ihrem unteren Ende befestigt, indem auf jede Seite der Befestigungsöse Stopbleie geklemmt werden. Die Rutenspitze wird gewöhnlich ein wenig getaucht, damit die Schnur unter Wasser bleibt. Hierdurch wird ein Abtreiben der Schnur vermieden. Gelegentlich kann es auch erforderlich sein, die Schnur mit einem Nr.8 Spaltblei etwa 20 cm über dem Schwimmer zusätzlich zu beschweren, damit die Schnur wirklich sinkt.

Diese Version der Miniwagglermontage ist für besonders widrige Bedingungen gedacht, wenn nichts anderes als das Verankern des Köders auf Grund übrigbleibt. Hierzu kommt ein tropfenförmiges Blei oder ein AAA Spaltblei an einen etwa 20 cm langen Seitenarm, der über einen auf der Hauptschnur gleitenden Knoten etwa 30 cm über dem Haken an dieser befestigt wird. Verkürzen Sie diesen Abstand, wenn die Bisse nicht ausreichend deutlich angezeigt werden. Herrscht Unterströmung oder sehr starker Wind vor, muß er verlängert werden.

Umgang mit Stipprute oder Stippe

Steckruten werden verlängert, indem weitere Rutensegmente an sie gesteckt werden und verkürzt, indem Rutensegmente entfernt werden. Teleskopruten werden verlängert, indem weitere Rutensegmente aus ihrem Inneren gezogen werden. Durch den umgekehrten Vorgang werden sie verkürzt. Achten Sie darauf, daß die Rutensegmente stets sauber sind. Hierdurch vermeiden Sie unnötige Abnutzung und ermöglichen ein problemloses Verlängern und Verkürzen.

DAS HALTEN EINER STIPPE
Fischen Sie sitzend. Halten Sie die Rute quer über einen Schenkel oder drücken Sie das Rutenende an Ihr Becken und halten Sie sie mit einer oder mit beiden Händen.

STIPPRUTENHALTER
Stipprutenhalter halten die Stippe über dem Boden, während Sie die Montage ändern, einen Fisch vom Haken lösen oder anfüttern.

VERKÜRZEN
Um einen an einer langen Stipprute gehakten Fisch zu landen, müssen Sie die Stipprute so lange verkürzen, bis der Fisch in Reichweite der Hand oder des Keschers gelangt ist.

ZUR HAND SCHWINGEN
Ist die Rute nur mehr zwei oder drei Rutensegmente lang, können kleine bis mittelgroße Fische zur Hand geschwungen werden.

ANGELENTFERNUNG
Mit einer langen Stipprute lassen sich Köder punktgenau auch auf große Entfernung fischen. Auch sonst unzugängliche Stellen werden erreicht.

STIPPFISCHEN - IN FLIESSGEWÄSSERN

Das Stippfischen in schnellfließenden Gewässern erfordert kleine Rundkörperposen, die mit der Fließgeschwindigkeit treiben können, aber auch gebremst und verzögert werden können. Für träge Flüsse eignen sich Schwimmer mit dünnen Antennen und Schwimmkörpern. Zum Stippfischen in Fließgewässern gibt es zwei Grundtechniken. Die erste besteht darin, mit Hilfe einer langen Stippe und kurzer Schnur die Köderdrift zu bremsen und zu verzögern. Für die andere braucht man eine lange Stippe mit langer Schnur - beispielsweise eine zehn Meter lange Stippe und eine neun Meter lange Schnur - , denn nur so läßt sich der Köder in der Fließgeschwindigkeit über längere Strecken fischen.

ANFÜTTERUNGSTECHNIKEN

Um die Fische an eine Stelle zu locken, an der Sie den Köder auf Grund anbieten, müssen Sie einige Futterkugeln auf Brotbasis, in die auch einige Hakenköder gemischt wurden, an die Angelstelle werfen. Wollen Sie Fische anfüttern, die den Köder beim Absinken nehmen, sollten Sie mit der Futterschleuder loses Futter, beispielsweise Maden, an der Angelstelle einbringen.

FUTTER-SCHLEUDER
Mit Hilfe einer Futterschleuder lassen sich Futtermasse oder lose Hakenköder recht punktgenau an die Angelstelle befördern. Beim Anfüttern mit der Schleuder sollten Sie die Rute auf das Ufer, in den Rutenhalter oder quer über Ihre Beine legen.

GUMMIZUG

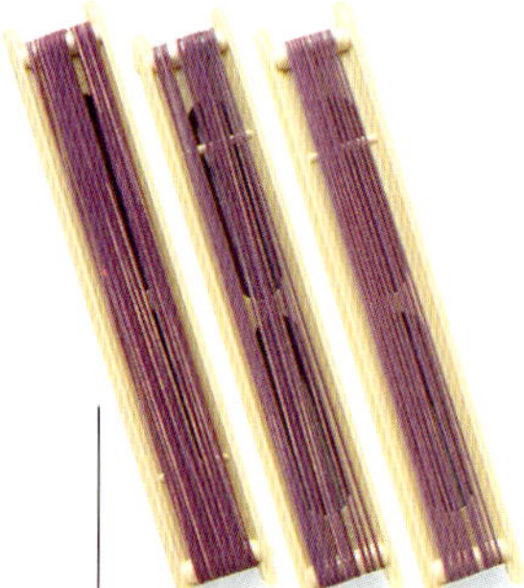

GUMMIZÜGE
Drei Größen (Nr.4, Nr.5 und Nr.6) auf Schnuraufwicklern.

Die Gummizüge für die Gummizugspitzen (siehe Seite 226) sind in acht verschiedenen Größen (Nr.1 bis 8) erhältlich, wovon jede eine andere Tragkraft hat. Sie werden auf Schnuraufwicklern geliefert, die auch zum Aufwickeln von fertigen Stippmontagen geeignet sind. Diese Gummizüge sind gewöhnlich mit einem Gleitfilm überzogen, der ihnen dabei hilft, mit recht geringer Reibung durch das hohle Rutensegment zu gleiten. Gelegentliches Nachfetten ist erforderlich, damit der Gummizug nicht zu schnell spröde wird. Viele Angler führen verschiedene Stipprutenspitzen mit sich, deren Tragkraftwerte unterschiedlich sind und sich deshalb für unterschiedlich große Fische eignen.

MONTAGEN FÜR FLIESSGEWÄSSER

STIPPOSE MIT SCHWIMMKÖRPER

STIPPOSE MIT SCHWIMMKÖRPER UND HOLZKIEL

STIPPOSE MIT SCHWIMMKÖRPER UND DRAHTKIEL 1

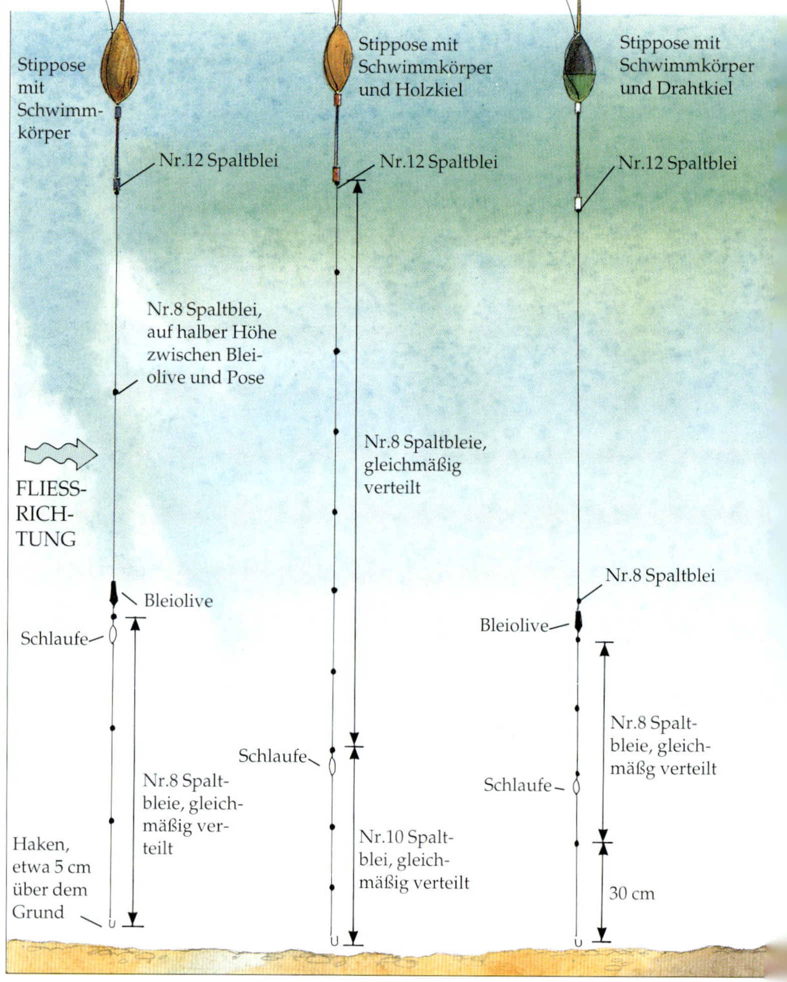

Mit dieser Montage wird in Grundnähe in trägem bis mittelschnellem Wasser gefischt, das 1,5 bis 2,1 m tief ist. Die Angelstelle muß zuvor angefüttert werden und durch sie treibt mit der Fließgeschwindigkeit die an beiden Enden befestigte Pose. Beschwert wird diese Montage mit einer Bleiolive, über die ein Nr.8 Spaltblei und unter die drei Nr.8 Spaltbleie kommen. Der beköderte Haken sollte unmittelbar über dem Grund geführt werden und dabei darf vom Schwimmer nur die Antenne aus dem Wasser ragen.

In mittelschnellem Wasser eignet sich eine kurze Version dieser Montage gut dazu, oberflächen- und freiwasseraktive Fische in Tiefen von 60 cm bis 90 cm zu fangen. Soll die gesamte Flußtiefe befischt werden, kann sie, wie abgebildet, problemlos verlängert werden. Sie sollte mit der Fließgeschwindigkeit treiben und vom Schwimmer dabei lediglich die Antenne aus dem Wasser ragen. Die Beschwerung besteht aus acht gleichmäßig voneinander entfernten Nr.8 Spaltbleien, die sich über zwei gleichmäßig voneinander entfernten Nr.10 Spaltbleien befinden.

Mit dieser vielseitigen Montage können Sie den Köder unter der Rutenspitze auf dem Grund anbieten, ihn in tiefem und schnellem Wasser verzögert über der Futtermasse halten oder ihn mit der Fließgeschwindigkeit des Wassers durch die Angelstelle treiben lassen. Befestigen Sie gebündelte Spaltbleie oder eine Bleiolive etwa 75 cm über dem Haken und verteilen Sie darunter gleichmäßig drei Nr.8 Spaltbleie. Befestigen Sie den Schwimmer an beiden Enden; aus dem Wasser ragt lediglich seine Antenne. Diese Montage erlaubt sogar in schnellfließendem Wasser noch eine gute Köderführung.

STIPPOSE MIT SCHWIMMKÖRPER UND DRAHTKIEL 2

KLEINFISCHMONTAGE

POSENMONTAGE ZUM GRUNDFISCHEN

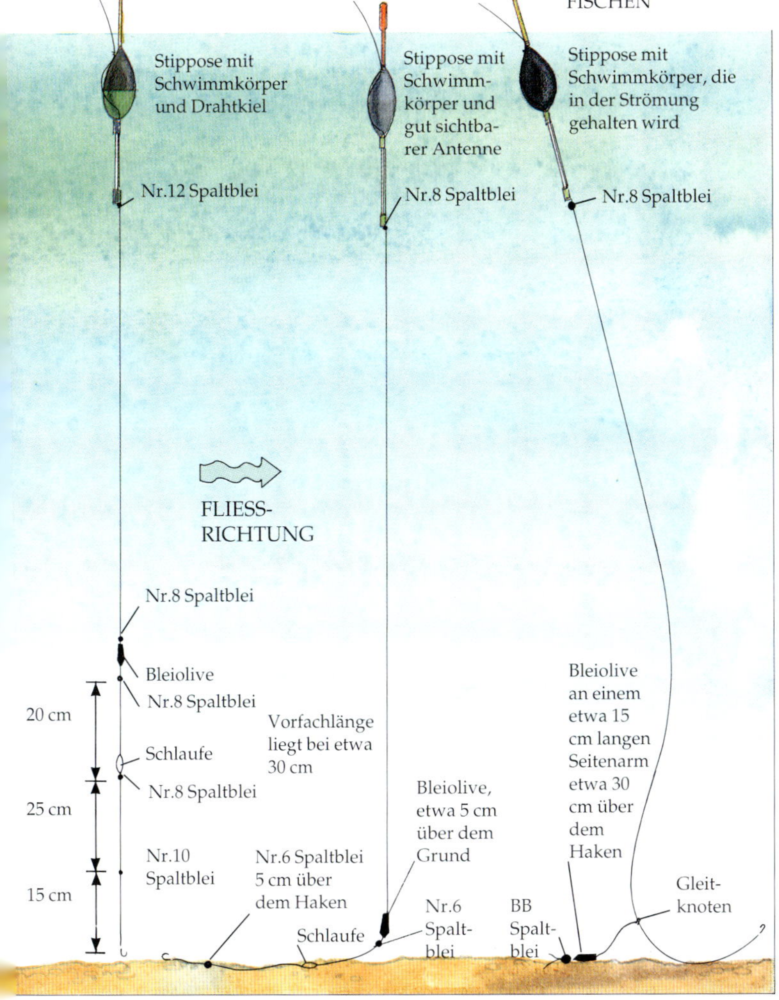

Verwenden Sie diese Montage, um den Köder in Fließgeschwindigkeit unmittelbar über Grund für Fische, die sich im unteren Drittel der Wassertiefe aufhalten, anzubieten. Bringen Sie gebündelte Spaltbleie oder eine Bleiolive etwa 60 cm über dem Haken an oder in etwa einem Drittel der Entfernung zwischen Haken und Schwimmer. Befestigen Sie unmittelbar über dem gebündelten Blei oder der Olive ein Nr.8 Spaltblei und darunter ein Nr.10 Spaltblei. Tarieren Sie den Schwimmer so aus, daß lediglich seine Antenne aus dem Wasser ragt.

Diese Montage ist zum Fischen auf kurze Entfernung und zum Fang von bis zu 250 Gramm schweren Fischen gedacht. Stellen Sie den Schwimmer so ein, daß nur die Antenne aus dem Wasser ragt und fischen Sie die Montage leicht verzögert im Randbereich, d.h., nicht mehr als etwa 3 m vom Ufer. Beschwert wird sie mit gebündelt angebrachten Spaltbleien oder einer Bleiolive, die 30 cm oberhalb vom Haken befestigt wird. Darunter kommt ein Nr.6 Spaltblei und etwas über den Haken noch ein weiteres derselben Größe. Die Bleiolive bringt den Köder schnell auf Tiefe.

Mit dieser Montage kann ein Köder statisch auf dem Grund angeboten werden. Mit ihr läßt sich der Köder auch stark verzögern und langsam über den Grund rollen. Der Schwimmer ist deutlich überbeschwert. Das Blei befindet sich auf einem 15 cm langen Seitenarm etwa 30 cm oberhalb vom Haken. Der Schwimmer wird an beiden Enden befestigt und so eingestellt, daß nur die Antenne aus dem Wasser ragt.

BLEIE ZUM STIPPFISCHEN

Beim Stippfischen werden meistens Spaltbleie und Bleioliven verwendet sowie kleine, tropfenförmige Bleie für die Grundmontagen. Die Bleioliven werden auf die Schnur gefädelt und anstelle von eng aneinander angebrachten Spaltbleien verwendet; Tönnchenbleie können hierzu auch Verwendung finden, allerdings sind sie gelegentlich Ursache von Verwicklungen. Wird mit Getreidekörnern gefischt, erzielt man mit Bleidraht bessere Ergebnisse.

FERTIGMONTAGEN
Durch im Vorhinein gefertigte Fertigmontagen können Sie je nach Bedarf schnell umrüsten.

TÖNNCHENBLEI

BLEIOLIVEN

SPALTBLEI

BLEIDRAHT

DIE GRÖSSEN VON BLEIOLIVEN UND SPALTBLEIEN

Bleiolivengröße (Paquita)	Gewicht (Gramm)	Bleiolivengröße (Torpillo)	Gewicht (Gramm)	Spaltbleigröße	Gewicht (Gramm)
12	3.0				
11	2.45	11	2.5		
10	2.1	10	2.0		
				SSG	1.89
9	1.85	9	1.5		
8	1.56	8	1.2		
7	1.36	7	1.0		
6	1.16				
5	0.82				
				AAA	0.81
		6	0.8		
4	0.67				
		5	0.6		
		4	0.5		
3	0.44				
		3	0.4	BB	0.4
2	0.37	2	0.3		
				Nr. 1	0.28
1	0.25			Nr. 2	0.24
		1	0.2	Nr. 3	0.20
0	0.17			Nr. 4	0.17
2/0	0.13	0	0.13	Nr. 5	0.13
3/0	0.105			Nr. 6	0.105
				Nr. 7	0.083
4/0	0.081				
				Nr. 8	0.063
				Nr. 9	0.049
				Nr. 10	0.034
				Nr. 11	0.026
				Nr. 12	0.020
				Nr. 13	0.012

Schleppfischen

Beim Schleppfischen wird hinter dem fahrenden Boot ein Natur- oder Kunstköder gezogen. Diese Technik kommt in stillstehenden und fließenden Gewässern für den Fang von Fischarten wie Forelle und Zander zum Einsatz, allerdings auch im Salzwasser, beispielsweise in der Big-Game Fischerei (siehe Seite 258). Bewegt wird das Boot mit Rudern oder mit Hilfe eines Motors. Der geschleppte Köder, der nahezu in jeder Tiefe angeboten werden kann, soll den Raubfischen dabei einen Futterfisch vortäuschen. Löffel, Wobbler, ja, sogar Fliegen lassen sich durch das Hinzufügen von Schleppgewichten oder das Verwenden von Lead-Core Schnur (Schnur mit Bleikern) auf große Tiefen bringen. Naturköder werden oft unter einer übertief eingestellten Gleitpose geschleppt, sodaß ein Biß recht frühzeitig angezeigt wird.

Einen See lesen

Tiefe Seen lassen sich in verschiedene Schichten einteilen: das Epilimnion, die Sprungschicht (Thermocline) und das Hypolimnion. Im Sommer und im Herbst ist das Epilimnion wärmer als das Hypolimnion, im Winter sieht es umgekehrt aus. Innerhalb dieser Schichten sind die Wassertemperaturen recht einheitlich, lediglich in der Sprungschicht kommt es zu einem jähen Temperaturunterschied. Bei starkem Wind werden diese Schichten verschoben, das Epilimnion wird an der dem Wind ausgesetzten Seite (Leeseite) dicker. Fische, die kaltes Wasser vorziehen, wie es beispielsweise bei den Seesaiblingen der Fall ist, ziehen im Sommer tiefer. Am einfachsten lassen sich diese tief schwimmenden Fische mit einem Echolot orten.

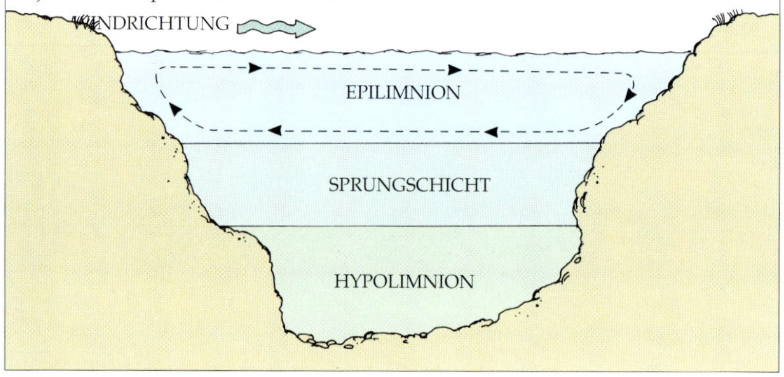

In den verschiedenen Schichten schleppen

Mit Hilfe einer mittelschweren Sinkschnur und eines gewöhnlichen Vorfaches läßt sich eine Naßfliege unmittelbar unter der Oberfläche schleppen. Tiefer kommt man, wenn man die Sinkschnur durch eine Lead-Core Schnur (Schnur mit Bleikern) ersetzt oder indem man mit einer schwereren Tubenfliege fischt. An einer Lead-Core Schnur lassen sich auch Kleinwobbler recht tief anbieten, ebenso an einer dünnen Schnur aus Stahlseide. Noch tiefer kommt man mit Hilfe eines speziellen Schleppgewichtes, das weit vor dem Köder an der Schnur befestigt wird. Zum Erreichen großer Tiefen kann man alternativ hierzu einen Downrigger verwenden, dessen großer Vorteil es ist, daß der Köder konstant in einer bestimmten, zuvor eingestellten Tiefe gehalten wird.

BOOTE
Das Schleppfischen ist von einem motorbetriebenen Boot aus am erfolgreichsten, es kann aber auch mit Rudern angetrieben werden.

Das Schleppen mit mehreren Ruten
Drei Angler können problemlos gemeinsam fischen, es ist unwahrscheinlich, daß sich ihre Schnüre ineinander verfangen, sofern sie in verschiedenen Entfernungen und Tiefen fischen. Der Angler am Heck sollte seinen Köder flach und dicht hinter dem Boot fischen. Erfolgt nun ein Biß auf eine der anderen Ruten, dann kann er schnell seinen Köder einholen und sich um den Motor kümmern.

Das Schleppen mit mehreren Ruten

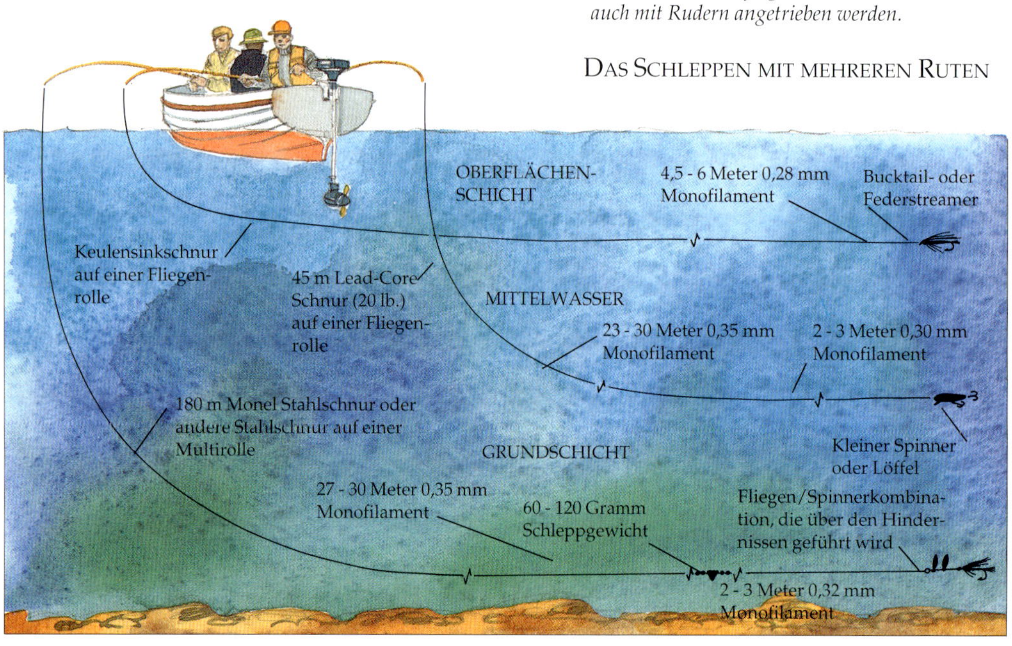

Verteilung der Schleppköder

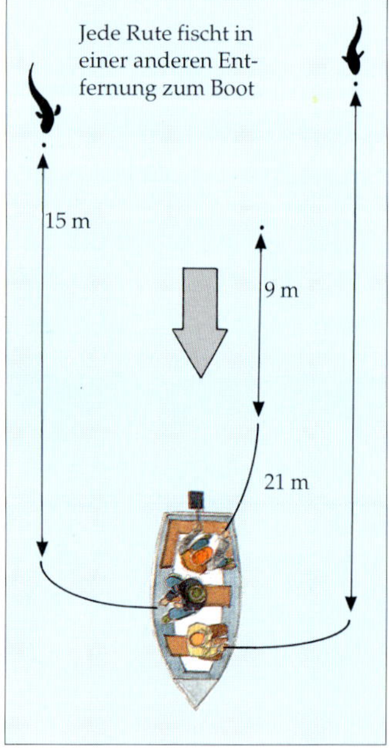

Das Downriggerfischen

Die Endmontage beim Downriggerfischen

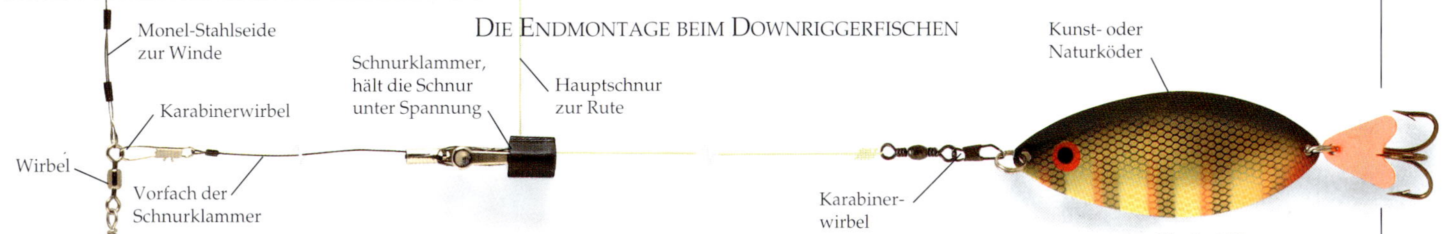

Der Downrigger fischt nicht nur konstant auf einer bestimmten, zuvor eingestellten Tiefe, er ermöglicht es auch, einen gehakten Fisch völlig ohne zusätzliche Beschwerung auf der Schnur zu drillen. Möglich wird das deshalb, weil das schwere Schleppgewicht (1,5 Kilo und mehr), das notwendig ist, um den Köder in die richtige Tiefe zu bringen, an einer separaten, robusten Schnur befestigt ist. Sie ist nur über eine Schnurklammer, die beim Biß die Schnur freigibt, mit der Angelschnur verbunden. Der Downrigger wird am Bootsheck angebracht. Das Kabel, an dem das Schleppgewicht hängt, läuft über eine kurbelbetriebene Winde. Es wurde mit einem nicht wasserlöslichen Farbstift mit den verschiedenen Tiefen markiert, sodaß sich problemlos die genaue Angeltiefe herausfinden läßt (wer mit einem Echolot fischt, kann sich diese Markierungen sparen). Nachdem die Montage in die gewünschte Tiefe herabgelassen wurde, wird die Angelschnur mit der Rolle so stark gestrafft, daß die im Rutenhalter sitzende Rute gut gebogen wird. Vergreift sich nun ein Fisch am Kunstköder, gibt die Schnurklammer augenblicklich Schnur frei und gleichzeitig springt die Rute in ihre Ausgangsstellung zurück, wodurch der Biß deutlich angezeigt und oft schon der Anhieb gesetzt wird.

Downrigger in Aktion

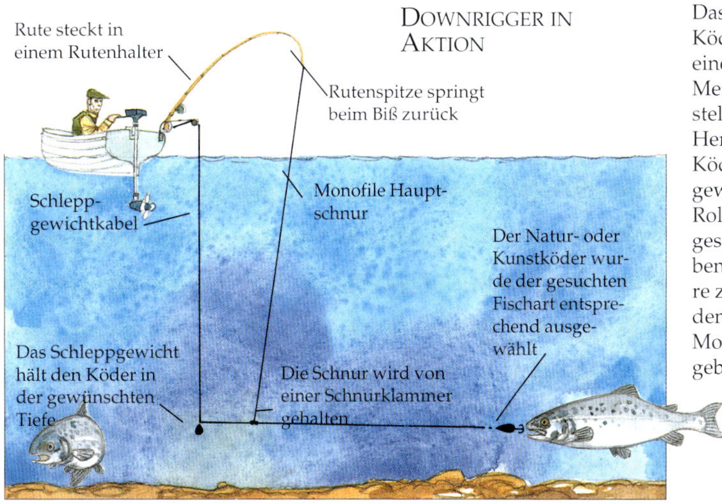

Vorfachlänge
Das Vorfach vor dem Köder kann nur einen oder Dutzende Meter lang eingestellt werden. Beim Herablassen von Köder und Schleppgewicht sollte die Rolle auf Freilauf geschaltet und gegebenenfalls die Knarre zugeschaltet werden. Erst wenn die Montage in Stellung gebracht wurde, erfolgt die Feinabstimmung der Rolle.

DOWNRIGGERWINDE
Das Kabel, welches das Schleppgewicht trägt, läuft über eine sicher am Heck befestigte Winde.

TIEF SCHLEPPEN
Mit Hilfe eines Downriggers lassen sich Schlepptiefen von über 150 Meter erreichen.

Das Fischen mit "Bottom-Bouncers" oder "Baitwalkers"

Mit diesen Hilfsinstrumenten lassen sich schwimmfähige Natur- oder Kunstköder ohne große Hängergefahr in unmittelbarer Grundnähe führen. Ein hängersicheres Blei wird auf den Grund gesenkt, dann angehoben und die gewonnene Schnur eingeholt.

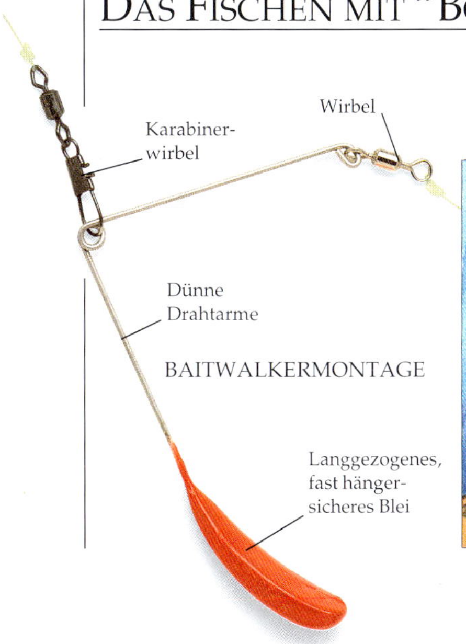

BAITWALKERMONTAGE

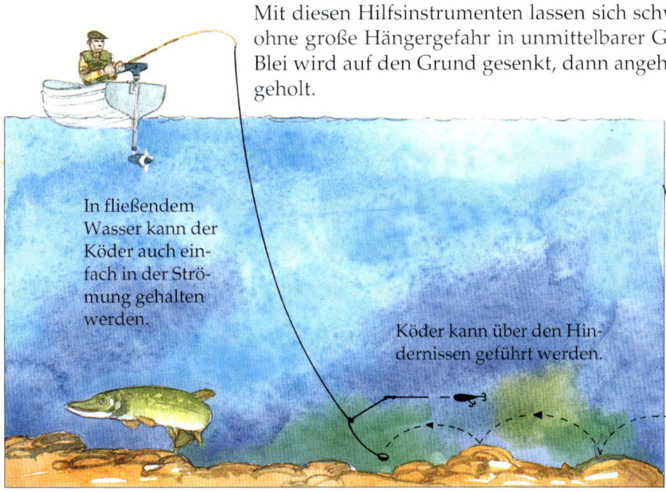

Der Überkopfwurf

Den Überkopfwurf zu beherrschen ist für jede Art der Fliegenfischerei überaus wichtig. Jeder, der zum Fliegenfischer werden möchte, muß diesen Wurf meistern können und je sauberer der Wurfstil ist, desto erfolgreicher wird der Angler sein. Die wesentlichen Elemente des Überkopfwurfes sind der Vor- und der Rückwurf sowie die Leerwürfe. Alle diese Würfe werden hier vorgestellt und beschrieben. Darüberhinaus gibt es einige zusätzliche Tips, wie man einige gängige Wurffehler ausmerzt. Wie der einzelne Angler die Rute beim Werfen hält, ist ebenfalls wichtig, allerdings muß hier jeder den für sich selbst optimalen Griff herausfinden. Welcher Griff in Betracht kommt, hängt auch von den zu erzielenden Wurfweiten ab. Versuchen Sie die hier abgebildeten Griffe und entscheiden Sie dann, welcher von ihnen am besten zu Ihrer Wurftechnik paßt.

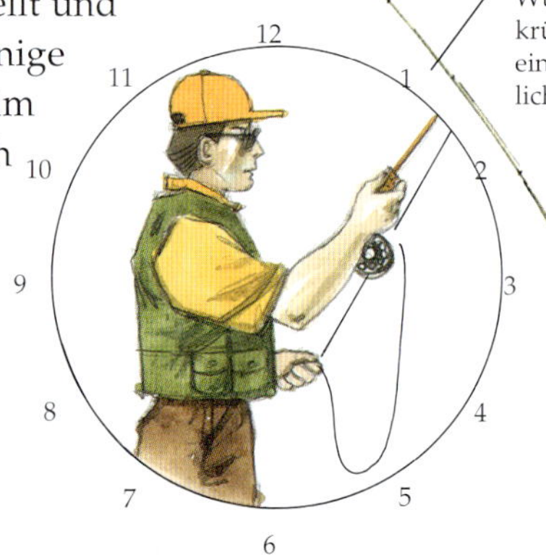

DAS ZIFFERBLATT EINER UHR
Mit Hilfe des Zifferblattes einer Uhr werden die verschiedenen Rutenstellungen beim Wurf beschrieben.

Der Griff

Kontinentalgriff
Ein sicherer, aber dennoch entspannter Griff, der ideal zum Erzielen großer Wurfweiten mit Hilfe von Keulenschnüren und schweren Schußköpfen geeignet ist. Ihm fehlt jedoch die für kurze und präzise Würfe erforderliche Sensibilität.

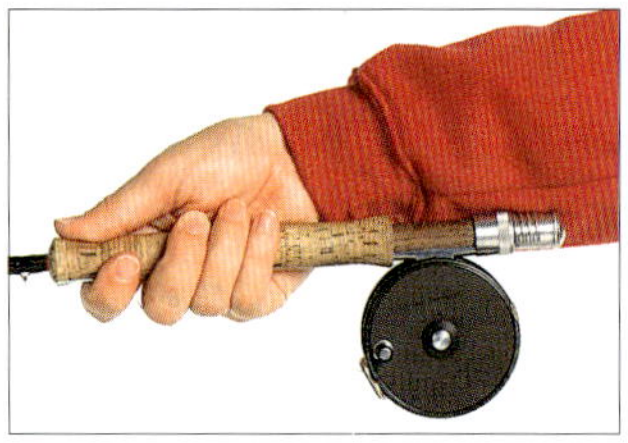

Kontinentalgriff

Standardgriff
Diesen Griff ziehen viele Allroundangler vor, die mit verschiedenen Techniken fischen. Er eignet sich gut für kurze, genaue Würfe, aber auch für Weitwürfe an breiten Flüssen und Seen. Durch den entlang der Griffoberseite liegenden Daumen ist die Belastung des Handgelenkes nicht so groß, wenn es darum geht, viel Wurfschnur in der Luft zu halten.

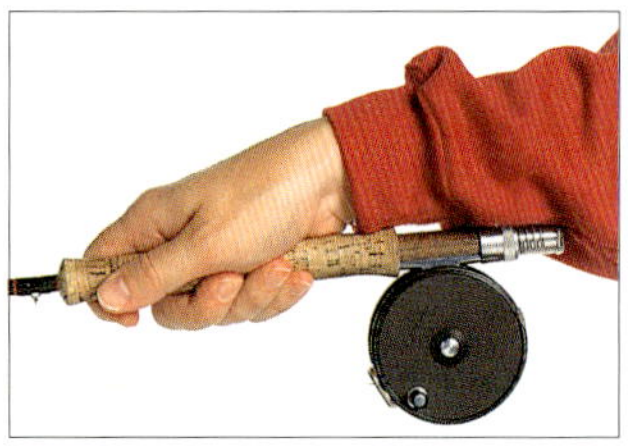

Standardgriff

Wettkampf- oder Castinggriff
Bei diesem Griff zeigt der Zeigefinger entlang der Rute. Dieser Griff ist optimal geeignet, wenn es um kurze, präzise Würfe an Bächen und Flüssen mit Trockenfliegen oder Nymphen geht.

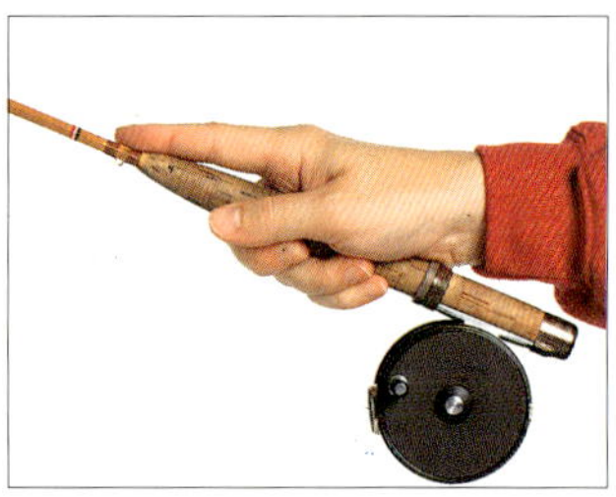

Wettkampf- oder Castinggriff

RÜCKWURF

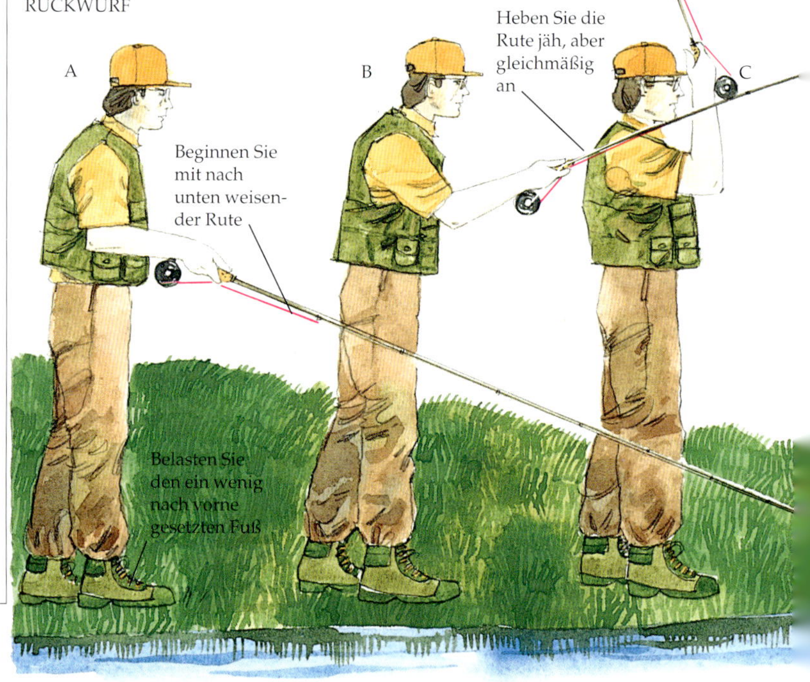

AUSBALANCIERTES GERÄT
Saubere Würfe hängen von zueinanderpassenden Fliegen, Schnüren und Ruten ab.

Der Rückwurf
Ein guter Rückwurf ist Voraussetzung für eine gute Vorwärtsbeschleunigung und wer diese beim Fliegenfischen ausschlaggebende Bewegung vernachlässigt, darf sich über einen schlechten Wurfstil nicht wundern. Bevor Sie beginnen, müssen Sie den Fuß auf Ihrer Rutenseite ein wenig nach vorne setzen, die Rutenspitze auf 4.00 Uhr in Stellung bringen und etwa 6 m Schnur vor Ihrer Rutenspitze liegen haben (A). Klemmen Sie nun die Schnur zwischen Zeigefinger und Rutengriff ein. Den Rückwurf beginnen Sie, indem Sie den Ellbogen anwinkeln (B) und dabei den Unterarm anheben, wobei die Rute gefühlvoll aber beständig von 4.00 Uhr auf 11.30 Uhr beschleunigt und dabei die Wurfschnur vom Wasser abgehoben wird (C). Halten Sie die Rute in dieser Stellung kurz an und warten Sie, bis sich die Schnur völlig gestreckt hat. Die Trägheit der Schnur krümmt die Rute bis auf 11.00 Uhr zurück. Erst jetzt beginnen Sie mit der Vorwärtsbeschleunigung. Diese Pause ist unerläßlich. Warten Sie zu lange, fällt hinter Ihnen die Schnur zu Boden. Ist die Pause zu kurz, kann es zu dem Peitschenknalleffekt kommen, der die Schnur beschädigen kann, gelegentlich geht dabei die Fliege verloren. Halten Sie Ihr Handgelenk beim Rückwurf gerade, da ansonsten die Rute zu weit abgesenkt wird. Der Vorwärtswurf kann dann nicht mehr geschmeidig und kontrolliert ausgeführt werden und findet eher ruckartig statt.

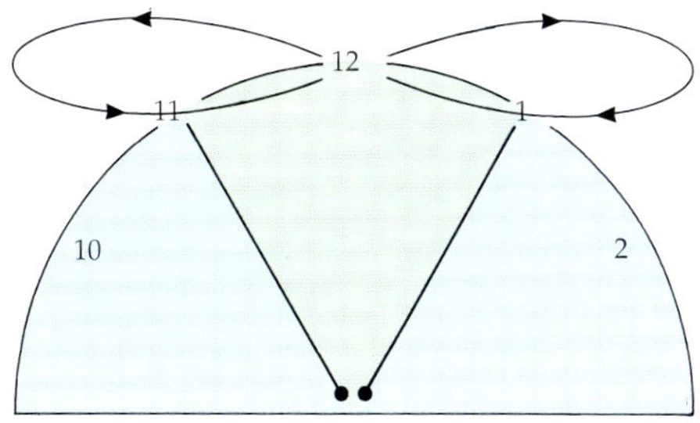

ENGE SCHLAUFE

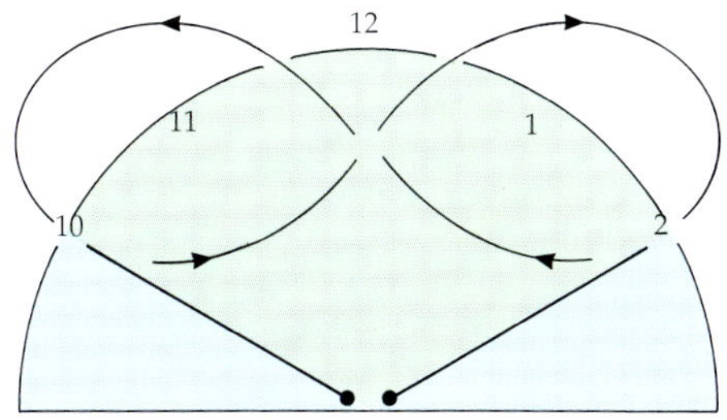

WEITE SCHLAUFE

Leerwürfe
Leerwürfe ermöglichen es uns, beim Wurf Schnur nachzufüttern und so größere Wurfweiten zu erreichen. Es handelt sich um wiederholt stattfindende Vor- und Rückwürfe, ohne daß dabei die Schnur aufsetzt. Die Rutenbewegung ist dieselbe wie beim Überkopfwurf, statt daß die Schnur zwischen Zeigefinger und Rutengriff eingeklemmt wird, wird sie nun mit der freien Hand zwischen erstem Ring und Rolle gehalten. Bei jedem Rückwurf ziehen Sie von der Rolle Schnur, die Sie beim Vorschwung schießen lassen und so nachfüttern. Bewegen Sie die Rute dabei zwischen 11.00 und 2.00 Uhr und erst wenn genug Schnur in der Luft geführt wird, wird ein normaler Vorschwung durchgeführt und die Schnur freigegeben.

Wurfschlaufen
Die Flugbahn der Wurfschnur wird von dem Bogen bestimmt, den die Rutenspitze bei den Leerwürfen beschreibt. Durch einen kurzen Bogen entsteht eine enge Schlaufe und durch einen langen Bogen entsteht eine weite.
Eine enge Schlaufe, die durch Rutenbewegungen zwischen 11.00 und 1.00 Uhr entsteht, ermöglicht Ihnen einen weiteren Wurf als eine weite Schlaufe. Dennoch ist eine enge Schlaufe nicht immer wünschenswert. Wird beispielsweise mit einem Zug aus mehreren Fliegen gefischt, kann man die Verwicklungsgefahr erheblich senken, indem man den Rutenbogen von 10.00 bis 2.00 Uhr vergrößert und in der Luft eine weitere Schlaufe führt.

Die gekrümmte Rute verhält sich wie eine gespannte Feder, sie speichert Kraft, die sie beim Vorwärtswurf freigeben wird, wodurch die Wurfschnur nach vorne geschleudert wird

VORWÄRTSWURF ODER VORSCHWUNG

Die Schnur wird freigegeben, sobald die Rute etwa 1.30 oder 2.00 Uhr erreicht hat

Eine kurze Pause ermöglicht das Schießenlassen der losen Schnur

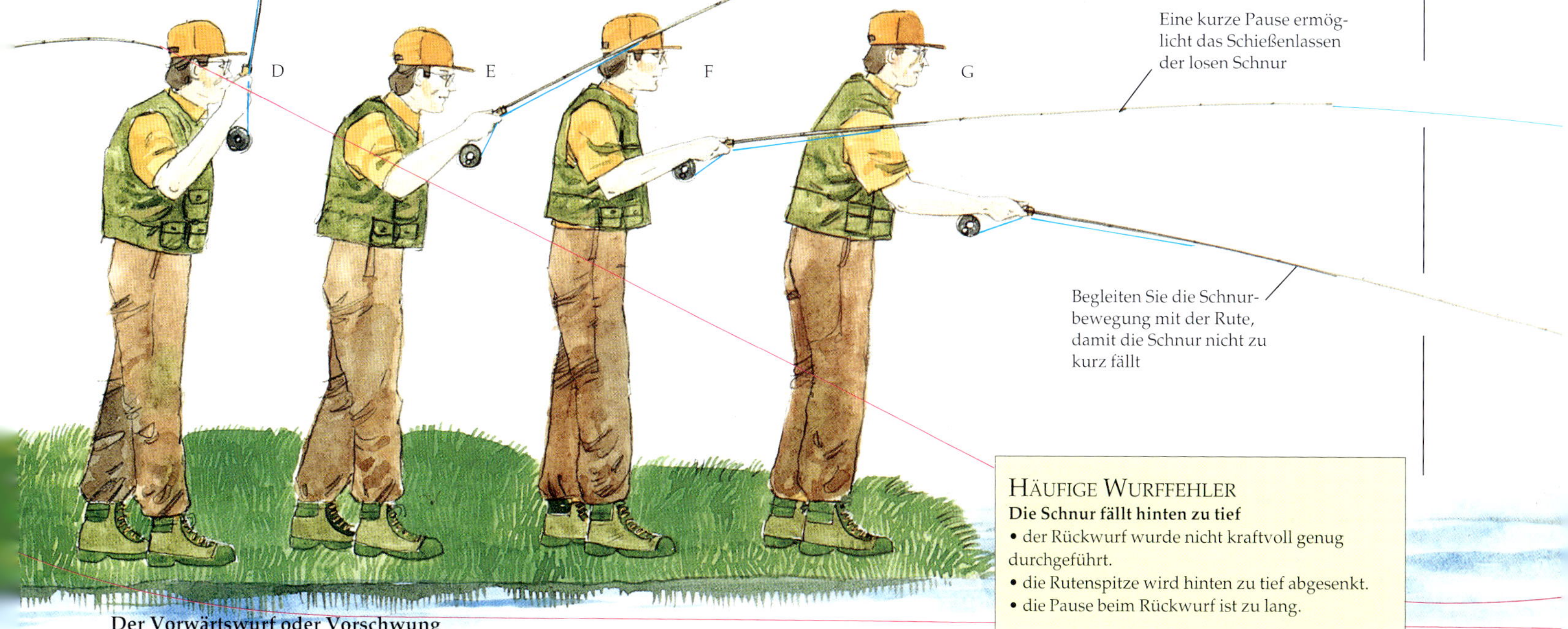

Begleiten Sie die Schnurbewegung mit der Rute, damit die Schnur nicht zu kurz fällt

Der Vorwärtswurf oder Vorschwung
Mit der unter Spannung befindlichen Rute und der hinten gestreckten Wurfschnur beginnen Sie, die Rute gleichmäßig nach vorne auf etwa 2.00 Uhr zu beschleunigen (D). Dort stoppen Sie die Bewegung abrupt ab (E), wobei Sie ganz zum Schluß die Rute noch ein wenig aus dem Handgelenk heraus nach vorne rucken. Die Handgelenkbewegung ist mit jener vergleichbar, mit der Sie mit leichten Hammerschlägen einen Nagel eintreiben würden. Beim Durchführen dieses Ruckes sollte die Rute auf einen imaginären Punkt etwa einen Meter über der Wasseroberfläche zielen. Begleiten Sie die Schnur mit der Rute, wenn sie sich zur Gänze ausstreckt und sanft auf das Wasser fällt (F,G). Alle diese Wurfbewegungen müssen möglichst durchgehend und geschmeidig ausgeführt werden.

Das Schießenlassen der Schnur
Für jede Rute gibt es eine Ideallänge an Wurfschnur, die in der Luft geführt werden kann. Größere Wurfweiten erreicht man nur durch das "Schießenlassen" der Wurfschnur. Hierzu muß man mehr Schnur von der Rolle ziehen, die während des Rückwurfes auf dem Boden liegenbleibt.
Hat beim Vorschwung die Rute die 2.00 Uhr Stellung erreicht (E), gibt der Zeigefinger der Rutenhand die Leine frei. Die Trägheit der nach vorne beschleunigten Schnur zieht lose Schnur mit sich, wodurch man an Wurfweite gewinnt. Zielen Sie stets hoch genug, damit sich die Schnur auch der ganzen Länge nach strecken kann, bevor sie auf das Wasser fällt.

Häufige Wurffehler

Die Schnur fällt hinten zu tief
- der Rückwurf wurde nicht kraftvoll genug durchgeführt.
- die Rutenspitze wird hinten zu tief abgesenkt.
- die Pause beim Rückwurf ist zu lang.

Die Schnur "schießt" oder streckt sich nicht
- die Schnur wurde verfrüht freigegeben.
- die Wurfbewegung wurde nicht durchgehend ausgeführt.
- der Vorschwung wurde nicht kraftvoll genug ausgeführt.
- zwischen den Leerwürfen ist die Schnur nicht gestreckt.

Die Schnur landet als Haufen
- die Pause beim Rückwurf war zu kurz.
- es wurde zu niedrig gezielt.
- es wurde bei Gegenwind zu hoch gezielt.

Die Fliege wird abgerissen
- die Pause beim Rückwurf war zu kurz.
- die Vorfachspitze ist für die Größe und das Gewicht der Fliege zu dünn.

Der Rollwurf

Um einen Rollwurf zu machen, wird die Wurfschnur direkt vom Wasser gehoben und vorwärts "gerollt", ohne eine Rückwurf durchzuführen. Vom Wasser gehoben wird die Schnur mit einer jähen Vorwärtsbewegung. Von unschätzbarem Wert ist dieser Wurf überall dort, wo hinter dem Angler befindliche Hindernisse den gewöhnlichen Überkopfwurf unmöglich machen. Sehr nützlich ist der Rollwurf beispielsweise auch dann, wenn Sie eine Sinkschnur aus dem Wasser heben wollen. Zunächst wird die gesunkene Schnur mit einem Rollwurf an die Oberfläche geholt, bevor sie mit einem Überkopfwurf erneut ausgebracht wird. Der Rollwurf bietet recht vielseitige Vorteile und er sollte zum selbstverständlichen Repertoire eines jeden Fliegenfischer gehören.

Das Durchführen eines Rollwurfes
Beginnen Sie damit, möglichst sicher zu stehen, indem Sie einen Fuß etwas vor den anderen setzen, wobei die Rute in Richtung Schnur weist (A). Dann heben Sie die Rute mit einer fließenden, gleichmäßigen Bewegung an (B), wobei die Rutenhand bis über Schulterhöhe angehoben wird, bis die Rute 10.30 oder 11.00 anzeigt (siehe Seite 232). Durch diese Bewegung entsteht eine große, offene Schnurschlaufe zwischen Rutenspitze und Wasser. Noch während sich die Schnur bewegt, wird die Rute noch etwas höher gehoben (C) und dann jäh nach vorne und etwas nach unten beschleunigt (D). Die Rute ist jetzt unter maximaler Spannung gekrümmt, die Schnur folgt ihr, wobei sie etwas hinter Ihnen einen großen Schnurbauch bildet und dicht an Ihren Füßen das Wasser verläßt. Wenn Sie die Rute in die 3.00 Uhr Stellung beschleunigen, rollt der Schnurbauch nach vorne (E). Begleiten Sie die Schnurbewegung mit der Rute (F), damit sich die Schnur auf dem Wasser streckt.

Sicherer Stand
Bei jeder Wurfart ist die Ausgangsstellung wichtig. Hierzu setzen Sie Ihr Standbein ein wenig vor das andere. Bei den meisten rechtshändigen Anglern bedeutet das den rechten Fuß, es kann sich aber auch lohnen, den linken Fuß nach vorne zu setzen, weil man so beim Vorschwung sicherer steht.
Sofern notwendig, können Sie beim Rollwurf wie beim Überkopfwurf lose Schnur in Ihrer freien Hand halten und sie erst im letzten Moment vom Vorschwung freigeben.

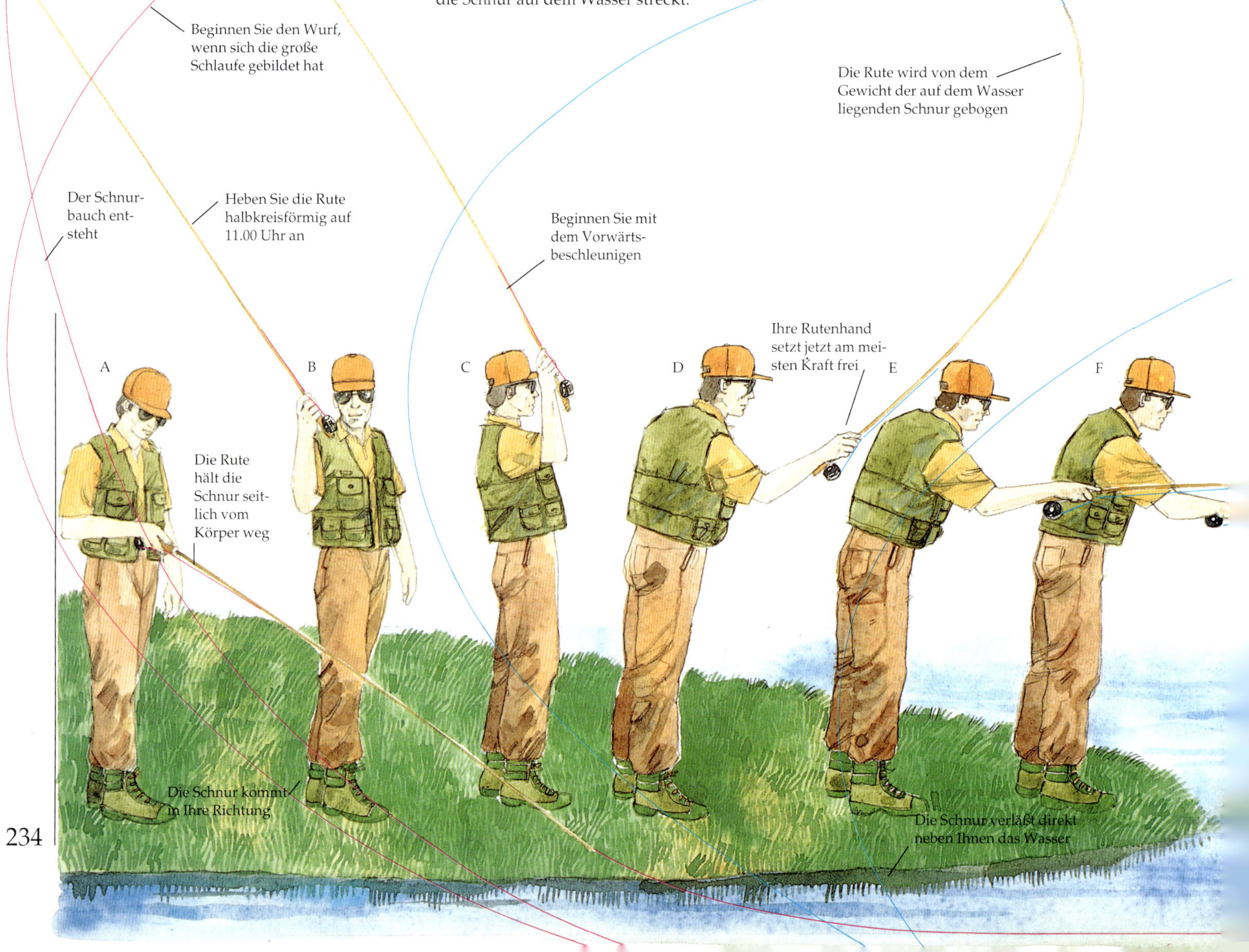

DAS WERFEN VON EINEM BOOT AUS *(links)*
Von einem treibenden Boot wird der Rollwurf dann ausgeführt, wenn mit einem Fliegenzug mit drei Fliegen gefischt wird oder dicht am Boot steigende Fische erreicht werden sollen. Der Rollwurf, der aus einer durchgehenden Bewegung besteht, ermöglicht steigende Fische viel schneller als mit einem Überkopfwurf zu erreichen, der wegen des Rückwurfes mehr Zeit benötigt.

DAS WERFEN AN EINEM FLUSS *(rechts)*
Wenn Sie einen Fluß befischen, dann ist der Rollwurf beim schnellen Richtungswechsel sehr praktisch oder überall dort, wo hinter dem Angler befindliche Hindernisse den Überkopfwurf unmöglich machen. Lachsangler, die mit langen Ruten große Flüsse befischen, finden den Rollwurf auch sehr praktisch, um ihre tief gesunkenen Sinkschnüre aus dem Wasser zu heben, bevor sie einen Überkopfwurf durchführen.

Häufige Rollwurffehler

Die Fliege verfängt sich hinter dem Angler

- Wird die Rute zu schnell angehoben, entwickelt sich der Schnurbauch zwischen Rutenspitze und Wasser nicht richtig, weil die Spannung der Schnur zu groß ist. Demzufolge zieht die Schnur zu niedrig an Ihnen vorbei und kann sich hinter Ihnen verfangen.
- Halten Sie beim Anheben und Abrollen der Schnur die Hand zu niedrig, zieht die Schnur zu tief an Ihnen vorbei.

Vor Ihnen rollt die Schnur nicht richtig ab

- Die Vorwärtsbeschleunigung war nicht kraftvoll genug. Sie sollte geschmeidig, aber dennoch kraftvoll erfolgen.
- Bei Wurfbeginn war die Schnur nicht gestreckt oder unter Spannung.
- Schlechter zeitlicher Wurfablauf. Werden das Anheben und Rollen der Schnur überstürzt, kann die Rute gegen den Zug der abhebenden Schnur keine Kraftreserven aufbauen.

Beim Abrollen nach vorne verwickelt sich die Schnur

- Die Rute wurde auf derselben vertikalen Ebene angehoben und nach vorne beschleunigt, wodurch sich die Schnur in sich verfängt. Vermieden wird das, indem man beim Abheben und Beschleunigen die Rute vom Körper weghält.
- Die Vorwärtsbeschleunigung wurde nicht kraftvoll genug ausgeführt.

DAS NASSFLIEGENFISCHEN

Das Naßfliegenfischen ist aufgrund seiner Vielseitigkeit eine der fängigsten Angeltechniken, deren Vorzüge am besten in strömendem Wasser zur Geltung kommen, die aber auch an trägeren, kanalartigen Strecken und stillstehenden Gewässern erfolgreich ist, sofern die Fliege richtig geführt wird. Den verschiedenen äußeren Bedingungen, Jahreszeiten und Fischarten entsprechend entstanden unterschiedliche Techniken. Eines haben sie jedoch alle gemeinsam: ob nun in Nordengland mit gesplißten Ruten und unscheinbaren Clyde-Fliegen gefischt wird oder ob in Nordamerika mit einhändigen Kohlefaserruten und Bucktailstreamern zu Werke gegangen wird, in jedem Fall findet diese Fischerei in einigen der wildesten und schönsten Gegenden unseres Planeten statt.

DAS NASSFLIEGENVORFACH

Naßfliegen werden einzeln oder, insbesondere für Forellen, in Zügen aus zwei oder drei, gleichmäßig zueinander entfernten Fliegen gefischt. Schmale, kleine Fliegen am Vorfachende und in der Mitte fischen tiefer als das große Muster darüber, das meist in oder knapp unter der Oberfläche geführt wird.

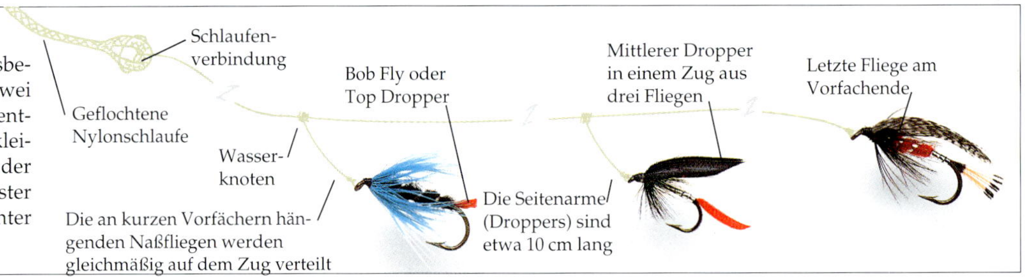

STROMAUF FLIEGENFISCHEN

Beim Fliegenfischen stromauf wird die Strömung zum Anbieten der Fliege in ruhigen Strömungsadern genutzt. Weil Sie sich von unten an die Fische heranpirschen, sind die Chancen entdeckt zu werden, weniger groß. Sehen Sie die Fische und auf welcher Höhe sie fressen, dann beschweren Sie Ihre Fliege gerade soviel, daß sie die richtige Tiefe erreicht. Stehen die Fische sehr tief, können Sie auch beschwerte Fliegen verwenden. Achten Sie beim Vorbeitreiben der Fliege auf Bewegungen von Fisch oder Vorfach.

VORSICHTIG ANPIRSCHEN
Von hinten können Sie sich viel leichter an Ihre Beute heranpirschen, weil Sie sich dann im toten Winkel des Sichtfensters befinden. Sie kommen auch viel näher an sie heran, sodaß Sie genauer werfen können. Mit wenig Schnur auf dem Wasser sinkt auch die Gefahr eines Schnurbauches, sodaß der Anhieb viel direkter erfolgen kann.

FLIEGENFISCHEN STROMAUF

Stromab Fliegenfischen

Eine stromab und quer zur Strömung geworfene Naßfliege folgt der Wurfschnur bogenförmig. Und diese bogenförmige Drift finden viele Sportfische unwiderstehlich. Der Schlüssel zum regelmäßigen Erfolg liegt in der Driftgeschwindigkeit. Während die Fliege ihren Bogen beschreibt, sollte die Rute in Richtung Schnur weisen, da so die Drift kontrollierter stattfindet und auch vorsichtige Bisse noch wahrgenommen werden. Ein quer zur Strömung gerichteter Wurf hat eine hohe Driftgeschwindigkeit zur Folge, was beispielsweise beim Forellenfischen mit mehreren Fliege wünschenswert ist. Ein langer, stromab gerichteter Wurf quer zur Strömung findet in einem viel kleineren Winkel zum Fluß statt. Die Wurfschnur wird jetzt viel weniger von der Strömung erfaßt und entsprechend langsam treibt jetzt auch die Fliege durchs Wasser, was besonders beim Lachsfischen effektiv ist.

STROMAB UND QUER FISCHEN
Fischen Sie stromab und quer, sollten Sie möglichst viele Unterstände absuchen, vor allem all' jene Stellen, an denen die Hauptströmung nahe an ruhigem Wasser vorbeizieht.

Das Menden

Steigt ein Fisch in rascher Strömung nach der Fliege, verpaßt sie aber, dann liegt das oft an schlechter Köderführung: fischt die Fliege zu schnell, verpassen die Fische sie oft. Das "Menden" der Wurfschnur verlangsamt die Drift der Fliege. Hierzu wird unmittelbar nach dem Wurf ein Schnurbauch stromauf gelegt. Die Fliege treibt nun kontrollierter und langsamer von A nach D. Steht ein Fisch an B oder C und ist die Drift der Fliege immer noch zu schnell, dann kann wiederholtes Menden erforderlich sein.

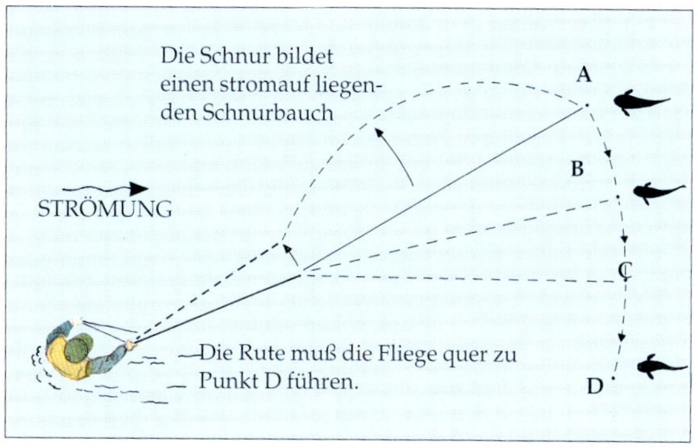

Tiefes Waten

Trotz menden, fischt eine von Position 1 aus gefischte Fliege viel zu schnell. Von Position 2 aus läßt es sich aufgrund des günstigeren Winkels schon besser fischen, allerdings kann der auf 3 stehende watende Angler seine Fliege ebenso langsam, dafür aber mit einem kürzeren Wurf anbieten.

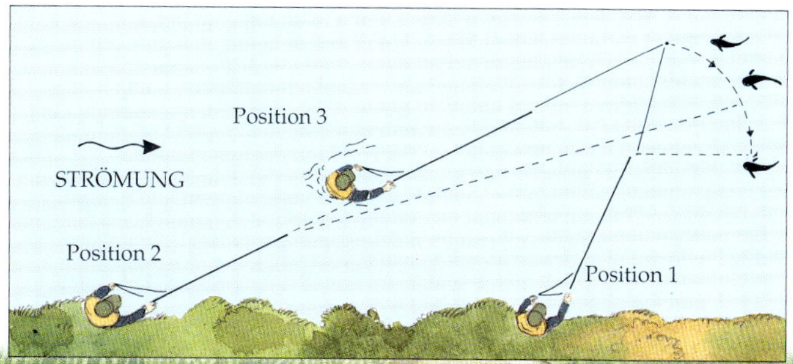

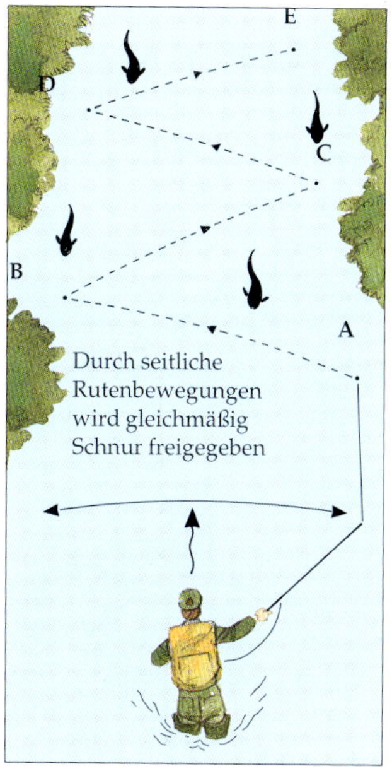

Das Rückwärtsfischen der Fliege

Mit dieser Technik wird stromab in Wasser gefischt, das zum Waten zu tief ist oder wo die Uferböschung zum Werfen hinderlich ist. Werfen Sie in Richtung A, schwingen Sie die Rute auf Ihre andere Körperseite während Sie Schnur freigeben und so die Fliege abbremsen. Hierdurch legt die Fliege die Strecke von A nach B zurück. Derselbe Vorgang wird wiederholt und so lassen sich auch die Punkte C,D und E erreichen. Die Bisse erfolgen gewöhnlich in der Querdrift und so sollten Sie nicht zuviel Schnur freigeben, wenn die Fliege mit ihrer Querbewegung beginnt.

STROMAB FISCHEN

Das Trocken-fliegenfischen

Das Trockenfliegenfischen liegt für jeden Fischer auf der Hand, wenn er Forellen nach Fliegen steigen sieht. Bereits im letzten Jahrhundert wurde diese Art der Fischerei durch Experten, wie M. Halford und Theodore Gordon, unsterblich gemacht. Diese beiden Experten legten damals schon auf das exakte Imitieren viel Wert und heute wurde aus dieser Technik eine der beliebtesten Fangmethoden für Forellen. Mit ihr lassen sich aber auch viele weitere Arten überlisten, u.a. Äschen, Karpfen und Hecht, allerdings kann man auch Lachse und Meerforellen mit der Trockenfliege fangen. Das Prinzip ist stets dasselbe: mit einer künstlichen, auf oder in der Wasseroberfläche angebotenen Fliege wird der Fisch zum Biß verleitet.

Das Sichtfenster der Forellen

Da sich ins Wasser einfallende Lichtstrahlen brechen, können Forellen nur jene Gegenstände sehen, die sich innerhalb eines von ihrem Standpunkt aus betrachteten Winkel von 48° auf jeder Seite von ihr befinden (siehe Zeichnung). Insgesamt entsteht so ein Sichtfenster von etwa 96°, das sich auf jeder Seite noch um 32° für Objekte unter der Wasseroberfläche (auch nahe stehende Angler) vergrößert. Treffen die Lichtstrahlen mit einem Winkel von weniger als 10° auf die Wasseroberfläche auf, dringen sie nicht in das Wasser ein; die Forellen sehen dann lediglich die Spiegelung ihrer Unterwasserwelt.

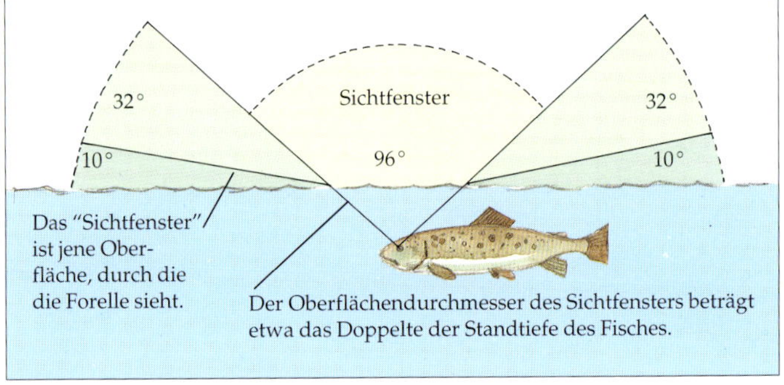

Das Fischen stromauf

In Flüssen stehen die Fische meistens mit dem Kopf zur Strömung gewandt. Indem Sie sich ihnen von stromab her nähern, vergrößern Sie Ihre Chancen unentdeckt zu bleiben. Einen steigenden Fisch überwerfen Sie dann von hinten her ein wenig und schon treibt die Fliege sanft durch sein Sichtfenster. Besonders wichtig ist das richtige "Lesen" der Strömung. Bewegen Sie sich geduckt fort, trainieren Sie sich einen Blick für mögliche Unterstände an und decken Sie beim Fischen das Wasser sorgfältig ab. Gehen Sie möglichst leicht bepackt zum Fischen. Setzen Sie Polaroidbrillen und einen Sonnenschutz mit möglichst breitem Rand auf, da sich so ein Großteil der Wasserspiegelungen ausschließen läßt und man viel problemloser Einblick in die Unterwasserwelt erhält.

DIE FISCHE FINDEN
Rückströmungen und die Bereiche hinter Brückenpfeilern sind erfolgversprechende Stellen. Achten Sie auch auf in Rückströmungen möglicherweise stromab gerichtet stehende Fische: wenn Sie sich einem solchen Fisch stromab nähern, kann er sie vielleicht entdecken. Bieten Sie die Fliege stromab vom ausgemachten Fisch an, damit die Wurfschnur nicht durch sein Sichtfenster treibt.

STROMAUF FISCHEN

In stillstehenden Gewässern

In stillstehenden Gewässern kreuzen die Forellen gerne umher und steigen mal hier, mal dort. Durch das Beobachten mehrerer aufeinanderfolgender Ringe kann man die Schwimmrichtung des Fisches erahnen und die Fliege etwa einen bis drei Meter vor ihn werfen, damit ihr noch Zeit genug bleibt, um zur Ruhe zu kommen, bevor der Fisch sie erreicht hat. Lassen Sie Ihre Fliege möglichst natürlich treiben und vermeiden Sie jegliches Furchen: kommt die Fliege ins Furchen, schiebt sie vor sich eine Bugwelle, von der sich alle Fische vergrämen lassen. Verwenden Sie zum Trockenfliegenfischen möglichst unauffällige Vorfächer und vermeiden Sie dunkles Nylon.

STEIGENDE FISCHE
Trockenfliegen und Emerger sind bei fehlendem oder geringem Wind in ihrem Element, wenn die Fische an die Oberfläche kommen, um sich von den dort treibenden Insekten zu ernähren.

Absolute Windstille
Bei absoluter Windstille lassen sich die Fische durch ein schwimmendes Vorfach leicht vergrämen. Vergewissern Sie sich, daß ihr Vorfach sinkt, indem Sie es entfetten (Spülmittel oder Entfettungslösung). Ein gestrecktes Vorfach schneidet leichter durch die Oberfläche als ein gekringeltes. Ebenso kann man sich einer kleinen Nymphe bedienen, die etwas über der Trockenfliege an einem Seitenarm befestigt oder, wie hier abgebildet, auf die neuseeländische Art eingebunden wird. Die Nymphe bringt das Vorfach zum Sinken, aber nicht die Trockenfliege.

Stromab Fischen

Das Fischen stromab ist eine gute Methode, um Trockenfliegen auch an Stellen anzubieten, die von unten her unerreichbar sind. Wenn stromab Forellen nach Köcherfliegen (Sedges) steigen, kann eine furchende Fliege sogar von Vorteil sein und die eine oder andere Forelle zum Biß verleiten. Ohne zu furchen kann man stromab anbieten, indem man entsprechend Schnur freigibt und so die Fliege stromab treiben läßt. Der große Nachteil dieser Vorgehensweise besteht darin, daß sich direkt stromab vom Angler befindliche Fische nur schwer haken lassen.

DAS WATEN
Im Gegensatz zu stromauf fischenden Anglern waten stromab fischende Angler meistens. Das Waten erlaubt eine bessere Köderpräsentation, die Unterstände lassen sich besser absuchen und der Angler ist niedriger. Heben Sie beim Waten Ihre Füße nicht zusehr an: in schnellströmendem Wasser kann das zum Verhängnis werden. Führen Sie eine Schwimmhilfe mit sich.

STROMAB FISCHEN

DAS NYMPHENFISCHEN

Seit dem frühen 20.Jahrhundert, als G.E.M. Skues seine Klassiker zu diesem Thema schrieb, hat das Nymphenfischen viele Fortschritte gemacht. Heute ist hiermit nicht mehr lediglich das Fischen unter der Wasseroberfläche mit einer detailgenauen Imitation der Forellennahrung gemeint, weil es mittlerweile zahllose Nymphenmuster gibt, die nichts mehr mit natürlichen Vorlagen gemeinsam haben. Viele Nymphen aus modernen Bindematerialen sehen eindeutig mehr wie Phantasiegebilde als wie Insekten aus. Darüber hinaus stehen dem modernen Nymphenfischer viele verschiedene Techniken zur Verfügung, mit denen er bis zu drei Nymphen gleichzeitig fischen kann. Die moderne Nymphenfischerei ist schon längst nicht mehr auf das Fischen mit einer einzelnen Fliege begrenzt.

BISSANZEIGER

Im Handel sind verschiedene Bißanzeigertypen erhältlich, die meisten sind fluoreszierend und somit bestens zu sehen. Unter vielen Fischern gelten sie aber als unsportlich.

Der Orvis Never-Miss Schaum läßt sich der Wassertiefe entsprechend auf jede Höhe des Vorfaches schieben und ist, im Gegensatz zum selbstklebenden Orvis Stay-on Indicator, mehrfach verwendbar. Die Butterfly-Schlaufe von Roman Moser ist ein fester Bestandteil seines ganzen Vorfachsystems. Sie besteht aus einem Stück geflochtenem Nylon, das an jedem Ende mit einer Schlaufe versehen wurde und zwischen die Wurfschnur und das Vorfach geschaltet wird. Die Sichtbarkeit wird von einem Stückchen fluoreszierend gefärbter Wolle im Nylongewebe erhöht.

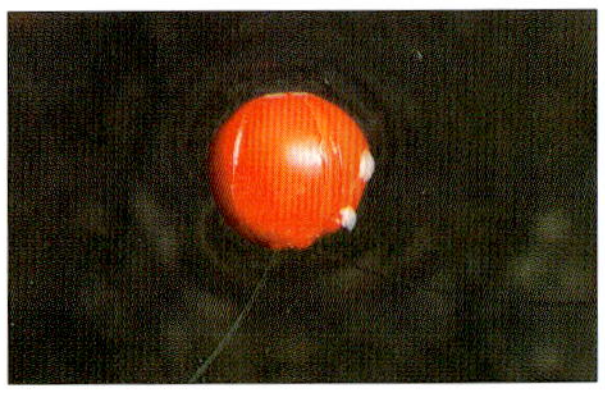

Orvis Never-miss

Orvis Stay-on

Moser's Butterfly-Schlaufe

FISCHEN IN FLÜSSEN

Mit einer Nymphe lassen sich oft oberflächennah oder grundnah kreuzende Forellen, die Trockenfliegen verweigern, zum Biß verleiten. Oft werden Trockenfliegen verweigert, weil die Fische auf Bachflohkrebse oder steigende Nymphen aus sind. Es ist unerläßlich, die Fliege auf die Höhe der Fische zu bringen und oft ist hierzu eine beschwerte Nymphe erforderlich. Versuchen Sie stets, mit ausreichend beschwerten Nymphen zu fischen, damit auch sicher die erforderliche Tiefe erreicht wird.

DEN BISS PROVOZIEREN

In dem klaren Wasser eines Kalkflusses läßt sich der Biß beim Nymphenfischen oft provozieren.

Den Biß provozieren

Forellen können Nymphen, die unmittelbar vor ihrer Nase steigen, nur schwer widerstehen. Nahezu provozieren können Sie den Biß, wenn das Wasser ausreichend klar ist, Sie einen Fisch sehen, die Nymphe auf ihn zutreiben lassen und sie dann im richtigen Moment ansteigen lassen.

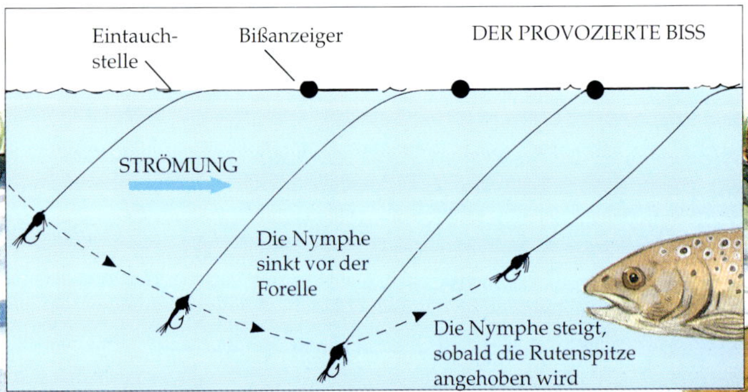

Das Nymphenfischen an stillstehenden Gewässern

Die Larven und Puppen vieler Wasserinsekten werden von Forellen gefressen, ebenso wie Wasserflöhe, Kaulquappen, Schnecken und Flohkrebse, um nur einige zu nennen. Die Nymphenfischer verwenden daher Fliegen, die diese Art der Forellennahrung imitieren sollen. Hierbei gibt es sehr detailgenaue und sehr allgemein gehaltene Muster, die alle als Nymphen bezeichnet werden.

Einige Puristen behaupten allerdings, daß ausschließlich die Nymphen der Ephemeroptera-Arten (siehe Seite 100) echte Nymphen seien. Alle anderen Imitationen sind in ihren Augen in der Forellenfischerei fehl am Platz. Streng genommen haben sie mit der Bezeichnung recht, heute wird das Nymphenfischen jedoch nicht mehr von den verwendeten Fliegen, sondern von der Angeltechnik bestimmt. Es ist schwer, eine echte Abgrenzung zwischen dem Nymphen-, Naßfliegen- und Streamerfischen vorzunehmen. Die meisten Fliegenfischer, die an stillstehenden Gewässern mit ihrer Fliege ein im Wasser lebendes Insekt vortäuschen wollen, betrachten sich jedoch als Nymphenfischer.

BOGENFÖRMIG EINHOLEN

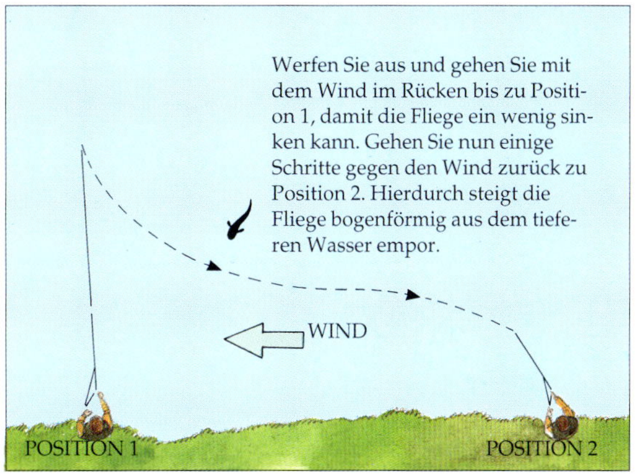

Bogenförmig fischen
Bogenförmig gefischte Fliegen üben auf Fische in fließenden und stehenden Gewässern einen besonderen Reiz aus. Die Fische lassen sich von der wechselnden Einholgeschwindigkeit und Richtung zum Biß verleiten. Durch Wind entsteht in der Wurfschnur ein kleiner Bogen. Es kann sich allerdings bezahlt machen, ein wenig entlang vom Ufer zu spazieren und so einen deutlichen Schnurbogen entstehen zu lassen.

SCHNURFARBE
Blaß gefärbte Wurfschnüre sind eine große Hilfe, wenn es darum geht, die kleinsten Bisse zu entdecken.

DER ÖHRKNOTEN
Befestigen Sie Ihre Fliege am Vorfach mit Hilfe des Universal- oder Grinnerknotens, den Sie beim Straffen nicht ganz zuziehen. Hierdurch bleibt der Fliege genug Freiraum, um sich am Vorfachende natürlich zu verhalten.

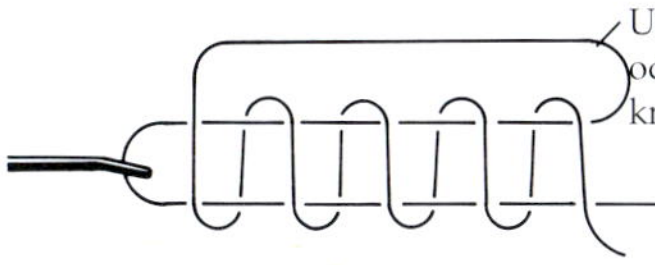

Die Schlaufe läßt der Fliege Bewegungsfreiheit.

Das Pirschen
Diese Methode ist für klare Gewässer geeignet, wo man die Fische sehen und sich einen als Ziel herauspicken kann. Besonders praktisch ist das Pirschen an kleinen Weihern und Teichen, in deren Tiefe große Forellen kreuzen. Verwenden Sie eine beschwerte Fliege, die gut sinkt und schnell die Tiefe der kreuzenden Forellen erreicht und versuchen Sie, wenn der Fisch unmittelbar an der Nymphe vorbeikommt, einen Biß zu provozieren, indem Sie die Nymphe leicht ansteigen lassen.

TARNEN SIE SICH
Achten Sie beim Pirschen darauf, was von den Forellen gefressen wird. Bleiben Sie dabei jedoch immer möglichst versteckt, gehen Sie gebückt und tragen Sie dunkle Kleidung.

Walker's Mayfly Nymph

Bleikäfer

PIRSCHFLIEGEN
Die Walker's Mayfly Nymph ist ein ausgezeichnetes Musterbeispiel für eine beschwerte Pirschfliege. An warmen Tagen, an denen die Fische wählerisch sind, können beschwerte Käfer- und Midgemuster fängig sein, allerdings sind diese Fliegen nur schwer zu sehen, sodaß ein Bißanzeiger ratsam ist.

Das Fliegenfischen vom Boot aus

Das Driftfischen von einem Boot aus ist eine fängige Technik, um in stehenden Gewässern Forellen zu fangen. Hierbei wird mit einem aus drei oder vier Fliegen bestehenden Fliegenzug an recht kurzer Schnur von einem treibenden Boot aus gefischt. Besonders fängig ist diese Technik an stark windigen Tagen. Hierbei kommen Sink- und Schwimmschnüre zum Einsatz. Wird der Fliegenzug richtig gefischt, fängt die oberste Springerfliege am meisten. Das Geheimnis dieser Technik ist das richtige Anheben der Fliegen gegen Ende der Einholphase, wobei die Fliegen so lang wie nur möglich im Oberflächenfilm gehalten werden müssen. Im Laufe der Zeit wurden die traditionellen Fliegen durch neuere Muster, wie Raiders, Mini Muddlers und Emergers ersetzt. Trotzdem bleibt ein in früheren Zeiten herausragender Fliegenzug, wie etwa einer mit einer Wickham's als oberstem Springer, einer Silver Invicta in der Mitte und einer Gold Ribbed Hare's Ear an der Vorfachspitze, auch heute noch fängig, vor allem im Sommer.

Sichere Wurfwinkel

Wenn sich zwei Fliegenfischer ein Boot teilen, darf jeder von ihnen nur eine begrenzte Fläche befischen, damit er den anderen nicht stört, aber vor allem, damit es beim Werfen nicht zu unnötigen Verletzungen kommt. Sind beide Angler Rechtshänder, kann der Angler A sicher im Sektor 3 fischen. Nimmt er auf den Angler B Rücksicht, kann er auch noch in den Sektoren 1 und 2 fischen. Der Angler B kann sicher im Sektor 4 fischen. Ist einer der Angler Linkshänder, sollte er von Position A aus fischen, von wo aus er die Sektoren 1,2 und 3 abfischen kann. Sind beide Linkshänder, sind die Sektoren genau umgekehrt wie bei zwei Rechtshändern verteilt.

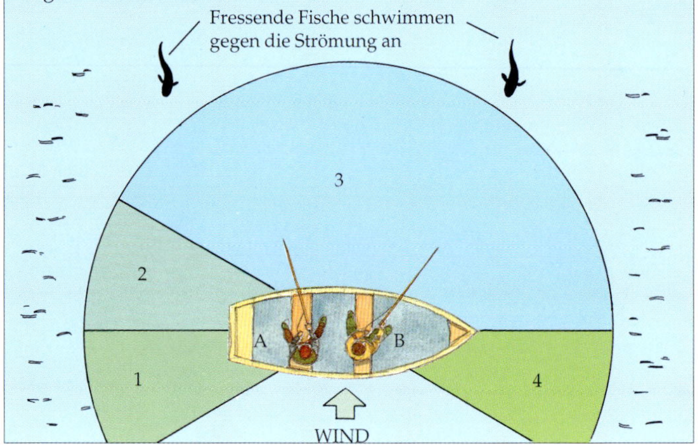

Das Driftfischen ("Fishing the Drift")

Eine 3 bis 3,4 m lange Rute erlaubt Ihnen eine gute Schnurführung beim Anheben der Fliegen. Beim Werfen entsteht eine Schlaufe, die weit genug ist, damit sich die Fliegen nicht ineinander verfangen. Lange Seitenarme verbessern die Köderpräsentation und ermöglichen ein mehrfaches Wechseln der Fliegen, bevor auch die Seitenarme erneuert werden müssen. Bleiben Sie stets in Kontakt mit den Fliegen und setzen Sie beim geringsten Verdacht einen Anhieb. Achten Sie stets auf irgendwelche unnatürlichen Bewegungen in der Driftrichtung des Bootes und versuchen Sie, wann immer möglich, die bei starkem Wind auf der Wasseroberfläche entstehenden "Straßen" zu befischen, da sich dort gewöhnlich nahrungssuchende Fische aufhalten.

Gewässerkenntnis

Die Fischbestände in Seen sind oft an bestimmten Stellen konzentriert und ohne die Hilfe eines einheimischen Anglers oder Führers verlieren Sie an Ihnen unbekannten Gewässern viel Zeit damit, fischleeres Wasser abzufischen. Hier steuert ein Führer die Bootsdrift, während der Angler seinen Fliegenzug im seichten Wasser am Felsvorsprung fischt.

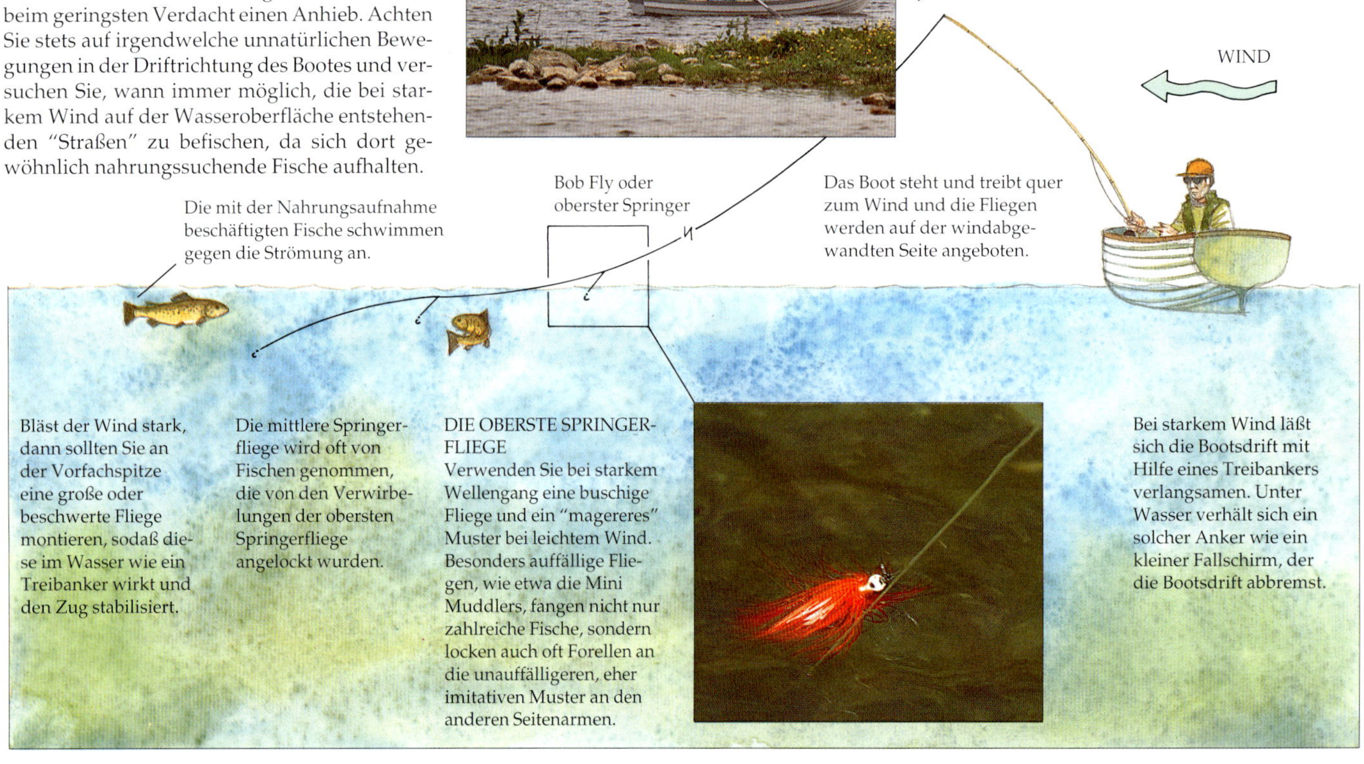

Die mit der Nahrungsaufnahme beschäftigten Fische schwimmen gegen die Strömung an.

Das Boot steht und treibt quer zum Wind und die Fliegen werden auf der windabgewandten Seite angeboten.

Bläst der Wind stark, dann sollten Sie an der Vorfachspitze eine große oder beschwerte Fliege montieren, sodaß diese im Wasser wie ein Treibanker wirkt und den Zug stabilisiert.

Die mittlere Springerfliege wird oft von Fischen genommen, die von den Verwirbelungen der obersten Springerfliege angelockt wurden.

Die oberste Springerfliege
Verwenden Sie bei starkem Wellengang eine buschige Fliege und ein "magereres" Muster bei leichtem Wind. Besonders auffällige Fliegen, wie etwa die Mini Muddlers, fangen nicht nur zahlreiche Fische, sondern locken auch oft Forellen an die unauffälligeren, eher imitativen Muster an den anderen Seitenarmen.

Bei starkem Wind läßt sich die Bootsdrift mit Hilfe eines Treibankers verlangsamen. Unter Wasser verhält sich ein solcher Anker wie ein kleiner Fallschirm, der die Bootsdrift abbremst.

Fischen mit Sinkschnur

Das Fischen mit Sinkschnüren kann manchmal auf tief stehende Fische überaus fängig sein. Während die Fliegen absinken, sollten Sie gerade soviel Schnur einholen wie notwendig ist, um mit den Fliegen in Kontakt zu bleiben und um beim Absinken stattfindende Bisse auszumachen. Treibt das Boot über die Fliegen, heben Sie sie an, allerdings nur, bis der oberste Springer in Sichtweite oder an der Oberfläche angelangt ist. Dort halten Sie ihn so lange wie möglich. Auffällig gefärbte Fliegen provozieren oft in diesen Pausen einen Fisch zum Biß. Nymphen, die hinter einem auffällig gefärbten obersten Springer gefischt werden, sind vor allem an Tagen, an denen Forellen sich von Midges ernähren, erfolgreich.

MIT DER SINKSCHNUR
Ein heller Frühlingstag, an dem die Fische tief stehen, ist genau der richtige Moment, um mit einer schnellsinkenden Schnur und mit einem auffällig gefärbten obersten Springer zu fischen.

DAS FISCHEN MIT EINER SINKSCHNUR
Schnellsinkende Schnüre mit hoher spezifischer Dichte sind unerläßlich, wenn tiefstehende Forellen erreicht werden sollen; drei Meter lange Ruten mit 7er oder 8er Keulenschnüren sind dann angebracht. Um die Standtiefe der Fische herauszufinden, können Sie die Countdown-Methode verwenden (siehe Seite 216). Haben Sie sie herausgefunden, dann variieren Sie Ihre Einholgeschwindigkeit so lange, bis Sie die fängigste herausgefunden haben.

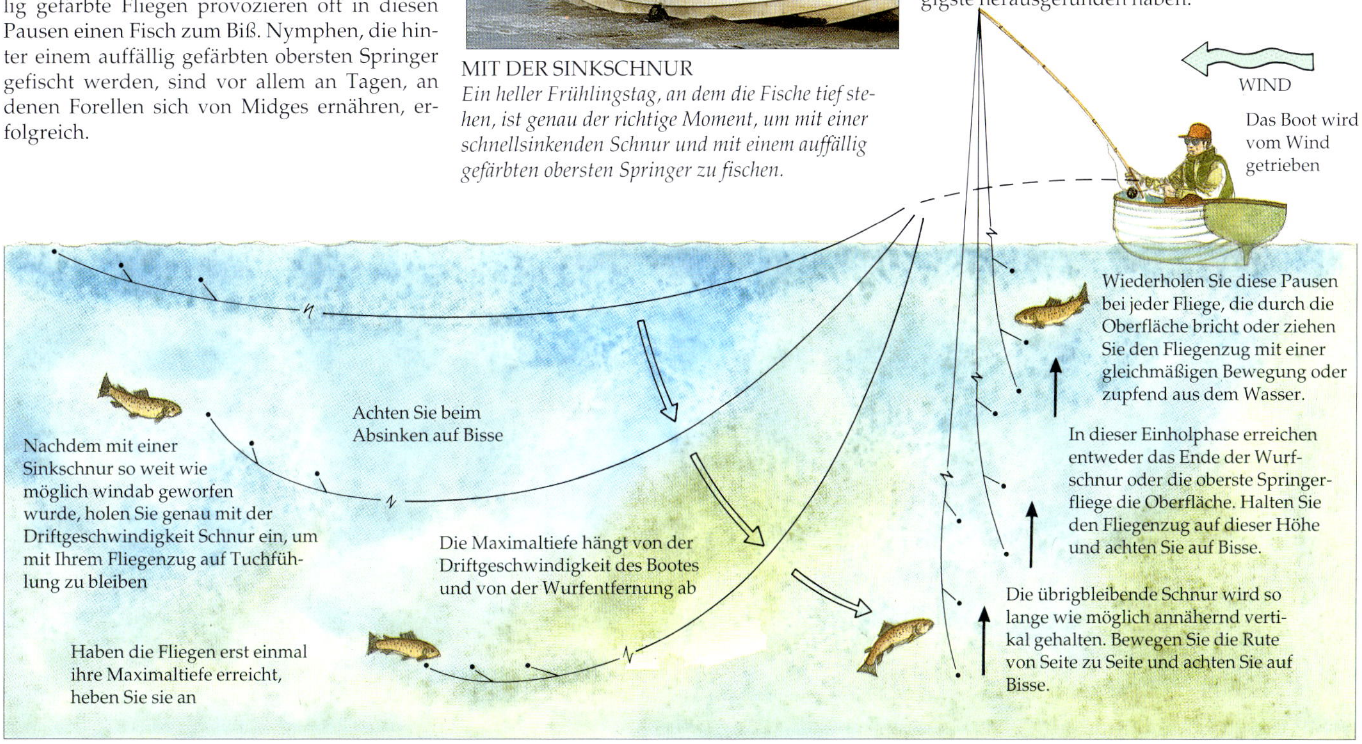

Das "Dapping"

Unter dem Dapping ist eine Technik zu verstehen, bei der eine Fliege mit Hilfe des Windes auf der Oberfläche tippend geführt wird, eine Technik, der in weiten Seen schon zahlreiche große Lachse, Meerforellen und Forellen zum Opfer fielen. Unerläßlich sind hierzu 4,6 bis 5,2 m lange Ruten und eine seidene "Flugschnur", die gut vom Wind getragen wird. Die einzelnen Fasern der Flugschnur zerfransen schnell, ein Knoten alle 50 cm bewahrt die Schnur vor dem Auflösen. Das Dapping mit echten Fliegen ist an einigen Gewässern verboten.

DAS FÜHREN DER FLIEGE
Eine möglichst lange Flugschnur wird in den Wind gehalten und die Fliege so weit es geht vom Boot entfernt angeboten. Die Fliege wird im Wind direkt über der Oberfläche gehalten und immer wieder auf das Wasser aufgesetzt und gelegentlich furchend über die Oberfläche gezogen. An stark windigen Tagen hilft eine zweite Fliege bei der Köderführung.

DIE UNGESCHRIEBENEN REGELN DER BOOTSFISCHEREI
Wenn Sie sich entlang eines Ufers treiben lassen, dann achten Sie darauf, von Uferanglern ausreichend Abstand zu halten. Starten Sie am Ende Ihrer Drift den Motor nur in ausreichender Entfernung zu den anderen angelnden Booten und kreuzen Sie beim Fahren nie verfrüht die Drift eines angelnden Kollegen oder den gerade fängigen Bereich. Stehen Sie im Boot nur, wenn es unerläßlich ist, schützen Sie Ihre Augen immer mit einer Brille und tragen Sie stets eine Schwimmweste.

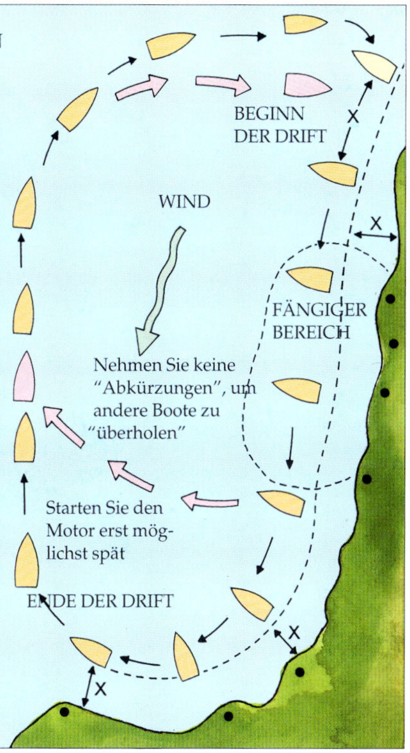

LEGENDE:
X 100 Meter Mindestentfernung
● Uferangler

KÜSTENNAHES FISCHEN

Mit Hilfe eines kleinen, von einem Außenborder angetriebenen Boots oder einer kleinen Motorjacht lassen sich Angelstellen erreichen, die weit außerhalb der Wurfweite der Uferangler sind, jedoch nicht weit genug entfernt liegen, um ein Anfahren mit größeren Booten zu rechtfertigen. Zu diesen Angelstellen zählen nicht nur küstennah gelegene Stellen, sondern auch ruhige Buchten, Mündungsbereiche und Tidenrinnen, die oft besonders produktiv sind, weil sie selten befischt werden.

SICHERHEIT AUF SEE

Wenn Sie für ein Boot verantwortlich sind, dann ist es, ganz unabhängig von seiner Größe, unerläßlich, daß Sie den Umgang mit ihm beherrschen und daß Sie und Ihre Begleiter im Notfall genau wissen, was zu tun ist. Das Boot muß seetauglich und ausreichend groß sein, der Motor muß zuverlässig und der Tank gefüllt sein. Als Sicherheitsausrüstung sollten sich an Bord Schwimmwesten, ein Kompaß, Signalraketen, ein Verbandskasten und, nach Möglichkeit, ein Funkgerät befinden. Bevor Sie in See stechen, sollten Sie sich die neueste Wettervorhersage anhören und jemanden wissen lassen, wo Sie hinfahren und wann Sie zurückkommen möchten.

DAS "UPTIDE"-FISCHEN

Wird von einem verankerten Boot aus in seichtem Wasser gefischt, dann vergrämen die vom Boot und den Anglern ausgehenden Geräusche innerhalb einer "Angstzone" die meisten Fischarten (außer Plattfische). Diese Zone erstreckt sich nicht nur um das Boot, sondern auch darunter. In seichtem Wasser können die Fische nicht tief genug abtauchen, um den störenden Geräuschen zu entgehen, sodaß es gut möglich ist, daß sie die Umgebung des Bootes ganz verlassen. Nun lassen sie sich nicht mehr durch einfaches Absenken der Köder an der Bordwand erreichen. Das Uptide-Fischen, bei dem die Köder stromauf und möglichst seitlich weg vom Boot geworfen werden, löst dieses Problem. Am erfolgreichsten ist es in Tiefen von etwa 12 m - es kann so allerdings auch viel tiefer gefischt werden. Die Köder werden mit Hilfe von Krallenbleien in Stellung gehalten und damit diese Bleie gut halten, muß die Wurfentfernung mindestens das Dreifache der Wassertiefe betragen.

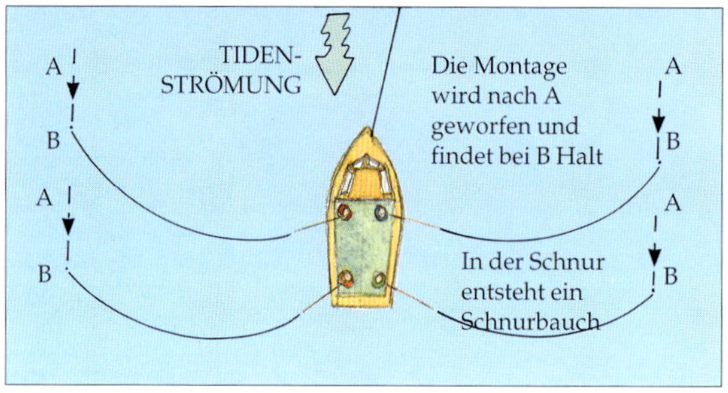

Das Werfen und der Anhieb
Verwenden Sie eine 2,7 bis 3 m lange Uptide-Rute, an die eine Stationärrolle oder eine kleine Multirolle kommt. Werfen Sie gegen die Strömung und seitlich weg vom Boot. Nach dem ersten Bodenkontakt rollt das Blei noch ein wenig auf dem Grund, bevor es Halt findet. Im Falle eines Bisses müssen Sie schnell einholen, bis Sie das Gewicht des Fisches in der Schnur fühlen und dann den Anhieb setzen.

SELBSTHAKMONTAGE

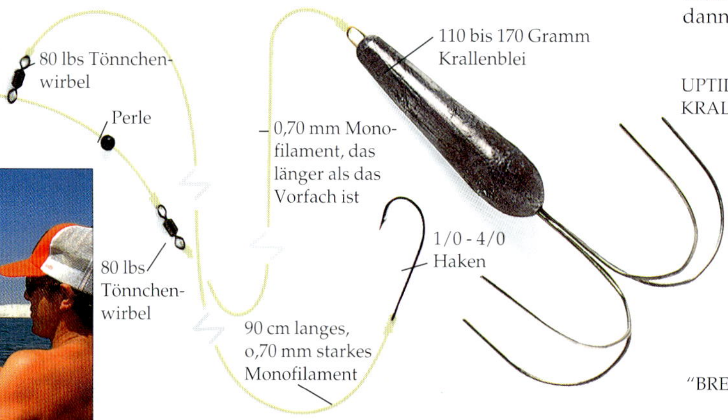

UPTIDE-FISCHEN AUF HAI
Haie sind zwar nicht die gewöhnliche Beute der Uptidefischer, aber es werden mit dieser Technik oft Hunds- und Dornhaie sowie andere kleine, küstennah lebende Haiarten überlistet.

SELBSTHAKMONTAGE
Eine solche Montage wird zum Fischen auf Plattfische und Dorsche verwendet, die den Köder augenblicklich verschlucken. Sobald diese sich mit dem Köder entfernen, haken sie sich aufgrund der Trägheit des Krallenbleies selber. Laufmontagen (siehe nächste Seite) werden für Fische verwendet, die mit dem Köder ein wenig herumschwimmen, bevor sie ihn schlucken.

UPTIDEGEWICHTE *(oben)*
Die Gewichte können mit umklappbaren Sandkrallen (Breakaway) ausgestattet sein oder über festsitzende Drahtkrallen verfügen (siehe Seite 60 - 61). Die mit einer Plastikverlängerung versehenen bieten den besten Halt; mit den "Breakaways" lassen sich in seichtem Wasser die besten Ergebnisse erzielen.

Das Fischen mit der Strömung

Nicht alle Situationen, die beim Bootsfischen auftreten, sind für das Uptide-Fischen geeignet und nicht alle erfordern den Einsatz von Uptide-Techniken oder spezieller Ruten. Das klassische Grundfischen läßt sich an Stellen, die über 9 m tief sind, beim Fischen über Riffen und beim Driftfischen hervorragend mit gewöhnlichem Bootsgerät ausüben. Die Ruten sind in aller Regel etwa 2,1 m lang. Die Rollen brauchen nicht über gute Wurfeigenschaften zu verfügen und dennoch läßt sich an solchem Gerät mit einer Vielzahl unterschiedlicher Vorfächer fischen.
Die Gewichte müssen den Köder nicht fest am Boden verankern, Krallenbleie sind überflüssig. Dennoch müssen sie den Bodenkontakt halten und sollten daher vom Gewicht her zur Gezeitenströmung und zur Schnurstärke passen - je niedriger diese beiden Faktoren liegen, desto weniger Blei ist notwendig. Darüber hinaus sollte das Gewicht der zu- oder abnehmenden Gezeitenströmung angepaßt werden.

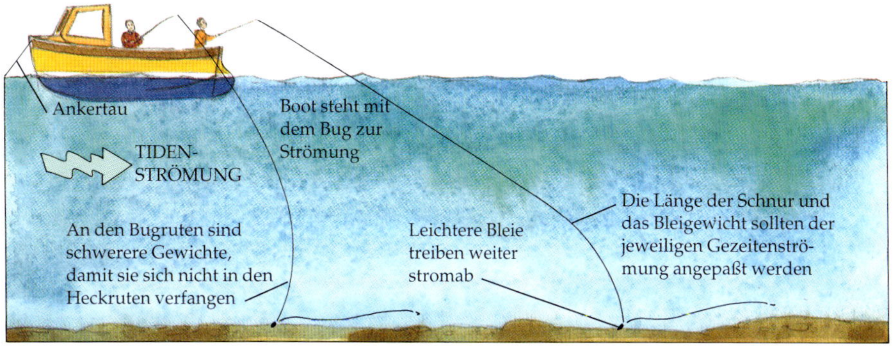

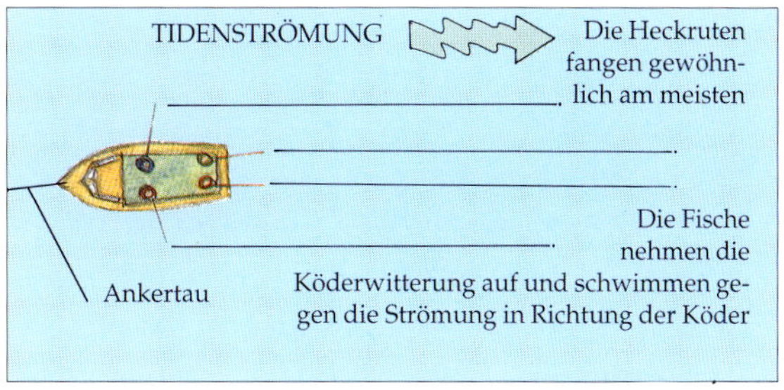

Abstand zwischen den Ködern
Beim einfachen Grundfischen liegen alle Köder in der Verlängerung der Rutenspitze und müssen daher sorgfältig verteilt werden. Werden die vorderen Ruten mit viel Blei versehen und die Heckruten mit weniger Blei, dann werden letztere mehr von der Strömung erfaßt und jede Verwicklung ist ausgeschlossen.

LAUFBLEIMONTAGE
Fische, wie beispielsweise Wolfsbarsche, die ihre Beute erst ein wenig mit sich herumschleppen, bevor sie sie verschlucken, lassen den Köder oft los, wenn sie einen unnatürlich hohen Widerstand vom Blei merken. Mit der Laufbleimontage können auch diese Fische ungehindert Schnur abziehen und der Angler kann in aller Ruhe den richtigen Moment zum Anhieb abwarten. Beim Fischen mit einer Laufbleimontage wird die Rolle auf Freilauf geschaltet, damit die Schnur ungehindert durch die Schnurlaufperle gleiten kann, ganz ohne das Blei zu bewegen.

LAUFBLEIMONTAGE

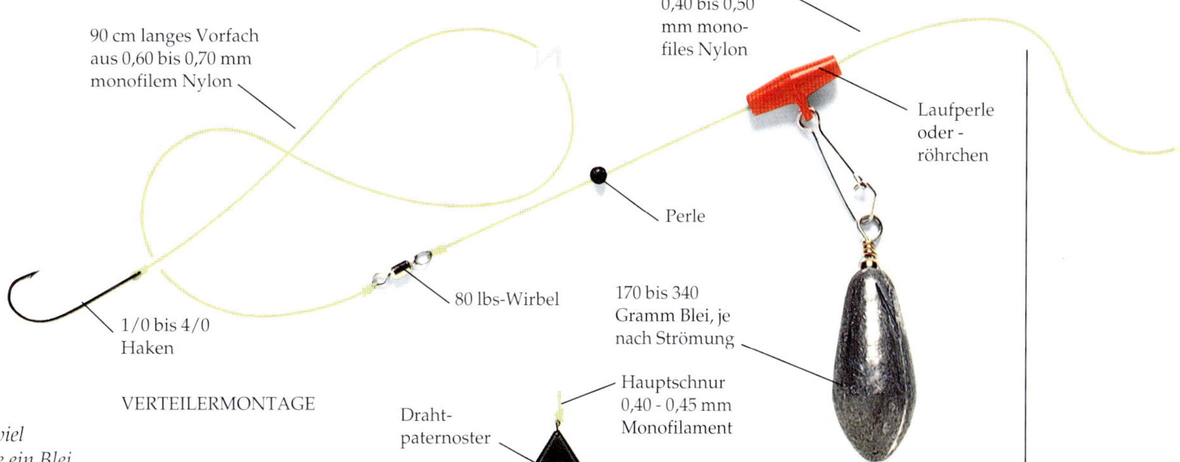

GRUNDBLEIE *(unten)*
Um den Bodenkontakt zu halten, ohne zuviel Schnur freigeben zu müssen, brauchen Sie ein Blei, das von seinem Gewicht her optimal zur Strömung paßt und dessen Form stromlinienförmig sein sollte, um dem Wasser möglichst geringen Widerstand entgegenzusetzen. Tropfenförmige Gewichte erfüllen diese Voraussetzungen und verursachen auch die wenigsten Hänger, sodaß sie für den Bootsfischer beim einfachen Grundfischen immer eine gute Wahl sind.

VERTEILERMONTAGE

TORPEDOFORM

GLOCKENFORM

TROPFENFORM

VERTEILERMONTAGE
An diesem Paternoster werden die Köder an kurzen Vorfächern über dem Blei angeboten. Die Vorfächer werden an den Drahtseitenarmen so befestigt, daß sie sich nicht ineinander verfangen können. Die hier abgebildete Verteilermontage verfügt über zwei solcher Seitenarme und mit ihr können zwei Köder auf dem Grund angeboten werden. Die Vorfachlängen sollten den sich ständig ändernden Gezeitenströmungen angepaßt werden: in starker Strömung sind 45 cm ratsam, je träger die Strömung wird, desto eher müssen sie bis auf 15 cm verkürzt werden, damit die Verwicklungsgefahr nicht zu sehr steigt. Diese Art der Köderpräsentation gefällt vor allem Plattfischen, Wittlingen und Kleindorschen.

FISCHEN AUF HOHER SEE

Vielerorts sind die Fische mit zunehmender Wassertiefe und Entfernung zur Küste größer und zahlreicher. Das bedeutet allerdings keineswegs, daß Sie für den Fang großer Fische immer unbedingt weit hinaus fahren müssen: der Instinkt dieser Tiere bestimmt ständig ihren Aufenthaltsort und gelegentlich kann das auch in unmittelbarer Küstennähe sein. So werden beispielsweise die größten Conger, Dorsche und Butte gewöhnlich weit vor der Küste in großen Tiefen gefangen. Immer wieder gelingen solche Überraschungsfänge aber auch wenige Minuten vom Hafen entfernt. Einer der Faktoren, die den Aufenthaltsort großer Fische beeinflussen, ist das Nahrungsangebot und große Makrelen- und Sandaalbestände sind immer vorteilhaft. Diese und andere Futtertiere leben zahlreich über auf hoher See gelegenen Sandbänken und Riffen, wobei die Entfernung zum Land keine Rolle spielt. Aufgrund ihrer abgeschiedenen Lage sind viele dieser Stellen äußerst produktiv und bei echten Meeresanglern sehr beliebt.

DAS DRIFTFISCHEN
Treibend über unebenem Grund zu angeln ist nicht für leichtes Gerät geeignet, da die oft starke Gezeitenströmung schweres Blei erforderlich macht. Darüber hinaus müssen große Fische fast schon gewaltsam vom Grund weggepumpt werden, damit sie nicht unter dem nächstbesten Felsen Zuflucht suchen.

DAS BEFISCHEN VON SANDBÄNKEN

Es ist immer eine spannende Angelegenheit, auf Sandbänken zu fischen, da diese Stellen sandliebende Fischarten ebenso konzentrieren, wie sich in und um Wracks hindernis- und unterschlupfliebende Fische sammeln. Darüber hinaus rauben auf Sandbänken auch einige der am meisten geschätzten Fischarten, wie beispielsweise Wolfsbarsch, Dorsch, Stein- und Glattbutt. Des weiteren lassen sich dort auch zahlreiche Rochenarten, Scholle, Wittling und gelegentlich sogar Pollack fangen.

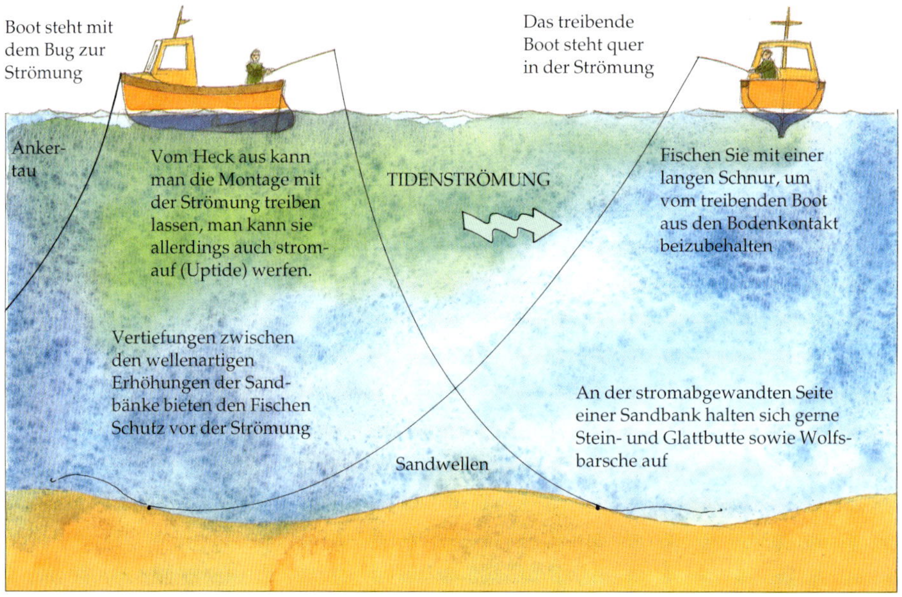

Sandbankmontagen
Die Art der Sandbankmontage hängt davon ab, ob treibend oder verankert gefischt wird. Um vom verankerten Boot aus zu fischen, sollten Sie eine Laufbleimontage (Siehe Seite 245) verwenden, mit einem dicken 1,2 m langen Vorfach, an dessen Ende ein 4/0 Aberdeenhaken befestigt wird. Beim Driftfischen wird das Vorfach auf 3 bis 6 m verlängert und das Gewicht an einem langen Schnurlaufröhrchen befestigt.

SANDBANK-BLEIE
Da eine Sandbank alles andere als eben ist und zahlreiche Wellen und Vertiefungen aufweist, gerät die Endmontage oft ins Rutschen, was zu Verwicklungen führt. Ein abgeflachtes, mit Zähnen versehenes Uhrblei rutscht nicht so schnell und verursacht weniger Verwicklungen als andere Bleiformen.

UHRBLEI

Driftfischen
Das Driftfischen ist mit Abstand die einfachste Methode, um eine großflächige Sandbank zu befischen, da diese Technik keine Kenntnis darüber erfordert, wo nun die einzelnen Wellen und Vertiefungen sind. Wenn Sie Ihre Drift weit stromauf vom Vorderrand der Sandbank beginnen und Ihrer Montage ausreichend Schnur geben, damit sie auch an den tiefsten Stellen den Grund erreicht, dann suchen Ihre Köder in Driftrichtung wirklich auch den letzten Winkel der Sandbank nach beißfreudigen Fischen ab. Typische Sandbankarten sind Wolfsbarsch, Stein- und Glattbutt.

Das Fischen vom verankerten Boot aus
Beim Fischen von einem verankerten Boot aus, decken Sie bei weitem nicht dieselbe Fläche wie beim Driftfischen ab. Demzufolge müssen Sie versuchen, an einer möglichst ertragreichen Stelle der Sandbank zu ankern, nämlich in einer der Vertiefungen zwischen den einzelnen "Sandwellen". Freiwasserräuber, wie die Wolfsbarsche, halten sich gerne über dem Vorderrand der Sandbank auf, Rochen eher im hinteren Bereich und Plattfische in der Mitte. Am einfachsten lassen sich diese Unebenheiten mit einem Echolot orten.

DAS BEFISCHEN VON RIFFEN AUF HOHER SEE

Ein Riff lockt eine Vielzahl von Meeresbewohnern an, darunter auch Fische. Es bietet zahlreiche Unterschlupfmöglichkeiten und die unregelmäßige Bodenbeschaffenheit bietet eine Vielzahl von unterschiedlichen Lebensräumen. Aufgrund der vielen möglicherweise anwesenden Arten steht der Riffangler oft vor dem Problem, auf welche er nun fischen soll. Hat er sich schließlich entschlossen, dann kann es gut sein, daß andere Arten ihm ständig den Köder stehlen. Fischt er beispielsweise auf Conger, dann interessieren sich auch andere Fische für den Köder. Lediglich die Größe von Haken und Köder hält den Schaden in Grenzen. Eine der beim Riffischen fängigsten Montagen ist ein beködertes Makrelenfederpaternoster, was von den unten abgeildeten Montagen berücksichtigt wird. Wie die Federpaternoster bieten auch sie die Köder über dem Blei an, sodaß diese verführerisch über den Hängern in der Strömung spielen. Diese Montagen lösen viele der Probleme, die man mit fertig gekauften Federpaternostern hat (zu kurze Seitenarme und schlechte Haken).

DRIFTFISCHEN

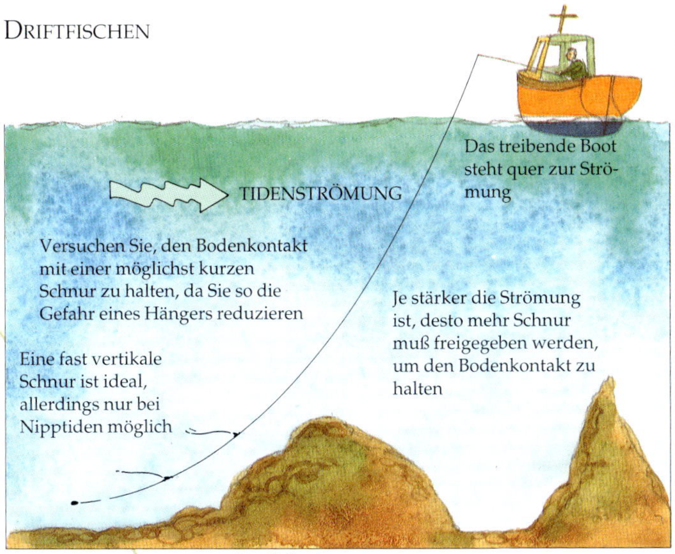

Driftfischen

Beim treibenden Fischen über hängerreichem Grund und Riffen hängt die Gerätewahl weitgehend von den anwesenden Fischarten ab. So werden beispielsweise weite, mit Tang überzogene Geröllflächen im Sommer gerne von Dorschen aufgesucht. Für diese Fische müssen die Köder unmittelbar auf dem Grund angeboten werden und demzufolge ist mit hohem Materialverlust zu rechnen. Über ähnlichem Untergrund, allerdings mit größeren Tiefenunterschieden und jähen Felsabbrüchen rauben gerne Pollacks, und zwar ebenso in unmittelbarer Grundnähe, wie an der Oberfläche. Für den Fang dieser Fische ist nur selten unmittelbarer Bodenkontakt erforderlich, es sei denn, man möchte auf Meerbrassen, Lippfische und Leng als Beifang nicht verzichten.

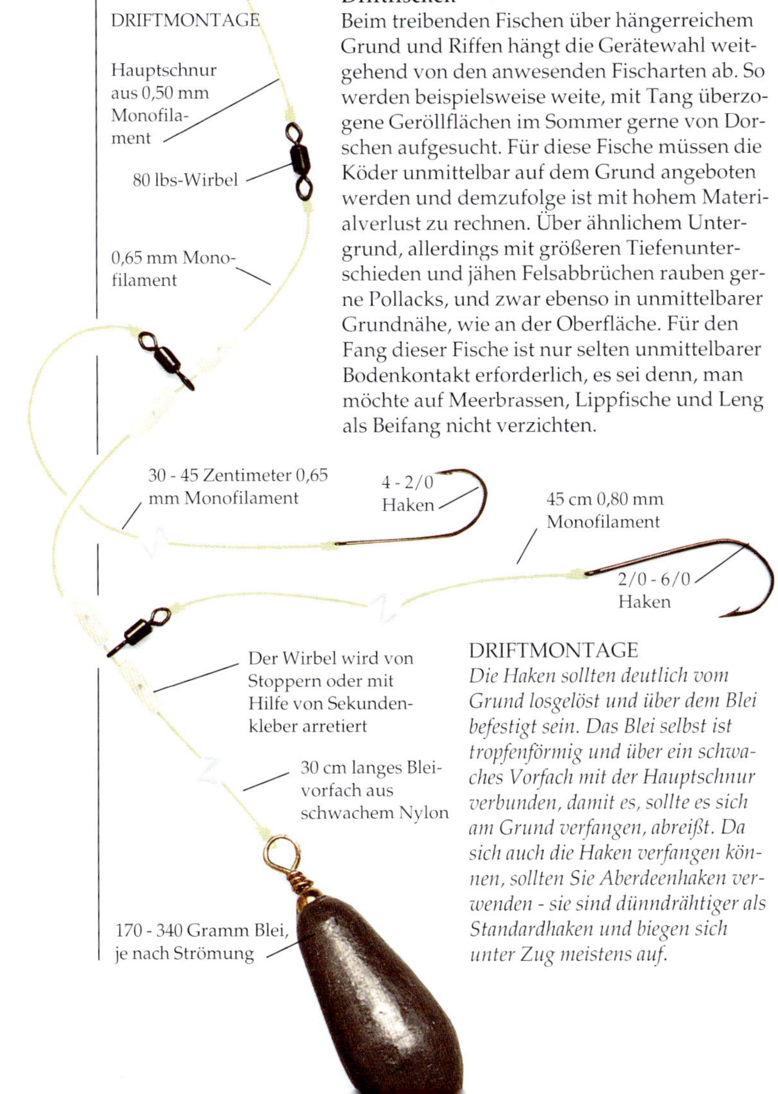

DRIFTMONTAGE

Die Haken sollten deutlich vom Grund losgelöst und über dem Blei befestigt sein. Das Blei selbst ist tropfenförmig und über ein schwaches Vorfach mit der Hauptschnur verbunden, damit es, sollte es sich am Grund verfangen, abreißt. Da sich auch die Haken verfangen können, sollten Sie Aberdeenhaken verwenden - sie sind dünndrähtiger als Standardhaken und biegen sich unter Zug meistens auf.

Das Fischen vom verankerten Boot aus

Beim Fischen vom verankerten Boot aus kommt es seltener zu Hängern als beim Driftfischen, weil hier die Endmontage stationär angeboten wird. Darüber hinaus lassen sich die Köder auch unmittelbar auf dem Grund anbieten, wodurch sie auch für langsam schluckende Fischarten - wie etwa Conger, Lippfisch und Meerbrasse - interessant werden. In jedem Fall sollte ein Anker mit Sicherung verwendet werden, da im Falle eines Hängers nur solche Anker gerettet werden können. Ebenso sollten die Bleie immer an einer dünneren Reißleine befestigt werden, da so der Materialverlust in Grenzen gehalten werden kann.

DAS FISCHEN VOM VERANKERTEN BOOT AUS

MULTIMONTAGE

Mit dieser sehr vielseitigen Montage können Sie mit nur einer Rute auf viele verschiedene Arten fischen. Diese Vielseitigkeit wird durch unterschiedliche Hakengrößen ermöglicht, von denen der kleinste ganz oben angebracht wird. Des weiteren läßt sich jeder Haken auch mit einem anderen Köder bestücken. Die hier abgebildete Montage verfügt über Seitenarme aus Draht.

WRACKFISCHEN

Auf Schiffswracks kann man in unmittelbarer Küstennähe als auch mitten im Ozean stoßen, die größten Schiffsfriedhöfe befinden sich jedoch oft in der Nähe größerer Häfen. Die besten Wracks zum Angeln liegen gewöhnlich in über 60 m Tiefe. Wracks können sprichwörtlich auf jeder Art von Untergrund "landen" und aus anglerischer Sicht spielt dieser Untergrund ohnehin keine Rolle. Nach und nach machen sich auf dem Wrack Algen breit und schon bald folgen die ersten Schalen- und Krustentiere, bis schließlich eine vollständige Nahrungskette entsteht. Den Fischen muß ein Wrack auf sandigem Untergrund wie eine Oase vorkommen und auch auf felsigem Untergrund bietet ein Wrack Räubern und Beutefischen mehr Nahrung und besseren Unterschlupf als die umliegenden Felsen. Ein gebrochenes Wrack bietet mehr Unterschlupfmöglichkeiten und lockt mehr Fische an als ein intaktes. Je mehr ein Wrack aufbricht, desto bessere Fangergebnisse können sich die Angler erwarten.

DAS FISCHEN VOM VERANKERTEN BOOT AUS

Das Befischen eines Wracks von einem verankerten Boot aus ist eine Angelegenheit für Spezialisten, die Skipper und Angler ein gleichermaßen hohes Geschick abverlangt. Der Skipper muß auf Wind und Gezeitenströmung Rücksicht nehmen, zwei Faktoren, die innerhalb kürzester Zeit stark variieren können und er muß kontinuierlich darauf achten, das Heck seines Bootes etwas stromauf vom Wrack zu halten. Tiefe Wracks werden immer anläßlich von Nipptiden befischt. Das Boot wird bei schwacher Strömung und bei ruhiger See verankert. Im Idealfall stehen den Anglern 2 bis 2 1/2 Stunden Angelzeit zur Verfügung, bevor die nächste Gezeit das Boot verschiebt und es Zeit zum Driftfischen wird. Sobald das Boot von der Strömung verschoben wird, landen die Köder oft auf Sandwellen, die sich durch die Strömung um das Wrack herum aufgebaut haben. Sandliebende Fischarten, wie etwa große Seeteufel und Steinbutte, halten sich gerne auf solchen Sandwellen in unmittelbarer Wracknähe auf.

Das Befischen vom Wrackrumpf
Wenn Sie aus einem Wrackrumpf große Conger oder Lengfische fangen wollen, brauchen Sie schweres Gerät. Ihre Köder müssen Sie dort anbieten, wo sich diese Fische ernähren, also mitten im Wrack. Conger ziehen sich gerne in Löcher zurück und Sie müssen Ihre Köder unmittelbar vor deren Maul anbieten. Oft beißen diese Fische unglaublich sanft zu und in jedem Fall muß man ihnen Zeit zum Schlucken geben. Im Augenblick des Anhiebes müssen sie allerdings unbedingt aus ihren Unterschlüpfen gezogen werden, da sie sich ansonsten unwiderruflich festsetzen. Lengfische finden die Köder schneller als die Conger, demzufolge sind die besten Congerwracks jene, an denen die Lengbestände "ausgedünnt" wurden.

LAUFBLEIMONTAGE ZUM CONGERFISCHEN
Die beste Montage in hängerträchtigem Untergrund ist eine einfache Laufbleimontage aus robusten Materialien. Sie können die Längen und Komponenten der hier abgebildeten Montage ihren Bedürfnissen anpassen. Sind Sie auf Conger aus, sollten Sie ein Stahlvorfach einem Nylonvorfach vorziehen.

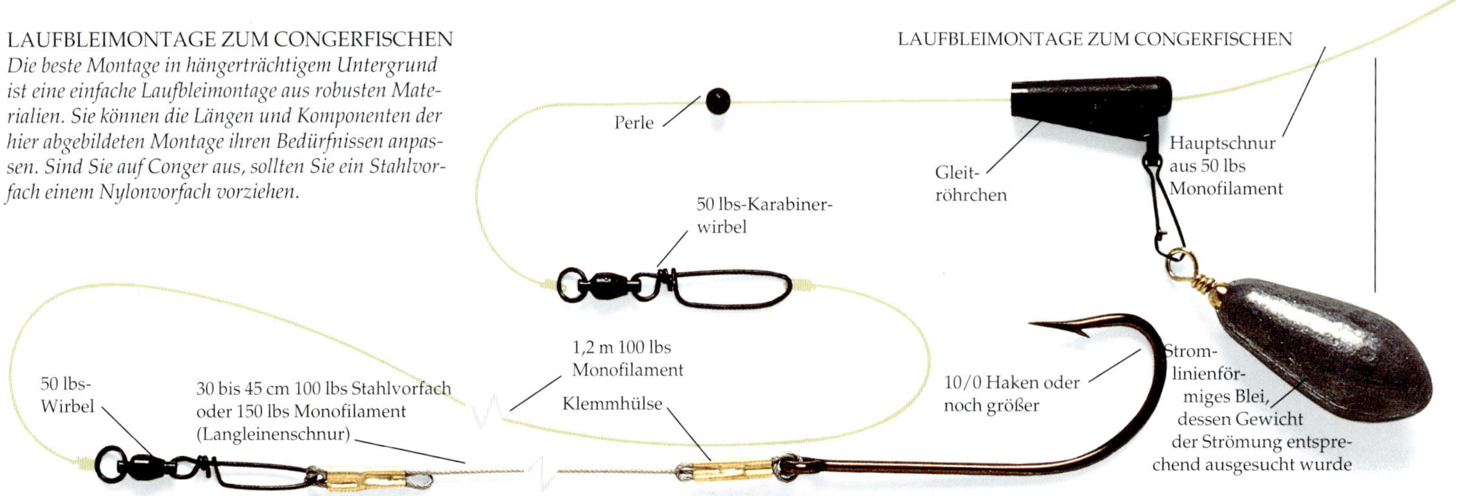

Das Driftfischen

Das Driftfischen über Wracks ist für Angler und Skipper weitaus einfacher als das verankerte Wrackfischen. Mit einer Boje wird die Ausgangsstellung markiert und nach jeder Drift über das Wrack wird das Boot stromauf von ihr in Stellung gebracht.

An den meisten Wracks lassen sich die Fische in zwei Kategorien einteilen: jene, die sich in unmittelbarer Grundnähe ernähren, wie etwa Conger, Lengfisch und Dorsch, und jene, die um das Wrack herumschwirren und im Konterwasser des Wracks auf Raubzug gehen. Zu diesen Arten zählen Pollack und Köhler. Conger, eher noch Leng, lassen sich gelegentlich beim langsamen Treiben fangen. Diesen Fischen rückt man besser vom verankerten Boot aus zu Leibe. Die fängigsten Köder für die Freiwasserräuber sind Pilker und Gummiaale.

MATERIALVERLUST

Die meisten Wracks bieten ausgezeichnete Angelmöglichkeiten, allerdings kommt es auch oft bei schönem Wetter und ruhiger See zu großen Materialverlusten.

Das Pilken

Beköderte Pilker und kleine Plastiktintenfischchen, die als Springer oberhalb vom Pilker montiert werden, sind ausgezeichnete Leng- und Dorschköder. Dorsch und Leng werden unmittelbar auf Grund gefangen. Stets sollte man darauf achten, nur solche Pilker zu verwenden, deren Gewicht zur vorhandenen Strömung paßt. Die Plastiktintenfische sollten an kurzen Seitenarmen aus dickem Nylon so nah wie möglich über den Pilkern montiert werden.

PILKER/PLASTIKTINTENFISCHMONTAGE

Spinnmontage mit Anti-Tangle Röhrchen

Diese Montage ist gut zum Fang von Pollacks und anderen über Wracks raubenden Fischarten geeignet, allerdings vergreifen sich bei den ersten Kurbelumdrehungen auch gelegentlich Dorsche und Lengfische an ihr. Werfen Sie die Montage, statt sie sinken zu lassen, um Verwicklungen zu vermeiden. Zählen Sie dann die Anzahl der Kurbelumdrehungen, um die Höhe herauszufinden, in der die Fische beißen. Stellen Sie Ihre Bremse recht schwach ein, damit der Haken nicht ausschlitzt, wenn der Fisch sich in einer kraftvollen Flucht in Richtung Grund bohrt.

SPINNFISCHEN AUF WRACKS

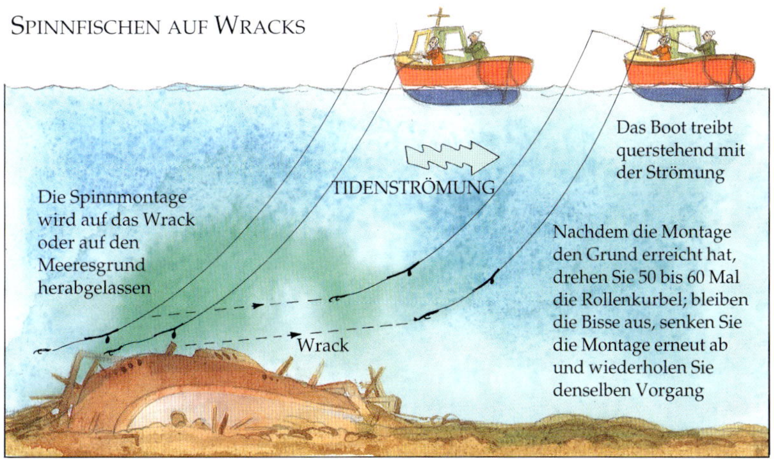

ANTI-TANGLE RÖHRCHEN

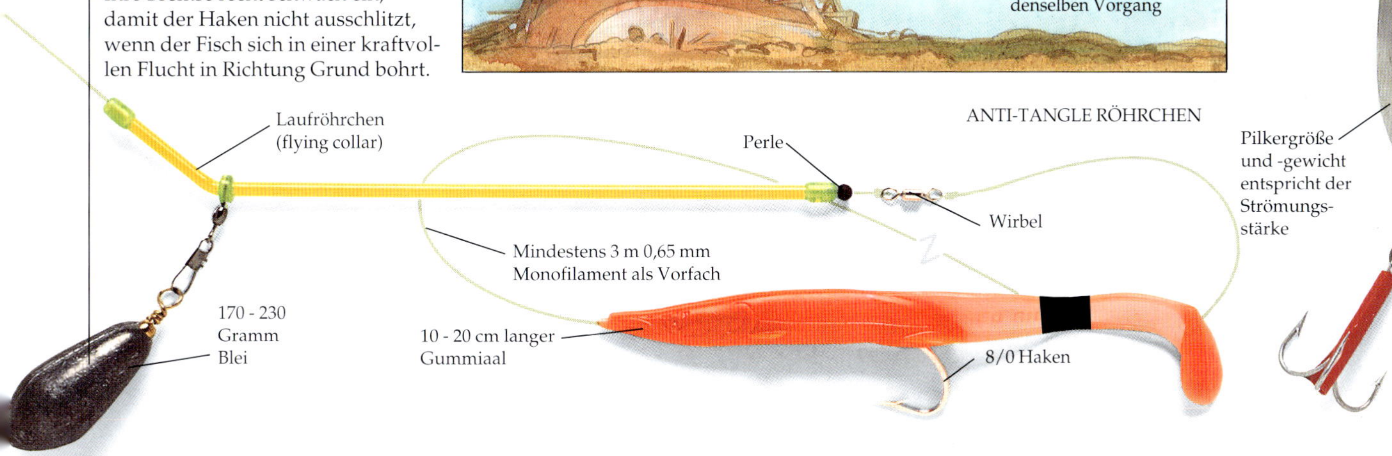

BRANDUNGSFISCHEN

Von einem Strand aus in die Wellen zu werfen, ist eine der schönsten Arten der Küstenfischerei. Es ist gleichzeitig eine der körperlich anstrengendsten Angelarten, da keine andere beim Wurf einen so großen Körpereinsatz verlangt. Trotzdem erzielt man auch beim Brandungsfischen große Wurfweiten nicht mit Gewalt, sondern mit der richtigen Technik. Der erste Schritt besteht darin, sich die Grundbewegungen zu verinnerlichen. Hierzu ist nicht viel Zeit erforderlich. Komplizierter wird es erst danach, denn bis der ganze Bewegungsablauf und -rhythmus "automatisch" vonstatten geht, sind viel Erfahrung und Übung notwendig. Die hohen Wurfweiten stellen sich danach von selbst ein. Der Wurf läßt sich recht leicht erlernen, allerdings nicht aus Büchern allein; einige Angelpartien mit einem erfahrenen Brandungsfischer oder einem qualifizierten Castinglehrer machen sich schnell bezahlt.

DAS AUFSPULEN EINES SCHOCKVORFACHES (SCHLAGSCHNUR)

MULTIROLLE

Um ein Schockvorfach auf eine Multirolle zu spulen (siehe Seite 253), beginnen Sie mit dem Knoten am rechten Flansch. Führen Sie das Vorfach beim Aufwickeln von links nach rechts, wobei sie vor dem Knoten stoppen. Je mehr Sie die Schnur über die Spule verteilen, desto weniger frißt sich das Vorfach in die restliche Schnur. Ist der Knoten ganz rechts auf der Spule, verletzt er im Wurf Ihren Daumen nicht.

STATIONÄRROLLE

Bei einer Stationärrolle ist es unnötig, das Vorfach mit der Hand um die Spule zu legen, da die Rolle es ohnehin automatisch über Kreuz legen wird. Trotzdem ist es sinnvoll, den Knoten an den hinteren Spulenrand zu legen und mindestens sechs Vorfachwicklungen gleichmäßig um die Spule zu verteilen, da so der Knoten beim Wurf nicht noch einige Schnurklänge herrunter reißt.

Der Griff
Man sieht öfter Angler mit nach oben gerichteter Multirolle fischen als mit nach unten gerichteter. Die nach unten gerichtete Rolle ziehen viele Weitwurf-Caster vor, da nun die stärkere Hand die Wurfkraft liefert und die schwächere die Spulenkontrolle übernimmt.

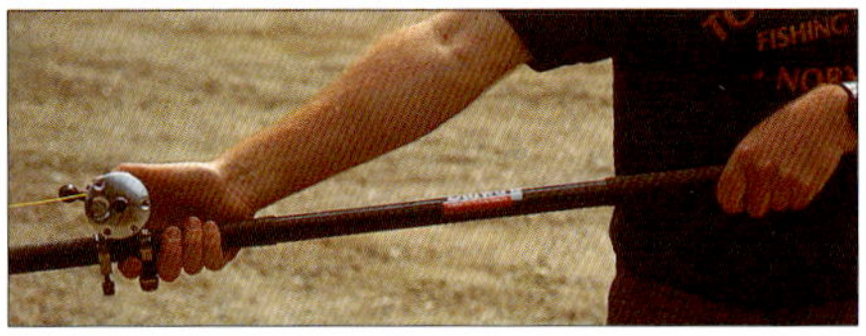

NACH OBEN GERICHTETE ROLLE

NACH UNTEN GERICHTETE ROLLE

REISSWURF

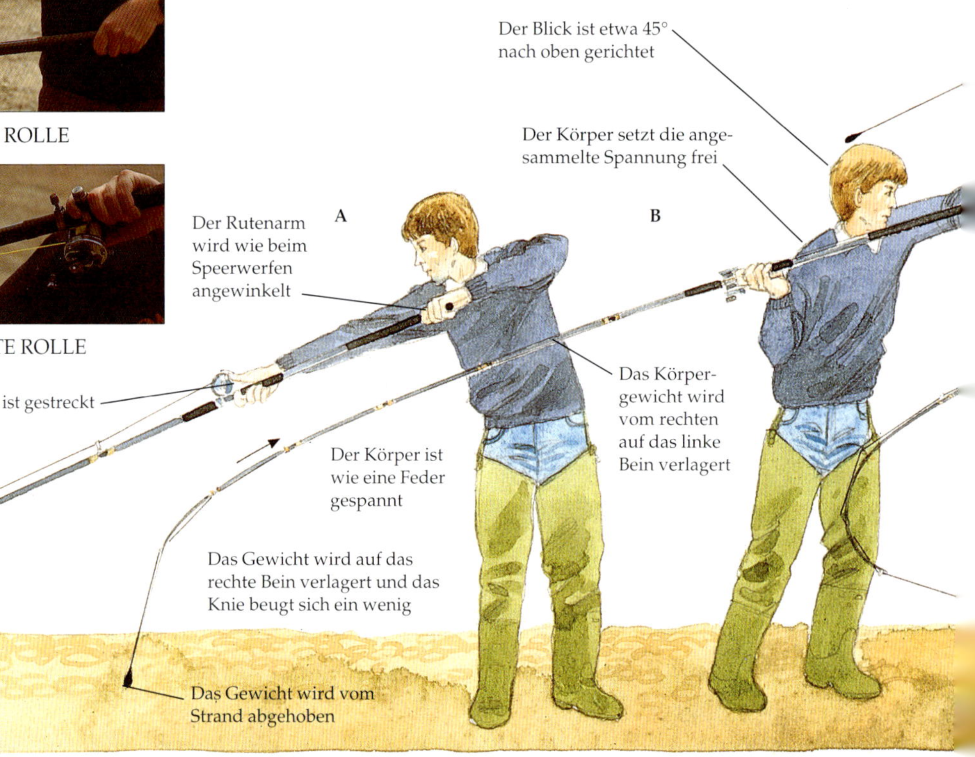

Sicherer Stand
Ziehen Sie in Wurfrichtung eine Linie in den Sand oder in den Kies. Nun stellen Sie sich mit dem rechten Fuß auf die Linie und mit dem linken etwa 15 cm dahinter. Mit der zum Wurf vorbereiteten Rolle drehen Sie nun Ihren Oberkörper und Ihre Schultern nach hinten und legen das Blei auf den Sand auf. Die Rutenspitze sollte unmittelbar über dem Grund stehen.

SICHERER STAND

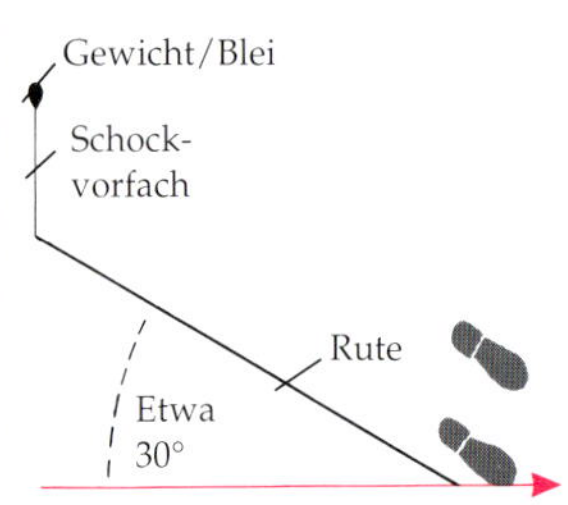

Der Wurf
Bereiten Sie Ihre Rolle auf den Wurf vor (siehe Seite 212) und lassen Sie dabei das Blei 90 bis 120 cm unter dem Spitzenring hängen. Je nach Rollentyp bremsen Sie die Schnur mit dem Daumen oder mit dem Zeigefinger. Gehen Sie nun in Wurfstellung, indem Sie Ihr Gewicht auf das rechte Bein verlagern (A). Ihre linke Hand sollte in der Nähe Ihrer rechten Schulter, Ihr linker Ellbogen angehoben und Ihr rechter Arm gestreckt sein. Drehen Sie Ihren Kopf in Wurfrichtung und blicken Sie etwa im 45°-Winkel nach oben. drehen Sie nun Ihren Körper kraftvoll, aber dennoch geschmeidig nach links und ziehen Sie dabei gleichzeitig die Rute wie einen Speer gerade nach vorne, ohne sie seitlich schwingen zu lassen. Ihr linker Arm beginnt damit, anzusteigen, während Ihr rechter Arm durch

Häufige Wurffehler

Wenn Sie Ihr Gerät auf dem Strand in Stellung bringen bevor Ihre Bein-, Rücken- und Oberkörpermuskulatur wurfbereit ist, fehlt Ihrem Körper die zum Wurf erforderliche innere Spannung. Gehen Sie zuerst in Stellung und drehen Sie erst dann Schultern und Oberkörper nach hinten, um das Gewicht auf den Sand zu setzen.

Ein zweiter Fehler besteht oft darin, daß die Rute in der Anfangsphase des Wurfes (die Schritte A bis C) zu früh beschleunigt wird. Die Rute sollte eher Ihnen folgen, als vor Ihnen geschoben zu werden. Konzentrieren Sie sich darauf, Ihren Kopf in Wurfrichtung zu drehen und "entspannen" Sie Ihren Körper dabei wie eine Feder, wobei die Armbewegung der des Körpers ganz von selbst folgt.

GEEIGNETER UNTERGRUND

Der Reißwurf ist eine Wurftechnik, die in erster Linie für recht saubere, ebene Strände geeignet ist. Er läßt sich nicht auf unebenem Untergrund oder beim Waten in der Brandung ausführen.

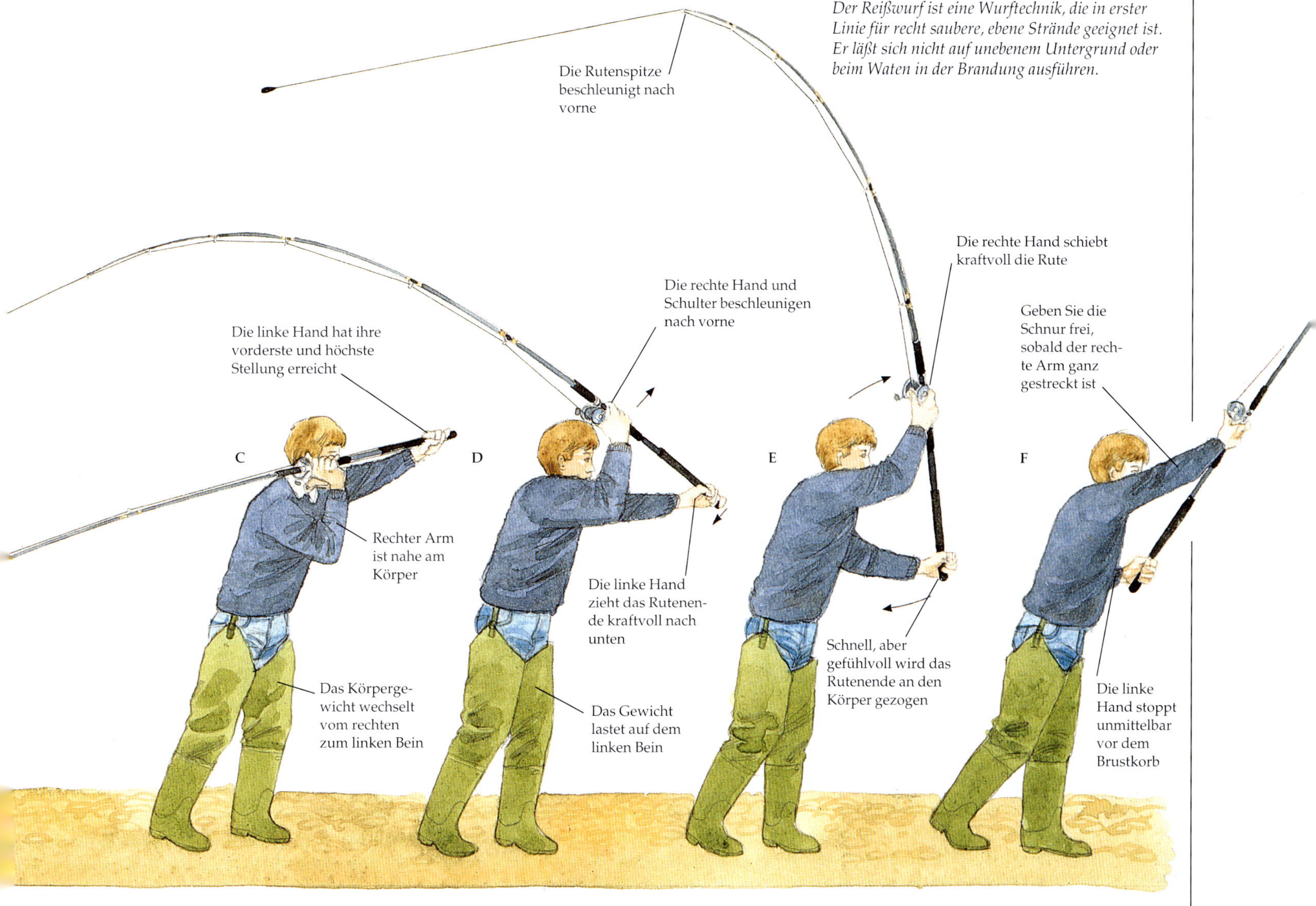

den abknickenden Ellbogen dicht an die Brust kommt. Sobald Ihr linker Arm völlig gestreckt ist und sich Ihre rechte Hand in Augenhöhe befindet, verlagern Sie Ihr Gewicht auf das linke Bein (C). Die zusätzliche Kraft, die durch die Verlagerung des Körpergewichtes in den Wurf gebracht wird, äußert sich in höherer Wurfgeschwindigkeit, die die linke Hand am Rutengriff deutlich spürt. Sobald Ihr linker Arm maximal gestreckt ist, beginnen Sie damit, Ihre rechte Hand nach oben zu beschleunigen und gleichzeitig ziehen Sie das Rutenende mit der linken Hand dicht an Ihren Brustkorb (D). Dieser ganze Wurfablauf sollte in einer einzigen, kontinuierlich und geschmeidig ausgeführten Bewegung stattfinden, wobei es zwischen dem anfänglichen "Speerwurf" und der Beschleunigungssequenz keinen Bruch geben darf. Die Rute wird bis zum Schnurfreigabepunkt weiterbeschleunigt (E). Ihre linke Hand sollte das Rutenende in Richtung ihres Brustkorbes ziehen und Ihr rechter Arm sollte sich vom Ellbogen her strecken. Ihr Oberkörper zeigt dabei in Wurfrichtung und der Großteil Ihres Körpergewichtes lastet auf dem linken Bein. So beschleunigt bewegt sich die Rutenspitze schnell und geschmeidig nach vorne. Geben Sie die Schnur frei, wenn Ihr Arm völlig gestreckt ist und Ihre linke Hand den Brustkorb berührt (F). Stoppen Sie den Freilauf der Rollenspule, sobald das Gewicht auf dem Wasser aufgekommen ist, damit die Spule nicht überdreht und es nicht zu unnötiger Perückenbildung kommt.

KÜSTENFISCHEN

Wenn von einem niedrigen Standpunkt aus, wie beispielsweise von einem Strand aus, gefischt wird, dann bieten alle Vorfächer die Köder auf dem Grund an und es spielt keine Rolle mehr, wo das Blei befestigt wurde. Die meisten Montagen sind einfache Abwandlungen von Laufbleimontage und Paternoster. Wie die Endmontage nun eigentlich wirklich aussehen soll, hängt von den örtlichen Gegebenheiten, vom Zustand des Meeres und von der Nahrung der Zielfische ab. Die besten Ergebnisse erzielen immer die möglichst einfach gehaltenen Montagen. Verwenden Sie Seitenarme und Anti-Tangle Röhrchen (siehe Seite 60), um Gewichte und Vorfächer zueinander und zur Hauptschnur auf Abstand zu halten.

VORFACHKNOTEN

Grundknoten

Ein Vorfachknoten muß stark, zuverlässig und schmal sein, damit er problemlos durch die Ringe gleitet.

1 Binden Sie in das Vorfach einen einfachen Überhandknoten und führen Sie die Hauptschnur durch.

2 Den Knoten straff ziehen und in die Hauptschnur binden.

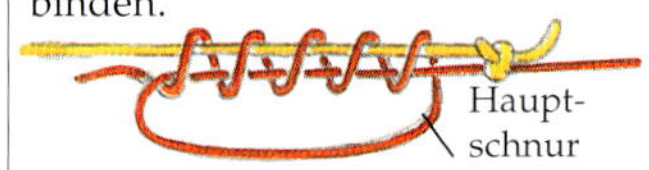

3 Hauptschnurknoten straff bis an den Überhandknoten ziehen.

Hochleistungsknoten

Fädeln Sie die Hauptschnur durch ein Loch im Vorfachende. Am besten klappt das, wenn die Hauptschnur viel dünner als das Vorfach ist.

1 Flachen Sie das Vorfachende mit Hilfe von Zangen ab und durchlöchern Sie es mit einer heißen Nadel.

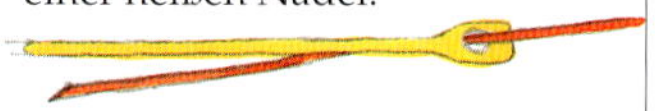

2 Binden Sie einen Knoten in die Hauptschnur.

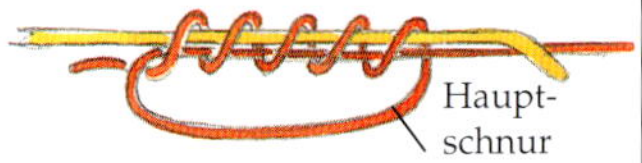

3 Den Knoten vor dem Loch straffen; sichern.

PATERNOSTER MIT ZWEI HAKEN

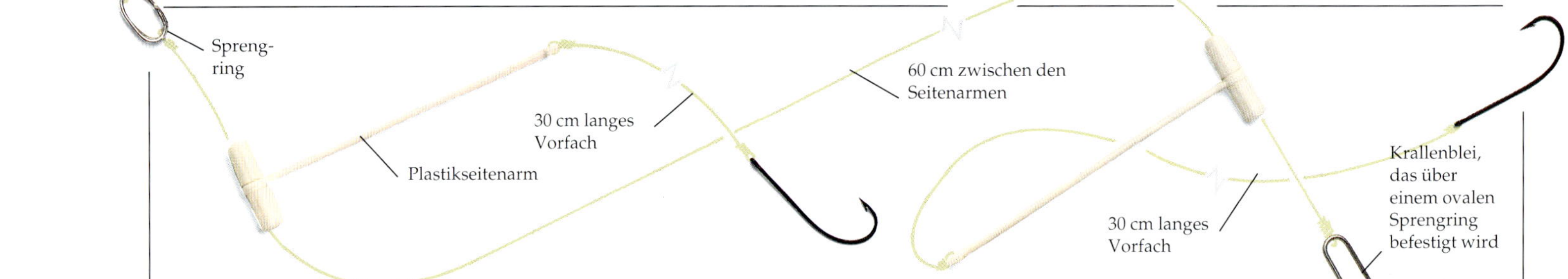

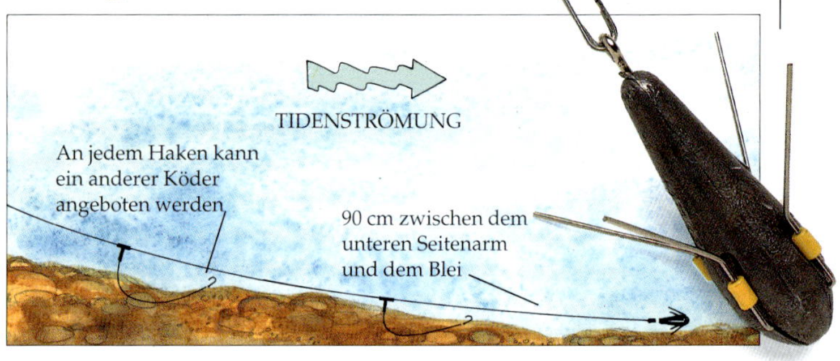

Trägen Fischen und jenen, die sich beim Schlucken nicht fortbewegen oder den Köder bei den geringsten Widerstandsanzeichen wieder ausspucken, rückt man am besten mit einem einfachen Paternoster mit zwei Haken zu Leibe. Bei dem hier abgebildeten sorgen Seitenarme aus Plastik dafür, daß sich die kurzen Vorfächer nicht mit dem Rest der Montage verfangen. Mit einfachen Dreiwegwirbeln lassen sich allerdings auch sehr fängige Paternoster anfertigen. Das Krallenblei verankert die Montage nicht nur zuverläßig auf dem Grund, es trägt auch dazu bei, daß die abziehenden Fische sich von selbst haken. Zweifellos ist diese Montage die beste Allroundmontage, die uns Anglern zum Fang von Fischen wie Plattfischen und Kleindorschen zur Verfügung steht.

LAUFBLEIMONTAGE

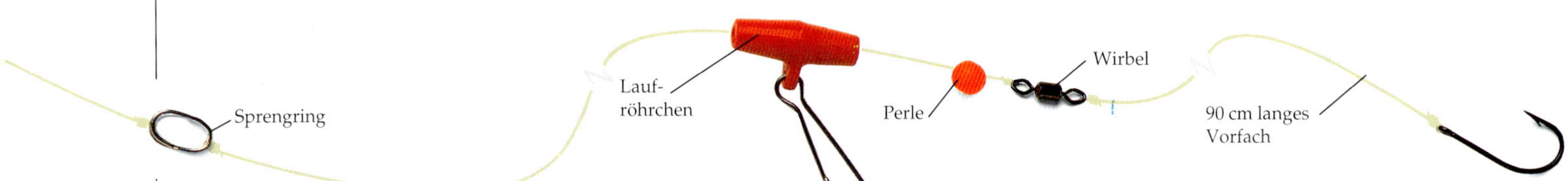

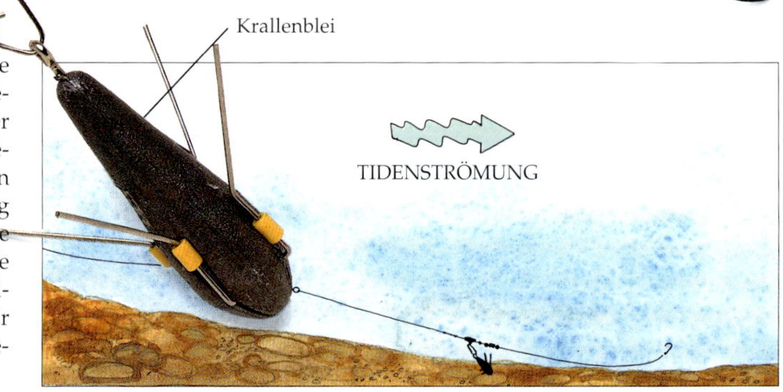

Einige Fischarten, wie beispielsweise der Wolfsbarsch, schwimmen gerne mit dem Köder ein wenig herum, bevor sie ihn verschlucken. Fühlen diese Fische einen unnatürlichen Widerstand, dann spucken sie den Köder schnell aus. Andere, wie etwa die Hundshaie, machen lange und ausgedehnte Fluchten, bevor sie mit dem Schlucken beginnen. All diesen Fischarten muß nach dem Biß freie Schnur zum Schlucken zur Verfügung stehen, bevor der Anhieb gesetzt wird. Hierzu ist die Laufbleimontage bestens geeignet. Es ist keine Montage, die gut zum Fischen auf große Distanz geeignet ist, dafür lassen sich recht problemlos mittlere Wurfweiten erzielen. Gut geeignet ist diese Montage auch für große Köder, die für Fische wie Conger, Rochen und kleine Haie gedacht sind. Aber auch andere Arten lassen sich nicht von ihr abschrecken.

Laufpaternoster

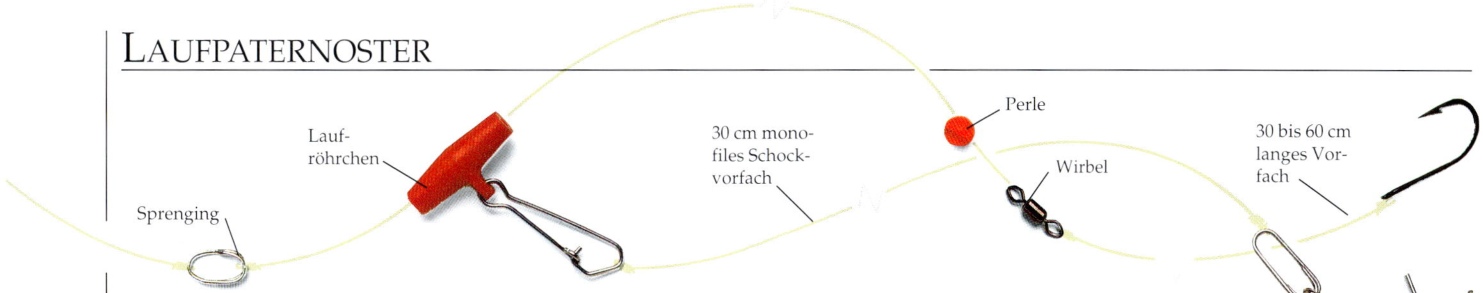

Der Unterschied zwischen dieser Montage und der Laufbleimontage besteht darin, daß hier das Blei an einem monofilen Schockvorfach (Schlagschnur befestigt wurde (ein Schockvorfach ist ein Vorfach, das aus dickerer Schnur als die Hauptschnur gefertigt wird und beim Wurf die Belastung eines schweren Bleies abfangen soll). Mit einem Schockvorfach zwischen Laufröhrchen und Gewicht läßt es sich leichter werfen, da nun in Wurfstellung Gewicht und Köder etwa gleich hoch über dem Grund hängen. Für empfindliche und scheue Fische, denen man zum Schlucken wenig Schnur geben muß, ist es eine bessere Montage als die Laufbleimontage.

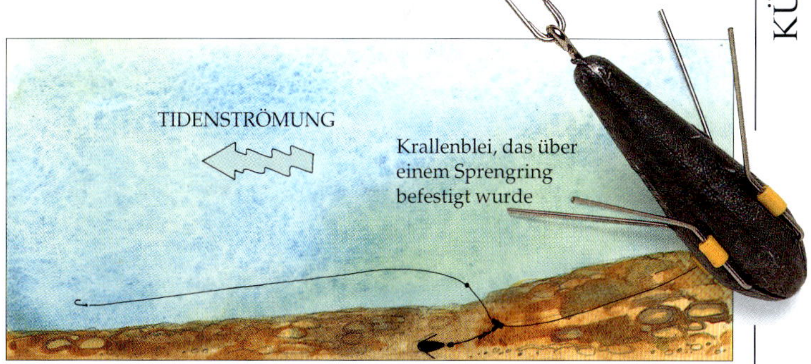

Das Verankern des Köders

Das Werfen gegen die Strömung
Obwohl die Gezeiten auf dem Strand auf- und abwärts wandern, verläuft die Fließrichtung des Wassers oft parallel zum Strand. Ist diese Seitenströmung stark, dann können das Halten der Köder auf dem Grund und das Ausmachen der Bisse dem Brandungsangler das Leben schwer machen. Diese Probleme lassen sich durch das Verwenden eines Krallenbleies ausschließen. Diese Bleie sind in einer Vielzahl von Größen und mit unterschiedlichen Krallen erhältlich. Wenn Sie mit einem Krallenblei stromauf fischen wollen, müssen Sie es viel weiter stromauf von Ihrem Rutenhalter werfen. Bevor Sie nun das Rollengetriebe wieder zuschalten, gehen Sie zurück zu Ihrem Rutenhalter und geben dabei Schnur frei, sodaß ein Schnurbauch entsteht. Der Strömungsdruck auf den Schnurbauch trägt dazu bei, daß sich die Krallen des Bleies gut eingraben. Bei einem Biß lösen sich die Krallen aus dem Sand und während der Fisch mit dem Köder stromab treibt, lockert sich die Schnur.

DIE RUTE HALTEN
Bei schwerer Brandung sorgt nicht nur die Gezeitenströmung für Schwierigkeiten: oft wird viel Gras und Tang in die Schnur geschwemmt, wodurch das Krallenblei den Halt verliert. Wer die Rute in solchen Momenten mit der Hand hält und so auf die Bisse wartet, der kann oft viel Schnur über den Brechern halten.

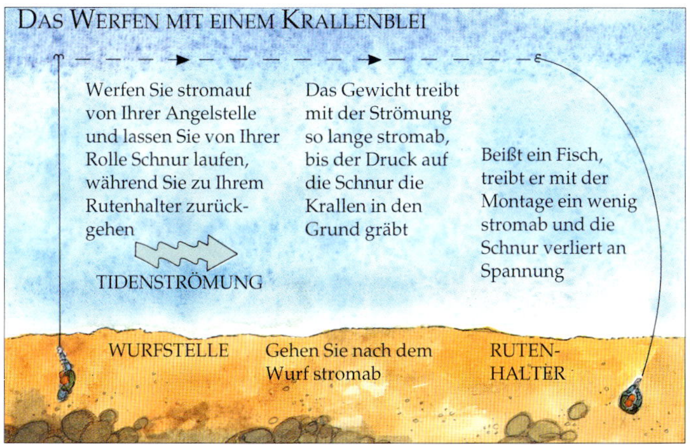

Hänger vermeiden
Zu den typischen Hängerursachen gehören Treibgut, Wasserpflanzen und zerklüfteter Untergrund. Wenn Sie auf kurze Entfernung auf zerklüftetem Untergrund oder wenn zwischen Ihnen und der hängerfreien Angelstelle hängerträchtiger Untergrund ist, dann ist die Bleiform von Bedeutung. Alle Bleie können sich verfangen, am wenigsten passiert das jedoch mit tropfenförmigen Gewichten. Wo Hänger unvermeidbar sind, sollten Sie mit einem an einer "Reißleine" befestigten Blei fischen.

AUFTRIEBSHILFE
(Weight Lifter)
Hänger können beim Fischen von der Küste aus zu einem echten Problem werden, da es oft schwer ist, die Endmontage deutlich über den Hindernissen einzuholen. Die hier abgebildete Auftriebshilfe trägt dazu bei, daß das Blei bei schnellem Einholen mit hochgehaltener Rute deutlich über den Hindernissen durchs Wasser schwebt.

Den Grund absuchen
Es gibt Umstände, unter denen eine auf dem Grund rollende Montage mit einem einfachen, tropfenförmigen Gewicht einer fest verankerten gegenüber deutliche Vorteile hat, vor allem dann, wenn die Fische träge sind oder wenn sie sich an bestimmten Stellen, die nicht immer leicht auszumachen sind, versammelt halten. Indem Sie die "Rollmontage" weit stromauf auswerfen und sie langsam stromab treiben lassen, können Sie mit Ihrem oder Ihren Ködern große Flächen abdecken. Ist die Gezeitenströmung jedoch zu stark, dann treibt das Blei zu schnell über den Grund und die Hängergefahr steigt auf hindernisreichem Untergrund beträchtlich.

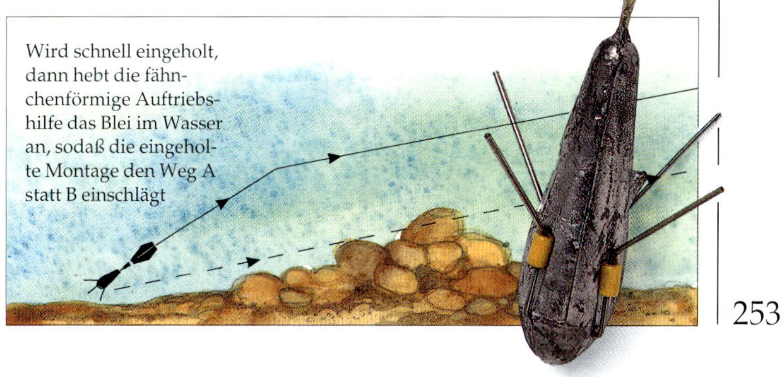

Küstenfischen 2

Nicht die ganze Küstenfischerei findet von sanft abfallenden Uferpartien aus statt und nicht alle küstennah lebenden Fische rauben und leben das ganze Jahr über in unmittelbarer Grundnähe. Das Meer ist eine dreidimensionale Welt und seine großen Tiefen sind vor allem dort für Angler interessant, wo sie bis an das Land heranreichen. Das kann entlang von Felsklippen der Fall sein, aber auch vor Hafenmauern, unter Pieren und um Strömungsbrecher. Beim Küstenfischen in tiefem Wasser erzielt derjenige Angler die besten Ergebnisse, der seine Köder in der geeigneten Tiefe anbietet. Beispielsweise kann er an einer Posenmontage einen Seeringelwurm oder einen Fischfetzen anbieten oder aber mit entsprechendem Spinngerät einen schweren oder beschwerten Kunstköder auf der Höhe der raubenden Fische führen. Die Posen- und Spinnfischerei sind beim Küstenfischen wichtige Techniken, die allerdings nur mit geeignetem Gerät ausgeübt werden sollten. Es ist zwar immer mehr Salzwasserspinn- und -posengerät erhältlich, es kann aber durchaus sein, daß Sie auf schweres Süßwassergerät zurückgreifen müssen.

ERST NACHDENKEN
Nur mit einem Senknetz, das an einer langen Schnur herabgelassen wird, läßt sich von einer solchen Angelstelle aus ein Fisch sicher landen. Überlegen Sie sich vor dem Fischen, wie Sie Ihre Beute landen werden, nicht erst, wenn sie am Haken hängt.

Das Posenfischen

Das Posenfischen wird von vielen Meeresfischern als eine Art Erweiterung der Süßwasserfischerei betrachtet. Und in der Tat, ein Großteil des verwendeten Gerätes stammt aus der Süßwasserfischerei. Dennoch ist sein Anwendungsgebiet eingeschränkt, nicht so sehr wegen der Fische, sondern viel mehr wegen der äußeren Bedingungen die oft dort vorherrschen, wo diese Fische leben und sich ernähren. Das Meeräschenfischen in ruhigen Hafenbecken stellt beispielsweise für herkömmliches Süßwassergerät keinerlei Problem dar, aber an vielen anderen Stellen ist schwereres Gerät erforderlich. So ist beispielsweise beim Fischen auf Lippfische über dichten Tangwäldern viel schwereres Gerät erforderlich, da diese kraftvollen Fische nach dem Biß augenblicklich in Deckung gehen. Beim Fischen auf Pollack von Uferklippen aus kann es manchmal notwendig sein, recht weit zu werfen, was schwereres Gerät erforderlich macht. Süßwasserruten, die auch in der Meeresfischerei Anwendung finden können, sind etwa 3 - 4 m lange Matchruten zum Posenfischen, ebensolange Grundruten und 2 bis 3 m lange Spinnruten. Ist wirklich schweres Spinngerät erforderlich, sollten Sie auf eine Meeresspinnrute zurückgreifen.

Das Fischen mit einer Gleitpose
Verwenden Sie, wann immer es geht, eher eine Gleitpose als eine feststehende, wenn es darum geht, in Tiefen zu fischen, die über der Rutenlänge liegen. Ist die Pose eine feststehende, die beispielsweise auf sechs Meter Tiefe eingestellt wurde, dann hängen während des Wurfes immer noch sechs Meter Schnur unter ihr. Hierdurch gestaltet sich der Wurf schwierig, aber auch der Drill und die Landung eines gehakten Fisches. Eine Gleitposenmontage ist auch überall dort vorzuziehen, wo die Bewegungsfreiheit beim Wurf begrenzt ist, wie es an schmalen Felsvorsprüngen oft der Fall ist: hängen unter der Rutenspitze nur Pose und Vorfach, läßt es sich viel kontrollierter und genauer werfen. Die Angeltiefe wird über einen kleinen, auf die Hauptschnur gebundenen Stopperknoten eingestellt, der möglichst reibungslos durch die Rutenringe gleiten sollte.

GLEITPOSEN-MONTAGE

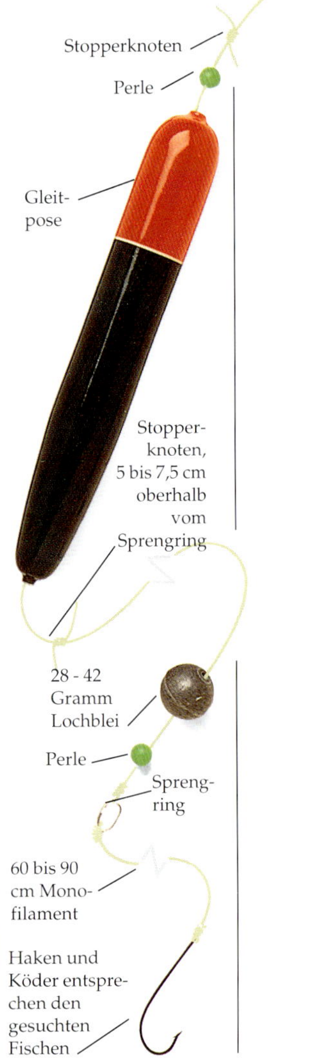

SCHWERE POSENMONTAGE

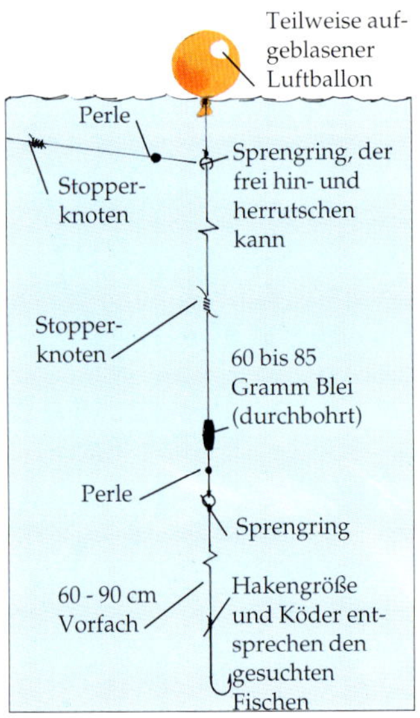

Das schwere Posenfischen
Diese Montage wurde für Situationen entworfen, in denen normales Meeresgerät nicht ausreicht. Hierzu gehört das Fischen in schnellen Strömungen, wo stellenweise 140 Gramm Blei erforderlich sind oder wenn es darum geht, große Köder vom Boot aus Raubfischen entgegentreiben zu lassen (kleine Haie, siehe Seite 256). Bei dieser Gleitmontage kommt eine sehr große Pose zum Einsatz, beispielsweise ein Luftballon. An den Luftballon wird ein Wirbel oder ein Sprengring gebunden, über den er dann zwischen Perle und Stopperknoten frei hin- und herrutscht. Unter dem Wirbel oder dem Sprengring hängen ein Lochblei, eine Perle und schließlich ein Vorfach aus Stahl.

HAFENFISCHEN
Dieser Hornhecht wurde im tiefen Wasser vor der Hafenmauer gefangen, eine zum Posenfischen ideale Stelle.

Das Grundfischen

Das Grundfischen auf hängerträchtigem Untergrund ist immer schwierig und fast immer sind die Materialverluste hoch. Diese Schattenseiten müssen leider als unvermeidbar akzeptiert werden, allerdings gibt es auch Möglichkeiten, den Schaden in Grenzen zu halten. Die wichtigste hierunter besteht darin, stets nur mit den einfachsten Montagen zu fischen. Endmontagen mit nur einem Einfachhaken verfangen sich zwar nicht unbedingt weniger oft als komplizierte Montagen, dafür sind sie jedoch billiger und ihr Verlust schmerzt nicht zu sehr. Zu Hängern kommt es in erster Linie an Haken und Bleien und deshalb sollten diese Bestandteile der Montage über schwächere Schnur mit ihr verbunden sein, damit sie im Falle eines Hängers abreißen und der Rest der Montage gerettet werden kann (das Hakenvorfach darf allerdings keineswegs schwächer als die restliche Montage sein, wenn es darum geht, Fische mit scharfen Zähnen zu fangen). Eine Alternative besteht darin, die Grundmontage mit einem Auftriebskörper zu versehen, der den Köder über dem Grund und daher über den Hängern anbietet.

Grundmontage mit Schwimmkörper
Eine Grundmontage mit Schwimmkörper ermöglicht das Anbieten des Köders in einer bestimmten Entfernung zum Grund. Der Köder wird so auf fängigere Art und Weise angeboten und gleichzeitig sinkt das Hängerrisiko. Es läßt sich so beispielsweise vermeiden, daß der Köder in eine Felsspalte fällt und damit für die Fische unerreichbar wird. Auch die Krebse können den Köder nun nicht mehr innerhalb weniger Minuten zerstören. Die Montage besteht aus einer einfachen Balsapose, die auf das Vorfach einer Grundmontage geschoben wird. Die Höhe, in welcher der Köder über dem Grund schwebt, wird von der Stellung des Stopperknotens bestimmt.

GRUNDMONTAGE MIT SCHWIMMKÖRPER

Hakengröße und Köder entsprechen den gesuchten Fischen

Hängerfreies Einholen
Ein Luftballon hält hier die Hauptschnur auf Höhe und gewährleistet, daß die Grundmontage beim Einholen deutlich über den Hindernissen am Grund läuft: auf die eigentliche Köderpräsentation hat der Ballon keinen Einfluß. Mit einer solchen Montage können Sie getrost auf die saubere, seewärts von Hindernissen gelegene Seite werfen und verhältnismäßig sicher sein, daß es nicht der letzte Wurf war. Die Grundmontage können Sie sich trotzdem frei aussuchen: schieben Sie, noch bevor Sie die Hauptschnur mit der Endmontage verbinden, auf die Hauptschnur einen Wirbel oder einen Sprengring, an dem Sie später den Ballon befestigen.

HÄNGERFREIES EINHOLEN

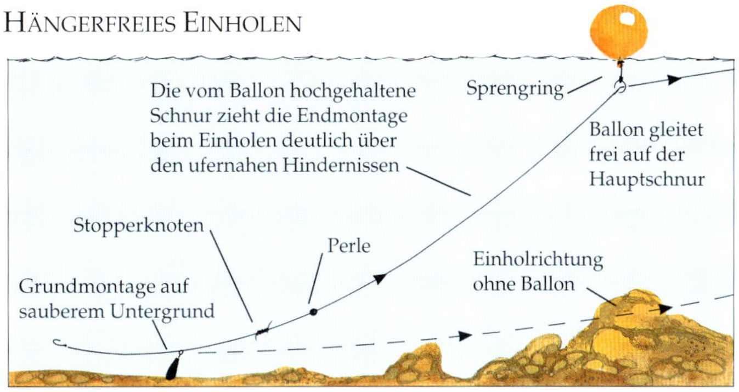

Das Spinnfischen

SPINNMONTAGE FÜR SEICHTES WASSER

SPINNMONTAGE FÜR SEICHTES WASSER
Werfen Sie diese Montage gefühlvoll aus. Werfen Sie zu kraftvoll, dann überholt das Blei die restliche Montage in der Luft, wodurch es zu Verwicklungen kommen kann.

Das Spinnfischen hat dem Naturköderfischen gegenüber einige Vorteile. So ermöglicht beispielsweise die recht leichte Ausrüstung (Kunstköderschachtel, leichte Rute und Rolle) das Abfischen weiter Küstenstrecken an nur einem Tag. Felsige Uferabschnitte zählen entlang der Küste zu den besten Fangstellen, da sie gewöhnlich eine Vielzahl von verschiedenen Raubfischen anlocken, wie etwa Makrelen, Wolfsbarsche und Pollacks, die sich allesamt gerne an Spinnködern vergreifen. Suchen Sie das Wasser beim Spinnfischen so sorgfältig wie nur möglich ab, indem Sie die Lauftiefe Ihres Kunstköders öfter abändern und das Wasser mit System durchkämmen (siehe Seite 216). Zu den geeigneten Ködern zählen Wobbler, Spinner, Löffel und Pilker und Sie sollten stets eine Auswahl unterschiedlicher Kunstködertypen mit sich führen, sodaß Sie den jeweiligen Umständen und Arten entsprechend stets den passenden Köder montieren können. Fische greifen gewöhnlich von unten her an, sodaß Sie an hellen Tagen möglichst mit dunklen Kunstködern fischen sollten, während bei trübem Wetter reflektierende und auffällig gefärbte Kunstköder erfolgreicher sind.

LANDA LUKKI TURBO LÖFFEL
Zum tiefen Spinnfischen eignen sich schwere Löffel wie der hier abgebildete.

Das Kunstködergewicht
Je weiter Sie einen Kunstköder werfen können, desto größer ist die Wasserfläche, die Sie beim Fischen abdecken. Aus diesem Grund ist beim Fischen in tiefen, stark strömenden Gezeiten ein schwerer Kunstköder oft besser geeignet, als ein leichter. Der Idealfall ist, daß der Kunstköder ohne zusätzliche Beschwerung auskommt, was leider nicht immer möglich ist. Gelegentlich kann es unerläßlich sein, auf der Schnur ein Blei zu montieren, das dabei hilft, den Schnurdrall zu vermeiden (siehe Seite 214). Die Verwicklungsgefahr beim Werfen kann man dadurch reduzieren, daß man die Schnur mit dem Finger am Spulenrand abbremst, unmittelbar bevor der Kunstköder die Wasseroberfläche erreicht.

SICHERHEIT ZUERST
Felsige Uferabschnitte weisen oft in unmittelbarer Entfernung schon beachtliche Tiefen auf und sind gut zum Spinnfischen geeignet, da gewöhnlich über 2 m tiefes Wasser die besten Ergebnisse bringt. Man darf nicht vergessen, daß gischtnasse Felsen oft ungemein glitschig sein können: fischen Sie deshalb mit grobstolligem Schuhwerk und in Begleitung.

Das Fischen auf Haie

Haie lassen sich mit einer Vielzahl von Techniken fangen, u.a. beim Driftfischen, beim Grundfischen von einem verankerten Boot aus, beim Küstenfischen und beim Schleppfischen mit toten oder mit lebenden Köderfischen (siehe Seite 258). Auch mit einer Fliegenrute lassen sich diese Fische überlisten. Die hier abgebildeten Grundtechniken sind für den Fang von Haiarten geeignet, die im Mittelwasser und nahe der Oberfläche auf Raubzug gehen, wie beispielsweise der Blau-, Mako- und Heringshai.

Da Haie eine sehr rauhe Haut und überaus scharfe und stabile Zähne haben, ist ein Stahlvorfach unerläßlich. Über eine Klemmhülse wird der Haken an ihm befestigt und über eine in einen Wirbel eingehängte Klemmhülse wird das Vorfach mit der Hauptschnur verbunden (oder, je nach Montage, mit einem Schockvorfach aus dickem Nylon).

Stahlvorfach und Klemmhülsen (Sleeves)

1 Schieben Sie die Klemmhülse auf das Stahlvorfach. Fädeln Sie es durch die Haken- oder Wirbelöse, binden einen einfachen Knoten und straffen ihn.

2 Schieben Sie die Klemmhülse über das lose Drahtende. Lassen Sie ein kurzes Stück Stahlvorfach aus der Hülse hervorragen.

3 Bilden Sie mit dem losen Ende eine Schlaufe, die Sie in die Hülse schieben. So richtet das scharfe Drahtende keinen Schaden an.

4 Quetschen Sie die Klemmhülse mit Hilfe einer Zange zusammen. Quetschen Sie sie möglichst auf ihrer ganzen Länge.

Das Driftfischen

Blau- und Makohaie sind hauptsächlich Freiwasserfische, die sich von pelagisch lebenden Schwarmfischen, wie etwa Makrelen und Sardinen ernähren. Heringshaie rauben demgegenüber lieber in Küstennähe über seicht liegenden Riffen. Alle diese Haiarten lassen sich von einem treibenden Boot aus mit 30 bis 80 lbs-Ausrüstung fangen, wobei die Köder unter Posen (Ballons) im Rubby-Dubby Futterteppich angeboten werden. Haie verfügen über einen außerordentlich guten Geruchssinn und sogar kleinste Duftspuren können sie bis zu ihrem Ursprung verfolgen. Früher oder später wird die Futtermasse Wirkung zeigen. Haben sie erst einmal Witterung aufgenommen, dann bewegen sie ihre Köpfe von Seite zu Seite, um die größtmögliche Geruchskonzentration ausfindig zu machen und ihre Schwimmrichtung danach zu orientieren.

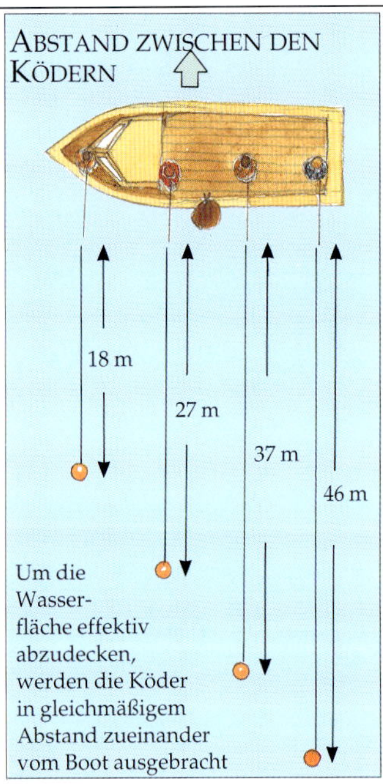

Das Anfüttern mit Rubby-Dubby

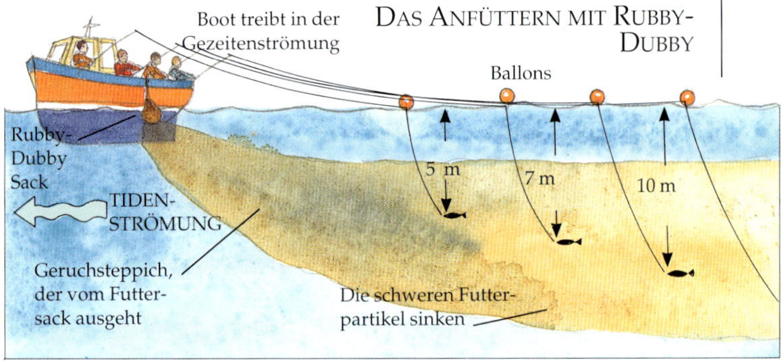

Ködertiefen
Bis Sie herausgefunden haben, in welcher Tiefe die Haie rauben, sollten Sie Ihre Köder in unterschiedlichen Tiefen und in unterschiedlichen Entfernungen ausbringen. Der am weitesten vom Boot entfernte Köder sollte am tiefsten und der dem Boot am nächsten sollte am flachsten eingestellt werden.

Rubby-Dubby
Während seiner Drift hinterläßt das Boot einen weit ausgedehnten Geruchsteppich. Schwerere Bestandteile der Futtermasse sinken tiefer als leichte, sodaß sich der Futterteppich nicht nur in die Breite, sondern auch in die Tiefe ausdehnt. Hierdurch wird gewährleistet, daß sich alle Köder innerhalb der Geruchsfahne befinden.

DRIFTMONTAGE ZUM HAIANGELN

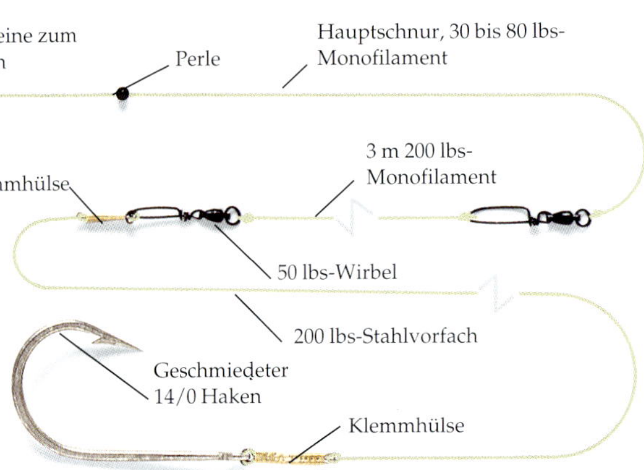

BALLONS *(links)*
Binden Sie die Ballons an ein kurzes Stück Schnur. Knüpfen Sie die Schnur an einen auf der Hauptschnur laufenden Wirbel oder klemmen Sie ihn fest.

DRIFTMONTAGE ZUM HAIANGELN
Damit die Hauptschnur nicht beschädigt wird, sollte das Vorfach an jeder Haimontage mindestens so lang wie die erwarteten Fische sein. Der Umgang mit einem langen Stahlvorfach ist nicht einfach, verwenden Sie daher ein recht kurzes und befestigen Sie den Haken an ihm. An das andere Stahlvorfachende kommt nun dickes, robustes Nylonmonofilament, das über einen Wirbel mit der Hauptschnur verbunden wird.

Bootsfischen auf Hundshai

Der Hundshai ist einer der vielen kleinen bis mittelgroßen Haiarten, die am oder unmittelbar über dem Grund auf Raubzug gehen, wobei sie sich von Fischen, wie etwa Dorsch, Schell- und Plattfisch, ernähren. Auf ihren Raubzügen kommen sie oft in unmittelbare Küstennähe. Hundshaie scheinen entweder als Einzelgänger oder in Gruppen zu rauben, die sich nur aus einem Geschlecht zusammensetzen. Sie lassen sich beim Grundfischen von einem verankerten Boot oder vom Ufer aus überlisten. Die besten Köder sind Fischstücke oder ganze Fische.

Beim Fischen vom verankerten Boot aus können Sie entweder gegen die Strömung oder mit der Strömung fischen (siehe Seite 244). Zum Uptide-Fischen sollten Sie eine etwa 3 m lange Uptide-Rute mit weichem Spitzenteil verwenden sowie ein Krallenblei, das schwer genug ist, um den Köder zuverlässig auf dem Grund zu verankern. Achten Sie darauf, ausreichend Schnur nachzufüttern, nachdem das Blei gefaßt hat, damit in der Strömung ein Schnurbauch entsteht. Fischen Sie stromab, brauchen Sie eine Bootsrute der 30 lbs-Klasse und ein vom Gewicht her geeignetes, tropfenförmiges Gewicht.

"Catch and Release"
Dieser Hundshai hat einen guten Drill geliefert und wird nun wieder in sein Element entlassen.

BOOTSMONTAGE FÜR HUNDSHAIE

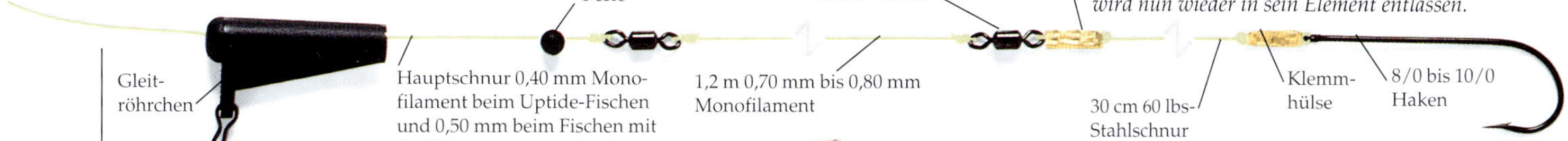

BOOTSMONTAGE FÜR HUNDSHAIE
Diese Montage ist lediglich eine Abwandlung der sehr fängigen Laufbleimontage (siehe Seite 245). Wie die größeren Blauhaie können auch die Hundshaie leichte Nylonschnur durchscheuern und zerbeißen, sodaß das Vorfach länger als der Fisch sein sollte. Das Vorfach sollte aus etwa 30 cm Stahlschnur und aus 1,2 mm dicker Nylonschnur bestehen.

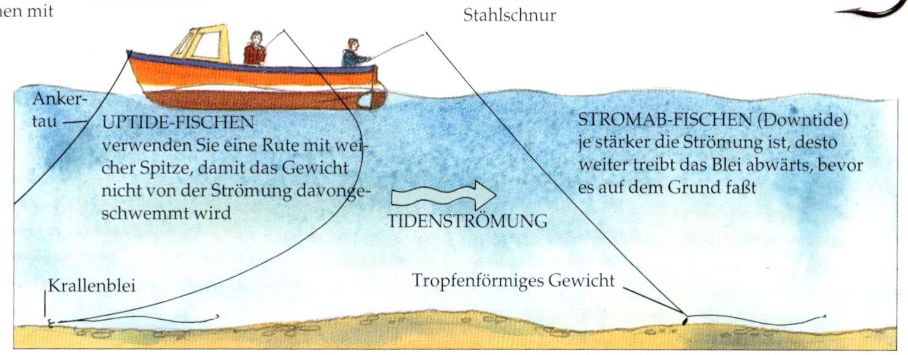

Das Küstenfischen auf Hundshaie

Hundshaie halten sich oft in Wurfweite von der Küste entfernt auf. Felsabbrüche und -vorsprünge, die auf sandigen Untergrund auslaufen, sind ebenso vielversprechend wie steil abfallende Sand- oder Kiesstrände. Verwenden Sie eine qualitativ hochwertige Brandungsrute, die Wurfgewichte bis 170 Gramm verträgt. Die Rolle sollte mit etwa 300 Meter 0,40 mm bis 0,50 mm Monofilament gefüllt sein, da gehakte Hundshaie zu langen Fluchten in der Lage sind.

BALLON-POSENMONTAGE

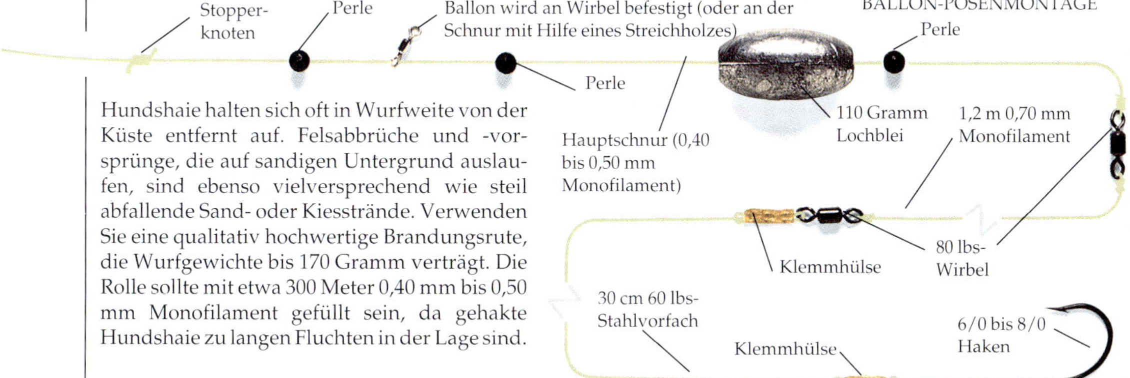

Ufermontagen
Verwenden Sie entweder eine einfache Laufbleimontage oder eine Ballonmontage, die durch ein Lochblei beschwert wird. Ein langes Vorfach reduziert die Beschädigungsgefahr der Hauptschnur und gibt dem Fisch gleichzeitig Gelegenheit, mit dem Köder ein wenig herumzuspielen, bevor der Anhieb gesetzt wird. Ein langes Vorfach mit einem großen Köder läßt sich nur schlecht werfen, es sollte allerdings mindestens aus 1,2 Metern dicker Nylonschnur und aus 30 cm Stahlschnur bestehen.

Der Fang von Glatthaien

Glatthaie und die meisten übrigen Dorn- und Glatthaiarten leben in recht flachem Wasser, wo sie sich hauptsächlich von Krebsen und Muscheln ernähren. Die Zähne dieser Haie sind abgeflacht und eher auf das Zermalmen als auf das Zertrennen ausgelegt. Diese Fische werden oft beim Fischen von der Küste aus gefangen sowie beim Bootsfischen auf Untiefen. Am Haken verhalten sich diese Fische recht kämpferisch.

PENNEL-HAKENMONTAGE

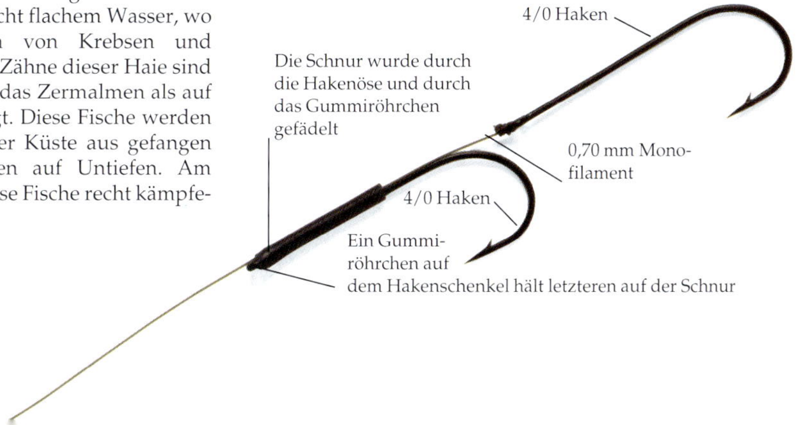

Glatthaimontagen
Für den Fang von Haien brauchen Sie ein Vorfach aus dickem, monofilem Nylon, das etwa 1,2 m lang ist. Verwenden Sie nur einen Einfachhaken oder eine Pennel-Hakenmontage, die Sie mit Butterkrebsen beködern. Der Vorteil der Pennel-Hakenmontage gegenüber dem Einfachhaken besteht darin, daß mit ihr größere Krebsportionen angeboten werden können.

Big-Game Fischen

Unter Big-Game Fischen ist der Fang einer Vielzahl großer Fische mit Rute und Rolle zu verstehen, zu denen verschiedene schwerttragende Arten, Wahoo, Tarpon, Großthune und große Raubhaie, wie beispielsweise Mako- und Tigerhai, gehören. Die meiste Big-Game Fischerei findet von Charterbooten aus statt, auf denen fast immer auch Gerät und Köder gestellt werden. Die zu befischende Fischart hängt teilweise von den Wünschen des Anglers und teilweise von dem ab, was in den befischten Gewässern vorhanden ist. Ebenso verhält es sich mit den Angeltechniken und dem Gerät. Einige Big-Game Fischer ziehen Fliegengerät vor, die große Mehrheit verwendet jedoch Bootsgerät aus den 12 bis 130 lbs-IGFA-Klassen. Die fängigsten Angeltechniken sind das Schleppen mit Kunstködern und toten Köderfischen, es wird aber auch mit lebenden Köderfischen geangelt. Alle diese Techniken haben ihre Vor- und Nachteile, mit allen lassen sich viele Fische fangen und, wenn der Tag stimmt, dann kann jede einzelne von ihnen fängiger als die anderen sein. Alles hängt von den jeweils vorherrschenden äußeren Bedingungen ab und keine Technik ist ausreichend gut, daß es sich lohnen würde, die anderen zu vernachlässigen. Eine offene Grundeinstellung ist beim Big-Game Fischen ebenso wichtig, wie bei jeder anderen Art der Angelei.

Das Schleppen mit Kunstködern

Es gibt außerordentlich viele Fischarten, die geschleppte Kunstköder angreifen und beim Schleppfischen läßt es sich nur schwer im voraus sagen, was man an den Haken bekommen wird. Es gibt jedoch eine Kerngruppe von Arten, die immer wieder mit dieser Technik gefangen werden. Zu dieser gehören die Marline, die Sailfische, die Thunfische und vergleichbar große Freiwasserräuber, die die tiefen Wasser des offenen Ozeanes vorziehen und sich oft sprichwörtlich über mehreren Kilometern Wasser aufhalten. Mittelschwere Sportfische, wie etwa Wahoo, Dolphin und Bonitos greifen auch in offenem Wasser geschleppte Kunstköder an. Ob diese Fische echte Big-Game Fische sind, ist diskutabel, gelegentlich erreichen aber auch sie beachtliche Größen und in jedem Fall sind sie im Drill zähe Kämpfer. Das Schleppen mit Kunstködern ist vor allem in offenem Wasser praktisch, da sich hier die Fische nicht in einem bestimmten Bereich konzentriert aufhalten und beim Fischen große Flächen abgedeckt werden. Die geschleppten Kunstköder werden an der Oberfläche in einem bestimmten Muster ausgebracht und so ausgesucht, daß jeder von ihnen eine etwas andere Aktion aufweist. Alle zusammen verursachen sie Lärm und hinterlassen eine dicke Blasenspur, wodurch sich die Raubfische aus den Tiefen emporlocken lassen und schnell zum Angriff übergehen.

Schleppmuster
Gewöhnlich wird auf Big-Game Booten mit vier Ruten gleichzeitig geschleppt: eine auf jeder Seite, die mit Hilfe von bis zu 14 m langen Auslegern (Outriggern) ausgebracht werden, sowie zwei am Heck. Als Kunstköder wird meistens eine Kombination aus unter der Oberfläche laufenden und auf der Oberfläche schlitternden Kunstködern gefischt. Jede Rute fischt in einer anderen Entfernung. So können beispielsweise die Outriggerruten 40 und 45 m und die Heckruten 20 und 25 m vom Boot entfernt fischen. So verteilt, sollen die Kunstköder beim Raubfisch den Eindruck eines kleinen Futterfischschwarmes erwecken. Hat ein Fisch die Verfolgung aufgenommen, dann bedeutet das keinesfalls, daß er eher die am weitesten vom Boot entfernten Kunstköder angreifen wird. Oft erfolgen an den Heckruten die meisten Bisse, vielleicht, weil sich die Fische vom Kielwasser anlocken lassen.

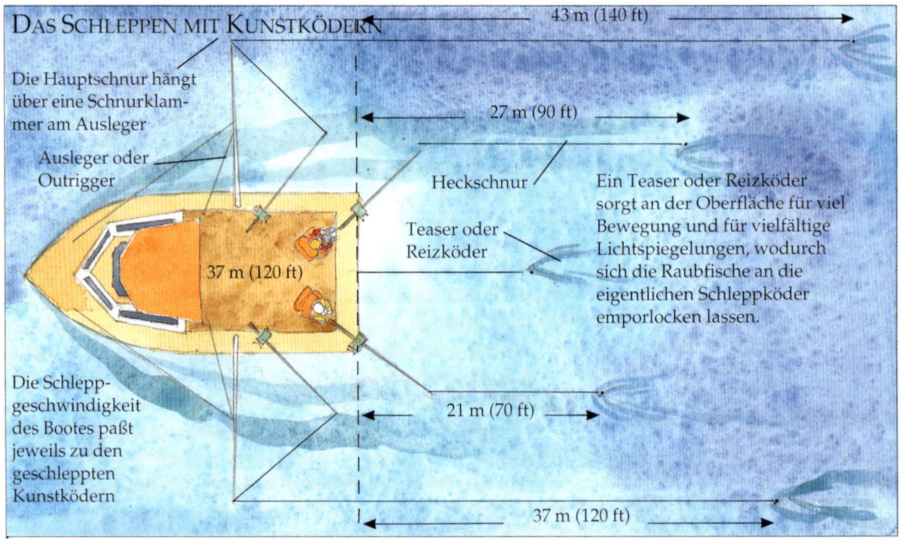

KUNSTKÖDERPALETTE
Auch wenn Hersteller oft ihre Köder für eine bestimmte Fischart angeben, beispielsweise für Marlin oder Thun, dann bedeutet das nicht, daß diese Köder, je nach Umständen, nicht auch zahlreiche andere Arten zum Biß verleiten können. Suchen Sie sich eine Reihe von Kunstködern aus, u.a. Kona Heads und Plastiktintenfische, bei denen Ihnen eine große Auswahl an Farben, Formen und Aktionen zur Verfügung steht, damit Sie Ihre Kunstköderwahl den jeweiligen äußeren Bedingungen entsprechend treffen können.

KONA HEADS

BIG-GAME ARTEN
Neben den großen Schwertträgern und anderen sehr großen Arten werden auch viele kleinere - wie etwa dieser Barrakuda - oft als Big-Game Art eingestuft. Ähnlich verhält es sich auch mit dem Dolphin, dem Albacorethun, der Königsmakrele und dem Amberjack.

Das Fischen mit Naturködern

Es gibt kaum etwas, das die räuberischen Instinkte der meisten Raubfische so sehr weckt, wie Geruch und Bewegung eines echten Beutefisches. Hierdurch sind Naturköder oft fängiger als Kunstköder, allerdings gibt es in ihrer Anwendung auch einige Nachteile. So sind Wahoos beispielsweise recht erfahren darin, wie man die Köder unmittelbar hinter dem Haken abreißt und andere Arten wiederum ziehen Naturköder den Kunstködern vor: Schwarze Marline lassen sich eher von einem langsam geschleppten Thun oder Dolphin zum Biß verleiten als von einem Kunstköder, auf den Blauen Marlin trifft jedoch genau das Gegenteil zu. Lebendköder locken auch Haie an, die sich nur selten an Kunstködern vergreifen. Sind Sie auf andere Arten aus, kann das zum Problem werden und nur noch tote Köderfische oder Fischstücke zu schleppen, stellt auch keine Lösung dar, da Haie ihre Beute in erster Linie über den Geruch und nicht über deren Schwimmbewegungen orten. Die Chancen, daß ein toter Köderfisch oder Fischhälften von geschätzteren Fischarten und nicht von Haien angegriffen werden, steigen jedoch, wenn man diese Köder schleppt und nicht statisch anbietet.

Das Schleppen mit toten Köderfischen
Erscheinung und Geruch eines toten Köderfisches machen ihn attraktiver als ein Kunstköder. Dennoch sollte er so angeboten werden, daß er beim Schleppen auf natürliche Art und Weise schwimmt, da ansonsten seine weiteren Vorteile verlorengehen. Meeräschen, Ballyhoos und andere kleine Köderfische lassen sich recht problemlos montieren, größeren Köderfischen, wie etwa Dolphin und Bonito, müssen die Mäuler zugenäht werden, damit ihr Wasserwiderstand nachläßt. Gleichzeitig müssen ihre Brust- und Rückenflossen aufgerichtet werden. Große Köderfische sollten viel langsamer als kleine und Kunstköder geschleppt werden.

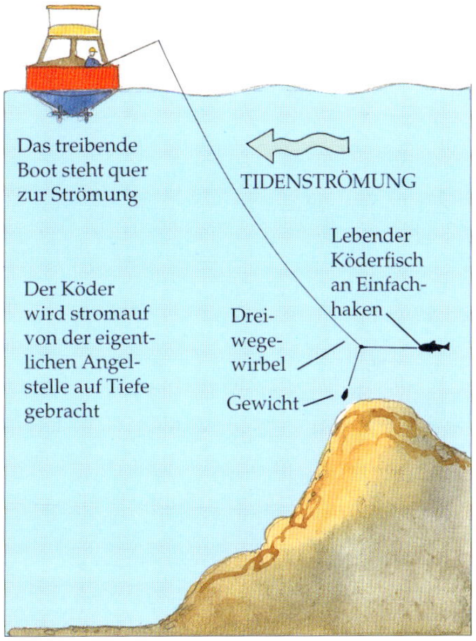

Das Schleppen mit lebenden Köderfischen
Wenn sie am Leben bleiben sollen, müssen lebende Köderfische vorsichtig behandelt und nur langsam geschleppt werden, damit sie nicht ertrinken. Verwenden Sie nur diejenigen Köderfische, die beim Fang am wenigsten verletzt wurden und montieren Sie sie immer so schonend wie nur möglich. Große Köderfische, wie etwa Dolphin und Bonito, werden am besten an den Haken gebunden, statt von letzterem durchbohrt zu werden. Der Blutverlust ist geringer und die Fische leben länger. Auch kleine Köderfische können derart montiert werden, sie sind jedoch fängiger, wenn sie über ihre Nasenlöcher an einen weit geöffneten Lebendköderhaken geködert werden.

Montagen für tote Köderfische

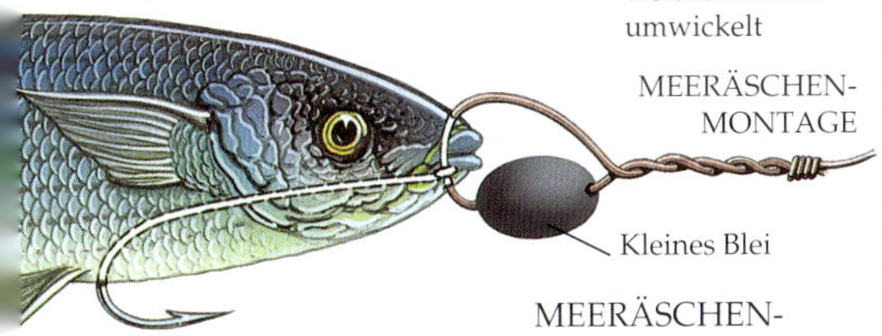

BALLYHOO-MONTAGE
Führen Sie den Haken durch das Maul und seine Spitze aus der Bauchhöhle heraus und schließen Sie dann sein Maul. Mit Draht bleibt es geschlossen.

MEERÄSCHEN-MONTAGE
Schneiden Sie zwischen die Bauchflossen ein Loch. Schieben Sie den Haken von da her durch das Maul und befestigen Sie ihn (über eine Drahtschlaufe) am Vorfach.

Das Driftfischen mit lebendem Köderfisch
Mit dieser Technik werden hauptsächlich Amberjacks und andere Arten gefangen, die sich gerne über Riffen und Untiefen aufhalten. Der große Nachteil dieser Technik besteht in den zahlreichen Störungen durch andere Arten, wie beispielsweise durch Haie. Sind jedoch Amberjacks in ausreichender Menge da, dann stellen sie auch den Großteil des Fanges dar. Kleine Köderfische werden durch die Nasenlöcher oder durch die Lippen gehakt und mit Hilfe eines entsprechenden Gewichtes stromauf der raubenden Fische oder des Unterstandes auf Tiefe gebracht und anschließend läßt man sie über die Riffe und Untiefen treiben.

ANGELSTELLEN
Inseln inmitten der Ozeane, wie die Azoren, bieten die Möglichkeit, bereits nach kurzer Anfahrt in tiefem Wasser auf Marline zu fischen.

Das Schleppen und Driften

DAS DRIFTFISCHEN
Das Driftfischen ist eine sehr fängige Art und Weise, Naturköder an fangträchtigen Stellen, wie beispielsweise über Riffen, Wracks und Untiefen anzubieten.

SCHNELLES SCHLEPPEN
Das schnelle Schleppen ermöglicht Ihnen den Fang schnellschwimmender Arten, wie beispielsweise Wahoo und Blauflossenthun. Verwenden Sie Kunstköder mit leicht abgeflachter Vorderseite.

LANGSAMES SCHLEPPEN
Beim langsamen Schleppen mit 5 bis 8 Knoten sollten Sie lange, leichte Weichplastik- oder Gummiköder verwenden, deren Vorderseite stark abgeflacht ist.

DAS SCHLEPPEN MIT LEBENDEM KÖDERFISCH
Beim Schleppen mit lebenden Köderfischen wird lediglich mit zwei Ruten gefischt, damit die Köder nicht über Kreuz laufen. Beim langsamen Schleppen mit toten Köderfischen können auch vier Ruten gleichzeitig gefischt werden.

DAS WASSER

DER AUFMERKSAME ANGLER, DER ES GELERNT HAT, das Wasser zu "lesen" – ganz unabhängig davon, ob es sich um einen kleinen Teich oder um ein Stück Ozean handelt – kann Rückschlüsse über die möglicherweise vorhandenen Fischarten ziehen, wo sie sich im Wasser aufhalten, wovon sie sich ernähren und welchen Köder er ihnen wie servieren muß. Sich diese Kenntnis und Erfahrung anzueignen ist noch lange keine Fanggarantie, allerdings steigen die Fangaussichten beträchtlich. Wenn Sie ein bestimmtes Gewässer mit großer Regelmäßigkeit befischen, dann sollten Sie es mehrmals am Tag ausführlich beobachten und dabei genau auf die Bewegungen und Freßgewohnheiten der Fische achten. Das hilft Ihnen beim Lokalisieren und beim Fangen der Fische in diesem Gewässer und gleichzeitig sammeln Sie Erfahrungen, die Sie sich an anderen Gewässern zunutze machen können. Ferngläser und Polaroidbrillen sind nützliche Hilfsmittel, wenn Sie ein wenig über die Aktivitäten der Fische herausfinden möchten. Ein Fernglas ermöglicht es Ihnen, auch auf große Entfernung Hinweise auf Fische ausfindig zu machen, beispielsweise eine leichte Bewegung der Wasseroberfläche. Vor allem beim Meeresfischen ist ein solches Glas sehr nützlich, da so auch Verfärbungen der Wasseroberfläche – planktonreiche Zonen, in denen sich gerne Fische aufhalten – und raubende Fische ausgemacht werden können. In diesem Kapitel finden Sie viele Hinweise auf Anzeichen, auf die Sie in einer Vielzahl unterschiedlicher Gewässer, u. a in Bächen, in stillstehenden Gewässern und auf der offenen See, achten sollten.

HALTEN SIE NACH HINWEISEN AUSSCHAU
Die Zeit, die man mit dem intensiven Beobachten eines Gewässers verbringt, um herauszufinden, wo sich die Fische am ehesten aufhalten, ist nie verschwendet.

Bäche und Flüsse 1

Bäche und Flüsse lassen sich in zwei Grundkategorien einteilen: zum einen in Kalkflüsse, die von Quellwasser mit hohem Kalk- und Mineralgehalt gespeist werden; zum anderen in Fließgewässer, die in erster Linie Regenwasser enthalten und gewöhnlich recht arm an Mineralien sind. Des weiteren lassen sie sich in drei Abschnitte unterteilen: der reißende, hoch gelegene Bach; die gemäßigten mittleren Abschnitte und schließlich die trägen und tiefen Strecken im Unterlauf.

BERGFLÜSSE
Die schnellfließenden Forellenflüsse in bergigen Landschaften werden von Regen- und Schmelzwasser gespeist. Das Wasser ist verhältnismäßig nahrungsarm und demzufolge kann der Angler oft nur kleinere Fische erwarten.

Die Charakteristika von Bächen

Bäche haben gewöhnlich in hoch gelegenen Hügeln oder in Bergen ihren Ursprung, wo die jährliche Niederschlagsmenge am größten ist. Die schnellfließenden oberen Strecken sind gewöhnlich sauerstoffreich, aber auch voller Steine und Felsen, sodaß den Fischen nur ein recht unkomfortabler und nahrungsarmer Lebensraum zur Verfügung steht. Sobald diese Kleingewässer ihren Weg durch weniger zerklüftete Landschaft finden und immer mehr Seitenbäche in sie münden, werden sie allmählich breiter und langsamer. Nach und nach machen sich auch die ersten Wasserpflanzen breit und auf den immer erdigeren Ufern wachsen nun Büsche und Bäume. Schließlich windet sich der Fluß träge durch eine weit ausgeschwemmte Tallandschaft. In ihm leben jetzt andere Pflanzen- und Fischarten, die mit weniger Sauerstoff noch gedeihen können und denen das viel trübere Wasser nichts ausmacht.

Bachtypen
Einige Bäche haben eine gurgelnde Quelle als Ausgangspunkt, die durch Regenwasser gespeist wird, das nach und nach durch poröse Gesteinschichten, wie beispielsweise durch Kalkstein, gesickert ist, bis es auf eine wasserundurchlässige Schicht, etwa eine Lehmschicht, gestoßen ist. Da das Wasser nicht durch den Lehm sickern kann, tritt es über eine Quelle am Fuß der Kalkschicht zutage. Andere Bäche entstehen durch aus Sumpflandschaften ablaufendes Wasser. Dort sind oft große Wassermengen gespeichert, die in lang andauernden Trockenperioden freigegeben werden. Flüsse, die in regengetränkten Bergen ihren Ursprung haben, sind dem Wetter weitaus eher ausgeliefert als jene, die von einer Quelle gespeist werden. Bei lang anhaltenden Trockenzeiten bleibt von regengespeisten Flüssen oft nur ein armseliges Rinnsal übrig, in dem das Leben für dort lebenden Fische schwierig wird; in besonders trockenen Jahren trocknen einige Fließgewässer zur Gänze aus. Dem gegenüber können sintflutartige Regenfälle innerhalb weniger Stunden einen friedlichen Bergbach in reißendes Wildwasser verwandeln. Von Schmelzwasser gespeiste Flüsse scheinen im Sommer in Bestform zu sein. Im Frühjahr läuft durch sie das Schmelzwasser aus den Bergen ab, wobei ihr Wasserstand oft stark ansteigt. Setzt echtes Tauwetter ein, kann es sogar zu Hochwasser kommen. Diese Schmelzwasser sind eisig kalt und zum Fischen meist ungeeignet. Besser ist es, das Ende der Schneeschmelze abzuwarten, die Luft- und Wassertemperaturen liegen nun höher und der Wasserstand beginnt zu sinken. Ein schneearmer Winter, auf den ein trockener Frühling und Sommer folgen, kann den Wasserstand von Schmelzwasserflüssen drastisch reduzieren. Bäche und Flüsse, die von Talsperren und künstlich angelegten Seen gespeist werden, haben meistens einen recht gleichmäßigen Wasserstand, da hier die Menge des freigegebenen Wassers reguliert werden kann. In regenarmen Zeiten wird einfach mehr Wasser freigegeben. Da die Quelle hierbei ein stillstehendes Gewässer ist, kann es durchaus sein, daß der Fluß oder Bach niemals zu trüb zum Fischen wird, auch nach sehr regnerischem Wetter nicht.

KALKFLÜSSE
Das gin-klare Wasser von Kalkgewässern ist sehr reich an Mineralien, sodaß in ihnen viele Pflanzen und große Fischbestände gedeihen.

Die verschiedenen "Regionen" eines Flusses
Die in einem Fluß lebenden Fischarten unterscheiden sich nach den "Regionen" des Flusses. In den Oberläufen, wo das Wasser am schnellsten und klarsten ist und die größte Menge an Sauerstoff mit sich führt (weil es andauernd durch viele Hindernisse im Flußbett "gebrochen" wird), gedeihen Forellen und Äschen (Forellen- und Äschenregion). Nahrung ist gewöhnlich nur in begrenzten Mengen vorhanden, lediglich einige Bachflohkrebse und wenige Insektenarten leben hier (gelegentlich fallen auch einige Landinsekten ins Wasser), sodaß die Fische meistens recht klein bleiben. Weiter stromab, wo der Fluß breiter und tiefer wird und sich seine Strömungsgeschwindigkeit verlangsamt hat, bieten Krautbänke den Fischen Unterschlupf und sind gleichzeitig das Zuhause der Kleintiere, von denen sich die Fische ernähren. Das Nahrungsangebot ist hier höher und zusammen mit der gemäßigten Strömung entsteht unter den Fischen eine größere Artenvielfalt, hier treffen wir nun u.a. Barben, Döbel, Hasel und Rotaugen an. Gelegentlich gibt es noch einige Forellen und Äschen.
Im Unterlauf der meisten Flüsse ist die Strömung vor allem im Sommer träge. Das Flußbett ist gewöhnlich schlammig, ein Untergrund, auf dem oft dichte Krautbänke gedeihen. Im Wasser sind oft zahlreiche Schwebteilchen, wodurch die Sichttiefe in starke Mitleidenschaft gezogen wird. Die weiter stromauf lebenden Arten gedeihen hier nicht mehr richtig, stattdessen leben hier Fische, die der Wasserqualität gegenüber toleranter sind und mit weniger Sauerstoff auskommen.

PFLANZEN

Die entlang von Bächen und Flüssen wachsenden Pflanzen bieten sowohl dem Angler als auch dem Fisch viele Vorteile. Bäume und andere entlang vom Wasser wachsende Pflanzen stabilisieren die Überböschung und schützen sie vor Erosion; Wasserpflanzen arbeiten im Wasser wie Filter und sorgen dafür, daß bei ausbleibendem Regen der Wasserstand nicht zu schnell sinkt. Krautbänke jeder Art bieten den Fischen Schutz und sind gleichzeitig das Zuhause vieler Wirbelloser, von denen sich die Fische ernähren. Den Raubfischen, beispielsweise den Hechten, ermöglichen sie es, ihrer Beute unentdeckt aufzulauern. Überhängende Bäume bieten ebenfalls Schutz und von ihnen fallen zahlreiche Käfer und Raupen ins Wasser, ebenso wie Beeren (so werden beispielsweise die Holunderbeeren gerne von Rotaugen und Döbeln genommen).

KRAUTBÄNKE
Ausgedehnte Krautbänke sind das Zuhause zahlreicher im Wasser lebender Wirbelloser, die nahrungssuchende Fische herbeilocken. Über die Wasseroberfläche hinausragende Pflanzen sind leicht auszumachen, tief gelegene Krautbänke sind jedoch bei weitem nicht so leicht zu orten: achten Sie auf das durch sie verursachte träge Wasser.

UFERPFLANZEN
Fische halten sich gerne unter ausgeschwemmten Ufern und unter überhängenden Bäumen und Pflanzen auf, die ihnen Schutz vor der Sonne und vor Räubern (Reiher und ... Angler!) geben, und die gleichzeitig voller Insekten und anderer Beutetiere sind.

OBERFLÄCHENANZEICHEN

Die Fähigkeit, das Wasser zu "lesen", vergrößert die Erfolgschancen des Anglers erheblich. Nur selten ist der Oberflächenfilm wirklich einheitlich und jede Unregelmäßigkeit oder Beunruhigung auf ihm sind Hinweise auf das, was unter Wasser vor sich geht.

Unterwasserhindernisse
Oberflächenverwirbelungen an einer ansonsten recht einheitlichen Strecke verraten das Vorhandensein eines Unterwasserhindernisses, wie beispielsweise einen großen Felsen oder eine vorstehende Felsspitze. Dahinter gibt es sehr wahrscheinlich eine strömungsarme Zone, vielleicht auch auf jeder Seite, je nach dem, wie die Strömung gespalten wird. Viele Fischarten, beispielsweise auch Forelle und Lachs, halten sich gerne in derart "beruhigten" Zonen auf. Im Winter kann es sich bei solchen Oberflächenverwirbelungen auch um abgestorbenes Binsenkraut handeln, das zwar beim Verrotten, aber immer noch groß genug ist, damit das hinter ihm liegende Wasser von der Strömung weitgehend geschützt wird. Abgestorbene, ins Wasser gefallene Bäume werden bei Hochwasser oft weit stromab geschwemmt, bevor sie zur Ruhe kommen und hinter sich die Strömung bremsen. An solchen Stellen halten sich gerne Rotaugen auf, vor allem dann, wenn sich im strömungsgeschützten Bereich langsam eine Sandbank aufbaut.

Wasserströmung
In jeder Flußbiegung wird die Hauptströmung entlang des äußeren Ufers, entlang des Prallhanges gedrückt. Zwischen dieser Hauptströmung und dem ruhigen Wasser am inneren Ufer entsteht ein sichtbarer Strömungsrand. Bei normalem Wasserstand halten sich Fischarten, wie die Döbel, gerne in diesem Rand auf. Sie schwimmen nur langsam bzw. sie halten im ruhigen Wasser Stellung, sind jedoch jederzeit dazu bereit, in die Hauptströmung einzutauchen, um nach von der Hauptströmung geschwemmter Nahrung zu schnappen.
Steigt der Wasserstand in Folge von Regen an oder sinken die Wassertemperaturen, dann ziehen sich die Fische in das ruhige Wasser zurück. Gelegentlich kann es dazu kommen, daß die Rückströmungen und ruhigen Abschnitte vor Fisch nur so wimmeln, weil diese hier nicht ständig gegen die starke Strömung ankämpfen müssen.
In Flüssen und Bächen, die aus einer Folge von Gumpen und Rieselstrecken bestehen, stehen die Fische oft unmittelbar am Poolanfang und am Poolauslauf. Bei ihrem Laichaufstieg halten Wanderfische gerne in diesen Vertiefungen (Pools) an, wo sie sich ein wenig ausruhen, bevor sie die noch weiter stromauf liegenden Laichgründe aufsuchen.

DIE STRÖMUNG
Durch genaues Beobachten der Strömung eines kleinen Fließgewässers, kann man viel über die Beschaffenheit des Bachbettes lernen. Felsen und Pflanzen verursachen beispielsweise Riesel und nahezu strömungsfreie "Flecken", während tiefe Löcher, die den Fischen in ihrem ruhigen Wasser ein wenig Erholung von der Strömung bieten, von oben betrachtet dunkler als das umliegende Wasser sind.

BÄCHE UND FLÜSSE 2

BÄCHE UND FLÜSSE IM HOCHLAND

Das Flußbett eines hoch gelegenen Fließgewässers besteht gewöhnlich aus Felsblöcken und Steinen, über die und zwischen denen schnellströmendes, gewöhnlich seichtes Wasser fließt. In den oberen Strecken leben Forellen als einzige Sportfische, die wegen des knappen Nahrungsangebotes, das aus einigen Bachflohkrebsen, Insektenlarven und aus einem gelegentlich in das Wasser geschwemmten Wurm besteht, ihr Leben lang klein bleiben.

Diese kleinen Forellen, deren Schuppenkleid oft noch mit der für die Jungforellen typischen Parr-Zeichnung versehen ist, verbringen ihr Leben damit, im Schutz von Steinen und Felsblöcken auf in der Strömung vorbeitreibende Nahrungspartikel zu lauern. An diesen recht kleinen, strömungsgeschützten Stellen suchen sie auch das Flußbett nach den wenigen vorhandenen Wirbellosen ab.

Weiter stromab, wo das Wasser weniger turbulent ist, gesellen sich oft Äsche und Lachs zur Forelle. Bei den Lachsen handelt es sich sowohl um unreife Parrs (Jungfisch bei Lachs und Forelle), als auch um ausgewachsene Fische, die zum Laichen erneut weit in ihren Geburtsfluß aufgestiegen sind.

In diesem Unterlauf eines Hochlandflusses wird das Wasser nach und nach tiefer und immer öfter weist das Flußbett regelrechte Gumpen auf, die vom Hochwasser ausgeschwemmt wurden. In diesen Vertiefungen und Löchern und im Schutz von großen Steinen und Felsblöcken leben die Äschen und Forellen. Auch die aufsteigenden Lachse ruhen im Schutz von Blöcken, bevor sie sich nach geeignetem Laichkies umsehen.

FLACHLANDBÄCHE UND -FLÜSSE

Flachlandflüsse stehen in starkem Kontrast zu ihren Gegenstücken im Hochland. Mit der langsamer werdenden Strömung beginnen Schwebteilchen damit, auf den Grund zu sinken, wo allmählich Ablagerungen entstehen. Das Ergebnis ist, daß das Flußbett nun vielseitiger wird, Steine und Felsblöcke wechseln mit Kies-, Sand- und gelegentlichen Lehmablagerungen ab. Diese verschiedenen Biotope locken nun jeweils eine eigene Flora und Fauna an und gewöhnlich leben in diesen Strecken auch zahlreiche Wirbellose. Aufgrund dieses reichen Nahrungsangebotes kommen hier zahlreiche Fischarten vor, u.a. Raubfische, wie Hecht und Barsch.

FLACHLAND-FLÜSSE
Viele Flachlandflüsse sind schnellfließend, allerdings strömen sie langsamer als im Hochland. Große Felsblöcke können für beträchtliche Oberflächenverwirbelungen sorgen. Strecken, die zahlreiche Felsblöcke enthalten, sollte man eher vom Ufer als von einem Boot aus befischen, vor allem, wenn sie Ihnen ein wenig fremd sind.

Ruhige Abschnitte und Rückströmungen
Das ruhigere Wasser hinter versunkenen Steinen und Felsblöcken bietet vielen Fischen einen komfortablen Unterstand. Diese Unterwasserhindernisse sind bei normalem Wasserstand nicht unbedingt sichtbar, sodaß es sich durchaus lohnt, den Fluß in einer Trockenzeit aufzusuchen. Der Wasserstand ist nun niedrig und alle größeren Unterstände lassen sich orten. Notieren oder merken Sie sich die Position der verschiedenen Felsblöcke und nehmen Sie auch Peilungen vor, damit Sie sie bei normalem Wasserstand genau befischen können. Andere "fischverdächtige" Stellen sind das ruhige Wasser hinter Brückenpfeilern und -befestigungen, die Rückströmungen um Einmündungen und die Vertiefungen im Flußbett. Diese Gumpen werden von Hochwassern ausgeschwemmt. Bei normalem Wasserstand sammeln sich, strömungsbedingt, zahlreiche Wirbellose und andere Nahrung in diesen ausgeschwemmten "Löchern". Grundnah lebende Fische, wie etwa die Barben, haben eine besondere Vorliebe für solche Vertiefungen.

BRÜCKEN
Eine Brücke mit ins Flußbett gebauten Pfeilern sorgt im Wasser für unterschiedliche Strömungsverhältnisse. Das zwischen den Pfeilern kanalisierte Wasser gewinnt an Geschwindigkeit, während im Schutz der Pfeiler ruhiges Wasser entsteht. Ist die Brücke niedrig, dann versorgt sie an sonnigen Tagen die Fische mit viel Schatten. Vor allem Barben und Brachsen halten sich gerne an diesen schattigen Stellen auf.

HOCHLANDFLÜSSE *(links)*
Die unteren Strecken eines Hochlandflusses sind gute Stellen, um auf Forellen, Lachse und Äschen zu fischen. Das Wasser ist zu schnell und zu felsig, um von einem Boot aus befischt zu werden - hier ist Watfischen angesagt. Besonders effektiv ist das Watfischen an breiten Flüssen oder an solchen, an denen ein Ufer aufgrund der Uferböschung nicht zugänglich ist.

HOCHLAND-FORELLEN *(rechts)*
Die kleinen Forellen aus hoch gelegenen Flüssen behalten ihre Parr-Zeichnung oft ihr Leben lang bei.

Mündungen und Inseln
Wo zwei vergleichbar große Flüsse ineinandermünden, entsteht zwischen den beiden eine ruhige Wassertasche. Fische halten sich gerne in dieser Tasche auf, sie müssen hier nicht ständig gegen die Strömung ankämpfen, der Energieverbrauch ist niedrig, aber dennoch können sie jederzeit zu jeder Seite hin in die Strömung schießen, um nach darin treibender Nahrung zu schnappen.
Münden zwei unterschiedlich große Flüsse ineinander, dann staut sich der weniger große etwas zurück. Das Ergebnis ist, daß sein Unterlauf träger strömt. Dieses ruhigere Wasser lockt Fische an, vor allem bei Hochwasser, wenn die Strömung des Hauptflusses zunimmt und es in ihm unkomfortabel wird.
Auch Inseln sind bei den Fischen beliebt. Der Grund hierfür ist, daß sie die Strömung spalten und hierdurch zahlreiche "strömungsberuhigte" Zonen entstehen, die oft gut unter überhängenden Bäumen versteckt liegen. Von dieser überhängenden Uferböschung fallen auch zahlreiche Landinsekten in das Wasser und der Tisch ist hier meistens reich gedeckt.

Wehre und Mühlenbecken
Das turbulente Wasser unterhalb eines Wehres lockt zahlreiche Arten an. Forellen (sofern der Fluß sauber ist) stehen im schnellsten, weißen Wasser des Pools, während weiter stromab Arten wie Döbel, Barbe und Äsche zuhause sind. Fische wie Barsch, Brachse und Rotauge ziehen ruhigeres Wasser vor und stehen demzufolge eher am Poolende und in den entlang der Ufer liegenden Rückströmungen. Die Hechte sind auch nicht weit weg, oft lauern sie in unmittelbarer Ufernähe im Schutz der überhängenden Uferböschung.
Manchmal sind Wehre tief unterschwemmt und leichte Grundmontagen werden dann von der Unterströmung erfaßt und unter das Wehr gezogen. Die Bisse sind oft recht vehement und immer wieder kommt es zu Überraschungen. Zwar beißen meist die erwarteten Döbel und Barben, immer wieder hängt aber auch ein Barsch oder eine Brachse am Haken.

WEHRE
Wehre werden quer durch Flüsse gebaut, um den Wasserstand in dem stromauf gelegenen Flußabschnitt ansteigen zu lassen oder um stromab die Fließgeschwindigkeit zu kontrollieren. Das überlaufende Wasser reichert sich mit Sauerstoff an und ist auch in heißen Sommern noch recht gut belüftet, weshalb diese Stellen besonders dann von zahlreichen Fischen aufgesucht werden.

Talsperren
Talsperren werden quer durch ein Tal gebaut, damit sich hinter ihnen Wassermassen ansammeln, die als Trinkwasserreserven oder zur Stromerzeugung genutzt werden. Mit Hilfe einer Talsperre kann für eine gleichmäßige Flußströmung gesorgt werden, bei Hochwasser wird der Wasserspeicher gefüllt, bleibt der Regen aus, kann der Fluß mit gespeichertem Wasser versorgt werden. Wie sich eine Talsperre jedoch auf den Fischbestand auswirkt, hängt in erster Linie davon ab, wie das Wasser freigegeben wird. Wird es über den Überlauf freigegeben, ist es gewöhnlich warm, wird Tiefenwasser am Fundament des Dammes freigegeben, ist dieses Wasser oft äußerst kalt. In dem kalten Wasser, das von Talsperren, die in warmen bis heißen Gegenden zur Stromerzeugung errichtet wurden freigegeben wird, gedeihen Forellen oft erstaunlich gut. Ansonsten sorgt kaltes Wasser, das in großen Mengen in ein Gewässer gelangt und dessen Temperatur stark fallen läßt, für eine augenblickliche Beißpause, die erst dann wieder nachläßt, wenn es weggeschwemmt wurde.
Wo das Wasser ständig über einen Überlauf freigegeben wird, fällt es manchmal derart hart auf, daß unmittelbar vor dem Dammfundament tiefe Löcher ausgeschwemmt werden. Diese Löcher werden gerne von Fischen aufgesucht, die sie erst wieder verlassen, wenn die Strömung zu stark wird.

Stillstehende Gewässer 1

Der Begriff "stillstehende Gewässer" deckt ein breites Spektrum an Gewässern ab. Das eine Ende dieses Spektrums bilden die winzigen Ententeiche auf Bauernhöfen, deren Ursprung natürlich ist oder die als Wasserspeicher (Feuerteich) künstlich angelegt wurden. Am anderen Ende des Spektrums stehen die gewaltigen natürlichen und künstlich angelegten Wasserflächen, von denen einige (wie beispielsweise die Great Lakes in Nordamerika) viel größer als viele der kleinen Länder unseres Planeten sind.

Die Charakteristika von stillstehenden Gewässern

Jede Art von stillstehendem Gewässer stellt den Angler vor ganz eigene Probleme, die dieser lösen muß, sofern er erfolgreich sein möchte. Dennoch haben stillstehende Gewässer auch viele Gemeinsamkeiten, sodaß die beim Fischen an einem Gewässer gesammelte Erfahrung sinnvoll an anderen genutzt werden kann. So haben beispielsweise alle Seen, ganz unabhängig von ihrer Größe und Beschaffenheit, Uferabschnitte mit Buchten, Vorsprüngen und seichterem Wasser. Darüber hinaus gedeihen in vielen Seen auch dieselben Pflanzen wie im Ententeich, in denen wiederum dieselben Wirbellosen leben, sodaß die Fischarten, die sich in der Nähe dieser Pflanzen aufhalten, sehr wahrscheinlich dieselben sind. Ihre Fangaussichten steigen an jedem stillstehenden Gewässer beträchtlich, wenn Sie die Vorgänge unter der Wasseroberfläche zu verstehen lernen.

Stillwassertypen

Die große Mehrheit der stillstehenden Gewässer ist auf natürliche Art und Weise entstanden. Gespeist werden sie von Quellen, Bächen oder Flüssen und gewöhnlich haben sie mindestens einen Fluß als Auslauf. Zahlreiche Weiher und Seen wurden jedoch auch künstlich angelegt, indem ein Damm errichtet oder eine Vertiefung ausgehoben wurde. Die meisten aufgestauten Gewässer sind an dem Ende, an dem sie mit Wasser gespeist werden, am seichtesten und am Fuß des Dammes am tiefsten.

Viele der kleinen, künstlich angelegten Gewässer wurden als Zierteiche und -weiher angelegt, die meisten großen Stauseen wurden jedoch als Wasserspeicher oder zur Energiegewinnung errichtet. Die Größe dieser Gewässer schwankt außerordentlich und sie reicht von kleinen Wasserspeichern, um die man gemütlich spazieren kann, bis zu riesigen Ausdehnungen, deren Ufer tausende Kilometer lang sein können.

Eine weitere wichtige Gruppe von Stillwasser entsteht durch das Fluten von Kies- und Sandgruben. Der Boden dieser Seen ist oft äußerst unregelmäßig und oft ist das Wasser im unmittelbaren Uferbereich sehr tief. Gewöhnlich ist das Wasser recht klar und in den seichteren Abschnitten gedeihen Wasserpflanzen im Überfluß. Häufig kommt es auch zu einem überreichen Leben an Wirbellosen, nur leider sind die Laichmöglichkeiten der Fische nicht immer optimal. Es entsteht so ein sehr nahrungsreiches Biotop mit einem verhältnismäßig kleinen Fischbestand, dessen Zuwachsraten allerdings oft überraschend hoch sind.

KIESWEIHER *(oben)*
Eine geflutete Kiesgrube kann auf natürliche Art und Weise zu einem Fischbestand kommen, etwa durch an Wasservögeln klebengebliebene Fischeier. Die meisten Kiesgruben werden jedoch künstlich besetzt.

TEICHE *(links)*
In kleinen Teichen leben oft überraschend große Fische, vor allem, wenn sie als Angelteiche bewirtschaftet werden. Ein Überbesatz kann allerdings zum Verbutten der Fische führen.

DAS BEFISCHEN VON GROSSEN GEWÄSSERN
Die Ufer und die seichten Randbereiche von großen Seen sind den Randbereichen viel kleinerer Gewässer ähnlich und werden auf vergleichbare Weise befischt. Befischen Sie jedoch einen großen See mit einem Boot, dann lohnt es sich, eine genaue Tiefenkarte zu besorgen, mit deren Hilfe man Fischunterstände, wie etwa Untiefen, Barschberge und Abbrüche, ausfindig macht. Ein Echolot hilft beim Absuchen des Grundes und mit Hilfe von Temperaturmessungen in den verschiedenen Tiefen kann man beispielsweise herausfinden, in welchen Schichten sich die Seesaiblinge aufhalten.

Die Wasserfarbe

Sobald sich im Frühjahr das Wasser erwärmt, beginnen kleine Pflanzenorganismen, die als Phytoplankton bezeichnet werden, damit, sich zu vermehren. Wie stark sich diese Organismen vermehren, hängt von einer Vielzahl von Faktoren ab, u.a. von der Wassertemperatur und -tiefe, vom Pflanzenwuchs und der Menge an gelösten Nitraten und Stickstoffen (die meistens aus umliegendem Ackerland ins Wasser geschwemmt werden). In heißen Sommern verfärben sich überdüngte Stillwasser vor lauter Phytoplankton sattgrün.

Phytoplankton wird vom Zooplankton, dem tierischen Plankton, gefressen. Zu diesem tierischen Plankton gehören so einfache Organismen wie die Wasserflöhe, aber auch Fischlarven. In den seichten Randbereichen klarer Stillwasser kann man oft ganze Wolken von Wasserflöhen im Wasser hin- und herhuschen sehen.

Gibt es Zooplankton in ausreichenden Mengen, dann trägt es dazu bei, das Wasser klar zu halten. Hierdurch wird wiederum das Pflanzenwachstum gefördert, da die Pflanzen zum Gedeihen klares Wasser und Sonnenlicht brauchen. Neben seiner "Filterfunktion" stellt das Zooplankton auch eine bedeutende Nahrungsgrundlage für eine Vielzahl von Süßwasserfischen dar. Ganz besonders versessen auf Zooplankton sind die in Talsperren lebenden Regenbogenforellen.

Seichte Gewässer erwärmen sich gewöhnlich schneller als tiefe, wodurch das schnelle Wachstum vom Phytoplankton und den Wasserpflanzen gefördert wird. Ausnahmen hierzu sind von Quellen gespeiste Gewässer, die ständig mit kühlem Wasser versorgt werden und durch einen dichten Pflanzengürtel zugewachsene Teiche, die so gut wie nie das Sonnenlicht erblicken.

DIE WASSERFARBE
Viele der kleinen, stillstehenden Gewässer werden im Sommer grün, was auf ein Überangebot an pflanzlichem Plankton (Phytoplankton) zurückzuführen ist. Ein großer Bestand an tierischem Plankton (Zooplankton), der das pflanzliche Plankton frißt, sowie ein gesunder Wasserpflanzenbestand, der jene Nährstoffe vertilgt, über die ansonsten das Phytoplankton herfallen würde, können dazu beitragen, das Wasser möglichst klar zu halten.

Unterstände

Beim Befischen von stillstehenden Gewässern sollten Sie stets nach Unterständen Ausschau halten, an denen sich vielleicht einige Fische versammelt halten. Einmündende Bäche sind beispielsweise ein solcher Unterstand, da hier Nahrung in das Gewässer gelangt. Gleichzeitig ist ihr Wasser auch oft kälter und damit sauerstoffreicher als das stillstehende Gewässer, vor allem in lang anhaltenden Schönwetterperioden. Fische versammeln sich auch gerne um Felsen und um versunkenes Gehölz, wo sie sich von Algen, Schnecken und anderen dort lebenden Wirbellosen ernähren. Futterfischschwärme wiegen sich in oder entlang von versunkenen Bäumen in Sicherheit, während ihnen hier gerne Raubfische auflauern, die in den Ästen optimale Tarnung finden. Eine weitere Stelle, um nach Raubfischen Ausschau zu halten, ist die Scharkante, jener Abbruch, an dem das seichte Randwasser jäh auf größere Tiefen abfällt.

VERSUNKENES GEHÖLZ
Ins Wasser gefallene Bäume werden schnell zu einem bei den Fischen beliebten Unterstand, da diese zwischen seinen Blättern und Ästen optimalen Schutz finden. Versunkene Bäume gibt es auch inmitten von Kies- und Baggerseen, aber auch in Talsperren, stellenweise weit vom eigentlichen Ufer entfernt.

Stillstehende Gewässer 2

Wasserpflanzen

Die Vegetation in stillstehenden Gewässern ist gewöhnlich auf seichte Abschnitte und Randbereiche begrenzt. Dort gedeihen Binsen, Riedgras, Wasserpest und Seerosen. Die Wasserpflanzen tragen dazu bei, das Wasser klar zu halten (indem sie Nährstoffe verbrauchen, die ansonsten dem Phytoplankton zugekommen wären), gleichzeitig bieten sie einer Vielzahl von Lebewesen Schutz. Auch treibende Pflanzen können dazu beitragen, das Wasser vor übermäßigem Phytoplanktonwuchs zu bewahren. Teiche und Weiher, die fast zur Gänze von solchen Pflanzen überzogen sind, empfangen nur mehr wenig Sonnenlicht. Da das Phytoplankton als Pflanze auf Licht angewiesen ist, kann es ohne Sonnenlicht nicht überleben; es stirbt ab und das Wasser bleibt klar.

Ried- und Schilfgürtel

Ried- und Schilfgürtel bilden den Randbereich vieler Stillwasser und sie sind gleich oft an neu angelegten wie an alten Gewässern anzutreffen. Ihre Stiele bieten einer Vielzahl tierischer Lebensformen Schutz, u.a. vielen Wirbellosen wie Schnecken und vielen Larven, beispielsweise den Libellenlarven. Obwohl diese Schilfgürtel sehr dicht gewachsen sind, locken sie einige Fischarten an. Hecht und Barsch lauern gerne entlang dieser Gürtel, wo sie von ihrer Zeichnung hervorragend getarnt werden.

RIED- ODER SCHILFGÜRTEL *(oben)* *Riedgras oder Schilf sind hohe Gräser, die eine Höhe von etwa 3 m erreichen können. Bei Windstille kann jedes Rascheln im Schilf von einem Fisch verursacht worden sein.*

SEEROSEN *(rechts)* *Die meisten Seerosenarten wachsen gewöhnlich in weniger als 1,8 m tiefem Wasser. Durch ihre Anwesenheit verraten diese Pflanzen daher in etwa die Wassertiefe.*

Seerosen

Fische halten sich an heißen Tagen gerne unter den Blättern der Seerosen auf. An solchen Tagen hört man oft schmatzende Geräusche in den Seerosenfeldern, wenn die Fische Kleinlebewesen von der Blattunterseite saugen.

Auch wenn die Seerosenblätter oft dichtgepackt auf dem Wasser treiben, ja, manchmal übereinander liegen, scheinen ihre Stiele unter Wasser kein undurchdringlicher Wald zu sein. Entlang der Seerosenfelder lauern die Raubfische ihrer Beute auf, während schlanke Fischarten, wie beispielsweise Rotauge und Rotfeder, problemlos zwischen den Stielen herumschwimmen. Größere, rundlichere Fische, wie etwa die Karpfen, bahnen sich gelegentlich auch ihren Weg durch so ein Seerosenfeld, wobei sie die Stiele und Blätter kraftvoll zur Seite schieben - ein Phänomen, auf das man achten sollte, wenn man die Ufer entlangspaziert und nach Fischen Ausschau hält.

Uferpflanzen
Bäume, Büsche und andere über das Wasser hängende Pflanzen bieten den Fischen Deckung und dienen gleichzeitig als Speisekammer, da von ihren Ästen und Blättern zahlreiche Spinnen, Käfer und Raupen ins Wasser fallen. Recht viel Nahrung finden die Fische auch dort, wo das Wurzelwerk der Uferpflanzen ins Wasser ragt: hier leben viele Schnecken und Insektenlarven.

DAS BEFISCHEN EINES KLEINEN WEIHERS *(oben)*
An diesem kleinen Weiher lohnt es sich, entlang der Seerosenfelder (wo gerade ein Fisch gestiegen ist und an der Oberfläche Ringe hinterlassen hat) und unter den überhängenden Bäumen entlang der Ufer zu fischen.

Künstliche Unterstände
Oft stellen die Bewirtschafter von nahezu hindernis- und unterstandfreien Angelteichen künstliche Unterstände her. Eine hierbei sehr beliebte Methode ist das Verankern riesiger Astbündel auf dem Gewässergrund.
Diese Bündel, deren Position gewöhnlich mit Hilfe von Bojen und sonstigen Hilfsmitteln gekennzeichnet ist, bieten den Fischen dieselben Vorteile wie die auf natürliche Art und Weise versunkenen Bäume (siehe Seite 267).

ÜBERHÄNGENDE PFLANZEN
Unter einem überhängenden Pflanzendach sehen die Fangaussichten auf Fischarten, die sich, wie beispielsweise die Forelle, von Landinsekten ernähren, besonders gut aus. Das Pflanzendach bietet nicht nur den Fischen, sondern auch Ihnen Deckung. Lediglich das Werfen ist unpraktisch und stellenweise ist man besser damit beraten, solche Unterstände von einem Boot aus zu befischen.

Anzeichen an der Oberfläche

In Fließgewässern verursachen Unterwasserhindernisse Verwirbelungen an der Oberfläche. Uns Anglern dienen diese Verwirbelungen als Wegweiser zu aussichtsreichen Stellen (siehe Seite 262 - 265). Zu solchen Anzeichen an der Oberfläche kommt es in stillstehenden Gewässern nur selten, dafür verraten sich die Fische oft von selbst.

Blasen und Ringe
Grundfische, wie etwa Schleie und Karpfen, verursachen Schlammwolken, wenn sie den Gewässergrund nach Nahrung durchwühlen. Und während ihre dicken Lippen diese Sedimentwolken aufwirbeln, setzen sie auch kleine Gasbläschen frei, die zur Oberfläche emporsteigen. Auf einer größeren Fläche aufsteigende Blasen verraten einen oder mehrere Fische, die nach Nahrung wühlen. Forellen und andere Fische, die sich an der Oberfläche ernähren, verursachen hierbei Ringe. Große Fische, die in seichtem Wasser nach Nahrung wühlen, zeigen gelegentlich sogar ihre Rückenflosse.

Schaumstreifen und Treibgut
An großen Gewässern, die starkem Wind ausgesetzt sind, bilden sich an der Oberfläche Streifen ruhigeren Wassers, in denen sich schaumartige Wasserbläschen sammeln. In diesen Schaumstreifen konzentriert sich auch die gesamte auf der Oberfläche treibende Nahrung.
In den Sommermonaten werden vom Wind zahlreiche Insekten ertränkt. Da das Wasser in den Schaumstreifen ruhiger ist, ist seine Oberflächenspannung größer, was die Insekten trotz des bewegten Wassers am Sinken hindert. Viele Fischarten und vor allem die Forellen wissen, wie man aus diesem Segen seinen Nutzen zieht und systematisch suchen sie diese Schaumstreifen gegen die Windrichtung nach Nahrung ab.

TREIBGUT
Bläst der Wind tagelang aus ein und derselben Richtung, wird alles Treibgut eines Gewässers (Pollen, Blätter, Äste usw.) an ein Ufer gedrückt. Unter solchen Treibgutansammlungen halten sich gerne Fische auf, da sie hier oft zahlreiche Insekten und Wasserflöhe finden.

Küsten

Im Gegensatz zur hohen See, die gewöhnlich nur mit Hilfe von Seekarten und Echoloten "gelesen" werden kann, ist es entlang der Küste normalerweise möglich, sich ohne diese Hilfsmittel ein genaues Bild ihrer Beschaffenheit zu machen. Versuchen Sie, die niedrigstmögliche Gezeitenstärke bei Tageslicht abzupassen und spazieren Sie dann mit einem Notizblock entlang der Küste. Notieren Sie sich alle erdenklichen Unterstände und gelegentlich können auch mit einer Videokamera gemachte Aufnahmen von Nutzen sein.

Die Beschaffenheit der Küste

Küsten unterscheiden sich auf vielerlei Arten voneinander, wobei die jeweilige Bodenbeschaffenheit der offensichtlichste Unterschied ist. Der Meeresgrund kann aus Sand, Kies oder aus Fels bestehen sowie aus einer Mischung dieser drei Materialien. Bestimmte Fischarten ziehen oft ein bestimmtes Substrat vor, allerdings spielen die Anzahl der Unterstände, das Gefälle der Küste, das Vorhandensein von Süßwassereinläufen und das Nahrungsangebot ebenfalls eine wichtige Rolle. Für den Angler ist es wichtig zu wissen, was die Fische bei ihren Standortwechseln motiviert.

Kiesstrände

Kiesstrände sehen oft ein wenig tot aus, was allerdings ein völlig falscher Eindruck ist. Der Kies, der von den Wellen recht steil aufgestapelt wird, ist oft der einzig sichtbare Teil eines viel komplexeren Substratgemisches auf dem eigentlichen Meeresgrund, manchmal enthält es sogar Kreide und Torf. Von Kiesstränden aus werden regelmäßig Dorsche, Wolfsbarsche, Rochen und Plattfische, ja sogar Conger gefangen.

Achten Sie auf womöglich vorhandene Untiefen, die von der Form der Wellen unterhalb des niedrigsten Wasserstandes verraten werden. Versuchen Sie bei Ebbe Ihre Köder auf der meerwärts gerichteten Seite dieser Untiefen zu plazieren; sobald das Wasser mit zunehmender Flut tief genug ist, können Sie Ihre Köder in den davorliegenden Rinnen anbieten. Es lohnt sich auch, Köder in der Nähe großer, im Wasser liegender Felsen anzubieten, sowie an all jenen Stellen, an denen die Eintönigkeit von Kiesstränden unterbrochen wird.

Sandstrände

Die Größe der Sandkörner eines Sandstrandes beeinflußt die dort lebenden Organismen und somit auch die dort lebenden Fischarten. Feinkörniger, organisch reicher Sand ist für Wattwürmer, Herzmuscheln und Krabben ideal und somit auch für jene Fischarten, die sich von diesen Organismen ernähren. Solche Strände neigen auch dazu, bereits beim geringsten Wellengang trüb zu werden. Das hierdurch fehlende Licht führt dazu, daß beispielsweise die Dorsche, die gewöhnlich nur bei Nacht in Küstennähe aktiv sind, auch bei Tage aktiv sein können.

Gröberer Sand setzt sich schneller. Solche Strände werden oft mit dem Brandungsfischen auf Wolfsbarsch, Flunder und Steinbutt in Verbindung gebracht. Ein wenig Wind ist hierbei immer nützlich, da durch ihn die Wellen aufgebaut werden. Aufgrund der Reibung zwischen dem Wasser und dem Sand auf dem Grund, wird der Wellenfuß gebremst, bis schließlich die Krone nach vorne kippt und die Welle bricht. In seichtem Wasser passiert so etwas eher und in einer Linie brechende Wellen können Hinweise auf Untiefen und Rinnen sein.

Jede Unebenheit auf einem ansonsten hindernisfreien Strand ist für die Fische von Interesse. Sie ziehen entlang der Rinnen und lassen sich von Untiefen, an denen die Wellen öfter brechen und mehr Nahrung freigesetzt wird, anlocken. Fische sammeln sich auch gerne in den Vertiefungen am Ende von Wellenbrechern an, wo sie auf hereingeschwemmte Nahrung warten.

KIESSTRÄNDE
An Kiesstränden liegen oft die fängigsten Angelstellen jenseits der Niedrigwassergrenze, dort, wo der Kies meistens feinerem Sand weicht.

SANDKÜSTEN
In mäßig warmem Wasser locken Sandküsten Arten wie Wolfsbarsch und Plattfische an. Auch in wärmeren Gewässern trifft man diese Fische noch über Sand an, allerdings gesellen sich hier Rochen (wie dieser Adlerrochen), Bonefische und viele Haiarten dazu, von denen einige sogar gefährlich sind.

Klippen

Der Hauptvorteil der aus Klippen bestehenden Küstenstreifen liegt in dem nahezu immer vorhandenen Wasser, das noch dazu meistens tief ist und wo zahlreiche Unterstände, wie beispielsweise Tangwälder und Felsblöcke, aber auch sandige Strecken, Lippfischen, Congern, Wolfsbarschen, Pollacks, Rochen, Haien und Plattfischen ein Zuhause bieten.

Es darf aber nur mit größter Sorgfalt gefischt werden. Überall lauern Felsspalten und stellenweise sind die Felsen durch die Gischt rutschig wie Seife. Gutes Schuhwerk, ein Tau, wenig Angelausrüstung und ein zuverlässiger Begleiter sind ebenso unerläßlich, wie das sorgfältige Ausspähen eines sicheren Heimweges bei steigendem Wasser.

WELLENSTRÄNDE *(links)*
Ein typischer Wellenstrand ist eine weite Sandausdehnung, die zum freien Ozean hin offen ist und wo die vom Wind aufgebaute Brandung an Land gedrückt wird. Das Befischen eines sanft abfallenden Strandes erfordert verhältnismäßig weite Würfe. Ein jäh abfallender Strand sollte dagegen nur mit kurzen bis mittelweiten Würfen befischt werden. Beim Bewaten eines Wellenstrandes muß man auf die Unterströmung besonders acht geben, die einem durchaus die Füße unter dem Körper wegziehen kann.

FELSKÜSTEN *(unten)*
Einige der ertragreichsten Küsten sind jene mit felsigem Grund. Auch von abfallenden Klippen lassen sich herrliche Fänge machen.

DAS FISCHEN VON PIEREN AUS *(oben)*
Weite Würfe sind beim Fischen von Pieren aus gewöhnlich unnötig, da sich viele Fischarten, u.a. auch Wolfsbarsch, Pollack, Meeräsche und Conger entlang ihrer Unterwasserbefestigungen ernähren.

KRAUTBÄNKE *(oben)*
Trotz des vielen Ärgers über zahlreiche Hänger kann das Befischen von Krautbänken sehr ertragreich sein, da sich von ihnen zahlreiche Fischarten anlocken lassen, die hier Deckung und Nahrung finden. Hier landet ein Angler gerade eine Meeräsche, die inmitten des Pflanzendickichts gehakt wurde.

Felsen, Rinnen und Krautbänke
Abwechslung entlang der Küste ist entlang von Felsküsten weniger wichtig als entlang von Sandküsten. Das liegt daran, daß die Felsküsten den Fischen ohnehin zahlreiche Versteckmöglichkeiten und viel Nahrung bieten. Allerdings bieten auch hier tiefe Rinnen und Löcher Schutz vor der Strömung, gleichzeitig sammelt sich in diesen Vertiefungen oft Nahrung an und auch zum Auflauern ahnungslos vorbeischwimmender Beute sind diese Stellen gut geeignet. Die muschelfressenden Lippfische und die nächtlich pirschenden Conger nutzen derartige Deckung immer, während andere Raubfische wie Wolfsbarsch, Pollack und Dorsch solche Stellen zum Rauben aufsuchen. Tangbänke bekommt man höchstens bei niedrigstem Wasserstand der stärksten Gezeiten zu Gesicht. Einige Angler verfluchen diese Krautbänke wegen der vielen Hänger, allerdings bieten sie den Futterfischen gute Deckung. In großen Tangwäldern stehen immer auch zahlreiche große Fische.

Piere, Molen und Befestigungsanlagen
Vom Menschen geschaffene, ins Meer ragende Bauwerke haben oft recht tief im Wasser liegende Fundamente. Für die Angler sind hier keine großen Wurfweiten erforderlich, um dieses tiefe oder sogar noch tieferes Wasser zu erreichen. Wer sehr weit wirft, bietet hier den Köder oft hinter den Fischen an, da diese unmittelbar am Fundament nach Nahrung suchen. Ein in einen Sandstrand ragender Pier bietet den Fischen und ihrer Nahrung in einer ansonsten völlig deckungsfreien Welt guten Schutz. In den hier ausgeschwemmten Vertiefungen sammelt sich Nahrung, in den Befestigungsanlagen gedeihen bei den Fischen beliebte Krebse. Außerdem gelangt immer wieder vom Pier selbst Nahrung ins Wasser.
Die meisten Steinpiere und Hafenausfahrten wurden auf versenkten Felsblöcken errichtet, die eine Vielzahl von Fischarten und Nährtieren anlocken. In den Felsen leben gewöhnlich Unmengen an Krebsen, Krabben und Kleinfischen, die alle unter den dort wachsenden Algen Schutz finden. Meeräschen schaben mikroskopisch kleine Organismen von den Felsen. Nach Einbruch der Dämmerung rücken die Wolfsbarsche zur nächtlichen Jagd an.

FLUSSMÜNDUNGEN

Mündungen sind sehr dynamische Lebensräume, die sich bei konstantem Süßwassereinlauf ganz allmählich verändern. Kommt es zu sehr starken Regenfällen und zu Hochwasser, dann kann diese Veränderung sehr jäh erfolgen. Auch die Fischarten, die Süßwasser bis zu einem bestimmten Grad vertragen, brauchen einige Zeit, um sich daran zu gewöhnen. Durch plötzliches Hochwasser werden diese Fische weiter stromab gedrängt oder bis ins Meer zurückgescheucht, so weit jedenfalls, bis sie wieder den Salzgehalt antreffen, an den sie gewöhnt sind.

MÜNDUNGSFLUNDERN
In den gemäßigt warmen Meeren sind die meisten Mündungsbereiche das Zuhause großer Flunderbestände.

MÜNDUNGSTYPEN

In einer typischen Flußmündung verläuft sich das Süßwasser im Salzwasser. Es entsteht eine Brackwasserzone, wo beide Wasserarten aufeinanderstoßen und sich miteinander vermischen. Das Ausmaß dieser Brackwasserzonen hängt immer von der Größe der Mündung, der Gezeitenstärke und von der Menge des eingebrachten Süßwassers ab.
Größe und Beschaffenheit der Mündungen sind sehr verschieden. Einige Flüsse erreichen das Meer über schmale Felsgräben, andere bahnen sich durch weite Schlamm- und Sumpfausdehnungen ihren Weg und wiederum andere bilden großflächige Deltas. Zwar gibt es auch große Unterschiede, was die Qualität des jeweils eingebrachten Süßwassers betrifft, allerdings wird auch in solchen Mündungen das Leben im Wasser von denselben Grundregeln wie an anderen Mündungen bestimmt.

Fischarten in Mündungen

Wo und wie weit Meeresfische in Mündungen leben, hängt in erster Linie davon ab, inwiefern sie mit dem jeweils vorhandenen Salzgehalt leben können. Arten, die einen sehr niedrigen Salzgehalt vertragen, wie etwa Meeräschen, ziehen gerne im Brackwasser einer Mündung umher und manchmal treibt sie ihr Hunger bis in echtes Süßwasser aufwärts. Andere Arten, wie beispielsweise die Dorsche, kommen mit wenig Salz nicht zurecht. In Mündungen trifft man solche Fischarten nur an jenen Stellen an, an denen der Salzgehalt verhältnismäßig hoch ist.
Wanderfische, wie Lachs und Meerforelle, wandern vom Fluß ins Meer, wo sie abwachsen, und steigen als laichreife Fische wieder stromauf. Beim Durchschwimmen der Mündungsbereiche stellen sie ihre Körperfunktionen nach und nach auf Süßwasser um.

Die oberen Abschnitte

In den oberen Abschnitten von Mündungsbereichen lebt immer nur eine recht begrenzte Anzahl von Arten. Oft trifft man junge Flundern an, gelegentlich einen Wolfsbarsch und Meeräschen dort, wo die Strömung nicht allzu stark ist. Gute Gewässerkenntnis und Wissen über die vorhandene Nahrung helfen dabei, gute Angelstellen ausfindig zu machen. Achten Sie auf Krümmungen in der Hauptrinne, auf Rückströmungen hinter Hindernissen und auf strömungsfreie, seichte Buchten. Vertiefungen und Löcher in diesen ruhigen Stellen locken oft zahlreiche Fische an, da sich in ihnen viel Nahrung sammelt.

Die unteren Abschnitte

Die Unterstände und Angelstellen sind in den unteren Abschnitten einer Mündung etwa dieselben, wie in den oberen. Darüber hinaus gibt es hier oft weitflächige Ablagerungen, auf denen die Fische gerne nach Nahrung suchen, da hier viele Würmer, Mollusken und Krebse zuhause sind. An kleinen Mündungen, mit schnellfließendem Wasser und einem kanalartigen Auslauf, bilden sich solche Ablagerungen meistens in etwas größerer Entfernung, nämlich dort, wo die Strömung träge genug geworden ist, damit die Schwebteilchen im Wasser zu Boden sinken können. Den Fischen bieten diese kleinen Ablagerungen dieselben Vorteile, wie die großflächigen zuvor erwähnten. Fegen große Wellen über diese Ablagerungen, wird viel von der in ihr enthaltenen Nahrung freigesetzt. Die Strömung erfaßt diese Nahrung und die Fische erwarten sie auf der stromab gelegenen Seite dieser Ablagerungen.

Rinnen, Lagunen und Bacheinmündungen
Große Mündungen weisen oft dieselben Strukturen im eigentlichen Mündungsbereich auf. Am häufigsten sind dabei wahrscheinlich Gräben und Rinnen. Mit der Flut steigen Meeräschen und Flundern darin auf, gelegentlich auch Seezungen, sofern die Mündung zum offenen Meer hin weist.
Lagunen entstehen durch Ablagerungen, die allmählich große Wasserausdehnungen vom Meer abgrenzen. Da das Wasser hier viel weniger bewegt wird, erwärmt es sich auch viel schneller und wird dadurch nahrungsreicher. Der Zugang ist für die Fische nicht immer einfach, sind sie aber erst einmal in der Lagune, wachsen sie hervorragend ab. Meeräschen und Flundern sind für Lagunen typische Fischarten.
Bacheinmündungen, ob inmitten eines Strandes oder einer Felsküste, sind gewöhnlich zu klein, als daß in ihnen Fische leben könnten. Ihre Bedeutung erhalten sie aufgrund der durch sie verursachten Schwankung des Salzgehaltes, ein Reiz, dem sich Wolfsbarsch und Flunder scheinbar nur schwer entziehen können. Für Angler ist jede Art der Süßwassereinleitung, ganz egal, wie klein sie ist, einen Versuch wert.

Mangrovenrinnen
Küstenstreifen mit Mangrovensümpfen entlang der Ufer sind in den subtropischen und tropischen Breiten unseres Planeten recht häufig. Besonders gerne scheinen diese Pflanzen auf nährstoffreichen Ablagerungen von Flußmündungen zu gedeihen.
Mangroven sind Bäume, die auf einer käfigartigen Wurzelstruktur stehen, die den Stamm über dem Wasser hält. Wenn diese Wurzelstrukturen bei Flut überschwemmt sind, bieten sie Kleinfischen einen idealen Unterschlupf. Als Kindergarten spielen die Mangroven entlang vieler Küsten eine wichtige Rolle. Wo immer sich auch kleine Fische versammeln, stets locken sie auch größere Raubfische an. Barrakuda, Tarpon, Crevalle Jack, Gitarrenfisch und Nagelrochen sind typische Vertreter der in den Rinnen zwischen den Mangroven jagenden Räuber. Oft lauern sie auch direkt in den Mangrovenwurzeln.

MANGROVEN-RINNEN *(oben)*
Tarpone ziehen gerne durch die Mangrovenwälder und dabei lassen sie sich, nicht von seichtem Wasser abschrecken. Rinnen und Gräben zwischen den Mangroven sind sehr beliebte Unterstände. Dort, wo sie sich krümmen, sind sie tiefer ausgeschwemmt, trotz der starken Strömung finden die Fische in ihnen geschützte Stellen und gleichzeitig wird viel Nahrung hereingeschwemmt. Die stromab gelegene Kante einer starken Krümmung bietet guten Schutz vor der Strömung, hier lauern gerne große Fische auf eine geeignete Mahlzeit.

MÜNDUNGS-SCHLAMM *(links)*
Vor den meisten großen Mündungen liegen großflächige Schlammablagerungen. In diesen nährstoffreichen Ablagerungen leben zahlreiche Lebewesen, beispielsweise Mollusken und Würmer.

DAS FISCHEN AUF HOHER SEE IN GEMÄSSIGTEN BREITEN

Dem Laien kommt das Meer wie eine riesige, eintönige Wasserausdehnung vor. Unter der Oberfläche sieht es allerdings alles andere als eintönig aus und vielerorts wimmelt es vor Leben. Unregelmäßigkeiten auf dem Meeresgrund, wie beispielsweise Wracks und Felsanhäufungen locken zahlreiche Fische an, die hier Nahrung und Deckung finden. Der genaue Standort solcher Stellen ist auf Seekarten eingetragen und mit Hilfe des Echolotes läßt sich das Boot über ihnen verankern. Gelegentlich kann man die Fische auch durch "Lesen" der Oberfläche orten, was meistens nur in seichtem Wasser möglich ist.

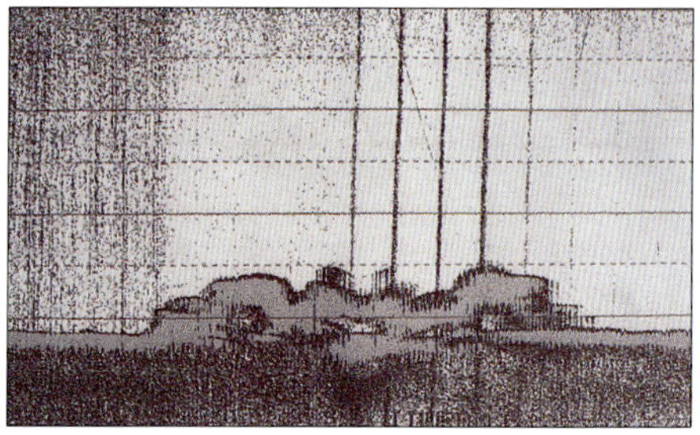

ECHOLOT
Ein Echolot zeigt Ihnen das genaue Bodenprofil unterhalb des Bootes, sodaß Sie darauf nach möglichen Unterständen Ausschau halten können. Auf diesem Echoschreiber sind deutlich die Umrisse eines großen Wracks zu erkennen, das in tiefem Wasser auf Grund liegt.

GEWÄSSERTYPEN

Meer ist nicht gleich Meer und von seiner jeweiligen Beschaffenheit hängt ab, welche Fischarten und wie viele Fische sich dort aufhalten. So ist eine unterstandslose Unterwasserwüste aus Sand recht fischarm und für den Angler wenig ertragreich, wogegen Felsen und Wracks gute Angelstellen sind, da sie große Mengen sehr unterschiedlicher Fischarten anlocken. In tiefem Wasser sind die Temperaturen stabiler als in seichtem Wasser, sodaß die tief lebenden Fische das Jahr über keinen so großen Temperaturschwankungen ausgesetzt sind. Ist es jedoch zu tief und, beispielsweise aufgrund von Schwebeteilchen, zu trüb, fehlt das für das Pflanzenwachstum notwendige Licht, sodaß den Fischen Deckung fehlt. Durch einmündendes Süßwasser wird der Salzgehalt gesenkt (siehe Seite 272) und Abwassereinleitungen locken Fische an, die sich hiervon ernähren, sie schrecken aber auch all jene Arten ab, für die der in unverschmutztem Wasser vorhandene hohe Sauerstoffgehalt lebenswichtig ist.

Bänke und Rinnen

Auf ansonsten unterstandsfreiem Grund, beispielsweise aus Sand oder Schlamm, sind die Bänke und die dazwischen liegenden Rinnen die aussichtsreichsten Stellen. Bänke trifft man hauptsächlich in der Nähe von Inseln und vor Landspitzen an, wo starke Gezeitenströmungen Sand und Lehm als Schwebeteilchen mit sich führen. Wo die Gezeitenströmung nachläßt, setzen sich diese Schwebeteilchen und so entstehen stellenweise gigantische Anhäufungen, deren Oberfläche sich ständig verändert und die von zahlreichen Rinnen und wellenartigen Sandanhäufungen durchzogen sind. Futterfische, besonders Sandaale, halten sich gerne an solchen Stellen auf und locken durch ihre Anwesenheit Raubfische, wie Wolfsbarsch, Stein- und Glattbutt an.

Die von der Strömung in die Bänke gezogenen Rinnen sind für die Plattfische ausgezeichnete Unterstände, aber auch die Wolfsbarsche suchen hier nach Sandaalen. Außerhalb von Bänken sammeln sich in solchen Rinnen zahlreiche Lebewesen, wie Krebse, Würmer und Kleinfische, die von der Gezeitenströmung durch das seichtere Wasser geschwemmt werden, bis sie in das tiefere Wasser der Rinnen fallen. Das Nahrungsangebot lockt zahlreiche Arten an, u,a. Dorsch, Rochen und Hai.

BOOTFISCHEN
(oben)
Das Fischen über einer produktiven Zone von einem verankerten oder von einem treibenden Boot aus, beispielsweise über einem Wrack, über einem Riff oder über einer Rinne, ist gewöhnlich sehr ertragreich.

SANDBÄNKE *(links)*
Die Anwesenheit einer Sandbank, einer guten Angelstelle, wird oft von Oberflächenverwirbelungen verraten, die durch die über die Sandbank gepreßte Strömung entstehen.

Abbrüche
Jähe Abbrüche, an denen das Wasser schnell auf große Tiefen abfällt, verbinden entweder recht unterstandsarme Zonen oder recht produktive Fanggründe miteinander. Wenn diese Abbrüche keine eigenen Unterstände aufweisen, wie beispielsweise ausgedehnte Krautbänke, dann halten sich an ihnen nur wenige Fische auf und für den Angler sind sie daher von untergeordneter Bedeutung. Abbrüche, die gute Fanggründe miteinander verbinden, locken allerdings zahlreiche Fische an.
Raubende Plattfische versammeln sich an dem stromab gekehrten Abhang, wo sie aus ihrer Deckung heraus über ihnen schwimmende Sandaale abfangen. Auch Rochen finden hier vor der Strömung Schutz. Hundshaie und andere Haiarten gehen entlang der Abbrüche zwischen Riffen und Bänken auf Raubzug, wo sie über Fische herfallen, die von der Strömung erfaßt und davongetrieben werden. An der einen oder anderen Stelle finden auch Riffconger ein geeignetes Heim.
Abbrüche sollten von einem treibenden Boot aus befischt werden, wobei mit dem Fischen weit stromauf von jenen Stellen begonnen wird, wo man die meisten Fische vermutet.

Inseln
Der Wert von Inseln als "Fischmagneten" hängt von ihrer Beschaffenheit und Größe ab. Inselgruppen sind beispielsweise wertvoller als einzelne Inseln, da sie auf das umliegende Wasser einen größeren Einfluß haben. An ihnen prallt die Strömung ab, sie wird umgeleitet oder gar aufgehoben, jedenfalls entsteht eine Vielzahl von Lebensräumen, die wiederum viele Fischarten in großen Mengen anlockt.
In Zonen mit unregelmäßigen Gezeitenströmungen wird die Entstehung von Bänken und Sandwellen begünstigt. Schnellfließendes Wasser lockt Sandaale und Makrelen an und diese Fische wiederum Hundshaie, Wolfsbarsche, Pollacks, ja sogar Heringshaie. In den ruhigeren Buchten sind Lippfische und Conger zuhause und entlang der Strömungsränder der Hauptströmung finden standorttreue Arten, wie etwa die Rochen, die zu ihnen passenden Strömungsverhältnisse.

Inseln
Von Inseln wird die Gezeitenströmung stark gebrochen und in ihrer unmittelbaren Umgebung entstehen zahlreiche unterschiedliche Lebensräume. Wo beispielsweise zwei Inseln nahe aneinanderliegen, kann das stark zwischen ihnen hindurchströmende Wasser ein tiefes Loch in den Meeresgrund schwemmen. In solchen Löchern leben gerne große Rochen, wo sie sich von der reichlichen Nahrung ernähren, die ihnen von der Gezeitenströmung zugeschwemmt wird. Rochen versammeln sich auch gerne in dem tiefen Wasser auf der stromabgewandten Seite der Inseln.

Felsspitzen und Gesims
Auf tief liegenden Riffen gibt es oft weit emporragende Felsspitzen, um die sich Fischarten sammeln, die sonst in viel seichterem Wasser zuhause sind. Das Fundament einer solchen Felsspitze unterscheidet sich kaum von einem echten Riff, auch hier leben zahlreiche Organismen, die wiederum viele Räuber anlocken. Die Spitzen dieser Felsnadeln können Bootskielen zum Verhängnis werden. Ein Gesims zu befischen ist einfacher, vor allem, wenn von einem treibenden Boot aus gefischt wird. Weil an diesen Stellen Unterstände fehlen, ist die Ausbeute oft ein wenig eintönig, dennoch sind kleine Riffische häufig und größere Raubfische in ihrer Nähe.

Wracks und Riffe
Wracks sind letztendlich nichts anderes als vom Menschen geschaffene Riffe, in ihnen und um sie leben dieselben Fischarten wie um natürliche Riffe. Die Arten dieser Fische werden von der Tiefe bestimmt. Seicht gelegene Wracks und Riffe weisen einen guten Bestand an Wolfsbarschen, Lippfischen, Congern und kleinen Pollacks auf, mit zunehmender Tiefe überwiegen jedoch Dorsche, Leng, größere Pollacks und größere Conger.
Auf einem Wrack oder Riff versammeln sich gewöhnlich dort die meisten Fische, wo das Nahrungsangebot am größten ist. Beim Driftfischen kann ein mehrfaches Treiben oder ein geschicktes Verankern notwendig sein, bis die Köder schließlich auch dort angeboten werden.

Oberflächenanzeichen

Fernab von der Küste kann man zum Ausfindigmachen fischreicher Zonen nach Oberflächenanzeichen, und zwar nach künstlichen und nach natürlichen, Ausschau halten. Zahlreiche Bojen warnen vor für die Schiffahrt gefährlichen Untiefen und viele dieser "Schiffsgefahren" sind fischreiche Felsen und Riffe. Mit Bojen sind ebenfalls die Ränder der Fahrrinnen gekennzeichnet und über zerklüftetem Untergrund treiben oft die zahllosen Kleinbojen der Krebsfischer.
Künstlich hergestellte Markierungen sind gewöhnlich zuverlässiger als natürliche Oberflächenanzeichen. So wird beispielsweise der Rand einer steil abfallenden Bank oft von Streifen weißen Wassers verraten. Je tiefer das Wasser ist, desto weiter stromab tauchen diese Streifen allerdings auf und bei unruhiger See vermischen sich diese Streifen mit den Wellen. Jede Art von Verwirbelung und Rückströmung ist ein Hinweis auf Unterwasserhindernisse, von denen die Strömung abprallt und zur Oberfläche gedrückt wird. Diese Anzeichen können ohne weiteres erst weit stromab von den Hindernissen sichtbar werden.
Ins Wasser tauchende Möwen sind gute Wegweiser zu oberflächennah schwimmenden Makrelen; schwirren die Möwen unruhig durch die Luft, dann kann es sein, daß es unter ihnen bald zu einer Jagd kommt, bei der kleine Futterfische von Raubfischen zur Oberfläche emporgedrückt werden. Bei diesen Raubfischen handelt es sich meistens um Makrelen, gelegentlich sind es aber auch geschätztere Raubfische, wie etwa Wolfsbarsche.

KREBSBOJEN
Krebsreiche Gründe sind oft auch fischreich. Krebsbojen, mit denen der Standort von Krebsreusen markiert wird, sind zuverlässige Wegweiser.

Das Fischen auf hoher See in tropischen Breiten

Tropische Küstengewässer vertragen große Bestände vieler verschiedener Fischarten, die dort jede freie ökologische Nische besetzen. Die oberen Schichten bleiben bis weit ins offene Meer hinaus fischreich. Neben dem Riff-, Wrack- und Bankfischen (siehe Seite 274), bieten tropische Gewässer auch noch zahlreiche Möglichkeiten zum Grundfischen von der Küste und von kleinen Booten aus, zum Fliegenfischen, zum küstennahen Schleppen, zum Stakfischen auf den Flats und zum Big-Game Fischen im tiefen, blauen Wasser jenseits des Kontinentalsockels.

Gewässertypen

In den oberen Schichten der tropischen Meere leben mehr Fische als in denen kühlerer Meere und einige tropische Arten durchkämmen auf ihrer Nahrungssuche die offene See. Die meisten Arten müssen jedoch in unmittelbarer Küstennähe bleiben, da sie nur dort die für sie geeignete Nahrung finden; emporquellendes Wasser und seichte Küstenabschnitte sind sichere Hinweise auf solche Stellen. Vieles von dem, was bereits über das Fischen in kühleren Meeren gesagt wurde, gilt auch für das Fischen in tropischen Meeren, auch hier haben die Fische eine Vorliebe für Wracks, Riffe, Bänke und Rinnen sowie für all jene Stellen, an denen sich Nahrung und Fische sammeln. Darüber hinaus patroullieren einige sehr große Sportfische gerne über den Kontinentalsockeln und über dem Außenrand von Riffen.

RAUBENDE TARPONE *(oben)*
Tarpone versammeln sich zum Rauben oft gerne an der Oberfläche, wo sie sich von einem treibenden oder verankerten Boot aus fangen lassen.

DAS RIFFISCHEN *(links)*
Am Außenrand vom Riff haben sich auf der rechten Seite der kleinen Insel Boote zum Fischen versammelt.

KORALLENFLATS *(unten)*
Korallenflats sind großflächige und sehr seichte Ausdehnungen aus Korallensand.

Rinnen, Abbrüche und Bänke
Rinnen in tropischen Meeren erfüllen diesselbe Aufgabe wie in kühleren Meeren, sie bieten Schutz vor der Strömung und in ihnen sammelt sich Nahrung an. Große Raubfische, wie etwa Tarpone, gehen in seichten Rinnen gerne auf Raubzug. Zum Rauben ebenso geeignet sind die stromab gelegenen Ränder von Rinnen, Bänken und Abbrüchen, wo die langsameren, grundnah lebenden Arten auf der Lauer liegen.
Futterfische, die auf Bänken auf Nahrungssuche sind, locken fast immer auch Raubfische an. Um welche Raubfischarten es sich im Einzelfall handelt, wird von der Wassertiefe bestimmt. In Frage kommen hierbei fast immer Nagelrochen und Haie, aber auch Amberjack, Crevalle Jack, Dolphin und gestreifter Marlin. Die großen, sandliebenden Arten, zu denen die verschiedenen Bass-, Jack- und Roosterfischarten gehören, ziehen zum Rauben in sehr seichtes Wasser, manchmal fast bis an den Strand.

Korallenflats
Bonefische, kleine Haie, Barrakudas und Rochen (vor allem Stingrays) sind die Hauptbewohner der Korallenflats. Nagelrochen lauern bewegungslos auf Beute, die anderen Arten ziehen jedoch auf ihren Raubzügen freischwimmend umher, sodaß sie sich von einem sich nähernden Boot leicht ausmachen lassen. Aus diesem Grund verwenden die Angler leichte, flache Boote, die stakend bis in Wurfweite der Fische gebracht werden.

Korallenriffe

Kleine bis mittelgroße Fische, wie Porgies, Snapper und Grouper, versammeln sich in großen Mengen über weit vor der Küste gelegenen Korallenriffen. Ihre Verteilung über dem jeweiligen Riff hängt zum Teil von dessen Tiefe ab und gewöhnlich trifft man die größten Grouper an den tiefsten Stellen vom Riff an.

Die auf den Korallenriffen lebenden Korallen spielen im Haushalt des Meeres eine wichtige Rolle und sie sind das Zuhause einer Vielzahl kleiner Meerestiere, von denen sich wiederum Fische ernähren. Von diesen Fischen werden größere Raubfische angelockt, u.a. kleine Haie.

Rinnen, die durch ein Riff oder die zwischen zwei Riffen laufen, bieten langsameren Raubfischen optimale Möglichkeiten, ihren Opfern unentdeckt aufzulauern. Die schneller-schwimmenden Raubfischarten rauben auch in diesen Rinnen und entlang der Riffabhänge. Barrakudas patroullieren gerne entlang der oberen Ränder von Abbrüchen, wogegen Hammerhaie und andere größere Riffhaie weiter unten den Ton angeben. Wo diese Rinnen ausgesprochen tief sind, werden sie auch in unmittelbarer Ufernähe gelegentlich von Arten aufgesucht, die eigentlich auf hoher See zuhause sind.

Lange Felsspitzen, die aus großer Tiefe der Oberfläche entgegenragen, sind das Zuhause der größten Zackenbarsche und anderer Riffarten. Wie die tiefen Rinnen bieten auch diese Felsspitzen einige der zum Rauben bestmöglichen Unterstände an einem Riff. Geschickte Räuber werden hier schnell dick und rund und die Angler finden hier die interessantesten Angelmöglichkeiten.

Tiefes Wasser und Abbrüche

In den Ozeantiefen fehlen die Unterstände ebenso, wie auf hoher See, dennoch wird diese Eintönigkeit immer wieder von emporquellendem, nahrungsreichem Wasser unterbrochen. Dieses Wasser enthält eine Vielzahl winzig kleiner Organismen, die wiederum Futterfischschwärme anlocken; um diese versammeln sich kleinere Raubfische, die wiederum von größeren vertilgt werden. Stellen mit emporquellendem Wasser sind daher oft aussichtsreich und werden von zahlreichen Seevögeln verraten, die sich darüber versammeln und immer wieder nach den Futterfischen schnappen.

Ganz anders sieht es beim Befischen von Abbrüchen aus, die man mit Hilfe einer Seekarte und eines Echolotes orten kann. Futterfische sammeln sich gerne am äußeren Rand von tiefen Riffen und Felsspitzen. Entlang vom Oberrand der Abbrüche patroullieren Haie, vor allem Hammerhaie, und in den seichtesten Abschnitten des Riffs gehen die Barrakudas auf Raubzug. Dicht an der Oberfläche und entlang von seicht gelegenen Abbrüchen und Rändern ist das Wasser wärmer, was schnellschwimmende Sportfischarten, wie etwa Wahoo und Sailfisch, vorziehen. Alle diese Arten nehmen Kunstköder und langsam geschleppte Lebendköder. An tieferen Stellen locken mehrere geschleppte Kunst- und Reizköder Arten wie Marlin und Sailfisch aus der Tiefe empor. Für einige Arten, die keine an der Oberfläche geschleppten Köder nehmen, muß mit Hilfe eines Downriggers in 10 bis 12 m Tiefe geschleppt werden.

Treibgutflöße

Treibgutflöße sind in den größeren Atlantikströmungen ein recht häufiges Phänomen. Die Nordatlantikströmung führt beispielsweise Algenklumpen mit sich, die als "Sargassum" bezeichnet werden. Diese Klumpen bilden oft große Flöße, die besonders für den Angler wertvoll sind, da sich hier inmitten einer ansonsten unterstandsfreien See gerne Fische sammeln.

Dolphin und andere, kleinere Arten gehen gerne unmittelbar unter Treibgut in Deckung. Bei diesem Treibgut muß es sich keineswegs um Grasklumpen handeln: Kisten, Tonnen und Baumstämme sind ebenso geeignet. In der Nähe von größerem Treibgut anzuhalten und mit ganzen oder zerhackten Fischen anzufüttern, kann überaus lohnenswert sein. Schon bald versammeln sich oft nach kurzer Zeit ganze Schwärme von Dolphins hinter dem Bootsheck und dem mit leichtem Gerät ausgerüsteten Angler sind spannende Drills fast schon garantiert. Dolphins sind an sich schon echte Sportfische, allerdings dienen sie noch größeren Räubern, beispielsweise den Marlinen als Nahrung. Das Schleppen mit Kona Heads in unmittelbarer Nähe von solchem Treibgut kann daher auch beim Fischen auf Marlin lohnenswert sein.

SCHLEPPFISCHEN *(oben)*
Die beste Methode, um auf schnellschwimmende Big-Game Arten, wie etwa Marlin, Wahoo, Thun und Sailfisch zu fischen, ist das Schleppfischen mit Kunst- oder mit Naturködern.

TEASER *(links)*
Eine Kette auffällig gefärbter Teaser neben den eigentlichen Ködern zu schleppen kann Marline, Thune und Sailfische emporlocken.

UMWELTSCHUTZ

Der Ursprung aller Wirbeltiere, auch unser eigener, läßt sich bis zu den primitiven Fischen zurückverfolgen, die sich in den Gewässern des Spätkambriums tummelten, das vor etwa 500 Millionen Jahren endete. Einige der Nachfahren dieser Urzeitfische schafften den Schritt an Land, andere blieben im Wasser und entwickelten sich in die mehr als 22000 Fischarten weiter, die heute auf unserem Planeten leben. Diese Fische leben, wie die meisten Lebewesen, in Harmonie mit ihrer Umwelt, ihre Bestände wachsen und schrumpfen dem Nahrungsvorkommen entsprechend.

Trotzdem sind einige Arten in ihrer Existenz bedroht. Bei diesem Aussterben kann es sich um einen langsamen, natürlichen Vorgang handeln, der beispielsweise durch eine klimatische Veränderung in Gang gesetzt wird, an die sich die betroffene Art nicht gewöhnen kann. Die häufigste Ursache dieser Bedrohung ist jedoch der Mensch und seine Aktivitäten.

VERSCHMUTZUNG

Eine der offensichtlichsten und weltweit häufigsten Bedrohungen der Fische, vor allem der im Süßwasser lebenden Arten, stellen Wasserverschmutzungen dar. Diese Verschmutzung kann in vielerlei Formen stattfinden, es werden beispielsweise Industrieabwässer in Flüssen, Seen und Meeren verklappt; Hausabwässer, Ölrückstände und Chemikalien aus der Landwirtschaft werden eingeleitet; durch sauren Regen übersäuern Flüsse und Seen; vielerorts ist auch schon das Grundwasser, von dem wiederum Quellen gespeist werden, verschmutzt. Angler, die sich zur Ausübung ihres Sportes zwangsläufig oft am Wasser aufhalten, gehören immer wieder zu den ersten, welche die Auswirkung der Gewässerverschmutzungen zu spüren bekommen. Kommt in Ihnen einmal ein Verdacht auf Gewässerverunreinigung auf, dann sollten Sie diesen unverzüglich den jeweils verantwortlichen Stellen und den ortsansässigen Umweltschutzorganisationen melden. Eine weitere Bedrohung widerfährt den Fischen nicht von der Wasserqualität, sondern von seiner Quantität. Stets größerer Wasserbedarf seitens der Industrie und der Bevölkerung setzen vielen Flußsystemen erheblich zu.

ENTKRAUTEN
Zu einer guten Gewässerbewirtschaftung gehören eine Vielzahl von Interventionen, u.a. das Einschränken exzessiven Pflanzenwachstums.

Überdüngung
Das Phänomen der Überdüngung hat etwas Paradoxes an sich, da das Wasser hierbei mit Nährstoffen angereichert wird. Was vorteilhaft aussieht, stellt sich jedoch als ernsthaftes Problem heraus. Die "schuldigen" Nährstoffe sind Nitrate und Phosphate. Nitrate gelangen über Regenwasser in die Gewässer, das Dünger auf Nitratbasis vom Ackerland hereinschwemmt; auch Phosphate sind in Düngemitteln enthalten, allerdings gelangen diese hauptsächlich über Industrie- und Hausabwässer in den Wasserkreislauf (Phosphate sind in vielen Wasch- und Spülmitteln enthalten).
Gelangen diese Nährstoffe in übertriebenen Mengen ins Wasser, fördern sie das Algenwachstum stark. Diese Algen schwimmen in solchen Massen unter der Oberfläche, daß das Sonnenlicht nicht bis zu den Wasserpflanzen vorzudringt. Folge ist eine Kettenreaktion: die Pflanzen sterben ab, bei ihrer Zersetzung verbrauchen die Bakterien den im Wasser übriggebliebenen Sauerstoff und demzufolge sterben wiederum andere Lebensformen, die auf Sauerstoff angewiesen sind - also auch die Fische.

Übersäuerung
In den letzten Jahrzehnten wurden in der nördlichen Erdhemisphäre tausende von Seen und zahlreiche Flüsse aufgrund von Übersäuerung durch sauren Regen völlig fischleer. Skandinavien und Kanada sind zwei der am schlimmsten betroffenen Gegenden. Saurer Regen entsteht, wenn beim Verbrennen von fossilen Brennstoffen Schwefel- und Stickstoffverbindungen in der Atmosphäre freigesetzt werden, wo sie mit der natürlichen Luftfeuchtigkeit reagieren.
Saurer Regen übersäuert nach und nach Flüsse und Seen und setzt gleichzeitig aus ihrem Untergrund Aluminium frei. Der Säuregehalt des Wassers tötet Fischeier und -larven, das freigesetzte Aluminium setzt sich in den Kiemen der Fische ab, worauf diese sich mit Schleim zusetzen. Die Verbindung von hohem Säuregehalt und Aluminium tötet auch fast alle Pflanzen ab sowie die ganzen Kleinlebewesen, die den Fischen als Nahrungsgrundlage dienen.

AGROCHEMIE
Viele der in der modernen Landwirtschaft Anwendung findenden Chemikalien können sich als äußerst schädlich erweisen, wenn sie vom Regen in Flüsse, in Seen oder in das Meer geschwemmt werden. Zu diesen Chemikalien zählen Düngemittel, die übermäßiges Algenwachstum fördern, sowie Herbizide und Pestizide, die für alle Lebensformen im Wasser schädlich sind.

FISCHBESTÄNDE

Eine der größten Gefahren, der viele Arten ausgesetzt sind, ist die des Überfischens. Besonders problematisch ist das für viele für die Berufsfischerei bedeutende Meeresfischarten. Auf ihnen lastet ein enormer Befischungsdruck und gleichzeitig lassen sich Fangbegrenzungen und Mindestmaße nur schwer durchsetzen.
Süßwasserfische sind gewöhnlich besser vor der Gefahr des Überfischens geschützt. In den meisten höherentwickelten Ländern findet der Großteil der Fischerei des Sportes wegen statt und die ganze Fischerei ist durch Fischereischeine, Schonzeiten, Mindestgrößen, Besatzmaßnahmen und gelegentlich auch Entnahmebegrenzungen bestens durchorganisiert. Darüber hinaus lassen sich die meisten Süßwasserfische recht unproblematisch nachzüchten, sodaß die Besatzmaßnahmen den vorhandenen Beständen entsprechend organisiert werden können.
Auch Meeresangler können zum Erhalt der Fischbestände beitragen, indem sie sich persönliche Mindestmaße festsetzen und all jene Fische zurücksetzen, für die sie keine sinnvolle Verwendung haben.

Das "Catch and Release" - Fischen
Einen Fisch nach seinem Fang zurückzusetzen ist eine hervorragende Methode, um die Fischbestände zu erhalten. An einigen Gewässern ist es sogar Vorschrift. In jedem Fall müssen die zurückzusetzenden Fische sehr vorsichtig behandelt werden, damit sie später nicht an Verletzungen eingehen, die sie sich durch schlechte Behandlung zugezogen haben. Verwenden Sie widerhakenlose Haken oder drücken Sie den Widerhaken mit einer Zange flach, damit er sich leichter lösen läßt. Halten Sie den Fisch nach Möglichkeit im Wasser, damit sein Schuppenkleid und seine Schleimhaut möglichst unverletzt bleiben. Hat der Fisch den Haken geschluckt, sollten Sie die Schnur möglichst dicht am Haken durchschneiden und den Haken im Fischkörper lassen: so wird der Fisch weniger verletzt, als wenn versucht wird, ihn doch noch vom Haken zu befreien; die Magensäfte lösen ihn bald auf. Nach dem Hakenlösen halten Sie den Fisch mit beiden Händen mit dem Kopf gegen die Strömung, sofern welche da ist. Ist der Fisch erschöpft, müssen Sie ihn solange halten, bis er wieder zu Kräften gekommen ist und von selbst davonschwimmt.

HAIE SCHÜTZEN
Haie nach ihrem Fang zurückzusetzen, wie es dieser Angler gerade tut, hilft ihnen, ihr Überleben zu sichern. Die Bestände vieler Haiarten sind alarmierend zurückgegangen, teilweise wegen der Angler, aber vor allem, weil viele ihrer Flossen wegen gefangen werden. Das "Fischen" auf Haiflossen ist eine besonders verwerfliche Art der Berufsfischerei: den Haien werden bei lebendigem Leibe die Flossen abgeschnitten und die noch lebenden Fischrümpfe einfach ins Meer zurückgeworfen.

BEDROHTE ARTEN
Von internationalen und nationalen Organisationen wurden einige hundert Arten gezählt, deren Existenz bedroht ist. Einige der Arten, auf die der eine oder andere Angler stoßen wird, wurden hier aufgelistet, sie sind entweder vom Aussterben bedroht oder bereits am Aussterben. In den erwähnten Gegenden sollte man sie nicht gezielt befischen (was meistens ohnehin verboten ist) und wird zufällig einer gehakt, dann sollte er behutsam vom Haken gelöst und zurückgesetzt werden.

Acipenseriden (Störartigen)	
Shortnose Sturgeon *(Acipenser brevirostrum)*	USA, Kanada
Lake Sturgeon *(Acipenser fulvescens)*	USA, Kanada
Adriastör *(Acipenser naccarii)*	Italien
Atlantischer Stör *(Acipenser oxyrhynchus)*	USA, Kanada
Europäischer Stör *(Acipenser sturio)*	Europa
Pallid Sturgeon *(Scaphirhynchus albus)*	USA
Clupeiden (Heringsartige)	
Alse *(Alosa alosa)*	Europa
Lamniden	
Weißer Hai *(Carcharodon carcharias)*	Südafrika
Percichthyiden	
Eastern Freshwater Cod *(Maccullochella ikei)*	Australien
Trout Cod *(Maccullochella macquariensis)*	Australien
Clarence River Cod *(Maccullochella sp.)*	Australien
Mary River Cod *(Maccullochella sp.)*	Australien
Retropinniden	
Australian Grayling *(Prototroctes maraena)*	Australien
Salmoniden (Forellenartigen)	
Atlantic Whitefish *(Coregonus canadensis)*	Kanada
Kiyi *(Coregonus kiyi)*	USA, Kanada
Renken & Felchen *(Coregonud lavaretus, C.albula und C.oxyrhynchus)*	Europa
Blackfin Cisco *(Coregonus nigripinnis)*	USA, Kanada
Shortnose Cisco *(Coregonus reighardi)*	USA, Kanada
Shortjaw Cosco *(Coregonus zenithicus)*	USA, Kanada
Huchen *(Hucho hucho)*	Osteuropa
Apache Trout *(Oncorhynchus apache)*	USA
Gila Trout *(Oncorhynchus gilae)*	USA
Adriaforelle (Marmorata) *(Salmothymus obtrusirastris)*	Balkanländer

GLOSSAR

A

Afterflosse Die Flosse hinter dem After des Fisches.

AFTMA Die American Fishing Tackle Manufacturers Association. Dieser Verein setzt, neben anderen Aktivitäten, technische Normen für Angelgerät fest. Weltstandard erreichte seine Klassifizierung in der Fliegenfischerei.

Algen Unter Algen sind jene einfachen Pflanzen zu verstehen, die zwar Chlorophyll (grüner Pflanzenfarbstoff) enthalten, denen aber echte Wurzeln, Stämme und Blätter fehlen. Algen leben im Wasser und auf feuchtem Untergrund.

Amphidrome Fische Hierunter sind Fische zu verstehen, die zwischen Süß- und Salzwasser hin- und herwandern, ohne daß das für deren Laichgeschäft notwendig wäre.

Anadrome Fische Hierunter sind Fische zu verstehen, die den Großteil ihres Lebens im Meer verbringen, zum Laichen aber in Süßwasser aufsteigen.

Anhieb Nach dem Biß wird die Schnur ruckartig gestrafft und dadurch der Haken eingetrieben. Das ruckartige Straffen erfolgt meistens durch ein rasches Anheben der Rute.

Aorta Die Hauptarterie, die das Blut vom Herzen wegtransportiert.

Articular Der hintere Knochen im Unterkiefer eines Fisches. Er ist mit Ober- und Zwischenkiefer verbunden.

B

Bauchflossen Das Flossenpaar an der Körperunterseite eines Fisches.

Becken Eine Vertiefung in der Erdoberfläche; das Wassereinzugsgebiet eines Flußsystemes; eine sehr große Vertiefung in der Oberfläche, die beispielsweise einen Ozean und die sich in ihn ergießenden Flüsse und Ströme enthält (Pazifikbecken).

Befestigungsöse Ein kleiner Ring unmittelbar oberhalb vom Handteil einer Fliegenrute, in den die Fliege bei Nichtgebrauch eingehängt werden kann (Keeper Ring).

Biomasse Die Gesamtmasse aller Lebensformen einer bestimmten Gegend oder eines Gewässers.

Biß Die Handlung eines Fisches, der den Köder ins Maul nimmt.

Blindsäcke Fleischige, fingerartige Röhrchen, die an der Verbindung zwischen Magen und Darm eines Fisches wachsen. Von ihnen werden verdauungsfördernde Enzyme hergestellt.

Bogenfischen Das Fischen mit Pfeil und Bogen. In den Vereinigten Staaten ist diese Art der Fischerei an vielen Gewässern erlaubt und gewöhnlich wird so auf fischereilich uninteressante Arten (in den USA zählen dazu beispielsweise Karpfen) Jagd gemacht, die in Nahrungskonkurrenz zu geschätzteren Sportfischarten stehen. Der Pfeil wird an das Ende einer Schnur befestigt und am Bogen wird eine Schnurrolle montiert.

Brackwasser Leicht salziges Wasser.

Brustflossen Das Flossenpaar unmittelbar hinter dem Kopf eines Fisches.

Brut Sehr junge Fische, die kurz zuvor geschlüpft sind.

C

Catadrome Fische Süßwasserfische, die in die brackigen Flußunterläufe oder ins Meer zum Laichen ziehen.

Cleithrum Ein Knochen am Hinterrand des Fischschädels, der den Brustflossen Halt gibt.

Dottersack Die mit einer dünnen Membran überzogene, kugelartige Nahrungsreserve eines frischgeschlüpften Fisches. Von dieser Reserve zehrt er, bis er zur selbstständigen Nahrungsaufnahme in der Lage ist.

Eisfischen Eine sehr spezielle Art der Fischerei, die in skandinavischen Ländern und in Nordamerika entwickelt wurde. An vereisten Gewässern wird durch in die Eisschicht geschnittene Löcher gefischt. Gefangen werden hierbei Hechte, Zander, Barsche und Forellen. Durch Eislöcher wird meistens hebend und senkend mit Kunst- oder mit Naturködern gefischt.

Elektrofischerei Elektrischer Strom, der ins Wasser geleitet wird, betäubt die Fische. Sie lassen sich unverletzt einsammeln, vermessen und markieren, bevor sie zurückgesetzt oder in ein anderes Gewässer gebracht werden.

Endmontage Hierunter ist jene Montage gemeint, die an das Ende der Hauptschnur gebunden wird.

F

Fangbegrenzung Die maximale Entnahmemenge (Anzahl oder Gewicht), die an einem bestimmten Gewässer zulässig ist. erkundigen Sie sich vor dem Fischen stets nach den jeweils gültigen Bestimmungen.

Federstreifen Ein schmaler Streifen aus nur einigen Fibern einer Feder. Federstreifen werden oft beim Fliegenbinden verwendet.

Fettflosse Kleine, sehr fetthaltige Flosse, die einige Fischarten zwischen der Rükken- und der Schwanzflosse tragen.

Fingerling Ein kleiner, unreifer Fisch, der etwa Fingerlänge erreicht hat.

Fischlarve Ein Jungfisch kurz nach dem Schlüpfen.

Fischleiter Eine Aufstiegshilfe für Fische, die trotz eines Hindernisses (Wehr, Damm) weiter stromauf ziehen wollen.

Fischzucht Ein Ort, an dem Fische künstlich vermehrt und gemästet werden.

G

Gallenblase Eine kleine Tasche, die sich in der Nähe der Leber befindet und in der **Gallensaft** Gespeichert ist. Gallensaft wird von der Leber produziert, er hilft bei der Verdauung im Darmtrakt.

Gonaden Die Geschlechtsorgane, die für die Spermien- oder Eiproduktion zuständig sind.

Grain Eine Gewichtseinheit, die beispielsweise zum Klassifizieren von Wurfschnüren verwendet wird. 1 Gramm = 15,4 Grains; 1 Unze = 437,6 Grains.

Greenheart Ein tropischer Baum aus Amerika, Ocotea rodiae; früher wurde sein Holz zur Anfertigung von Fliegenruten verwendet.

Grilse Ein junger Atlantiklachs, der zum ersten Mal zum Laichen aufsteigt. Gewöhnlich hat er zuvor eineinhalb oder zwei Jahre im Meer verbracht.

H

Handleine Eine sehr einfache Montage, die oft von Kindern zum Fischen in Hafenbecken verwendet wird. Sie besteht lediglich aus einem Gewicht und einem Haken, die beide an eine um einen Plastik- oder Holzrahmen gewickelte Schnur gebunden werden.

Heben und Senken Eine Art der Köderführung. Den Natur- oder Kunstköder läßt man abwechselnd ansteigen und fallen, wobei diese Bewegung mit der Rutenspitze gesteuert wird.

Hoden Die Fortpflanzungsorgane eines männlichen Fisches (Gonaden), die für die Spermienherstellung zuständig sind.

I

Ichthyologie Das wissenschaftliche Studium der Fische und ihrer Lebensgewohnheiten.

IGFA Die International Game Fish Association. Ihren Sitz hat sie in Fort Lauderdale, Florida. Sie hält Listen mit Rekordfischen auf dem aktuellsten Stand und bestimmt technische Richtlinien für Angelgerät.

Introperculum Der Zwischendeckel vom Kiemendeckel.

J

Jig Ein kleiner Kunstköder mit metallenem Kopf, an den oft ein Federbüschel gebunden wird.

K

Kampfgurt Dieser Gurt ist aus Leder oder Gummi, er wird um die Hüfte geschnallt und in eine Vertiefung in ihm wird das untere Rutenende gesteckt, was im Drill mit großen Fischen einen günstigeren Hebel zur Folge hat.
Kelt Eine Forelle oder ein Lachs nach dem Ablaichen.
Kiemen Jenes Organ, mit dem der Fisch den Sauerstoff aus dem Wasser filtert.
Kiemenbogen Die Knochenbögen, an denen die Kiemen hängen.
Kiemenreusendornen Die zahnartigen Verlängerungen auf den Kiemenbögen. Durch sie wird vermieden, daß bei der Atmung Nahrung aus der Mundhöhle geschwemmt wird. Bei einigen Arten stehen diese Dornen so dicht, daß mit ihnen das Plankton aus dem Wasser gefiltert werden kann.
Köderfisch Jede Fischart, die von größeren Fischen gefressen wird, wie beispielsweise Elritzen und Sandaale, und die häufig Anwendung als Köder finden.
Ködernadel Eine lange Nadel, die zum Aufziehen größerer Köder verwendet wird.
Konterwasser Durch irgendein Hindernis wird die Strömung gebrochen und der Wasserfluß verlangsamt, es entsteht eine strömungsgeschützte Zone, in der das Wasser oft kreisförmig dreht.
Krill Winzige, krabbenartige Krebse aus der Familie der Euphausiiden, die im Meer einen sehr wichtigen Bestandteil der Nahrungskette ausmachen.

L

Laichkuhle Vertiefung im Gewässergrund, die einige Fischarten mit ihrer Schwanzflosse freilegen und in der anschließend abgelaicht wird (Forelle, Lachs).
Lebendköder Jeder Naturköder, der lebend verwendet wird (Maden, Würmer, Fische)
Limnologie Das wissenschaftliche Studium von Seen und Teichen und den in ihnen vorhandenen Lebensformen.
Loch-Style Das Fliegenfischen mit einem Naßfliegensystem, das nur kurz windab von einem auf einem stillstehenden Gewässer treibenden Boot geworfen wird.
Low-Water Fliege Eine recht sparsam ausgestattete Fliege, die auf einen kleinen Haken gebunden wird und in erster Linie zum Fang von in seichtem Wasser stehenden Lachsen verwendet wird.

M

Magenlöffel Mit diesem langen und schlanken Hilfsinstrument lassen sich durch den Fischschlund Proben des Mageninhaltes entnehmen. Hauptsächlich verwenden Forellenfischer diese Löffel, mit deren Hilfe sie herausfinden können, was gerade von den Forellen gefressen wird.
Maxillar Der hintere Knochen vom Oberkiefer eines Fisches.
Milch Der Samen eines männlichen Fisches.

N

Nipptide Jene Gezeiten, mit denen sich die Springfluten abwechseln. Ihre Strömung und ihr Tidenhub ist der jeweils geringste innerhalb eines Monats.

O

Oberflächenfilm Der scheinbar elastische Film auf der Wasseroberfläche, der durch die Oberflächenspannung entsteht.
Oberflächenspannung Hierunter ist die natürliche Tendenz der Wasseroberfläche und der anderer Flüssigkeiten zu verstehen, sich wie ein elastisches Blatt zu verhalten. Hervorgerufen wird sie durch die zwischen den einzelnen Wassermolekülen herrschenden Kräfte. Die Moleküle an der Oberfläche und darunter sind viel fester miteinander verbunden, als mit jenen aus der Luft über ihnen.
Operculum Bei Knochenfischen ist dieser Knochen der äußerste und größte der verschiedenen Kiemendeckelknochen.
Osmose Der Prozeß, über den ein Fisch Wasser durch seine Haut aufnimmt und abgibt, damit er seinen Körperhaushalt zwischen Salzen und anderen Körperflüssigkeiten im Gleichgewicht halten kann.
Otolithen Die Ohrsteinchen. Diese ovalen, steinartigen Gebilde aus dem Gehörinneren von Fischen und anderen Wirbeltieren helfen dabei, das Gleichgewicht zu halten.
Ova Die Eier von Fischen und anderen Lebewesen. Die Menge der Eier in den Gonadenmembranen eines weiblichen Fisches wird als Rogen bezeichnet.
Ovarien Die Fortpflanzungsorgane (Gonaden) eines weiblichen Fisches, die für die Herstellung der Eier zuständig sind.
Oviviparus Ovivipare Fische sind solche, die Eier ablegen, aus denen später die Jungfische schlüpfen. Zu diesen Fischen gehören die meisten Knochenfische, viele Rochen- und einige Haiarten.
Ovoviviparus Die Eier werden im Leibesinneren vom Muttertier befruchtet, wo sie auch schlüpfen. Sie reifen in Schutzhüllen heran und erhalten dabei vom Muttertier keine Nahrung. Die meisten Hai- und Rochenarten vermehren sich auf diese Art und Weise.

P

Parabolicaktion Eine durchgehende Rutenaktion (von der Rutenspitze bis in den Griff)
Parr Jungforellen oder -lachse, die höchstens zwei Jahre alt sind und sich von den Smolts durch ihre Parr-Zeichnung unterscheiden. Bei dieser Zeichnung handelt es sich um dunkle Streifen auf den Flanken.
Pelagische Fische Pelagische Fische leben im Freiwasser und an der Oberfläche.
pH-Wert Der pH-Wert einer Flüssigkeit klärt darüber auf, ob es sich um eine alkalische oder um eine saure handelt. Reines Wasser hat einen pH-Wert von 7; Wasser mit einem niedrigeren Wert ist sauer und Wasser mit einem höheren ist alkalisch (basisch). Saurer Regen weist meistens einen Wert unter 5 auf.
Pool Eine Vertiefung im Fluß, in der die Strömung nachläßt. An einem Pool ist ein Gewässer meistens auch ein wenig breiter.
Potamodrome Fische Fische, die innerhalb großer Flußsysteme ausgedehnte Wanderungen unternehmen.
Premaxillar Der Zwischenkiefer am Oberkiefer.
Preoperculum Der Vordeckel. Dieser Knochen liegt an der Wange unmittelbar vor dem eigentlichen Kiemendeckel.

Q

Quadrate Der Knochen, der den Oberkiefer mit dem Schädel verbindet.

R

Raubfisch Jede Fischart, die zur Nahrungsaufnahme über andere größere Lebewesen, u.a. Fische, herfällt.
Reißen Jedes Haken eines Fisches außerhalb vom Maul.
Riesel Eine schnellströmende, meistens recht seichte Strecke an einem Bach oder Fluß.
Rogen Die Eier des weiblichen Fisches.
Rückenflosse Die Flosse oder die Flossen auf dem Rücken vieler Fischarten.

S

Salzgehalt Hiermit ist die Gehalt an im Wasser gelösten Salzen gemeint. Im Süßwasser ist meistens weniger als 0,2% Salz enthalten, Brackwasser enthält bis zu 3% Salz und Meereswasser über 3%. Gewöhnliches Meerwasser enthält 3,433% Salze - 2,3% Sodiumchlorid (Kochsalz), 0,5% Magnesiumchlorid, 0,4% Sodiumsulfat, 0,1% Kalziumsulfat, 0,07% Potassiumchlorid und 0,063% andere Salze.
Salzwasser Wasser, das einen hohen Gehalt an gelösten Salzen hat.
Sauerstoffarmut Sie kann als Folge von Überdüngung oder von heißem Wetter eintreten. Ab einer bestimmten Sauerstoffarmut kommt es zu Fischsterben.
Schlundzähne Diese Zähne sitzen im hinteren Schlundbereich vieler Fischarten und dienen ihnen zum Zermalen der Nahrung. Typische Schlundzahnträger sind die Karpfenartigen.
Schlupf Hiermit ist das gleichzeitige Auftreten großer Insektenmengen ein und

derselben Art an der Wasseroberfläche gemeint. An der Oberfläche befreien sich die erwachsenen Insekten von ihrer Nymphenhülle, worauf sie gewöhnlich ein wenig ruhen und sich dann in die Lüfte begeben.

Schwanzwurzel Hiermit ist der recht schlanke Abschnitt am Schwanzansatz zwischen Rücken- und Schwanzflosse gemeint.

Smolt Ein junger Lachs oder eine junge Meerforelle auf ihrer ersten Reise ins Meer. In diesem Stadium sind die Fische meistens überaus silbrig.

Sportfisch Jeder Fisch, der seiner sportlichen Eigenschaften wegen geschätzt wird.

Springflut Die Gezeiten anläßlich von Voll- und Neumond. Ihr Hub und ihre Strömung ist stärker als sonst innerhalb desselben Mondzyklus.

Strahlen Die weichen oder festen Strahlen, mit denen die Fische ihre Flossen aufrecht erhalten.

Suboperculum Der Unterdeckel vom eigentlichen Kiemendeckel.

Supracleithum Ein Knochen am oberen Hinterrand eines Fischschädels, er ist einer der Knochen, welche die Brustflossen in Stellung halten.

Süßwasser Wasser, in dem nur wenige Salze gelöst sind.

T

Taper Der Verjüngungsgrad einer Rute oder einer Wurfschnur. Der Verjüngungsgrad bestimmt die Aktion der Rute oder der Schnur.

Tiefseefische Diese Fische leben in den untersten Etage unserer Ozeane in absoluter Finsternis.

Tippet Die Vorfachspitze an einer Fliegenschnur, an die die Fliege gebunden wird.

Tragkraft Die Maximalbelastbarkeit einer Schnur, eines Wirbels oder anderen Angelgerätes. Solange die Belastung unter dem angegebenen Tragkraftwert bleibt, kann sicher gefischt und gedrillt werden.

U

Ufer Das linke Ufer eines Flusses ist nur dann das linke Ufer, wenn der Angler stromab blickt und es sich auf dessen linker Seite befindet.

Unrat Sediment-, Lehm- und organische Ablagerungen auf dem Gewässergrund.

Unterstand Eine Stelle, an der ein Fisch ruhen und in aller Ruhe seiner Beute auflauern kann.

V

Vas deferens Der Leiter, über den der männliche Samen aus den Hoden geleitet wird.

Viviparus Bei diesen Fischen werden die reifen Eier im Körperinneren der weiblichen Fische befruchtet, wo sie auch schlüpfen. Im Gegensatz zu den ovoviviparen Fischen werden diese Jungen im Mutterleib ernährt. Zu diesen Fischen zählen einige Haiarten und einige Knochenfische.

W

Wassereinzugsgebiet Das Gebiet, das von Fließgewässer entwässert wird. Seine Ausmaße hängen von den jeweiligen örtlichen Gegebenheiten ab.

Wirbel Ein einzelnes Segment aus der Wirbelsäule eines Wirbeltieres.

Wirbellose Eine Kreatur, die ohne Wirbelsäule auskommt (Würmer, Insekten, Schnecken).

Wirbeltiere Eine Kreatur, die über eine Wirbelsäule verfügt, wie beispielsweise Fische und Säugetiere.

Wobbler Diese Köder sind Kunstköder, die zum Spinn- und Schleppfischen verwendet werden. Die meisten Wobbler erhalten durch eine spezielle Tauchschaufel beim Einholen ein Eigenleben, das Raubfische zum Angriff provozieren soll.

INDEX

A

Aale 160f.
Abbrüche 275f.
Abstehender Körper 105
Adlerrochen 185
Adriaforelle 279
Adriastör 279
African Pompano 167
AFTM-Skala 15
Alabama Spotted Bass 126
Albacore 192
Almaco Jack 164
Alse 194, 279
Amberjack 164f.
Ameisen 103
American Shad 194
Anatomie 124
Apache Trout 279
Arktischer Saibling 150
Arten 123ff.
Äschen 157
Atlantischer Bonito 195
Ausloten 222
Australian Bass 144
Australian Blue Catfish 162
Australian Perch 146
Australian Salmon 188
Avon-Ruten 19

B

Bäche 262, 264
Bacheinmündungen 273
Bachforelle 154
Bachsaibling 151
Backing 52, 207
Baitcasterrollen 33, 40, 212
Barbe 130f.
Barndoor Skate 186
Barrakuda 162f.
Barramundi 168f.
Barred Surfperch 171
Barsch 148f.
Barteln 131
Basking Shark 198
Bass 144f.
Bat Ray 185
Bedrohte Arten 279
Big-Game-Angeln 12, 95, 258f.
Binnenlachs 152
Bißanzeiger 64, 220
Black Bass 126f.
Black Bream 146
Black Bullhead 141
Black Crappie 129
Black Drum 188
Black Grouper 201
Black Marlin 175
Black Seabass 200
Black Seabream 202
Black Snook 169
Blackfin Cisco 279
Blackfin Tuna 192
Blank 15
Blasen 269
Blauflossenthun 192
Blauhai 199
Bleie 58, 60, 222, 229, 244ff.
Blue Catfish 143
Blue Marlin 175
Blue Runner 164
Blueback Herring 195
Bluefish 158f.
Bluegill 128f.
Bohnen 85
Boilies 85
Bonefish 158f.
Bonito 194f.
Booms 60
Bootsangeln 12, 94, 244, 246, 248, 256
Bootsfliegenfischen 242f.
Bootsmontagen 245ff., 254, 256
Bootsrollen 46
Bootsruten 28f.
Brachse 132f.
Brandungsangeln 250f.
Brandungsruten 30
Bremse 32
Bronzefarbene Brachse 133
Brot 84
Brown Bullhead 141
Buckellachs 152
Bull Shark 197
Bull Trout 151
Bullhead 140f.
Buzzbaits 215

C

Calico Surfperch 171
California Corbina 188
California Moray 160
California Sheephead 176
California Skate 186
California Yellowtail 165
Caribbean Red Snapper 179
Casters 82
Catch & Release 279
Catfish, Salzwasser 162f.
Catfish, Süßwasser 142f.
Centrepin-Rollen 32, 39
Cero 190
Channel Catfish 142
Cheetah Trout 150
Chironomiden 103
Chub Mackerel 190
Chum 95
Chum Salmon 153
Ciguatera 164
Cisco 156
Clarence River Cod 279
Clearnose Skate 186
Cobia 168f.
Coho Salmon 152
Conger 161
Crane Fly 103
Crappies 129
Crevalle Jack 165
Cuban Snapper 179
Cubera Snapper 179
Cutthroatforelle 155

D

Dämme 265
Dapping 243
Dicklippige Meeräsche 181
Döbel 136f.
Dolly Varden 151
Dolphin 176
Dorado 176
Dornhai 196
Dorsch 172f.
Downrigger 231
Drallschutz 214
Driftfischen 246f., 256, 259
Drillen 210
Drum 188f.
Dubbing 109
Dun 100
Dünnlippige Meeräsche 181

E

Eastern Freshwater Cod 279
Elritzen 101
Emerger 104
Epilimnion 230
Erdnüsse 85
Estuary Perch 147
Eutrophisation 278

F

Fat Snook 168
Felsen 271
Felsspitzen 275
Feststehendes Paternoster 221
Fischbestände 279
Fischlarve 152
Flat Bullhead 141
Flathead Catfish 143
Fleischköder 84
Fliegenbinden 108, 110
Fliegenbinden (Instrumente) 106
Fliegenbinden (Materialien) 107
Fliegenfischen (Ausrüstung) 13
Fliegenhaken 105
Fliegenkopf 105
Fliegen (natürliche) 101, 103
Fliegenrollen 32, 42, 44f.
Fliegenruten (leicht/mittel) 22
Fliegenruten (mittel/schwer) 24
Fliegenvorfächer 53
Flügel einer Fliege 105, 111
Flunder 182
Flüsse 262, 264
Forellen 150ff.
Forellenfliegen 112ff.
Fuchshai 198
Futterkörbchen 87, 94
Futterschleuder 86

G

Gafftopsail Catfish 163
Garnelen 83, 101
Gattung 123
Gefleckter Lippfisch 177
Geflochtene Schnur 50
Gerätekästen 68
Gesims 275
Getreide 85
Getriebeübersetzung 32
Gewässer, Charakteristika der 230, 262
Giant Perch 169
Gila Trout 279
Glattbutt 172
Glatthai 196
Gleitposen 225
Goldfisch 135
Grashecht 138
Graskarpfen 135
Gray Snapper 178
Greater Amberjack 165
Green Jack 164
Green Sunfish 128
Grey Nurse Shark 197
Grilse 153
Großrochen 186
Grouper 200
Grundangeln 200
Grundausrüstung 12f.
Grundfutter (Salzwasser) 94f., 256
Grundfutter (Süßwasser) 86
Gründling 131
Grundmontagen (Salzwasser) 248, 253
Grundmontagen (Süßwasser) 220f.
Grundruten 18
Grunters 146f.
Guadalupe Bass 126
Guaguanche 162

H

Haarflügelfliegen 104, 120
Hagedornfliege 103
Haie 125, 196ff.
Haiangeln 256f.
Haken 56f.
Hammerhai 199
Handschuhe 76
Hanf 85
Hardhead Catfish 162
Hasel 136f.
Hausfliege 82
Hebelbremse 46
Hechel 105
Hechelbinden 110
Hecht 138
Heilbutt 172f.
Hering 194f.
Heringshai 197
Hickory Shad 195
Hochlandflüsse 264
Hochproteinköder 85
Huchen 152, 279
Hundekekse 84
Hundshai 196
Hundshaiangeln 257
Hundslachs 152
Hybriden 132, 150, 182
Hypolimnion 230

I

Iberische Barbe 131
Imago 100
Inconnu 156
Inseln 265, 275
Irische Brachse 133

J

Jack 164f.
Jackmackerel 166f.
Jothead Porgy 203
Judenfisch 201
Junglachs 153
Jungle Perch 147

K

Käfer 103
Kahawai 188f.
Kamloops 154
Kapselrollen 33, 38, 212f.
Karausche 134
Karpfen 134f.
Käse 84
Katzenkekse 85
Kaulbarsch 148f.
Kawakawa 192
Kern River Rainbow 154
Kettenhecht 138
Kiemen 124
Kiesstrände 270
Kirschlachs 152
Kiyi 279
Kleiner Amberjack 165
Kleinwobbler 218
Klemmhülsen 51
Klippen 270
Knochenfische 124
Knorpelfische 124
Knoten 207ff., 252
Köcherfliegen 101
Köcherfliegenlarven 83
Köder 82, 84, 92
Kokanee 153
Königslachs 153
Konterwasser 264
Kopfbedeckung 76
Kopfknoten 108
Korallenflats 276
Korallenriffe 277
Körner 85
Körper einer Fliege 105
Kraken 93
Krautbänke 268
Krebse 93
Krebstiere 101
Kunstköder (Salzwasser) 96f., 258
Kunstköder (Süßwasser) 89f.
Kunstköderangeln (Ausrüstung) 13
Kunstköderangeln (Big-Game) 258
Künstliche Fliegen 104, 120
Künstliche Unterstände 269
Kurzflossenmako 198
Küstenangeln 252ff.
Küstennahes Angeln 244f.
Küstenruten 30
Kuttelfisch 93

L

Lachs 150ff.
Lachsfliegen 118
Ladyfish 159
Lagunen 273
Landehilfen 66
Landen 211
Landinsekten 103
Lane Snapper 178
Largespot Pompano 166
Largetooth Sawfish 185
Laube 136
Laufbleimontage für Conger 248
Laufbleimontage mit Seitenarm 221
Lebendköder 259
Lederkarpfen 135
Leng 172f.
Leopardenhai 196
Libellen 102
Lippfische 176f.
Little Skate 187
Little Tunny 192
Löffel 89, 96, 216f.
Longbill Spearfish 174

M

Makrelenhaie 197
Macquarie Perch 146
Maden 82
Mahi Mahi 176
Maifische 194f.
Maifliegen 100
Mais 84
Makohai 191

Index der wissenschaftlichen Namen

A

Abramis
brama 133
sapa 133
Acanthocybium solanderi 193
Acipenser
brevirostrum 279
fulvescens 279
naccarii 279
oxyrhynchus 279
sturio 279
Albula
nemoptera 159
vulpes 158
Albulidae 158
Alburnus alburnus 136
Alectis ciliaris 167
Alopias vulpinus 198
Alosa
aestivalis 195
alosa 194, 279
chrysochloris 194
fallax 194
mediocris 195
pseudoharengus 195
sapidissima 194
Ambloplites rupestris 129
Ameiurus
brunneus 140
catus 142
melas 141
natalis 140
nebulosus 141
platycephalus 141
serracanthus 140
Ammodytidae 92
Amphistichus
argenteus 171
koelzi 171
rhodoterus 171
Anguilla
anguilla 160
reinhardtii 160
rostrata 160
Anguillidae 160
Anisoptera 102
Aplodinotus grunniens 188
Archosargus
probatocephalus 203
Arenicola spp. 92
Ariidae 162
Arius
felis 162
graeffi 162
Arripidae 188
Arripis
georgianus 188
trutta 188
Asellus 101
Aspius aspius 130
Atractoscion nobilis 188

B

Baetidae 100, 116
Baetis muticus 112
Bagre marinus 163
Barbus
barbus 131
meridionalis 131
Bibio marci 113
Bibionidae 115
Bidyanus bidyanus 146
Blicca bjoerkna 132
Bothidae 182

C

Caenis 100
Calamus
arctifrons 203
bajonado 203
brachysomus 203
calamus 203
leucosteus 203
penna 203
Carangidae 164, 166
Caranx
caballus 164
caninus 164
crysos 164
georgianus 165
hippos 165
ignobilis 165
stellatus 165
Carassius
auratus 135
carassius 134
Carcharhinidae 196
Carcharhinus
brevipinna 197
leucas 197
limbatus 197
Carcharodon carcharias 199, 279
Centrarchidae 126, 128
Centropomidae 168
Centropomus
nigrescens 169
parallelus 168
pectinatus 168
undecimalis 169
Centropristis striata 200
Cetorhinus maximus 198
Cheilinus undulatus 176
Chelon labrosus 181
Chironomus 103
plumosus 103
Chondrichthyes 125
Chondrostoma
nasus 132
toxostoma 132
Cloeon simile 115
Clupea harengus 194
Clupeidae 194
Conger conger 161
Congridae 160
Coregonus
albula 156, 279
artedi 156
canadensis 279
clupeaformis 157
kiyi 279
lavaretus 279
nigripinnis 279
oxyrhynchus 279
pallasi 156
reighardi 279
zenthicus 279
Coryphaena
equisetis 176
hippurus 176
Coryphaenidae 176
Ctenopharyngodon idella 135
Cymatogaster aggregata 171
Cynoscion
arenarius 189
nebulosus 189
nothus 189
regalis 189
Cyprinidae 130, 132, 134, 136
Cyprinus carpio 134, 135

D

Dasyatidae 184
Dasyatis centroura 185
Dicentrarchus
labrax 145
punctatus 145
Diptera 100

E

Elopidae 158
Elops saurus 159
Embiotoca lateralis 171
Embiotocidae 170
Enallagma cyathigerum 102
Ensis spp. 93
Ephemera 100
Ephemera danica 100, 112, 113, 115
Ephemerella 113
Ephemeroptera 100, 114
Epinephelus
itajara 201
morio 201
nigritus 201
striatus 200
Esocidae 138
Esox
americanus americanus 138
americanus vermiculatus 138
lucius 139
masquinongy 138
niger 138
Euthynnus
affinis 192
alletteratus 192
pelamis 192
lineatus 192

G

Gadidae 172
Gadus morhua 173
Galeocerdo cuvieri 199
Galeorhinus galeus 196
Gammarus 101
pulex 117
Genyonemus lineatus 189
Gymnocephalus cernuus 148
Gymnothorax mordax 160

H

Hephaestus fulginosus 146
Hexanchus griseus 199
Hippoglossoides
platessoides 182
Hippoglossus
hippoglossus 182
stenolepis 183
Hucho
hucho 152, 279
taimen 152
Hydropsyche 101
Hyperprosopon argenteum 170
Hysterocarpus traski 170

I

Ictaluridae 140, 142
Ictalurus
furcatus 143
punctatus 142
Istiophoridae 174
Istiophorus platypterus 174
Isurus oxyrinchus 198

K

Kuhlia rupestris 147
Kuhliidae 146

L

Lapridae 176
Labrus bergylta 177
Lamna
ditropis 197
nasus 196
Lamnidae 197
Lates
calcarifer 169
niloticus 169
Lepomis 128
auritis 128
cyanellus 128
gibbosus 128
machrochirus 128
microlophus 128
Leuciscus
cephalus 136
leuciscus 136
Liza
aurata 181
ramada 181
Lota lota 172
Lutjanidae 178
Lutjanus
analis 178
argentimaculatus 179
campechanus 179
cyanopterus 179
griseus 178
purpureus 179
synagris 178

M

Maccullochella
ikei 279
macquariensis 279
peeli 145
Maccullochella sp. 279
Macquaria
ambigua 147
australica 146
colonorum 147
novemaculata 144
Makaira
indicus 175
nigricans 175
Manta birostris 184
Megalops
atlanticus 158
cyprinoides 159
Melanogrammus
aeglefinus 173
Menticirrhus undulatus 188
Merluccius
merluccius 173
productus 173
Micropterus
coosae 126
dolomieui 127
notius 126
puntulatus 126
punctulatus henshalli 126
punctulatus wichitae 126
salmoides floridanus 126
treculi 126
Mobula diabola 184
Mobulidae 184
Molva molva 173
Morone
americana 144
chrysops 144
mississippiensis 144
saxatilis 145
Moronidae 144
Mugil
cephalus 180
curema 180
Mugilidae 180
Mullidae 180
Mullus surmuletus 180
Muraena helena 180
Muraenidae 160
Mycteroperca
bonaci 201
venenosa 200
Myliobatidae 184
Myliobatis californica 185
Myxus petardi 180

N

Nematistiidae 166
Nematistius pectoralis 167
Nereis spp. 92

O

Odonata 100, 102
Odontaspis
arenarius 197
taurus 197
Oncorhynchus 150
aguabonita 155
apache 279
clarki 155
clarki lewisi 155
gilae 279
gorbuscha 152
keta 153
kisutch 152
masou 152
mykiss 155
nerka 153
tshawytscha 153
Osteichthyes 124
Oxyjulis californica 176

P

Pagellus bogaraveo 202
Pagrus
nasutus 202
pagrus 203
Paralichthys
dentatus 182
lethostigna 182
Parophrys vetulus 182
Perca
flavescens 149
fluviatilis 149
Percichthyidae 144, 146
Percidae 148
Petrus rupestris 202
Phryganea
grandis 101
varia 115
Platichthys stellatus 182
Plecoptera 100, 102
Pleuronectes platessa 182
Pleuronectidae 182
Plotosidae 142
Pogonias cromis 189
Pollachius
pollachius 172
virens 172
Pomatomidae 158
Pomatomus saltatrix 158
Pomoxis

annularis 129
nigromaculatus 129
Prionace glauca 199
Pristidae 184
Pristis
pectinata 185
pristis 185
Promicrops lanceolatus 201
Prosopium
cylindraceum 157
williamsoni 157
Prototroctes maraena 279
Pseudopleuronectes americanus 183
Pteronarcys 102
californica 117
Pylodictis olivaris 143

R

Rachycentridae 168
Rachycentron canadum 168
Raja
alba 187
batis 187
binoculata 186
clavata 184
eglanteria 186
erinacea 187
inornata 186
laevis 186
montagui 184
ocellata 187
oxyrinchus 187
Rajidae 184, 186
Rajiformes 184, 186
Rhacochilus toxotes 170
Rhincodon typus 198
Rhyacophila 101
Rithrogena germanica 115
Roncador stearnsii 188
Rutilis
pigus pigus 137
pigus virgo 137
rutilus 137

S

Salmo 123, 150
salar 152
trutta 123, 154
Salmonidae 123, 150, 152, 154, 156
Salmothymus obtusirostris 279
Salvelinus
alpinus 150
confluentus 151
fontinalis 151
malma 151
namaycush 151
Sarda
australis 195
chiliensis 195
chiliensis chiliensis 194
chiliensis lineolata 194
orientalis 194
sarda 195
Scaphirhynchus albus 279
Scardinius erythrophthalmus 137
Sciaenidae 188
Sciaenops ocellatus 188
Scomber
japonicus 191
scombrus 190
Scomberomorus
brasiliensis 191
cavalla 191
commerson 191
concolor 191
guttatus 191
maculatus 190
regalis 191
sierra 191
Scombridae 190, 192, 194
Scophthalmus maximus 183
Selachii 196, 198
Semicossyphus pulcher 176
Seriola
colburni 164
dumerili 165
fasciata 165
grandis 165
lalandi 165
lalandi dorsalis 165
rivoliana 164
Serranidae 200
Siluridae 142
Siluris glanis 142
Soleidae 182
Solen spp. 93
Sparidae 202
Sparus aurata 202
Sphyraena
argentea 162
barracuda 162
borealis 162
ensis 163
guachancho 162
novae-hollandiae 163
obtutasta 163
picudilla 162
sphyraena 162
Sphyraenidae 162
Sphyrna zygaena 199
Spondyliosoma cantharus 202
Squalus acanthias 196
Stenodus leucichthys 156
Stenonema 114
Stenotomus
caprinus 202
chrysops 202
Stizostedion
canadense 148
lucioperca 149
vitreum 148
volgensis 149

T

Tandanus tandanus 142
Tautoga onitis 177
Tautogolabrus
adspersus 177
Teraponidae 146
Tetrapturus
angustirostris 174
audax 174
belone 174
pfluegeri 174
Thunnus
alalunga 193
atlanticus 192
thynnus 193
Thymallidae 156
Thymallus
arcticus 157
thymallus 157
Tinca tinca 130
Trachinotus
botla 166
carolinus 166
falcatus 166
Trachurus
symmetricus 167
trachurus 190
Triakis semifasciata 196
Trichoptera 100, 101

U

Umbrina roncador 188
Urolophus halleri 185

V

Vimba vimba 132

X

Xiphias gladius 174
Xiphiidae 174

Z

Zygoptera 102

DANK / ANMERKUNG

Zunächst vielen Dank an Martin von Photo Summit – sein Kaffee und seine hervorragenden Bilder ermöglichten den Start dieses Buchprojekts; an John Wilson für seine Zeit, seinen Rat und seine Gastfreundschaft; an Mike Millman für seine Hilfe und seinen Willen, das Unmögliche in kürzester Zeit zu erledigen; an Ron Worsfold für das Verleihen seiner Stippruten; und an Trevor Housby, dessen Rat und Ermutigungen uns sehr fehlen.

Unter allen Gerätelieferanten möchten wir uns besonders bei Don Neish und Peter Morley (Don's of Edmonton) bedanken, die immer ganz kurzfristig dazu in der Lage waren, uns mit Gerät zu versorgen. Besonderer Dank für ihre Hilfe gebührt auch folgenden Personen und Firmen: Simon Bond (Shimano), Alan Bramley und Fiona Hemus (Partridge of Redditch), Bob Brownsdon (Shakespeare), Peter Drennan und seiner Tochter Sally (Drennan International), Sue und Chris Harris (Harris Angling Company), Chris Leibbrandt (Ryobi Masterline), David McGinlay (Daiwa) und John Rawle (Cox & Rawle).

Ebenfalls bedanken möchten wir uns bei Richard Banbury (Orvis), Breakaway Tackle, Browning, Paul Burgess (Airflo), Jeremy Buxton (Asset Optics), Pat Byrne (D.A.M.), Alan Caulfield (Penn), Darren Cox (DCD), Roy Eskins (HUFFishing), Brendan Fitzgerald (House of Hardy), Michael McManus (Carroll McManus), Nick Page (Nican Enterprises), Graeme Pullen (Blue Water Tackle), Andrew Reade (Keenets), Nicholas Stafford-Deitsch (Edington Sporting Co.), Mike Stratton (Thomas Turner & Sons), B.W. Wright (Nomad), Val und Chris (Vanguard Tackle, Boston), Bruce Vaughan und Dennis Moss (Wychwood Tackle), Clive Young (Young's of Harrow) und Nick Young (Leeda).

Besonderer Dank gilt John Bailey für seine Hilfe bei der Aktualisierung des Buches, außerdem Steve Gorton, Stuart Dexter und Henry Gilbey für ihre Fotos und vor allem Dan Gapen Sr. von der Gapen Company, Jan Porter von der Shimano (UK) Ltd. und allen Mitarbeitern von Sportfish und Farlow's of Pall Mall für die Bereitstellung einer wunderbaren Auswahl an Ködern, Ruten und Rollen.

Anmerkung des Übersetzers

Es gibt über 22000 Fischarten, doch nur ein Bruchteil von ihnen hat deutsche Namen erhalten, weil letztlich nur wenige von ihnen im deutschen Sprachraum auftreten. Ebenso verhält es sich mit zahlreichen in diesem Buch vorgestellten Arten, von denen viele außerhalb der "Wurfweite" deutschsprechender Angler leben. Es wäre zwar möglich, diese Fischnamen "einzudeutschen", dies hätte aber ein noch größeres Durcheinander als im Englischen zur Folge. So ist beispielsweise der in Nordamerika als "Lake Trout" bezeichnete Fisch nach der wissenschaftlichen Klassifikation und auch im deutschen Sprachgebrauch ein Seesaibling, der nichts mit einer Forelle ("Trout") gemeinsam hat. Kurzum, die Originalnamen sind oft schon fehlerhaft genug, eine Übersetzung hätte noch mehr Verwechslungen zur Folge. Recht zuverlässig, wenn auch nicht fehlerfrei, sind die wissenschaftlichen Namen.

Deutsche Namen tragen die Fische in diesem Buch nur dort, wo sie halbwegs passend sind und nicht zu Verwechslungen führen. Als Grundlage diente das umfassendste Fischbestimmungsbuch für den deutschen Sprachraum (Muus/Dahlström, *Süßwasserfische Europas – Biologie, Fang, wirtschaftliche Bedeutung*, München: BLV, 7. Auflage 1993). Ansonsten wurden die im englischen Sprachraum geläufigen Namen verwendet, was für den Angler letztlich am nützlichsten ist: Es sind die Namen, auf die er während seiner Reisen stoßen wird.

BILDNACHWEIS

Illustrationen
Colin Newman *Seite 124–203*
Ian Heard *Seite 210–219, 226–259*
Lyn Cawley *Seite 82–87, 92f., 208f.*
Alan Suttie *Seite 15, 52, 206, 223–225, 259*
Maurice Pledger *Seite 220f.*

Fotos
Legende: *o oben, m Mitte, u unten, l links, r rechts*

2 Peter Gathercole
3 Steve Gorton
6 Trevor Housby
7 o Mansell Collection, *m* Tim Heywood, *u* Mike Millman
8 o Trevor Housby, *m*, *u* Peter Gathercole
9 o, m Mike Millman, *u* John Wilson
10 John Wilson
12–49 Steve Gorton und John Bailey (*12–25, 32–45*) Stuart Dexter (*26f.*) Henry Gilbey (*28–31, 46–49*)
50–53 Steve Gorton und Andy Crawford
54–57 Peter Gathercole
58–79 Steve Gorton und Andy Crawford
80 John Wilson
82–87 Steve Gorton
88–91 Steve Gorton und Andy Crawford
92–93 Steve Gorton; Würmer/Sandaale: Mike Millman
94f. Mike Millman
96f. Steve Gorton
98–121 Peter Gathercole; weitere Fotos 100 *o*, 102 *u*: Heather Angel
122 Oxford Scientific Films/Richard Davis
123 Oxford Scientific Films/Rudolf Ingo Riepl
204 Peter Gathercole
206–209 Steve Gorton
210 o Andy Crawford, *m* John Wilson, *u* Mike Millman
211 o und *u* John Wilson, *m* Peter Gathercole
212 Jim Tyree
213 Jim Tyree, *u* John Wilson
214 Steve Gorton
215 o Steve Gorton, *ol* und *m* John Wilson
216–218 Steve Gorton
219 o Steve Gorton, *u* John Wilson
220f. Steve Gorton
222 o und *u* Steve Gorton, *m* Jim Tyree
223 m und *ur* Jim Tyree, *ul* Steve Gorton
224 o Steve Gorton, *u* Jim Tyree
225 o Steve Gorton, *m* Jim Tyree
226f. Jim Tyree
227 u Rodney Coldron
228 Jim Tyree, Andy Crawford
229 Mike Millman, Andy Crawford
230 John Wilson
231 o und *u* Steve Gorton, *ml* und *mr* John Wilson
232 m Steve Gorton, *u* Peter Gathercole
235 ol und *or* Peter Gathercole
236 m Steve Gorton, *o* und *u* Peter Gathercole
237 Peter Gathercole
238–243 Peter Gathercole
244 John Darling
246 Mike Millman
249 Mike Millman
250f. Jim Tyree
251 or John Darling
252f. Steve Gorton
253 m John Darling
254f. Mike Millman
257 John Darling
258f. Trevor Housby
261 Heather Angel
262 o Peter Gathercole, *u* John Wilson
263 John Wilson
264 o John Darling, *m* Jim Tyree, *u* John Wilson
265 or Peter Gathercole, *u* Rodney Coldron
266 o Peter Gathercole, *m* Jim Tyree, *u* John Wilson
267 m John Wilson, *u* Mike Millman
268f. John Wilson
270 m Jim Tyree, *u* Mike Millman
271–273 Mike Millman
274 o und *u* Phill Williams, *m* Mike Millman
275 o Mike Millman, *u* Phill Williams
276 Mike Millman
277 m John Wilson, *u* Mike Millman
278 Peter Gathercole
279 o Oxford Scientific Films, *u* Mike Millman

Hersteller und Lieferanten
Die Ausrüstung wurde von den im Text genannten Herstellern gestellt, lediglich die Abu-Produkte lieferte die Firma Don's of Edmonton. Die Posen auf Seite 62f. wurden von Drennan, die Milo-Stipp-Schwimmer von Keenets geliefert. Die Köder auf den Seiten 88–91 lieferte die Harris Angling Company. Die Fliegen band Peter Gathercole. Folgende Firmen haben ebenfalls Ausrüstung für dieses Buch zur Verfügung gestellt:

Airflo, Fly Fishing Technology Ltd., Powys;
Asset Optics, Oxfordshire;
Blue Water Tackle, Hampshire;
Breakaway Tackle, Suffolk;
Browning, Bedfordshire;
Carroll McManus Ltd., East Sussex;
Cox & Rawle, Essex;
Daiwa Sports Ltd., Strathclyde;
D.A.M. (UK) Ltd., Worcestershire;
DCD, Warwickshire;
Don's of Edmonton, London;
Drennan International Ltd., Oxford;
Edington Sporting Co., Wiltshire;
Farlow's of Pall Mall, London;
The Gapen Company, Minnesota;
Harris Angling Company, Norfolk;
House of Hardy, London;
HUFFishing, Bedfordshire;
Keenets (UK) Ltd., Wiltshire;
Leeda Group, Worcestershire;
Nican Enterprises, Hampshire;
Nomad UK, Lancashire;
Orvis, Hampshire;
Partridge of Redditch, Worcestershire;
Penn UK, Strathclyde;
Ryobi Masterline Ltd., Gloucestershire;
Shakespeare Company (UK) Ltd., Worcestershire;
Shimano Europe, Swansea;
Shimano (UK) Ltd, Evesham;
Sportfish, Pall Mall, London;
Thomas Turner & Sons, Berkshire;
Vanguard Tackle, Lincolnshire;
Wychwood Tackle, Oxfordshire;
Young's of Harrow, Middlesex.